Les abus de l'arbitrage commercial international

Logiques Juridiques

Collection dirigée par Gérard Marcou

Le droit n'est pas seulement un savoir, il est d'abord un ensemble de rapports et pratiques que l'on rencontre dans presque toutes les formes de sociétés. C'est pourquoi il a toujours donné lieu à la fois à une littérature de juristes professionnels, produisant le savoir juridique, et à une littérature sur le droit, produite par des philosophes, des sociologues ou des économistes notamment.

Parce que le domaine du droit s'étend sans cesse et rend de plus en plus souvent nécessaire le recours au savoir juridique spécialisé, même dans des matières où il n'avait jadis qu'une importance secondaire, les ouvrages juridiques à caractère professionnel ou pédagogique dominent l'édition, et ils tendent à réduire la recherche en droit à sa seule dimension positive. À l'inverse de cette tendance, la collection « Logiques juridiques » des éditions L'Harmattan est ouverte à toutes les approches du droit. Tout en publiant aussi des ouvrages à vocation professionnelle ou pédagogique, elle se fixe avant tout pour but de contribuer à la publication et à la diffusion des recherches en droit, ainsi qu'au dialogue scientifique sur le droit. Comme son nom l'indique, elle se veut plurielle.

Dernières parutions

Panagiota PERRAKI, *La protection de la vie personnelle du salarié en droit comparé et européen. Étude comparative des droits français, hellénique, britannique et européen*, 2015.
Hatem M'RAD, *La gouvernance : entre le citoyen et le politique*, 2015.
Gabriel ECKERT et Jean-Philippe KOVAR (dir.), *L'interrégulation*, 2015.
Sébastien EVRARD, *Les Tables de la loi : de l'argile au numérique. La diffusion des la règle de droit à travers les âges*, 2014.
Laura TALLET-PREUD'HOMME, *L'articulation des voies de droit dans le contentieux de la commande publique à l'initiative des tiers au contrat*, 2014.
Guillaume MALLEN, *L'appréhension des pratiques restrictives par les autorités françaises et européennes de la concurrence, Analyse des pratiques contractuelles abusives entre professionnels à l'épreuve du droit des pratiques anticoncurrentielles,* 2014
Philippe SEGUR, *C'était la démocratie*, 2014.
Laurie SCHENIQUE, *La Réforme de la phase préparatoire du procès pénal*, 2014.
Valérie DA SILVA, *De l'incapacité à la protection en matière personnelle,* 2014.

Daniel Levy

Les abus de l'arbitrage commercial international

Préface de Christian Larroumet

Avant-propos de Thomas Clay

L'Harmattan

Du même auteur

Investment Protection in Brazil, (édité avec Ana Gerdau de Borja / Adriana Noemi Pucci), Alphen aan den Rijn, Kluwer La International, 2014.

Responsabilité civile, São Paulo, Atlas, 2013.

5-7, rue de l'Ecole-Polytechnique, 75005 Paris

http://www.harmattan.fr
diffusion.harmattan@wanadoo.fr

ISBN : 978-2-343-06280-8
EAN : 9782343062808

Daniel Levy

Les abus de l'arbitrage commercial international

Préface de Christian Larroumet

Avant-propos de Thomas Clay

L'Harmattan

Du même auteur

Investment Protection in Brazil, (édité avec Ana Gerdau de Borja et Adriana Noemi Pucci), Alphen aan den Rijn, Kluwer Law International, 2014.

Responsabilité civile, São Paulo, Atlas, 2013.

5-7, rue de l'Ecole-Polytechnique, 75005 Paris

http://www.harmattan.fr
diffusion.harmattan@wanadoo.fr

ISBN : 978-2-343-06280-8
EAN : 9782343062808

PRÉFACE

Il aura fallu beaucoup de courage, de persévérance et de grandes qualités de juriste à Daniel Levy pour s'attaquer à l'abus de l'ordre juridique arbitral. Ce n'est pas cet ordre juridique lui-même qui est abusif selon l'auteur, mais bien l'usage qui en est fait, non pas tellement par les arbitres que par les parties au litige arbitral et leurs conseils. Le fil conducteur de l'ouvrage est l'incohérence, que l'auteur qualifie de déviances, qui conduisent à des distorsions de l'ordre juridique de l'arbitrage international de nos jours. En effet, cette déviance est propre à l'arbitrage international et on ne la retrouve pas vraiment ou bien à un très moindre degré en ce qui concerne l'arbitrage domestique.

Certes, l'arbitrage international s'est beaucoup épanoui en raison de l'intensité du commerce international à notre époque et du développement sans précédent des investissements internationaux, et il est évident qu'il ne pourra que croître encore dans le futur. On y recourt de plus en plus parce que son plus grand avantage est d'éviter de soumettre les litiges entre les parties à un juge de l'un ou l'autre des États dont les parties relèvent. En d'autres termes, il possède les attraits de la neutralité. Certes, l'arbitrage international dépend beaucoup moins de juridictions étatiques que l'arbitrage interne, mais sa neutralité est souvent très ténue, à tel point qu'on pourrait affirmer que l'arbitrage international n'existe que dans l'ombre des juridictions étatiques du siège, du ou des lieux d'exécution de la sentence et, quelquefois encore, d'autres juridictions. Un véritable arbitrage international totalement neutre et ne donnant pas prise aux juridictions étatiques serait un arbitrage transnational, ce qui n'est, bien entendu, que de l'idéalisme purement naïf. Il ne peut échapper à l'emprise de juges étatiques. Cependant, il faudrait qu'il en soit ainsi dans des proportions réduites.

Il est vrai qu'il y a des conventions internationales relatives à l'arbitrage international, surtout la Convention de New York de 1958, qui a vocation à l'universalité. Cependant, il était nécessaire qu'elle laissât une place à l'intervention des États, ne serait-ce que pour l'exécution de la sentence. Certains États entendent plus que d'autres soumettre l'arbitrage international à l'emprise de leurs juridictions. Plus un État intervient, moins l'arbitrage est neutre. Cela résulte pour l'essentiel non pas tellement des brèches ouvertes aux États par la Convention de New York, lesquelles étaient nécessaires, mais des lois nationales qui comportent des dispositions relatives à l'arbitrage international et surtout des jurisprudences nationales qui, souvent, s'écartent de l'esprit de la Convention de New York. À cela s'ajoute un égoïsme étatique, c'est-à-dire la volonté de prééminence d'un État sur un autre. On songe ici, en particulier, à la jurisprudence française qui accorde l'exequatur à une sentence alors que celle-ci a été annulée dans un autre État, en l'occurrence celui du siège. Il pourrait y avoir d'autres exemples dans des domaines différents et dans d'autres pays. Certes, il y a un manque de courtoisie de la part des juges d'un État envers ceux d'un autre État, mais surtout cela démontre qu'une conception d'un ordre public transnational ou véritablement international est écrasée par des conceptions purement nationales de l'ordre public international. En réalité, la tendance de certains auteurs à admettre un arbitrage de plus en plus transnational est contredite par les exigences des juges étatiques qui s'en tiennent à des conceptions nationales, et peut-être même parfois nationalistes, de l'arbitrage international. En réalité, et c'est bien ce que dénonce Daniel Levy, en parlant de déviances et de distorsions de l'ordre juridique arbitral international, ce sont les parties à l'arbitrage qui ne respectent pas le véritable esprit de l'arbitrage international et s'allient aux juges étatiques pour utiliser tous les moyens, souvent de mauvaise foi, pour tenir en échec l'arbitrage international.

Au-delà de cette dénonciation, l'auteur dénonce aussi une systématisation théorique trop poussée de l'arbitrage international par une doctrine spécialisée et renfermée sur elle-même. Cela éloigne ce moyen de régler les litiges internationaux des préoccupations de la pratique arbitrale. Daniel Levy n'est pas favorable à l'esprit de système et il souhaite que l'on revienne à plus de pragmatisme en utilisant des solutions plus simples et moins élaborées intellectuellement. Il est vrai que son analyse et sa réflexion à propos de l'arbitrage est aussi valable pour toutes les questions d'ordre juridique. Il ne faut pas enfermer les règles dans un carcan dans lequel elles perdent toute souplesse.

Selon Daniel Levy, pour restaurer la cohérence et concilier une conception tendant vers le transnational sans mettre à bas les juges étatiques, il convient de recourir avec force à l'abus de droit, bien connu des juristes de droit privé. C'est une notion, pragmatique s'il en est, dans la mesure où elle constitue un correctif à la rigidité d'un système et remplace d'autres instruments correctifs eux-mêmes trop rigides.

En abordant des questions qui vont au-delà du seul arbitrage international, l'auteur fait preuve d'une grande culture juridique ainsi que d'une réflexion et d'un esprit d'analyse qui laissent augurer d'une brillante carrière de juriste. Son œuvre, qui a constitué sa thèse de doctorat, que j'ai eu le plaisir de diriger et qui fût soutenue devant un jury composé de grands spécialistes du droit de l'arbitrage, a mérité un prix qui lui a été décerné par l'Université Panthéon-Assas.

Christian Larroumet
Professeur émérite de l'Université Panthéon-Assas

AVANT-PROPOS

Jetant un pont entre les deux rives de l'Atlantique, le regretté professeur Philippe Fouchard a non seulement définitivement accolé la France et le Brésil, mais aussi installé un lien indissoluble entre les spécialistes de l'arbitrage international de ces deux pays. On ne compte plus ceux qui ont emprunté ce pont, dans les deux sens, formés dans un pays pratiquant dans l'autre, localisés dans l'un et toujours dans l'autre, vivant dans l'un et rêvant à l'autre. Le travail de Daniel Lévy s'inscrit dans cette idylle.

Mieux, paraphrasant Pierre Barouh qui, dans sa célèbre samba *Saravah*, a chanté qu'il était peut-être le Français le plus brésilien de France, sur l'inoubliable mélopée de Baden Powell, on dira que cette thèse est la plus brésilienne des thèses françaises. Par le jury lui-même, composé de ressortissants des deux pays, d'élèves français et brésilien de Philipe Fouchard, d'amoureux des deux pays et plus encore sans doute de celui qui n'est pas le leur, par le nom même de l'auteur qui incarne à lui-seul les deux origines, par le sujet enfin qui, parce qu'il est transnational, constitue à lui-seul un franchissement de frontières, grâce à ce fameux pont jadis dressé par Philippe Fouchard, omniprésent dans l'opus de grande envergure que constitue cette thèse.

Au-delà de ce qu'il incarne, et qui suffit au soussigné à le combler d'avoir été rapporteur de la soutenance, membre du jury et invité à rédiger cet avant-propos, en plus de la belle préface du directeur de thèse, son collègue et ami Christian Larroumet, le présent livre est une œuvre de combat. Celui-ci consiste à dénoncer les insuffisances de la conception de l'ordre juridique arbitral, parce qu'elle ne procéderait que d'un abus. Cet abus, présenté comme un abus de droit, mais compris comme l'abus d'une certaine manière de concevoir l'arbitrage international, constitue le fil conducteur d'une thèse qui s'en prend au « juridiquement correct », notamment dans la doctrine française. Et c'est le premier compliment que l'on peut adresser à ce travail : il y a dans sa démarche une forme de révolte épistémologique, à moins que ce soit de l'inconscience, qui le porte à venir affronter ceux dont ils pointent les « déviances » ou dont ils dénoncent les « truismes » dans leur langue et sur le terrain, et de cela on ne peut que le féliciter. C'est aussi à l'aune de cette démarche ambitieuse qu'il faut à l'évidence comprendre la citation du plus français des philosophes, Henri Bergson, figurant en épigraphe de la thèse.

Le postulat de la thèse est que la théorie de l'ordre juridique arbitral est infidèle à la pratique de l'arbitrage international ; cela engendrait une insécurité juridique qu'il faut dénoncer et corriger, pour le bien de l'arbitrage, avant qu'il ne s'effondre de lui-même. Tel est bien le but que s'assigne l'auteur de cette thèse, héraut de « révolte des faits contre les idées » (n°125), dont l'auteur s'auto-investit du rôle de général en chef. Il va conduire sa campagne en deux temps, lesquels enjambent les deux parties de la thèse. En effet, si la reconstruction succède à la déconstruction, celle-ci occupe trois des quatre titres de la thèse, même si le premier est davantage un exposé de la théorie de l'ordre juridique arbitral, celui-là même dont les « distorsions » (première partie) et les « abus » (deuxième partie) sont dénoncés. Sont alors revisités tous les grands débats qui ont traversé la doctrine, comme en particulier celui sur la *lex mercatoria*, ou celui sur l'existence de la jurisprudence arbitrale. Dans le titre II de la première partie, ce sont cette fois-ci des mécanismes classiques du droit de l'arbitrage comme l'obtention de mesures provisoires, les *anti-suit injunctions* ou l'autorité de chose jugée qui sont présentées comme autant de moyens permettant de corriger les insuffisances de l'ordre juridique arbitral. À chaque fois, l'idée est que la théorie est inapte à embrasser la pratique de l'arbitrage international, et qu'elle ne le fait qu'au prix d'un abus de la notion d'ordre juridique arbitral.

C'est encore l'abus qui sert de base à la reconstruction proposée par l'auteur à la fin de l'ouvrage, mais c'est de l'abus de droit dont il s'agit cette fois. L'abus de droit viendrait en quelque sorte relayer l'abus de l'ordre juridique arbitral. Seul l'abus de droit fournirait la solution aux déficiences théoriques et pratiques générées par l'ordre juridique arbitral. L'abus de droit deviendrait une sorte de panacée de l'arbitrage international capable de lui redonner sa cohérence, de compenser ses lacunes et de le rendre opérationnel. Voire.

Au final, et de manière paradoxale, c'est une thèse extraordinairement théorique pour soutenir une vision pratique de l'arbitrage, tout en reprochant aux théories préexistantes de ne pas emvisager suffisamment bien le phénomène arbitral, signe que les doctrines précédentes, méticuleusement démolies par l'auteur, n'étaient pas si déconnectées de la réalité. Plus que tout autre, il s'agit là d'un travail de théorie du droit, qui n'hésite pas à investir des champs arides et rebattus pour en proposer une nouvelle lecture dynamique et stimulante. Incontestablement donc il s'agit d'un travail important, dont la lecture sera nécessaire à tous ceux qui s'intéressent à la théorie de l'arbitrage.

D'autant plus que la thèse est servie par un style d'une élégance rare, particulièrement plaisant à suivre. Le fait qu'elle soit nourrie de philosophie, et relayée par la pensée de nombreux auteurs, bien au-delà du cercle juridique, renforce encore le plaisir de la lecture de l'ouvrage. Enfin, le droit comparé est mobilisé à un niveau de compréhension et de maîtrise rare dans une thèse de doctorat.

On l'aura compris, c'est un ouvrage ambitieux et convaincu qui est présenté ici, et rien n'est plus enthousiasmant dans la littérature juridique, quand bien même on appartient à la catégorie des impies combattus par l'auteur. Être venu porté le fer directement là où se trouvent ceux qu'il identifie comme les responsables de ces abus, tout en leur demandant d'évaluer son travail, ne manque ni de courage ni de panache. En cela, Daniel Lévy est le digne disciple de son directeur de thèse, connu pour son caractère entier et indomptable, et le lointain héritier de Philippe Fouchard, qui enseignait mieux que personne le refus des idées reçues et l'esprit de révolte. Cette thèse en est une belle illustration.

Thomas Clay
Professeur à l'Université de Versailles

PRINCIPALES ABRÉVIATIONS

AAA	American Arbitration Association
AC	House of Lords, Privy Council and Appeals Division Cases (Angleterre)
act.	actualité
AELE	Association européenne de libre échange
AFDI	*Annuaire français de droit international*
aff.	Affaire
AJDA	*Actualité juridique de droit administratif*
al.	alinéa
ALENA	Accord de libre-échange nord-américain
ALI	American Law Institute
All ER	*All England Law Reports (Angleterre)*
Am. Journ. Int. L.	*American Journal of International Law*
Am. Univ. Intern. L. Rev.	*American University International Law Review*
Amer. Rev. Intern. Arb.	*American Review of International Arbitration*
Arb. intern.	*Arbitration international*
Arb. L. Rev.	*Arbitration Law Review*
Arch. ph. dr.	*Archives de philosophie du droit*
ARIAS	The Insurance and Reinsurance Arbitration Society (Royaume-Uni)
ARSS	*Actes de la recherche en sciences sociales*
ass. plén.	assemblée plénière
ATF	*Arrêts du tribunal fédéral suisse*
BCJ	*Quicklaw's British Columbia Judgments (Canada)*
BCSC	Supreme Court of British Columbia (Canada)
BGB	Bürgerliches Gesetzbuch (Code civil allemand)
BGH	Bundesgerichtshof (Cour fédérale de justice, Allemagne)
BLR	*Business Law Report (Canada)*
Bos. Univ. Int. L. Journ.	*Boston University International Law Journal*
Bull. ASA	*Bulletin de l'Association suisse de l'arbitrage*
Bull. CCI	*Bulletin de la Cour internationale d'arbitrage de la Chambre de commerce internationale*

Bull. civ.	*Bulletin des arrêts de la Cour de cassation (chambres civiles)*
Bull. inf. C. Cass.	*Bulletin d'information de la Cour de cassation*
BYIL	*British Yearbook of International Law*
c.	*contre*
CA	Cour d'appel
Cah. arb.	*Les Cahiers de l'arbitrage*
Cah. monde russe et soviet	*Cahiers du monde russe et soviétique*
Cass.	Cour de cassation
CCI	Chambre de commerce internationale
CCTA	Commission de coopération technique en Afrique au sud du Sahara
CE	Conseil d'État
CEDH	Cour européenne des droits de l'Homme
CEE	Communauté économique européenne
Cf.	*Confer*
Ch.	Chambre
Ch.	Chancery Division Cases (Angleterre)
CIJ	Cour internationale de justice
CIRDI	Centre international de règlement des différends relatifs à l'investissement
civ.	civil(e)
CJCE	Cour de justice des communautés européennes
CLR	*Commonwealth Law Reports*
CML Rev.	*Common Market Law Review*
CNUDCI	Commission des Nations Unies pour le droit commercial international
CNY	Convention de New York
Col. Jour. Europ. L Online	*The Columbia Journal of European Law Online*
Col. Journ. Trans. L.	*Columbia Journal of Transnational Law*
com.	commercial
concl.	conclusions
Cons. const.	Conseil constitutionnel
cont.	continuation
Conv. EDH	Convention européenne de sauvegarde des droits de l'homme et des libertés fondamentales
coord. / coords.	coordinateur / coordinateurs
CPA	Cour permanente d'arbitrage
CPC	Code de procédure civile français
CPC	Code de procédure civile français
CPJI	Cour permanente de justice internationale
Cr. App. R.	*Criminal Appeal Reports (Angleterre)*
CSJ Ont.	Cour supérieure de Justice (Ontario)

Current L. Prob.	*Current Legal Problems (Angleterre)*
CVIM	Convention des Nations Unies sur les contrats de vente internationale de marchandises
D.	*Dalloz (Recueil)*
déc.	décision
Des.	Desembargador (Brésil)
DH	*Dalloz hebdomadaire*
Dir. / Dirs.	Directeur / Directeurs
DLT	*Delhi Law Times*
DP	*Dalloz périodique (jusqu'en 1940)*
EAA	English Arbitration Act
ECOSOC	Conseil économique et social des Nations Unies
ECT	*Energy Charter Treaty*
éd.	éditeur
Éd./Éds.	Éditeur/Éditeurs
EIPR	*European Intellectual Property Rights Review*
EWCA	Court of Appeal (Civil Division) – England
FAA	Federal arbitration act (EUA)
FEDUCI	Fondation pour l'étude du droit et des usages du commerce international
GA	Grands Arrêts
GAFTA	*Grain and Feed Trade Association*
GATT	Accord général sur les tarifs douaniers et le commerce
Gaz. Pal.	*Gazette du Palais*
Geo. Journ. Intern. L.	*Georgetown Journal of International Law*
Geo. Wash. Journ. Int. L. & Econ.	*George Washington Journal of International Law and Economics*
Harv. Int. L. Journ.	*Harvard International Law Journal (EUA)*
HC	High Court
IAI	International Arbitration Institute
IAPL	International Association of Procedure Law
IBA	International Bar Association
ICCA	International Council for Commercial Arbitration
ICSID	International Center for Sttlement of Investement Disputes
ICSID Rep.	*ICSID Report*
ICSID Rev., Foreign Invest. Law Journ	*ICSID Review, Foreign Investement Law Journal*
IGPA	International General Produce Association
ILA	International Law Association
ILM	*International Legal Materials*

ILPr	*International Litigation Procedure (Angleterre)*
inf. rap.	*Information rapide (Dalloz)*
Int. Bus. L.	*International Business Law*
Int. Comp. L. Q.	*International and Comparative Law Quarterly*
Inter-amer. L. Rev.	*Inter-american Law Review*
Intern. Leg. Mater.	*International Legal Materials*
j.	jugement
JCl.	*Juris-Classeur - Encyclopédies*
JCP G	*Juris-Classeur* périodique – Édition générale
JDI	*Journal du droit international (Clunet)*
JdT	*Journal des tribunaux (Suisse)*
JE	*Jurisprudence-Express (Canada)*
JOCE	*Journal officiel des communautés européennes*
Journ. Int. Arb.	*Journal of International Arbitration*
Journ. L. Soc.	*Journal of Law and Society*
LCIA	London Court of International Arbitration
LDIP	Loi fédérale suisse sur le droit international privé
let.	lettre
Lloyd's Rep.	*Lloyd's Law Reports*
Louis. L. Rev.	*Louisiana Law Review*
LT	*Law Times Report (Angleterre)*
MALQR	*Model Arbitration Law Quarterly Reports*
McGill L. Journ.	*McGill Law Journal*
Mealey's Int'l Arb. Rep.	*Mealey's International Arbitration Report*
Mich. Journ. Int. L.	*Michigan Journal of International Law*
Mich. L. Rev.	*Michigan Law Review*
My & K.	*Mylne & Keen's Chancery Reports (England and Wales)*
n.	note
N.Y. Univ. L. Rev.	*New York University Law Review*
n.	numéro (renvoie aux paragraphes)
Nebraska L. Rev.	*Nebraska Law Review*
Northw. Univ. L. Rev.	*Northwestern University Law Review*
not.	notamment
obs.	observations
OGL	Oberlandesgericht
OHADA	Organisation pour l'harmonisation en Afrique du droit des affaires
OJ	*Ontario Judgments*
OMC	Organisation mondiale du commerce
ord.	Ordonnance
Org./Orgs.	Organisateur / Organisateurs

P.	*Journal du palais*
Pac. L. Journ.	*Pacific Law Journal*
pan.	panorama
par., pars. §	paragraphe(s)
Pas.	*Pasicrisie (Belgique)*
PIBD	*Propriété industrielle - Bulletin documentaire*
PLD	*Pakistan Law Decisions*
PUAM	Presses universitaires d'Aix-Marseille
PUF	Presses universitaires de France
QB	*Queens Bench Division (Q.B.) (Angleterre)*
QJ	*Québec Judgments*
RBDI	*Revue belge de droit international*
RCADI	*Recueil des cours de l'Académie de droit international de La Haye*
RD aff. int.	*Revue de droit des affaires internationales*
RDC	*Revue des contrats*
RDI	*Rivista di diritto internazionale (Italie)*
RDP	*Revue du droit public et de la science politique en France et à l'étranger*
Rec. CEDH	*Recueil de la Cour européenne des droits de l'Homme*
Rec. CIJ	*Recueil de la Cour internationale de justice*
Rec. CJCE	*Recueil de la Cour de justice des communautés européennes*
Rec. Cons. const.	*Recueil des décisions du Conseil constitutionnel*
Rec. CPJI	*Recueil de la Cour permanente de justice internationale*
rééd.	réédition
réf.	référé
REJB	*Recueil de jurisprudence du Barreau (Canada)*
Rép. civ. Dalloz	*Dalloz (Encyclopédie)*
req.	requête
Resp. civ. et assur.	*Responsabilité civile et assurances*
Rev. arb.	*Revue de l'arbitrage*
Rev. br. arb.	*Revista brasileira de arbitragem (Comitê Brasileiro de Arbitragem, Brésil)*
Rev. br. arb. med.	*Revista de arbitragem e mediação (Brésil)*
Rev. conc. consom.	*Revue de la concurrence et de la consommation*
Rev. crit. DIP	*Revue critique de droit international privé*
Rev. crit. jurispr. belge	*Revue critique de jurisprudence belge*

Rev. crit. législ. et jurispr.	*Revue critique de législation et de jurisprudence*
Rev. dr. Ass. Procuradores do Novo Est. RJ	*Revista de Direito da Associação dos Procuradores do Novo Estado do Rio de Janeiro : Direito Arbitral*
Rev. dr. comm. bel.	*Revue de droit commercial belge*
Rev. dr. intern. et dr. comp.	*Revue de droit international et de législation comparé (Belgique)*
Rev. met. mor.	*Revue de métaphysique et de morale*
Rev. queb. dr. int.	*Revue québécoise de droit international (Canada)*
Rev. sc. morales et pol.	*Revue des sciences morales et politiques*
RFDA	*Revue française de droit administratif*
RGAR	*Revue générale des assurances et des responsabilités (Belgique)*
RGDI publ.	*Revue générale de droit international public*
RID comp.	*Revue internationale de droit comparé*
RID mar.	*Revue internationale du droit maritime*
Riv. dir. civ.	*Rivista di diritto civile (Italie)*
Riv. dir. priv.	*Rivista di diritto privato (Italie)*
Riv. dir. proc.	*Rivista di diritto processuale (Italie).*
Riv. trim. dir. proc. civ.	*Rivista trimestrale di diritto e procedura civile (Italie)*
RJDA	*Revue de jurisprudence de droit des affaires*
RRJ	*Revue de recherche juridique - Droit prospectif*
RSA	*Recueil des sentences arbitrales des Nations Unies*
RTD civ.	*Revue trimestrielle de droit civil*
RTD com.	*Revue trimestrielle de droit commercial et de droit économique*
S.	*Sirey*
SCC	Stockholm Chamber of Commerce
SCC	*Supreme Court Cases (Inde)*
SCMR	*Supreme Court Monthly Review (Pakistan)*
SJ	*La Semaine Judiciaire (Suisse)*
spéc.	spécialement
SEC	*Sentença estrangeira contestada* (Brésil)
T.	Turma (Brésil)
TBI	Traité bilatéral d'investissement
TDM	*Transnational dispute management*
Tex. Int. L. Journ.	*Texas International Law Journal*
Tex. L. Rev.	*Texas Law Review*
Tex. Tech L. Rev.	*Texas Tech Law Review*

TF	Tribunal fédéral suisse
TGI	Tribunal de grande instance
TJPR	Tribunal de Justiça de l'État du Paraná (Brésil)
TJSP	Tribunal de Justiça de l'État de São Paulo (Brésil)
Travaux comité fr. DIP	*Travaux du Comité français de droit international privé*
Tul. J. Int. & Comp. L.	*Tulane Journal of International and Comparative Law*
Tul. L. Rev.	*Tulane Law Review*
UE	Union européenne
Unif. law rev.	*Uniform Law Review – Milan.*
Utah L. Rev.	*Utah Law Review*
v.	*versus*
v.g.	*verbi gratia*
Vanderbilt Journ. Trans. L.	*Vanderbilt Journal of Transnational Law*
Vers. Intern. Arb. Bus. L. Rev.	*Versailles International Arbitration and Business Law Review*
WAMR	*World Arbitration & Mediation Repport*
WLR	*Weekly Law Reports*
Yearb. Comm. Arb.	*Yearbook of commercial arbitration*
ZPO	Zivilprozeβordnung (Code de procédure civile allemand ou autrichien)

SOMMAIRE

« ...Le poète est semblable au prince des nuées
Qui hante la tempête et se rit de l'archer ;
Exilé sur le sol au milieu des huées,
Ses ailes de géant l'empêchent de voler »

Charles Baudelaire (1821-1867).
« L'Albatros ». Les Fleurs du Mal (1857).

INTRODUCTION

> *« Travaillons à dilater notre pensée ; forçons notre entendement ; brisons, s'il le faut, nos cadres ; mais ne prétendons pas rétrécir la réalité à la mesure de nos idées, alors que c'est à nos idées de prendre mesure sur la réalité*[1] *».*

1. Le mot d'ordre que donnait H. Bergson aux philosophes en 1913, dans son discours sur Claude Bernard, paraît construit sur mesure pour encadrer la réflexion actuelle sur l'arbitrage international. Dans un scénario encore ouvert, idée et réalité se confrontent – et alternent – dans un *moto perpetuum* de construction et déconstruction du champ dans lequel se développe la résolution des différends internationaux.
Nous avons rarement assisté à une emprise aussi acharnée des idées sur la réalité, et les conceptualisations qui ont cours actuellement concernant l'arbitrage international risquent de constituer un instrument de rétrécissement du réel, que seul le retour vers les valeurs de base de l'individu et de l'être humain pourra contourner.
C'est ce que nous proposons ici d'identifier : d'une part, les courants théoriques qui promeuvent aujourd'hui la véritable cristallisation d'un phénomène dynamique *per se*, l'arbitrage international ; et d'autre part, caractériser les comportements individuels qui, se valant de la rigidité académique de ces conceptions, tendent vers l'illicéité. Le réel qui s'empare de l'idéel pour mieux le fuir. Voici le paradoxe qui nous occupera dans les prochaines pages.
2. Or, certains comportements sont légitimés par leur justification théorique, ou mieux, par leur encadrement dans un système construit à partir d'un raisonnement déductif, ce qui rend leur identification encore plus complexe, et surtout, permet de les qualifier comme contraires à *un* Droit. Pourtant, si c'est le système lui-même qui valide des attitudes qui contrarient un certain sentiment d'équité, comment (*rectius*, pourquoi) les sanctionner ?

[1] BERGSON Henri, *La pensée et le mouvant : essais et conférences*, 79e éd., Paris : PUF, 1969, p. 129.

Plusieurs réponses peuvent être apportées ; néanmoins, concentrons-nous sur une constatation à la fois basique et fondamentale : ces incohérences se font de plus en plus courantes dans l'arbitrage international, même sous la protection d'un système théorique, ce qui démontre déjà la révolte du réel contre les idées. À partir de cet état de fait, la réponse à la question ci-dessus est plus qu'évidente : la légitimité conceptuelle des déviations pratiques suffit pour contester le système, et provoque une révolte virulente des faits contre la théorie, l'éclatement de cet ordre s'acheminant vers une certaine insécurité juridique.

3. Cependant, l'importance de cette observation s'oppose à la difficulté d'examiner un ordre mouvant, dynamique, encore en franche évolution, dont les concepts et idées se construisent *pari passu*, servant beaucoup plus à un encadrement *in casu* qu'à l'appréhension d'un ensemble homogène de conduites. Ce manque de balises rend ardue la tâche d'identification et de sanction des déviances, à partir de critères qui devraient servir de manière plus flexible et dynamique la mission d'un retour vers l'intérêt des parties, source de tout système. Ce pont entre individu et système, entre réalité et idée, est la ligne directrice qui nous guidera dans l'étude des dérives de l'arbitrage international.

Pour que ce pont soit solidement construit, recourons à une notion qui, tout en préservant la fermeté d'une représentation théorique si développée, permettra de lui apporter la souplesse pratique évitant sa fissure : l'*abus de droit*. Cette notion millénaire, d'une complexe simplicité, constitue le lien nécessaire entre la construction d'un espace arbitral international et les besoins concrets des parties dans la procédure.

La licéité, l'illicéité, ou toute autre règle juridique bâtie à la lumière de cet ordre théorique, ne représenteront qu'une première étape dans l'identification du comportement déviant, lequel ne sera plus exclusivement légitimé par ces catégories, mais examiné sous un angle plus large et flexible, à partir de l'abus de droit. En même temps qu'il nous montrera l'individu, il nous montrera la position de cet individu dans le système ; cette double perspective nous évitera l'aveuglement théorique.

4. Introduisons donc le sujet, en nous penchant plus précisément sur cette confrontation entre *idée* et *réalité*. L'*idée* représente l'essor théorique de l'arbitrage international, où l'édification ultime d'un « ordre juridique arbitral », détaché des ordres étatiques, paraît créer ce terrain conceptuel qui encadre et accepte – malgré lui – les pratiques déviantes dans la procédure. La *réalité* correspond non seulement au constat des différentes formes d'interprétation de ce cadre conceptuel par les arbitres et par chacune des cours étatiques intervenant dans l'arbitrage international, mais surtout au conflit qui résulte de ces interprétations souvent disparates.

En nous rapprochant des différents acteurs, nous nous rendons compte que l'informalité de l'arbitrage, tout comme la difficile coexistence entre droits internes et droit international, semblent souvent éloignés d'une interprétation trop systématique de l'ordre juridique arbitral. La dichotomie entre la construction théorique de cet ordre et sa déconstruction par une série de dérives pratiques sera le fil conducteur de notre travail. De leur confrontation résulte un décalage, et la *doctrine de l'abus de droit* peut certainement être utile dans une démarche visant à élargir le champ de la réalité tout en permettant qu'il reste encadré par les idées.

A. D'un côté, l'essor des idées

5. Affirmer le succès de l'arbitrage international comme instrument de résolution des litiges au niveau international n'est rien d'autre qu'un truisme. Les raisons qui expliquent le recours de plus en plus fréquent à ce mécanisme sont nombreuses : la neutralité vis-à-vis des tribunaux étatiques, la flexibilité et la liberté qui régissent l'arbitrage international, la confidentialité, la possibilité d'un choix qualitatif des arbitres, la plus grande facilité d'exécution d'une sentence arbitrale comparée à un jugement étranger, etc.[2].

6. Toutefois, il est moins évident de percevoir que le succès pratique de l'arbitrage international s'accompagne, depuis quelques années, d'un essor théorique encore plus prononcé. Cela résulte d'une volonté doctrinale de créer un espace propre de légitimation dans ce domaine, basé tantôt sur la volonté des parties de soumettre leur litige à l'arbitrage, tantôt sur une communauté transnationale de valeurs.

La tentative de détachement de l'arbitrage international des ordres étatiques constitue l'épine dorsale de cette tendance. Elle est nourrie par la croissance du commerce international et l'exigence d'un mécanisme neutre de résolution des litiges, lequel répondrait au besoin d'une société dont les bases économiques sont détachées de leurs racines étatiques.

L'intensification des échanges économiques internationaux est indéniable : le taux de croissance géométrique des investissements étrangers est passé de 190 000 milliards à 580 000 milliards de dollars entre 1990 et 2007.

---

[2] Ces bénéfices ont été bien résumés par G. Bermann, comme les véritables conditions pour que l'arbitrage international puisse être effectif : « *A priori*, au moins tous les participants – parties, conseils, institutions arbitrales – ont intérêt à garantir que l'arbitrage induit les divers avantages qui lui sont associés, notamment la rapidité, l'économie, l'informalité, l'expertise technique, le détachement des fors nationaux […] » (BERMANN George A., « The "Gateway" Problem in International Commercial Arbitration », *The Yale Journal of International Law*, 2012, v. 37, p. 2. Traduction libre. Dans l'original : « *A priori, at least, all participants – parties, counsel, arbitrators, arbitral institutions – have an interest in ensuring that arbitration delivers the various advantages associated with it, notably speed, economy, informality, technical expertise, and avoidance of national fora […]* ». Dans le même sens, *cf.* GHARAVI Hamid G., *The international effectiveness of the annulment of an arbitral award*, The Hague : Kluwer Law International, 2002, p. 1.

Depuis les crises de 2008, ces chiffres sont plus modérés, et atteignent 124 000 milliards en 2010[3]. L'idée d'une société globalisée n'est plus contestable, et même les mouvements « antiglobalisation » sont devenus, ironiquement, globalisés[4]. Sans aller jusqu'à une « allergie[5] » à l'intervention étatique, la théorisation de l'arbitrage propose ce mécanisme autonome de résolution des différends comme instrument de cette nouvelle société.
La transformation de l'arbitrage international en un outil tout aussi autonome que la société de commerçants qu'elle régit représente son véritable « pedigree académique[6] ». C'est ce qui contribue à légitimer théoriquement le succès pratique dont personne ne doute.

7. Surgit alors un corps procédural flottant dans l'éther juridique d'une société économique internationale. Cette conception de l'arbitrage international implique le dépassement de la *lex fori*, ce qui en inquiète plus d'un, qui rappellent le risque qu'un arbitre sans for ne devienne aussi un arbitre sans loi[7], voire même arbitraire[8]. L'essor théorique *in extremis* se manifeste non seulement dans la défense d'un ordre arbitral organisé au-dessus des États souverains, mais surtout dans un mouvement de délocalisation réellement incontrôlable.
Ce raisonnement répond à la fois à l'idée d'un effacement des législations internes, qui reconnaissent leurs limites pour régir bon nombre de situations internationales[9], ainsi que de l'apparition d'organisations effectivement

---

[3] CNUCED, « World investment report 2011 », [en ligne] http://www.unctad-docs.org/files/UNCTAD-WIR2011-Full-en.pdf (page consultée le 21/11/11). D'autres données sont présentées par Rudolf Dolzer et Christoph Schreuer, dans *Principles of international investment law*, New York : Oxford University Press, 2008.

[4] C'est l'opinion de Robert HOWSE, « The end of the globalization debate: continued », *in* KOLSKY LEWIS Meredith, FRANKEL Susy (éds.), *International Economic Law and National Autonomy*, Cambridge : Cambridge University Press, 2010, p. 7.

[5] KASSIS Antoine, *L'autonomie de l'arbitrage commercial international : le droit français en question*, Paris : L'Harmattan, 2005, p. 195.

[6] DEZALAY Yves, GARTH Bryant G., *Dealing in virtue: international commercial arbitration and the construction of a transnational legal order*, Chicago : The University of Chicago, 1996, p. 42.

[7] BUCHER Andreas, *La dimension sociale du droit international privé*, La Haye : Académie de droit international de La Haye (ADI-Poche), 2011, p. 364 : « Car "l'arbitre sans for" n'est pas un « arbitre sans loi ».

[8] BELLET Pierre, « Débats », *in Travaux du Comité français de droit international privé*. Paris : CNRS/Dalloz, 1984-1985, p. 99 : « [...] l'arbitre est libre, il n'y a pas de *lex fori*, et cependant on lui demande de ne pas être arbitraire. »

[9] OSMAN Filiali, *Les principes généraux de la lex mercatoria : contribution à l'étude d'un ordre juridique anational*, Paris : LGDJ, 1992, p. 301. Pour ceux qui soulignent que les limites entre le droit interne et le droit international sont chaque fois plus vagues, *cf.* KOH Harold H., « Transnational legal process », *Nebraska L. Rev.*, 1996, v. 75, pp. 203-205 ; SLAUGHTER Anne-Marie, *A new world order*, Princeton : Princeton University Press, 2004, pp. 5-14 et 171-195 ; FUKUNAGA Yuka, « Global economic institutions and the autonomy of development policy: a pluralist approach », *in* KOLSKY LEWIS Meredith, FRANKEL Susy (éds.), *op. cit.*, p. 32.

supranationales, comme les entreprises multinationales, qui, selon Mustill et Boyd[10], n'ont aucune obligation de soumettre leurs litiges à des tribunaux étatiques. D'une manière encore plus incisive, les deux auteurs font remarquer qu'« idéalement, les cours devraient se maintenir totalement écartées de [l'arbitrage][11] ».

8. Cette situation conduit à une culture d'écartement des ordres étatiques, condition même, selon certains[12], du développement parallèle d'une culture de l'arbitrage international. L'essor de principes généraux comme celui de la « non-interférence », qui a cours en France, n'est qu'un exemple de la façon dont ce mouvement est intégré dans la pratique quotidienne. La non-intervention des cours étatiques dans des procédures internationales est reconnue par un nombre considérable d'arrêts[13], et énoncée explicitement par la doctrine[14].

Bien que le principe comporte des exceptions[15] – et ce sont justement celles-ci qui nous intéressent dans cette recherche –, il révèle déjà un effort d'idéalisation théorique. Cela permet d'envisager un débat plus profond sur le degré d'isolement de cet ordre, afin de garantir l'intégrité de la procédure

---

[10] MUSTILL Sir Michael J., BOYD Stewart C., *The law and practice of commercial arbitration in England*, London : Butterworths, 1982, p. 403.

[11] *Ibid.* Traduction libre. Dans l'original : « *Ideally, the courts should be kept entirely away from the process [...]* ». Les auteurs ajoutent, en note, que c'est une opinion radicale, rarement exprimée publiquement, car, au fond, les parties se satisfont de pouvoir compter sur le pouvoir de contrôle des cours étatiques (*ibid.*, note 9). Voici déjà un exemple de la disparité entre la beauté théorique d'un ordre autonome et indépendant et les exigences pratiques des principaux intéressés, c'est-à-dire les parties.

[12] GRIGERA NAON Horacio A., « Latin American arbitration culture and the ICC arbitration system », *in* FROMMEL Stefan N., RIDER Barry A. K. (éds.), *Conflicting legal cultures in commercial arbitration: old issues and new trends*, The Hague : Kluwer Law International, 1999, p. 120 : « L'évolution d'une culture de l'arbitrage commercial international est liée très intimement au développement d'une culture parallèle, partagée par les juridictions nationales autour du monde, qui minimise l'interférence et maximise le support des judiciaires nationaux vis-à-vis de l'arbitrage commercial international ». Traduction libre. Dans l'original : « *The evolution of an international commercial arbitration culture is then closely associated with the development of a parallel culture, shared by national jurisdictions all over the world, which minimizes the interference and maximizes the support of national judiciaries vis-à-vis international commercial arbitrations.* »

[13] TGI Paris, ord. réf., 6 janvier 2010, n°09/60539, Sté Elf Aquitaine, *JCP G*, 2010, I, 644, § 3 – obs. ORTSCHEIDT Jerôme ; *Cah. arb.*, 2010, p. 853 – obs. DEGOS Louis ; confirmé en appel, CA Paris, 5 nov. 2010, n°10/01117 ; TGI Paris, ord. réf., 29 mars 2010, n°10/52825, Répub. de Guinée équatoriale, *JCP G*, 2010. I. 644, § 4 – obs. ORTSCHEIDT Jerôme.

[14] DEGOS Louis, « Observation sous TGI Paris, ord. réf. 29 mars 2010, n°10/52825, Répub. de Guinée équatoriale », *Cah. arb.*, 2010, p. 853.

[15] Dans le jugement mentionné ci-dessus (*cf.* n.13), Repub. de Guinée équatoriale, le tribunal de grande instance de Paris affirme que le principe n'empêche pas d'ordonner des mesures provisoires (sur les déviances de l'arbitrage international quant aux demandes de mesures provisoires, *cf.* n.327 *et seq.*, *infra*).

arbitrale. Ce sont les premiers indices montrant qu'il serait préférable d'établir un dialogue entre ces différents systèmes juridiques[16].

9. Pour l'instant, nous insistons sur cet assemblage théorique pour montrer que l'arbitrage international s'est aujourd'hui inséré dans un champ très proche d'un « neojusnaturalisme ». Voici donc un autre facteur de l'essor théorique de l'arbitrage international : le rapprochement d'une nouvelle société naturelle.

Plusieurs auteurs font remarquer la proximité entre le droit commercial international actuel et les courants philosophiques inspirés par Hobbes. Cette *lex mercatoria* est comparée à un système auto-validé et autolégitimé, dans un geste « comparable seulement aux révolutions authentiques dans lesquelles la violence de la première distinction est créatrice de droit[17] ». Rappelons que la source de cette violence, inscrite dans le *Léviathan*[18], n'est rien d'autre que l'égoïsme et la solitude de l'homme. L'isolement, dans une certaine mesure, coïncide avec la difficulté à dialoguer que nous observons aujourd'hui, à la fois entre les différents ordres étatiques, et entre ceux-ci et la procédure arbitrale internationale.

Il n'y a donc rien de surprenant à ce qu'une partie de la doctrine contemporaine ait puisé dans ces sources afin d'apporter une valeur historique, et surtout un postulat philosophique, à l'idée d'un ordre juridique autonome. V. Heuze et P. Mayer[19] notent le recours aux concepts de « droit naturel moderne » et de « droit commun des nations » dans des sentences

---

[16] Nous employons ici les notions d'ordre et de système de façon encore imprécise, comme synonymes. Nous examinerons les distinctions entre les deux idées par la suite, afin de justifier la dénomination d'« *ordre* juridique arbitral » (*cf.* n.39 *et seq.*, *infra*).

[17] TEUBNER Gunther, « "Global Bukowina": legal pluralism in the world society », *in* TEUBNER Gunther (éd.), *Global law without a State*, Dartmouth : Aldershot, 1997, p. 18. L'idée nous est rappelée par François Ost, dans « Mondialisation, globalisation, universalisation », *in* MORAND Charles-Albert (dir.), *Le droit saisi par la mondialisation.* Bruxelles : Bruylant, 2001, p. 22.

[18] HOBBES Thomas, *Léviathan : Traité de la matière, de la forme du pouvoir de la république ecclésiastique et civile*, [en ligne] http://www.livrespourtous.com/e-books/detail/Leviathan-De-l-homme--partie1/onecat/0.html (page consultée le 18/11/11), p. 116 : « Dans un tel état, il n'y a aucune place pour une activité laborieuse, parce que son fruit est incertain ; et par conséquent aucune culture de la terre, aucune navigation, aucun usage de marchandises importées par mer, aucune construction convenable, aucun engin pour déplacer ou soulever des choses telles qu'elles requièrent beaucoup de force ; aucune connaissance de la surface de la terre, aucune mesure du temps ; pas d'arts, pas de lettres, pas de société, et, ce qui le pire de tout, la crainte permanente, et le danger de mort violente ; et la vie de l'homme est solitaire, indigente, dégoûtante, animale et brève ». Pour un examen de l'influence des idées hobbesiennes dans un ordre international moderne, *cf.* Gordon GRAHAM, *Ethics and international relations*, 2e éd., Oxford : Blackwell Publishing, 2008, p. 25 *et seq.*

[19] MAYER Pierre, HEUZÉ Vincent, *Droit international privé*, 9e éd., Paris : Montchrestien, 2007, p. 16.

arbitrales contemporaines. À son tour, E. Gaillard[20] discute le jusnaturalisme comme l'un des postulats philosophique de cette construction.

10. Si le « droit naturel moderne » permet une légitimation extrinsèque de la théorie de l'arbitrage international, la valorisation de la volonté des parties sert une légitimation intrinsèque. C'est un autre élément constitutif de cet essor théorique de la discipline.

Selon les propos d'une célèbre décision de la Cour suprême du Canada dans l'affaire *Dell Computer Corp. v. Union des consommateurs*, « l'arbitrage est une créature qui doit son existence seulement à la volonté des parties[21] ». La Cour pose la « volonté » comme élément fondateur de cette théorie, dont la vocation est de faire le lien entre l'individu et l'état naturel étudié auparavant.

Si les notions de liberté et d'individualisme se situent au centre des débats[22], il est néanmoins indispensable de réfléchir aux limites de ce « moi souverain[23] ». En effet, l'autonomie de la volonté risque de faire du droit international un simple instrument de limitation des libertés souveraines, et non un tissu de droits et devoirs sociaux[24]. La liberté dans l'arbitrage international constituerait alors bien plus une variable pour l'analyse de ses dérives qu'un élément en faveur d'une base théorique solide. Si la volonté des parties est érigée comme un monument de consolidation d'un ordre juridique arbitral, il sera alors difficile d'exiger qu'elle ne soit pas aussi prégnante en ce qui concerne la liberté des parties de se soustraire à la procédure arbitrale. Ces décalages constituent le « mal nécessaire » de la volonté en théorie, et seul un regard pratique, développé à partir d'une catégorie comme l'abus de droit, peut concilier ces deux aspects du même phénomène. Pour l'instant, la volonté des parties dans l'arbitrage international représente « à la fois sa force et sa faiblesse[25] ».

---

[20] GAILLARD Emmanuel, *Aspects philosophiques du droit de l'arbitrage international*, Leiden/Boston : Académie de droit international de la Haye/Martinus Nijhoff Publishers, 2008, p. 66 *et seq*. L'idée d'un droit naturel comme base scientifique d'un ordre juridique arbitral sera reprise par E. Gaillard tout au long de son œuvre. Néanmoins, mettons en avant la systématisation de l'idée dans son cours à l'Académie de droit international de La Haye, qui représente peut être la première organisation théorique d'un ordre arbitral détaché des juridictions étatiques.

[21] *Dell Computer Corp. v. Union des consommateurs*, [2007] 2 SCR 801, (2007) 284 DLR (4th) 577, [51]. Traduction libre. Dans l'original : « *[...] arbitration is a creature that owes its existence to the will of the parties alone.* »

[22] *Cf.* GAILLARD Emmanuel, *Aspects philosophiques…*, *op. cit.*, p. 18.

[23] OST François, *Droit et intérêt*, v. 2., *Entre droit et non-droit : l'intérêt*, Bruxelles : Facultés universitaires Saint-Louis, 1990, p. 137.

[24] KOLB Robert, *La bonne foi en droit international public : contribution à l'étude des principes généraux de droit*, Paris : PUF, 2000, p. 454.

[25] FOUCHARD Philippe, *L'arbitrage commercial international*, Paris : Dalloz, 1965, p. 461. *Cf.* aussi Hakim BOULARBAH, « Les procédures parallèles et les tiers », *in L'arbitrage et les tiers*, actes du colloque du CEPANI 40, 28 nov. 2008, Bruxelles : Bruylant, 2008, p. 173.

11. Enfin, cette théorisation exagérée de l'arbitrage international, au détriment de son examen plus concret, est justement mise en lumière par le « trop écrire » auquel se réfère P. Lalive[26]. L'auteur réclame même un « embargo » de l'ONU pour interdire toute étude sur l'arbitrage pendant cinq ans ! La concrétisation matérielle de ces discussions philosophiques se multiplie lors des congrès, conférences, et colloques, où ce « sujet à la mode[27] », que représente l'arbitrage commercial international, se voit souvent traité avec un « étonnant amateurisme[28] ».

12. C'est tout le contre-sens de la théorie de l'arbitrage international. Nous reproduisons sans cesse la connaissance scientifique fondée sur les différents aspects examinés ici, mais nous nous écartons petit à petit de la réalité tangible. Se crée ainsi une véritable « communauté épistémologique[29] », plus intéressée par l'étude de la science elle-même que par son utilité comme instrument de transformation du réel.

B. De l'autre, la fragile réalité

13. L'incroyable développement des théories de l'arbitrage ne se traduit pas toujours par une plus grande prise en compte du cas pratique ; au contraire, le débat d'idées, dont nous avons présenté les premiers traits ci-dessus, semble chaque fois plus éloigné des cas concrets.

14. Si N. Bobbio[30] critique la pensée juridique traditionnelle, à laquelle il reproche d'avoir trop longtemps considéré les arbres sans regarder la forêt,

---

[26] LALIVE Pierre, « Sur une "commercialisation" de l'arbitrage international », *in Liber amicorum Claude Reymond : autour de l'arbitrage*, Paris : Litec, 2004, p. 171. Pour une autre critique du succès théorique démesuré de l'arbitrage international, *cf.* RADICATI DI BROZOLO Luca G., « The impact of national law and courts on international arbitration: mythology, physiology, pathology, remedies and trends », *Cah. arb.*, 2011, v. 3, spéc. p. 664 : « Un aperçu de l'état de l'art des interactions entre l'arbitrage commercial international et les systèmes légaux étatiques semble approprié. Cela est particulièrement pertinent dans un moment où, malgré un succès sans précédent, largement en vertu du détachement par rapport aux lois locales, l'arbitrage est devenu une victime de son propre succès, étant au centre d'un criticisme reposant sur l'attitude d'États qui continue à différer ». Traduction libre. Dans l'original : « *An overview of the state of the art of the interactions between international commercial arbitration and national legal systems therefore seems appropriate. It is particularly pertinent at a time when, despite its unprecedented success, which is largely a function of the liberation from domestic law that it has achieved, arbitration is becoming a victim of its own success and coming under increasing criticism from different quarters.* »

[27] LALIVE Pierre, « Sur une "commercialisation" de l'arbitrage international », *op. cit.*, p. 171.

[28] *Ibid.*

[29] LYNCH Katherine, *The forces of economic globalization: challenges to the regime of international commercial arbitration*, The Hague : Kluwer Law International, 2003, p. 95. G. Teubner parlera d'une « épistémologie constructiviste du droit » (TEUBNER Gunther, *Droit et réflexivité : l'auto-référence en droit et dans l'organisation*, Bruxelles : Paris : Bruylant/LGDJ, 1996, pp. 171 *et seq.*).

[30] BOBBIO Noberto, *Teoria dell'ordinamento giuridico*, Torino : Giapppichelli, 1960, p. 7.

nous osons affirmer que l'arbitrage international vit le phénomène inverse aujourd'hui. La forêt théorique de l'arbitrage international couvre les arbres comportementaux de la pratique. Il n'est pas étonnant que plusieurs auteurs[31] manifestent leur inquiétude face cette situation, dans laquelle les problèmes sont bien plus étudiés du point de vue théorique que pratique.

Le danger de toute vision généraliste est bien exprimé par P. Lalive : « L'enthousiasme des thuriféraires de l'Arbitrage et des ADR, spontané ou orchestré, et l'autosatisfaction ne risquent-ils pas de dissimuler certaines faiblesses ou erreurs dont il y aurait intérêt à prendre conscience pour mieux assurer le devenir de l'arbitrage international et satisfaire les attentes de ses usagers[32] ? » Pour l'instant, nous sommes souvent plus proches de l'exercice académique[33].

15. Il en découle une justice des institutions plutôt qu'une justice des individus[34] ; le but de la procédure n'a plus comme priorité seulement la résorption d'un conflit, mais aussi l'encadrement de la solution apportée dans un schéma théorique préexistant. Tant que cette solution correspond à un idéal de justice pour les parties, le système se maintient intact. Cependant, quand le résultat du litige s'écarte de cet équilibre dans le but de se conformer à la structure mentionnée, alors nous assistons à la révolte dont nous parle F. Longchamps : celle de la matière juridique contre l'excès de systématisation[35].

Ce sont justement ces cas, où l'on aurait préféré « l'injustice au désordre[36] », qui ouvrent la voie aux distorsions qui nous occuperont dans la première partie de cette thèse, et qui expliquent la fragilité pratique de l'arbitrage international.

---

[31] Par exemple, *cf.* Andreas BUCHER, « Court intervention in arbitration », *in* LILLICH Richard B., BROWER Charles N. (éds.), *International arbitration in the 21st century: towards "judicialization" and uniformity?*, 12th Sokol Colloquium, New York : Transnational Publishers, 1992, p. 40.

[32] LALIVE Pierre, « Dérives arbitrales (I) : "*Amicus Socrates, amicus Plato, sed praehonoranda Veritas*" », *Bull. ASA.*, 2005, v. 23, n°4, p. 586.

[33] MÉNDEZ Francisco Ramos, « Abuse of procedural rights? Spain and Portugal », *in* TARUFFO Michele (éd.), *Abuse of procedural rights: comparative standards of procedural fairness.* The Hague : Kluwer Law International, 1999, p. 190 : « Le contentieux n'est ni un jeu ni un exercice académique ». Traduction libre. Dans l'original : « *Litigation is neither a game nor an academic exercise.* » Sur la critique de la procédure comme un instrument existant *per se*, *cf.* Serge GUINCHARD, Cécile CHANAIS Frédérique FERRAND, *Procédure civile : droit interne et droit de l'Union européenne*, 30e éd., Paris : Dalloz, 2010, p. 91.

[34] À propos de cette différentiation, *cf.* Loïc CADIET, Jacques NORMAND, Soraya AMRANI MEKKI, *Théorie générale du procès*, Paris : PUF, 2010, p. 60.

[35] LONGCHAMPS F., « Quelques observations sur la notion de droit subjectif dans la doctrine », *Arch. ph. dr.*, 1964, p. 60.

[36] GAILLARD Emmanuel, *Aspects philosophiques…*, *op. cit.*, p. 46.

16. Retournons aux « arbres » : comme nous le suggère Batiffol[37], il faut reconsidérer les conflits humains, les relations sociales, et donner à ces problèmes des solutions résultant de l'expérience, « sans se préoccuper de système *a priori* ». Il s'agit d'un rapprochement avec la « substance des choses plutôt qu'avec les formes juridiques », selon l'expression du juge Tanaka dans l'affaire *Barcelona Traction*[38].
Peut-être est-il temps de ressusciter le rhinocéros blanc bicéphale dont nous parle J. Paulsson[39], en se référant aux cas exceptionnels de l'arbitrage. Non seulement pour lui conférer sa vraie importance, mais également pour y déceler la manifestation de ce conflit entre les représentations théoriques de l'arbitrage international et la justice du cas d'espèce. La faiblesse de la réalité consiste à traiter en exception un cas qui ne correspond pas à l'ordre théorique, alors que c'est celui-ci qui devrait s'adapter face à une réalité atypique. Faisons donc vivre le rhinocéros blanc, et qu'il représente un premier cri de la réalité qui alerte de ce danger.

C. Le résultat du décalage

17. L'actuel scénario de l'arbitrage international nous présente d'un côté une multiplication extraordinaire des débats scientifiques, et de l'autre, la fragilisation de la pratique que l'on tente d'insérer dans une logique formelle. S'ouvre alors un abîme, que nous proposons de remplir avec les critères résultants de la *doctrine de l'abus de droit.*

18. Ce décalage concerne tous les comportements qui, se valant d'une conception rigide de l'autonomie de l'arbitrage international, sont au seuil de la légalité. Toutefois, si nous devions définir génériquement ces attitudes, nous serions en contradiction avec nos propos ; seul un examen cas par cas pourra révéler ces abus.
Qu'il s'agisse de référés pré-arbitraux ou de moyens de contestation de la sentence, il est commun de réunir ces hypothèses sous la dénomination de « tactiques de guérilla », expression qui a même servi à désigner une conférence de la CCI en 2010[40]. L'idée semble difficile à définir, et il n'est

---

[37] BATIFFOL Henri, *Aspects philosophiques du droit international privé*, Paris : Dalloz, 2002 (1966), p. 21.

[38] CIJ, *Barcelona Traction, Rec. CIJ*, 1970, p. 127 : « Pour ce qui est de la protection diplomatique, le droit international considère la substance des choses plutôt que les formes juridiques ou techniques ; il accorde surtout de l'importance aux intérêts véritables, plutôt qu'aux concepts juridiques. » C'est la condition pour que la procédure se maintienne comme un instrument de sauvegarde de la réalité (BERGER Peter, LUCKMANN Thomas, *La construction sociale de la réalité*, Paris : Armand Colin, 2010, p. 248).

[39] PAULSSON Jan, « L'exécution des sentences arbitrales en dépit d'une annulation en fonction d'un critère local (ACL) », *Bull. CCI*, v. 9, n°1, mai 1998, p. 22.

[40] ICC, *Austria Conference Guerrilla Tactics in International Arbitration & Litigation – A fine line – How to counter and employ*, Viena, 12-13 novembre 2010.

donc pas plus aisé de tracer une ligne claire entre les comportements licites et illicites, ce qui demande un examen plus profond des aspects objectifs et subjectifs[41] qualifiant ces actions. Néanmoins, nous empruntons la définition de B. Steindl : il s'agit de « toute tentative de manipuler et obstruer, délibérément, la procédure arbitrale par des moyens inappropriés[42] ».

Dans notre étude, cette manipulation est encore renforcée par les interprétations de la nature d'un ordre juridique arbitral, qui diffèrent selon les plusieurs fors étatiques. L'on se rapproche aussi du concept de *forum shopping*, qui permet de qualifier ces tactiques plus précisément. Même sans être illicite *per se*[43], cette notion présuppose un détachement de la procédure qui rejoint notre sujet. Il n'est pas étonnant que l'idée d'un for *inapproprié* soit difficilement classifiable dans la *summa divisio* licite/illicite, constituant un des champs privilégiés de la doctrine de l'abus de droit.

19. Pourtant, ce que nous appellerons des « distorsions de l'ordre juridique arbitral » constituent à la fois le résultat de ce décalage et l'objet de notre étude. Ce sont certes des tactiques de guérilla, mais aussi des stratégies encore plus difficiles à comprendre que celles qui se déroulent couramment devant les cours du même for. Car ces tactiques, que nous discuterons tout au long de notre travail, ont acquis une légitimité difficile à cerner, nourrie par une multitude d'ordres juridiques parallèles.

Cette fiction, autant débattue que fragile, laisse peu de place à la prévisibilité de ses règles. Face à la superposition des procédures étatiques et arbitrales,

---

[41] WADE Shai, SMITH Reed, « Guerrilla tactics before investment tribunals: from counsel's point of view », *TDM*, v. 7, issue 2, nov. 2010, p. 1.

[42] STEINDL Barbara Helene, « Procural tactics of a guerrilla nature & suggestions for counsel how to counter & employ (from the perspective of counsel before commercial tribunals », *TDM*, v. 7, issue 2, nov. 2010, p. 3. Traduction libre. Dans l'original : « *All attempts to deliberately manipulate and thereby obstruct the arbitration proceeding by inappropriate means.* » On parle aussi de « *misconduct* », « *misdeeds* » (HANOTIAU Bernard, « Misdeeds, wrongful conduct and illegality in arbitral proceedings », *in* VAN DEN BERG Albert Jan (éd.), *International commercial arbitration: important contemporary problems*, ICCA Congress Series 2002, The Hague : Kluwer Law International, 2003, p. 261), ou même d'« *arbitral pollutants* » (PARK William W., « Arbitration's discontents: of elephant and pornography in arbitration of international business disputes », *Arb. intern.*, 2001, v. 17, issue 3, p. 268).

[43] Cela a été affirmé à plusieurs occasions. Par exemple, par Lord Simon of Glaisdale, dans l'affaire *The Atlantic Star*, en°1974 : « *"Forum shopping" is a dirty word; but it is only a pejorative way of saying that, if you offer a plaintiff a choice of jurisdictions, he will naturally choose the one in which he thinks his case can be most favorable presented: this should be a matter neither for surprise nor indignation* » (Royaume-Uni, House of Lords, [1974] AC 436, 471). Le cas nous est présenté par Campbell MC LACHLAN, *Lis pendens in international litigation*, The Hague : Hague Academy of International Law (ALI-Pocket), 2009, p. 118). Quant au « *treaty shopping* », concernant la recherche, par un investisseur, de la nationalité d'un État signataire d'un TBI pour jouir de la protection du CIRDI, voici les propos du tribunal arbitral dans l'affaire *Cementownia* : « *As other tribunals have found, treaty shopping per se is not in principle to be disapproved of [...]* » (CIRDI, *Cementownia "Nova Huta" S.A. v. Republic of Turkey*, 17 sept. 2009, aff. n°ARB(AF)/06/2, par. 117).

il est fort difficile d'entrevoir quelles conceptions théoriques vont prévaloir. Une perspective localisatrice de l'arbitrage recourra aux règles du siège, tandis qu'une vision délocalisatrice s'inclinera devant les normes supranationales.
Le *forum shopping*, la duplication des procédures, la diffusion internationale des sentences, etc., contribuent, selon A. Reinisch[44], à un risque de fragmentation du droit international. S'ajoutent à cette dimension transnationale l'informalité et la liberté des arbitres, qui risquent de les amener à des solutions idiosyncrasiques locales, comme l'a bien observé P. Jessup[45].

20. La prévisibilité des situations juridiques, pourtant si valorisée à chaque étape d'une procédure arbitrale[46], parait encore peu assurée pour ce qui concerne notre sujet, où la formation théorique de l'arbitrage international s'accompagne de la participation inévitable des tribunaux étatiques. En traitant d'un cas typique de cette incohérence, l'affaire *Bechtel*[47], H. Muir Watt fait remarquer que « si la voie de la fiction a été choisie, il n'est pas déraisonnable d'exiger qu'elle soit administrée de façon crédible[48] ».

21. Le décalage que nous observons, et qui est le point de départ de cette thèse, correspond à un manque de cohérence pratique. Pour y remédier, il est nécessaire de remplir le vide qui s'est formé entre les différentes conceptions de l'arbitrage international qui s'appliquent à une même procédure. Seule une catégorie suffisamment élastique pourra s'infiltrer, s'adapter et lier chacune de ces idées de justice.

---

[44] REINISCH August, « The issues raised by parallel proceedings and possible solutions », *in* WAIBEL Michael *et al.* (éds.), *The backslash against investment arbitration: perceptions and reality*, Alphen aan den Rijn : Kluwer Law International, 2010, p. 114.

[45] JESSUP Philip C., *Transnational law*, New Haven : Yale University Press, 1956, p. 107.

[46] HOLTZMANN Howard M., « Balancing the need for certainty and flexibility in international arbitration procedure », *in* LILLICH Richard B., BROWER Charles N. (éds.), *op. cit.*, p. 12 : « De manière générale, il y a un besoin de certitude dans les premiers stages de la procédure arbitrage, de flexibilité pendant ses étapes écrite et orale, et de certitude, à nouveau, à la fin de l'arbitrage, une fois prononcée la sentence. » Traduction libre. Dans l'original : « *Generally speaking, there is a need for certainty at the early stages before the arbitral tribunal is available, for flexibility during the written and oral presentation of the case, and for certainty again at the end of the arbitration when the award is issued.* » La prévisibilité est aussi une priorité qui apparaît dans des normes supraétatiques : la consécration du principe de la sécurité juridique en droit communautaire fait surface, par exemple, dans l'arrêt *Second Toepfer* de la CJCE, sous la forme de la protection à l'expectative légitime (*Second Toepfer Case*, 03 mai 1978, aff. n°C-112/77, *Rec. CJCE*, 1978, p. 1032, considérants 18 et 19).

[47] CA Paris, 29 sept. 2005, *Direction générale de l'aviation civile de l'Émirat de Dubai v. Société internationale Bechtel*, *Rev. arb.*, 2006, p. 695. Nous examinerons cette affaire par la suite, autour du problème de la reconnaissance des sentences arbitrales annulées comme l'une des distorsions de l'ordre juridique arbitral.

[48] MUIR WATT Horatia, « Note sous CA Paris (1re Ch. C), 29 septembre 2005 », *Rev. arb.*, 2006, p. 704.

D. L'abus de droit comme moyen de conciliation entre idée et réalité

22. Le lien manquant entre l'essor théorique des idées et la fragilité de la pratique fera l'objet de notre thèse. Nous émettons l'hypothèse que la notion d'abus de droit peut constituer un pont entre la perspective « macro » de l'ordre juridique arbitral et la perspective « micro » de la relation procédurale entre parties, juges et arbitres.

En rendant plus flexibles les conceptions de l'arbitrage international, la doctrine de l'abus de droit le fortifiera, évitant que la rigidité de ses constructions ne le fragilise. Ce processus transformera la juridicité actuelle, qui se mesure seulement par une validité logico-idéale, en une juridicité qui répondra à une validité juridique concrète, de fondement axiologique-normatif[49].

23. L'abus de droit participera donc à « humaniser[50] » l'application stricte du droit. Il apportera à l'ordre arbitral le substrat moral que les systèmes épistémologiques tendent à abandonner pour échapper à une fragilité initiale : « La morale (et les mœurs) apparaît alors le substrat du droit, recouvrant ainsi toute sa vigueur pour le juriste dont l'activité est tissée de jugements de valeurs c'est-à-dire d'une certaine axiologie qu'exerce éminemment l'équité, laquelle, en l'*effectuation* du droit, *in re*, supplée la pure formalisation juridique (loi) dont la généralité est impropre à atteindre au singulier, au juste *in casu*[51] ».

La notion d'abus de droit servira tant à saisir ce « singulier » qu'à écarter l'absolutisme des droits de l'individu, qui n'a plus de raison d'être au début du XXIe siècle. L'opinion exprimée par Lord Halsbury dans l'affaire *Mayor of Bradford v. Pickles*, en 1895, révèle cet anachronisme : « Si c'était un acte licite, pour pire que soit sa cause, il avait le droit de le faire. Si c'était un acte illicite, pour meilleure que soit sa cause, il n'avait pas le droit de le faire[52] ».

---

[49] Ce dernier fondement est celui que la doctrine semble associer à une analyse des normes selon leur légitimité sociale (CASTANHEIRA NEVES António, *Questão de facto – questão de direito ou o problema metodológico da juridicidade (ensaio de uma reposição crítica)*, I. Coimbra : Almedina, 1967, pp. 527-528). Sur cette idée, *cf.* Fernando Augusto CUNHA DE SÁ, « O abuso do direito na doutrina e na jurisprudência de Portugal », *in* ROTONDI Mario (org.), *L'abus de droit : inchieste di diritto comparato*, Padova : CEDAM, 1979, p. 51.

[50] L'idée d'humanisation du droit par l'abus est exprimée par le ministre de la Justice du Luxembourg lors de l'ouverture du 19e Colloque de droit européen sur *L'abus de droit et les concepts équivalents : principe et applications actuelles*, 6-9 novembre 1989, Strasbourg : Conseil de l'Europe, Service de l'édition et de la documentation, 1990, p. 12.

[51] PAPAUX Alain, WYLER Éric, *L'éthique du droit international*, Paris : PUF, 1997, p. 13-14, italique dans l'original.

[52] *House of Lords, The Mayor, Aldermen And Burgesses of the Borough of Bradford v. Edward Pickles*, [1985] AC 587, p. 594, traduction libre. Dans l'original : « *If it was a lawful act, however ill the motive might be, he had a right to do it. If it was an unlawful act, however good his motive might be, he would have no right to do it.* » Commenté par Jean-David ROULET,

Un mécanisme de résolution des litiges validé seulement par la confiance réciproque des parties et la perspective de voir exécutées ses décisions, exige un retour vers l'individu et, surtout, vers *l'individu en tant qu'être moralement conscient des limites de sa liberté*. L'abus sera désormais le « sanctuaire des exigences de la conscience[53] ». Il permettra, peut-être, de sanctionner les parties abusant de l'autonomie de l'arbitrage international en condamnant leur posture, et non le système.

24. La notion d'abus de droit n'est pas étrangère à la société internationale, ni même à l'arbitrage. Souvent déguisée sous la forme d'autres critères comme la bonne foi, la fraude ou l'estoppel, c'est une vraie « notion fantôme[54] ». Au long de cette thèse, nous montrerons que ces critères voisins s'avèrent très souvent inadaptés au contrôle des distorsions de l'arbitrage international, et qu'ils sont souvent employés dans un souci de rapprochement moral des parties, qui serait mieux encadré par la doctrine de l'abus de droit.

25. Ainsi, la notion qui est l'objet de ce travail participe de l'effort d'assouplissement du droit de l'arbitrage international. Cette tendance est présente dans les plus récentes réformes de la discipline. En France, par exemple, on la retrouve dans le décret n°2011-47 du 31 janvier 2011 : « Comme lors de la précédente réforme, le nouveau décret donne à la fois la *souplesse* nécessaire à l'arbitrage international par une atténuation sensible du formalisme, tout en lui réservant, en cas de difficulté, le soutien du juge d'appui[55] ».

La souplesse apportée par la fluidité de l'abus le rendra indispensable, en tant que véritable « outil de l'évolution du droit[56] ». Cela permettra d'éviter que la dynamique de la procédure arbitrale ne soit neutralisée par l'effort de systématisation de la discipline.

E. Délimitations et objet

26. Traiter de l'abus de droit dans le domaine de l'arbitrage international comporte un risque : son champ d'étude est si large que, sans délimitation, il peut donner lieu à un travail presque infini.

Le caractère artificiel de la théorie de l'abus de droit en droit international public, Neuchâtel : La Baconnière, 1958, pp. 31-32.

[53] STOFFEL-MUNCK Philippe, *L'abus dans le contrat : essai d'une théorie*, Paris : LGDJ, 2000, p. 2.

[54] KOLB Robert, *op. cit.*, p. 463.

[55] GAILLARD Emmanuel, « Le nouveau droit français de l'arbitrage interne et international », *D.*, 2011, p. 184, souligné par nous.

[56] MORACCHINI-ZEIDENBERG Stéphanie, *L'abus dans les relations de droit privé*, Aix-en-Provence : PUAM, 2004, p. 132.

27. Au sujet de la procédure arbitrale, l'on parlera[57] d'abus *dans* l'arbitrage, d'abus *par* l'arbitrage, d'abus, *objet de l'arbitrage.* S'y ajoutent les abus commis par les arbitres, les abus découlant de la souveraineté d'un État dans une procédure, ainsi que les abus résultant de l'insertion de clauses arbitrales dans des contrats. La seule constatation de toutes ces variantes montre déjà combien il est important de bien délimiter notre objet.

28. L'abus *dans* l'arbitrage, que nous écartons dès à présent de notre analyse, nous amènerait à examiner toutes les hypothèses de distorsions *à l'intérieur* de la procédure. C'est une vision microscopique. Il s'agit, par exemple, des manœuvres dilatoires dans le but de retarder le prononcé d'une décision, faisant obstruction à l'instance ; ou bien, une fois la décision prononcée, des recours dilatoires, répétés ou infondés, pour contester la sentence devant arbitres ou juges étatiques[58]. Tous ces cas, déjà traités de manière exhaustive par la doctrine et par la jurisprudence[59], renvoient à une

---

[57] Ce sont les différentes hypothèses auxquelles M. de Boisséson fait référence au sujet de la fraude, et que nous nous permettons d'employer ici au sujet de l'abus de droit. L'auteur nous parle de « fraude *dans* l'arbitrage », de « fraude *par* l'arbitrage », et de « fraude, *objet* de l'arbitrage » (BOISSÉSON Mathieu de, « L'arbitrage et la fraude (à propos de l'arrêt Fougerolle, rendu par la Cour de cassation le 25 mai 1992 », *Rev. arb.*, 1993, p. 2).

[58] Ces hypothèses nous sont présentées par Laurence USUNIER, *La régulation de la compétence juridictionnelle en droit international privé*, Paris : Economica, 2008, p. 386.

[59] Quant aux abus en général avant et pendant la procédure arbitrale, *cf.* STEINDL Barbara Helen, *op. cit.* ; HARRIS Cédric, « Abuse of the arbitration process-delaying tactics and disruptions: a respondent's guide », *Journ. of Intern. Arb.*, 1992, v. 9, n°2, pp. 87-96 ; GAILLARD Emmanuel, « Les manœuvres dilatoires des parties et des arbitres dans l'arbitrage international », *Rev. arb.*, 1990, pp. 758-796 ; SCHREUER Christoph H., « Protection against arbitrary or discriminatory measures », *in* ROGERS Catherine A., ALFORD Roger P. (éds.), *The future of investment arbitration*, Oxford : Oxford University Press, 2009, pp. 183-198 ; DERAINS Yves, « Les techniques anti-recours abusifs », *in Le CIRDI 45 ans après : bilan d'un système*, actes du colloque de Tunis, 11-13 mars 2010, Paris : Pedone, 2011, pp. 243-252, voir spéc. art. 41(5) du Règlement d'arbitrage du CIRDI ; HANOTIAU Bernard, « Misdeeds, wrongful conduct and illegality in arbitral proceedings », *op. cit.* Quant aux abus des recours en annulations, *cf.* LECUYER Hervé, « Exercice abusif des voies de recours contre les sentences arbitrales : de quelques manifestations de l'ire du juge judiciaire », *Rev. arb.*, 2006, pp. 573-589 ; CRAIG William Laurence, « Uses and abuses of appeals from awards », *Arb. Intern.*, 1988, v. 4, n°3, pp. 174-227 ; BREDIN Jean-Denis, « La paralysie des sentences arbitrales étrangères par l'abus des voies de recours », *JDI*, 1962, pp. 638-664. À propos des hypothèses d'abus qui s'approchent de la fraude permettant l'ouverture d'un recours en révision, *cf.* GAILLARD Emmanuel, SAVAGE John (éds.), *Fouchard Gaillard Goldman on international commercial arbitration*, The Hague : Kluwer Law International, 1999, p. 919, voir spécialement arts. 595 et 1502, CPC. À propos de la violation de l'ancien°1484, CPC, énonçant les plusieurs moyens d'annulation de la sentence dans l'arbitrage interne, *cf.* CA Paris, 1re Ch. C, *Macron (ép. Cougoulat) et SARL International Display Design v. Société des Cartonnages de Pamfou*, 12 sept. 2009, *Rev. arb.*, 2003, p. 176 : « Considérant que si l'exercice du recours en annulation de l'article 1484 du nouveau Code de procédure civile est toujours ouvert à l'encontre d'une sentence arbitrale, l'abus de cette voie de recours justifie une condamnation à des dommages et intérêts. » Dans le même sens, CA Paris, 1re Ch. C, sect. C, 06 jan. 1989, *JCl. Civil Code*, fasc. 30 « Arbitrage », IV – Voies de recours, 2° Recours en annulation, par. 28.

conception traditionnelle assez proche de l'abus tel qu'il est considéré dans la procédure étatique.

Dans l'arbitrage, citons aussi les cas « d'abus de souveraineté », dans lesquels l'État profite de sa position politique pour obstruer la procédure arbitrale : intimidation des témoins, des experts, des arbitres et des parties, par tous les moyens, comme par exemple les persécutions criminelles manifestement abusives dans leur pays d'origine[60], les menaces de mort et de *kidnapping*[61], l'intervention forcée et abusive des cours locales de l'État pour empêcher la continuité de l'arbitrage[62], et même la promulgation d'instruments législatifs par l'État-partie afin de porter préjudice à son adversaire[63]. À ce sujet, plusieurs sentences arbitrales et une doctrine très solide[64] ont permis de définir les limites du droit souverain d'un État participant à une procédure arbitrale.

29. Les abus *par* l'arbitrage se rapprochent de l'idée de simulation, où une procédure est instaurée pour apporter une apparence de juridicité à une situation illicite *per se*. C'est une forme d'arbitrage simulé, par lequel les entreprises peuvent utiliser des sentences de condamnation pour enrichissements illicites comme une sorte de blanchissement judiciaire[65].

---

[60] Pour un cas de persécution pénale contre un arbitre, *cf.* MING W., « The strange case of Wang Shengchang », *Arb. intern.*, 2007, pp. 63-68. Pour une hypothèse de persécution criminelle abusive contre une des parties, *cf.* affaires CIRDI, *Quiborax S.A. & others v. Bolivia*, 26 fév. 2010, aff. n°ARB/06/2, par. 121 *et seq.* ; CIRDI, *Libananco Holdings Co. Limited v. République de Turquie*, 23 juin 2008, aff. n°ARB/06/8.

[61] Arbitrage *ad hoc* CNUDCI, *Himpurna. (Himpurna Cal. Energy Ltd. (Bermuda) v. PT. (Persero) Petusahaan Listruik Negara (Indonesia), 14 Mealey's Int'l Arb Rep.*, A-1, A-54, déc. 1999.

[62] *Cf.* affaires CIRDI, *Saipem SpA v. Bangladesh*, 21 mars 2007, aff. n°ARB/05/07. *Intern. Arb. Rep.*, avril 2007, B-1 ; CIRDI, *The Loewen Group, Inc. and Raymond L. Loewen v. USA*, 26 juin 2003, aff. n°ARB(AF)/98/3.

[63] *Cf.* affaires CCI, *Société des grands travaux de Marseille v. East Pakistan development corporation*, sentence arbitrale de 1980, *Yearb. Comm. Arb.*, 1980, t. 5, pp. 177 *et seq.* ; *Settenave Estaleiros navais de Setúbal SARL v. Settebello Ltd.*, non publiée, commentée par Laurence CRAIG, William L. PARK, Jan PAULSSON, *International chamber of commerce arbitration*, 3e éd., New York : Oceana, 2000, p. 104, note 28.

[64] KALNINA Ieva, « Case note: *Saipem S.p.A. v. Bangladesh*: local judiciary's interference with claimant's right to arbitration under contract found to constitute and expropriation under the BIT », *TDM*, v. 7, n°1, avr. 2010 ; MALINTOPPI Loretta, « How many investments tribunal scope with and sanction guerrilla tactics of the parties/their counsel? », *TDM*, v. 7, n°2, nov. 2010 ; KOLO Abba, « Witness intimidation, tampering and other related abuses of process in investment arbitration: possible remedies available to the arbitral tribunal », *Arb. intern.*, 2010, v. 26, n°1, pp. 43-85.

[65] *Cf.* affaires *B.E.L.-Tronics Ltd.*, CA Bordeaux, 14 oct. 1987 ; TGI Strasbourg, 7e Ch. correct., 1er juil. 1988 ; CA Colmar, 17 mar. 2004. *Apud* BOISSÉSON Matthieu de, « L'arbitrage et la fraude (à propos de l'arrêt Fougerolle, rendu par la Cour de cassation le 25 mai 1992 », *op. cit.*, p. 5.

30. L'abus *objet de l'arbitrage* rassemble les cas où cette catégorie est débattue comme matière de fond, et non pas pour qualifier l'attitude procédurale des parties. Pour cette raison, l'hypothèse se résout la plupart du temps dans les discussions sur la responsabilité contractuelle ou aquilienne.

31. Rappelons aussi les abus des arbitres eux-mêmes. Garants de la procédure, ils peuvent néanmoins, dans certains cas, maintenir des positions qui créent des obstacles à l'instance. Par exemple, en choisissant de ne pas informer les parties d'un conflit possible, ou en refusant de démissionner du tribunal, au risque d'un futur recours en annulation. L'idée d'un comportement abusif de l'arbitre reste à explorer, mais quelques auteurs[66] ont étudié le droit des parties face à ce genre d'attitude.

32. Enfin, nous excluons de notre sujet toutes les hypothèses relatives aux abus dans la formation même de la convention arbitrale, souvent étudiées par la doctrine en ce qui concerne les contrats d'adhésion[67]. Ici, c'est un comportement abusif qui est à la base du lien contractuel, sanctionné non pas selon les catégories de l'arbitrage, mais, le plus souvent, par des outils du droit des obligations.

33. Ces nombreuses variantes de l'abus confirment la difficulté de traiter le thème sans une délimitation rigoureuse. Ce qui manque dans toutes ces hypothèses, et qui constitue l'originalité de notre thèse, c'est l'idée d'un abus de droit associé à un dialogue entre les différents ordres juridiques concernés par la procédure arbitrale. Ce n'est pas l'abus *dans* l'arbitrage qui nous intéressera dans les prochaines pages, mais l'abus *d'un système d'arbitrage*, l'abus *d'une représentation donnée de l'arbitrage international.*

Par conséquent, une fois définie cette représentation systématique de l'arbitrage international par la dénomination d'*ordre juridique arbitral*, il nous devient possible de formuler notre objet en tant qu'*abus de cet ordre*, c'est-à-dire *l'abus de l'ordre juridique arbitral, les abus des conceptions de l'arbitrage international.*

34. Dans la première partie de cette thèse, nous exposerons la formation théorique de l'arbitrage international, ainsi que les distorsions qui résultent de la transposition trop rigide de ses catégories dans l'examen des comportements pratiques. Ensuite, nous présenterons les mécanismes mis en place aujourd'hui pour essayer de contourner ces anomalies et les raisons de leur insuffisance.

---

[66] *Cf.* CLAY Thomas, *L'arbitre*, Paris : Dalloz, 2001 ; OKEKEIFERE Andrew I., « The "parties" rights against a dilatory or unskilled arbitrator », *Journ. Intern. Arb.*, 1998, v. 15, n°2, pp. 129-144 ; COURT DE FONTMICHEL Alexandre, *L'arbitre, le juge et les pratiques illicites du commerce international*, Paris : Éd. Panthéon-Assas, 2004, spécialement pp. 402 *et seq.* ; GAILLARD Emmanuel, « Les manœuvres dilatoires des parties et des arbitres dans l'arbitrage international », *op. cit.*, pp. 780 *et seq.*

[67] *Cf.* SCOTT RAU Alan, PÉDAMON Catherine, « La contractualisation de l'arbitrage : le modèle américain », *Rev. arb.*, 2001, pp. 451-484, spéc. pp. 473 *et seq.*

Dans la deuxième partie, nous proposons d'utiliser la doctrine de l'abus de droit pour fournir des critères qui permettront d'identifier et de sanctionner les distorsions de ce système. Cela nous permettra de qualifier ces hypothèses non plus en termes de *décalages de l'arbitrage international*, mais plutôt en tant qu'*abus de l'arbitrage international*. Nous concilierons ainsi la stabilité et les bénéfices indiscutables qu'un ordre arbitral délocalisé peut apporter au commerce international, ainsi que la revalorisation du cas concret comme pièce fondamentale d'un monument fragile. Tout cela pour éviter que l'injustice des exceptions ne le ruine progressivement.

PREMIÈRE PARTIE

LES DÉCALAGES THÉORIQUES DE L'ARBITRAGE INTERNATIONAL

35. Dans une étude sur la valeur normative des notions floues, V. Fortier rappelle qu'il « n'y a pas de réalités plus mouvantes que les contingences sociales, ni d'idéal plus imprécis que la justice[68] ». La mission du Droit est « d'incorporer cet idéal et ces contingences sociales en des formules assez stables pour donner la sécurité dans les relations juridiques, assez fermes pour permettre d'exercer la contrainte et assez souples pour suivre de près le mouvement des rapports qu'il est appelé à régir[69] ».
Le moment présent de l'arbitrage international s'insère parfaitement dans ce croisement. Cette première partie s'attache à établir un contrepoint entre l'édification abstraite de ces formules fixes et l'irrégularité des mouvements concrets qu'elles devraient régir. À la construction théorique de l'arbitrage international par des formules fermes et stables (titre I), s'oppose la déconstruction pratique de ce système, due à la difficulté d'y incorporer des formules tout aussi souples (titre II).

[68] FORTIER Vincent, « La fonction normative des notions floues », *RRJ*, 1991-3, n°16, Faculté de droit et de sciences politiques d'Aix-Marseille, p. 756.
[69] *Ibid.*

TITRE I

LA CONSTRUCTION THÉORIQUE DE L'ARBITRAGE INTERNATIONAL

36. Depuis les années 1960, les travaux portant sur le problème de l'autonomie de l'arbitrage international se sont multipliés. La formule consacrée par B. Goldman en 1963, selon laquelle « les arbitres n'ont pas de for[70] », constitue un fil directeur des études qui ont suivi. Les représentations théoriques de l'arbitrage international participent à sa consécration comme instrument autonome de la *societas mercatorum.* Ainsi, nous examinerons la formation de l'ordre juridique arbitral (Chapitre II), non sans avoir auparavant étudié la formation d'un système matériel autonome comme le contenu duquel l'arbitrage est le principal instrument (Chapitre I).

Chapitre I. La construction d'un ordre juridique transnational

37. Bien que certains auteurs[71] incluent l'expression *lex mercatoria* dans la dénomination plus large de « règles transnationales », cette dernière comprenant non seulement toutes les formes du commerce international, mais aussi le recours aux droits étatiques, nous nous autorisons ici, à des fins purement didactiques, à les distinguer. Cela nous permettra de montrer que l'évolution vers un modèle supraétatique de résolution de litiges est soutenue par deux prémisses successives : l'ascension et la légitimation juridique de règles totalement détachées des ordres étatiques (section I), et leur incorporation dans la dynamique du commerce international (section II).

---

[70] GOLDMAN Berthold, « Les conflits de lois dans l'arbitrage international de droit privé », *RCADI*, 1963, t. 109, p. 347. L'importance de l'idée est remarquée par E. Gaillard dans l'introduction de son cours (*Aspects philosophiques…*, *op. cit.*, p. 17).

[71] *Cf.* RACINE Jean-Baptiste, *L'arbitrage commercial international et l'ordre public*, Paris : LGDJ, 1999, p. 366. Dans le même sens, *cf.* GAILLARD Emmanuel, « Trente ans de *Lex Mercatoria*. Pour une application sélective de la méthode des principes généraux du droit », *JDI*, 1995, n°5, spéc. p. 8.

Section I. L'évolution conceptuelle d'un ordre juridique transnational

38. L'objectif de cette première section est d'examiner l'évolution de la conception transnationale des règles de droit. Comment la légitimité positiviste et kelsénienne, fondée sur la gradation fondamentale des normes étatiques, peut-elle se retrouver dans les relations entre les différentes souverainetés, et finalement, se détacher de toute influence étatique ? À cet effet, l'étude des mouvements de construction et des manifestations d'un ordre juridique transnational (§ 2°) présuppose un bref détour par les notions d'ordre et de système de droit (§ 1°), atomes fondamentaux de notre analyse.

§ 1°. Les conceptions d'ordre et de système

39. La distinction entre ordre et système juridique ne fait pas l'unanimité : selon certains[72], leur différenciation pourrait apporter plus de troubles que de solutions. Néanmoins, il nous semble important de présenter rapidement les trois principaux critères qui les séparent, et cela d'autant plus que la plupart des arbitralistes utilisent l'expression « *ordre* juridique arbitral » et non celle de « *système* juridique arbitral ».

40. Selon le premier critère, le concept d'ordre se caractériserait par l'existence d'une *unité hiérarchique* entre ses éléments, tandis que celui de système ne reposerait que sur leur cohérence interne, peu important qu'il existe une organisation verticale. Ensuite, on associe l'idée d'ordre avec celle d'une organisation volontaire, tandis que celle de système suppose une organisation spontanée ou involontaire. Finalement, le concept d'ordre normatif serait plus large que celui de système[73].

Ces approximations nous révèlent déjà combien il est difficile de qualifier un ensemble de normes comme celui de l'arbitrage international. Les notions de hiérarchie et d'organisation volontaire suggèrent une conscience épistémologique et un pouvoir normatif qui ne sont pas toujours présents, et qui s'accordent peut-être mieux avec l'idée de système. Toutefois, insistons, au moins pour l'instant, sur l'idée d'*ordre normatif*, car le concept a gagné bien plus de place dans la doctrine classique.

---

[72] VAN DE KERCHOVE Michel, OST François, *Legal system between order and disorder*, Oxford : Oxford University Press, 1994, pp. 4 *et seq*. *Cf.* not. GAILLARD Emmanuel. *Aspects philosophiques…*, *op. cit.*, p. 88.

[73] Ces critères sont présentés par Michel van de Kerchove et François Ost, dans *Legal systems…*, *op. cit.*, p. 4.

41. H. Kelsen est indubitablement le théoricien par excellence de l'ordre légal, spécialement dans sa conception la plus dogmatique, et ses idées ont acquis beaucoup de poids dans l'isolement scientifique du Droit[74]. Pour le juriste, le système légal est composé d'un ensemble de règles et d'une norme présupposée fondamentale, laquelle fournit l'unité et la validité aux premières.

Les normes dérivent les unes des autres par une opération déductive, où les règles hiérarchiquement inférieures sont validées par la procédure législative régie par une norme supérieure, dans un processus vertical. La norme fondamentale se limite à permettre à l'autorité suprême de créer la loi, dont la principale conséquence est la construction purement formelle du droit. Cette hypothèse fait l'objet de la plupart des critiques adressées à H. Kelsen : ainsi, la validité du système normatif reste indépendante d'un jugement moral.

Dans notre perspective d'un ordre international, il est intéressant d'examiner la position du philosophe autrichien quant à la possible coexistence entre un système national et un système international. L'idée dominante ici est que le sujet de droit ne pourra jamais être soumis à deux ordres différents[75], puisque les deux ordres, soit étatiques, soit étatique et international, sont valides et séparés. Ainsi, soit le droit international est conçu comme un droit dérivant d'un ordre national dans le processus vertical de validation, soit il est considéré comme un ordre autonome, qui, à son tour, valide les droits nationaux.

Comme le concluent M. van de Kerchove et F. Ost[76], H. Kelsen ne conçoit que deux types de relations entre ordres juridiques différents : soit l'indépendance, voire même l'indifférence, soit l'intégration totale.

42. Avec Hart[77], la morale gagne une place importante en tant qu'élément de cohésion de l'ordre juridique. Cela permet de rapprocher cette conception d'un élément subjectif important dans notre interprétation de l'ordre arbitral : l'individualité des parties et leurs intentions, à la base de cet édifice.

H. L. Hart déplace l'objet de l'ordre juridique des normes vers le système, *in totum*. Ainsi, ce qui configure l'ordre n'est pas tant, comme chez H. Kelsen, le mouvement poïétique vertical de création des normes, mais la variété et la possibilité d'articulation entre les différentes normes, dans une perspective plus horizontale.

Le jusphilosophe anglais classifie les normes qui constituent l'ordre juridique en deux catégories, primaire et secondaire, dont il n'a cessé

---

[74] KELSEN Hans, *Théorie pure du droit*, Paris : LGDJ, 1999.

[75] VAN DE KERCHOVE Michel, OST François, *Legal systems…*, *op. cit.*, p. 15.

[76] *Ibid.*, p. 15.

[77] HART H. L. A., *The concept of law*, 2e éd., Oxford : Oxford University Press, 1961.

d'étudier les critères de distinction[78], suivant trois axes fondamentaux[79] : les règles primaires imposent des devoirs et des obligations, tandis que les secondaires confèrent des pouvoirs ; ensuite, les règles primaires se réfèrent à des comportements, tandis que les secondaires ramènent à d'autres règles ; enfin, les règles primaires concernent des actions matérielles, tandis que les secondaires concernent la création des devoirs et des obligations, c'est-à-dire des actes juridiques.

Relativement à sa conception du droit international, H. L. Hart développe deux idées importantes dans sa critique de H. Kelsen[80]. D'abord, il observe que le fait qu'un État déclare valide le droit d'un autre État ne suffit pas pour unifier ces deux systèmes. Ainsi, l'application par un État du droit d'un autre ordre juridique n'entraîne pas leur homogénéité. Pour H. L. Hart, cette reconnaissance présuppose que les cours de l'État tiers aient aussi reconnu ce droit. Nous entrevoyons, contrairement aux propos de H. Kelsen, la possibilité d'une coexistence et, surtout, d'une coordination entre deux ordres juridiques différents.

En ce qui concerne notre étude et notre objet, l'assouplissement de l'ordre juridique vis-à-vis du comportement des sujets de droit, la plus importante contribution de Hart réside dans son approche du rôle de la morale. Pour le juriste anglais, la stabilité du système légal n'est pas seulement basée sur l'obédience rigide de ses règles, mais suppose aussi son acceptation volontaire, laquelle dépend, dans une large mesure, de la superposition de la norme et de la morale conventionnée[81].

43. Or, si nous rapprochons la pensée de H. L. Hart des raisonnements sur la morale développés par J. Raz, il est possible de rendre encore plus tangible cette recherche de la légitimation axiologique. En effet, J. Raz relativise l'exigence d'une morale *universelle*, probablement inexistante : il suffit que les éléments sociaux qui relèvent d'un ordre juridique composé d'un ensemble de normes lui reconnaissent une valeur morale[82].

Autrement dit, il faudrait simplement que le consensus social rassemble les principaux acteurs du système sur l'importance de l'évaluation morale des comportements comme critère de validation juridique. Cela rejoint les premières suppositions de notre thèse, qui donnent une place centrale à la revalorisation de l'individu à l'intérieur du système.

44. Si les théories de H. Kelsen et H. L. Hart constituent les piliers du mouvement philosophique de légitimation de l'ordre légal, elles restent encore trop attachées à l'existence d'une norme qui résulte d'un processus

---

[78] *Ibid.*, pp. 79-99.

[79] Tel que présentés par Michel van de Kerchove et François Ost, dans *Legal systems…*, *op. cit.*, p. 17.

[80] COURT DE FONTMICHEL Alexandre, *L'arbitre, le juge…*, *op. cit.*, p. 20.

[81] *Ibid.*, p. 19.

[82] RAZ Joseph, *Practical reason and norms*, Princeton : Princeton University Press, 1990, pp. 162-169.

formel de création du droit. C'est pour cette raison que les théories fondées sur un aspect organisationnel et comportemental sont mises en avant dans le domaine encore informel du commerce et de l'arbitrage international. Comme le disait N. Luhmann, « ni la théorie pure du droit, ni la théorie pure de la réalité, peuvent être appropriées à un domaine dont les structures [...] et les comportements réels aient *deux* pôles, lesquels doivent être considérés comme des variations l'un de l'autre[83] ». Voilà qui représente bien la dichotomie entre réel et factuel qui nous accompagne au long de ce travail.

45. Santi Romano se situe dans cette mouvance. Selon l'auteur italien, « le droit, avant d'être norme, avant d'avoir trait à un ou plusieurs rapports sociaux, est organisation, structure, attitude de la société même dans laquelle il est en vigueur et qui par lui s'érige en unité, en un être existant par soi-même[84] ». Le rapprochement avec un ordre international commercial, dont le contenu est épars et les attitudes juridicisées par un sentiment mutuel d'organisation, ne fait pas de doute.

En reconnaissant la configuration d'un système juridique au-delà de l'activité étatique, Santi Romano ouvre la possibilité d'un pouvoir résultant d'une source diffuse, où l'attitude de chaque partie peut se concevoir comme source de normativité. Cette valorisation de l'individu, souvent oubliée dans les constructions théoriques contemporaines, constitue donc la pierre angulaire de n'importe quel ordre dont l'objectif est le contrôle diffus des comportements. L'individu compris comme créature du législateur se transforme en individu créature de sa propre volonté.

Bien entendu, en transférant la source de la normativité de la règle étatique vers l'organisation sociale, la pensée de Santi Romano retire à l'État le monopole du caractère institutionnel. Celui-ci est réduit à « la plus importante des institutions[85] ». L'Église ou la *societas mercatorum* se placent à ses côtés, en tant qu'organisations tout aussi capables de produire un droit.

46. Cette « microphysique » des institutions, pour reprendre l'expression de M. Foucault[86], se retrouve dans la critique de ceux qui envisagent avec difficulté un ordre dépourvu d'autorité centrale[87]. Parmi les composantes de

---

[83] LUHMANN Niklas, *Legitimação pelo procedimento*, Brasília : Universidade de Brasília, 1980, p. 18, italique dans l'original. Dans l'original de la traduction portugaise : « *Nem a teoria pura do direito, nem a teoria pura da realidade pode ser adequada a um tema que nas estruturas significativas previamente apresentadas e no comportamento real tenha dois polos, que devem ser considerados como variáveis em relação um ao outro.* »

[84] SANTI ROMANO, *L'ordre juridique*, Paris : Dalloz, 2002, p. 19.

[85] *Ibid.*, p. 31.

[86] FOUCAULT Michel, *La volonté de savoir*, t. 1, *Histoire de la sexualité*, Paris : Gallimard, 1984-1988.

[87] Par exemple, la critique de Philippe MOREAU DEFARGES, *L'ordre mondial*, 4e éd., Paris : Armand Colin, 2008, p. 671 : « Il n'est pas d'ordre sans institution. Celles-ci remplissent deux fonctions : organiser les échanges, les communications, afin notamment de canaliser, de maîtriser les conflits pour que ceux-ci ne dégénèrent pas en affrontements ouverts ou pour

cette autorité, la justice étatique devient le catalyseur des normes secondaires définies par H. L. Hart, que nous rappelions ci-dessus. D'ailleurs, une étude récente, sans nier l'importance d'une *jurisdictio* comme condition d'un ordre normatif, suggère que la simple « intervention d'un tiers neutre et impartial au cours d'un litige dyadique serait à la base de la création normative et de la construction d'un système juridique[88] ».

Nous aboutissons à une conception très intéressante de l'ordre juridique : la relation triangulaire entre parties et *jurisdictio* pourrait, à elle seule, produire la normativité nécessaire à la construction d'un ordre autonome. Désormais, il est facile de comprendre le danger des constructions théoriques de l'arbitrage international, qui négligent le poids de la justice particulière des parties, sous prétexte de préserver un ordre général.

47. Le risque est d'autant plus élevé qu'un bon nombre de conceptions présentes fondent le système arbitral international dans un esprit téléologique[89]. Dans cette perspective, un ordre international se forme dans le *but* de permettre une meilleure coordination entre les positions des cours étatiques et des tribunaux arbitraux lorsqu'ils jugent des situations individuelles, et de les rassembler dans un raisonnement inductif.

48. Ainsi, à partir des conceptions d'ordre et de système, nous constatons qu'il est possible de placer l'individu – et la résolution de son différend – comme source de juridicité dans un ordre juridique paraétatique. Cela permet de remédier à la dérive du droit international, qui s'est trop longtemps préoccupé des crises relatives à l'abstraction, et non de réalités.

---

qu'à l'inverse ils ne stagnent pas et deviennent des abcès sans solutions ; garantir le maintien de l'ordre (police, justice, défense). »

[88] STONE SWEET Alex, GRISEL Florian, « L'arbitrage international : du contrat dyadique au système normatif », *Arch. ph. dr.*, 2009, t. 52, p. 84. *Cf.* not. GRISEL Florian, *L'arbitrage international ou le droit contre l'ordre juridique*, Paris : Fondation Varenne/LGDJ, 2010, pp. 179 *et seq*.

[89] *Cf.* PETER BERGER Klaus, *The creeping codification of the lex mercatoria*, The Hague : Kluwer Law International, 1999, pp. 90-91. Rappelons aussi les propos d'Emmanuel Gaillard : « […] un ensemble structuré de normes ou "système" n'est justiciable, selon nous, de la qualification d'ordre juridique que s'il a vocation à répondre à ses sujets et à concevoir ses sources et ses relations avec les autres ordres juridiques » (*Aspects philosophiques...*, *op. cit.*, p. 88)

§ 2°. La construction d'un ordre juridique transnational

49. L'idée évoquée dans le dernier paragraphe ouvre la voie de la formation progressive d'un ordre international. Car il faut chercher les sources de cet ordre non dans ses règles, conventions, traités, mais plutôt dans la multitude de relations interindividuelles qui *justifient* la communauté internationale[90]. Ce n'est donc pas un hasard si la doctrine classique[91] considère la nature fondatrice de ces rapports personnels comme un critère de distinction entre le droit interne et le droit international. L'évolution vers un ordre transnational s'avère bien plus fondée dans l'essor d'une communauté internationale dont les besoins sont distincts de ceux des États que dans la nécessité de régulation des instruments normatifs qui en découlent.

50. R. David nous donne un exemple très intéressant de cette conception[92] : selon lui, la fédération constitue un exemple de concession de pouvoir d'autorités souveraines à un ensemble supranational. Il se rapproche en cela de l'idée d'un droit international formé à partir d'un *intérêt* des « parties » – peu important, qu'*in casu*, ce soient des États.

Dans cette acception des fédérations ou des confédérations, partagée par R. David, l'ordre transnational n'est pas un instrument de reproduction normative dans une fin *in se*, mais plutôt un mécanisme de protection des rapports sociaux subjacents. Ceux-ci légitiment l'ensemble, et non le contraire.

51. La communauté sociale, plutôt que l'État, assume une importance fondamentale dans le droit international. En définissant l'expression « ordre international », H. Batiffol confirme cet éloignement de la figure étatique, afin d'englober « les relations qui s'établissent entre les collectivités ne dépendant d'aucune autre, et celles qui se nouent entre les personnes relevant de collectivités différentes [...][93] ».

Plus que dans n'importe quel autre domaine juridique, le droit international exige une prise de conscience de la nature fictive de ses constructions, dont l'État est le symbole majeur. L'existence d'un ordre transnational ne sera utile que s'il peut contribuer à la protection plus *spécialisée* de l'individu dans des situations juridiques qui échappent aux garanties de l'État. Dans le cas contraire, l'ordre transnational fonctionnerait comme un cercle vicieux de production normative, qui, progressivement, oublie son principal

---

[90] SANTI ROMANO, *op. cit.*, p. 46.

[91] TRIPEL Heinrich, *Droit international et droit interne*, Paris : Éd. Panthéon-Assas, 2010 (1920), p. 9. Au critère des rapports sociaux s'ajoute, selon Tripel, le critère des sources. Tandis que le droit étatique tient sa source dans un État, le droit international naît d'une source « autre que le droit interne (*Landesrecht*) ».

[92] DAVID René, *Le droit du commerce international : réflexions d'un comparatiste sur le droit international privé*, Paris : Economica, 1987.

[93] BATIFFOL Henri, *Aspects philosophiques..., op. cit.*, p. 258, note (1).

destinataire, transformant en réalité ce qui ne devait rester qu'une fiction.

52. Voici donc présentées les prémisses qui nous guideront dans l'examen des différentes conceptions du droit international, à partir d'un rattachement étatique (A), vers un lien interétatique (B), pour arriver à un modèle véritablement transnational (C).

A. Le modèle étatique

53. Ici, le droit international n'est rien d'autre qu'une émanation du pouvoir étatique, qui lui donne vie et auquel il est soumis. C'est H. Triepel[94] qui, ironiquement, en plaçant l'individu au centre des préoccupations du droit international, écarte toute possibilité de voir un droit destiné aux États, et donc, un droit international. État et individu ne peuvent être réunis dans un seul ordre juridique.

La même idée est reprise dans le rapport de la sous-commission d'experts instituée par la Société des Nations pour la codification du droit international[95]. Cette étude constate que dans la société internationale, les États n'obéissent qu'à leur propre volonté, tandis que l'individu voit sa volonté soumise à la validation juridique de son État. Les individus ne peuvent donc pas contribuer à la société internationale du seul fait de leur volonté, seuls les État peuvent y accéder. L'État devient alors le producteur exclusif et le seul destinataire du droit international.

54. Concernant cette évolution, citons P. Schoen[96], qui s'inscrit dans cette théorie d'une association étroite entre droit international et État. Malgré l'idée que seuls les États sont destinataires des normes du droit international, cet auteur émet l'hypothèse que les individus pourraient être sujets de la communauté de droit international, même si, selon lui, « cette conception est pratiquement dépassée aujourd'hui, et que l'on doit considérer comme ayant échoué[97] ».

Selon P. Schoen, il aurait fallu pour cela que l'individu soit perçu comme une unité supérieure, une *civitas maxima.* Nonobstant la position pessimiste de l'auteur quant à cette possibilité dans le futur, nous nous rallions à A. Carlebach[98] pour questionner cette thèse, et nous demander si ce n'est pas la condition même d'un ordre transnational comme la *lex mercatoria.* D'ailleurs, la position de *civitas maxima* de l'individu est au centre des

---

[94] TRIPEL Heinrich, *op. cit.*, p. 328.

[95] Rapporté par Alexandre CARLEBACH, *Le problème de la faute et sa place dans la norme du droit international*, Paris : LGDJ, 1962, p. 33.

[96] SCHOEN Paul, « Die volkerrechtliche Haftung der Staaten aus unerlaubten Handlungen », *Zeitschrift fiir Volkerrecht* (Breslau, J.U. Kern's Verlag [Max Miiller], 1917), Supplement 2, vol. X, p. 16. Rapporté par Alexandre CARLEBACH, *Le problème…*, *op. cit.*, p. 34.

[97] *Ibid.*, p. 34.

[98] *Ibid.*

réflexions modernes du droit international, représentée par A. A. Cançado Trinidade[99], pour qui l'individu devient le destinataire direct d'une justice internationale.
Néanmoins, s'il est vrai que d'un point de vue théorique, la conception étatique pourrait être dépassée en plaçant l'individu comme destinataire direct des normes internationales, un certain nationalisme politique empêche les États de renoncer à la protection de leurs citoyens, même quand ceux-ci disposent déjà d'une tutelle transnationale. Citons par exemple l'affaire des *Messageries maritimes*, où l'existence de règles de protection internationale du contrat n'a pas empêché la Cour de cassation de remarquer que « tout contrat international est nécessairement rattaché à la loi d'un État[100] ».

55. Dans cette première vision d'un ordre supraétatique, le droit international ne représente rien d'autre qu'un mécanisme de l'organisation de la société des États. Ce regard a sûrement été influencé par les inquiétudes de la période qui a suivi la Première Guerre mondiale, pendant laquelle l'établissement d'instruments de *check and balances* était prioritaire. L'ordre international n'est important que s'il répond aux besoins de protection des différentes souverainetés, l'individu n'ayant de place que comme *objet* indirect de cette tutelle.

B. Le modèle westphalien

56. La transition entre un modèle de droit international fondé sur la protection verticale des individus dans un État, et une vision fondée sur une coordination de plusieurs souverainetés n'est pas forcément complexe. En effet, ce nouveau modèle ne demande pas d'effort de coordination entre les différents États, car il résulte plutôt de leur simple juxtaposition[101].

---

[99] CANÇADO TRINIDADE Antônio Augusto, « The human person and international justice », *Col. Journ. Trans. L.*, 2008, v. 47, pp. 16-30 ; CANÇADO TRINIDADE Antônio Augusto, « The Right to Cultural Identity in the Evolving Jurisprudential Construction of the Inter-American Court of Human Rights », *in* YEE Sienho, MORIN Jacques-Yvan (éds.), *Multiculturalism and international law: essays in honour of Edward McWhinney*, The Hague : Brill, 2009, pp. 477-499. *Cf.* not. son cours à l'Académie de droit international de La Haye, en 2005 (CANÇADO TRINIDADE Antônio Augusto, « International law for humankind: towards a new jus gentium (I): general course on public international law et International law for humankind: towards a new jus gentium (II): general course on public international law », *RCADI*, 2005, v. 316 et 317, Leiden : Martinus Nijhoff Publishers, 2005.

[100] Cass., Ch. civ., *Messageries maritimes*, 21 juin°1950, *D.*, 1951, p. 749 – note HAMEL ; *S.*, 1951, p. 1 – note NIBOYET. Comme nous en informe J. Robert à propos de ce rattachement étatique dans le droit international, « même s'il a été battu en brèche en doctrine, le principe ainsi énoncé par la Cour de cassation n'a jamais été remis en cause en jurisprudence » (ROBERT Jean, *Le phénomène transnational*, Paris : LGDJ/AFA, 1992, p. 9).

[101] C'est l'opinion de François Ost et Michel van de Kerchove, dans *De la pyramide au réseau ? Pour une théorie dialectique du droit*, Bruxelles : Facultés Universitaires Saint-Louis, 2002, p. 162.

57. Né sous l'influence des grands théoriciens du droit naturel, dont H. Grotius[102] est le plus important représentant, et repris par la suite par S. Pufendorf[103], le modèle d'une société internationale trouve sa première concrétisation dans la paix de Westphalie de 1648, qui met fin à la guerre de Trente Ans en Europe.

Deux traités entérinent cette paix, l'un conclu à Münster, et l'autre à Osnabrück. Même si la France et la Suède ont l'initiative, l'article 17 du traité d'Osnabrück étend ses effets à la Norvège, au Danemark, aux cantons suisses, au Duché de Loraine, et à la République de Venise[104].

La paix de Westphalie représente la naissance d'une société internationale d'États laïcs, la première tentative pour la réguler, et surtout, selon R. Redslob, « l'apparition pour la première fois dans le monde du droit des gens [d'une] conscience universelle[105] ». La notion d'équilibre des souverainetés comme condition de la paix différencie ce mouvement de l'éclatement des communautés indépendantes au Moyen Âge, souvent associé à l'émergence de la *lex mercatoria*[106].

Les premières lignes d'un « droit interétatique » initiées par la paix de Westphalie sont plus marquées par un désir de puissance que par un effort de coopération : les empires européens se sont réunis pour éviter la guerre plutôt que pour maintenir la paix. Ces conventions, de façon ironique, ont renforcé les ordres étatiques, dont la puissance était déjà si grande que seule la recherche de cet équilibre a permis d'éviter leur heurt.

58. Dans ce contexte, la paix de Westphalie a souvent été critiquée pour avoir simplifié la société internationale de manière excessive, en la centrant seulement sur les États, et niant, par exemple, l'importance de la papauté ou bien des agents commerciaux internationaux[107]. L'ordre juridique international ne serait qu'une somme d'îlots souverains qui ne communiquent pas entre eux, configuration que nous retrouverons tout au long de cette thèse pour expliquer bon nombre de déviations du système arbitral international.

---

[102] GROTIUS Hugo, *Le droit de la guerre et de la paix*, Caen : Presses universitaires de Caen, 2011 (rééd. fac-sim. de l'éd. de 1724).

[103] PUFENDORF Samuel, *Le droit de la nature et des gens*, Caen : Université Caen-Basse-Normandie, 2009 (rééd. fac-sim. de l'éd. de 1732).

[104] L'indépendance des Pays-Bas a aussi été consacrée (*Cf.* LAGHMANI Slim, *Histoire du droit des gens : du jus gentium impérial au jus publicum europaeum*, Paris : Pedone, 2003, pp. 74 *et seq.*).

[105] REDSLOB Robert, « La doctrine idéaliste du droit des gens proclamée par la Révolution française et par Emmanuel Kant », *RGDI publ.*, 1921, pp. 213-216.

[106] Santi Romano note que le phénomène de la pluralité d'ordres juridique s'imposait déjà à l'esprit à ce moment-là : « Au Moyen Âge, au contraire, de par la constitution même de la société, divisée, morcelée en communautés nombreuses et diverses, souvent indépendantes ou vaguement reliées entre elles, le phénomène de la pluralité des ordres juridiques s'imposait à l'esprit avec une telle évidence qu'il n'eût pas été possible de n'en pas tenir compte » (*op. cit.*, p. 79).

[107] *Cf.* OST François, VAN DE KERCHOVE Michel, *De la pyramide...*, *op. cit.*, p. 163.

Certains[108] observent dans les conventions internationales des XIXe et XXe siècles – spécialement le Congrès de Vienne (1815) et le traité de Versailles (1919) –, une amélioration de l'isolement du droit international. Toutefois, nous croyons, avec d'autres[109], que même avec la fin du dernier grand conflit mondial que fût la Guerre Froide, nous sommes encore loin d'observer une réelle harmonisation du droit international.
Pour l'instant, les propos de N. Politis paraissent plus adéquats : « Si l'État est une pure abstraction, la communauté internationale, telle qu'elle a été comprise jusqu'ici, comme la réunion des États, est une abstraction plus grande encore : c'est une immense somme de fictions[110] ».

59. Le principal défaut de ce modèle westphalien réside dans sa motivation centrale, à savoir la valorisation des États-nations. Cependant, les souverainetés ont acquis une telle puissance dans ce nouvel équilibre de la paix mondiale, que leurs normes ont fini par être presque toutes destinées à ces organisations politiques nationales, oubliant l'individu, pourtant principal intéressé.
Le passage vers un modèle transnational essaye de replacer l'être humain comme principal destinataire de la protection du droit international. C'est la nature de ses rapports sociaux, plutôt que son appartenance à un État, qui déclenche l'application du droit. Le caractère international de ces normes est fondé sur un consensus, qui dépend de l'acceptation et de l'internalisation de ces communautés internationales, comme la *societas mercatorum* ou l'arbitrage international[111]. En dépassant les États, on revient aux individus.

---

[108] *Cf.* GRAHAM Gordon, *op. cit.*, pp. 2-3.

[109] Par exemple, François OST, Michel VAN DE KERCHOVE, *De la pyramide...*, *op. cit.*, p. 164.

[110] POLITIS Nicolas, « Le problème des limitations de la souveraineté et la théorie de l'abus des droits dans les rapports internationaux », *RCADI*, 1925, t. 6, p. 6.

[111] Notons, qu'aujourd'hui, le fondement d'un grand nombre de projets normatifs transnationaux se trouve dans cette interconnexion directe entre les instruments législatifs d'un État, soulevés à un niveau constitutionnel, et les valeurs d'une justice universelle. C'est le cas, par exemple, des principes de procédure civile transnationale organisés par L'ALI/UNIDROIT, dont la préface fait référence aux leçons de S. Goldstein : « En général, toutefois, il y a très peu d'exemples de normes constitutionnelles qui ne reflètent une norme universelle de procédure équitable ou de justice naturelle » (GOLDSTEIN Stephen, « The proposed ALI/UNIDROIT Principles and Rules of Transnational Civil Procedure: the utility of such a harmonization project », *Unif. law rev.*, 2001, v. 6, n°4, p. 794, cité par Jorge A. SÁNCHEZ-CORDERO DAVILA, The American Law Institute/UNIDROIT, *ALI/UNIDROIT Principles of transnational procedure*, Cambridge : Cambridge University Press, 2006, préface, p. XXXIII).

C. Le modèle transnational

60. La sécurité collective fondée sur l'État, rêve subjacent à la paix de Westphalie, alimentée par bon nombre de conventions postérieures, continuera à être la valeur recherchée jusqu'au milieu du XXe siècle[112]. C'est à ce moment-là que les limites d'une vision trop centrée sur l'ordre étatique commencent à se faire voir. Les travaux de juristes comme P. Jessup[113], auxquels s'ajoute la prise de conscience du risque d'exacerbation des souverainetés nationales, illustré par la Deuxième Guerre mondiale[114], se prêtent à une relativisation des frontières.

Comme le souligne N. Schiller, « encore que les frontières soient des constructions culturelles, elles sont des constructions supportées par l'autorité de la loi, la force économique et politique[115] ». Dès lors, « la façon par laquelle elles sont établies, croisées ou imaginées sont des produits d'histoires particulières, moments historiques et spatiaux[116] ». Cette flexibilisation constitue le postulat matériel qui, sous l'influence du processus de mondialisation, permet de songer à une sécurité collective qui dépasse la figure étatique.

61. La perspective transnationale devient un instrument pour « supplanter et modifier la perspective internationale qui tend à être excessivement centrée sur l'État, et qui emmène les parties, inconsciemment, à observer le monde dans le cadre des nations étatiques souveraines, d'une forme monolithique[117] ». L'individu quitte une vision « *state-centric*[118] » pour s'inclure lui-même directement, à la fois comme cause et motivation des règles internationales.

Parallèlement, l'autonomie de la volonté des parties gagne une existence propre au sein de la société internationale. Cela est bien représenté par la

---

[112] MOREAU DEFARGES Philippe, *op. cit.*, p. 85.

[113] JESSUP Philip C., *op. cit.*

[114] Bon nombre d'auteurs associent la reconnaissance d'un ordre juridique transnational (ou, dans ce cas, *véritablement international*) aux années qui suivent la Seconde Guerre mondiale : « Dans les années d'après-guerre, la Cour de cassation, sous l'impulsion de Lerebours-Pigeonnière, se référa à cette idée d'ordre public véritablement international, constitué par des principes de justice universelle aptes à constituer une sorte de *jus gentium* » (OPPETIT Bruno, *Théorie de l'arbitrage*, Paris : PUF, 1998, p. 87).

[115] SCHILLER Nina Glick, « The situation of transnational studies », *Identities*, n°4, 1997, p. 159.

[116] *Ibid.* Cette idée est reprise dans l'introduction de Peter JACKSON, Philip CRANG et Claire DWYER (éds.), *Transnational spaces*, New York : Routledge, 2004, introduction, pp. 1 *et seq.*

[117] YASUAKI Onuma, *A transcivilizational perspective on international law*, The Hague : Hague Academy of International Law (ADI-Pocket), 2010, p. 71. Traduction libre. Dans l'original : « *The transnational perspective is a useful tool [...] to supplement and modify the international perspective, which tends to be excessively State-centric and to invite people unconsciously to see the world within the framework of existing sovereign nation States as understood in a monolithic manner.* »

[118] *Ibid.*

résolution de 1991 de l'Institut de droit international, adoptée lors de sa session de Bâle, concernant « l'autonomie de la volonté des parties dans les contrats internationaux entre personnes privées[119] ». L'art. 2, par. 1 de la résolution prévoit que « les parties ont le libre choix de la loi applicable à leur contrat. Elles peuvent convenir de l'application de tout droit étatique ». La volonté des parties définit le droit étatique, et non plus le contraire.
En commentant cette résolution, E. Jayme[120] ne manque pas de noter son poids symbolique dans la naissance d'un modèle transnational de légitimation juridique de l'individu. D'après le juriste, « le fondement de cette autonomie – selon le préambule de la résolution – reste la liberté de l'individu reconnue par les diverses chartes et déclarations qui énoncent les droits fondamentaux de l'homme[121] ». Désormais, « le droit à la pleine expression de la personnalité comprend également la sphère économique ; ainsi chaque personne doit-elle avoir le droit d'utiliser ses capacités pour atteindre le bien-être matériel[122] ».

62. Si jusqu'à présent l'individu est protégé par l'intermédiaire de l'État, dans lequel il jouit de sa citoyenneté, dans une optique transnationale, ce même individu gagne la protection du droit international en vertu de la *nature internationale* de ses rapports juridiques. Ainsi, comme l'observe P. Jessup à l'occasion de l'une des premières manifestations de l'idée, il faudrait « utiliser, au lieu de "droit international", le terme "droit transnational" pour inclure tous les droits que règlent les actions ou les événements qui transcendent les frontières nationales[123] ».
La simplicité du terme ne cache pas la difficulté du concept, chacun associant ses propres notions à cette idée. J. Robert[124] présente les différentes façons de l'aborder : outre celle de P. Jessup, celle de P. Lalive se rapproche du recours aux principes généraux du droit de l'arbitrage international, et celle de M. Langen s'apparente à la représentation du juge comme figure de l'harmonisation de différents systèmes juridiques.

63. Quant aux difficultés terminologiques, à une époque où se multiplient les substantifs à empreinte collective, il faudra distinguer les idées de « mondialisation », de « globalisation », ou même d'« universalisation ».

---

119 [En ligne] http://www.idi-iil.org/idiF/resolutionsF/1991_bal_02_fr.PDF (page consultée le 04/07/12).

120 JAYME Erik, « Identité culturelle et intégration : le droit international privé postmoderne », *RCADI*, 1995, v. 251. Leiden : Martinus Nijhoff Publishers, 1995, p. 147.

121 *Ibid.*

122 *Ibid.*

123 JESSUP Philip C., *op. cit.*, p. 2. Traduction libre. Dans l'original : *« [...] I shall use, instead of "international law", the term "transnational law" to include all law which regulates actions or events that transcend national frontiers. »*

124 ROBERT Jean, *Le phénomène transnational*, *op. cit.*, p. 4.

Selon F. Ost[125], qui travaille sur cette différenciation, la première acception se traduit par l'intensification « des interdépendances planétaires dans un nombre croissant de domaines de la vie sociale », tandis que la globalisation prend une « signification idéologique », puisqu'il s'agirait de l'interprétation de la mondialisation sous le signe des exchanges commerciaux, privilégiant l'efficacité et la compétition[126]. Enfin, l'universalisation gagne une dimension axiologique de partage mondial de valeurs, somme toute un « universalisme moral ».

Cette distinction nous importe en ce qu'elle isole l'idée de « transnationalisation » dans un cadre bien plus technique, tandis que les concepts exposés ci-dessus avoisinent des conceptions fondamentalement sociales. Ainsi, le « transnational » dénote un mouvement d'acheminement de règles juridiques au-delà d'un ordre étatique, sans que cela représente, *per se*, un quelconque jugement de valeur. Autrement dit, un ordre juridique transnational n'a d'intérêt qu'en ce qu'il peut être utile à celui qui s'en sert, dans une perspective clairement utilitariste.

Au contraire, si l'on considère un ensemble de règles supranationales comme un ordre complet et autonome par sa simple construction scientifique, son *utilité* pour le sujet international est renvoyée au second plan. Ce raisonnement sera l'une des sources des principales incohérences des juges et tribunaux arbitraux dans la coordination des droits interne et international[127].

64. Comme véritable *instrument* de positionnement de l'individu dans le scénario international, l'ordre transnational ne peut pas se limiter à un ensemble de valeurs ou de principes, comme souvent proposé. C'est ce que

---

[125] OST François, « Mondialisation, globalisation, universalisation », *op. cit.*, pp. 6-7.

[126] L'aspect idéologique du concept de globalisation apparaît clairement dans l'œuvre de P. Glenn, pour qui la notion se confond souvent avec un mouvement d'expansion des traditions culturelles de l'occident (Dans l'original : « *So the process of localization represents something more that expanding western influence encountering local and particular forms of resistance. This might be seen as normal, and globalization and particularization (or fragmentation) are often presented as necessarily concurrent phenomena. It is the old story of the vicious dog, who bites when attacked. The world is too complicated, however, to be caught in a single dichotomy of a growing "us" and many, smaller, "them"* » (GLENN H. Patrick, *Legal traditions of the world: sustainable diversity in law*, New York : Oxford University Press, 2000, p. 48).

[127] Sur cette difficulté, *cf.* Carlo SANTULLI, *Le statut international de l'ordre juridique étatique : étude du traitement du droit interne par le droit international*, Paris : Pedone, 2001, p. 428 : « Le juge international ne prétend jamais connaître le droit étatique à l'aide de la proposition légale internationale ; jamais ne tient-il pour nul un produit étatique connaissable conformément à la constitution de l'État, mais différent des implications résultant d'une règle internationale » ; ainsi qu'Heinrich TRIEPEL, *op. cit.*, p. 435 : « Ainsi, il ne peut pas s'agir de savoir si le *droit international* est susceptible d'application judiciaire, mais bien si le *tribunal* national est autorisé à baser ses décisions sur le droit non étatique de la même façon et avec la même liberté que sur le droit étatique » (italique dans l'original).

suggère la LXVe conférence du Caire de l'ILA, en incluant entre les règles transnationales : (i) les principes généraux du droit, (ii) les principes communs à plusieurs droits, (iii) le droit international lui-même, et (iv) les pratiques commerciales[128].

Plutôt que de rechercher en vain un « esperanto[129] » juridique, l'idée serait mieux utilisée si nous l'interprétions non pas comme un contenu, mais comme une méthode herméneutique. Les principes cités plus haut constitueraient alors de simples outils de travail dans une démarche méthodologique, dont le but ultime vise la protection de l'individu dans la communauté internationale.

65. Nous sommes donc plus enclins à suivre la doctrine récente qui interprète l'ordre juridique transnational non pas comme un corps de règles préconstituées, mais comme une méthode de détermination des règles à appliquer[130]. Dans les propos de J. Robert, cet ordre juridique ne serait « qu'en puissance », un système de droit « qui s'offre à résoudre une situation internationale, [...] une clef à la disposition du juge, de l'arbitre ou des parties pour procurer le plus exactement une solution au problème sur quoi ouvre la situation considérée[131] ».

La même idée est explorée par E. Gaillard[132] dans un article sur ce thème, qui propose une approche dans laquelle le droit transnational ne constitue pas une liste, mais plutôt une méthode décisoire. Selon l'auteur, cela consiste à résoudre un problème légal non en se référant à un ordre étatique particulier à partir du conflit de loi, mais par le biais d'une analyse directe de droit comparé, soutenue par des conventions, traités, jurisprudence internationale, doctrines, etc.[133]. Comme le résume bien O. Yasuaki, il s'agit moins d'un contenu que « d'une manière de voir[134] ».

66. Utilité et méthode : voici le but et la forme de toute construction de droit destinée à régir les rapports des individus dans une communauté

---

[128] « Résolution sur les règles transnationales adoptée le 26 avril 1992 par l'ILA pendant sa LXVe conférence au Caire », *Rev. arb.*, 1994, p. 211.

[129] L'expression (dans l'original « *procedural Esperanto* ») est employée par C. Glasser dans sa critique des travaux de recherche menés à l'époque par l'ALI/UNIDROIT dans la poursuite d'une procédure transnationale (GLASSER Cyril, « Do we need a transnational civil procedure? A critical comment », *in* ADENAS Mads, ANDREWS Neil, NAZZINI Renato (éds.), *The future of transnational civil litigation: English responses to the ALI/UNIDROIT Draft Principles and Rules of Transnational Civil Procedure*, London : British Institute of International and Comparative Law (BICL), 2004, p. 13).

[130] GAILLARD Emmanuel, préface à la thèse de Jerôme ORTSCHEIDT, *La réparation du dommage dans l'arbitrage commercial international*, Paris : LGDJ, 2001, p. XII.

[131] ROBERT Jean, *Le phénomène transnational*, *op. cit.*, p. 5.

[132] GAILLARD Emmanuel, « Transnational law: a legal system or a method of decision making ? », *Arb. intern.*, 2001, v. 17, n°1, p. 61.

[133] *Ibid.*

[134] YASUAKI Onuma, *op. cit.*, p. 71. Traduction libre. Dans l'original : « *[...] way of seeing [...].* »

internationale. Ce sont les deux balises qui nous guideront dans la formation d'un ordre juridique arbitral, afin de montrer que c'est en leur absence que surgissent ses inconsistances. Cependant, il est impossible de comprendre ces deux concepts, qui sont nécessairement tournés vers une finalité, sans étudier auparavant le contenu auquel ils s'appliquent. Dans notre cas spécifique, il s'agit des échanges du commerce international.

Section II. La construction d'un ordre juridique commercial – la lex mercatoria

67. La finalité de notre ordre juridique transnational répond aux besoins des relations commerciales[135]. Le droit international dépasse sa constitution étatique, donnant lieu à des normes formées à partir d'une coordination horizontale, dont la ratification par les États n'est que la formalisation interne d'une pratique déjà répandue. Peu à peu, le commerçant se substitue à l'État comme protagoniste du droit international.

68. En préliminaire, pour parler de *lex mercatoria*, ou d'un droit du commerce international, il est important d'isoler cette notion de celles qui lui sont proches, comme celle de « droit international économique », ou celle de « droit privé international ».

La première est une catégorie qui englobe « l'ensemble des règles qui régissent l'organisation des relations internationales économiques, c'est-à-dire, pour l'essentiel, des relations macroéconomiques par opposition à des relations microéconomiques[136] ». L'auteur de cette définition ajoute que le concept permet d'identifier autant les grands ensembles économiques, leurs actions, réactions et interactions, que les comportements individuels des opérateurs économiques et leur incidence sur le fonctionnement des marchés.

Le « droit privé international » est un concept bien plus large, qui réunit non seulement les échanges transfrontaliers du commerce, mais tous les types de relations internationales de nature privée, comme les questions relatives à la famille, aux successions, les problèmes liés aux personnes morales, etc. Ici, rappelons aussi le « droit international privé », qui n'a rien d'international ni de privé[137], est défini comme « le droit spécial, applicable

---

[135] Nous inclurons également dans le concept de commerce *lato sensu* les rapports dérivés du droit des investissements. Désormais, quand il s'agira d'étudier spécifiquement les caractéristiques des arbitrages d'investissement, nous nous y reporterons spécifiquement.

[136] CARREAU Dominique, JUILLARD Patrick, *Droit international économique*, 4e éd. Paris : Dalloz, 2010, p. 3.

[137] La dénomination de la discipline du « droit international privé » est souvent critiquée en ce qu'elle ne correspond pas techniquement à sa matière. En effet, selon J. Dolinger, la principale source du droit international privé est la législation interne de chaque système étatique concerné par la situation juridique internationale (*cf.* DOLINGER Jacob, *Direito internacional privado*, 6e éd., Rio de Janeiro : Renovar, 2001, pp. 6-8). En outre, le droit international privé se penche normalement sur des problèmes de droit de la procédure, discipline alors de droit public, qui n'a non plus rien de privé. Finalement, si le droit international privé a comme objet principal de trouver la règle applicable parmi deux normes juridiques issues d'ordres étatiques différents, alors il s'agit d'un *supra ius* (selon l'auteur, dans l'original, un « *sobredireito* » ou bien un « *legum leges, jus supra jura, Diritto dei Diritti, Recht des Rechtsordenungen* », *ibid.*, note 17) qui choisit parmi deux actes émanant d'autorités souveraines, et qui doit donc respecter les principes du droit international public. Aussi, dans cette perspective, le droit international privé se penche donc vers le droit public. En dépit de cette réserve, nous maintiendrons évidement la

aux personnes privées impliquées dans des relations juridiques internationales[138] ». C'est l'ensemble des règles qui régissent le conflit de loi[139] et de juridiction entre les différents ordres étatiques dans le cas de situations juridiques concernant plusieurs États.
En résumé, le « droit international privé » peut être l'instrument du « droit privé international », genre auquel appartient en l'espèce le « droit international économique ». Mais alors, quelle place pour la *lex mercatoria* ?

69. Nous osons suggérer que cet ordre commercial, tout en incluant un ensemble de règles nationales, internationales et coutumières, soit verbales, soit écrites, est bien plus une construction méthodologique qu'un contenu inamovible. Ainsi, une perspective finaliste est, à notre avis, celle qui convient le mieux pour séparer ces concepts.
Tandis qu'un « droit international économique » a pour objectif de réunir des règles pour contrôler et interpréter le comportement des parties dans les échanges commerciaux, un « ordre juridique commercial » vise à renforcer le caractère autonome de ces règles de commerce face à l'influence étatique. Dès lors, cet ordre, qui correspond à une *lex mercatoria*, prend un caractère bien plus *idéologique*. L'idée d'un droit du commerce international, au contraire, tend à être plus organisationnelle.

70. Puisque nous nous proposons dans cette thèse d'examiner les déviations théoriques et idéologiques de cette délocalisation dans la pratique arbitrale, rien de plus naturel que de nous pencher ici sur cette *lex mercatoria*. Faisons-le en étudiant son évolution théorique depuis ses origines jusqu'aux principaux débats actuels qu'elle soulève (§ 1°), pour ensuite examiner ses principales manifestations (§ 2°).

§ 1°. La formation et la consolidation doctrinale de la lex mercatoria

71. Avant d'examiner les courants théoriques favorables et contraires à l'autonomie d'une *lex mercatoria* (B), faisons un détour indispensable par ses racines historiques (A).

---

dénomination classique de la discipline, suivant aussi J. Dolinger (*ibid.*, p. 8), pour sa valeur didactique et sa consécration terminologique, ayant été formulée en°1834, par Story, aux États-Unis, et employée dans le titre de l'œuvre de Foelix, en France, en°1843 (FOELIX M., *Traité du droit international privé ou du conflit des loi de différentes nations, en matière de droit privé*, Paris : Ch. Démangeât, 1843).

[138] MAYER Pierre, HEUZÉ Vincent, *op. cit.*, p. 2.

[139] La définition du conflit de loi nous est proposée par B. Audit : « Dans ces conditions, l'objet de la discipline du conflit de lois peut être défini comme la recherche de la loi interne *la plus* compétente pour régir une situation internationale, de façon à *minimiser* la violation internationale que la solution du conflit (fût-elle la solution la plus satisfaisante) rend inévitable » (AUDIT Bernard, *La fraude à la loi*, Paris : Dalloz, 1974, p. 26, italique dans l'original).

A. Les racines historiques de la lex mercatoria

72. Au début des années 1970, la Cour suprême des États-Unis s'est ainsi prononcée dans l'affaire *The Bremen v. Zapata Off Shore Co.* : « L'expansion des affaires et de l'industrie américaines sera difficilement encouragée si, nonobstant des contrats solennels, nous insistons sur la conception régionale selon laquelle toutes les disputes doivent être résolues dans nos cours et sous nos lois[140]. » Dès lors, « nous ne pouvons pas avoir des échanges commerciaux dans les marchés mondiaux et dans les eaux internationales exclusivement régis par nos termes, gouvernés par nos lois et analysés par nos cours ». Même si ce jugement n'affirme pas l'existence d'une *lex mercatoria*, son raisonnement dépeint la préoccupation qui sera à la base des mouvements de formation d'un espace commercial international détaché des ordres étatiques.

73. C'est dès le Moyen Âge que les foires commerciales, héritage des invasions barbares, ont vu naître une exigence de justice dont l'impartialité ne pouvait être assurée que par l'absence d'un jugement localisateur. L'exercice des tribunaux consulaires du Moyen Âge est resté limité à la durée des foires commerciales jusqu'en 1563, date à laquelle ils sont devenus permanents. Ils ont grandement contribué à la compilation d'une jurisprudence adaptée aux besoins des commerçants, spécialement grâce aux efforts de Michel de l'Hospital, rédacteur d'un édit pour le compte de Charles IX, daté lui aussi de 1563[141]. Ce *jus mercatorum* médiéval sera recopié dans divers recueils, dont les plus célèbres sont les *Rôles d'Oléron*, les *Consulats de la Mer* et les *Règles de Wisby*[142].

En 1622, G. Malynes définit la *lex mercatoria* dans son traité *Consuetudo Vel Lex Mercatoria, or the Ancient Law-Merchant* : « la loi coutumière des marchants [...] plus ancienne que n'importe quel droit écrit [...] construit sur les fondements de la Raison et de la Justice[143] ». Nous observons déjà ici comment cet ordre s'écarte de l'ensemble des règles spécifiques, préférant se référer à des principes propres aux commerçants.

La naissance de l'ordre juridique commercial résulte de la difficulté d'enracinement dans un droit national spécifique pour une société qui perçoit, dès le Moyen Âge, les limites économiques de la conception rigide des États souverains. Sans compter que les mécanismes conçus par ces ordres étatiques

---

[140] Supreme Court, *The Bremen v. Zapata Off-Shore Co.*, 12 juin°1972, 407 US, par. 9. Traduction libre. Dans l'original : « *The expansion of American business and industry will hardly be encouraged if notwithstanding solemn contracts, we insist on a parochial concept that all disputes must be resolved under our laws and in our courts... We cannot have trade and commerce in world markets and international waters exclusively on our terms, governed by our laws, and resolved in our courts.* »

[141] OSMAN Filiali, *op. cit.*, p. 10.

[142] *Ibid.*

[143] La référence est donnée par Klaus PETER BERGER, *op. cit.*, p. 1.

pour permettre le développement du commerce transfrontalier, tout en le maintenant sous son contrôle, s'avèrent chaque fois plus inadaptés.

74. Entretemps, le mouvement positiviste et codificateur se développe à partir de la fin du XVIIIe et du début du XIXe siècle, et tente de rapprocher ces intérêts commerciaux transnationaux des ordres étatiques[144]. Cette évolution tire de l'ordre commercial médiéval ses deux principales qualités : la nature universelle et la flexibilité. À partir de ce moment, tout concept d'ordre commercial transnational est perçu non pas comme un système pré-étatique autonome, mais comme une *tentative* d'écartement des ordres nationaux. Selon B. Goldman, ces raisons expliquent le mouvement des commerçants pour soustraire leurs contrats aux ordres étatiques : « L'inadaptation aux besoins du commerce international de bien des lois commerciales nationales [...] et l'incertitude de leur désignation par les systèmes de droit international privé suffisent à expliquer cette attitude[145]. »

75. Si l'on constate les efforts des commerçants pour dépasser les particularismes locaux dès le Moyen Âge, c'est seulement à partir du milieu du XIXe siècle que ce droit prend la configuration d'un système. Il est inclus dans un genre de *jus communicationis*, dont O. Nippold nous fait un portrait fidèle en 1924, soulignant que le nouveau droit des gens déplace son centre de gravité de la réunion des intérêts particuliers vers celle des intérêts communs[146]. À cette période, les États ne cherchent plus à conquérir des

---

[144] Cette évolution est bien résumée par H. P. Glenn, opposant l'émergence de la *lex mercatoria* du Moyen Âge au retour de l'influence de la codification du droit romain. Dans l'original : « *The commercial law of Europe was also emerging, in the (then) borderless world of trade, while roman law (later described by Goethe as a "diving duck") was re-surfacing* » (GLENN H. Patrick, *Legal traditions of the world*, *op. cit.*, p. 205).

[145] GOLDMAN Berthold, « Frontières du droit et "*lex mercatoria*" », *Arch. ph. dr.*, 1964, p. 179.

[146] NIPPOLD Otfried, « Le développement historique du droit international depuis le Congrès de Vienne », *RCADI*, 1924, I, t. 2, p. 55 : « En changeant de contenu, le droit des gens a revêtu un autre caractère, ou pour mieux dire, son caractère particulier, sa base, son fondement réel sont à présent plus distincts. Le droit des gens a changé de caractère sous l'influence des moyens de communications modernes, parce que les hommes et les États ont de nouveaux intérêts sur le terrain international ; leurs relations réciproques sont plus étroites et plus variées. Les intérêts internationaux ont changé dans le monde et le nouveau droit des gens n'est que le résultat de ce changement. Les intérêts commerciaux l'emportent aujourd'hui et ainsi le véritable fondement du droit des gens se montre plus nettement. Il y a ainsi un déplacement des intérêts particuliers en faveur des intérêts communs. Le centre de gravité des intérêts publics sur le terrain international se trouve ainsi changé. Les États ne recherchent plus normalement aujourd'hui à conquérir des territoires, mais ils vont à la conquête pacifique des moyens de commerce, des marchés et des débouchés. Sans doute, les intérêts particuliers d'ordre politique n'ont pas disparu du monde, mais ils ne dominent plus comme naguère. Le centre de gravité aujourd'hui est sans doute du côté des intérêts communs. Par les rapports multiples que le trafic mondial a créé dans tous les domaines de la vie, les hommes et les États sont liés les uns aux autres dans leurs intérêts. Ces intérêts internationaux sont des intérêts communs et réciproques ; c'est dans cette communauté des intérêts qu'il faut chercher la caractéristique de la vie internationale moderne. »

territoires, mais « vont à la conquête des moyens de commerce, des marchés et des débouchés[147] ». Il est alors temps de passer « des armes aux procédures légales[148] ».

76. À partir du XXe siècle, les études théoriques se multiplient, à commencer par celle d'É. Lambert[149], dans un article de 1934 intitulé « Sources du droit comparé ou supranational. Législation uniforme et jurisprudence comparative ». L'auteur évoque un « droit corporatif » qui, comme la loi marchande médiévale, a « l'aptitude à se répandre librement par-dessus les frontières des États et des nationalités[150] ».

C'est dans les années 1960 que le droit du commerce international est organisé par la convergence de valeurs et principes communs, condition nécessaire à l'émergence d'un vrai ordre. En 1961, influencé par la doctrine de Santi Romano, P. Kahn parle d'un « droit formulaire[151] », sous le signe « d'une autonomie plus grande, plus complète, plus étendue des différents secteurs du monde international des affaires ».

Trois ans après, en 1964, sous la plume de B. Goldman, dans l'article « Frontières du droit et "*lex mercatoria*"[152] », le droit international du commerce gagne la forme définitive d'un ordre juridique commercial, *i.e.*, une *lex mercatoria*. Quinze ans plus tard, il publie « La *lex mercatoria* dans les contrats et l'arbitrage internationaux : réalité et perspectives[153] ». B. Goldman insiste sur le caractère transnational de la *lex mercatoria*, sans que cela signifie son indépendance par rapport aux ordres étatiques, faisant une très nette distinction entre la règle « étrangère » et la règle « transnationale[154] ».

77. Ce bref parcours historique nous permet d'identifier quelques uns des traits de la *lex mercatoria* qui ont traversé les époques et contribuent à sa compréhension aujourd'hui.

78. Empruntons la synthèse de ces caractéristiques proposée par

---

[147] *Ibid.*

[148] TUNG Ko-Yung, « Foreign investors *vs* sovereign states », *in* KOLSKY LEWIS Meredith, FRANKEL Susy (éds.), *op. cit.*, p. 244. Traduction libre. Dans l'original : « *[...] from guns to legal proceedings [...].* »

[149] LAMBERT Édouard, « Sources du droit comparé ou supranational. Législation uniforme et jurisprudence comparative », *in Recueil d'études sur les sources du droit en l'honneur de François Gény*, t. 3, Paris : Librairie du Recueil Sirey, 1934, pp. 478-504.

[150] *Ibid.*, p. 498.

[151] KAHN Philippe, *La vente commerciale internationale*, Paris : Sirey, 1961, pp. 365-367.

[152] GOLDMAN Berthold, *op. cit.*

[153] GOLDMAN Berthold, « La *lex mercatoria* dans les contrats et l'arbitrage internationaux : réalités et perspectives », *JDI*, 1979.

[154] Cette différentiation, dont l'importance est cruciale dans l'œuvre de Goldman, ne sera pas reprise ici, étant à l'origine de son cours à La Haye, en°1963 : « Les conflits de lois dans l'arbitrage international de droit privé », *op. cit.*

A. Lejbowicz[155] : en premier lieu, il est possible de comparer la scène internationale contemporaine à la situation anarchique du Moyen Âge, même si certains[156] mentionnent quelques différences importantes ; ensuite, l'ordre moyenâgeux autant que la *lex mercatoria* actuelle sont nés sous l'influence de flux économiques nouveaux, sans l'intervention d'organisations politico-gouvernementales ; en troisième lieu, le cosmopolitisme des marchands a conduit à une uniformisation de leurs pratiques, « un fait qui devient droit[157] », vision nodale pour saisir le fondement des déviations d'un ordre juridique arbitral ; et enfin, l'autonomie des règles du droit commercial, en fonction du silence, de l'insuffisance et de la carence du droit étatique.
Aujourd'hui, finalement, l'enjeu du développement de la *lex mercatoria* est de concilier son esprit historique, concrétisé dans l'autonomie d'un ensemble de règles commerciales, avec la situation actuelle, dans laquelle il est difficile de choisir les principes et les valeurs de ces règles, dans un scénario où l'inégalité mondiale est encore si marquée[158]. La construction de cet ordre, et également, nous le verrons, d'un ordre arbitral international, passe donc par l'atténuation du scepticisme résultant de ces différences, où l'intervention étatique est souvent utilisée comme instrument compensatoire.

B. Les débats contemporains autour de la lex mercatoria

79. Passer en revue tous les mouvements favorables ou contraires à cet ordre des commerçants exigerait, en soi, une nouvelle étude, quand nombreux s'y sont déjà consacrés[159]. Notre objectif n'est en aucun cas

---

[155] LEJBOWICZ Agnès, *Philosophie du droit international : l'impossible capture de l'humanité*, Paris : PUF, 1999, pp. 79-80.
[156] Celles-ci sont présentées par L. Pinheiro : le caractère international de la *lex mercatoria* médiévale n'avait pas à être concilié avec le concept de souveraineté, aujourd'hui très présent ; ensuite, pendant que le développement de la *lex mercatoria* au Moyen Âge s'opère au gré des circonstances et d'une manière non planifiée, la *lex mercatoria* contemporaine aurait été créée par des « entités régulatrices » (*in verbis*, dans l'original « *entidades reguladoras* »), et révélée par des conventions internationales, des lois-modèles ou par d'autres documents publiés par des organisations privées comme la CCI (DE LIMA PINHEIRO Luis, *Arbitragem transnational : a determinação do estatuto da arbitragem*, Coimbra : Almedina, 2005, pp. 378-379).
[157] *Ibid.*, p. 80.
[158] Sur cette idée, *cf.* Julian D.M. LEW, « Achieving the dream: autonomous arbitration », *Arb. intern.*, 2006, v. 22, n°2, p. 184.
[159] SCHMITTHOFF Clive M. (éd.), *The sources of the law of international trade: with special reference to East-West trade*, London : Stevens and Sons, 1964 ; GOLDMAN Berthold, « Frontières du droit..., *op. cit.* ; GOLDMAN Berthold, « La *lex mercatoria* dans les contrats et l'arbitrage internationaux...», *op. cit.* ; GOLDMAN Berthold, « The applicable law: general principles of law: the *lex mercatoria* », *in* LEW Julian D.M. (éd.), *Contemporary problems in international arbitration*, Leiden : Martinus Nijhoff, 1987, pp. 113 *et seq.* ; GOLDMAN Berthold,

d'épuiser la matière, mais seulement d'identifier quels sont les arguments favorables (1°) et critiques (2°) qui révèlent le *conflit entre mouvement théorique et application pratique*. Si cet antagonisme est déjà présent en substance, il sera bien plus aisé de le trouver dans son principal instrument : l'arbitrage international.

1°. Courants favorables à la lex mercatoria

80. D'une manière très systématique, K. Lynch[160] consolide trois visions contemporaines du phénomène. Dans un premier cas, la *lex mercatoria* serait un ordre autonome supranational, créé spontanément par ceux qui sont engagés dans le commerce international, dont l'existence est dissociée des ordres étatiques. Isolée autant des droits nationaux que du droit international (*stricto sensu*), la *lex mercatoria* trouverait ses sources dans les législations internationales, ainsi que dans les coutumes de la *societas mercatorum*. Dans une deuxième acception, la *lex mercatoria* serait un corps de règles de commerce international suffisant pour trancher un différend, et utilisé comme une alternative au droit national, lequel, si nécessaire, pourrait tout de même être appliqué. La troisième interprétation, plus limitée, considère cet ordre comme une construction évolutive, résultat de la consolidation d'us et coutumes, ainsi que d'une volonté de recourir à ceux-ci pour la résolution de ses conflits, opérant en complément du droit étatique.

En dépit des différences entre les courants qui défendent une *lex mercatoria*, nous affirmons, comme un véritable *leitmotiv* dans cette étude, qu'il paraît essentiel de chercher dans ces conceptions la *finalité* d'un ordre juridique commercial.

« *Lex mercatoria* », *Forum international*, 1983, n°3, pp. 1 *et seq* ; GAILLARD Emmanuel, « Trente ans de *Lex Mercatoria*… », *op. cit.* ; GAILLARD Emmanuel, « Transnational law… », *op. cit.* ; DEZALAY Yves, GARTH Bryant G., *op. cit.* ; MANIRUZZAMAN Abul F., « The *lex mercatoria* and international contracts: a challenge for international commercial arbitration », *Am. Univ. Intern. L. Rev.*, n°14, p. 657 ; LOWENFELD A., « *Lex mercatoria*: an arbitrator's view », *Arb. intern.* 1990, v. 6, p. 133 ; CARBONNEAU Thomas (éd.), *Lex mercatoria and arbitration*, The Hague : Kluwer Law International, 1998 ; HUGHET Keith, « The enigma of the *lex mercatoria* », *Tul. L. Rev.*, 1989, v. 63, pp. 613 *et seq.* ; LANDO Ole, « Assessing the role of the UNIDROIT principles in the harmonization of arbitration law », *Tul. J. Int. & Comp. L.*, 1995, v. 3, pp. 129 *et seq.* ; LANDO Ole, « The *lex mercatoria* in international commercial arbitration », *Int. Comp. L. Q.*, 1985, v. 34, pp. 747 *et seq.* ; MUSTILL Michael, « Contemporany problems in international commercial arbitration: a response », *Int. Bus. L.*, 1989, v. 17, pp. 161 *et seq.* ; MUSTILL Michael, « The new lex mercatoria », *Arb. intern.*, 1988, v. 4, pp. 86 *et seq.* (le même article a été aussi publié dans Maarten BOS et Ian BROWNLIES (éds.), *Liber amicorum for Lord Wilberforce*, Oxford : Oxford University Press, 1987, pp. 192-193) ; WILKINSON V., « The new *lex mercatoria*: reality or academic fantasy? », *Journ. Intl. Arb.*, 1995, v. 12:2, pp. 103 *et seq.*, entre autres.

160 LYNCH Katherine, *op. cit.*, pp. 317 *et seq.* L'auteur range parmi les partisans de la *lex mercatoria* sous ses diverses formes : B. Goldman, P. Lalive, O. Lando, C. Schmitthoff, A. Lowenfeld, T. Carbonneau et R. Goode.

81. B. Audit a bien résumé la question : « Lorsque l'on aborde aujourd'hui le thème de la *lex mercatoria* après deux ou trois décennies de controverses et d'approximations, on doit bien être conscient des conséquences théoriques et pratiques qu'impose l'idée que l'on s'en fait[161]. » Le juriste ajoute qu'il n'y a que deux façons de définir la finalité de cet ordre : selon la première, la *lex mercatoria* ne serait qu'un « [fond] commun de règles aptes à permettre au juge, et surtout à l'arbitre, de résoudre les litiges en toute liberté, sans être lié par la nécessité de respecter la hiérarchie et le contenu de règles figées dans un strict ordonnancement juridique[162] ». Ici, selon B. Audit, la *lex mercatoria* serait réduite soit à « l'esprit d'équité », soit à « des normes de toute provenance dès l'instant où elles concernent les relations économiques internationales[163] ».

82. La deuxième possibilité serait d'attacher à la *lex mercatoria* une signification précise, de la « conceptualiser avec la même rigueur que pour n'importe quelle autre catégorie[164] ». C'est la seule option si l'objectif est de faire du concept un instrument d'application dans un but pratique, comme, par exemple, dans le contrôle, par un juge national, de la mission d'un arbitre, ou bien de la violation d'un ordre public international. Dans ces deux cas, « des intérêts très concrets en dépendent[165] ».

Cette analyse est très importante dans le cadre de notre étude. C'est ce mouvement des notions théoriques floues vers une utilité concrète, dont l'embryon paraît déjà dans la *lex mercatoria*, qui nous occupera dans l'analyse d'un ordre juridique arbitral. Il expliquera surtout la convocation d'un principe si propice à l'examen de la finalité comme l'abus de droit.

83. En tant que catégorie, la deuxième définition proposée par B. Audit rappelle l'idée déjà explorée d'un ordre transnational plus pertinent en tant que méthode qu'en tant que contenu : une catégorie interprétative des comportements concrets dans les rapports du commerce, et qui ne souffre point des exigences de complétude et d'indépendance qui préoccupent tant les objecteurs de la *lex mercatoria.*

D'ailleurs, s'agissant de l'indépendance, B. Goldman remarquait déjà, en 1983, qu'autonome « ne vaut pas dire totalement indépendant[166] ». Autrement dit, l'autonomie de la *lex mercatoria* consiste à coexister

---

[161] AUDIT Bernard, *op. cit.*, p. 92.

[162] *Ibid.*, pp. 92-93.

[163] *Ibid.*

[164] *Ibid.*, p. 93.

[165] *Ibid.*

[166] GOLDMAN Berthold, « Bataille autour de la *lex mercatoria* : l'affaire Norsolor », *Rev. arb.*, 1983, n°4, oct.-déc., p. 409. La même idée est partagée par Luhmann, sous l'angle de l'autonomie de la procédure : « Le concept d'*autonomie* s'applique [...] à l'orientation de ces procédures d'échange à travers des structures et des méthodes typiques du système, donc, présuppose que le système n'est pas indépendant » (LUHMANN Niklas, *Legitimação...*, *op. cit.*, p. 61).

tranquillement avec la possibilité d'interventions étatiques, dans un dialogue qui se substitue à ce qui était jusque-là un faux paradoxe entre les deux configurations.

Les ordres étatiques s'entrelacent avec un ordre commercial transnational, fournissent un substrat face à l'inexistence de règles consolidées dans un ensemble en formation. Selon B. Goldman[167] en 1993 – sa pensée évolue – que l'ordre juridique de la *lex mercatoria* soit incomplet ou en voie de formation n'empêche pas son existence. Ses lacunes peuvent seulement conduire à ce « qu'une situation ou un rapport économique déterminé relève, lorsque le droit s'en empare, en même temps de la *lex mercatoria* et d'une loi étatique ou interétatique[168] ».

Des ponts s'établissent entre l'ordre transnational des commerçants et les cours étatiques. De plus, bien des auteurs[169] alertent du danger d'un ordre fermé sur lui-même, qui n'aurait de but que dans un cercle vicieux d'autolégitimation.

84. Nous constatons que la *lex mercatoria* n'est pas née sous le signe de l'exclusivité, mais plutôt comme un instrument pouvant coexister avec d'autres sources. En 1984, dans le célèbre arrêt *Norsolor*[170], la Cour de cassation a reconnu cet aspect. Elle a approuvé une sentence prononcée à Vienne, dans laquelle les arbitres, « devant la difficulté de choisir une loi nationale dont l'application s'imposerait avec suffisamment de force », ont trouvé convenable, « eu égard au caractère international du contrat, d'écarter toute référence à une législation spécifique, qu'elle soit turque ou française, et d'appliquer la *lex mercatoria* internationale ».

Même si B. Goldman, dans sa note sous l'arrêt, est réticent à y voir une reconnaissance explicite d'une *lex mercatoria*, il lui apparaît que l'idée

---

[167] GOLDMAN Berthold, « Nouvelles réflexions sur la *Lex Mercatoria* », *in* DOMINICÉ Christian (éd.), *Études de droit international en l'honneur de Pierre Lalive*, Genève : Helbing & Lichtenhahn, 1993, p. 250. La même constatation est partagée par M. Virally : « S'il existe une *lex mercatoria*, elle ne peut donc avoir la prétention de constituer un ordre juridique régissant les relations commerciales transnationales sous tous leur aspects. Cela est évident et n'a jamais été contesté. Il n'en résulte pas, pour autant, que cela exclue de parler d'un ordre juridique transnational. Comme nous l'avons vu, un ordre juridique n'est pas nécessairement complet et totalement auto-suffisant » (VIRALLY Michel, « Un tiers droit ? Réflexions théoriques », *in* FOUCHARD P., KAHN Ph., LYON-CAEN A., *Le droit des relations économiques internationales : études offertes à Berthold Goldman*, Paris : Litec, 1982, p. 378).

[168] GOLDMAN Berthold, « Nouvelles Réflexions sur la *Lex Mercatoria* », *op. cit.*, p. 250.

[169] Traitant spécifiquement d'un ordre juridique arbitral, mais dans une réflexion qui s'applique tout aussi bien à la *lex mercatoria*, *cf.* RACINE Jean-Baptiste, « Réflexions sur l'autonomie de l'arbitrage commercial international (II. L'arbitrage, Deuxième Séance) », *Rev. arb.*, 2005, p. 307.

[170] Cass., 1re Ch. civ., 9 oct. 1984, *Société Palbalk Ticaret Sirketi v. Société Norsolor. Rev. arb.*, 1985, p. 431 – note GOLDMAN Berthold.

d'interpénétration entre cet ordre autonome et les sources étatiques est renforcée[171].

85. Enfin, nous nous permettons d'insister sur la vraie signification de l'« autonomie » d'une *lex mercatoria.* Son effervescence initiale a entrainé une déformation de son idée originelle, la conduisant vers un complet isolement, dans le souci de garantir une systématisation. Cependant, au contraire, sa coexistence harmonieuse avec les ordres étatiques peut garantir son équilibre, à condition qu'elle conserve sa propre méthode pour la résolution des conflits. Or, c'est justement à partir de ce radicalisme initial, qui n'a plus de raison d'être, que ce sont formés les principaux courants critiques autour de la *lex mercatoria.*

2°. Courants critiques envers la lex mercatoria

86. Comme c'est souvent le cas, les critiques vis-à-vis d'une conception, suivies d'une réponse efficace de ses partisans, forment un terrain fertile pour la compréhension du phénomène. C'est le cas de la *lex mercatoria,* dont les critiques, souvent virulentes, dévoilent des arguments qui, très souvent, ne sont même pas défendus.
Répartissons donc les critiques autour de trois grands arguments principaux : le manque de juridicité des règles de la *lex mercatoria* (a) ; le manque d'uniformité de cet ordre, qui se déploie en l'absence de complétude (b) ; et la carence de sanction pour l'application de ses règles (c).

a) Le manque de juridicité

87. De manière synthétique, cette pensée s'oppose à la *lex mercatoria* en ce qu'elle ne serait qu'un ensemble de corps régulateurs flottants dans un vide juridique, sans cohésion légale, réunis pour une direction purement consultative des rapports commerciaux. Selon A. Bucher, cela « n'est pas une loi, faute de législateur, ce n'est pas un marché, faute d'une économie de référence, et ce n'est pas une "loi des marchands", faute d'une société qui en accepte l'autonomie et l'effectivité[172] ».
De manière encore plus incisive, S. Bollée soulève que ce n'est « qu'au prix d'une hypertrophie accordée à des éléments sporadiques et rudimentaires que l'on ait pu tenter de préserver l'illusion d'une institution digne de la qualité d'ordre juridique[173] ».

---

[171] GOLDMAN Berthold, « Note sous Cass., 1re Ch. civ., 9 oct. 1984, *Société Palbalk Ticaret Sirketi v. Société Norsolor* », *Rev. arb.*, 1985, pp. 436-438.
[172] BUCHER Andreas, *La dimension sociale…*, *op. cit.*, p. 187.
[173] BOLLÉE Sylvain, *Les méthodes du droit international privé à l'épreuve des sentences arbitrales*, Paris : Economica, 2004, p. 79

Le manque de pouvoir normatif de ces règles résulte d'une conception positiviste, selon laquelle il est impossible que les contrats, et les autres instruments juridiques privés, produisent du droit, au motif que celui-ci ne peut résulter que de l'intervention d'une autorité étatique. Autrement dit, un contrat est valable non parce qu'il respecte des principes de la *lex mercatoria*, comme le *pacta sunt servanda* ou la bonne foi, mais parce que l'État où il a été conclu le reconnait ainsi.

88. Outre ce manque de validité extérieure, la critique pointe aussi un manque de validité intrinsèque, qui découle de la configuration même des règles de la *lex mercatoria*. Celles-ci sont considérées comme trop vagues, manquant de clarté, d'objectivité, de généralité et d'universalité, éléments requis pour qu'un ensemble de normes puisse être qualifié comme un système de droit[174].

Dans cette perspective, et en nous référant aux postulats du modèle étatique de l'ordre, que nous avons examinés ci-dessus[175], les situations transnationales ne seraient validées que par l'intermédiaire de l'État, et la création de ce droit dépendrait toujours de l'aval du législateur national[176]. La société des commerçants n'existerait que par sa légitimation étatique[177].

89. Plus qu'une critique, cette première perspective nie frontalement l'existence d'une *lex mercatoria.* Lui retirant tout potentiel normatif vis-à-vis des éléments du commerce international distincts des législations étatiques ou interétatiques, ces idées transforment les rapports de cet ordre en simples projections des rapports d'État. Si ce premier courant critique nie les fondements même de la *lex mercatoria*, il est plus intéressant d'examiner les tendances qui, tout en acceptant ces règles, contestent plutôt leur configuration en tant que système cohérent.

b) Le manque d'uniformité

90. R. David[178] remarque que la *lex mercatoria* n'a jamais été perçue comme universelle en Europe. Plusieurs règles différentes y sont reconnues et coexistent : pour la Méditerranée (Consulat de la mer), l'océan atlantique (Rôle d'Oléron), la Baltique (lois de Visby), ainsi que le droit commercial terrestre, élaboré dans les foires et marchés du continent, sont loin d'être uniformes.

Il devient difficile, dans ce cadre, d'identifier quelles seraient les valeurs communes pouvant former un ordre juridique commercial. L'affaire du négrier créole, en 1855, symbolise cette limitation déjà naissante au

[174] LYNCH Katherine, *op. cit.*, p. 321.
[175] *Cf.* n.53 *et seq.*
[176] DE LIMA PINHEIRO Luis, *op cit.*, p. 407.
[177] BUCHER Andreas, *La dimension sociale…*, *op. cit.*, p. 188.
[178] DAVID René, *Le droit du commerce international*, *op. cit.*, p. 134.

Moyen Age. Dans sa sentence arbitrale, la commission appelée à trancher le différend condamne les autorités anglaises à des dommages et intérêts pour avoir laissé libres des esclaves débarqués à la suite d'une révolte. Même à une époque où l'esclavage était déjà contesté, surtout en Angleterre, le tribunal arbitral n'hésite pas à reconnaître la faculté d'un État à autoriser le commerce humain, qui, « quoique odieux et contraire aux principes de justice et d'humanité, peut être établi par la loi d'une contrée[179] ».
C'est un exemple clair du conflit entre une conception soi-disant transnationale du commerce – « les principes de justice et d'humanité » – et des valeurs locales, qui, *in casu*, permettaient l'esclavage. Pire encore, P. Mayer observe, en se référant à cette affaire, que « si, à la place de la "loi des nations", l'arbitre s'était intéressé à la *lex mercatoria*, il serait arrivé au même résultat : le trafic d'esclave était une branche prospère du commerce international[180] ».

91. Le défi – peut être inutile – d'atteindre des principes universaux de justice, que plusieurs voient comme prémisse d'une *lex mercatoria*, est encore plus complexe devant le constat de la diversification des rapports commerciaux. Selon des juristes comme F. Rigaux et M. Fallon[181], il existe des communautés spécialisées selon les branches et les types d'échanges, mais pas une communauté universelle de marchands. Dans le même sens, A. Kassis[182] mentionne l'hétérogénéité de la *societas mercatorum*, résultat des intérêts économiques divergents de ses participants.
Les opposants à la *lex mercatoria* vont même plus loin. Face à la nature diffuse de ses normes, ils critiquent la solution consistant à caractériser un ordre juridique non pas en vertu de son organisation normative, mais par sa formation institutionnelle, faisant appel à Santi Romano. Or, devant les arguments fondés sur la difficulté de systématisation de la norme posée, les partisans de la *lex mercatoria* parleront plus volontiers du contenu institutionnel de la *societas mercatorum*.
P. Lagarde, l'un des plus importants critiques de cet ordre en France, partage cet entendement : « Plutôt que de s'engager dans la difficile démonstration de la nature de règle juridique et du caractère systématique des éléments épars de la *lex mercatoria*, il leur suffirait de constater

---

[179] Rapporté et commenté par Francis MEGERLIN, *Ordre public transnational et arbitrage international de droit privé : essai critique sur la méthode*, Paris : Atelier national de reproduction des thèses, 1999, pp. 207 *et seq.*

[180] MAYER Pierre, « La règle morale dans l'arbitrage international », *in Études offertes à Pierre Bellet*, Paris : Litec, 1991, p. 396.

[181] RIGAUX François, FALLON Marc, *Droit international privé*, 3e éd., Bruxelles : Larcier, 2005, *passim*.

[182] KASSIS Antoine, *Théorie générale des usages du commerce*, Paris : LGDJ, 1984, p. 400. *Cf.* not. MUSTILL Michael, « The new lex mercatoria », *op. cit.* ; REISMAN Michael W., *Systems of control in international adjudication and arbitration: breakdown and repair*, Duke : Duke University Press, 1992, pp. 134-135.

l'existence de cette *societas mercatorum* pour en déduire que celle-ci, dès lors qu'elle s'organise, devient un ordre juridique[183]. » Ainsi, l'auteur conclut affirmant que « le milieu dans lequel se développe le commerce international est lui-même si étendu, si diversifié et si cloisonné qu'on en vient à douter qu'il puisse servir de cadre à une communauté pourvue d'un minimum d'organisation[184] ».

Il ressort de cette opinion que, pour le juriste français, une *lex mercatoria* ne peut résulter que d'un ordre organisé. Prémisse qui n'échappe pas à B. Goldman, pour qui la théorie de Lagarde sur le postulat suppose que « seul un ordre juridique peut se référer à des principes généraux[185] ». Ce postulat est fondé sur une pétition de principe, puisque nous voyons se former une *lex mercatoria* dont la nature ne renvoie pas obligatoirement à un ordre, mais plutôt à une méthode. Le questionnement rhétorique de B. Goldman à la fin de cette même contribution va dans le même sens : « Est-il réellement indispensable que la *lex mercatoria* constitue un ordre juridique, et surtout un ordre juridique parfait et complet pour que ses règles soient du droit [...][186] ? »

C'est l'évolution que suivra l'ordre juridique commercial. Trois ans après l'article de B. Goldman, P. Lalive, dans sa recherche sur un « ordre public réellement international », note « qu'il importe peu que la *lex mercatoria* constitue ou non un *système* ou un ensemble *complet*, l'ordre juridique interne n'étant pas davantage complet[187] ».

92. Quant à la quête d'uniformité, E. Gaillard[188] note que l'unanimité des règles de droit ne conditionne pas la formation d'un ensemble commun de normes. Réduire ces règles à des dénominateurs communs aurait un effet contraire à la liberté des parties, puisque les législations locales feraient exception pour ces éléments transnationaux.

93. Surgit à l'horizon la possibilité de configurer un système non pas en fonction de l'harmonie interne de ses normes, mais selon des valeurs communes, considérées comme autant d'instruments de travail pour l'analyse des rapports du commerce international. Finalement, E. Gaillard rappelle que tant que la *lex mercatoria* sera interprétée comme une liste de principes, elle ne sera jamais complète ; toutefois, « sous la perspective

---

[183] LAGARDE Paul, « Approche critique de la *lex mercatoria* », *in* FOUCHARD Ph., KAHN Ph., LYON-CAEN, *op. cit.*, p. 135.

[184] *Ibid.*, p. 138.

[185] GOLDMAN Berthold, « Bataille autour de la *lex mercatoria* », *op. cit.*, p. 405.

[186] *Ibid.*, p. 407.

[187] LALIVE Pierre, « Ordre public transnational (ou réellement international) et arbitrage international », *Rev. arb.*, 1986, p. 364, italique dans l'original.

[188] GAILLARD Emmanuel, « Thirty years of lex mercatoria: towards the discriminating applications of transnational rules », *in* VAN DEN BERG Albert Jan (éd.), *Planning efficient arbitration proceedings: the law applicable in international arbitration*, ICCA Congress Series, Vienna, 1994, v. 7, The Hague : Kluwer Law International, 1996, p. 586.

méthodologique des principes généraux du droit, il sera toujours possible de trouver une solution pour n'importe quelle question légale soulevée par une partie[189] ».

c) Le manque de coercition

94. Selon A. Kassis, le manque de sanctions est le « talon d'Achille de la *lex mercatoria*[190] ». Ce n'est pas ce que nous constatons ; pour nous, ce problème dépasse la dimension commerciale, et relève de la définition d'ordre et de système juridique, ainsi que de ses conditions.
En outre, les normes secondaires, déjà abordées plus haut[191], n'exigent pas de cadre législatif prédéfini. Elles peuvent tout aussi bien être fondées sur des sanctions purement commerciales, ce que nous étudierons lorsque nous aborderons les censures de l'abus de droit dans l'arbitrage international[192].
Finalement, l'interprétation de la *lex mercatoria* comme instrument herméneutique d'examen *in casu* des rapports commerciaux rend absolument légitime l'intervention étatique dans la finalité d'imposer des sanctions. Cela écarte la critique selon laquelle le manque de *jus imperii* des arbitres fait obstacle à la constitution de cet ordre. L'intervention punitive de l'État ne signifie pas un aveu d'impuissance de ce système, mais intervient comme un complément qui le renforce.

95. Malgré la fragilité de cette opinion, plusieurs théoriciens s'y sont tenus pour contester la *lex mercatoria.* Ils remarquent qu'un système légal ne peut être formé que par des juges et des organes qui exercent un pouvoir de coercition, lesquels sont absents dans un ordre juridique des marchands[193].
Ce sont des sanctions portées dans les limites de l'autonomie de la volonté, valeur majeure de cet ordre, qui permettront de constituer un ensemble cohérent dont les déviations peuvent être sanctionnées. Pensons à l'expulsion ou à la suspension d'une association ou d'une société professionnelles, à la publication du nom de la partie fautive, etc.[194].

96. Après avoir survolé quelques unes des critiques portant sur la *lex mercatoria*, il nous apparait qu'elles relèvent de postulats qui, dans une vision moins systémique de l'idée, ne sont plus justifiés. Il faut admettre la

---

[189] GAILLARD Emmanuel, « Transnational law… », *op. cit.*, p. 65. Traduction libre. Dans l'original : « *with the methodology approach to general principles of law, a solution can always be found to any given legal issue raised by a party.* »
[190] KASSIS Antoine, *L'autonomie de l'arbitrage…*, *op. cit.*, p. 408.
[191] *Cf.* n.42.
[192] *Cf.* n.1220 *et seq.*
[193] MAYER Pierre, « Effect of international public policy in international arbitration? », *in* MISTELIS Loukas A., LEW D.M. Julian (éds.), *Pervasive problems in international arbitration*, The Hague : Kluwer Law International, 2006, pp. 64-65.
[194] *Cf.* DE LIMA PINHEIRO Luis, *op. cit.*, p. 409. Nous nous étendrons plus longuement sur le sujet ci-dessous (*cf.* n.1222 *et seq.*).

lex mercatoria comme un instrument de contrôle de comportements, influencé, indifféremment et sans préjugés académiques, par des branches aussi diverses que le droit international public, le droit international privé, le droit commercial, « sans partager les qualités juridiques d'aucun[195] ». Cet amalgame construit une méthode.

En conclusion, seul le renvoi de cet ordre commercial vers la finalité concrète de l'équilibre des rapports sociaux permettra d'éviter qu'il ne devienne « un bateau fantôme, flottant à travers le débat scientifique, s'évaporant sans laisser trace quand on veut le regarder de plus près[196] ». Tant que la *lex mercatoria* se limitera à alimenter les discussions infinies sur la constitution – ou non – d'un ordre juridique autonome, elle n'aura guère d'utilité dans l'examen du cas pratique.

§ 2°. Les manifestations de la lex mercatoria

97. Une fois examinés les principaux mouvements de pensée suscités par la *lex mercatoria*, il nous reste à montrer comment cet ensemble de règles, dont l'*influence* est indéniable, a été introduit dans l'analyse du cas concret.

98. K. Peter Berger[197] envisage trois perspectives différentes : dans une première approche, cet ensemble de règles, sans consistance interne, sert seulement à supplanter les lacunes des législations nationales ; en deuxième lieu, la *lex mercatoria* apparaît comme la totalité des usages du commerce, constituant un « *ius commune* factuel » ; troisièmement, elle émerge comme un ensemble supranational qui résulte soit d'une existence autonome, soit de l'autonomie des parties.

99. Si les conceptions peuvent varier, l'on s'accorde sur l'existence d'un ensemble de valeurs qui « flottent » au-dessus des juridictions nationales. Leur source réside dans un certain consensus autour de principes considérés comme fondamentaux pour le fonctionnement du commerce international[198]. Rappelons que l'art. 1.4 des principes de l'UNIDROIT relatifs aux contrats

---

195 PETER BERGER Klaus, *op. cit.*, p. 112.

196 HERBER R., « "*Lex mercatoria*" und "Principlese" – gefährliche Irrlichter im internationalen Kaufrecht », *Internationales Handelsrecht* [IHR], 1/2003, par. 1, 5. Traduit et cité en anglais par Matthias SCHERER, « The recognition of transnational substantive rules by courts in arbitral matters », *in* SCHLAEPFER Anne-Véronique, PINSOLLE Philippe, DEGOS Louis (éds.), *Towards a uniform international arbitration law*. New York : Juris Publishing, Staempfli Publishers Ltd., 2005, p. 91. Traduction libre en français. En anglais : « *[...] a phantom ship floating through the scholarly debate, evaporating without leaving a trace if one wants to get a closer look.* »

197 PETER BERGER Klaus, *op. cit.*, p. 40.

198 Dans le domaine de la procédure internationale, l'idée est présentée par Matti S. Kurkel et Hannes Snellman (*Due process in international commercial arbitration*, New York : Oceana Publications, 2005, spéc. p. 3).

du commerce international est explicite : « Ces Principes ne limitent pas l'application des règles impératives, d'origine nationale, internationale ou *supranationale*, applicables selon les règles pertinentes du droit international privé[199]. »
Cela prouve de manière incontournable l'existence de règles *supranationales* dont l'application dans le domaine des contrats internationaux permet de se rapprocher clairement de la *lex mercatoria*. Plus simplement, B. Goldman[200] inclut dans cet ordre commercial les usages et les principes, qui sont autant les uns que les autres des règles de droit coutumières. Tout comme les règles anationales, ils ne puisent pas leur autorité dans des systèmes juridiques nationaux, mais dans la conscience de la société internationale des commerçants.

100. Considérant ces points de vue, nous examinerons brièvement les manifestations statiques (A) de la *lex mercatoria*, c'est-à-dire le type de règles qui la constitue, pour, ensuite, montrer, dans une perspective dynamique (B), comment celles-ci s'insèrent concrètement dans les rapports individuels.

A. Les manifestions statiques de la lex mercatoria

101. Nous incluons ici les usages du commerce, les principes généraux du droit et les précédents, autant arbitraux qu'étatiques.

102. Selon P. Mayer et V. Heuzé, « le rôle des usages n'est pas plus original dans le droit du commerce international que dans le droit privé[201] », en référence aux arts. 1135, 1159 et 1160 du Code civil français[202]. Les comportements réitérés engendrent une expectative de cohérence de la partie adverse. De cette manière, des règles non écrites se sont développées spontanément et historiquement, sans que le souci de sécurité et de prévisibilité n'ait exigé une systématisation.

103. Les usages régissent le commerce international moins par leur caractère affirmatif que par leur configuration négative, qui enjoint de ne pas s'en écarter, sous peine de perturber l'équilibre des échanges, et ce d'autant plus dans un scénario fragile. Or, il est difficile de situer les usages parmi les

[199] [En ligne] http://www.unidroit.org/french/principles/contracts/principles2010/blackletter 2010-french.pdf (page consultée le 25/11/11), souligné par nous.
[200] GOLDMAN Berthold, « La *lex mercatoria* dans les contrats... », *op. cit.*, p. 487.
[201] MAYER Pierre, HEUZÉ Vincent, *op. cit.*, p. 15.
[202] Art. 1135 : « Les conventions obligent non seulement à ce qui y est exprimé, mais encore à toutes les suites que l'équité, l'usage ou la loi donnent à l'obligation d'après sa nature » ; art. 1159 : « Ce qui est ambigu s'interprète par ce qui est d'usage dans le pays où le contrat est passé » ; art. 1160 : « On doit suppléer dans le contrat les clauses qui y sont d'usage, quoiqu'elles n'y soient pas exprimées ».

sources traditionnelles du droit ; ils seront donc envisagés dans leur nature contractuelle, et utilisés dans l'interprétation des clauses des contrats[203].

104. Si les usages du commerce intègrent les manifestations de la *lex mercatoria* quasiment comme des normes économiques, la discussion autour des principes généraux du droit est plus intéressante, non seulement parce qu'ils y gagnent un aspect réglementaire, mais aussi parce qu'ils s'approchent des principes interétatiques. Selon la définition plus actuelle de D. Carreau, les principes généraux du droit correspondent à « l'ensemble des principes communs aux grands systèmes de droit contemporains et applicables à l'ordre international[204] ».

105. Les sources énoncées par l'art. 38 du Statut de la CIJ[205], qui prévoit autant la coutume internationale (al. « b ») que les « principes généraux de droit reconnus par les nations civilisées » (al. « c »), posent déjà la question de savoir si ces « principes » concernent bien une *lex mercatoria*, ou bien s'ils sont relatifs à des rapports *interétatiques*, principal objet de ce tribunal.

106. La même question peut se poser quant aux principes généraux communautaires, par exemple, reconnus par la CJCE comme source de droit, découlant « des traditions constitutionnelles des États membres et consacrés par la Convention EDH[206] ». En France, le Conseil d'État[207] a reconnu, le 3 décembre 2001, leur valeur supralégislative.

107. Un grand nombre d'auteurs préfère s'éloigner de cette réduction normative risquée, optant plutôt pour les principes typiques du commerce international : « l'existence d'un consentement, *pacta sunt servanda*, *rebus sic stantibus*, l'obligation de modérer les dommages[208], *res inter alios acta, acto incumbit probatio*, l'abus de droit, et, couvrant le tout, le principe de la bonne foi[209] ».

---

[203] ROBERT Jean, *Le phénomène transnational*, *op. cit.*, p. 33.

[204] CARREAU Dominique, *Droit international*, 10e éd. Paris : Pedone, 2009, p. 269.

[205] « 1. La Cour, dont la mission est de régler conformément au droit international les différends qui lui sont soumis, applique : a. les conventions internationales, soit générales, soit spéciales, établissant des règles expressément reconnues par les États en litige ; b. la coutume internationale comme preuve d'une pratique générale acceptée comme étant le droit ; c. les principes généraux de droit reconnus par les nations civilisées ; d. sous réserve de la disposition de l'Article 59, les décisions judiciaires et la doctrine des publicistes les plus qualifiés des différentes nations, comme moyen auxiliaire de détermination des règles de droit. 2. La présente disposition ne porte pas atteinte à la faculté pour la Cour, si les parties sont d'accord, de statuer *ex aequo* et *bono*. »

[206] GUINCHARD Serge, CHANAIS Cécile, FERRAND Frédérique, *op. cit.*, p. 28.

[207] CE, 3 déc. 2001, req. n°226514, Syndicat national de l'industrie pharmaceutique.

[208] Sur l'obligation de modérer les dommages dans l'arbitrage, *cf.* LARROUMET Christian, « Obligation de modérer les dommages et arbitrage du point de vue du droit français », *Rev. br. arb.*, 2008, v. 19, pp. 75-81. L'auteur affirme que l'on « considère aussi généralement que cette obligation est l'une des règles essentielles de la *lex mercatoria* » (p. 78).

[209] GUINCHARD Serge, CHANAIS Cécile, FERRAND Frédérique, *op. cit.*, p. 28.

Citons, dans ce sens, l'effort de K. Peter Berger qui, en 1996, a présenté une liste de soixante principes et règles de la *lex mercatoria*, laquelle a été complétée en 1999, formant une impressionnante base de recherche en ligne sur ce thème[210]. Bien plus que l'imposition étatique – ou interétatique – d'un système déjà cloisonné de règles, nous pensons que c'est ce type de recherche *in loco* qui constitue la vraie base d'une *lex mercatoria* dans sa signification interprétative.

108. Cela ne signifie pas pour autant que seuls les ensembles spontanés de règles sont en mesure de composer un système international de commerce. Nous prétendons simplement éviter le postulat selon lequel seules les codifications organisées peuvent donner lieu à des instruments de réflexion sur la *lex mercatoria.*

109. De la même manière, mentionnons, par exemple, les principes UNIDROIT de 2010[211], les principes européens de droit des contrats (PECL)[212], les recommandations commerciales publiées par des organes comme la CCI, les contrats-types, etc. Il est indispensable de comprendre ces manifestations comme l'*organisation* des valeurs couramment observées dans le commerce international, dans l'objectif de rendre plus simple leur application. Toutefois, il ne faut pas que cette *systématisation* ne se transforme en une *codification*, dont le caractère obligatoire est contraire au dynamisme et aux spécificités de la *societas mercatorum.*

Cette analyse purement formelle et statique des principes fait qu'un nombre considérable de critiques se refuse à leur inclusion dans la *lex mercatoria.* P. Lagarde va dans le même sens : « Nous éprouvons pour notre part les plus grandes difficultés à admettre que les principes généraux du droit

---

[210] [En ligne] http://www.trans-lex.org/principles (page consultée le 25/11/11).

[211] *Cf.* n.199, *supra*. Pour une analyse de l'applicabilité des principes UNIDROIT aux contrats du commerce international, *cf.* Christian LARROUMET, « La valeur des principes d'Unidroit applicables aux contrats du commerce international », *JCP G*, 1997, I, n°14, pp. 4011 *et seq.* En examinant la portée de ces principes dans le droit brésilien, L. GAMA Jr. affirme : « Ce n'est pas la *substance* des principes de l'UNIDROIT qui peut créer des problèmes à son application au Brésil. Au contraire, leur vulnérabilité est liée à une question de *forme*, *i.e.*, à leur nature de *soft law*, non législative. En ne disposant pas du même statut que le droit étatique, l'application de ces principes peut être limitée. Toutefois, [...] le droit étatique n'est – et n'a jamais été – une condition nécessaire et suffisante pour l'existence du droit, encore moins du droit du commerce international (GAMA Jr. Lauro, « Prospects for the UNIDROIT Principles in Brazil », *Rev. dr. unif.*, 2011, v. 16, p. 635, italique dans l'original. Traduction libre. Dans l'original : « *Hence it is not the substance of the UPICC that is liable to create challenges to their application in Brazil. Rather, their vulnerability may be related to a question of form, i.e., to their soft law, non-legislative character. Lacking the same status as State law may indeed limit their application and expansion in Brazil. However, as seen below, State law is not – and has never been – a necessary and sufficient condition for the existence of law, still less of international business law.* »

[212] [En ligne] http://www.cisg.law.pace.edu/cisg/text/peclintro.html (page consultée le 25/11/11).

international puissent ainsi passer, par une sorte d'osmose, du droit international à la *lex mercatoria*[213]. »

110. Enfin, citons les précédents, autant dans les juridictions étatiques que dans les tribunaux arbitraux, qui constituent une manifestation de la *lex mercatoria*, à la fois comme un moyen pour discuter d'autres sources, et comme source en soi, par l'autorité de ceux qui les interprètent et se prononcent dans le cas d'espèce.

111. Nous reviendrons au problème de la jurisprudence comme l'une des manifestations d'un ordre juridique arbitral[214]. Pour l'instant, dans une approche plus générale du droit du commerce international, B. Legum[215] définit dans une synthèse le précédent selon trois approches : (i) pour les avocats, un précédent « est toute autorité décisoire qui peut affecter la solution du cas concret » ; (ii) pour les arbitres, « c'est toute autorité décisoire qui peut justifier la décision envers ses destinataires ; et, enfin, (iii) pour le public, « c'est toute autorité décisoire dont les questions factuelles et légales sont suffisamment similaires au cas concret pour que le public aie une expectative raisonnable que celui-ci sera décidé aussi similairement ».

112. À présent, comprenons la jurisprudence comme un espace de la *lex mercatoria* ouvert au débat sur les usages et principes du commerce international, sous l'influence du cas concret. Dans les propos de B. Goldman en 1964, les sentences arbitrales constituent donc « un réceptacle des principes communs aux droits nationaux[216] ».

B. Les manifestations dynamiques de la lex mercatoria

113. Les composantes d'une *lex mercatoria* sont vides de sens si juges et arbitres ne disposent pas d'instruments adéquats pour se prononcer. C'est dans les législations nationales que résident dès lors les moyens autorisant juges et arbitres à recourir aux éléments de cet ordre et à ses formes d'interprétation pour résoudre les litiges qui se présentent sur son territoire.

---

[213] LAGARDE Paul, *op. cit*, p. 131.

[214] *Cf.* n.261 *et seq.*, *infra*.

[215] LEGUM Barton, « The definitions of "precedent" in international arbitration », *in* BANIFATEMI Yas (éd.), *Precedent in international arbitration.* New York : Juris Publishing, 2008, p. 11. Traduction libre. Dans l'original : « *[...] any decisional authority that is likely to affect the decision in the case at hand [...] is any decisional authority that is likely to justify the arbitrator's decision to the principal audience for that decision [...] is any decisional authority in which the factual and legal issues are sufficiently similar to the case at hand that the public reasonably expects the issues to be handled similarly.* »

[216] GOLDMAN Berthold, « Frontières du droit et *lex mercatoria* », *op. cit.*, p. 184.

114. En France, dans le cadre de l'arbitrage international, le principal for de débat d'une *lex mercatoria*, l'art. 1509, CPC[217], concernant la loi applicable à la procédure arbitrale, permet cette ouverture, en référence à la liberté de la convention d'arbitrage (al. 1), et à la liberté des arbitres dans le silence des parties (al. 2). L'art 1511, CPC[218], est encore plus incisif, autorisant l'arbitre à trancher le litige conformément aux règles qu'il estime appropriées à défaut du choix des parties, et l'oblige, « dans tous les cas » (al. 2), à tenir compte des usages du commerce[219] ». Il n'y a pas de manifestation plus explicite de cette insertion de la *lex mercatoria* dans le cadre national.

115. La jurisprudence française va dans le même sens. Citons l'arrêt de la Cour de cassation dans l'affaire des *Pyramides*[220], affirmant qu'il ne lui appartient pas de « contrôler l'existence et l'application des principes et usages du commerce international ». Dans l'arrêt *Valenciana*[221], la même Cour confirme une sentence arbitrale de la CCI rendue à Paris appliquant les principes généraux du droit du commerce international.

116. Mentionnons encore des dispositifs de législation qui ont cours dans d'autres pays d'Europe, comme les Pays-Bas, dont l'art. 1054, al. 2 et 4 du Code de procédure[222] permet aux arbitres de choisir, dans le silence des parties, la loi qu'ils jugent appropriée pour régir le fond du litige, devant

---

[217] Al. 1 : « La convention d'arbitrage peut, directement ou par référence à un règlement d'arbitrage ou à des règles de procédure, régler la procédure à suivre dans l'instance arbitrale » ; al. 2 : « Dans le silence de la convention d'arbitrage, le tribunal arbitral règle la procédure autant qu'il est besoin, soit directement, soit par référence à un règlement d'arbitrage ou à des règles de procédure ».

[218] Al. 1 : « Le tribunal arbitral tranche le litige conformément aux règles de droit que les parties ont choisies ou, à défaut, conformément à celles qu'il estime appropriées » ; al. 2 : « Il tient compte, dans tous les cas, des usages du commerce ».

[219] Ch. Larroumet fait recours à ce dispositif pour défendre la position selon laquelle l'arbitre peut appliquer le principe du *duty to mitigate the loss* même lorsque les parties ont choisi la loi française comme étant applicable au fond dans un arbitrage international (LARROUMET Christian, « Obligation de modérer les dommages et arbitrage du point de vue du droit français », *op. cit.*, p. 78).

[220] Cass., 1re Ch. civ., 6 jan. 1987, *Southern Pacific Properties Ltd (SPP) et la Southern Pacific Properties (Middle East) Ltd (SPPME) v. Egyptian General Organization for Tourism and Hotels (EGOTH).*

[221] Cass., 1re Ch. civ., 22 oct. 1991, *Compania Valenciana de Comentos Portland SA v. Primary Coal Inc*, 1991, *Rev. arb.*, 1992, p. 457.

[222] « *Art. 1054: Rules Applicable to the Substance of the Dispute. 1. The arbitral tribunal shall make its award in accordance with the rules of law. 2. If a choice of law is made by the parties, the arbitral tribunal shall make its award in accordance with the rules of law chosen by the parties.* Failing such choice of law, the arbitral tribunal shall make its award in accordance with the rules of law which it considers appropriate. *3. The arbitral tribunal shall decide as amiable compositeur if the parties by agreement have authorized it to do so. 4.* In all cases the arbitral tribunal shall take into account any applicable trade usages » (souligné par nous).

considérer, dans tous les cas, les usages du commerce. En Suisse, selon une partie de la doctrine[223], le Chapitre 12, LDIP, traitant spécifiquement de l'arbitrage international, serait une manifestation claire de la *lex mercatoria*, permettant même d'écarter le conflit de loi. En Angleterre, l'art. 46(1)(b)[224], EAA, prévoit la résolution du litige en accord avec d'autres considérations que celles agréées par les parties. Plusieurs observateurs[225] y perçoivent une manifestation de la *lex mercatoria* dans le droit anglais.

Concernant le Royaume-Uni, mentionnons l'affaire du tunnel sous la Manche (*Channel Tunnel*) : Lord Mustill observe que la clause 67 du contrat pour la réalisation du projet prévoit l'application de principes anationaux dans la résolution du litige[226]. Aux États-Unis, l'affaire *Mitsubishi Motors Corp. v. Soler Chrysler-Plymouth Inc.*[227] a permis à la Cour suprême de déclarer qu'un tribunal arbitral ne se doit pas de respecter les législations locales, et peut donc se restreindre à ne considérer que la volonté des parties, ce qui permet d'envisager le recours à des règles transnationales.

117. Dès lors, plutôt que de considérer la *lex mercatoria* comme la formation d'un ordre de règles et principes du droit commercial international autonome, il faut en faire une méthode, où les usages, la jurisprudence, les principes généraux sont avant tout « des éléments à prendre en compte pour l'interprétation de la volonté des parties[228] ». Ceci évite que la seule mention d'une *lex mercatoria* par juges ou arbitres suffise à caractériser cet ordre, dans une perspective purement nominaliste. Il est préférable d'appliquer des raisonnements qui, sans la mentionner, s'approchent de sa finalité.

118. Dans l'affaire *Valenciana*[229], par exemple, il importe peu que l'arbitre unique ne fasse pas référence à une *lex mercatoria* alors qu'il applique les principes du commerce international. La sentence arbitrale a quand même reçu l'aval et la sanction des juridictions françaises[230].

---

223 JIN Ning, « The status of *lex mercatoria* in international commercial arbitration », *Amer. Rev. Intern. Arb.*, 1996, v. 2:2, p. 179.

224 « *Rules applicable to substance of dispute. (1) The arbitral tribunal shall decide the dispute - (a) in accordance with the law chosen by the parties as applicable to the substance of the dispute, or (b) if the parties so agree, in accordance with such other considerations as are agreed by them or determined by the tribunal.* »

225 CHUKWUMERIJE Okezie, *Choice of law in international commercial arbitration*, Westport : Quorum Books, 1994, p. 189 ; BLACKABY Nigel, PARTASIDES Constantine (avec REDFERN Alan, HUNTER Martin), *Redfern and Hunter on international arbitration*, New York : Oxford University Press, 2009, p. 128.

226 House of Lords, *Channel Tunnel Group Ltd. v. Balfour Beaty Ltd.*, [1993] AC 334, 364.

227 Supreme Court, *Mitsubishi Motors Corp. v. Soler Chrysler-Plymouth Inc.*, 473 US 614, 636 (1985).

228 P. MAYER, V. HEUZE, *op. cit.*, p. 15.

229 *Cf.* n.221. *Cf.* les commentaires de François Perret sur cette idée (« Is there a need for consistency in international commercial arbitration? », *in* BANIFATEMI Yas (éd.), *op. cit.*, p. 29).

230 *Cf.* n.115, *supra*.

119. À partir de cette analyse, une *lex mercatoria* devient légitime tout autant qu'une *lex sportiva*[231], une *lex electronica*[232], ou une *lex petrolea*[233], sans que l'existence ou l'inexistence de règles transnationales concernant ces domaines soit un obstacle pour la formation de ces systèmes. C'est la *spécificité* de ces branches du commerce et la *protection* de leurs destinataires qui préoccupe alors les juristes.

120. Finalement, les manifestations dynamiques de la *lex mercatoria* la transforment en un ordre autonome et complet, sans que les aspects pratiques de son application soient mis en avant. Ce dogmatisme, si présent dans les efforts de codification de la *lex mercatoria*[234], explique certainement pourquoi les parties sont chaque fois plus réticentes à insérer dans leurs contrats des clauses se référant à ces principes généraux[235].

121. Ces clauses imposent souvent une application « à tout prix » des règles internationales, du fait de leur impact nominal plutôt que matériel, alors qu'elles pourraient constituer des éléments d'interprétation pour la protection du commerçant international. Voici un constat qui résume bien comment le dynamisme de la *lex mercatoria* est souvent oublié en faveur d'une application figée des règles et principes du commerce international.

---

[231] Sur le thème, *cf.* Frank LATTY, *La lex sportiva : recherche sur le droit transnational.* Londres : M. Nijhoff, 2007.

[232] Sur le droit des domaines Internet, *cf.* Andreas BUCHER, *La dimension sociale…, op. cit.*, pp. 112 *et seq.*

[233] Sur la *lex petrolea, cf.* Doak BISHOP, « International arbitration of petroleum disputes: the development of a *lex petrolea* », *Yearb. Comm. Arb.*, 1998, n°23, pp. 1131 *et seq.*

[234] K. Lynch fait le bilan de ces codifications (*op. cit.*, pp. 331-332).

[235] C'est le constat de Ahmed S. El-Kosheri et Tarek F. Riad (*cf.* « The law governing a new generation of petroleum agreements: changes in the arbitration process », *ICSID Rev., Foreign Invest. Law Journ.*, 1986, p. 270.

Conclusion du Chapitre I

122. Tout au long de ce premier chapitre, nous avons observé la formation théorique d'un système de règles détachées des ordres nationaux, dans le but de montrer que cette préoccupation repose surtout sur la question de l'autonomie, laquelle constitue le trait caractéristique de ces débats.

123. Néanmoins, nous nous rallions à B. Goldman qui, en 1964, dans la conclusion d'un de ses premiers travaux sur la *lex mercatoria*, alertait sur l'importance de « veiller à ce que les intérêts dont elle poursuit la satisfaction demeurent suffisamment équilibrés pour garantir la légitimité de ses prescriptions[236] ».

124. Jusqu'à présent, nous avons examiné ce qui devrait constituer le contenu, à savoir l'ensemble des règles de commerce qui seraient l'*objet* des mécanismes alternatifs de règlement de litiges, dont l'arbitrage international. Toutefois, comme nous avons pu l'observer, la *substance* s'est emparée d'un souci tellement formel que la *lex mercatoria* est presque devenue un subterfuge de l'arbitrage international pour échapper aux ordres étatiques ; or, elle devrait, au contraire, justifier les attitudes des acteurs d'un ordre juridique arbitral.

125. H. Batiffol[237] fait remarquer que l'arbitrage commercial international est le meilleur « poste d'observation » pour l'étude de la communauté internationale des commerçants. Ce chapitre nous rappelle ainsi que c'est pour le bon fonctionnement de cette *societas mercatorum* que l'on propose la construction d'un ordre juridique arbitral, et non le contraire. La *lex mercatoria* serait le contenu vivant qui, dans sa révolte contre la rigidité théorique des modèles, révèle les espaces vides de cet ordre, dans lesquels se glisse l'abus. Examinons à présent le modèle, pour ensuite nous pencher sur cette « révolte » des faits contre les idées.

---

[236] Goldman B., « Frontières du droit et "*lex mercatoria*" », *op. cit.*, p. 192.

[237] BATIFFOL Henri, *Traité élémentaire de droit international privé*, 3e éd., Paris : LGDJ, 1959, n°577.

Chapitre II. La construction d'un ordre juridique arbitral

126. L'établissement des bases d'un ordre commercial transnational a abouti à la construction d'un système de règlement de ses différends imprégné de la même idée de détachement national. L'espace délocalisé dans lequel est érigé l'arbitrage international lui fournit un caractère si original que certains auteurs se demandent s'il s'agit bien d'arbitrage : « Vous ne pensez pas que l'arbitrage international est de l'arbitrage parce qu'il y a "arbitrage" dans son nom ? Pensez-vous qu'un éléphant marin est un éléphant[238] ? »

127. Ce sont surtout les déviations procédurales de l'arbitrage international résultant de l'intervention étatique dans un ordre qui se veut autonome, s'engluant « dans d'interminables débats de procédures, pré, para ou post arbitrales[239] » qui déforment le concept original. Il est ainsi impossible de parler d'arbitrage international en y incluant seulement les questions de procédure, et sans y associer tous les problèmes issus des conflits avec les juridictions étatiques.

128. La distinction avec l'arbitrage interne est donc renforcée. Si un grand nombre d'États a déjà adopté un système législatif dualiste, séparant l'arbitrage internet de l'arbitrage international[240], les efforts entrepris vers une délocalisation des litiges commerciaux renforcent l'idée selon laquelle il est important de réunir ces catégories sous des postulats philosophiques différents.

129. Le présent chapitre cherchera à identifier comment l'importance si marquée de l'encadrement théorique de l'arbitrage international a conduit la doctrine à lui construire un ordre distinct et autonome (section I), lequel se manifeste dans une série d'instruments propres à ce développement (section II).

---

[238] PAULSSON Jan, « International arbitration is not arbitration », *TDM*, v. 6, n°1, mars 2009, p. 1. Traduction libre. Dans l'original : « *You don't think that international arbitration is arbitration because it has "arbitration" in its name, do you? Do you think a sea elephant is an elephant?* »

[239] OPPETIT Bruno, « Justice étatique et justice arbitrale », *in Études offertes à Pierre Bellet*, *op. cit.*, p. 417.

[240] Nous ne nous attarderons pas sur les distinctions entre l'arbitrage interne et l'arbitrage international, puisque c'est surtout ce dernier qui nous intéresse dans le cadre de notre travail, qui cherche à indiquer les sources d'abus à partir des brèches d'un ordre international. Pour l'étude de ces distinctions, nous nous référons, entre autres, à Massimo V. BENEDETTELLI, Claudio CONSOLO et Luca G. RADICATI DI BROZOLO, *Comentatio breve al diritto de l'arbitrato nazionale ed internatiozionale*, Milano : CEDAM, 2010, pp. 561 *et seq*. Les mêmes auteurs étudient aussi de manière très systématique les pays qui ont adopté cette distinction (dualistes), comme la France, la Suisse, la Grèce, et ceux qui ne distinguent pas l'arbitrage interne de l'arbitrage international (moniste), comme l'Italie, l'Angleterre, l'Allemagne.

Section I : L'évolution et la consolidation d'un ordre juridique arbitral

130. Plus que l'étude du concept ou des délinéaments de l'arbitrage international, qui ont déjà fait l'objet de nombreux débats[241], ce qui nous intéresse ici, c'est la volonté de détacher l'arbitrage international des ordres étatiques. Ainsi, notons dès à présent que l'objet de notre propos n'est pas seulement l'*arbitrage international* en soi, mais sa conception théorique en tant que *ordre juridique arbitral.*

131. Examinons d'abord de quelle manière le développement théorique de la *lex mercatoria,* en tant qu'ensemble autonome, a conduit à l'exigence d'un mécanisme de résolution de ses litiges tout aussi indépendant (§ 1°), pour, ensuite étudier les mouvements théoriques de ce mécanisme (§ 2°).

§ 1°. Un ordre juridique arbitral : instrument ou composante de la lex mercatoria ?

132. La délimitation d'un ordre juridique arbitral présuppose son utilité comme mécanisme de règlement des différends de la *societas mercatorum.* Dès lors, il est indispensable d'examiner comment la *lex mercatoria* est interprétée par les acteurs de l'arbitrage international. Ceci nous amène à constater que, très souvent, *lex mercatoria* et arbitrage international forment deux ordres séparés qui se légitiment mutuellement, dans un cercle vicieux. La *lex mercatoria* existe parce qu'elle est reconnue par les juridictions arbitrales, et l'arbitrage international existe parce qu'il est une composante de la *lex mercatoria.* Voilà, très souvent, le raisonnement qui les relie.
Pourtant, une autre interprétation de ces deux notions selon laquelle ils constituent deux instruments de travail autonomes qui *s'influencent réciproquement* pour la résolution du litige commercial international peut être plus effective. Étudions cette évolution.

---

[241] Quant à la nature internationale de l'arbitrage, deux conceptions sont proposées : l'une objective, reposant sur l'objet de la procédure arbitrale, et l'autre, subjective, reposant sur la résidence, le domicile ou la nationalité des parties dans la procédure. La première est bien résumée par Ph. Fouchard : « Il suffit qu'un aspect, qu'un élément du litige ou de l'arbitrage, élément matériel ou juridique, touche à un pays différent de celui auquel se rattache le reste de l'affaire, pour qu'il y ait arbitrage international » (*L'arbitrage commercial international*, *op. cit.*, p. 20). C'est la conception adoptée en France, par l'art. 1504, CPC : « Est international l'arbitrage qui met en cause des intérêts du commerce international. » La conception subjective est bien représentée par l'art. 176(1), LDIP suisse : « Les dispositions du présent chapitre [12 de la LDIP, traitant de l'arbitrage international] s'appliquent à tout arbitrage […] si au moins l'une des parties n'avait, au moment de la conclusion de la convention d'arbitrage, ni son domicile, ni sa résidence habituelle en Suisse. »

133. Selon bien des conceptions, l'arbitrage international serait autonome parce qu'il constitue l'organe juridictionnel d'un système juridique tout aussi autonome, la *lex mercatoria*[242]. Dans cette perspective, « il est délicat d'utiliser l'existence de l'arbitrage pour faire la preuve de l'autonomie de la *lex mercatoria* et, en retour, d'utiliser l'autonomie de la *lex mercatoria* pour faire preuve de l'autonomie de l'arbitrage[243] ».

Il faut s'écarter de cette antithèse qui ne révèle que la confusion entre la *lex mercatoria* et un ordre juridique arbitral autonome, et qui n'apporte, au fond, aucune contribution au débat. Il est plus intéressant d'examiner séparément chacune des voies par lesquelles s'opère la légitimation : soit la *lex mercatoria* fournit la matière juridique nécessaire à une procédure arbitrale autonome, soit c'est justement cette procédure qui, en reconnaissant la juridicité de la *lex mercatoria*, la rend autonome. Dans les deux cas, les éléments de chacun de ces systèmes influencent la caractérisation de l'autre, sans toutefois que leur valeur juridique en dépende.

134. Dans le premier cas, nous rejoignons l'idée d'un « ordre juridique de base » (*Grundlegung*[244]). La *lex mercatoria* fournit les éléments juridiques nécessaires à la résolution du différend indépendamment des ordres étatiques. Les thèses de Goldman sont souvent évoquées pour définir cette conception d'un droit privé international apportant la juridicité exigée pour l'autonomie de l'arbitrage international[245]. Celle-ci trouve sa source de légitimité juridique dans la *lex mercatoria*.

---

242 C'est ce que rapporte Jean-Baptiste Racine (« Réflexions sur l'autonomie de l'arbirtrage... », *op. cit.*, p. 338).

243 *Ibid.*, p. 338. Il nous semble que c'est ce genre de relation en spirale entre *lex mercatoria* et ordre juridique arbitral qui constitue les fondements de la critique des auteurs opposés à l'autonomie de l'arbitrage international, en vertu du manque d'autonomie de son instrument de légitimation : « La *lex mercatoria* est un mythe qui a trop longtemps fourvoyé une bonne partie de la pensée juridique française. Si elle est moins dans l'air du temps, si on y croit de moins en moins, elle continue de faire du mal à la théorie de l'arbitrage commercial international en France par la fascination qu'elle exerce toujours sur nombre de ses partisans inconditionnels et irréductibles qui tentent sans cesse de la rafistoler pour la rendre plus résistante aux objections qu'elle soulève mais au prix d'une déperdition de substance » (KASSIS Antoine, *L'autonomie de l'arbitrage...*, *op. cit.*, p. 423).

244 Nous reprendrons les débats sur la *Grundlegung* par la suite, lorsque nous présenterons une représentation volontariste de l'arbitrage international (*cf.* n.156 et 172 *et seq.*, *infra*). Néanmoins, introduisons déjà ici le concept de *Grundlegung*, traduit comme « ordre juridique de base » par P. Mayer dans sa critique de l'idée (« Le mythe de "l'ordre juridique de base" (ou *Grundlegung*) », *in* FOUCHARD Ph. *et al.*, *Le droit des relations économiques...*, *op. cit.*, p. 201). Il a été rapproché par I. Seidl-Hohenveldern (« The Theory of Quasi-International and Partly International Agreements », *RBDI*, 1975, p. 586) de l'idée kelsénienne de *Grundnorm*, norme fondamentale de base. Néanmoins, tandis que celle-ci représente une norme sur laquelle repose la validité de toutes les autres normes, la *Grundlegung* traduit l'effort d'identifier un support solide pour un ordonnancement juridique hiérarchisé.

245 C'est l'opinion de P. Mayer dans les mélanges offerts à Goldman (« Le mythe de "l'ordre juridique de base"... », *op. cit.*, p. 204).

135. Nonobstant la critique d'auteurs comme S. Bollée à propos de « l'enracinement des sentences dans une *Grundlegung*[246] » constituée par la *lex mercatoria*, il est indéniable que l'ensemble des règles de la *societas mercatorum* permet de justifier un nombre considérable de relations juridiques établies et décidées par des arbitres internationaux. Toutefois, et là nous nous rapprochons de S. Bollée, *justifier* n'a pas le même sens que *légitimer*. Car la *lex mercatoria* est bien plus un instrument d'interprétation de ces relations juridiques par les arbitres qu'un ordre juridique lui conférant sa juridicité.
Cette idée apparait assez clairement dans la multiplication des sentences arbitrales qui s'emparent de la *lex mercatoria* comme source de règles et principes pour apprivoiser et interpréter les rapports de commerce dans la société internationale. Citons comme exemple la décision du tribunal arbitral dans l'affaire *Norsolor*[247], celle de la Cour de cassation française dans le cas *Valenciana*[248], ou encore la solution apportée par l'English Court of Appeal dans le précédent *DST v. Rkoil*[249]. Ces précédents ont reconnu, à plusieurs niveaux, une sentence fondée sur des principes de droit acceptés internationalement et régissant les relations contractuelles.

136. Sous un autre angle, la conception de la *lex mercatoria* comme base normative de l'ordre juridique arbitral est inverse. Ici, dira-t-on, c'est cette dernière qui, par le prononcé des tribunaux arbitraux, attribue leur juridicité aux rapports commerciaux factuels. L'arbitrage devient un « mode d'insertion des normes de la *lex mercatoria* dans l'ordre juridique[250] ». La jurisprudence, par la publication des décisions, constitue l'un de ses éléments centraux[251].
Cela induit un rapprochement évident entre la *lex mercatoria* et la jurisprudence arbitrale, puisque cette dernière sera considérée comme la face juridique d'un ensemble d'éléments de l'ordre commercial dépourvus de normativité. L'arbitre assume le rôle de principal créateur, celui d'« inventeur » selon O. Lando[252], dont les décisions servent pour la constitution d'un système transnational concernant les rapports de commerce.

---

[246] BOLLÉE Sylvain, *Les méthodes…*, *op. cit.*, p. 67. L'auteur observe que les sentences arbitrales, simples actes privés, sont transformées en normes juridiques à partir de la *lex mercatoria*, à l'instar du roi Midas, qui transformait en or tout ce qu'il touchait (*ibid.*, p. 76).
[247] CCI, 26 oct. 1979, *Société Palbalk Ticaret Sirketi v. Société Norsolor*, aff. n°3131, *JDI*, 1981, p. 920 – obs. DERAINS Yves, *Rev. arb.*, 1983, p. 530 ; *Yearb. Comm. Arb.*, 1984, p. 109.
[248] *Cf.* n.221, *supra*.
[249] [1987] 2 Lloyd's Rep. 246. Sur le thème, *cf.* Audley SHEPPARD, « Interim ILA report on public policy as a bar to enforcement of international arbitral awards », *Arb. intern.*, 2003, v. 19, n°2, pp. 239-240.
[250] LEJBOWICZ Agnès, *op. cit.*, p. 98. La même opinion est partagée par Paul Lagarde (« Approche critique de la *lex mercatoria* », *op. cit.*, p. 146).
[251] Sur la jurisprudence arbitrale comme manifestation d'un ordre juridique arbitral, *cf.* n.261 *et seq.*, *infra*.
[252] LANDO Ole, « The *lex mercatoria* in international commercial arbitration », *op. cit.*, p. 752.

137. Au demeurant, en ce qui concerne la relation entre la *lex mercatoria*, examinée auparavant, et l'ordre juridique arbitral, que nous examinerons par la suite, nous préférons nous positionner à mi-chemin entre les deux perspectives.

138. D'une part, R. David affirme que « c'est du côté des organisations commerciales, non du côté des juridictions arbitrales, qu'il faut se tourner pour voir se développer la *lex mercatoria* dont certains peuvent rêver[253] ». Nous adoptons en partie cette opinion : même s'il nous semble qu'une part considérable de la juridicité de la *lex mercatoria* trouve ses origines dans les relations de pouvoir de la *societas mercatorum*, nous ne voyons pas de raison d'exclure la juridiction arbitrale des sources de cette normativité.

139. Toutefois, et d'autre part, si l'ensemble des rapports internationaux du commerce peuvent constituer une *Grundlegung*, nous ajouterons que l'ordre juridique arbitral, concrétisé dans l'activité des tribunaux, renforce celle-ci, comme un élément complémentaire. La *lex mercatoria* fournit le contenu de l'ordre juridique arbitral, auquel viendront s'ajouter les positions juridiques exprimées par cet ordre, par l'intermédiaire des arbitres.

140. Cette influence mutuelle est absolument différente du cercle vicieux dont nous parlions au début de ce chapitre. Ici, il n'est pas question de faire de la *lex mercatoria* un prétexte pour l'autonomie de l'arbitrage international, mais plutôt de percevoir que les deux conceptions participent d'un effort commun et *parallèle* pour apporter la meilleure solution au cas d'espèce.

§ 2°. Évolution et consolidation théorique d'un ordre juridique arbitral

141. Les efforts théoriques pour la construction d'une base autonome de l'arbitrage international représentent la prémisse centrale de notre travail. C'est la rigidité de cette conception encore abstraite dans un domaine marqué, au contraire, par l'importance de l'analyse pratique, qui donne lieu aux manœuvres abusives des parties.

142. Dès lors, il est indispensable d'examiner comment l'arbitrage international, partant d'un modèle dont la source de juridicité réside dans l'État (A), s'est progressivement séparé de ces ordres nationaux pour évoluer vers une position délocalisée (B), avant de conclure en étudiant les positions plus récentes et les critiques qui s'y rapportent (C).

---

[253] DAVID René, *Le droit du commerce international*, *op. cit.*, p. 141.

A. Les conceptions localisatrices de l'arbitrage international

143. Selon les partisans de cette thèse, l'arbitrage international tient sa validité des ordres juridiques étatiques qui, d'une manière ou d'une autre, ont un lien avec le tribunal et la procédure. Cet ordre peut être localisé dans un seul État, soit celui du siège du tribunal, soit celui où la sentence est reconnue, dans une association purement nationale (1°), ou bien dans les deux, ou encore, dans une vision hypothétique, dans tous les ordres où la sentence pourrait être exécutée (2°).

1°. Association étatique

144. « L'arbitrage commercial international n'existe pas, [...] tout système de droit privé international est un système national de droit et tout arbitrage est un arbitrage national[254]. » Voici le postulat philosophique qui soutend cette conception, reprenant les écrits de F. A. Mann, l'un de ses précurseurs. Selon cette position, c'est exclusivement la loi du siège qui confère à l'arbitrage sa validité juridique dans ses différents aspects, comme la validité de la convention arbitrale, de la procédure, de la sentence, les limites de l'ordre public quant à son objet, les règles d'investiture des arbitres. L'arbitrage international est complètement enraciné dans l'ordre national.

145. Par exemple, la convention d'arbitrage, en tant que source de droits et obligations constituant le tribunal, n'existe que par la ratification d'une norme juridique qui, dans le système national, prévoit toutes les conséquences de l'accord de volontés. Le même raisonnement se poursuit, toujours à la lumière des règles de l'État du siège, par rapport aux normes qui organisent la procédure et fixent ses limites. En résumé, dans la conception de F. A. Mann, la *lex arbitrii* est la loi du siège de l'arbitrage.

146. La théorie de F. A. Mann se fonde sur l'idée de souveraineté. L'arbitre se situe obligatoirement sur le territoire d'un État, devant respect à ses règles et, surtout, prenant conscience qu'il n'exerce une justice privée qu'en tant que délégataire de la justice étatique[255].

147. La position de F. A. Mann a été reprise plus récemment par R. Goode[256], et s'est exprimée dans l'affaire anglaise *Bank Mellat v. Hellinki Techniki SA* : « Malgré des suggestions dans le sens opposé par des autorités

---

[254] MANN F. A., « *Lex facit arbitrum* », *in Liber amicorum for M. Domke*, La Haye : M. Nijhoff, 1967, p. 130 (publié ensuite en°1986 dans « The UNCITRAL Model Law – *lex facit arbitrum* », *Arb. intern.*, 1986, v. 2, n°3, p. 243). Traduction libre. Dans l'original : « *In the legal sense no international commercial arbitration exists [...] every system of private international law is a system of national law, every arbitration is a national arbitration [...].* »

[255] MANN F. A., « The UNCITRAL Model Law – *lex facit arbitrum* », *op. cit.*, p. 245.

[256] GOODE Roy, « The role of the *lex loci arbitri* in international commercial arbitration », *Arb. intern.*, 2001, v. 17, p. 19.

dans d'autres systèmes juridiques, notre jurisprudence ne reconnaît point le concept de procédures arbitrales flottant dans le firmament transnational, déconnecté de tout ordre local de droit[257]. »

148. Cette thèse est également partagée par J.-F. Poudret et S. Besson, pour qui « la volonté des parties repose nécessairement sur un ordre juridique "de base" dans lequel elle puise sa validité. La loi d'arbitrage constitue le fondement (*Grundnorm*) de l'efficacité de la convention d'arbitrage[258] ».

149. À leur tour, les observations d'A. Court de Fontmichel[259] sur cette localisation de l'arbitrage révèlent une vision plutôt pragmatique, qui contribue à notre effort pour rendre plus flexibles les constructions théoriques. L'auteur rappelle que, malgré les critiques adressées à l'association étatique, l'exécution forcée de la sentence reste subordonnée aux tribunaux étatiques, et que ce sont eux qui examinent les conditions de sa validité. De plus, presque tous les États permettent qu'une sentence arbitrale internationale rendue sur son territoire soit attaquée. Ceci exprime l'idée que « le recours à l'arbitrage en matière de contrat commercial international procédait plus de la philosophie de la liberté surveillée que de celle de l'indépendance totale[260] ».

150. La position de F. A. Mann et des autres partisans d'une représentation étatique de l'arbitrage international est ramenée à une conception moins radicale et plus pragmatique. L'arbitre ne se réduit pas à un juge public avalé par un État pantagruélique, mais doit simplement respect aux lois de celui-ci, demeurant une personne privée[261]. Cette relativisation est essentielle dans notre travail de démythification des perspectives théoriques rigides. En effet, l'association étatique, malgré les critiques qui lui sont adressées, reste un concept utile pour rappeler que la plupart des sentences sont soit contestées, soit exequaturées devant des cours nationales.

151. La préoccupation qui transparaît ici peut expliquer l'autre forme d'association étatique, où la validité de l'arbitrage dépend de l'État dans lequel la sentence est reconnue, et non plus du siège du tribunal.

---

[257] [1984] 1 *QB 291*, p. 301. *Apud* GAILLARD Emmanuel, « L'interférence des juridictions du siège dans le déroulement de l'arbitrage », *in Liber amicorum Claude Reymond…*, *op. cit.*, pp. 87 *et seq.* À propos du même arrêt, *cf.* aussi John COLLIER, Vaughan LOWE, *The settlement of disputes in international law: institutions and procedure*, Oxford : Oxford University Press, 1999, pp. 233-234.

[258] POUDRET Jean-François, BESSON Sébastien, *Droit comparé de l'arbitrage international.* Zurich : Bruylant/Schulthess/LGDJ, 2002, n°112.

[259] COURT DE FONTMICHEL Alexandre, *L'arbitre, le juge…*, *op. cit.*, pp. 195 *et seq.*

[260] *Ibid.*, p. 195.

[261] *Ibid.*, p. 196.

152. Cette perspective correspond à une tendance actuelle de relativisation du rôle du siège dans les arbitrages internationaux[262]. Parallèlement, le juge de l'exécution est élevé à une position qui lui permet de mieux contrôler des conditions de validité de la sentence, dont l'impact, au fond, sera plus important sur son territoire[263].

153. Ceci dit, si l'État d'accueil de la sentence constitue le canal de validation de l'arbitrage international, l'on verra rapidement surgir le droit des parties pour demander la même reconnaissance dans tous les ordres nationaux où elles auraient intérêt à obtenir la *res in iudicium deducta.* L'ordre juridique arbitral tiendrait alors sa validité non plus d'un seul système étatique, mais de tous ceux où la sentence serait reconnue, dans un procès de *multilocalisation*[264].

2°. Association interétatique

154. Si, dans la perspective étatique, l'on suppose que la manifestation de l'État du siège ou de l'État d'accueil étend ses effets aux autres juridictions nationales, ici domine plutôt l'idée « qu'il appartient à chaque État de déterminer, indépendamment de la manière dont auront pu faire les autres, sur la sentence qui aura pu en résulter[265] ». Cette vision transpose le paradigme westphalien dans l'arbitrage international[266].

155. La conception multilocalisatrice réduit considérablement l'importance du siège, et renforce celle de l'État d'accueil ; cela étant, au contraire de l'association étatique précédente, on considère ici tous les États d'accueils possibles, chacun doté d'une souveraineté propre, ce qui rend le dialogue complexe.

156. Cette fragmentation des sources de validité de l'arbitrage international est au centre de la réfutation de la *Grundlegung* selon P. Mayer : « La source ultime de la juridicité d'une relation internationale se trouve simultanément dans tous les États dont les tribunaux peuvent être appelés à émettre une décision à son égard, soit directement, soit à l'occasion de l'*exequatur* d'une

---

[262] Ce qui n'exclut en aucun cas l'importance du support judiciaire des cours du siège avant et pendant l'arbitrage, incorporé en France par les différents rôles du juge d'appui attribués par la réforme de 2011 du droit de l'arbitrage. La relativisation du siège de l'arbitrage dont nous parlons, et qui nous suivra tout au long de ce travail, concerne spécialement le contrôle de la sentence.

[263] Selon P. Mayer, c'est le juge du pays d'accueil qui, par son exequatur, transforme la sentence arbitrale, acte privé, en manifestation obligatoire et coercitive (MAYER Pierre. « La règle morale dans l'arbitrage international », *op. cit.*, n°23).

[264] L'expression est utilisée par Pierre Mayer, dans « L'insertion de la sentence arbitrale dans l'ordre juridique français », *in* DERAINS Yves *et al.* (éds.), *Le droit et la pratique de l'arbitrage international en France*, Paris : FEDUCI, 1984, p. 84.

[265] GAILLARD Emmanuel, *Aspects philosophiques…*, *op. cit.*, p. 50.

[266] Sur le paradigme westphalien dans le droit international, *cf.* n.56 *et seq.*, *supra.*

sentence arbitrale : aucun ordre juridique n'est fondamental pour la relation, la *Grundlegung* est inexistante[267]. »

Dans la pratique, cette perspective introduit la position du for d'accueil en tant que fondement de validité de la sentence. Plus qu'une véritable multilocalisation, la vision interétatique renforce la juridiction de l'exequatur par rapport à celle du siège de l'arbitrage.

157. E. Gaillard[268] note cette inversion dans l'évolution de la Convention de Genève de 1927 vers la Convention de New York de 1958. Si dans la première, il était exigé, pour la reconnaissance d'une sentence, que celle-ci soit définitive dans le pays où elle a été rendue (exigence d'un « double exequatur », art. 1(2)(d)[269]), dans la dernière, ce contrôle se limite seulement aux aspects de l'instance arbitrale –convention, procédure et sentence, art. V(1), (a) à (d)[270] –, sauf dans les cas où elle aurait été annulée ou suspendue (art. V(1)(e)[271]).

158. Bien que les arts. V(1)(e)[272] et V(2), (a) et (b)[273], CNY, renforcent le poids du siège de l'arbitrage, la tendance est clairement, en doctrine comme

---

[267] MAYER Pierre, « Le mythe de "l'ordre juridique de base" », *op. cit.*, p. 216.

[268] GAILLARD E., *Aspects philosophiques…*, *op. cit.*, p. 54.

[269] Art. 1(2)(d), de la Convention de Genève de 1927 : « Que la sentence soit devenue définitive dans le pays où elle a été rendue, en ce sens qu'elle ne sera pas considérée comme telle si elle est susceptible d'opposition, d'appel ou de pourvoi en cassation (dans les pays où ces procédures existent), ou s'il est prouvé qu'une procédure tendant à contester la validité de la sentence est en cours ».

[270] Art. V(1), lettres « a » à « d », CNY : « 1. La reconnaissance et l'exécution de la sentence ne seront refusées, sur requête de la partie contre laquelle elle est invoquée, que si cette partie fournit à l'autorité compétente du pays où la reconnaissance et l'exécution sont demandées la preuve : a) Que les parties à la convention visée à l'article II étaient, en vertu de la loi à elles applicable, frappées d'une incapacité, ou que ladite convention n'est pas valable en vertu de la loi à laquelle les parties l'ont subordonnée ou, à défaut d'une indication à cet égard, en vertu de la loi du pays où la sentence a été rendue ; ou b) Que la partie contre laquelle la sentence est invoquée n'a pas été dûment informée de la désignation de l'arbitre ou de la procédure d'arbitrage, ou qu'il lui a été impossible, pour une autre raison, de faire valoir ses moyens ; ou c) Que la sentence porte sur un différend non visé dans le compromis ou n'entrant pas dans les prévisions de la clause compromissoire, ou qu'elle contient des décisions qui dépassent les termes du compromis ou de la clause compromissoire ; toutefois, si les dispositions de la sentence qui ont trait à des questions soumises à l'arbitrage peuvent être dissociées de celles qui ont trait à des questions non soumises à l'arbitrage, les premières pourront être reconnues et exécutées ; ou d) Que la constitution du tribunal arbitral ou la procédure d'arbitrage n'a pas été conforme à la convention des parties, ou, à défaut de convention, qu'elle n'a pas été conforme à la loi du pays où l'arbitrage a eu lieu ; […] ».

[271] Art. V(1), let. « e », CNY : « 1. La reconnaissance et l'exécution de la sentence ne seront refusées, sur requête de la partie contre laquelle elle est invoquée, que si cette partie fournit à l'autorité compétente du pays où la reconnaissance et l'exécution sont demandées la preuve : […] que la sentence n'est pas encore devenue obligatoire pour les parties ou a été annulée ou suspendue par une autorité compétente du pays dans lequel, ou d'après la loi duquel, la sentence a été rendue ».

[272] *Cf.* n.271, *supra*.

en jurisprudence, à relativiser ces exigences, en faveur d'un contrôle fondé exclusivement sur les conditions de l'État d'accueil. Ce mouvement aboutit à la Convention européenne de 1961, qui prévoit que la reconnaissance d'une sentence annulée dans l'État d'origine ne peut être refusée par l'État d'accueil qu'en fonction de griefs relatifs à la procédure, étrangers au droit du siège[274] (correspondants aux lettres « a » à « d », de l'art. V(1), CNY).

159. Certes, il s'agit d'une conception de l'arbitrage international rendant justice à l'autorité la plus concernée par la transformation de la sentence arbitrale en prestation obligationnelle, à laquelle pourra être prêtée la force publique. Toutefois, elle risque de s'acheminer vers une certaine cacophonie. Chaque État étant apte à faire son propre jugement sur les conditions de validité de l'arbitrage, rares seront ceux qui renonceront à leur souveraineté pour tenir compte de la décision de l'ordre du siège ou même d'un autre ordre de contrôle.

160. Enfin, rappelons que cette perspective suscite des débats, qui portent sur l'obligation des arbitres de considérer toutes les *lex executionis* potentielles pour rendre leurs décisions. Comme l'observe E. Gaillard[275], citant la sentence CCI n°6697, c'est le cas d'un droit du lieu d'exécution qui exige une certaine qualification de l'arbitre, et dont celui-ci devra nécessairement tenir compte s'il veut éviter que sa sentence ne reste lettre morte.

161. Ce sont là quelques unes des limites de la conception localisée de l'arbitrage international. L'accent mis sur l'influence d'un ou plusieurs États ne suffit pas à satisfaire les besoins d'harmonie et d'uniformisation dans ce

---

[273] « 2. La reconnaissance et l'exécution d'une sentence arbitrale pourront aussi être refusées si l'autorité compétente du pays où la reconnaissance et l'exécution sont requises constate : a) Que, d'après la loi de ce pays, l'objet du différend n'est pas susceptible d'être réglé par voie d'arbitrage ; ou b) Que la reconnaissance ou l'exécution de la sentence serait contraire à l'ordre public de ce pays. »

[274] Art. IX(1) : « 1. L'annulation dans un État contractant d'une sentence arbitrale régie par la présente Convention ne constituera une cause de refus de reconnaissance ou d'exécution dans un autre État contractant que si cette annulation a été prononcée dans l'État dans lequel ou d'après la loi duquel la sentence a été rendue et ce pour une des raisons suivantes : (a) les parties à la convention d'arbitrage étaient, en vertu de la loi qui leur est applicable, frappées d'une incapacité, ou ladite convention n'est pas valable en vertu de la loi à laquelle les parties l'ont soumise ou, à défaut d'indication à cet égard, en vertu de la loi du pays où la sentence a été rendue ; ou (b) la partie qui demande l'annulation n'a pas été dûment informée de la désignation de l'arbitre ou de la procédure d'arbitrage, ou il lui a été impossible, pour une autre raison, de faire valoir ses moyens ; ou (c) la sentence porte sur un différend non visé dans le compromis ou n'entrant pas dans les prévisions de la clause compromissoire ; ou contient des décisions qui dépassent les termes du compromis ou de clause compromissoire ; toutefois, si les dispositions de la sentence qui ont trait à des questions soumises à l'arbitrage peuvent être dissociées de la sentence qui ont trait à des questions soumises à l'arbitrage, les premières pourront ne pas être annulées ; ou (d) la constitution du tribunal arbitral ou la procédure d'arbitrage n'a pas été conforme à la convention des parties ou, à défaut de convention, aux dispositions de l'article 4 de la présente Convention, Convention européenne de 1961 [...] ».

[275] GAILLARD Emmanuel, *Aspects philosophiques...*, *op. cit.*, pp. 58-60.

domaine. Néanmoins, retenons de cette analyse que la présence des ordres étatiques est une réalité incontournable dans tous les cas où la sentence n'est pas spontanément exécutée. Ignorer cette situation revient à tendre vers un « autonomisme » radical plutôt stérile.

162. Désormais, nous considèrerons donc la présence étatique comme un élément de concrétude manquant dans les conceptions délocalisées, et permettant d'interpréter l'ordre juridique arbitral sans que l'intervention nationale ne constitue un facteur de faiblesse, mais plutôt une réalité présente, et une condition de sa réussite.

B. Les conceptions délocalisatrices de l'arbitrage international

163. La question de l'absence de for de l'arbitre international surgit dans le contexte des tribunaux mixtes établis par les traités de paix après la Première Guerre mondiale[276]. Dans l'affaire *Negreau*, citée par F. Eisemann[277], il est affirmé que ces tribunaux, n'appartenant à aucun État, ne disposent pas de *lex fori*, et doivent chercher la solution du litige à partir de la volonté des parties. Dans le silence de celles-ci, c'est l'appréciation de l'arbitre qui s'applique.

164. Le dérangement qui résulte d'une conception si libérale est manifeste. L'écartement du positivisme, que l'on remplace par une sorte de « sentimentalisme », représente une source majeure d'inquiétude. Dans l'article précité, F. Eisemann, à la recherche de cette *lex arbitri*, parle à la fois des droits nationaux, de la *lex mercatoria*, des normes du droit des gens ou même des principes généraux du droit. Malgré ces sources, conclut-il, un nombre considérable d'arbitres finissent par se forger leurs propres règles de conflit[278].

165. Pour H. Batiffol[279] en 1957, il faut dépasser le conflit de lois, qui ne devrait lier que les juges étatiques, et auquel les arbitres ne sont pas rattachés. Soit la règle de conflit figure dans la convention des parties, soit, comme il est plus courant, elle en est absente, auquel cas l'arbitre en cherche les indices dans la volonté des parties. Même si certains[280] rappellent le danger de ces spéculations indiciaires, un ensemble de raisonnements arbitraux émerge autour du droit commercial comme source d'un ordre privé international. C'est l'arbitre qui crée la *lex fori* de l'arbitrage international.

---

[276] Nous suivrons la synthèse critique des conceptions délocalisatrices de l'arbitrage international présentée par Antoine Kassis dans *L'autonomie de l'arbitrage…*, *op. cit.*, pp. 265 *et seq.*

[277] EISEMANN Fréderic. « La *lex fori* de l'arbitrage commercial international », *Travaux comité fr., DIP*, 1973-1975. Paris : Dalloz, 1977, p. 191.

[278] *Ibid.*, p. 205.

[279] BATIFFOL Henri, « L'arbitrage et les conflits des lois », *Rev. arb.*, 1957, p. 110.

[280] KASSIS Antoine, *L'autonomie de l'arbitrage…*, *op. cit.*, p. 269.

166. Dans cette évolution, c'est B. Goldman[281] qui, dans son cours à l'Académie de droit international de La Haye, en 1963, concrétise un vœu déjà naissant dans les conceptions antérieures : créer une *lex arbitri* exclusivement fondée sur des éléments étrangers aux ordres nationaux. L'arbitre n'ayant pas de *lex fori* étatique, il reste pourtant soumis aux « solutions coutumières internationales[282] », « des véritables règles de droit, puisque ce sont des prescriptions émises par des autorités qui sont des organismes corporatifs, présentant une certaine généralité et comportant une sanction[283] ».
L'arbitrage international parvient donc à un système de rattachement qui lui est propre. Même si l'on n'a pas manqué d'affirmer que cette idée relève de l'utopie[284], elle constitue la base de la construction d'un système de règlement de litiges qui se développe indépendamment des ordres étatiques.

167. R. Luzzatto[285] liste les quatre principales manifestations de cette construction autonome de l'arbitrage international : (i) reconnaître une plus grande flexibilité aux conditions de validité formelles concernant la convention, la procédure, la sentence, ainsi que la capacité des parties à compromettre et l'arbitrabilité, admettant le recours à l'arbitrage international dans des cas où ce recours ne serait pas admis dans un arbitrage interne ; (ii) réduire les moyens de recours contre les sentences internationales ; (iii) limiter les moyens de contestation de la reconnaissance de ces sentences devant le juge de l'exequatur, soit en excluant la révision au fond, soit en prévoyant exhaustivement les griefs pour le refus de reconnaissance ; et (iv) attribuer un plus grand pouvoir discrétionnaire aux parties quant aux règles applicables à la procédure et au fond.
Les éléments présentés par R. Luzzatto concrétisent une représentation délocalisée de l'arbitrage international. Ils ne peuvent que résulter d'un travail quotidien d'interprétation de juges et arbitres. Puisque le but de notre étude est de suggérer un rapprochement des représentations théoriques de l'arbitrage international de ces interprétations quotidiennes du comportement des parties, ce genre d'orientation correspond exactement au mouvement qui nous intéresse ici. Il est indispensable de pouvoir trouver l'*utilité pratique* des conceptions théoriques de l'arbitrage international.

168. Cette prémisse doit nous guider dans l'examen des deux principales bases de construction des représentations délocalisée de l'arbitrage international, qui sont soit fondées sur la volonté des parties, couronnée par la convention arbitrale (1°), soit bâties, extrinsèquement, par un ensemble de

---

[281] GOLDMAN Berthold, « Les conflits de lois dans l'arbitrage international… », *op. cit.*
[282] *Ibid.*, pp. 474-480.
[283] *Ibid.*
[284] KASSIS Antoine, *L'autonomie de l'arbitrage…*, *op. cit.*, p. 272.
[285] LUZZATTO Riccardo, « International commercial arbitration and the municipal law of states », *RCADI*, 1977, t. 157, p. 9.

règles et de principes transnationaux, pouvant se rapprocher d'une *lex mercatoria*, mais sans s'y limiter (2°).

1°. Association volontariste

169. La volonté des parties et la convention arbitrale sont les principaux outils d'interprétation pour le recours à une *lex arbitri*, dont le silence, à son tour, pourra aboutir à l'application de normes transnationales. Toutefois, malgré ce rapport de subsidiarité, il nous paraît possible de voir dans chacune de ces associations une source autonome de l'ordre juridique arbitral.

170. Bien que certains auteurs, comme J. Gentinetta[286], se soient approchés de cette conception volontariste, il est difficile de se pencher sur les conséquences de la volonté des parties comme source de juridicité de l'arbitrage international car, au fond, c'est un sujet qui demande une étude approfondie du droit des obligations, ce qui dépasse largement le cadre de notre étude.

171. Cela étant, dans une communication datée de 1975, F. Eisemann rappelle cette perspective, citant non seulement J. Gentinetta, mais aussi R. David[287], pour finalement conclure qu'« aucun des auteurs cités comme favorables à l'émancipation de l'emprise du droit national n'accepte de concevoir une autonomie absolue de la volonté en dehors de toute loi, étatique ou non[288] ». La conception exclusivement volontariste semble plus distante, puisque même les partisans de l'idée défendent la validation de la liberté contractuelle par une source normative.

La difficulté est bien réelle. Les éléments constituant les prescriptions de validité du consentement, ainsi que ceux de capacité, sont nécessairement ancrés dans des règles étatiques. Il devient complexe – voire impossible – de transformer le lien obligationnel de la convention en manifestation complètement autonome de l'arbitrage international.

172. Dans cette perspective, la *lex contractus* se transformerait en source des éléments d'interprétation donnant juridicité à l'arbitrage international, une véritable *Grundlegung*[289]. Nous rentrons dans un univers intracontractuel, dans lequel cet ordre de désignation fournirait non seulement les paramètres pour le choix de la loi applicable, mais surtout un point de départ pour le raisonnement des arbitres.

---

[286] GENTINETTA Jörg, *Die lex fori internationaler Handelsschiedsgerichte*, Berne : Verlag Stämpfli & Cie, 1973, *passim*. Commenté par Frédéric EISEMANN, « La *lex fori* de l'arbitrage commercial international », *op. cit.*, pp. 192-193.

[287] DAVID René, « Arbitrage international ou arbitrage étranger », *in Fetschrift für Hans G. Ficker*, 1967, pp. 121 *et seq.*

[288] EISEMANN Frédéric, « La *lex fori* de l'arbitrage commercial international », *op. cit.*, p. 193.

[289] MAYER Pierre, « Le mythe de "l'ordre juridique de base" », *op. cit.*, p. 207.

En effet, celui-ci s'appuie uniquement sur le choix des parties, sans se soucier des fondements de ce choix. L'arbitre se situe ainsi « à l'intérieur d'un système créé par le contrat[290] ». Il assume la place d'un « énonciateur » de l'équilibre des parties, dans un mécanisme purement obligationnel. Ne devant ses pouvoirs qu'à la volonté commune des parties, « il ne saurait en aucun cas être considéré comme le gardien des principes fondamentaux d'un ordre juridique quelconque[291] ».

173. En défendant autant l'inexistence que l'inutilité d'une *Grundlegung*, P. Mayer[292] produit la critique la plus subtile de cette association volontariste. La « chimère » dont le juriste nous parle pour désigner le rapprochement entre *lex contractus* et conflit de loi relève surtout de l'impossibilité de fournir un ordre juridique unique pour le *pacta sunt servanda*, *conditio sine qua non* de cette perspective contractuelle.

Soit la force obligatoire de la convention se trouve dans la *Grundlegung*, et donc absente des règles matérielles à l'intérieur du contrat ; soit elle réside dans ces règles matérielles (« *proper law* », dans l'original), hypothèse selon laquelle la *Grundlegung*, sans la force obligatoire, disparait simplement.

Accompagnant l'argumentaire du juriste, si le *pacta sunt servanda* réside dans la *Grundlegung*, « les règles matérielles ne *régissent* pas le contrat ; leur propre force obligatoire a la même source que celle des clauses contractuelles, ce qui revient à dire qu'elles sont seulement incorporées dans la convention des parties[293] ». Néanmoins, les partisans de la *Grundlegung* considèrent que c'est son rôle de désigner la loi qui régira le contrat, et à laquelle ce contrat sera immédiatement soumis. Pour eux, c'est la *lex contractus* qui détermine le pouvoir des parties de modifier unilatéralement le contrat ; or, « manifestement c'est le même ordre juridique qui donne aux parties le pouvoir de s'engager et celui de se délier[294] ».

Désormais, selon P. Mayer, puisque « le *Pacta* est dans la *proper law*, il ne peut se trouver de surcroît dans la *Grundlegung* ; celle-ci, en permettant aux parties de désigner la *lex contractus*, s'efface nécessairement[295] ». Au fond, c'est dans la volonté des parties dans l'arbitrage international – et, subsidiairement, dans celle des arbitres – que se trouve la véritable source de la *lex contractus.* Inutile donc de parler d'un ordre juridique de base pour légitimer un instrument qui, à son tour, doit lui-même légitimer l'ordre juridique de base…

174. L'argument a de quoi séduire. Toutefois, nous croyons qu'il part d'une hypothèse contestable, à savoir qu'il est impossible que le *pacta sunt*

---

[290] *Ibid.*, p. 215.

[291] HEUZÉ Vincent, « La morale, l'arbitrage et le juge », *Rev. arb.*, 1993, p. 188.

[292] MAYER Pierre, « Le mythe de "l'ordre juridique de base" », *op. cit.*, p. 209.

[293] *Ibid.*

[294] *Ibid.*

[295] *Ibid.*

servanda se trouve dans deux ordres juridiques distincts. Nous rejoignons alors les deux niveaux dont il est question : un premier ordre, dont les règles sont fournies par une norme de conflit désignée par la *lex contractus*, ordre de « *dispatching* », selon P. Mayer[296] ; et l'ordre englobant la convention d'arbitrage elle-même et l'ensemble de ces clauses. La convention est obligatoire non seulement parce que ses clauses représentent la convergence de la volonté des parties qui lie leurs intentions, mais tout aussi bien parce que la *lex contractus* désigne une norme qui affirme que les conventions sont obligatoires entre les parties. Néanmoins, si la *Gundlegung* peut effectivement prévoir la force obligatoire des conventions, ce n'est que de manière générique, comme règle opposable *erga omnes*. Ainsi seule son incorporation au sein d'un ensemble de clauses concrètes peut constituer un ordre juridique dans le sens volontariste que nous cherchons ici. Dès lors, même si l'ubiquité du principe de la force obligatoire ne nous paraît pas critiquable, il est vrai qu'il ne peut pas être constitutif d'une *Gundlegung*.

175. De manière plus pragmatique, cependant, reconnaissons qu'une vision fondée exclusivement sur l'autonomie de la volonté des parties comme source de l'arbitrage international ne serait concevable que dans les cas où la procédure se déroulerait entièrement sans aucune intervention étatique. Peut être pourrait-on imaginer un arbitre agissant comme amiable compositeur dans une procédure sans aucune interférence étatique, dont la sentence est exécutée spontanément.

176. Cependant, considérant que notre objectif est d'examiner comment les conceptions de l'arbitrage international supportent les abus de droit dans un contexte réaliste, ce cadre idyllique est nettement insuffisant[297]. La simple intervention étatique, avant, pendant ou après la procédure, empêche de voir dans la convention d'arbitrage la source exclusive d'un ordre juridique arbitral ; il nous apparait indispensable de chercher une juridicité extérieure.

2°. Association transnationale

177. La volonté humaine est à l'origine des grands malheurs provoqués par la Deuxième Guerre mondiale, et explique le rapide déclin du subjectivisme en tant que légitimateur normatif. La déchéance du positivisme strict est associée à la recherche d'une nouvelle source pour cet ordre, en dehors d'une logique volontariste. C'est dans ce contexte d'après-guerre que certains[298] observent la naissance de l'internationalisme comme l'un des fondements de la représentation transnationale.

---

[296] *Ibid.*, p. 210.
[297] Cette insuffisance est notée par William L. Craig, *cf.* « Uses and abuses… », *op. cit.*, p. 180.
[298] LEW Julian D.M., « Achieving the dream… », *op. cit.*, p. 187.

178. On peut expliquer la progression de cette conception transnationale par un certain nombre d'éléments, comme la multiplication des accords internationaux, l'établissement de nouvelles institutions d'arbitrage, l'adoption de lois d'arbitrage nationales, et le recours chaque fois plus fréquent à ce mécanisme de résolution des litiges dans le commerce international[299]. Le nationalisme malheureux des deux grandes guerres ne pourrait être évité, dans le futur, sans un ordre de contention supranational.

179. Ph. Fouchard[300], en 1965, est l'un des premiers à transposer les idées de Santi Romano et B. Goldman dans le for spécifique de l'arbitrage international. Dans sa thèse sur l'arbitrage commercial international, il n'hésite pas à envisager certains textes, tels que la Convention de Genève de 1961, comme des mécanismes détachés des ordres nationaux servant à la résolution arbitrale des conflits de la *societas mercatorum.*

La délocalisation de l'arbitrage des cadres étatiques est au centre du travail de Ph. Fouchard. Ce phénomène répond à un mouvement de réflexion sur l'arbitrage international non seulement comme ordre autonome, mais, avant tout, comme ordre dont la délimitation méthodologique peut se faire en dehors d'une *lex mercatoria.* Autrement dit, l'arbitrage international n'est pas autonome *parce qu'il est* une composante de la *lex mercatoria,* mais parce qu'il est formé par une série d'éléments propres de fonctionnement. Au contraire, l'existence d'un instrument autonome de règlement des litiges de la *societas mercatorum* ne fait que renforcer l'autonomie de celle-ci, et vice versa[301].

180. Citons, dans ce sens, les études de Y. Loussouarn et J.-D. Brédin[302], en 1969, celle d'Y. Derains[303], en 1972, et celles de P. Lalive[304] et A. von Mehren[305], en 1982, qui ont apporté leur contribution à la formation d'un espace de l'arbitrage international dont la source de juridicité est extérieure à la volonté des parties. Cependant, bien que ces réflexions et constatations portent sur une tendance embryonnaire, elles ne correspondent pas encore à une organisation théorique.

181. Selon nous, c'est à E. Gaillard, dans son cours à l'Académie de droit international de La Haye en 2007[306], que revient le mérite d'avoir organisé

---

[299] *Ibid.*, p. 187.

[300] FOUCHARD Philippe, *L'arbitrage commercial international*, *op. cit.*, p. 41.

[301] *Cf.* spéc. n.83-85, *supra.*

[302] LOUSSOUARN Yvon, BREDIN Jean-Denis, *Droit du commerce international*, Paris : Sirey, 1969, pp. 43 *et seq.*

[303] DERAINS Yves, « L'application cumulative par l'arbitre des systèmes de conflit de lois intéressés au litige », *Rev. arb.*, 1972, pp. 99 *et seq.*

[304] LALIVE Pierre, « Codification et arbitrage international », *in* FOUCHARD Ph. *et al.*, *Le droit des relations…*, *op. cit.*, *passim.*

[305] MEHREN Arthur von, « To what extent is international commercial arbitration autonomous? », *in* FOUCHARD Ph. *et al.*, *Le droit des relations…*, *op. cit.*, pp. 220 *et seq.*

[306] GAILLARD Emmanuel, *Aspects philosophiques…*, *op. cit.*

ce mouvement de délocalisation de l'arbitrage international dans un système théorique cohérent : l'*ordre juridique arbitral*.

L'idée d'une organisation théorique du phénomène est importante dans le cadre de notre étude : plutôt que les divers éléments qui composent cet ordre, nous retiendrons principalement les interprétations auxquelles ce système donne lieu. Nous montrerons que leur rigidité, abstraction faite de la justice du cas concret, est l'une des principales causes de l'instabilité de l'arbitrage international de nos jours.

182. Faisons ici une parenthèse essentielle pour préciser que notre objectif n'est pas de critiquer l'ordre juridique arbitral comme système de droit tel que la doctrine l'a conçu. Nous questionnons l'interprétation et l'usage qui en ont été faits, tant par une certaine jurisprudence – étatique et arbitrale – que par une certaine doctrine. En proposant la notion d'abus de droit comme catégorie permettant de qualifier des comportements qui utilisent ces interprétations pour entreprendre des tactiques obstructives, nous ne critiquons pas le système dans son acception académique, mais, plutôt dans son internalisation par la réalité des tribunaux.

183. Cette réserve exprimée, passons aux deux postulats philosophiques présentés par E. Gaillard pour légitimer cette approche transnationale de l'arbitrage.

184. Dans une première perspective, la représentation jusnaturaliste permet d'accepter un ensemble de valeurs supérieures, « censées découler de la nature des choses ou de la société[307] ». Cependant, l'auteur voit deux obstacles principaux à l'association du droit naturel : le premier résulte de l'énorme diversité des courants de pensées du droit naturel ; le deuxième, plus complexe, découle de la difficulté chaque fois plus présente d'identifier cette philosophie parmi les nombreux raisonnements généraux appliqués dans l'arbitrage international.

Concernant ce deuxième écueil, il s'agit de percevoir que le droit naturel n'est que très rarement présenté en tant que tel. En revanche, c'est une pensée sous-jacente à la position de certains arbitres affirmant le « juste », l'« équitable », les « intérêts commerciaux des parties », qui sont tous des éléments permettant d'écarter les législations nationales et de transformer l'idée d'un droit naturel en simple passe-partout. Le droit naturel apparaît finalement sous le couvert de la *règle morale* appliquée directement par l'arbitre, suivant le schéma présenté dans la célèbre contribution de P. Mayer[308].

185. Selon ce dernier, la relation entre le jusnaturalisme et la règle morale de l'arbitrage international est ambigüe. Car si cette règle semble représenter

---

[307] *Ibid.*, p. 66.

[308] MAYER Pierre, « La règle morale dans l'arbitrage international », *op. cit.*

une conception d'intérêts universels, dont « tous les hommes peuvent percevoir la légitimité[309] », et se rapprochant du droit naturel, P. Mayer nie que ces règles morales soient organisées en système.
En conséquence, même si, sur le fond, la règle morale rappelle le jusnaturalisme, l'absence d'un ensemble cohérent par lequel l'arbitre peut motiver sa décision empêche d'y voir une source de l'ordre juridique arbitral organisé. Ne subsiste ainsi qu'un postulat positiviste transnational.

186. La perspective de P. Mayer, selon E. Gaillard[310], rend compte de l'insuffisance de la règle de conflit de loi dans un monde où plusieurs États sont également compétents pour appréhender une situation juridique, et où les parties dans l'arbitrage international cherchent à éviter ces localisations. Une fois dépassée la règle de conflit, il faut trouver une autre méthode de contrôle de l'arbitrage international, constatant que « l'ordre juridique arbitral rend compte du fait qu'en réalité les États s'accordent largement sur les conditions qu'un arbitrage doit satisfaire pour être considéré comme un mode obligatoire de règlement des différends dont le résultat, la sentence arbitrale, mérite de recevoir la sanctions des États[311] ».

187. Nous pouvons déjà noter la place conférée à l'État dans l'ordre juridique arbitral telle que la propose E. Gaillard. Loin d'adopter une posture courante et souvent rébarbative à l'intervention nationale, que nous observerons dans de nombreux cas tout au long de cette étude, l'auteur considère que cet ordre « est entièrement fondé sur l'activité normative des États, qu'il appréhende de manière globale et non comme une juxtaposition de droits ne pouvant être départagés qu'à l'aide d'une règle de conflit[312] ».
La participation de l'État dans le processus arbitral n'est pas une hérésie ; au contraire, dans la conception originale que nous propose E. Gaillard dans son cours – souvent oubliée –, l'ordre juridique arbitral tient compte des ordres étatiques : « Loin de stigmatiser l'inadéquation des ordres juridiques nationaux, [la représentation qui accepte l'existence d'un ordre juridique arbitral] repose sur l'idée que ce sont les droits des différents États qui, lorsqu'ils sont appréhendés de manière collective, forment ce droit commun de l'arbitrage dans lequel il est permis de trouver l'origine du pouvoir de juger des arbitres[313]. »

188. L'isolement de l'ordre juridique arbitral par rapport aux ordres nationaux n'est pas – et n'a jamais été – une condition de son bon fonctionnement. Toute interprétation des rapports concrets basée sur une

---

[309] MAYER Pierre, « L'arbitre et la loi », in *Études offertes à Pierre Catala : le droit privé français à la fin du XXe siècle*. Paris : Litec, 2001, p. 240.
[310] GAILLARD Emmanuel, *Aspects philosophiques…*, *op. cit.*, p. 74.
[311] *Ibid.*
[312] *Ibid.*
[313] *Ibid.*, p. 76.

délocalisation isolationniste de la convention, de la procédure ou de la sentence arbitrale, nous semble éloignée de l'idée originelle.

189. J.-B. Racine[314] reprend cette hypothèse en empruntant de manière très convaincante la notion de *réseau* exposée par F. Ost[315], afin de décrire l'ordre juridique arbitral : au contraire de la *pyramide*, cet ordre ne serait pas constitué d'éléments hiérarchiques, mais plutôt d'un ensemble d'institutions horizontales. Ainsi, l'ordre juridique arbitral ne se situe pas au-dessus des États, mais coexiste avec eux sur un même plan, en y apportant une méthode interprétative des rapports du droit commercial. Ceci constitue pour nous une perspective fondamentale et montre que nous ne sommes pas ici dans un combat virulent contre l'ordre juridique arbitral ou d'autres conceptions de l'arbitrage international telles que proposées par la doctrine, mais seulement contre les abus qui résultent du désordre causé par le décalage entre ces différentes conceptions. Ce ne sont pas les arbres que nous visons, mais bien l'harmonie de la forêt.

190. Le même auteur[316], de manière encore plus pragmatique, définit quels sont les principaux facteurs qui contribuent à la formation de cet ordre : en premier lieu, les centres d'arbitrages, que l'on nomme *institutions*, terme qui « n'est sûrement pas un hasard », auxquels s'ajoutent leurs règlements, apportant la normativité ; ensuite, l'existence des arbitres internationaux, qui forment une véritable communauté, n'étant plus seulement l'émanation de la volonté des parties, mais appartenant à un système organisé[317] ; enfin, l'auteur affirme l'existence de sanctions privées propres à cet ordre, comme par exemple, des déclarations de responsabilité qui stimuleront les pressions du milieu professionnel[318].

Ces manifestations nous montrent que les postulats philosophiques apportés par la doctrine ne sont pas les fruits du hasard, mais représentent une tentative d'apprivoiser une réalité déjà naissante.

191. Désormais, l'ordre juridique arbitral vient apporter un support théorique au mouvement de délocalisation de l'arbitrage, qui est de plus en plus recherché dans le commerce international. Or, c'est l'idée de *délocalisation*, à la fois créatrice et créature d'un ordre juridique arbitral, qui est au centre de notre thèse, dans la recherche des abus que son interprétation pratique occasionne.

---

314 RACINE Jean-Baptiste, « Réflexions sur l'autonomie... », *op. cit.*, p. 340.

315 OST François, VAN DE KERCHOVE Michel, *De la pyramide au réseau ?...*, *op. cit.*

316 RACINE Jean-Baptiste, *op. cit.*, p. 339.

317 Selon Stone Sweet et Grisel, « le passage de la norme sociale à un système juridique est susceptible de s'effectuer grâce à l'intervention d'un tiers au cours d'un conflit opposant deux parties » (STONE SWEET Alec, GRISEL Florian, « L'arbitrage international : du contrat dyadique au système normatif », *op. cit.*, p. 76).

318 Sur ce thème, *cf.* n.1220 *et seq.*, *infra*.

192. Dans le concept proposé par P. Mayer, la délocalisation « est l'un des principaux aspects de l'internationalisation [dérivant] de l'idée que des parties provenant de pays différents, dans le but d'accomplir la neutralité, désirent éviter, le plus possible, l'intervention de ses cours respectives, ainsi que l'application des règles de droit de ses États respectifs[319] ». La délocalisation de la convention, de la procédure et de la sentence constitue la pierre angulaire de notre travail, et la rigidité théorique de cet isolement par rapport aux ordres nationaux est pour nous la principale cause des déviations d'un ordre juridique arbitral.

193. En plus d'être la source de juridicité de ces éléments, l'association transnationale sert à la légitimation théorique d'un nombre croissant de tribunaux arbitraux cherchant à se soustraire de l'influence étatique.

194. Pour cette raison, E. Gaillard, dans la démonstration pratique de l'existence de cet ordre arbitral, cite des affaires telles que *Saipem*[320], *Himpurna*[321] *et Salini*[322], dans lesquelles les arbitres ne se sont pas considérés comme liés par des décisions étatiques freinant la procédure. Dans ces cas, l'auteur affirme[323] que « la source de juridicité ne doit pas être recherchée, en tout cas pas exclusivement, dans l'ordre juridique du siège », concluant que « tel est bien le postulat de la représentation qui accepte de reconnaître l'existence d'un ordre juridique arbitral ».

195. La légitimation de cette perspective peut également se lire dans l'affaire *Putrabali*[324] : la Cour de cassation n'a pas hésité à accorder l'exequatur à une sentence arbitrale annulée – et même inversée[325] – en Angleterre, siège du

---

[319] MAYER Pierre, « Trend towards delocalisation in the last 100 years », *in The internationalisation of international arbitration: The LCIA centenary conference*, La Haye : Graham & Trotman et Nijhoff, 1993, p. 37. Traduction libre. Dans l'original : « *Delocalization is one of the various aspects of internationalization. It derives mainly from the idea that parties from different countries, in order to achieve neutrality, wish to avoid as much as possible the intervention of their respective courts and at the same time the application of the rules of their respective countries.* »

[320] *Cf.* n.62, *supra.*

[321] *Cf.* n.61, *supra.*

[322] CCI, *Salini Costruttori SpA v. The Federal Democratic Republic of Ethiopia, Addis Ababa Water and Sewerage Authority*, sentence du 7 déc. 2001, aff. n°10623, reproduite dans GAILLARD Emmanuel (éd.), *Anti-suit injunctions in international arbitration*, IAI Series on International Arbitration, n°2. Huntington : Juris Publishing, 2005, p. 227 ; *cf.* not. BACHAND Frédérique, « Must an ICC Tribunal comply with an anti-suit injunction issued by the courts of the seat of arbitration? », *Mealey's Int'l Arb. Rep.*, 2005, v. 20(3), pp. 41 *et seq.*

[323] GAILLARD Emmanuel, *Aspects philosophiques…, op. cit.*, p. 126.

[324] Cass., 1re Ch. civ., *Société PT Putrabali Adyamulia v. Monsieur le Procureur Général près de la Cour d'appel de Paris* ; *Société Moguntia Est Epices ; société Rena Holding, anciennement dénommée Est Épices*, 29 juin 2007, *Bull. civ.*, 2007, I, n°250.

[325] Nous aurons l'occasion d'approfondir l'étude de l'arrêt *Putrabali* par la suite, lorsqu'il s'agira d'étudier les déviations de l'ordre juridique arbitral résultant de la reconnaissance des sentences arbitrales annulées dans un for étranger (*cf.* n.458 *et seq.*).

tribunal arbitral. En affirmant que la sentence arbitrale n'était rattachée à aucun ordre étatique, en tant que décision de « justice internationale », et dans une volonté manifeste de délocalisation, P. Pinsolle y voit la déclaration d'existence d'un « ordre juridique arbitral, dans lequel la sentence est ancrée, [comme] distincte des ordres nationaux[326] ».

Cet auteur va encore plus loin[327], en défendant que la Cour de cassation n'affirme en aucun cas dans cet arrêt l'existence de sentences « flottant » dans un *vacuum* juridique. Bien au contraire, *Putrabali* poursuit une véritable *source de juridicité* pour la sentence dans la construction théorique d'un ordre juridique arbitral.

196. Cette source est présentée encore plus explicitement dans l'affaire *Westland*, devant le Tribunal fédéral suisse[328]. Selon cette Cour, le contrôle exercé en Suisse sur une sentence devrait porter sur « l'ordre public transnational ou universel incluant les principes fondamentaux du droit qui s'imposent sans égard aux liens du litige avec un pays déterminé ».

197. Impossible de ne pas voir dans cette association transnationale de l'arbitrage une évolution résultant du désir de s'écarter des ordres étatiques. Même l'association volontariste, qui se rend aux conditions de validité et de capacité enracinées dans les États, ne paraît pas satisfaire cette tendance. Nous rejoignons alors le schéma proposé par P. Tercier[329], pour qui l'arbitrage tient son fondement autant d'une « légitimité relative ou intérieure », reposant sur la relation conventionnelle des parties, que d'une « légitimité absolue ou extérieure », reposant sur l'arbitrage comme un ordre juridictionnelle opposé *erga omnes* et formateur d'un système autonome. Cette synthèse semble bien concilier l'association volontariste et l'association transnationale de l'arbitrage.

198. Toutefois, nous nous permettons de dépasser cette thèse dans son caractère systématique, pour apporter un élément méthodologique d'interprétation. À notre avis, cette perspective est en mesure de consolider la position actuelle sur l'ordre juridique arbitral, tout en renforçant sa solidité face à ses principales critiques.

---

[326] PINSOLLE Philippe, « The status of vacated awards in France: the Cour de cassation decision in *Putrabali* », *Arb. intern.*, 2008, v. 24, n°2, p. 280. Traduction libre. Dans l'original : « *[...] the existence of an arbitral legal order, in which the international award is anchored, that is distinct from national legal orders.* »

[327] *Ibid.*, p. 281. Dans l'original : « *Contrary to the suggestion of certain authors, that does not mean that the Cour de cassation has, by this decision, endorsed the proposition according to which international arbitral awards float in a legal vacuum. Rather, by this decision, the Cour de cassation has confirmed the very existence of an arbitral legal order which is distinct from national legal orders.* »

[328] TF, *Émirats Arabes Unis et consorts v. Westland Helicopters Ltd.*, 19 avr. 1994, *ATF*, 120, II, 155.

[329] TERCIER Pierre, « La légitimité de l'arbitrage », *Rev. arb.*, 2011, pp. 653-668.

C. La consolidation actuelle d'un ordre juridique arbitral

199. Une fois examinée l'évolution historique des différentes sources de validité de l'arbitrage international, nous constatons que le terrain de développement de ce mécanisme transnational a toujours été conçu en tant que système. Certainement influencé par les théoriciens de l'ordre juridique, l'arbitrage international puise sa force dans un moule construit sous l'influence du positivisme kelsénien.

200. Pourtant, nous proposons, dans une conception actuelle de l'ordre juridique arbitral, de dépasser sa seule configuration comme système, pour y voir aussi une méthode (1°). Il nous semble que c'est justement cette perspective qui pourra lui donner la flexibilité nécessaire pour contourner les principales critiques qu'on lui adresse (2°).

1°. Un « ordre juridique arbitral » interprétatif

201. Les guillemets ajoutés au titre de ce premier point révèlent déjà notre intention : utiliser la configuration de système résultant de l'évolution de l'ordre juridique arbitral, dans le but de n'y voir non plus seulement un *ordre*, mais aussi une *méthode* de règlement des différends.

202. Notons, tout de suite, que E. Gaillard parle déjà de « perception » dans l'une de ses premières descriptions de l'ordre juridique arbitral : « [L'ordre juridique arbitral] correspond à la *perception* forte chez les arbitres du commerce international qu'ils ne rendent pas la justice au nom d'un État quelconque, mais qu'ils n'en exercent pas moins une fonction juridictionnelle au service de la communauté internationale[330]. » D'ailleurs, dans une autre contribution plus récente, le même auteur insiste : « S'il est vrai qu'"être, c'est être perçu", on peut dire que l'ordre juridique arbitral existe parce qu'il est perçu, parce qu'il est appréhendé, de manière souvent *intuitive*, mais très réelle par des arbitres[331]. »

203. Cette vision clairvoyante s'écarte de la tendance organisationnelle qui imprègne les interprétations postérieures de l'ordre juridique arbitral, fondées sur les exigences de transnationalité et d'autonomie. Ces deux caractéristiques sont bien synthétisées par Th. Clay[332] dans sa thèse sur l'arbitre : l'autonomie se matérialise dans l'absence de rattachement avec un quelconque ordre étatique ; la transnationalité, quant à elle, se concrétise dans ses liens avec un ensemble de règles qui sans être réduites aux dispositifs nationaux ou internationaux, peuvent être influencées par les deux.

---

[330] GAILLARD Emmanuel, *Aspects philosophiques…*, *op. cit.*, p. 60, souligné par nous.

[331] GAILLARD Emmanuel, « L'ordre juridique arbitral : réalité, utilité et spécificité », *McGill L. Journ.*, 2010, v. 55, par. 2.

[332] CLAY Thomas, *L'arbitre*, *op. cit.*, pp. 215-220.

204. Ces valeurs sont encore présentes dans la pensée d'un grand nombre de juristes. Pour Th. Carbonneau, « les différents documents internationaux affirment l'émergence d'une arbitrage "anational" ou "supranational" qui est essentiellement détaché, totalement ou partiellement, de tout système juridique national[333] ». La mention de ces « instruments » confirme que l'auteur comprend l'ordre juridique arbitral d'abord comme un système.

205. Selon nous, une grande partie des distorsions pratiques de l'arbitrage international résulte de cette conception systématique souvent rigide. L'ordre juridique arbitral est trop peu considéré comme un mode d'interprétation des rapports du commerce fondé sur son *utilité* pour la résolution des litiges de la *societas mercatorum.*

Dans sa critique de la *Grundlegung*, P. Mayer[334] évoque précisément cette tendance à rechercher un point de rattachement objectif de l'arbitrage international, soit dans le droit international lui-même, soit dans la *lex mercatoria*, soit encore dans la législation d'un État. Dans tout les cas, cela correspond à la recherche d'un système fermé de légitimation de l'arbitrage international.

206. L'ordre juridique arbitral ne doit pas constituer un prétexte pour enfermer ses éléments derrière une cloison étanche. Néanmoins, l'euphorie initiale suscitée par l'idée d'un système autonome s'accompagne souvent d'un radicalisme révolutionnaire qui coupe tout lien entre l'arbitrage international et les ordres étatiques. Ainsi, de manière assez curieuse, cet élan de liberté absolue associé à l'arbitrage international confère à l'ordre juridique arbitral une signification autonome qui va bien au-delà de ses véritables racines théoriques.

207. Les abus du système dérivent de ce décalage entre la construction théorique proposée à l'origine, et que nous renforçons ici, et celle construite en aval par les arbitres et les juges, que nous examinerons ci-après. On observe fréquemment des décisions qui, tirant leurs arguments de l'existence d'un ordre juridique arbitral, contribuent à isoler arbitrage et ordres étatiques, ce qui, à notre avis, est contraire au but originel de la construction.

208. Dès lors, nous préférons voir dans l'ordre juridique arbitral bien plus qu'un système. Il s'agit d'une notion qui, à partir de son autonomie et de sa transnationalité, métamorphose ces caractéristiques en des orientations interprétatives, dans la poursuite d'une finalité. Si ces deux éléments représentaient, dans la conception classique, les piliers de l'ordre juridique

---

[333] CARBONNEAU Thomas E, « Étude historique et comparée de l'arbitrage : vers un droit matériel de l'arbitrage commercial international fondé sur la motivation des sentences », *RID comp.*, 1984, p. 759.

[334] MAYER Pierre, « Le mythe de "l'ordre juridique de base" », *op. cit.*, p. 204.

arbitral, nous ne les considérons ici que comme des principes intégrant cette nouvelle herméneutique.
J.-B. Racine exprime cette idée de manière très convaincante : « Autonomie est synonyme d'efficacité. Dès lors, les juges vont rendre autonome l'arbitrage pour qu'il puisse se développer et donner à l'institution tout son effet utile. L'autonomie de l'arbitrage international s'insère dans une logique utilitariste. Parce que l'arbitrage est utile, il doit être considéré comme autonome. L'autonomie est une notion au service de l'utilité. C'est en cela que l'autonomie est une notion fonctionnelle : elle est un moyen au service d'un but. Autrement dit, l'arbitrage n'est pas seulement autonome par lui-même ; il est rendu autonome par l'action des droits étatiques[335]. »
Le caractère *international* de l'arbitrage ne doit pas modifier la nature juridique du concept, mais plutôt influencer son régime[336]. Cette perspective nous guidera dans l'acceptation d'un ordre juridique arbitral comme prémisse théorique de notre travail.
209. Dans cette perspective interprétative, impossible de ne pas en référer à N. Luhmann[337], dont les études sur les fondements de la procédure montrent exactement que le recours à un « système » de normes n'est pas suffisant pour légitimer cette même procédure. Bien que ces normes et principes organisés soient importants, c'est la conscience de leurs destinataires, et la *méthode* employée pour son application, qui permettent de les légitimer définitivement. Pour qu'un ordre juridique arbitral puisse avoir une fonction effective et être autonome, il faut, suivant N. Luhmann, que chaque procédure ait sa « propre histoire », qui se différencie de « l'histoire générale[338] ». Autrement dit, et cela n'est que plus vrai pour l'arbitrage international, il faut considérer « l'histoire de chaque procédure arbitrale » comme l'unique microcosme de légitimation, sans que le souci d'organiser un système n'efface ce dessein. C'est pour que leurs litiges soient résolus au sein de cette « histoire » personnalisée que les plaideurs choisissent aujourd'hui l'arbitrage.
210. Les abus que nous identifierons au cours de cette thèse révèleront une approche encore trop tournée par la cohérence macroscopique du système, où juges et arbitres sont plus préoccupés par l'encadrement de leurs solutions dans l'élan autonomiste de l'arbitrage international que par leur résultat équitable pour les parties. Seule une vision plus instrumentale peut nous éviter ces distorsions. La doctrine de l'abus de droit participe à cette instrumentalisation finaliste de l'arbitrage international.

---

[335] RACINE Jean-Baptiste, « Réflexions sur l'autonomie… », *op. cit.*, p. 354.
[336] JARROSSON Charles, *La notion d'arbitrage*, Paris : LGDJ, 1987, p. 22.
[337] LUHMANN Niklas, *Legitimação…*, *op. cit.*, p. 40.
[338] *Ibid.*, p. 41.

2°. Les principales critiques de l'existence d'un ordre juridique arbitral

211. Les critiques qui contestent l'existence d'un ordre juridique arbitral sont indubitablement moins consolidées que celles qui portent sur la *lex mercatoria* : en premier lieu, parce que l'idée d'une *societas mercatorum* résulte de plusieurs décennies de débats, mais surtout parce qu'il est encore difficile de s'opposer à un système arbitral autonome sans que cela ne représente, au fond, une opposition à la *lex mercatoria.*

Autrement dit, ce n'est que très récemment que nous avons observé la proposition d'un ordre juridique arbitral autonome, séparé théoriquement de la *lex mercatoria.* Aussi, plutôt que de présenter ici toutes les attaques contre l'ordre juridique arbitral, au risque de répéter celles contre la *lex mercatoria* et contre le concept même d'ordre juridique, que nous avons déjà étudiées, nous exposerons les oppositions spécifiques à l'autonomie de l'arbitrage international.

212. Il est difficile de séparer les problèmes liés à l'autonomie de l'arbitrage international de ceux résultant des concepts d'ordre ou de système, ce que la doctrine a bien remarqué. Même en reconnaissant comme légitime l'aspiration à cette autonomie, « l'évolution récente des politiques législatives des États montre que ceux-ci peuvent œuvrer dans cette direction, sans qu'il faille créer, pour y parvenir, une nouvelle société ou un ordre juridique autonome[339] ».

213. Les critiques portées contre l'autonomie de l'arbitrage international sont aussi souvent confondues avec les critiques contre l'autonomie du droit appliqué au fond, ce qui rejoint les attaques contre la *lex mercatoria.* A. Kassis[340] observe que la seule autonomie de l'arbitrage international est celle des parties dans le choix du droit applicable au fond du litige et, dans le silence de celles-ci, l'autonomie des arbitres. On constate alors que le problème de l'autonomie de l'arbitrage international est éclipsé par celui de l'autonomie du droit applicable.

Cependant, si la critique d'A. Kassis permet d'identifier ce *hiatus*, elle ne s'y limite pas. En défendant, *inter alia*, que les principaux mécanismes de contrôle de l'arbitrage international sont régis par une approche conflictuelle rattachée aux droits étatiques, l'auteur[341] en vient à critiquer plus spécifiquement l'ordre juridique arbitral.

214. D'une manière très générale, les principales attaques[342] vont dans ce sens. Les détracteurs observent que les moyens théoriquement favorables à l'autonomie de l'arbitrage, comme, *v.g.* la Convention de New York, ne

---

[339] BUCHER Andreas, *La dimension sociale…*, *op. cit.*, p. 189.
[340] KASSIS Antoine, *L'autonomie de l'arbitrage…*, *op. cit.*, p. 391.
[341] *Ibid.*, spéc. pp. 543 *et seq.*
[342] *Cf.* COURT DE FONTMICHEL Alexandre, *L'arbitre, le juge…*, *op. cit.*, p. 197.

comportent même pas la notion de sentence délocalisée, et reconnaissent en cela une importance fondamentale à l'État d'origine.

215. La même idée se retrouve dans la différence de traitement d'une sentence rendue en France ou à l'étranger en matière d'arbitrage international[343]. Or, A. Court de Fontmichel s'interroge : « S'il y avait véritablement délocalisation de la sentence arbitrale, pourquoi traiter différemment une sentence rendue à l'étranger et une sentence rendue en France, et n'ouvrir qu'à ces dernières le recours en annulation devant la cour d'appel de Paris[344] ? »

216. Ce sont les interprétations variées de ce détachement selon juges et arbitres qui aboutissent aux « dérives processuelles[345] », dont nous parle Ph. Fouchard, et qui font l'objet de cette étude. Il est donc impossible d'épuiser, dès à présent, toutes les critiques adressées à l'existence d'un ordre juridique arbitral autonome ; nous les examinerons dans les prochaines pages au fil de la progression de notre analyse, car elles sont au centre des distorsions de l'ordre juridique arbitral.

217. Nous proposons donc la transformation progressive de l'ordre juridique arbitral d'un système de contemplation académique vers un instrument de travail au service de juges et arbitres. C'est la condition pour combattre les dérives que nous voulons identifier. Dès lors, le problème du soi-disant isolement de cet ordre par rapport aux juridictions nationales ne se pose même plus. Il semble que c'est surtout l'élan théorique naturel des structures juridiques naissantes qui participe à cet ostracisme, qui n'a aucune raison d'être dans une perspective finaliste.

---

[343] Les sentences rendues en France en matière d'arbitrage international sont régies par les arts. 1518 *et seq.*, CPC, tandis que celles rendues à l'étranger sont régies par les arts. 1525 *et seq.*, CPC.

[344] COURT DE FONTMICHEL Alexandre, *ibid.*, p. 197. C'était la rédaction de l'ancien art. 1504(1), CPC : « La sentence arbitrale rendue en France en matière d'arbitrage international peut faire l'objet d'un recours en annulation dans les cas prévus à l'article 1502 », aujourd'hui art. 1518, CPC : « La sentence rendue en France en matière d'arbitrage international ne peut faire l'objet que d'un recours en annulation ». En outre, la réforme de 2011 du droit français de l'arbitrage a renforcé cette différentiation entre les sentences rendues en France et celles rendues à l'étranger en matière d'arbitrage international, en établissant, au sein du chapitre IV sur les voies de recours, deux différentes sections pour traiter, respectivement, des deux formes de sentences mentionnées, section I et section II. De manière plus générale, *cf.* l'opinion de W. Craig, qui doute « que la théorie de la délocalisation de la procédure arbitrale et de la sentence anationale fassent l'objet d'une acceptation généralisée » (CRAIG William L., « Some trends and developments in the laws and practices of international commercial arbitration », *Tex. Int. L. Journ.*, 1995, v. 30, p. 23. Dans l'original : « *In light of the reform of national arbitration legislation beginning in the 1980s, it does not appear that the legal theory of denationalized arbitral procedure and the anational award has gained wide acceptance* »).

[345] FOUCHARD Philippe, « Où va l'arbitrage international ? », *McGill L. Journ.*, 1989, v. 34, p. 450.

Section II. Les manifestations contemporaines d'un ordre juridique arbitral

218. Après avoir présenté les mouvements théoriques qui se sont développés autour des sources de juridicité de l'arbitrage international dans la section précédente, nous exposerons ici les principales manifestations de l'idée dans la pratique. Celles-ci sont parfois explicites, matérialisées dans des éléments typiques du droit de l'arbitrage international (§ 1°), soit implicites, dans les diverses lectures et interprétations témoignant d'une forme de détachement des droits nationaux (§ 2°).

§ 1°. Les manifestations explicites d'un ordre juridique arbitral

219. Nous incluons dans ces manifestations autant les sources instrumentales de l'arbitrage international (A), que les sources de droit non écrites, dans lesquelles nous comptons les principes généraux du droit de l'arbitrage et la jurisprudence arbitrale (B).

A. Les manifestations explicites positives

220. La première véritable représentation internationale de l'arbitrage apparait dans le Protocole de Genève du 24 septembre 1923[346], à l'initiative de la CCI et sous les auspices de la Société des Nations. La volonté des parties est désignée, dans son art. 2(e)[347], comme source de juridicité de la procédure autant que de la constitution du tribunal. À celle-ci s'ajoute tout de même la loi du pays sur le territoire duquel l'arbitrage a lieu.
Selon A. Redfern et M. Hunter[348], le Protocole de 1923 poursuivait deux objectifs : en premier lieu, garantir que les clauses d'arbitrage puissent être exécutées internationalement[349], et ensuite, assurer que les sentences rendues

[346] C'est l'opinion d'Emmanuel Gaillard (*cf. Aspects philosophiques…*, *op. cit.*, pp. 136 *et seq.*) Le Protocole de 1923 a été ratifié par 40 pays, ([en ligne] http://www.jurisint.org/fr/ins/150.html, page consultée le 15/05/12).

[347] « [L]a procédure de l'arbitrage, y compris la constitution du tribunal arbitral, est réglée par la volonté des parties et par la loi du pays sur le territoire duquel l'arbitrage a lieu. » (*Protocol on Arbitration Clauses signed at a Meeting of The Assembly of the League of Nations held on the Twenty-Fourth Day of September, Nineteen Hundred and Twenty-Three* ([en ligne] http://interarb.com/vl/g_pr1923.htm, page consultée le 05/12/11).

[348] Blackaby Nigel *et al.*, *Redfern and Hunter…*, *op. cit.*, pp. 70-71.

[349] Art. 1er, Protocole 1923 : « Chacun des États contractants reconnaît la validité, entre parties soumises respectivement à la juridiction d'États contractants différents, du compromis ainsi que de la clause compromissoire par laquelle les parties à un contrat s'obligent, en matière commerciale ou en toute autre matière susceptible d'être réglée par voie d'arbitrage par compromis, à soumettre en tout ou partie les différends qui peuvent surgir dudit contrat à un

selon cette Convention puissent être appliquées sur le territoire où elles ont été rendues[350].

La principale critique au Protocole de 1923 porte sur les limites de son application, qui la restreignent aux conventions d'arbitrage contractées entre des parties sous les juridictions des États signataires[351]. Pour résoudre le problème, un nouvel accord sur l'exécution des sentences arbitrales étrangères a été signé à Genève en 1927, une fois encore sous l'égide de la Société des Nations, et qui lui attribue une plus grande ouverture en la matière[352].

Au contraire du Protocole de 1923, la Convention de 1927 institue la reconnaissance et l'exécution des sentences étrangères rendues sur le territoire de n'importe quel État signataire[353]. Rappelons que le Protocole de 1923 ne prévoyait pas la reconnaissance des sentences prononcées dans d'autres États contractants, mais seulement l'obligation de reconnaître une sentence prononcée dans son propre territoire en vertu d'une clause d'arbitrage reconnue par un autre État. La différence est subtile, mais du Protocole de 1923 à la Convention de 1927, l'on passe de la circulation de la source à la circulation du résultat, c'est-à-dire de la reconnaissance mutuelle de la convention à la reconnaissance mutuelle des sentences arbitrales. Néanmoins, dans la Convention de 1927 comme dans le Protocole de 1923, ces règles ne concernent que les sentences rendues sur le territoire d'un autre État signataire, ce qui constitue encore une complication.

221. L'autre objet de la critique se rapporte au problème du « double exequatur ». En effet, le demandeur de l'exequatur doit prouver que la sentence dont il réclame la reconnaissance est considérée comme « finale »

---

arbitrage, même si ledit arbitrage doit avoir lieu dans un pays autre que celui à la juridiction duquel est soumise chacune des parties au contrat. Chaque État contractant se réserve la liberté de restreindre l'engagement visé ci-dessus aux contrats qui sont considérés comme commerciaux par son droit national. L'État contractant qui fera usage de cette faculté en avisera le secrétaire général de la Société des Nations aux fins de communication aux autres États contractants ».

[350] Art. 3, Protocole 1923 : « Tout État contractant s'engage à assurer l'exécution, par ses autorités et, conformément aux dispositions de sa loi nationale, des sentences arbitrales rendues sur son territoire en vertu des articles précédents ».

[351] Selon son art. 1 (*cf.* n.349, *supra*).

[352] Convention on the Execution of Foreign Arbitral Awards Signed at Geneva on the Twenty-Sixth Day of September, Nineteen Hundred And Twenty-Seven, ([en ligne] http://interarb.com/vl/g_co1927, page consultée le 05/12/11).

[353] Art. 1er, Convention de Genève de 1927 : « Dans les territoires relevant de l'une des Hautes Parties contractantes auxquels s'applique la présente convention, l'autorité d'une sentence arbitrale rendue à la suite d'un compromis ou d'une clause compromissoire visés au Protocole relatif aux clauses d'arbitrage, ouvert à Genève depuis le 24 septembre 1923, sera reconnue, et l'exécution de cette sentence sera accordée, conformément aux règles de procédure suivies dans le territoire où la sentence est invoquée lorsque cette sentence aura été rendue dans un territoire relevant de l'une des Hautes Parties contractantes auquel s'applique la présente convention et entre personnes soumises à la juridiction de l'une des Hautes Parties contractantes ». *Cf.* BLACKABY Nigel *et al.*, *Redfern and Hunter…*, *op. cit.*, p. 71.

dans le pays où elle a été rendue (art. 1(d)[354], de la Convention de 1927), ce qui signifie que la partie demandant l'exécution d'une sentence doit apporter la preuve que cette décision est *virtuellement* exécutoire dans le pays du siège, souvent par le biais d'une déclaration des cours de ce dernier. Cette critique, ainsi que les solutions pour y remédier, sont au centre des débats qui culminent dans la Convention de New York, en 1958[355].

222. Face à l'essor du commerce mondial après la Deuxième Guerre mondiale, la Convention de 1927 est devenue obsolète, notamment en ce qu'elle attribue encore trop d'importance au juge du siège. C'est dans ce contexte que la CCI prépare, en 1953, un avant-projet de Convention sur l'exécution des sentences arbitrales internationales, dont l'objectif est de diminuer le poids du siège de l'arbitrage, en faveur d'une vraie délocalisation des sentences.

223. Une commission *ad hoc* du Conseil économique et social des Nations Unies (ECOSOC), désignée pour l'examen de l'avant-projet CCI, rédige alors un nouveau texte, beaucoup plus timoré[356]. Il constitue pourtant la base des discussions de la conférence internationale qui, le 10 juin 1958, adopte la rédaction actuelle de la Convention de New York[357].

224. Il en résulte un texte qui, tout en participant d'un effort de détachement de l'arbitrage international, demeure marqué par un certain conservatisme, insistant sur le rôle prioritaire du siège, sûrement influencé en cela par un nationalisme typique de l'après-guerre.

225. De toute manière, reprenant notre ligne évolutive, il faut rappeler que l'un des principaux buts de la Convention de New York est d'abolir le « double exequatur ». Ainsi, son art. V(1)(e)[358] transforme l'exigence d'une sentence « définitive » par celle d'une sentence seulement « obligatoire » dans le pays où elle a été rendue, afin qu'elle puisse être reconnue et exécutée dans l'État d'accueil.

Dans ce même dispositif, notons que le législateur de 1958 permet que cette sentence puise sa juridicité non seulement dans le pays dans lequel elle a été

---

[354] *Cf.* n.269, *supra*.

[355] Entre 1927 et 1958, il est important de mentionner la Résolution de 1957, adoptée à Amsterdam par l'Institut de droit international, suite au rapport de G. Sauser-Hall, donnant une importance accrue à la loi du siège. L'art. 9 de la Résolution était ainsi rédigé : « La loi du lieu du siège du tribunal arbitral détermine si la procédure à suivre par les arbitres peut être librement établie par les parties » (*cf.* GAILLARD Emmanuel, *Aspects philosophiques…*, *op. cit.*, p. 136).

[356] BOLLÉE Sylvain, *Les méthodes…*, *op. cit.*, pp. 45 *et seq.*

[357] Pour une étude historique des débats législatifs autour de la Convention, *cf.* Jean Paulin NIBOYET, *Traité de droit international privé français*, Paris : Librairie du recueil Sirey, 1938, n°2140 ; ainsi que Jean ROBERT, « La Convention de New York du 10 juin°1958 pour la reconnaissance et l'exécution des sentences arbitrales étrangères », *D.*, 1958, chr., pp. 223 *et seq.*

[358] « e) Que la sentence n'est pas encore devenue *obligatoire* pour les parties ou a été annulée ou suspendue par une autorité compétente du pays dans lequel, ou *d'après la loi duquel*, la sentence a été rendue » (*cf.* n.271, *supra*, souligné par nous).

rendue, mais aussi dans le pays « d'après la loi duquel » elle a été prononcée. Cet effort de déracinement est aussi présent dans une autre condition de reconnaissance du juge de l'exequatur, dans l'art. V(1)(a)[359] : le dispositif prévoit que la capacité des parties et la validité de la convention puissent être évaluées par une loi différente de celle du lieu de l'arbitrage.

226. La volonté de dépasser le territorialisme de 1927 est également perceptible dans l'inversion de la charge de la preuve des conditions de reconnaissance des sentences étrangères, dont le défaut doit être prouvé par celui contre lequel la sentence est invoquée[360]. Cette inversion, ainsi que l'exigence d'une sentence seulement « obligatoire » au siège, sont des facteurs qui allègent le rôle du demandeur de la reconnaissance, dans la tentative d'éviter le double exequatur[361].

227. Du point de vue philosophique, E. Gaillard[362] perçoit dans cette évolution, entre 1927 et 1958, l'abandon d'une représentation territoriale de l'arbitrage pour une représentation qui, en dépit de manifestation

---

[359] « a) Que les parties à la convention visée à l'article II étaient, en vertu de la loi à elles applicable, frappées d'une incapacité, ou que ladite convention n'est pas valable *en vertu de la loi à laquelle les parties l'ont subordonnée* ou, à défaut d'une indication à cet égard, en vertu de la loi du pays où la sentence a été rendue [..] » (*cf.* n.270, *supra*, souligné par nous). Dans le projet de réforme de la Convention de New York présenté par Van den Berg en 2008 (surnommé *The Miami Draft*), dans le but de mettre à jour ce texte conformément à ses plus récentes interprétations, la délocalisation de la loi régissant la convention a été abandonnée, puisque l'art. 5(3)(a) du projet prévoit simplement comme motif de refus de reconnaissance l'invalidité de la convention d'arbitrage *selon la loi du pays dans lequel la sentence a été prononcée* (Dans l'original : « *Article 5 – Grounds for Refusal of Enforcement* […] *3. Enforcement of an arbitral award shall be refused if, at the request of the party against whom the award is invoked, that party asserts and proves that: (a) there is no valid arbitration agreement under the law of the country where the award was made; […]* », [en ligne] http://www.newyorkconvention.org/draft-convention, page consultée le 21/05/12).

[360] Art. V(1), *caput* : « 1. La reconnaissance et l'exécution de la sentence ne seront refusées, sur *requête de la partie contre laquelle elle est invoquée*, que si cette partie fournit à l'autorité compétente du pays où la reconnaissance et l'exécution sont demandées la preuve […] » (*cf.* n.270, *supra*, souligné par nous).

[361] N. Darwazeh synthétise ainsi les quatre plus importants apports de la Convention de New York par rapport à celle de Genève : « (1) l'inversion de la charge de la preuve de la partie cherchant l'exequatur vers la partie qui s'y oppose ; (2) la limitation des griefs contre la reconnaissance ; (3) l'élimination du "double exequatur" ; et (4) l'attribution, à la cour d'accueil de la sentence, du pouvoir discrétionnaire pour reconnaître ou non la décision » (DARWAZEH Nadia. « Article V(1)(e) », *in* KRONKE Herbert *et al.* (éds.), *Recognition and enforcement of foreign arbitral awards: a global commentary on the New York Convention*, The Hague : Kluwer Law International, 2010, p. 306. Traduction libre. Dans l'original : « *(1) to shift the burden of proof from the party seeking enforcement to the party opposing it ; (2) to limit the defenses to enforcement ; (3) to eliminate the "double exequatur" requirement ; and (4) to provide the enforcing court with discretion over whether to enforce an award.* »). Quant au quatrième point, nous aurons l'occasion de voir que le pouvoir discrétionnaire du juge de l'exequatur est encore très débattu (*cf.* spéc. n°663 *et seq.*, *infra*).

[362] GAILLARD Emmanuel, *Aspects philosophiques…*, *op. cit.*, pp. 54-55.

localisatrices, tend vers des sources anationales. Cela étant, pour contourner les vestiges territoriaux présents dans l'art. V(1)(e), de la Convention de New York, l'auteur insiste sur l'importance de son art. VII(1)[363], qui autorise le juge d'accueil à privilégier une législation – nationale ou internationale – plus favorable à la reconnaissance, ce qui peut, à la limite, rendre pratiquement ineffectifs les griefs de l'art. V.
Nous verrons que la position d'E. Gaillard est loin de faire l'unanimité, et qu'elle représente une tentative de rendre la Convention de New York *neutre* quant au sujet[364]. Cependant, le conflit entre l'art. V et l'art. VII(1) se révèlera être l'une des sources d'abus du système arbitral international[365].

228. Pour l'instant, contentons-nous de percevoir que la Convention de New York, aujourd'hui ratifiée par 146 États, marque un pas significatif, à la moitié du XXe siècle, vers une conception autonome de l'arbitrage international. Plusieurs commentateurs y voient la manifestation – même embryonnaire – d'un ordre juridique arbitral. L'importance de ce texte est décrite par P. Martinez-Fraga[366], pour qui la Convention de New York, avec la création du Tribunal pénal international et de l'Union européenne, est l'un des accomplissements juridiques les plus réussis du siècle dernier.
Il est vrai qu'un instrument international a rarement suscité autant d'adhésions, et que l'arbitrage international est depuis plus de cinquante ans régi par ces mêmes dispositifs. Toutefois, nous sommes bien plus sceptiques quant à y voir une manifestation indéniable d'un ordre juridique arbitral.

229. À cet effet, nous rejoignons la position plus modérée d'un auteur comme A. J. van den Berg dans son commentaire de la Convention. Pour lui, ce texte est construit « sur la présomption que la sentence est régie par une loi d'arbitrage nationale une fois que l'annulation de la sentence appartient à la juridiction exclusive de la cour sous la loi de laquelle la sentence a été rendue[367] ».

230. Cherchant encore à démystifier la Convention de New York comme source d'un arbitrage international autonome, H. Gharavi affirme que ce

---

[363] « Les dispositions de la présente Convention ne portent pas atteinte à la validité des accords multilatéraux ou bilatéraux conclus par les États contractants en matière de reconnaissance et d'exécution de sentences arbitrales et ne privent aucune partie intéressée du droit qu'elle pourrait avoir de se prévaloir d'une sentence arbitrale. »

[364] GAILLARD Emmanuel, *Aspects philosophiques…*, *op. cit.*, p. 54.

[365] *Cf.* n.381, 417, 421, 442 *et seq.* et 677 *et seq.*, *infra.*

[366] MARTINEZ-FRAGA Pedro J., *The American influence on international commercial arbitrations: doctrinal developments and discovery methods*, New York : Cambridge University Press, 2009, p. 151.

[367] VAN DEN BERG Albert Jan, *The New York Convention of 1958: towards a uniform judicial interpretation*, The Hague : TMC Asser Institute, 1982, p. 37. Traduction libre. Dans l'original : « *[...] the Convention is built on the presumption that the award is governed by a national arbitration law since the setting aside of an award belongs to the exclusive jurisdiction of the court under whose arbitration law the award is made.* »

texte « n'a pas délocalisé les sentences arbitrales[368] », surtout en fonction de l'art. V(1)(e). L'idée est aussi partagée par Ph. Fouchard[369], pour qui deux des principaux archaïsmes de la Convention résident dans des approches qui n'ont justement pas dépassé le territorialisme : le contrôle de la validité de la convention d'arbitrage et celui de la régularité de la constitution du tribunal et de la procédure (art. V(1), lettres « a » et « d »[370]), ainsi que l'art. V(1)(e)[371], puisqu'une décision *locale* d'annulation aura des effets dans toutes les autres juridictions.

231. Au demeurant, malgré sont indéniable succès, la Convention de New York reste encore loin de la délocalisation rêvée par les partisans d'un ordre juridique arbitral[372]. Le désir d'y voir une source incontestable d'autonomie provient certainement du succès et de la consolidation d'un texte qui, bien que promulgué dans l'après-guerre, reste contemporain. Aujourd'hui, il est de plus en plus fréquent de voir la Convention employée pour fonder la délocalisation de l'arbitrage international, comme si ce texte lui fournissait une aura de légitimité. Ce qui était un instrument législatif au service de la pratique arbitrale internationale devient, dans une inquiétante inversion de ses valeurs, un mécanisme au service d'une conception théorique. L'ordre juridique arbitral est désormais renforcé.

232. Nous préférons cependant considérer l'ordre juridique arbitral comme la traduction interprétative d'une quête d'autonomie, et donc nous

---

[368] GHARAVI Hamid G., *op. cit.*, p. 56. Traduction libre. Dans l'original : « *The New York Convention, however, did not delocalize arbitral awards [...].* »

[369] Les critiques de Ph. Fouchard sont présentées dans deux articles de la *Revue de l'arbitrage* : « La portée internationale de l'annulation de la sentence arbitrale dans son pays d'origine », *Rev. arb.*, 1997, pp. 329 *et seq.* ; et « Suggestion pour accroître l'efficacité internationale des sentences arbitrales », *Rev. arb.*, 1997, p. 348. Le troisième archaïsme présenté par Ph. Fouchard réside dans l'art. V(2)(a), de la Convention, puisque la non-arbitrabilité comme motif de refus de reconnaissance de la sentence par le juge d'accueil est un grief qui, en ultime instance, constitue aussi une violation de l'ordre public de ce pays, l'autre grief prévu à l'art. V(2)(b). Néanmoins, c'est un lien territorial basé sur le fond du litige, qui s'écarte des tentatives de déracinement liées à la formation de la procédure.

[370] *Cf.* n.270, *supra.*

[371] *Cf.* n.271, *supra.*

[372] Rappelons à ce sujet qu'une annexe à la Convention a été proposée par le Comité consultatif asiatico-africain, dont le but était de préciser que dans le cas où les parties auraient choisi leur propres règles pour la procédure, l'arbitrage devrait être conduit « nonobstant des provisions contraires dans des droits municipaux et la sentence rendue devrait être reconnue et exécutée par tous les États contractants » (Reproduit par H. HOLTZMANN et J. NEUHAUS, *A guide to the UNCITRAL Model Law on international commercial arbitration: legislative history and commentary*, Deventer : Kluwer Law and Taxation Publishers, 1989, par. 1162. Il était aussi suggéré, dans la même proposition, que les sentences résultant de procédures qui ne respectaient pas les conditions de loyauté (dans l'original, « *unfair* ») devraient voir leur exequatur nié. Cette dernière partie de la suggestion, même en n'ayant jamais constitué une annexe à la Convention de New York, influence pourtant l'adoption de la Loi-type de la CNUDCI (dans ce sens, *cf.* Okezie CHUKWUMERIJE, *op. cit.*, pp. 85 et 102, note 57).

rapprocher du sens original de la Convention de New York. Celui-ci fournit les bases de droit qui devront être associées à la flexibilité d'instruments comme l'abus de droit, permettant d'éviter que cette quête d'une autonomie formelle efface son utilité pratique.

233. Dans ce sens, nous nous approchons de la position exprimée par le DC Circuit dans l'affaire *TermoRio* : « L'utilité de la Convention de New York pour la promotion du processus de l'arbitrage commercial international dépend de la volonté des cours nationales de s'abstraire des questions qui, normalement, elles auraient associé à leur ordre interne[373]. » C'est dans cette application téléologique de la Convention de New York que nous voyons l'essor de l'arbitrage international. Les instruments législatifs sont mis au service du règlement pratique des différends, et non à celui de l'habillage normatif d'une création théorique qui, à son tour, viendrait questionner les aspects territoriaux de cet instrument. C'est un véritable « effet *boomerang* ».

234. L'effort du texte de 1958 vers une plus large autonomie de l'arbitrage international est indéniable, même si son interprétation dépasse souvent l'esprit du texte, dans cet élan de création d'un système. Cette tentative de construction d'un ordre juridique arbitral est encore plus effective à partir de la Convention européenne sur l'arbitrage commercial international, ouverte à la signature à Genève, le 21 avril 1961[374]. Son principal objectif est de favoriser une plus grande intégration entre l'Europe occidentale et les États de l'Est dans le contexte de la Guerre Froide[375].

235. Si le but des signataires de la Convention de 1961 était des plus nobles, il prend une dimension encore plus intéressante dans cette marche vers un ordre juridique arbitral. Le texte relègue les décisions judiciaires du siège à un niveau encore moins important. Car si l'esprit de la Convention est de renforcer l'intégration d'ordonnancements aussi différents que ceux des différents États soviétiques, il est également politiquement indispensable de renforcer l'autonomie des sentences arbitrales.

---

[373] United States Court of Appeals, District of Columbia Circuit, 25 mai 2007, *TERMORIO S.A. E.S.P. and Lease Co GROUP, LLC V. ELECTRANTA S.P., et al.*, n°06-7058 (487 F. 3d 928, 376 U.S. App. D.C. 242). Traduction libre. Dans l'original : « *[...] the utility of the New York Convention in promoting the process of international commercial arbitration depends upon the willingness of national courts to let go of matters they would normally think of as their own.* » Nous reviendrons à l'affaire *TermoRio* par la suite, dans les discussions autour de la reconnaissance des sentences annulées dans le siège du tribunal (*cf.* n.426 *et seq.*).

[374] La Convention a été adoptée par 27 États. Elle est disponible [en ligne] http://www.arbitrage.org/fr/presentation/texte_convention_euro.pdf (page consultée le 06/12/11).

[375] Pour les discussions autour des objectifs et du contexte de la Convention, *cf.* P. I. BENJAMIN, « The European Convention on International Commercial Arbitration », *BYIL*, 1968, n°478.

236. Ainsi, l'art. IX(1), de la Convention européenne limite les causes d'annulation de la sentence, à l'origine susceptibles de motiver un refus d'exequatur dans un autre État contractant, aux seules hypothèses relevant d'une justice internationale[376]. Ces griefs correspondent aux lettres « a » à « d » de l'art. V(1) de la Convention de New York[377], relatifs aux conditions de régularité inhérentes aux éléments internationaux de l'arbitrage, c'est-à-dire les parties, la convention, la procédure et le tribunal.

237. En outre, l'art. IX(2), de la Convention de 1961[378] détermine que pour les États contractants qui sont aussi signataires de la Convention de New York, l'annulation d'une sentence arbitrale dans le siège, selon L'art. V(1)(e) de cette dernière, ne peut être opposé comme grief pour le refus de sa reconnaissance, à moins que cette annulation ait eu pour cause l'une des hypothèses énumérées dans l'art. IX(1), de la Convention de 1961. Autrement dit, les causes d'annulations locales sont écartées et le rôle du siège est affaibli. La Convention de 1961 essaie de contourner le problème des annulations locales[379], qui semble constituer l'un des obstacles majeurs à la formation d'un ordre juridique arbitral. À titre d'exemple[380], nous pouvons évoquer l'annulation pour ambigüité ou incertitude de la sentence dans le droit anglais[381], ou celle pour « non application au fond du litige de la loi convenue entre les parties » du droit égyptien[382].

238. C'est pourquoi certains auteurs, comme H. Motulsky[383], remarquent que si la Convention de New York demeure en principe nationale et maintient les souverainetés, la Convention de Genève va plus loin, mettant en œuvre une procédure internationale sur une base conventionnelle, attribuant à la sentence un « coefficient d'internationalisme[384] » fort élevé.

---

376 *Cf.* n.274, *supra*.

377 *Cf.* n.270, *supra*.

378 Art. IX(2) : « 2. Dans les rapports entre États contractants également Parties à la Convention de New York du 10 juin°1958 sur la Reconnaissance et l'Exécution des Sentences arbitrales étrangères, le paragraphe 1 du présent article a pour effet de limiter aux seules causes d'annulation qu'il énumère l'application de l'article 5, paragraphe 1, e) de la Convention de New York ». Art. IX(1), lettres « a » à « d » : *cf.* n.274, *supra*.

379 C'est l'opinion de Nigel BLACKABY *et al.*, *Redfern and Hunter...*, *op. cit.*, p. 664.

380 Exemples rapportés par Emmanuel GAILLARD, « L'exécution des sentences annulées dans leur pays d'origine », *JDI*, 1998, n°3, p. 666.

381 Art. 68(2)(f), EAA : « *68 Challenging the award: serious irregularity [[...] (2) Serious irregularity means an irregularity of one or more of the following kinds which the court considers has caused or will cause substantial injustice to the applicant – [...] (f) uncertainty or ambiguity as to the effect of the award; [...]* ».

382 Art. 53(1)(d), de la Loi n°27 du 21 jan. 1994 : « (1) L'action en annulation de la sentence arbitrale n'est recevable que dans les cas suivants : [...] d) si la sentence arbitrale a écarté l'application au fond du litige de la loi convenue par les parties [...] ».

383 MOTULSKY Henri, *Écrits, études et notes sur l'arbitrage*, Paris : Dalloz, 2010 (1974), p. 517.

384 *Ibid.*

Encore que, selon notre analyse, ce n'est pas tant le contenu de la demande d'annulation, mais plutôt la forme de son exercice qui doit être considérée pour atteindre une justice arbitrale autonome, il est indéniable que la Convention européenne participe déjà bien plus clairement à une philosophie de déracinement[385].

239. Au niveau communautaire, citons également le Règlement n°44 (dit aussi Règlement Bruxelles I), adopté par le Conseil de l'Union européenne le 22 décembre 2001[386]. Il se substitue à la Convention de Bruxelles de 1968 depuis le 1er mars 2002, et concerne la compétence judiciaire, la reconnaissance et l'exécution des décisions en matière civile et commerciale.

240. En poursuivant l'objectif avoué par la Convention de 1968 de créer un espace judiciaire civil européen[387], dont la compétence serait répartie entre les divers pays selon des règles communes, le Règlement n°44/2001 vient rendre encore plus efficace la reconnaissance mutuelle des décisions, à partir d'un contrôle minimaliste du juge requis et d'une simplification des procédures interétatiques[388].

241. Considérant qu'il s'agit d'un instrument de dialogue entre les divers ordres nationaux européens, le Règlement n°44/2001 est souvent perçu comme une manifestation, *a contrario sensu*, de l'ordre juridique arbitral. En effet, en *excluant* l'arbitrage international du champ d'application d'une norme de coordination judiciaire interétatique[389], certains[390] ont interprété la volonté du législateur européen comme la volonté de faire de l'arbitrage un domaine autonome, au-dessus des ordres nationaux.

Le problème de l'exclusion de l'arbitrage du Règlement n°44/2001, et ce qui concerne les interprétations doctrinales et jurisprudentielles qui élargissent ou limitent sa portée, seront abordés à plusieurs reprises dans ce travail. Ces dernières constituent un des points de friction entre ordre arbitral et

---

385 *Cf.* GAILLARD Emmanuel, « L'exécution des sentences annulées… », *op. cit.*, p. 664. Partageant cet avis, *cf.* Gérard LE LAIDIER, *Conflits de juridictions et conflits de lois en matière d'arbitrage*, thèse de droit, dact., Paris, 1963, p. 203.

386 *JOCE*, n°L 12, 16 janv. 2001, p. 1.

387 MAYER Pierre, HEUZE V., *op. cit.*, p. 241. Pour une critique du Règlement, *cf.* les mêmes auteurs, p. 242.

388 *Cf.* GUINCHARD Serge, CHANAIS Cécile, FERRAND Frédérique, *op. cit.*, p. 940.

389 Art. 1(2)(d), Règlement n°44/2001 : « 1. Le présent règlement s'applique en matière civile et commerciale et quelle que soit la nature de la juridiction. Il ne recouvre notamment pas les matières fiscales, douanières ou administratives. 2. Sont exclus de son application : […] d) l'arbitrage ».

390 Par exemple, *cf.* MOSIMANN Olivier Luc , *Anti-suit injunctions in international commercial arbitration*, The Hague : Eleven International Publishing, 2010, p. 81.

ordres étatiques en Europe, une source d'abus et un symbole du conflit entre conceptions théoriques et problèmes pratiques[391].

242. Avançons toutefois que face aux reformes potentielles du Règlement n°44/2001 visant à y inclure l'arbitrage[392], un mouvement politique et scientifique important s'élève pour essayer de le maintenir hors de la norme européenne. L'un des principaux arguments, présenté par la CCI en réponse au *Livre Vert sur le Règlement*, prétend qu'« inclure l'arbitrage dans le Règlement 44/2001 équivaudrait à régionaliser une procédure mondialement reconnue[393] ». Il nous est impossible de ne pas observer dans cette exclusion la manifestation d'un ordre juridique arbitral.

243. Sortant du cadre européen, faisons référence à la Convention pour le règlement des différends relatifs aux investissements entre États et ressortissants d'autres États, ouverte à la signature le 18 mars 1965 à Washington (aussi dite Convention de Washington) : l'accord prévoit non seulement des règles pour organiser les rapports d'investissements entre États d'accueil et personnes privées, mais, surtout, crée un mécanisme complètement autonome de règlement des litiges qui en découlent, le CIRDI[394].

244. Autant la Convention de 1965 que le Règlement d'arbitrage CIRDI sont particuliers en ce qu'ils s'adressent directement aux personnes privées, se transformant en instruments typiques d'une *societas mercatorum* indépendante des ordres étatiques. Selon S. Manciaux, « la véritable originalité du projet de convention réside dans la déconnexion quasi complète de la procédure d'arbitrage proposée d'avec les ordres juridiques internes, et ce à tous les stades de la procédure[395] ». L'art. 53(1) de la Convention prévoit d'ailleurs qu'aucun recours aux juridictions étatiques contre la sentence rendue dans le cadre d'un tribunal CIRDI n'est possible, sauf à le présenter devant les comités *ad hoc*.

245. Encore au niveau mondial, la Loi-type de la CNUDCI est également incontournable en la matière. Si le projet original consistait à réformer la

---

[391] Nous nous permettons ainsi de réserver les débats plus profonds sur le positionnement jurisprudentiel de la CJCE autour du Règlement, ainsi que sur ses éventuelles réformes, pour une analyse postérieure (*cf.* n.356 *et seq.*, 490, 1082 *et seq.* et 1099 *et seq.*).

[392] *Cf.* HESS Burkhard, PFEIFFER Thomas, SCHLOSSER Peter, *Study JLS/C4/2005/03: Report on the application of Regulation Brussels I in the Member States. Final Version*, sept. 2007 (« Rapport Heidelberg »).

[393] ICC France, *Livre vert sur la révision du Règlement (CE) n°44/2001 du Conseil concernant la compétence judiciaire, la reconnaissance et l'exécution des décisions en matière civile et commerciale*, 17 juin 2009.

[394] À propos du CIRDI comme symbole du détachement de l'arbitrage international, *cf.* Florian GRISEL, *op. cit.*, pp. 29 *et seq.*

[395] MANCIAUX Sébastien, *Investissements étrangers et arbitrage entre États et ressortissants d'autres États : trente années d'activité du CIRDI*, Paris : Litec, 2004, p. 11.

Convention de New York, cette Loi-type sera finalement adoptée par la CNUDCI en juin 1985 comme l'archétype d'une législation exemplaire sur l'arbitrage international. En décembre 1985, l'Assemblée générale des Nations Unies propose une recommandation préconisant son adoption par ses États membres.

Selon A. Redfern et M. Hunter[396], si la Convention de New York a propulsé l'arbitrage international dans le monde, la Loi-type de la CNUDCI en a fait une *star*. Plus d'une soixantaine de pays ont adopté des législations nationales fondées sur la Loi-type[397], et depuis sa réforme en 2006, cette législation est devenue l'une des plus modernes au monde.

246. Cependant, vis à vis des motifs d'annulation de la sentence et les moyens pour le refus de sa reconnaissance[398], la Loi-type répète la Convention de New York, y compris en ce qui concerne les effets extraterritoriaux de l'annulation dans le siège. Ceci place le texte de la CNUDCI à un degré au-dessous de la Convention de 1961 quant à l'autonomie de l'arbitrage international.

247. À présent, la Loi-type gagne en importance en promouvant une plus grande harmonie entre les différents ordres étatiques qui l'ont adoptée, ou qui ont bénéficié de son influence[399]. Non seulement elle introduit la manifestation d'un système d'arbitrage autonome, mais sa nature de *recommandation* apporte une souplesse favorable à l'uniformité.

248. À ce sujet, nous pouvons évoquer d'autres textes régionaux, comme la Convention de Lugano, signée le 16 septembre 1988 entre les pays de la CEE et ceux de l'AELE, qui reprend, pour l'essentiel, les termes du Règlement Bruxelles I[400] ; les accords d'Alger, instituant le tribunal Iran-États-Unis ; la Convention arabe sur l'arbitrage commercial, signée à Amman en 1987 ; le Traité sur l'harmonisation du droit des affaires en Afrique (OHADA), signé en 1993 ; l'Accord de libre exchange nord-américain (ALENA, NAFTA en anglais), signé en 1994 ; ou encore l'accord du MERCOSUR sur l'arbitrage commercial, qui date de 1998.

Citons encore la Convention interaméricaine sur l'arbitrage commercial, signée au Panama en 1975, et la Convention interaméricaine sur l'efficacité extraterritoriale des décisions étatiques et sentences arbitrales étrangères, conclue à Montevideo en 1979. Cette dernière exige encore une sorte de

---

396 BLACKABY Nigel, PARTASIDES Constantine, *Redfern and Hunter...*, *op. cit.*, p. 76.

397 *Cf.* [en ligne] http://www.cnudmi.org/uncitral/fr/uncitral_texts/arbitration/1985Model_arbitration_status.html (page consultée le 06/12/11).

398 Respectivement présents dans les arts. 34 et 36, de la Loi-type CNUDCI.

399 *Cf.* KREINDLER Richard H., « Parallel proceedings: a practitioner's perspective », *in* WAIBEL Michael *et al.* (éds.), *op. cit.*, p. 147.

400 *Cf.* MAYER Pierre, HEUZÉ Vincent, *op. cit.*, pp. 260 *et seq.*

double exequatur, puisque son art. 2(g)[401] détermine que pour être reconnue, la sentence doit être exécutoire, ou bien avoir autorité de chose jugée dans le pays d'origine.

249. Enfin, dans la perspective d'identifier les manifestations d'un ordre juridique arbitral, consignons le rôle de l'un de ses principaux acteurs, à savoir les institutions d'arbitrage. Dans sa quête du « rêve » de l'arbitrage autonome, J. Lew note que cette délocalisation est « représentée dans tous les plus importants règlements d'arbitrage », dans lesquels « il n'y a aucune référence à des règles procédurales nationales[402] ».

250. L'idée s'illustre parfaitement dans des dispositifs comme l'art. 19 du nouveau Règlement de la CCI[403], en vigueur depuis le 1er janvier 2012[404], correspondant à l'ancien art. 15(1) du Règlement de 1998, qui autorise les parties ou les arbitres à régir la procédure arbitrale sans se référer à des lois nationales.

Notons que la délocalisation de l'arbitrage international dans le cadre de la CCI a été initiée par la réforme de son règlement en 1975. Quelques années plus tard, son secrétaire général, en commentant le dispositif incorporé dans l'art. 15(1), note son caractère « révolutionnaire[405] », en ce qu'il permet aux arbitres de conduire une procédure indépendamment des lois locales.

251. Ainsi, le dispositif du Règlement CCI est le symbole du développement d'un nombre chaque fois plus significatif d'institutions d'arbitrage. Toutes visent à une résolution non seulement extraétatique, mais, aussi à ce que la sentence prononcée dans leur cadre ne puisse pas être contestée postérieurement.

---

[401] « *Art. 2. The foreign judgments, awards and decisions referred to in Article 1 shall have extraterritorial validity in the States Parties if they meet the following conditions: [...] g. They are final or, where appropriate, have the force of res judicata in the State in which they were rendered; [...]* », [en ligne] http://www.oas.org/juridico/english/treaties/b-41.html, page consultée le 16/03/12. Pour un aperçu des conventions sur l'arbitrage international dans les pays de l'Amérique du Sud, *cf.* LEE João Bosco, *Arbitragem Comercial Internacional nos Países do Mercosul*, Curitiba : Juruá, 2002.

[402] LEW Julian D.M., « Achieving the dream... », *op. cit.*, p. 193.

[403] « La procédure devant le tribunal arbitral est régie par le Règlement et, dans le silence de ce dernier, par les règles que les parties, ou à défaut le tribunal arbitral, déterminent, *en se référant ou non à une loi nationale de procédure* applicable à l'arbitrage » (souligné par nous). D'autres règlements prévoient des dispositifs similaires, même si celui de la CCI nous paraît le plus explicite. *Cf.* par exemple, l'art. 16.4, Règlement LCIA, l'art. 22, du Règlement SCC, l'art. 28, des International Dispute Resolution Procedures de l'AAA, entre autres.

[404] Pour une analyse récente du nouveau règlement CCI, *cf.* Pierre MAYER, Eduardo SILVA ROMERO, « Le nouveau Règlement d'arbitrage de la Chambre de commerce internationale (CCI) », *Rev. arb.*, 2011, pp. 897-922.

[405] EISEMANN Fréderic, « The Court of Arbitration: outline of its changes from inception to the present day », *in 60 years of ICC arbitration: a look to the future*, ICC Publishing, v. 412, 1984, p. 398.

252. Après avoir examiné les manifestations positives d'un ordre juridique arbitral dans des instruments normatifs, il nous reste à présenter deux autres expressions de cette recherche de l'autonomie, qui ne reposent pas sur des textes écrits, mais se sont infiltrées dans l'interprétation courante de la pratique arbitrale.

B. Les manifestations explicites interprétatives

253. Parmi ces représentations de l'ordre juridique arbitral, il est possible d'identifier à la fois les principes généraux du droit, déjà étudiés de manière générale dans leurs rapports avec la *lex mercatoria*, mais qui seront ici abordés du point de vue de la procédure arbitrale (1°), et la jurisprudence arbitrale, dans une tentative d'uniformisation des positionnements juridiques des tribunaux (2°).

1°. Les principes généraux du droit de l'arbitrage international

254. Distinguons tout de suite les principes généraux du droit résultant d'une *lex mercatoria* et ceux qui émanent d'un ordre juridique arbitral. Tandis que les premiers révèlent des normes appliquées par les arbitres au fond de la controverse[406], dépendantes d'une *lex causae*, les derniers constituent des valeurs régissant l'arbitrage en lui-même, issus d'un système de règlement de différends muni de ses propres principes, et donc autonome.

255. Les principes généraux de l'arbitrage international constituent l'ensemble des interprétations axiologiques communes à la pratique arbitrale internationale en ce qui concerne la procédure, de la formation de la convention jusqu'à la sentence et à son exécution. G. Kaufmann-Kohler parlera même d'une « *lex mercatoria* procédurale[407] ». L'application des principes de la *lex mercatoria* par les arbitres correspond à une autonomie du contenu de l'arbitrage, mais pas à celle de ses caractéristiques procédurales. C'est vers celles-ci que nous nous tournons maintenant.

256. Dans ce sens, citons l'un des premiers arrêts français qui reconnaît l'existence des « principes de l'arbitrage international », daté de 1981,

---

[406] Au fond, dans la jurisprudence arbitrale, la plupart des mentions aux principes généraux se réfèrent à cette première hypothèse, comme l'observe B. Oppetit, en citant la liste des diverses terminologies issues des sentences arbitrales : « principes généraux du droit international privé, principes généraux du droit, principes généraux fondamentaux, principes généralement admis, principes généraux du droit et de la justice, principes généraux du droit qui doivent régir les transactions internationales, principes généraux retenus par la jurisprudence arbitrale, principes généraux largement admis régissant le droit du commerce international, principes généraux du droit applicables aux relations économiques, principes généraux du droit faisant partie de la *lex mercatoria* » (*Théorie de l'arbitrage*, *op. cit.*, p. 91).

[407] KAUFMANN-KOHLER Gabrielle, « Globalization of Arbitral Procedure », *Vanderbilt Journ. Trans. L.*, 2003, v. 36, p. 1322.

dans l'affaire de la *Société européenne d'études et d'entreprises (SEEE)*[408]. Dans ce cas, la Cour de cassation s'est munie de ces principes pour exclure une tierce opposition à l'exequatur fondée sur une erreur manifestement déraisonnable de la sentence étrangère, grief non seulement étranger à la juridiction de la reconnaissance, mais aussi dépendant d'un nouvel examen au fond de la sentence arbitrale. Ne pourrions-nous pas voir ici l'évocation, même implicite, d'un principe de prohibition de la révision de fond des sentences arbitrales par les juridictions étatiques ?

257. Un autre principe, reconnu de manière encore plus expresse, relève de l'autonomie de la convention d'arbitrage par rapport au contrat dans lequel elle est insérée. En 1993, dans l'arrêt *Dalico*[409], la Cour de cassation affirme « qu'en vertu d'une règle matérielle du droit international de l'arbitrage, la clause compromissoire est indépendante juridiquement du contrat principal ».

E. Gaillard a vu dans ce « principe de validité de la clause d'arbitrage international[410] » une règle matérielle de source française, mais adaptée aux exigences du commerce international. H. Gaudemet-Tallon[411] met en garde contre le danger que ce principe soit considéré comme une « véritable règle supranationale » ; elle préfère pour sa part être prudente en n'y voyant « qu'une règle de droit français ». En effet, isoler la clause compromissoire signifie isoler le choix de l'arbitrage, en évitant que les motifs de contestation de la relation matérielle de fond ne se superposent à ceux de la relation obligationnelle s'accordant sur la procédure arbitrale. C'est un renforcement de l'autonomie qui justifie le souci des auteurs cités plus haut.

258. Nonobstant ces opinions, il est impossible de ne pas observer dans ces principes des règles qui ont été incorporées dans les législations d'un grand nombre d'États, ainsi que par des conventions internationales et par les règlements de la plupart des institutions arbitrales[412]. Ajoutons-y le principe de la compétence-compétence, qui représente indéniablement le principe

---

[408] Cass., 1re Ch. civ., 13 oct. 1981, *Société européenne d'études et d'entreprises (SEEE) v. République socialiste fédérale de Yougoslavie*, *Rev. arb.*, 1983, p. 63 – note DELVOLVÉ Jean-Louis. Commenté, not. par Frédéric BACHAND, *L'intervention du juge canadien avant et durant un arbitrage commercial international*, Paris : LGDJ, 2005, pp. 90 *et seq.*

[409] Cass., 1re Ch. civ., 20 déc. 1993, *Comité populaire de la municipalité de Kohms El Mergeb v. Sté Dalico Contractors*, *JDI*, 1994, p. 432 – note GAILLARD Emmanuel ; *JDI*, 1994, p. 690 – note LOQUIN Éric ; *Rev. arb.*, 1994, p. 116, note GAUDEMET-TALLON H. ; *Rev. crit. DIP*, 1994, p. 663 – note MAYER Pierre ; *RTD com.*, 1994, p. 254 – obs. DUBARRY J.-C., LOQUIN Éric.

[410] L'opinion de Gaillard nous est rapportée par Frédéric Bachand, dans *L'intervention…*, *op. cit.*, p. 90.

[411] GAUDEMET-TALLON H., « Note sous Cass., 1re Ch. civ., 20 déc. 1993, *Comité populaire de la municipalité de Kohms El Mergeb v. Sté Dalico Contractors* », *Rev. arb.*, 1994, p. 120.

[412] Seulement à titre d'exemple, citons, quant aux législations nationales, l'art. 1447, CPC, l'art. 178(3), LDIP, l'art. 8, de la Loi brésilienne sur l'arbitrage (Loi n°9307 du 23 sept. 1996) et, quant aux institutions d'arbitrage, l'art. 6(9) du Règlement 2012 de la CCI.

phare de l'arbitrage international, présent comme pierre de touche dans la quasi-totalité des instruments normatifs dans ce domaine[413].

259. La principale critique adressée aux principes généraux de l'arbitrage international se base sur l'affirmation que seuls les organes étatiques pourraient concourir à la formation du droit international, tandis que les arbitres seraient dépourvus de ce pouvoir. La reconnaissance de ces principes par la jurisprudence arbitrale n'aurait qu'un effet *inter partes*, et non l'effet *erga omnes* prétendument nécessaire pour la formation de la règle de droit[414].

Cette position est contaminée par un positivisme facilement dépassé par la constatation que plusieurs autres organes ou institutions sont capables de produire des normes de droit, émanant donc de pouvoirs non étatiques. Comme l'observe R. Kolb, « la compétence de création du droit est aussi fragmentée que celle de la personnalité juridique internationale, parce qu'elle constitue l'une de ses expressions[415] ». L'on parlera même aujourd'hui d'une « souveraineté fragmentée[416] ».

260. À côté des principes généraux de l'arbitrage international, dont le développement en est encore à ses débuts, l'ensemble des décisions prononcées par les tribunaux arbitraux – et même par les ordres étatiques concernant l'arbitrage – apparaît comme la plus fidèle manifestation de ce mouvement d'autonomisation.

[413] Pour ne citer que certains dispositifs, *cf.* l'art. 1448, CPC, l'art. 186, LDIP, l'art. 6(3) du Règlement 2012 de la CCI. Inutile de nous étendre ici sur ce principe, qui sera repris tout au long de notre thèse, spécialement pour nier l'idée que le principe de la compétence-compétence est suffisant pour identifier et sanctionner les abus, car, dans la plupart des affaires, c'est en se fondant sur l'irrégularité de la convention elle-même que les parties entreprennent les manœuvres obstructives (*cf.* not. n.1103, *infra*).

[414] *Cf.* STRUPP K., « Les règles générales du droit de la paix », *RCADI*, 1934, I, pp. 335 *et seq.*

[415] KOLB Robert, *op. cit.*, pp. 38-39. C'est d'ailleurs le sens des plus récents mouvements internationalistes, reconnaissant dans ces éléments de spontanéité du droit international la source d'une gouvernabilité qui va bien au-delà de toute légitimation étatique.

[416] KALMO Hent, SKINNER Quentin (éds.), *Sovereignty in Fragments*, Cambridge : Cambridge University Press, 2010. Sur le thème, *cf.* MUIR WATT Horatia, « Private International Law: Beyond the Schism, from Closet to Planet », *Private International Law as Global Governance (PILAGG)*, Paris : SciencesPo/École de Droit, [en ligne] http://blogs.sciences-po.fr/pilagg/files/2012/03/HMW-PILAGG-Paper-FINAL.pdf (page consultée le 15/05/12) ; ZUMBANSEN Peer, « Neither "Public" nor "Private", "National" nor "International" : Transnational Corporate Governance from a Legal Pluralist Perspective », *Journ. L. Soc.* 2011, v. 38, pp. 50-75 ; MICHAELS Ralf, « The Mirage of Non-State Governance », *Utah L. Rev.*, 2010, pp. 31-45.

2°. La jurisprudence arbitrale

261. Les débats autour de l'existence d'une jurisprudence arbitrale sont complexes et nous intéressent ici seulement en ce qu'ils révèlent des tentatives d'organiser les précédents comme une manifestation de l'autonomie de l'arbitrage international.

262. Notons tout d'abord, avec C. Kessedjian[417], que l'expression « jurisprudence arbitrale » n'est pas d'une grande précision technique. Dans les juridictions de *civil law*, la *jurisprudence* suppose l'imposition verticale d'une décision par une cour supérieure à une cour inférieure, ce qui est hors de question en matière d'arbitrage. De plus, l'obligation de respecter la décision antérieure rapproche la *jurisprudence* de la notion de *stare decision*, typique du *common law*, laquelle comporte une dimension publique de maintien de l'ordre[418].

Il serait plus précis d'employer le concept de « précédent arbitral », en tant que décision qui contribue à la formation d'une compréhension juridique commune et peut influencer – mais pas nécessairement déterminer – un cas futur. Néanmoins, en dépit de cette réserve, employons ici indifféremment les expressions « précédent arbitral » et « jurisprudence arbitrale », surtout en fonction de la consécration didactique de cette dernière.

263. L'existence d'une jurisprudence arbitrale est encore très contestée et, selon C. Larroumet[419], c'est surtout en vertu de la difficulté à fixer le concept même de « jurisprudence ». Le manque d'organisation et de coordination entre les différentes institutions d'arbitrage, ainsi que l'existence d'un nombre considérable de procédures *ad hoc*, expliquent cette fragilité. J.-P. Niboyet, en 1929, évoque le problème de « l'indépendance totale des juridictions arbitrales les unes à l'égard des autres[420] » ; R. David, en 1977, observe « qu'il n'existe aucun système organisé de juridictions arbitrales[421] », et A. Kassis, en 2005, en se basant sur ces arguments, conclut « qu'il n'y aura jamais ni un droit du précédent ni une *lex arbitri* dont le respect s'impose aux arbitres[422] ».

---

[417] KESSEDJIAN Catherine, « To give or not to give precedential value to investment arbitration awards? », *in* ROGERS Catherine A., ALFORD Roger P. (éds.), *op. cit.*, pp. 47-48.

[418] Spécifiquement sur le concept de *stare decision*, *cf.* Jack H. FRIEDENTHAL *et al.*, *Civil procedure: cases and materials*, 10e éd., St. Paul : Thomson Reuters, 2009, p. 1256.

[419] LARROUMET Christian, « À propos de la jurisprudence arbitrale », *Gaz. Pal.*, 2008, n°348, pp. 5 *et seq*. Pour une autre position critique sur le thème, *cf.* Jean-Michel JACQUET, « A-t-on besoin d'une jurisprudence arbitrale ? », *Rev. arb.*, 2005, pp. 445 *et seq*.

[420] NIBOYET Jean Paulin, « Quelques considérations sur la justice internationale et le droit international privé », *in Mélanges Antoine Pillet*, Paris : Librairie du Recueil Sirey, 1929, p. 158.

[421] DAVID René, « Le droit du commerce international : une nouvelle tâche pour les législateurs nationaux ou une nouvelle "*lex mercatoria*" », *in* UNIDROIT (éd.), *New directions in international trade law*, New York : Oceana Publications, 1977, par. 16.

[422] KASSIS Antoine, *L'autonomie de l'arbitrage..., op. cit.*, p. 271.

264. Ajoutons à cette critique pérenne la confidentialité des procédures arbitrales, qui rend moins usuelle la publication des décisions. Malgré l'effet prioritairement *inter partes* des sentences, leur motivation, souvent très soignée, est perçue par certains[423] comme condition de la consolidation de principes de la procédure, mais aussi de la construction de la *lex mercatoria*. La publication d'extraits anonymes, ou la synthèse des principes de droit annoncés dans la sentence permet de rapprocher la confidentialité de l'arbitrage du rôle « social » que peut prendre la motivation dans un ordre juridique arbitral.

En France, notons que l'art. 1482(2), CPC[424], impose, en matière d'arbitrage interne, que la sentence soit motivée, tandis que cette obligation peut être écartée par la volonté des parties dans l'arbitrage international (art. 1506(1)(4°))[425]. Ainsi, plus qu'une obligation légale, la motivation des décisions représente autant une garantie pour les parties dans leur droit de défense, qu'une prise de conscience de la communauté arbitrale de l'importance des précédents comme source d'un système de légitimation.

265. Désormais, loin d'être un « mythe[426] », la jurisprudence s'élève progressivement à l'horizon, encouragée par une prise de conscience qui se manifeste dans la diffusion d'un nombre croissant de sentences. C'est surtout le travail des grands centres d'arbitrage, comme le CIRDI ou la CCI, à travers des recueils, chroniques, compilations, etc., lesquels viennent contribuer au développement graduel de la jurisprudence arbitrale et, ainsi, du commerce international.

266. Dans une contribution sur le thème, C. Larroumet[427] propose une position intermédiaire très satisfaisante. Il note que le manque d'autorité des sentences arbitrales auprès d'autres juridictions arbitrales ou étatiques, l'absence d'un organe centralisateur capable d'harmoniser ces précédents et, enfin, la confidentialité qui entoure la plupart des sentences, font obstacle à l'acceptation d'une jurisprudence arbitrale dans son sens classique.

Néanmoins, dans une vision pragmatique, l'auteur reconnaît que cela ne retire pas la valeur d'*exemple* de certaines sentences arbitrales dans le cadre de futurs litiges : « À partir du moment où des sentences arbitrales ont une autorité suffisante pour pouvoir constituer des précédents et qu'elles sont connues de ceux qui pourraient s'en inspirer dans de nouvelles instances

---

423 VELICAN-DANARICU A., *La motivation des sentences dans l'arbitrage commercial international en France et aux États-Unis*, thèse de droit, Université Paris XI, 1991, p. 294.

424 « La sentence arbitrale expose succinctement les prétentions respectives des parties et leurs moyens. Elle est motivée. »

425 « À moins que les parties en soient convenues autrement et sous réserve des dispositions du présent titre, s'appliquent à l'arbitrage international les articles : […] 4° 1479, 1481, 1482, 1484 (alinéas 1 et 2), 1485 (alinéas 1 et 2) et 1486 relatifs à la sentence arbitrale ; […]. »

426 KASSIS Antoine, *L'autonomie de l'arbitrage…*, *op. cit.*, p. 80.

427 LARROUMET Christian, « À propos de la jurisprudence arbitrale », *op. cit.*, p. 7

arbitrales, les conditions sont remplies pour que l'on puisse affirmer l'existence d'une jurisprudence arbitrale[428]. » Ainsi, « indépendamment de son absence de valeur obligatoire, le précédent arbitral a une valeur d'exemple[429] ».

267. Cependant, si l'on observe ces dernières années une multiplication du nombre de sentences publiées, il reste encore à atteindre une certaine consistance, c'est-à-dire une cohérence légale entre celles-ci et l'uniformité des résultats successifs[430]. Nous rejoignons en cela les propos d'Y. Derains : « Parce qu'il y a eu un certain nombre de sentences publiées, on oublie qu'il n'y a pas publication systématique et qu'il *y a encore moins d'unification de la jurisprudence des arbitres*[431]. »

Dans une étude sur ce thème, G. Kaufmann-Kohler[432] montre que dans le champ des arbitrages d'investissement, la cohérence dans le traitement des différentes matières n'est pas toujours présente. Elle existe, par exemple, autour du problème de la distinction entre les demandes fondées sur des traités et celles fondées sur des contrats, ou bien concernant la définition d'un traitement juste et équitable. Toutefois, aucune cohérence n'apparait dans les effets des « clauses parapluies » (*umbrella clauses*) et dans la définition de l'état de nécessité.

268. Voici donc la confirmation qu'en dépit d'un effort considérable pour uniformiser les précédents, l'arbitre continue à n'être presqu'exclusivement que le débiteur de la relation conventionnelle entre les parties, reléguant au deuxième plan son rôle d'acteur d'un ordre juridique *ultra partes.* S'il est vrai que les parties choisissent l'arbitrage en comptant sur ce dévouement exclusif du tribunal, quelques précédents semblent attribuer aux arbitres cette mission macroscopique, dont la jurisprudence constitue le principal instrument de travail.

269. L'arrêt *Ganz*[433] du 29 mars 1991 est l'un des premiers à affirmer ce deuxième rôle de l'arbitre. La cour d'appel de Paris déclare que « l'arbitre international, dont *la mission consiste aussi à assurer le respect de l'ordre public international*, a le pouvoir de sanctionner les comportements contraires à la bonne foi qui doit présider aux relations entre partenaires du commerce international[434] ».

---

428 *Ibid.*, p. 8.
429 *Ibid.*, p. 9.
430 KAUFMANN-KOHLER Gabrielle, « Is consistency a myth? », *in* BANIFATEMI Yas (éd.), *op. cit.*, p. 138.
431 DERAINS Yves, « Analyse de sentences arbitrales », *in* BELLET Pierre (éd.), *Les commissions illicites : définition, traitement juridique et fiscal*, Paris : ICC Publishing, v. 480/2, 1992, p. 63, souligné par nous.
432 KAUFMANN-KOHLER Gabrielle, *idem*, pp. 138-143.
433 CA Paris, 29 mar. 1991, *Ganz. Rev. arb.*, 1991, p. 478 – note IDOT Laurence.
434 *Ibid.*, souligné par nous.

270. Plus récemment, dans l'affaire *Saipem*[435], le tribunal arbitral souligne son « devoir [de] s'efforcer à contribuer *au développement harmonieux du droit des investissements* et, ce faisant, de satisfaire à l'attente légitime du droit en la matière[436] ». L'arbitre se transforme en gardien de l'ordre commercial international, ce qui figure déjà dans les propos de J. Lew en 1978[437]. En tant que tel, cet arbitre perçoit progressivement que l'autonomie de l'arbitrage international n'est pas tant une construction théorique qui lui est imposée que le résultat d'une mission uniformisatrice.

271. En conclusion, la jurisprudence arbitrale ne correspond à une manifestation de l'ordre juridique arbitral qu'à condition de rester concentrée sur un objectif palpable : éviter l'absence de dialogue entre ses principaux personnages. Le système de précédent ne doit en aucun cas procéder à la déification des principes qui en découlent, et que l'on essaye d'imposer de manière rigide dans d'autres affaires, transformant l'arbitre en « grand prêtre de la loi morale[438] ». À l'inverse, le rôle de la jurisprudence dans l'autonomie de l'arbitrage international ne correspond qu'à un mécanisme d'évolution et de mutation du droit[439]. Préférons l'arbitre compris comme un « ingénieur social[440] ».

§ 2°. Les manifestations implicites d'un ordre juridique arbitral

272. Nous nommons *implicites* toutes les expressions de l'autonomie de l'arbitrage international qui ne découlent pas directement des règles ou principes décrits antérieurement. En revanche, elles sont perceptibles par

---

[435] *Cf.* n.62, *supra.*

[436] *Ibid., decision on jurisdiction and recommendation on provisional measures* du 21 mar. 2007, par. 67. Traduction libre. Dans l'original : « *[...] has a duty to seek to contribute to the harmonious development of investment law and thereby to meet the legitimate expectations of the community of States and investors towards certainty of the rule of law.* »

[437] LEW Julian D.M., *Applicable law in international commercial arbitration: a study in commercial arbitration awards*, New York : Oceana Publications, 1978, p. 540. La même opinion est soulignée par Philippe Kahn, *cf.* « Les principes généraux du droit devant les arbitres du commerce international », *JDI*, 1989, p. 305.

[438] MATRAY Lambert, « Arbitrage et ordre public transnational », *in* SCHULTSZ Jan C., VAN DEN BERG Albert Jan (éds.), *The art of arbitration: essays on international arbitration. Liber amicorum Pieter Sanders. 12 September 1912-1982*, Deventer : Kluwer Law and Taxation Publishers, 1992, p. 250.

[439] L'hypothèse d'Y. Derains paraît bien placée pour l'analyse des sentences arbitrales : « [...] nous raisonnons sur ce que l'on connaît d'un certain nombre de décisions alors que celles-ci sont sélectionnées plus en raison de l'intérêt que l'analyse porte aux solutions qu'elles adoptent qu'en fonction de leur représentativité » (« Analyse de sentences arbitrales », *op. cit.*, p. 63).

[440] SAYED Abdulhay, *Corruption in international trade and commercial arbitration*, The Hague : Kluwer Law International, 2004, p. 281.

l'observation de certains phénomènes plus récents dans ce domaine, comme l'émergence d'un ordre public réellement international (A), la jurisprudence de délocalisation des éléments de l'arbitrage (B), et les tentatives d'abolition des recours en annulation dans le siège (C).

A. L'émergence d'un ordre public réellement international

273. Traiter de l'ordre public dans une thèse consacrée aux abus d'un ordre juridique arbitral constitue à la fois un défi et une obligation. Un défi, car il s'agit d'un sujet complexe, objet de solides études[441], dépassant largement les limites de ce travail. Néanmoins, c'est aussi une nécessité, car l'ordre public réellement international est devenu le bouclier de l'ordre juridique arbitral en tant que système autonome, critère certes important, mais insuffisant pour identifier les abus du système.

274. Malgré les critiques que l'on a pu adresser à l'emploi de l'adverbe « réellement » pour qualifier ce nouveau concept d'ordre public[442], P. Lalive, dans son célèbre article[443], a le grand mérite de distinguer l'ordre public international d'un ordre public *transnational.* Tandis que le premier résulte d'une vision étatique des limites du droit international, le dernier dérive des règles et valeurs de la communauté internationale.

Pour P. Lalive, l'ordre public transnational correspond à l'ensemble des règles et normes supérieures et fondamentales qui régissent le droit du commerce international, dont l'objectif est la protection de certaines limites dans les rapports de la *societas mercatorum*. Le rapprochement avec la *lex mercatoria* est évident. Le concept remplit deux fonctions : la première, positive, résulte de l'assemblage de règles et principes largement acceptés par la communauté internationale, lesquels pourront être appliqués dans le règlement des litiges ; la deuxième, négative, est celle d'un instrument de protection de ce système, ou bien un instrument d'éviction des normes municipales contraires à ces valeurs.

---

[441] Par exemple, ceux de Jean Baptiste RACINE, *op. cit.* ; de Jacob DOLINGER, « World public policy: real international public policy in the conflict of laws », *Tex. Int. L. Journ.*, 1982, p. 167 ; de Pierre LALIVE, « Ordre public transnational… », *op. cit.* ; de Catherine KESSEDJIAN, « Transnational public policy », *in* VAN DEN BERG Albert Jan (éd.), *International Arbitration 2006: back to basics?*, ICCA Congress Series, 2006, Montréal, v. 13.

[442] KESSEDJIAN Catherine, « Transnational public policy », *op. cit.*, p. 859 : « […] l'adverbe "réellement" est regrettable car il ajoute des qualifications qui sont impossibles à prouver, n'apportant à l'interprète ni sources ni méthode qui pourraient trouver son contenu. » Traduction libre. Dans l'original : « *[…] the adverb "truly" is unfortunate because it adds some qualification impossible to prove and does not lead the interpreter either to the sources or to a method which is useful in finding its content.* »

[443] LALIVE Pierre, « Ordre public transnational… », *op. cit.*

275. Notons que si, à ses débuts, l'idée correspondait plutôt à la première fonction[444], plus récemment, le principe est surtout employé comme moyen de garantir l'intégrité d'un ordre autonome. Dans le rapport final de l'ILA portant sur le concept d'ordre public comme moyen de refus de la reconnaissance de sentences arbitrales[445], cette direction reste claire. L'ordre public international y est défini comme « le corps de principes et règles reconnus par un État qui, par leur nature, peuvent s'opposer à la reconnaissance ou à l'exécution d'une sentence arbitrale prononcée dans le contexte d'un arbitrage commercial international, quand cette reconnaissance ou exécution résulterait dans leur violation soit à travers la violation de la procédure par laquelle elle fût rendue (ordre public international de procédure) soit par celle de sa substance (ordre public international de fond)[446] ».
En complément, la recommandation 2(b)[447] ajoute que lorsqu'il y a un consensus de la communauté internationale autour de l'une de ces règles ou principes, alors l'expression « ordre public transnational » peut aussi être utilisée.

276. Nonobstant les efforts théoriques pour la construction d'un ordre public transnational, l'accès à ces valeurs anationales est encore très souvent contaminé par la notion d'ordre public international, avalisée par certains droits nationaux. Par exemple, dans le droit français, citons les arts. 1514[448]

---

[444] *Cf.* la conception dégagée lors de la réunion de l'Institut de droit international réuni à Saint-Jacques de Compostelle, le 12 sept. 1989 : « principes d'ordre public international sur lesquels un large consensus s'est formé dans la communauté internationale » (*Annuaire de l'Institut de droit international*, session de Saint-Jacques de Compostelle, Paris : Pedone, 1989, p. 396).

[445] ILA, *Final report on public policy as a bar to enforcement of international arbitral awards*, New Delhi Conference, 2002, [en ligne] http://www.ila-hq.org/en/committees/index.cfm/cid/18 (page consultée le 25/06/12).

[446] Recommandation°1(c). Traduction libre. Dans l'original : « *[...] body of principles and rules recognised by a State, which, by their nature, may bar the recognition or enforcement of an arbitral award rendered in the context of international commercial arbitration when recognition or enforcement of said award would entail their violation on account either of the procedure pursuant to which it was rendered (procedural international public policy) or of its contents (substantive international public policy).* »

[447] Dans l'original : « *Nevertheless, in order to determine whether a principle forming part of its legal system must be considered sufficiently fundamental to justify a refusal to recognise or enforce an award, a court should take into account, on the one hand, the international nature of the case and its connection with the legal system of the forum, and, on the other hand, the existence or otherwise of a consensus within the international community as regards the principle under consideration (international conventions may evidence the existence of such a consensus). When said consensus exists, the term "transnational public policy" may be used to describe such norms.* »

[448] « Les sentences arbitrales sont reconnues ou exécutées en France si leur existence est établie par celui qui s'en prévaut et si cette reconnaissance ou cette exécution n'est pas manifestement contraire à *l'ordre public international* » (souligné par nous).

et 1520[449], CPC, qui conditionnent la reconnaissance d'une sentence internationale au respect d'un « ordre public international », au contraire des arts. 1488(1)[450] et 1492[451] qui, traitant des arbitrages internes, ne parlent que d'« ordre public ». Ceci montre que le droit français différencie les limites dans lesquelles une décision arbitrale peut être validée sur son territoire, considérant ainsi les spécificités de l'arbitrage international.

277. En droit suisse, la confrontation entre l'art. 27(1), LDIP[452], qui refuse la reconnaissance d'une *décision étrangère* contraire à « l'ordre public suisse », et de l'art. 190(2)(e)[453] du même code, qui refuse la reconnaissance d'une *sentence arbitrale internationale* contraire à « l'ordre public », retirant l'adjectif de nationalité, a souvent soutenu les thèses qui défendent un ordre public transnational[454].

278. Cependant, même face à la dichotomie – au moins apparente – entre l'ordre public *international* et l'ordre public *transnational*, la presque totalité des droits nationaux n'interprète ce dernier que comme une coïncidence entre les valeurs qu'ils acceptent et celles approuvées par la communauté internationale.

Cette idée apparaît fort bien dans l'affaire française *Reynolds*[455]. La cour d'appel de Paris y confirme une sentence arbitrale internationale jugeant qu'une activité illicite de contrebande à laquelle s'était livrée une partie ne créait aucun droit pour son cocontractant, ce qui n'implique ni la licéité de la contrebande, ni le refus de la sanctionner. Selon les magistrats, la décision arbitrale ne heurte pas la notion d'ordre public international, ou, au moins « la conception française de l'ordre public international, c'est-à-dire l'ensemble des règles et des valeurs dont l'ordre juridique français ne peut

---

[449] « Le recours en annulation n'est ouvert que si : [...] 5° La reconnaissance ou l'exécution de la sentence est contraire *à l'ordre public international* » (souligné par nous).

[450] « L'exequatur ne peut être accordé si la sentence est manifestement contraire *à l'ordre public* » (souligné par nous).

[451] « Le recours en annulation n'est ouvert que si : [...] 5° La sentence est contraire *à l'ordre public* [...] » (souligné par nous).

[452] « La reconnaissance d'une décision étrangère doit être refusée en Suisse si elle est manifestement incompatible avec *l'ordre public suisse* » (souligné par nous). Dans le même sens, *cf.* l'art. 17, LDIP : « L'application de dispositions du droit étranger est exclue si elle conduit à un résultat incompatible avec *l'ordre public suisse* » (souligné par nous).

[453] « Art. 190. 1 : La sentence est définitive dès sa communication. 2 : Elle ne peut être attaquée que : a. lorsque l'arbitre unique a été irrégulièrement désigné ou le tribunal arbitral irrégulièrement composé ; b. lorsque le tribunal arbitral s'est déclaré à tort compétent ou incompétent ; c. lorsque le tribunal arbitral a statué au-delà des demandes dont il était saisi ou lorsqu'il a omis de se prononcer sur un des chefs de la demande ; d. lorsque l'égalité des parties ou leur droit d'être entendues en procédure contradictoire n'a pas été respecté ; e. lorsque la sentence est incompatible avec *l'ordre public* » (souligné par nous).

[454] *cf.* BENEDETTELLI Massimo V. *et al.*, *op. cit.*, pp. 1001-1002.

[455] CA Paris, *Lebanese Traders Distributors & Consultants LTDC v. Reynolds*, 27 oct. 1994, *Rev. arb.*, 1994, p. 709 – note MAYER Pierre.

souffrir la méconnaissance, même dans des situations à caractère international ».

279. Toutefois, une évolution semble à l'œuvre : surtout stimulés par la jurisprudence arbitrale, un certain nombre de règles et principes commencent à être reconnus comme intégrant cette communauté internationale. E. Gaillard[456] rapporte quelques décisions au sujet de la corruption et des commissions illicites, deux domaines dont certains principes peuvent intégrer la notion contemporaine d'ordre transnational.

Citons aussi l'affaire CCI n°3913, où il a été établi que l'illicéité des contrats de « pots-de-vin » résulte d'une « conception de l'ordre public international tel que la plupart des nations le reconnaît[457] ». La sentence rendue dans l'affaire CCI n°8891 sur la corruption est encore plus explicite : « Les arbitres ne se limitent généralement pas à fonder leur décision sur un droit étatique, mais font encore appel à un principe général du droit ou à l'ordre public international ou transnational[458]. »

280. L'ordre public transnational est aussi mis en place comme instrument d'éviction d'une loi nationale contraire aux règles et principes de la communauté internationale. Rappelons l'affaire CCI n°6379, relative à la loi de police belge du 27 juillet 1961, sur la résiliation unilatérale des concessions de vente exclusive à durée indéterminée[459]. Afin de se soustraire à l'application de cette loi, visiblement contraire aux pratiques du commerce international, le tribunal arbitral souligne qu'il n'est pas une juridiction appartenant à un système étatique[460].

281. Si le cas de la loi belge est assez exceptionnel en ce qu'il qualifie comme contraire à l'ordre public transnational la thèse juridique incorporée à une norme totalement licite, les affaires autour de la corruption paraissent dégager un consensus bien plus marqué quant à la violation du système international.

282. D'ailleurs, l'arbitre Lagergren, dans sa célèbre sentence en date de 1963, affirmait déjà la violation d'un ordre public international comme un moyen pour déclarer irrecevable une demande portant sur un contrat d'intermédiaire : « [La corruption] est un fléau international ; elle est

---

456 GAILLARD Emmanuel, *Aspects philosophiques…*, *op. cit.*, pp. 179 *et seq*.

457 CCI, sentence n°3913, 1981, *cf.* DERAINS Yves, JARVIN Sigvard, *Recueil des sentences arbitrales de la CCI : 1974-1985*, New York : ICC Publsihing, Kluwer, 1990, pp. 497-498.

458 Sentence CCI n°8891, 1998. *JDI*, 2000, p. 1076.

459 L'affaire est aussi rapportée dans le cadre de l'analyse d'Emmanuel Gaillard dans *Aspects philosophiques…*, *op. cit.*, pp. 180-181.

460 Il est intéressant de noter qu'en commentant cette décision, B. Hanotiau fait remarquer que « nonobstant la qualification que peut lui donner un juge belge, on ne peut considérer la loi belge du 27 juillet 1961 comme étant d'ordre public international » (« L'arbitrabilité », *RCADI*, 2002, t. 296, p. 197). Du même auteur, *cf.* « Note sous la sentence rendue en°1990 dans l'affaire CCI n°6379 », *Rev. dr. comm. bel.*, 1993, pp. 1146-1152.

contraire aux bonnes mœurs et à l'ordre public international commun à la communauté des nations[461]. »

283. Du point de vue procédural, A. Kassis[462] inclut le principe de la contradiction[463], qui n'est pas seulement d'ordre public interne, mais aussi international. Selon cet auteur, il s'agit d'un des « noyaux durs » de l'arbitrage international, d'ailleurs prévu comme l'un des griefs pouvant amener à l'annulation de la sentence dans l'art. 1520(4°), CPC[464], aux côtés de la violation de l'ordre public international, prévu dans l'art. 1520(5°)[465]. Or, les principes généraux de l'arbitrage international, étudiés dans le paragraphe précédent, sont évidemment inclus dans la conception d'un ordre public transnational. À vrai dire, nous pourrions affirmer que l'ordre public est l'instrument de déclenchement des principes généraux du droit, lesquels ne font surface que lorsqu'ils se retrouvent face à une situation concrète.

284. Pourtant, les principes fondamentaux de procédure, comme ceux de fond, restent encore imprégnés des droits nationaux. L'ordre public transnational est réduit à l'espace d'intersection entre le cercle représentant les valeurs de la communauté internationale, et celui représentant les valeurs du droit national. Rares sont les cas, comme le fait remarquer A. Bucher[466], où l'État qui adopte des principes contraires à l'ordre public transnational est prêt à diluer son droit afin d'internaliser une valeur acceptée internationalement.

285. Au demeurant, l'importance de l'ordre public transnational, ce véritable « principe des principes[467] », résulte de la constitution en loupe de l'ordre juridique arbitral. Celle-ci réfléchit le choc entre des conceptions véritablement transnationales, prononcées surtout dans les sentences arbitrales internationales, et des conceptions qui, même se disant transnationales, sont en vérité des interprétations *nationales* de l'ordre transnational.

---

[461] Sentence CCI n°1110, 1963. Extraits reproduits, entre autres, par LEW Julian D.M., *Applicable law…*, *op. cit.*, pp. 553-555.

[462] KASSIS Antoine, *Réflexions sur le règlement d'arbitrage de la Chambre de commerce international : les déviations de l'arbitrage institutionnel*, Paris : LGDJ, 1988, p. 92.

[463] Une partie de la doctrine (*cf.* CADIET Loïc *et al.*, *op. cit.*, pp. 637-639), ainsi que certains textes (art. 524(4), CPC), préfèrent employer l'expression « principe du contradictoire », par opposition à celle de « principe de la contradiction ». Même si la querelle semble bien inutile pour certains (ASCENSI Lionel, *Du principe de la contradiction*, Paris : LGDJ, 2006, spéc. p. 2, note 9), nous emploierons l'expression « principe de la contradiction » au long de cette thèse, car c'est celle qui semble apparaître le plus naturellement dans les textes français concernant l'arbitrage, comme dans les arts. 1510, 1516, 1520(4), CPC, et dans des textes plus récents, comme l'art. 524(4), CPC.

[464] « Le recours en annulation n'est ouvert que si : […] 4°Le principe de la contradiction n'a pas été respecté […]. »

[465] *Cf.* n.448, *supra.*

[466] BUCHER Andreas, *La dimension sociale…*, *op. cit.*, p. 208.

[467] ROBERT Jean, *L'arbitrage, droit interne, droit international privé*, 6e éd. Paris : Dalloz, 1993, p. 313.

286. Comme tout concept déformé, le grief de l'ordre public transnational devient une arme précieuse pour les parties qui s'engagent dans des tactiques de guérillas variées dans l'arbitrage international. Ainsi, en plus de nous demander si l'abus de droit pourrait être inclus comme principe de l'ordre public transnational, le manque d'interprétations précises et uniformes de cette notion au sein des États concernés par l'arbitrage est certainement l'une des plus importantes sources de déviations du système.

B. La jurisprudence de délocalisation des éléments de l'arbitrage

287. Dans sa préface à la thèse d'A. Kassis, P. Lagarde note que « le mouvement de balancier du droit français qui a progressivement détaché l'arbitrage international de tout droit étatique est allé beaucoup trop loin et doit être reconsidéré[468] ».

288. La délocalisation de l'arbitrage international est au centre de notre thèse, et nous verrons que les abus du système ne résultent pas tant de ce mouvement que de la forme par laquelle il est interprété dans la pratique. Ainsi, les questions soulevées par ce détachement apparaîtront dans notre travail lorsque nous examinerons les principales déviations du système, avant, pendant et après la procédure arbitrale. Pour l'instant, nous nous limiterons à présenter la jurisprudence de délocalisation comme une *manifestation implicite* d'un ordre juridique arbitral, soit par l'autonomie de la convention (1°), soit par l'autonomie de la sentence (2°).

1°. L'autonomie de la convention arbitrale

289. C'est l'arrêt *Gosset*[469], prononcé par la Cour de cassation en 1963, qui représente la décision emblématique à ce sujet en France. Selon H. Motulsky, elle « prendra place parmi [celles] qui contribuent à l'éclosion d'un ordre juridique international[470] ». En l'espèce, la Haute Juridiction a affirmé la complète autonomie juridique de la convention d'arbitrage par rapport au contrat principal[471].

290. Comme nous l'avons observé lors de l'analyse des principes généraux

---

[468] LAGARDE Paul, préface à la thèse d'Antoine KASSIS, *L'autonomie de l'arbitrage...*, *op. cit.*, p. VII.

[469] Cass., 1re Ch. civ., *Société Gosset v. Carapelli*, 7 mai 1963, *Rev. crit. DIP*, 1963, p. 615.

[470] MOTULSKY Henri, « Observation sous Cass., 1re Ch. civ., *Société Gosset v. Carapelli*, 7 mai 1963 », *Rev. crit. DIP*, 1963, p. 615.

[471] *Gosset*, *idem*, *in verbis* : « Mais attendu au contraire qu'en matière d'arbitrage international, l'accord compromissoire, qu'il soit conclu séparément ou inclus dans l'acte juridique auquel il a trait, présente toujours, sauf circonstances exceptionnelles qui ne sont pas alléguées en la cause, une complète autonomie juridique. »

de l'arbitrage international[472], l'isolement de la convention arbitrale permet d'éviter que la nullité du contrat principal ne vienne contaminer le choix des parties de soustraire un futur litige aux juridictions étatiques. Il s'agit de créer, dans un même contrat, deux niveaux de synallagmes, l'un se référant à la substance du contrat et l'autre à la désignation de l'autorité qui évaluera cette substance.

291. Le principe de l'autonomie d'une clause compromissoire s'avère indispensable, et, très rapidement, il est incorporé par les législations sur l'arbitrage dans un grand nombre d'États[473]. Notons qu'en France, le principe n'est pas traité de façon explicite avant la réforme du droit de l'arbitrage de 2011, qui l'inclut dans l'art. 1447(1), CPC[474]. Auparavant, il s'agissait plutôt d'une interprétation jurisprudentielle fondée sur les limites de l'effet négatif du principe de la compétence-compétence, présent dans l'art. 1458(2), CPC[475].

Ainsi, seule la nullité ou bien l'inapplicabilité manifeste de la convention d'arbitrage pourraient faire exception à la compétence des arbitres. Tandis que la nullité était déjà présente en France dans l'art. 1458(2), CPC précité, l'inapplicabilité manifeste découlait d'une construction des cours étatiques[476], qui est intégrée en 2011 à la réforme du droit de l'arbitrage, dans l'art. 1448(1)[477]. Selon É. Loquin, l'inapplicabilité est manifeste « lorsqu'elle est évidente, décelable à la seule lecture de la clause, de telle sorte qu'aucune argumentation n'est susceptible de la mettre en doute[478] » ; il conclut ensuite que « toute nécessité d'interprétation soit des faits, soit de la volonté des parties, relativement à l'application de la clause, interdit au juge étatique d'apprécier la compétence du tribunal arbitral[479] ».

292. Malgré la complexité du thème, notre objectif ici est simplement de montrer que la séparabilité de la clause compromissoire a permis d'incorporer, dans une même relation juridique, plusieurs sources de droit, l'une validant la substance de la controverse, l'autre régissant la convention

---

[472] *Cf.* n.254 *et seq.*, *supra.*

[473] *Cf.* n.257 *et seq.*, *supra.*

[474] « La convention d'arbitrage est indépendante du contrat auquel elle se rapporte. Elle n'est pas affectée par l'inefficacité de celui-ci. »

[475] « Si le tribunal arbitral n'est pas encore saisi, la juridiction doit également se déclarer incompétente à moins que la convention d'arbitrage ne soit manifestement nulle. »

[476] C'est l'arrêt *Quarto Children* qui introduit la nouvelle exception dans le droit français de l'arbitrage (Cass., 1re Ch. civ., *Quarto Children's Books v. Éditions du Seuil*, 16 oct. 2001. *Rev. arb.*, 2002, p. 919 – note COHEN Daniel).

[477] « Lorsqu'un litige relevant d'une convention d'arbitrage est porté devant une juridiction de l'État, celle-ci se déclare incompétente sauf si le tribunal arbitral n'est pas encore saisi et si la convention d'arbitrage est manifestement nulle ou manifestement inapplicable. »

[478] LOQUIN Éric, « Le contrôle de l'inapplicabilité manifeste de la convention d'arbitrage », *RTD com.*, 2006, p. 764.

[479] *Ibid.*

d'arbitrage. Au sein d'un arbitrage international, il est possible de prévoir différentes lois nationales pour régir la convention arbitrale et le fond du litige, ce qui permet à la convention de tendre vers l'autonomie.
En effet, ce qui représentait une simple *séparabilité* dans l'arrêt *Gosset* est progressivement devenu une *autonomie*. Si le but initial de l'isolement de la convention d'arbitrage était pragmatique, la jurisprudence voit dans ce même écartement la possibilité de soustraire la convention non seulement au contrat principal, mais aussi aux droits étatiques.

293. Cette évolution se poursuit dans l'arrêt *Hecht*[480]. La Cour de cassation, en se prévalant du principe énoncé par l'arrêt *Gosset*, valide l'adoption d'une clause compromissoire dans un contrat d'agence commerciale, malgré sa contrariété, *in casu*, avec les exigences de la loi française. La Cour exclut l'application de la loi française en recourant à l'existence d'une convention arbitrale internationale, transformant la séparabilité de la clause compromissoire en un obstacle non seulement à sa nullité en vertu de l'invalidation de la thèse de fond, mais aussi en un obstacle à la loi nationale elle-même, laquelle invalide la thèse de fond.
Le 13 décembre 1975, l'arrêt *Menicucci*[481], prononcé par la même juridiction, coupe définitivement le « cordon ombilical[482] » entre la convention d'arbitrage international et le droit étatique[483].

294. Il est vrai que des juridictions comme celle de l'Angleterre sont encore réticentes à une déférence totale au principe. Elles s'attachent à un pouvoir de supervision historique qui s'autorise l'intervention dans des procédures qui, bien qu'elles soient composées par des parties étrangères et qu'elles portent sur des affaires situées hors d'Angleterre, ont choisi d'être jugées à Londres[484].

---

[480] Cass., 1re Ch. civ., 4 juil. 1972, *JDI*, 1972, p. 843 – note OPPETIT Bruno. En appel, *cf.* CA Paris, 19 juin 1970, *JCP G*, 1971, II, p. 16927 – note GOLDMAN Berthold ; *JDI*, 1971, p. 833 – note OPPETIT Bruno ; *Rev. crit. DIP*, 1971, p. 692 – note LEVEL ; *Rev. arb.*, 1972, p. 62 – note FOUCHARD Philippe.

[481] CA Paris, 13 déc. 1975, *JDI*, 1977, p. 107 – note LOQUIN Éric ; *Rev. arb.*, 1977, p. 147 – note FOUCHARD Philippe ; *Rev. crit.*, *DIP*, 1976, p. 506 – note OPPETIT Bruno.

[482] KASSIS Antoine, *L'autonomie de l'arbitrage…*, *op. cit.*, p. 28.

[483] Nous pourrions ajouter à ce mouvement l'arrêt *Dalico*, que nous avons mentionné ci-dessus (*cf.* n.409) au sein des principes généraux de l'arbitrage international. Néanmoins, c'est un arrêt dont l'importance est beaucoup plus liée à la consécration d'un principe de *séparabilité* de la clause compromissoire par rapport au contrat principal. Ici, nous limitons notre analyse à l'autonomie de cette même clause, mais par rapport aux droits étatiques, et non par rapport au contrat principal.

[484] C'est l'affaire *Occidental Exploration Productions Co. v. Republic of Ecuador*, résultant d'un arbitrage fondé sur un TBI entre l'Équateur et une partie américaine où Londres était le siège de l'arbitrage, pour la simple raison qu'elle était perçue comme une localité neutre. Malgré la complète extranéité de l'arbitrage par rapport à l'Angleterre, les cours anglaises se sont jugées compétentes pour intervenir. La Court of Appel ([2005] EWCA Civ 1116) décide

295. Néanmoins, la position de quelques cours anglaises ne paraît pas suffisante pour démentir un principe construit, autant par la doctrine que par la jurisprudence, dans un effort d'écartement des ordres étatiques. Si cette règle triviale devait permettre l'effectivité de la clause compromissoire par rapport au contrat principal, elle est devenue l'un des piliers de l'ordre juridique arbitral.

2°. L'autonomie de la sentence arbitrale

296. L'autre versant de cette construction théorique est la délocalisation de la sentence arbitrale. Tout comme l'autonomie de la convention, les manifestations jurisprudentielles autour de la sentence seront au centre de notre étude. Dès lors, présentons ici uniquement la perspective qui vient transformer la délocalisation de la sentence en manifestation de l'autonomie de l'arbitrage international.

297. Pour qualifier ces décisions, l'on parlera souvent de sentence « flottante », pour souligner qu'elle n'est pas intégrée dans l'ordre juridique d'un État, encore moins dans celui du siège, dont l'importance est ainsi fortement réduite.

Cependant, l'adjectif dérange une partie de la doctrine[485]. Celle-ci voit dans l'idée de « flottante » un vide juridique incompatible avec l'exigence d'exequatur des sentences devant un ordre étatique, encore que cette reconnaissance ne soit pas une condition pour son existence. Ainsi, pour contourner le malaise engendré par ce « flottement », des auteurs comme J.-B. Racine affirment que la sentence ne se balance pas dans le vide, mais qu'elle est ancrée dans un ordre juridique arbitral : « La terminologie de sentence "flottante" ne paraît pas adaptée. La sentence rendue en matière internationale fait au contraire partie d'un ordre juridique propre, l'ordre juridique arbitral[486]. »

Néanmoins, le caractère flottant des sentences comporte un aspect encore plus péjoratif dans la doctrine, car il « vise par là des sentences ne pouvant être annulées une fois pour toutes nulle part, en dépit de vices susceptibles de les entacher, obligeant la partie injustement condamnée à attendre une mesure d'exécution dans divers pays pour y répondre, en s'opposant à la reconnaissance dans chacun d'eux[487] ». E. Gaillard parlera, dans ces cas, moins de sentences flottantes que de sentences « boiteuses[488] ».

---

que la question de juridiction pouvait être traitée par les tribunaux anglais, sous la section 67 de l'EAA, ce qui fût confirmé par la *High Court* ([2006] EWHC 345 (Comm)).

[485] Racine Jean-Baptiste, « Réflexions sur l'autonomie de l'arbitrage... », *op. cit.*, p. 344.

[486] *Ibid.*

[487] Gaillard Emmanuel, « L'exécution des sentences annulées... », *op. cit.*, p. 669.

[488] *Ibid.*

298. Nous aboutissons alors au problème des sentences arbitrales annulées par les juridictions du siège – ou même par une juridiction totalement étrangère – mais reconnues et exécutées dans d'autres pays, sous l'argument qu'il s'agit d'une sentence de justice internationale, non intégrée dans l'ordre du juge de l'annulation. Les effets de cette annulation restent limités seulement à ce pays, normalement celui du siège.
Le problème de la portée internationale des décisions d'annulation est certainement l'un des sujets les plus passionnants de l'arbitrage international, qui a déjà fait l'objet de plusieurs études[489]. Nous y reviendrons en profondeur tout au long de notre analyse[490]. Ce qui nous intéresse pour l'instant, c'est de montrer que l'État d'accueil la valide sur la base d'un détachement de la sentence du lieu de sa prononciation, nonobstant son annulation dans un for étranger. Depuis les années 1980, une série de décisions va dans ce sens, surtout en France et aux États-Unis.

299. En 1980, dans l'arrêt *Götaverken*[491], la cour d'appel de Paris reconnait qu'une sentence CCI rendue en France entre une société suédoise et une société libyenne « ne se rattache en aucune manière à l'ordre juridique français puisque les deux parties sont étrangères et que le contrat a été conclu et devrait être exécuté à l'étranger », peu important que l'on ait choisi de situer le siège de l'arbitrage à Paris.
La cour se déclare incompétente pour recevoir le recours en annulation formé par la société libyenne, qui pensait utiliser le fait que l'exécution en France de la sentence arbitrale internationale était contraire à la loi de boycott vis-à-vis de la Lybie en cours sur le territoire français.

300. Rappelons également l'affaire *SEEE*[492], qui participe à la délocalisation de la sentence vers un ordre juridique arbitral. Dans ce cas, une sentence arbitrale internationale rendue en violation de la loi du siège – le canton de Vaud, en Suisse , même sans avoir été reconnue par le tribunal cantonal et ensuite par le Tribunal fédéral, est exécutée aux Pays-Bas et en France. Ici, la cour d'appel de Rouen[493] adopte clairement une approche

---

[489] Pour n'en citer que quelques uns, *cf.* Emmanuel GAILLARD, « L'exécution des sentences annulées... », *op. cit.* ; Hamid G. GHARAVI, *op. cit.* ; Philippe FOUCHARD, « La portée internationale de l'annulation... », *op. cit.*

[490] *Cf.* n.409 *et seq.*, 642 *et seq.* et 1147 *et seq.*, *infra*.

[491] CA Paris, 21 fév. 1980, *General National Maritime Transport Co. v. Götaverken. Rev. arb.*, 1980, p. 524 – note JEANTET F.-Ch.

[492] *Cf.* n.408, *infra*. L'affaire *SEEE* donna lieu à une saga longue de trente ans, avec un nombre considérable de décisions des cours hollandaises et françaises. Nous aurons l'occasion d'étudier quelques aspects de ce contentieux par la suite, mais limitons-nous ici seulement aux aspects qui rapprochent l'affaire des discussions autour de la formation d'un espace autonome de l'arbitrage international.

[493] CA Rouen, 13 nov. 1984, *SEEE v. République Fédérale de Yougoslavie.* Voici ce que nous rapporte G. Delaume dans une minutieuse étude de l'affaire à propos de la position de la Cour d'appel de Rouen : « En accord avec l'idée française, la Cour nota que la procédure arbitrale

délocalisatrice, rejoignant la conception d'un espace de circulation autonome des sentences.

301. La Cour de cassation suit la même ligne directrice dans la célèbre affaire *Hilmarton*[494]. Dans un arrêt de 1994, la Cour confirme la reconnaissance en France d'une sentence annulée en Suisse du fait de son caractère « arbitraire[495] », grief inconnu dans le pays d'accueil. Selon la Cour, « la sentence rendue en Suisse était une sentence internationale qui n'était pas intégrée dans l'ordre juridique de cet État, de sorte que son existence demeurait établie malgré son annulation et que sa reconnaissance en France n'était pas contraire à l'ordre public international ».

302. Aux États-Unis, dans l'affaire *Chromalloy*[496], la cour du district de Columbia confirme cette approche : elle reconnait une sentence arbitrale annulée en Égypte du fait de la non-application, par les arbitres, de la loi choisie par les parties, grief spécifique de la législation égyptienne. Même si l'argumentation de la cour américaine s'est penchée sur le droit de la partie demandant l'exequatur à ce se prévaloir d'une législation locale plus bénéfique (Art. VII(1), CNY[497]), la décision a rapidement été incluse par la doctrine dans cette évolution vers un ordre juridique arbitral[498].

---

n'était pas nécessairement gouvernée par la loi du siège de l'arbitrage et pourrait être soumise à une autre loi, ou bien à aucune loi, si les parties s'étaient mises d'accord ainsi. La Cour trouva que l'affaire cadrait dans cette dernière catégorie, car la clause compromissoire entre les parties prévoyait que les arbitres étaient libres de décider sans aucune formalité, en amiables compositeurs, et que la décision serait obligatoire pour les parties. Autrement dit, la Cour assuma la perspective que la Convention [de New York] était applicable aux sentences "anationales" rendues (dans le sens géographique) dans un État contractant » (DELAUME Guillaume R., « SEEE v. Yugoslavia: Epitaph or Interlude? », *Journ. Int. Arb.*, 1987, v. 4, n°3, p. 29). Traduction libre. Dans l'original : « *Consistent with the French idea, the Court noted that the arbitral process is not necessarily governed by the law of the seat of arbitration and can be subject to some other domestic law, or to no law at all if the parties have so provided in their agreement. The Court found that the case in question fell within the last category because the ad hoc arbitration clause between the parties provided that the arbitrators were freed from any "requirement" (formalités), and could decide as amicable compositors whose decision was binding upon the parties. In other words, the Court took the view that Convention is applicable to "anational" awards "made" (in the geographical sense of the term) in a Contracting State.* » Sur l'affaire, *cf.* notamment *Rev. arb.*, 1985, p. 115 – note DELVOLVÉ J.-L. Pour un historique du cas, *cf.* Pippa READ, « Delocalization of international commercial arbitration: its relevance in the new millenium », *Amer. Rev. Intern. Arb.*, 1999, pp. 162 *et seq* ; et William W. PARK, « Judicial controls in the arbitral process », *Arb. intern.*, 1989, v. 5, n°3, pp. 230 *et seq.*

[494] Cass., 1re Ch. civ., 23 mar. 1994, *Société Hilmarton Ltd. v. Société Omnium de traitement et de valorisation (OTV)*, *JDI*, 1994, p. 701.

[495] Art. 393(e), CPC suisse.

[496] US District Court, District of Columbia, 31 juil. 1996. In the Matter of the Arbitration of Certain Controversies Between *Chromalloy Aeroservices, a division of Chromalloy Gas Turbine Corporation v. The Arab Republic of Egypt*, n°94-2339 (JLG) (939 F.Supp. 907).

[497] *Cf.* n.363, *supra.*

[498] Entre autres, *cf.* GAILLARD Emmanuel, *Aspects philosophiques…*, *op. cit.*, p. 95.

303. La même affaire a également été portée devant la cour d'appel de Paris, qui a confirmé la délocalisation de la sentence : « Considérant enfin que la sentence rendue en Égypte était une sentence internationale qui par définition, n'était pas intégrée à l'ordre juridique de cet État de sorte que son existence est demeurée établie malgré son annulation et que sa reconnaissance en France n'est pas contraire à l'ordre public international[499]. »

304. Enfin, rappelons l'affaire *Putrabali*[500], citée ci-dessus comme exemple de l'association transnationale d'un ordre juridique arbitral, qui constitue également une position affirmée de la Cour de cassation française en faveur de l'existence de ce système autonome, traduit en une « justice internationale ». C'est la conclusion qu'en tire J.-P. Ancel : « Cet arrêt va donc dans le sens de la reconnaissance d'un véritable "ordre juridique arbitral" international et autonome[501]. »

305. Nous examinerons toutes ces décisions par la suite, dans le cadre d'une recherche de l'équilibre entre d'une part l'isolement du juge d'accueil face au déracinement de la sentence, et de l'autre la valorisation de la justice de contrôle de la décision[502]. S'il est clair que le détachement de la sentence est une manifestation de cet ordre juridique arbitral, une certaine rigidité théorique de cette délocalisation semble souvent rendre complexe toute communication entre le juge de l'exequatur, celui de l'annulation, et les arbitres.

306. Les décalages prolifèrent sur ce terrain silencieux, et la doctrine de l'abus de droit se propose de rétablir ce dialogue. Pour l'instant, voyons seulement dans l'autonomie de la convention et de la sentence l'une des bases théoriques d'un ordre juridique arbitral.

C. L'abolition du recours en annulation dans le siège

307. Si la délocalisation de la convention et de la sentence montrent un mouvement de distanciation de l'ordre juridique du siège, le débat autour de l'abolition complète du recours en annulation dans cette dernière juridiction paraît en définitive concrétiser cette séparation.
Il ne s'agit pas d'une renonciation à l'appel de la sentence, coutume déjà intégrée par la plupart des conventions arbitrales, et ratifiée législativement en France par la réforme de 2011[503], mais de l'abdication consensuelle d'un

---

[499] CA Paris, 14 janvier 1997, *République arabe d'Égypte v. Société Chromalloy Aero Services*, *Rev. arb.*, 1997, p. 395 – note FOUCHARD Philippe.
[500] *Cf.* n.324.
[501] ANCEL Jean-Pierre, « L'arbitrage international en France », *Arch. ph. dr.*, 2009, t. 52, p. 211.
[502] *Cf.* n.409 *et seq.*, 642 *et seq.*, et 1147 *et seq.*, *infra.*
[503] La réforme de 2011 transforme la renonciation à l'appel en règle dans l'arbitrage interne, pouvant être dérogée par les parties (*cf.* art. 1489 : « La sentence n'est pas susceptible d'appel sauf volonté contraire des parties »). La règle ne comporte même pas dérogation quant aux

recours en annulation, portant sur la régularité des conditions de l'arbitrage. Étant donné que le contrôle de ces exigences relève, dans la plupart des cas, d'une protection de l'ordre public du siège, il est clair que cette faculté constitue une manifestation de l'autonomie de l'arbitrage international.

308. L'apogée de ce libéralisme a été atteint en Belgique, avec la Loi du 27 mars 1985. Son art. 1717(4)[504] détermine que les tribunaux belges ne peuvent être saisis d'une demande d'annulation d'une sentence internationale que si au moins l'une des parties à l'arbitrage est de nationalité belge ou réside en Belgique, et, dans le cas des personnes morales, si celles-ci ont été constituées en Belgique ou possèdent une filiale ou bien le siège de leurs opérations dans le pays.

Si le but majeur du dispositif était de transformer la Belgique en un terrain attractif pour l'arbitrage international[505], où les sentences naîtraient déjà « flottantes », la doctrine s'accorde pour dire que la tentative d'exclure le recours en annulation a connu un véritable « effet *boomerang*[506] ». Les parties, craignant être délaissées, sans aucun moyen de défense devant une sentence entachée de sérieux vices, ont rapidement fui les juridictions belges.

Face au déclin des arbitrages en Belgique, les autorités ont proposé une nouvelle réforme, le 19 mai 1998, par laquelle elles ont adopté une position moins radicale. L'exclusion *obligatoire* du recours s'est transformée en une exclusion seulement *facultative*, qui doit être expressément agréée par les parties dans la convention[507].

309. La faculté d'exclure le contrôle des juridictions du siège a également été adoptée par d'autres législations plus modernes : la Suisse, dans

---

arbitrages internationaux dont la sentence est rendue en France, selon l'art. 1518 : « La sentence rendue en France en matière d'arbitrage international ne peut faire l'objet que d'un recours en annulation ».

504 « Les tribunaux belges ne peuvent connaître une demande en annulation que lorsqu'au moins une partie au différend tranché par la sentence arbitrale est soit une personne physique ayant la nationalité belge ou une résidence en Belgique, soit une personne morale constituée en Belgique ou y ayant une succursale ou un siège quelconque d'opération. »

505 Voici les propos de S. Bollée à propos des réformes législatives visant à créer des terrains fertiles pour l'arbitrage : « [...] en la matière, les systèmes juridiques sont de plus en plus enclins à concevoir leurs rapports comme ceux qu'entretiennent des opérateurs se disputant une clientèle, et il est constant que les réformes "modernisatrices" sont perçues comme un moyen privilégié de capter celle-ci » (BOLLÉE Sylvain, « Le droit français de l'arbitrage international après le décret n°2011-48 du 13 janvier 2011 », *Rev. crit. DIP*, 2011, n°3, p. 555).

506 GHARAVI Hamid G., *op. cit.*, p. 27.

507 Art. 1717(4) : « Les parties *peuvent*, par une déclaration expresse dans la convention d'arbitrage ou par une convention ultérieure, exclure tout recours en annulation d'une sentence arbitrale lorsque aucune d'elles n'est soit une personne physique ayant la nationalité belge ou une résidence en Belgique, soit une personne morale ayant en Belgique son principal établissement ou y ayant une succursale » (souligné par nous).

l'art. 192(1), LDIP[508], la Suède, dans la section 51 du Swedish Arbitration Act[509], la Tunisie, dans l'art. 78(6) de son Code d'arbitrage[510], le Pérou, dans sa loi d'arbitrage de 2008 (déjà présente en 1996)[511], et le Panama[512], qui est allé plus loin, permettant l'exclusion du recours sans aucune exigence de nationalité.

310. Notons qu'en France, la réforme de 2011 a permis que dans le cadre d'un arbitrage international, les parties renoncent au recours en annulation, par convention spéciale, réservant toutefois l'appel contre l'ordonnance

---

[508] « Si deux parties n'ont ni domicile, ni résidence habituelle, ni établissement en Suisse, elles peuvent, par une déclaration expresse dans la convention d'arbitrage ou un accord écrit ultérieur, exclure tout recours contre les sentences du tribunal arbitral ; elles peuvent aussi n'exclure le recours que pour l'un ou l'autre des motifs énumérés à l'art. 190, al. 2. »

[509] « *Where none of the parties is domiciled or has its place of business in Sweden, such parties may in a commercial relationship through an express written agreement exclude or limit the application of the grounds for setting aside an award as are set forth in section* ». La relativisation du poids du siège en Suède suit un mouvement déjà confirmé en 2005 par la Svea Court of Appeal dans l'affaire *Titan* (Svea Court of Appeal, aff. n°T-1038/05). Ici, le tribunal affirmait que le siège de l'arbitrage n'est qu'une fiction légale basée sur l'autonomie des parties. Toutefois, dans la récente décision de la Swedish Supreme Court dans l'affaire *RosInvest Co. Uk Ltd. v. Russian Federation* (Swedish Supreme Court, aff. n°Ö-2301/09), l'intérêt judiciaire des tribunaux suédois pour contrôler un arbitrage siégé dans le pays a été réaffirmé, encore que, dans la pratique, il n'existait aucun lien entre l'arbitrage et le pays (dans l'original : « *It is of no consequence that the parties or the arbitrators chose to conduct hearings in another country, that the arbitrators are not from Sweden, that they have provided their services in another country or that the disputes concern an agreement which otherwise has no connection to Sweden* »). Cette jurisprudence rejette l'interprétation adoptée en 2005 dans Titan, renforçant l'importance du siège de l'arbitrage pour les procédures basées en Suède.

[510] « Les parties qui n'ont en Tunisie, ni domicile, ni résidence principale ni établissement, peuvent convenir expressément d'exclure tout recours, total ou partiel, contre toute décision du tribunal arbitral. »

[511] Art. 63(8) : « *Cuando ninguna de las partes en el arbitraje sea de nacionalidad peruana o tenga su domicilio, residencia habitual o lugar de actividades principales en territorio peruano, se podrá acordar expresamente la renuncia al recurso de anulación o la limitación de dicho recurso a una o más causales establecidas en este artículo. Si las partes han hecho renuncia al recurso de anulación y el laudo se pretende ejecutar en territorio peruano, será de aplicación lo previsto en el título VIII* ».

[512] Art. 36, du Decreto Ley n°5, du 8 juillet 1999 : « *Si el arbitraje es comercial internacional de conformidad el presente Decreto Ley, las partes podrán pactar, o el reglamento de arbitraje establecer, la renuncia al recurso de anulación prevista en el artículo anterior* ». Il est intéressant de noter que dans ces hypothèses la sentence est justiciable au Panama comme une véritable sentence étrangère. C'est le sens de l'art. 38(4), de la même loi : « *Si el laudo dictado en territorio panameño tuviese la consideración de internacional, de conformidad con el presente Decreto Ley, y las partes hubiesen renunciado, por si o a través del reglamento aplicable, a la interposición del recurso de anulación, será trámite necesario para su ejecución la obtención de exequatur, por la Sala Cuarta de Negocios Generales Corte Suprema de Justicia, en la forma prevista para los laudos extranjeros.* »

d'exequatur. Selon E. Gaillard, la solution apportée par l'art. 1522, CPC[513] est « inspirée par certains droits étrangers, [et] a été retenue dès lors qu'elle était de nature à marquer de manière claire le fait que le principal contrôle de la régularité de la sentence internationale s'effectue au lieu où celle-ci a vocation d'être exécutée[514] ».
D'ailleurs, la faculté introduite en 2011 est placée dans le contexte d'une « certaine philosophie de l'arbitrage[515] », adoptée par la réforme du droit français, qui « se range résolument dans le camp de ceux qui voient dans l'arbitrage, spécialement en matière internationale, une forme de justice autonome et suffisamment structurée pour que l'on puisse évoquer l'existence d'un ordre juridique arbitral[516] ».

311. L'importance du siège comme lieu de contrôle de l'arbitrage est transférée peu à peu vers le ou les lieux d'exécution de la sentence. Néanmoins, de fortes critiques freinent cette transition, puisque s'il est vrai que l'abolition des recours en annulation dans le siège évite des contestations fondées sur des critères purement locaux, cela rend fort complexe la mission de celui qui veut contester une sentence manifestement irrégulière. Il devra le faire dans chaque juridiction où la sentence sera portée à la reconnaissance par la partie gagnante, probablement dans tous les lieux où il possède des actifs[517].

312. Sous un angle plus pragmatique, M. Reismann accuse des pays comme la Belgique ou la Suisse d'être de véritables *free riders*, « profitant des pratiques juridictionnelles plus rigoureuses des autres pays pour attirer

---

513 « Art. 1522. Par convention spéciale, les parties peuvent à tout moment renoncer expressément au recours en annulation. Dans ce cas, elles peuvent toujours faire appel de l'ordonnance d'exequatur pour l'un des motifs prévus à l'article 1520. L'appel est formé dans le délai d'un mois à compter de la notification de la sentence revêtue de l'exequatur. La notification est faite par voie de signification à moins que les parties en conviennent autrement. »

514 GAILLARD Emmanuel, « Le nouveau droit français… », *op. cit.*, p. 187. Soulignons que la jurisprudence française a toujours adopté une position bien modérée sur ce thème, comme, par exemple, dans l'arrêt *Westman*, où la cour d'appel de Paris affirme que l'exclusion des recours prévus dans des règlements d'arbitrage – *in casu*, l'art. 24, du règlement CCI de 1988 – ne faisaient référence qu'aux recours comme l'appel, mais jamais au recours en annulation (CA Paris, 30 sept. 1993, *Société European Gas Turbines SA v. Société Westman International Ltd.*, *Rev. crit. DIP*, 1994, p. 349 – note HEUZÉ Vincent).

515 GAILLARD Emmanuel, « Les principes fondamentaux du nouvel arbitrage », *in* CLAY Thomas (dir.), *Le nouveau droit français de l'arbitrage*, Paris : Lextenso, 2011, p. 60. Dans le même ouvrage, *cf.* Jérôme ORTSCHEIDT, Christophe SERAGLINI, « La nouvelle… », *op. cit.*, spéc. pp. 202 *et seq.*

516 *Ibid.*

517 Sur cette critique, *cf.* William W. PARK, « Eason-Weinmann Center for Comparative Law Colloquium: the internationalization of law and legal practice: national law and commercial justice: safeguarding procedural integrity in international arbitration », *Tul. L. Rev.*, 1989, p. 647.

une quantité d'activités arbitrales[518] ». Si ces législations participent effectivement d'un effort politico-économique pour attirer des arbitrages, nous préférons élargir notre champ d'analyse et y voir avant tout un effort théorique de détachement.

313. En tous les cas, la discussion autour de l'exclusion du recours en annulation comme signe d'un ordre juridique arbitral révèle que même si certains droits ont ouvert cette faculté, les parties restent encore très sceptiques et rechignent à l'adopter. Cela renforce l'échec de la complète abolition, et nous rappelle également que les parties sont encore en demande d'une supervision étatique. C'est cette vision plus réaliste que nous essayerons d'incorporer aux ambitions théoriques de l'arbitrage international.

Conclusion du Chapitre II

314. Au terme de cette réflexion, cet ordre juridique arbitral nous intéresse non tant du point de vue de sa formation en un ensemble autonome, mais plutôt en ce qui concerne son influence comme mécanisme interprétatif, dont est issu l'*esprit* de délocalisation des éléments de l'arbitrage international. Le détachement de la convention et de la sentence, que la doctrine[519] considère comme les deux facettes de la délocalisation, est souvent érigé en un dogme insurmontable, empêchant une analyse plus rapprochée et pragmatique.

Que l'arbitrage international soit qualifié de délocalisé, flottant, supranational, anational ou même expatrié, ces dénominations, quelque peu « barbares[520] », révèlent un débat autour des éléments de l'arbitrage international qui le détourne de sa finalité originelle. Si l'on cherchait au départ à rendre une justice au service du commerce international, aujourd'hui l'on s'attache à rendre une justice au service de l'autonomie. Tandis que dans le premier cas, la juridicité était légitimée par un intérêt social, dans ce dernier, nous osons affirmer qu'elle relève d'un intérêt épistémologique.

---

[518] REISMANN Michael, *Systems of Control in International Adjudication and Arbitration: Breakdown and Repair*, Durham : Duke University Press, 1992, p. 131. Cité et traduit de l'original par Jan PAULSSON, « L'exécution des sentences arbitrales… », *op. cit.*, p. 28.

[519] CHUKWUMERIJE Okezie, *op. cit.*, p. 89. H. Gharavi parlera de quatre formes de délocalisation : celle résultant de l'exclusion des effets internationaux de la décision d'annulation de la sentence dans le siège ; celle découlant de l'abolition du recours en annulation dans le siège ; la délocalisation de la procédure arbitrale elle-même, excluant l'intervention des cours étatiques comme institutions d'appui de l'arbitrage ; et la délocalisation de la loi appliquée au fond du litige (*op. cit.*, pp. 110-111).

[520] Selon Philippe FOUCHARD, *L'arbitrage commercial international*, *op. cit.*, p. 23.

315. Pourtant, s'il est vrai que « traiter de l'autonomie de l'arbitrage, c'est aussi ouvrir la boîte de Pandore[521] », le défi nous a paru indispensable dans le cadre de notre étude. La complexité du thème résulte de la multiplication vertigineuse de catégories qui n'œuvrent pas vraiment pour une solution plus équitable du cas d'espèce, mais plutôt pour l'accommodement de la solution dans un schéma théorique préexistant. Si G. Renard[522] affirmait que le Droit est « l'art des accommodements », l'ordre juridique arbitral n'a jamais été aussi bien placé.

---

[521] RACINE Jean-Baptiste, « Réflexions sur l'autonomie de l'arbitrage… », *op. cit.*, p. 308.
[522] RENARD G., *Le droit, la logique et le bon sens*, v. 1, Paris : Sirey, 1925, p. 197.

CONCLUSION DU TITRE I

316. Nous avons posé, tout au long de ce premier titre, les bases théoriques de notre travail. C'est à partir de cette compréhension de l'ordre juridique arbitral que nous passerons à l'examen de ses mouvements microscopiques.

317. Le développement des systèmes juridiques extraétatiques, la *lex mercatoria* et l'ordre juridique arbitral lui-même, sont des phénomènes dont l'évolution n'est ni hiérarchique ni chronologique, et qui se confondent et se superposent dans la pratique arbitrale internationale. Actuellement, chacune de ces conceptions apporte des principes qui fournissent une justification commode à la solution retenue, mais encore trop formelle[523].

318. Les interprétations moins positivistes des notions d'ordre et de système donnent lieu à un pouvoir normatif qui peut fonctionner en dehors du cadre étatique, comme la communauté commerciale internationale. La *lex mercatoria* lui apporte la cohérence et la juridicité résultant de ses principes et règles matérielles, qui, dans un processus inductif, peuvent fonder substantiellement la solution du cas concret. Finalement, l'ordre juridique arbitral essaie de fournir à la *societas mercatorum* un ensemble logique de catégories procédurales pour le règlement de ses litiges.

319. Toutefois, comme le constatent Ph. Fouchard, E. Gaillard et B. Goldman, « l'idée d'un arbitrage détaché des ordres étatiques restera d'une relevance limitée tant que le moyen ultime – l'exécution de la sentence – est contrôlé par les cours nationales[524] ». Ce détail d'importance, autrement dit l'absence d'un système international de contrôle de la convention et de la sentence[525], est souvent oublié dans la construction de l'ordre juridique arbitral, dont la théorie présume un degré d'autonomie et de spontanéité qui n'existent pas encore.

Bien au contraire, les cours nationales sont partie intégrante de l'arbitrage international, et les pathologies que nous observerons résultent de

[523] RIGAUX François, « Les situations juridiques individuelles dans un système de relativité générale : cours général de droit international privé », *RCADI*, 1989, t. 213, v. 1, p. 257.

[524] *Idem*, p. 50. Traduction libre. Dans l'original : « *[...] the idea of an arbitration detached from national legal systems will remain of limited relevance so long as the ultimate remedy – the enforcement of the arbitral award – is controlled by national courts.* »

[525] Sur l'idée de ce système international, *cf.* n.705 *et seq.*, *infra*.

l'hypothèse fallacieuse selon laquelle l'autonomie de l'ordre juridique arbitral dépend de l'isolement des ordres étatiques. Au demeurant, si de Santi Romano jusqu'à la délocalisation de l'arbitrage international, l'effort pour lui donner une consistance théorique est indubitable, il a peut être été dénaturé. Ce qui ne devait être qu'un instrument au service d'une résolution plus neutre et spécialisée des litiges est devenu l'objet même de ces litiges. La structure théorique, plutôt que les éléments de l'espèce, sont en passe de devenir décisifs dans la solution des affaires. Voici les premiers pas vers la déconstruction du système.

TITRE II

LA DÉCONSTRUCTION PRATIQUE DE L'ARBITRAGE INTERNATIONAL

320. La délocalisation de l'arbitrage international est soutenue par un effort théorique colossal, les lignes précédentes nous l'ont bien montré. Néanmoins, les conséquences pratiques de cette autonomie semblent beaucoup moins préoccupantes. Comme le note A. Kassis, « l'affirmation que l'arbitre international n'a pas de *lex fori* est devenue aujourd'hui un lieu commun, un poncif. On n'en discute plus. Ce sont seulement ses conséquences logiques qu'on ne voit pas, ou qu'on voit mal, ou plutôt qu'on ne veut pas voir[526] ». Essayons de les voir, donc, au fil de ce second titre.
Et c'est parce que nous *voulons* voir ces conséquences que nous examinerons non seulement les effets les plus banaux de la délocalisation, comme l'autonomie de la convention, de la procédure, de la sentence, qui, à notre avis, ne sont que des manifestations d'un ordre juridique arbitral, mais, surtout, les résultats *pratiques* de ces idées. C'est l'incorporation des conceptions théoriques de l'ordre juridique arbitral dans le contentieux de tous les jours qui nous intéressera par la suite.

---

[526] KASSIS Antoine, *L'autonomie de l'arbitrage…*, *op. cit.*, p. 263. Une critique très proche est exposée par M. Mc Ilwrath, affirmant que les études empiriques montrant la satisfaction des usagers vis-à-vis de l'arbitrage international n'ont atteint ce résultat qu'en tournant un « *blind eye to reality* » (Mc ILWARTH Michael, « Ignoring the Elephant in the Room: International Arbitration: Corporate Attitudes and Practices », *WAMR*, 2008, p. 113). L'auteur se réfère spécialement à la recherche menée par une société multinationale et une université de Londres, montrant que 86 % des conseils d'entreprise sont « satisfaits » de l'arbitrage international (*cf. International Arbitration: A study into corporate attitudes and practices*, 2008, PriceWaterhouse Coopers & School of International Arbitration (Queen Mary, University of London), *Bull. CCI*, 2009, pp. 1 *et seq.*). Commenté par Loukas MISTELIS et Crina Mihaela BALTAG, « *Trends and challenges in international arbitration: two surveys of in-house counsel of major corporation* », *WAMR*, 2008, pp. 83 *et seq*. Pour une synthèse des principales positions défendant le pragmatisme de l'arbitrage international actuel, *cf.* PARK William W., « Truth-Seeking in International Arbitration », *in* WIRTH Markus, ROUVINEZ Christina, KNOLL Joachim (éds.), *The search for « truth » in arbitration: is finding the truth what dispute resolution is about?*, ASA Special Series n°35, New York : ASA/JurisNet, 2011, pp. 1-38, spéc. pp. 4-7.

321. En examinant les principales dérives pratiques dans les arbitrages CIRDI, Y. Derains[527] récence les motivations des parties qui s'en prennent au système : désespoir face à ce qui est considéré une injustice, confiance donnée à de mauvais conseils, besoin d'afficher une créance au bilan, espoir que la crainte de la procédure et que l'atteinte à l'image susceptible d'en découler conduisent l'État à transiger, etc.
Cependant, ces vicissitudes personnelles n'expliquent en aucun cas *pourquoi* les parties mécontentes d'une décision *peuvent* profiter de cet ordre juridique arbitral pour entreprendre des manœuvres abusives. Les « pathologies » de l'arbitrage international, selon l'expression de C. Reymond[528], dérivent surtout du manque de principes le rendant plus dynamique, permettant qu'il évolue et qu'il s'adapte aux changements sociaux. Aujourd'hui, il est trop cristallisé dans des modèles théoriques.

322. Observons d'abord quels sont les principaux décalages dans l'arbitrage international, avant, pendant et après la procédure (chapitre I). Ensuite, nous examinerons les efforts pratiques mis en place aujourd'hui pour tenter de limiter ces atteintes au système (chapitre II). Nous serons amenés à conclure que le système nécessite des outils bien plus flexibles et dynamiques, pour essayer de rapprocher l'ordre juridique arbitral de la pratique de l'arbitrage international.

---

[527] DERAINS Yves, « Les techniques anti-recours abusifs », *op. cit.*, p. 243.
[528] Préface de C. REYMOND à la réédition d'Henri MOTULSKY, *Écrits…*, *op. cit.*, p. VIII.

Chapitre I. Les dérives pratiques de l'arbitrage international

323. Dans une certaine mesure, les contestations de l'ordre juridique arbitral résultent d'un conflit idéologique. Celui-ci oppose, d'une part, ceux qui voient dans l'arbitrage international le prétexte pour la création d'un système autonome, et d'autre part, les souverainetés omniprésentes. Les mesures provisoires prononcées par un État vis-à-vis de l'arbitrage, le refus de reconnaître une sentence, ou de reconnaître une décision d'annulation du siège, sont des exemples parmi d'autres de la posture adoptée par les ordres étatiques, qui, même en étant inefficace en termes de régulation, est souvent efficace en termes de légitimation[529].
Voici le cadre de notre examen des principaux phénomènes pratiques de l'arbitrage international. Ils illustrent le dialogue difficile entre une position théorique de l'ordre juridique arbitral conçu comme un système autonome et l'intervention pratique des cours nationales. Même si ce face à face n'occasionne pas toujours de véritables tactiques obstructives, le décalage qui en découle crée la *possibilité* d'en abuser.

324. Parcourons ainsi les deux « rivières » dont nous parle P. Karrer[530] dans un article réclamant « moins de théorie » : le Rubicon, point de non-retour de l'arbitrage dans les difficultés rencontrées avant et pendant la procédure (section I), et l'Achéron, la douleur inhérente aux manœuvres des parties insatisfaites après la procédure, relatives à la sentence (section II). Du Rubicon à l'Achéron, l'on passe de la contemplation théorique à une certaine désillusion pratique.

Section I. Les dérives avant et pendant la procédure arbitrale

325. Selon W. K. Slate II[531], 47 % et 48 % des affaires portées respectivement devant la CCI et l'AAA sont réglées entre la demande d'arbitrage et la première audience. Considérant ces chiffres, A. Yesilirmak[532] conclut que dans beaucoup d'occasions, les parties utilisent

[529] La distinction entre régulation et légitimation est proposée par Olivier Corten, dans *Le discours du droit international : pour un positivisme critique*, Paris : Pedone, 2009, p. 223.
[530] KARRER Pierre A., « Interim measures issued by arbitral tribunals and the courts: less theory please », *in* VAN DEN BERG Albert Jan (éd.), *International arbitration and national courts: the never ending story*, The Hague : Kluwer Law International, 2001, p. 97.
[531] Cité par Ali YESILIRMAK, « Provisional measures », *in* MISTELIS Loukas A. *et al.* (éds.), *op. cit.*, p. 193.
[532] *Ibid.*

– ou au moins songent à utiliser – des mesures préarbitrales comme instruments de négociation.

Dans cette hypothèse, les parties s'empressent de saisir une cour étatique même en étant déjà liées par une convention d'arbitrage, afin que les procédures parallèles créent un scénario d'insécurité juridique. Surgit alors une série de problèmes pratiques : la difficulté de savoir dans quel État pourra être reconnue une sentence sur le fond ou sur la juridiction, l'incertitude quant au résultat de la procédure étatique parallèle et ses effets sur l'arbitrage et, surtout, la reconnaissance de la sentence arbitrale par un ordre étatique même face à une décision contraire de ses juridictions[533].

326. Désormais, nous prétendons montrer, dans une approche pour l'instant descriptive, l'interaction – ou, peut-être, la non-interaction – entre arbitres et cours étatiques en ce qui concerne les mesures engagées avant ou pendant la procédure arbitrale. Celles-ci prennent la forme soit de mesures conservatoires devant les juridictions étatiques dont l'objectif n'est pas seulement de garantir le bien-fondé d'une future sentence, mais aussi de créer un scénario d'insécurité juridique (§ 1°), soit de demandes étatiques qui contestent ou ignorent la clause compromissoire elle-même, abstraction faite du principe de la compétence-compétence (§ 2°). Dans les deux cas, ces manœuvres défient une conception stricte de l'autonomie de l'arbitrage international.

---

[533] G. Bermann parlera de « *gateway issues* », désignant les « questions qu'une cour pourra décider initialement, excluant les questions que cette même cour réservera, ainsi que le fond, à la détermination du tribunal arbitral » (BERMANN George, « The "Gateway" Problem… », *op. cit.*, p. 8. Traduction libre. Dans l'original : « *Threshold issues that a court, if asked to do so, will decide at the outset, but excluding those that courts reserve for initial determination, along with the merits, to the arbitral tribunal itself.* » Autrement dit, la métaphore symbolise toutes les questions par lesquelles les parties doivent passer (comme une porte) devant les juridictions étatiques avant l'arbitrage. Cette métaphore est pour nous extrêmement importante en ce qu'elle résume avec précision les déviations que nous évoquons dans cette première section, où la saisine des cours étatiques sert à contester le fondement du rapport qui lie les parties à la juridiction arbitrale. Ce sont des préoccupations rapportées aussi par Florian Kremslehner, dans « Chapter III: The arbitration procedure – *lis pendens* and *res judicata* in international commercial arbitration », *in* KLAUSEGGER Christian *et al.* (éds.), *Austrian Arbitration Yearbook*, Manz : CH Beck Stämpfli, 2007, p. 156.

§ 1°. Les mesures conservatoires relatives à la substance de l'arbitrage

327. Plusieurs monographies se sont penchées sur l'examen de ces mesures en général[534], et plus spécialement sur leur concession par une cour étatique devant une convention d'arbitrage[535]. La richesse et la profondeur de ces études nous permettent d'approfondir notre analyse, et de nous intéresser non pas à leur fonctionnement général dans l'arbitrage international, mais à la manière dont elles sont utilisées pour la saisine parallèle des cours étatiques au mépris d'une conception autonome de l'arbitrage international.

328. Aujourd'hui, en France, la procédure de référé est devenue un terrain privilégié de la résolution des litiges, instrument potentiel de négociation dans le cadre des arbitrages internationaux. Dès lors, nous cantonnerons cette analyse aux référés, saisies conservatoires et sûretés judiciaires[536], qui, par leur

---

[534] *Cf.* GUGGENHEIM Paul, *Les mesures provisoires de procédure internationale et leur influence sur le développement du droit des gens*, Paris : Recueil Sirey, 1931 ; ESTOUP Pierre, MARTIN Gérard, *La pratique des procédures rapides : référés, ordonnances sur requête, procédures d'injonction*, Paris : Litec, 1990 ; CAVALLINI Joël, *Le juge national du provisoire face au droit communautaire : les contentieux français et anglais*, Bruxelles : Bruylant, 1995 ; MERLAND Laure, *Recherche sur le provisoire en droit privé*, Aix-Marseille : PUAM, 2001.

[535] Par exemple, *cf.* Mohammad-Ali BAHMAEI, *L'intervention du juge étatique des mesures provisoires et conservatoires en présence d'une convention d'arbitrage : droits français, anglais et suisse*, Paris : LGDJ, 2002. Sur le champ spécifique de l'arbitrage, *cf.* CCI, *Mesures conservatoires et provisoires en matière d'arbitrage international*, Paris : ICC Publications, v. 519, 1993 ; BÖSCH Axel (éd.), *Provisional remedies in international commercial arbitration: a practitioner handbook*, Berlin : Walter de Gruyter, 1994 ; BESSON Sébastien, *Arbitrage international et mesures provisoires : étude de droit comparé*, Berne : Schulthess, 1998 ; JACQUET Jean-Michel *et al.* (dirs.), *Les mesures provisoires dans l'arbitrage commercial international : évolutions et innovations*, Paris : Litec, 2007.

[536] Pour un résumé du thème autour des différents types de mesures provisoires et conservatoires, suivons l'exposé de M.-A. Bahmaei (*op. cit.*, pp. 6-9) : le référé classique fondé sur l'urgence, de l'art. 808, CPC, prévoit que le juge des référés, dans tous les cas d'urgence, puisse ordonner en référé les mesures qui ne se heurtent à aucune contestation sérieuse ou qui justifie l'existence d'un différend ; le référé de remise en état, de l'art. 809(1er), CPC, qui permet aux juges des référés, même devant une contestation sérieuse, de prescrire des mesures d'urgence pour prévenir ou faire cesser un trouble manifestement illicite ; le « référé préventif », de l'art. 145, CPC, afin de garantir l'instruction future avec le maintient immédiat de la preuve ; le référé-provision, de l'art. 809(2), CPC, pour accorder au créancier une provision dans les cas où une obligation n'est pas sérieusement contestable. Le caractère très hybride de cette mesure provisoire, qui avance souvent une position sur le fond, sera très débattu en arbitrage (*cf.* n.337 *et seq.*, *infra*) ; citons, enfin, le « référé-injonction de faire », de l'art. 809(2), *in fine*, CPC, complété par un décret du 17 décembre 1895, permettant au juge des référés d'ordonner l'exécution d'une obligation même s'il s'agit d'une obligation de faire dans les cas où l'existence de l'obligation n'est pas sérieusement contestable. Quant aux mesures conservatoires, elles sont définies par G. Cornu, comme toute « mesure d'urgence prise pour la sauvegarde d'un droit ou d'une chose [...] désignant aujourd'hui l'ensemble des saisies conservatoires et des sûretés judiciaires, mesures que toute personne dont la créance paraît fondée en son principe peut obtenir du juge

nature, permettent qu'une partie engage une juridiction nationale même face à une convention ou à une procédure arbitrale internationale déjà entamée.

329. La nature urgente de ces mesures, et leur objectif de garantir la satisfaction future d'une obligation dont le bien-fondé sera discuté dans l'arbitrage, font que la plupart des législations et règlements autorisent qu'elles soient présentées devant les cours étatiques, avant ou même après la demande d'arbitrage, sans que cela ne représente une violation ou une renonciation à celle-ci. Cette saisine des ordres étatiques est encore plus naturelle lorsque le but est de conserver un droit réel sur un territoire différent de celui de l'arbitrage, et la *coertio* souvent associée à ces mesures ne peut être mise en place que par des cours nationales.

330. Les lois d'Argentine, d'Italie, d'Autriche et de Chine, par exemple, réservent ce pouvoir exclusivement aux cours[537]. En Suisse, l'art. 183(1), LDIP[538] attribue ce pouvoir au tribunal arbitral, sauf convention contraire, laissant aux parties une marge significative pour régler le problème. En France, pour les arbitrages internes, l'art. 1449(1), CPC[539] permet l'engagement des cours étatiques seulement *avant* la constitution du tribunal, encore que les juridictions nationales restent les seules compétentes pour ordonner les saisies conservatoires et sûretés judiciaires (art. 1468(1), CPC[540]). Les mêmes dispositions sont appliquées en matière d'arbitrage

---

l'autorisation de pratiquer sur la justification des circonstances qui risquent d'en compromettre le recouvrement » (CORNU Gérard, *Vocabulaire juridique*, 8e éd. Paris : PUF (Quadrige), 2007, p. 587). En dehors des procédures de référé, la réponse judiciaire aux situations d'urgence s'est aussi développée « sur le terrain de la *juridiction provisoire*, avec la procédure sur requête (*cf.* arts. 493 et 494, 812, 875 et 876, CPC), lorsque les circonstances justifient que la mesure ne soit pas ordonnée contradictoirement, soit par celui de la *juridiction définitive*, avec la procédure à jour fixe (*cf.* arts. 754, 788 et 917, CPC), lorsque l'affaire se heurte à une contestation sérieuse nécessitant un débat contradictoire sur le fond même du litige » (CADIET Loïc, « Quelques remarques sur l'urgence en matière de droit judiciaire », *in* FABRI Hélène Ruiz, SOREL Jean-Marc (dirs.), *Le contentieux de l'urgence et l'urgence dans le contentieux devant les juridictions internationales : regards croisés*, Paris : Pedone, 2001, p. 199, italique dans l'original).

[537] Pour un panorama, *cf.* Wang SHENGCHANG, Cao LIJUN, « The role of national courts ans *lex fori* in international commercial arbitration », *in* MISTELIS Loukas A., LEW Julian D.M. (éds.), *op. cit.*, pp. 170 *et seq.*

[538] « Sauf convention contraire, le tribunal arbitral peut ordonner des mesures provisionnelles ou des mesures conservatoires à la demande d'une partie. »

[539] « L'existence d'une convention d'arbitrage ne fait pas obstacle, tant que le tribunal arbitral n'est pas constitué, à ce qu'une partie saisisse une juridiction de l'État aux fins d'obtenir une mesure d'instruction ou une mesure provisoire ou conservatoire. »

[540] « Le tribunal arbitral peut ordonner aux parties, dans les conditions qu'il détermine et au besoin à peine d'astreinte, toute mesure conservatoire ou provisoire qu'il juge opportune. Toutefois, la juridiction de l'État est seule compétente pour ordonner des saisies conservatoires et sûretés. »

international (*ex vi* art. 1506(1), 1° et 3°, CPC[541]), sauf convention contraire entre les parties.

331. Cette dernière position a aussi été retenue de manière explicite par le Superior Tribunal de Justiça brésilien[542], dans une décision du 12 juin 2012. La cour supérieure affirme la compétence exclusive des tribunaux arbitraux pour le prononcé de mesures conservatoires. Cependant, les juridictions étatiques peuvent se déclarer compétentes pour la concession de telles mesures tant que le tribunal arbitral n'est pas constitué, devant transmettre immédiatement la compétence à celui-ci une fois sa juridiction fixée, lequel peut, à son tour, réévaluer la nécessité et l'utilité de la mesure. Dans tous les cas, l'exécution coercitive des mesures est réservée aux cours étatiques.

332. Parmi les textes internationaux, citons la Loi-type de la CNUDCI. Ses arts. 9 et 17J[543], prévoient la compatibilité des mesures provisoires avec la convention et la constitution du tribunal arbitral, suivis par l'art. 26(9) de son Règlement d'arbitrage, révisé en 2010[544], qui est encore plus explicite. La Convention européenne de 1961 prévoit cette compatibilité dans son art. VI(4)[545].

333. La question est traitée de façon plus détaillée dans les règlements d'arbitrage des principales institutions : le Règlement d'arbitrage du CIRDI prévoit cette possibilité dans son art. 39(6)[546] ; les règles de 1998 de la CCI,

---

[541] « Art. 1506. À moins que les parties en soient convenues autrement et sous réserve des dispositions du présent titre, s'appliquent à l'arbitrage international les articles : 1° 1446, 1447, 1448 (alinéas 1 et 2) et 1449, relatifs à la convention d'arbitrage ; […] 3° 1462, 1463 (alinéa 2), 1464 (alinéa 3), 1465 à 1470 et 1472 relatifs à l'instance arbitrale […]. »

[542] STJ, 3e T., Recurso Especial n°1.297.974 – RJ, rel. Min. Nancy Andrighi, j. 12.06.12, décision unanime.

[543] « Art. 9. La demande par une partie à un tribunal, avant ou pendant la procédure arbitrale, de mesures provisoires ou conservatoires et l'octroi de telles mesures par un tribunal ne sont pas incompatibles avec une convention d'arbitrage » ; et « art. 17J : Un tribunal dispose, pour prononcer une mesure provisoire en relation avec une procédure d'arbitrage, qu'elle ait ou non son lieu sur le territoire du présent État, du même pouvoir que celui dont il dispose en relation avec une procédure judiciaire. Il exerce ce pouvoir conformément à ses propres procédures en tenant compte des particularités d'un arbitrage international. »

[544] « Une demande de mesures provisoires adressée par une partie à une autorité judiciaire ne doit pas être considérée comme incompatible avec la convention d'arbitrage ni comme une renonciation au droit de se prévaloir de ladite convention. »

[545] « Une demande de mesures provisoires ou conservatoires adressée à une autorité judiciaire ne doit pas être considérée comme incompatible avec la convention d'arbitrage, ni comme une soumission de l'affaire quant au fond au tribunal judiciaire. »

[546] « Les dispositions du présent article ne font pas obstacle, dans la mesure où les parties en ont convenu dans l'accord contenant leur consentement, à ce que les parties demandent à toute autorité judiciaire ou autre d'ordonner des mesures conservatoires soit antérieurement ou postérieurement à l'introduction de l'instance en vue de protéger leurs droits et intérêts respectifs. »

dans son art. 23, spécialement dans son alinéa 2[547], reprises de manière quasi identique par l'art. 28(2), de son Règlement 2012 ; les règles de la LCIA, dans son art. 25.3[548], ou encore celles de la SCC, art. 32(5)[549].

334. Il est facile de constater que, par leur nature, les mesures provisoires constituent une exception au principe de non-interférence des juges étatiques dans l'arbitrage international. C'est une notion qui, en plus d'être consacrée par la jurisprudence française[550], démontre une acceptation presque universelle de l'urgence comme facteur de rattachement territorial pour la protection du droit.

Le lien avec l'État dans lequel les mesures provisoires sont demandées a progressivement évolué pour se déconnecter de l'objet de l'arbitrage, et se rapprocher de l'objet de la demande en référé.

335. Ce cheminement est très perceptible, par exemple, au Royaume-Uni, dont la culture est très proche des *injunctions*. Dans l'affaire du Tunnel sous la Manche[551], la House of Lords a reconnu son pouvoir de concéder une mesure pour conserver un arbitrage siégé en Belgique – même si elle a refusé, *in casu*, de le faire[552]. Avec la section 2(3)(b) de l'Arbitration Act de 1996[553], les tribunaux anglais peuvent accorder leur assistance aux arbitrages

[547] « Les parties peuvent, avant la remise du dossier au tribunal arbitral et dans des circonstances appropriées après, demander à toute autorité judiciaire des mesures provisoires ou conservatoires. La saisine d'une autorité judiciaire pour obtenir de telles mesures ou pour faire exécuter des mesures semblables prises par un tribunal arbitral ne contrevient pas à la convention d'arbitrage, ne constitue pas une renonciation à celle-ci, et ne préjudicie pas à la compétence du tribunal arbitral à ce titre. Pareille demande, ainsi que toutes mesures prises par l'autorité judiciaire, devront être portées sans délai à la connaissance du Secrétariat. Ce dernier en informera le tribunal arbitral. »

[548] « Le pouvoir conféré au tribunal arbitral par l'article 25.1 ne fait aucunement obstacle au droit d'une partie de s'adresser à une juridiction étatique ou à toute autre autorité judiciaire pour demander des mesures provisoires ou conservatoires avant la constitution du tribunal arbitral et, exceptionnellement, par la suite. Après la constitution du tribunal arbitral, toute demande ou toute décision relative à de telles mesures sera promptement communiquée par la partie requérante au tribunal arbitral et aux autres parties […]. »

[549] « Une demande de mesures provisoires déposée par une partie auprès d'une autorité judiciaire n'est pas incompatible avec la convention d'arbitrage ou avec le présent Règlement. »

[550] *Cf.* TGI Paris, ord. réf., 29 mar. 2010, *République de Guinée équatoriale* (*cf.* n.13, *supra*).

[551] *Cf.* n.226, *supra.*

[552] *Cf.* Mc LACHLAN Campbell, « Provisional measures in aid of foreign proceedings: has the English response been adequate? », *in* GOLDSMITH Jack L., *International dispute resolution: the regulation of forum selection*, 14th Sokol Colloquium, New York : Transnational Publishers, 1997, p. 174.

[553] « *2 Scope of application of provisions. […] (3) The powers conferred by the following sections apply even if the seat of the arbitration is outside England and Wales or Northern Ireland or no seat has been designated or determined — […] (b) section 44 (*court powers exercisable in support of arbitral proceedings*); but the court may refuse to exercise any such power if, in the opinion of the court, the fact that the seat of the arbitration is outside England and Wales or Northern Ireland, or that when designated or determined the seat is likely to be outside England and Wales or Northern Ireland, makes it inappropriate to do so* » (souligné

se déroulant à l'étranger, spécialement pour l'exequatur des sentences. La doctrine s'accorde quant à l'utilité de cette permission pour la saisie de biens sur son territoire[554].

336. La législation anglaise rejoint la position du droit français. Ici, le juge des référés peut faire valoir sa compétence internationale quand « il apparaît mieux placé que ses collègues étrangers pour statuer et surtout pour faire respecter la décision qui est requise de lui[555] ». Cela ouvre une marge interprétative très importante en matière d'arbitrage international dans les cas d'urgence.

337. Cette dissociation entre la *causa petendi* de l'arbitrage et celle des mesures provisoires peut être observée sous une forme très illustrative dans les discussions françaises autour de la compétence pour proférer un *référé-provision.* En effet, dans le cas de la demande immédiate d'une créance qui n'est pas sérieusement contestable, et dont la condition d'urgence n'est pas exigée[556], l'objet du référé se superpose souvent à celui de l'arbitrage international, ce qui remet en question la compétence des cours étatiques.

Sur ce thème, la décision paradigmatique a été rendue en 1979 par la Cour de cassation[557], instituant la compétence des ordres étatiques pour prononcer un référé-provision dans les cas d'urgence, condition qui n'est bien entendu pas exigée par la loi. En 1984, la même juridiction[558] interprète l'art. 8(5) du Règlement CCI de l'époque – aujourd'hui, art. 28(2), Règlement 2012 – pour exclure le référé-provision, affirmant qu'il ne fait pas partie des mesures provisoires pouvant être demandées aux ordres étatiques.

338. C'est, *mutatis mutandis,* la même interprétation qu'émet la CJCE dans l'affaire *van Uden*[559]. La Cour européenne nie la nature provisoire du *kort geding* hollandais – très proche du référé-provision français –, au sens des « mesures provisoires ou conservatoires » prévues par l'art. 24 de la

---

par nous). Notons dès à présent que le législateur anglais, *in fine*, réserve le pouvoir discrétionnaire pour que le juge n'accorde pas son support s'il estime que cette mesure est inappropriée. C'est une marge de manœuvre qui, comme nous le verrons, constitue les premiers pas vers un système moins rigide pour l'arbitrage international.

554 MERKIN Robert, *Arbitration law*, London : Lloyd's of London Press, 1991, n°12.58.1.

555 MAYER Pierre, HEUZE Vincent, *op. cit.*, p. 205.

556 Ce sont les éléments du référé-provision prévus par l'art. 809(2), CPC (*cf.* n.536, *supra*). *Cf.* not. NORMAND Jacques, « Observations : arbitrage et référé provision », *RTD civ.*, 1985, p. 208.

557 Cass., 3e Ch. civ., 9 juil. 1979, *SCI La Lagune v. SARL SERCIF*, *JCP G*, 1980, II, n°19, p. 389. Sur ce thème, *cf. Fouchard Gaillard Goldman…*, *op. cit.*, pp. 728-733.

558 Cass., 1re Ch. civ., 14 mars 1984, *République islamique d'Iran v. Commissariat à l'Énergie Atomique*, *D.*, 1984, jur., p. 629.

559 CJCE, 17 nov. 1998, *Van Uden Maritime BV v. Kommanditgesellschaft in Firma Deco-Line, e.a.*, aff. n°C-391/05, *Rec. CJCE*, 1998, I, pp. 7091 *et seq.* ; *Bull. ASA*, 1998, n°1, conclusions de l'avocat général Philippe LÉGER, p. 166, commentaires SCHERER Mathias C.

Convention de Bruxelles de 1968[560]. La CJCE reconnaît néanmoins que ce même dispositif peut fonder la compétence du juge des référés dans le cas d'une mesure provisoire classique portant sur le champ d'application matériel de la Convention de 1968, même si la procédure au fond a déjà été engagée – ou peut l'être – devant des arbitres.

339. Les juridictions françaises maintiennent le référé-provision comme un instrument qui mérite d'être examiné par les arbitres. Elles permettront cependant l'intervention des juridictions étatiques, mais à deux conditions : quand le tribunal arbitral n'a pas encore été constitué, et quand le référé-provision relève de l'urgence. Ces deux exigences, construites par la jurisprudence postérieure à 1984, permettent d'équilibrer le principe de non-interférence des ordres étatiques et la protection du créancier dans le cas concret[561].

Impossible, donc, de ne pas voir dans ce débat le symbole d'un premier aspect du conflit entre un système théorique, qui repose ici sur le principe de la non-intervention, et l'examen pratique du comportement des parties, dont l'importance n'est pas à négliger.

340. Cette vision pragmatique est au centre de l'affaire *Atlantic Triton*[562] de 1986, dans le cadre d'un arbitrage CIRDI : la société Atlantic Triton et la République de Guinée concluent un contrat pour la conversion, l'équipement et la gestion de trois navires de pêche norvégiens achetés d'occasion par la Guinée, lequel contenait une clause compromissoire. Un litige survenu, Atlantic Triton demande aux cours françaises une saisie conservatoire sur les navires, afin de garantir la créance résultant d'une sentence arbitrale future.

La saisie est autorisée par le président du tribunal de commerce de Quimper le 12 octobre 1983. La décision est ensuite infirmée par la cour d'appel de Rennes le 26 octobre 1984[563], selon l'argument que la mesure provisoire

---

[560] « Les mesures provisoires ou conservatoires prévues par la loi d'un État contractant peuvent être demandées aux autorités judiciaires de cet État, même si, en vertu de la présente Convention, une juridiction d'un autre État contractant est compétente pour connaître du fond ». Voici le paragraphe 5 du dispositif de la sentence *Van Uden* : « 5) Le paiement à titre de provision d'une contre-prestation contractuelle ne constitue pas une mesure provisoire au sens de l'article 24 de la convention du 27 septembre 1968 à moins que, d'une part, le remboursement au défendeur de la somme allouée soit garanti dans l'hypothèse où le demandeur n'obtiendrait pas gain de cause au fond de l'affaire et, d'autre part, la mesure sollicitée ne porte que sur des avoirs déterminés du défendeur se situant, ou devant se situer, dans la sphère de la compétence territoriale du juge saisi. »

[561] *Fouchard, Gaillard, Goldman…*, *op. cit.*, pp. 731-732. C'est aussi la position de Massimo Benedettelli, Claudio Consolo et Luca G. Radicati di Brozolo, *op. cit.*, p. 881.

[562] CIRDI, *Atlantic Triton Company Limited v. People's Revolutionary Republic of Guinea*, 21 avr. 1986, aff. n°ARB/84/1, *ICSID Rep.*, 1995, v. 3, p. 13. *Cf.* not. Emmanuel GAILLARD, *La jurisprudence du CIRDI*, Paris : Pedone, 2004, pp. 219 *et seq.* ; et Paul D. FRIEDLAND, « ICSID and court-ordered provisional remedies: an update », *Arb. intern.*, 1988, v. 4, n°2, pp. 161-165.

[563] CA Rennes, 26 oct. 1984, *Rep. de Guinée v. Atlantic Triton*, *Rev. arb.*, 1985, p. 439.

demandée par la société norvégienne est incompatible avec les arts. 26 et 47[564] de la Convention CIRDI, lesquels excluent tout recours aux ordres étatiques, et réservent la compétence pour prononcer ces mesures au tribunal arbitral.

341. Le plus intéressant toutefois réside dans la demande que la République de Guinée a formulé dans le cadre de l'arbitrage : une demande reconventionnelle de dommages et intérêts pour procédure abusive relativement à la requête de mesures provisoires d'Atlantic Triton. Dans sa sentence du 21 avril 1986, le tribunal arbitral déboute la Guinée de cette demande, affirmant qu'il est pratique courante que les créanciers cherchent à obtenir les mesures conservatoires « sur un maximum d'actifs disponibles, une telle démarche ne pouvant être considérée comme abusive en raison de la faculté dont dispose légalement le débiteur d'obtenir, s'il le désire, par des voies judiciaires très simples, le cantonnement de la saisie[565] ».

Le tribunal fonde sa décision tant sur la controverse en la matière que sur la Convention CIRDI. En effet, si ce texte attribue aux arbitres la compétence pour *recommander* des mesures provisoires, il ne stipule pas le caractère exclusif de cette compétence[566]. Selon E. Gaillard, « cette formule mérite d'être approuvée[567] ».

342. Curieusement, la sentence du tribunal intervient quelques mois avant la décision de la Cour de cassation[568], qui censure à son tour la position de la cour d'appel de Rennes. Ici, la Cour de cassation adopte la même position que les arbitres, affirmant que le pouvoir des ordres étatiques de prononcer des mesures provisoires n'est pas exclu, ni explicitement, ni implicitement, par la Convention CIRDI[569].

Même si c'est pour nier, *in casu*, le caractère abusif du recours aux mesures provisoires face à une convention, le conflit entre l'autonomie de l'arbitrage international et l'intérêt tutélaire des parties ressort très nettement tant de la

---

564 Art. 26 : « Le consentement des parties à l'arbitrage dans le cadre de la présente Convention est, sauf stipulation contraire, considéré comme impliquant renonciation à l'exercice de tout autre recours. Comme condition à son consentement à l'arbitrage dans le cadre de la présente Convention, un État contractant peut exiger que les recours administratifs ou judiciaires internes soient épuisés » ; et art. 47 : « Sauf accord contraire des parties, le Tribunal peut, s'il estime que les circonstances l'exigent, recommander toutes mesures conservatoires propres à sauvegarder les droits des parties ».

565 Rapporté par Emmanuel Gaillard, dans *La jurisprudence du CIRDI*, *op. cit.*, p. 224.

566 *Ibid.*, p. 226.

567 *Ibid.*

568 Cass., 1re Ch. civ., 18 nov. 1986, *Rep. de Guinée v. Atlantic Triton*, *JDI*, 1987, p. 125 – note GAILLARD Emmanuel ; *Rev. arb.*, 1985, p. 439 – note FLÉCHEUX G. ; *RID mar.*, 1987, p. 697 – note JARROSSON Charles ; RÉMOND-GOUILLOUD M., *Rev. crit. DIP*, 1987, p. 697 – note AUDIT Bernard.

569 Rappelons, avec E. Gaillard, qu'après le 26 sept. 1984, date de la réforme du Règlement CIRDI, les clauses d'arbitrage incorporent, par référence, une manifestation de volonté des parties de renoncer à la possibilité de solliciter des telles mesures devant les juridictions étatiques (GAILLARD Emmanuel, *La jurisprudence du CIRDI*, *op. cit.*, p. 226).

sentence arbitrale que de la décision de la Cour de cassation. L'intérêt des parties n'est pas toujours en adéquation avec l'organisation théorique.

343. Cette opposition se montre encore plus explicite en droit communautaire. Même s'il s'agit d'une logique de coopération judiciaire qui ne coïncide pas toujours avec celle de l'arbitrage international, c'est un domaine où l'avancée des débats ne peut être négligée en tant que contribution dans notre domaine.

344. L'arrêt *Van Uden*[570] de la CJCE, déjà mentionné quant au problème des référés-provisions, résulte au départ d'une demande d'interprétation préjudicielle de la Cour de cassation néerlandaise (Hoge Raad). Celle-ci requiert, *inter alia*, que la Cour européenne se positionne sur l'influence d'une convention d'arbitrage sur la compétence d'un juge étatique en matière de mesures provisoires et conservatoires.

345. L'intérêt et l'originalité de la décision de la CJCE est d'avoir distingué la juridiction du juge du provisoire de celle du juge du fond. Selon la Cour, celui-ci détient sa juridiction tant du fait de sa compétence virtuelle pour connaître le fond du litige arbitrable, qu'en vertu de l'art. 24 de la Convention de Bruxelles de 1968[571], qui le définit comme un simple *auxiliaire* interétatique dans la protection d'un droit parallèle à l'arbitrage.

Pour la CJCE, la compétence au provisoire née de l'art. 24 est totalement différente de la compétence au fond. La Cour conclut que « l'objet de ces mesures ne porte pas sur l'arbitrage en tant que matière, mais sur la sauvegarde des droits de nature fort variée[572] ». Autrement dit, si un tribunal arbitral est muni de la compétence pour statuer sur des demandes provisoires, il est clair que cette juridiction de fond constitue aussi la juridiction exclusivement compétente pour le référé ; toutefois, cette exclusivité n'écarte pas les mesures provisoires qui visent la sauvegarde des droits de manière directe devant les cours d'autres États, *ratio* de l'art. 24 de la Convention de Bruxelles (art. 31, du Règlement n°44/2001).

Voici donc un bel exemple de délibéré reconnaissant l'importance de l'arbitrage international, sans pourtant en faire un réceptacle étanche. Néanmoins, il demeure assez générique dans son recours à une construction théorique de la Convention de Bruxelles, sans se pencher encore suffisamment sur l'objectif du cas d'espèce.

346. Bien que cela résulte de la nature même d'une décision préjudicielle de la CJCE, nous regrettons que la Cour n'ait pas atteint le même résultat en tenant compte de l'intention des parties et, surtout, en s'interrogeant sur l'éventuelle nature abusive de la saisine de la juridiction étatique pour le

---

570 *Cf.* n.559, *supra.*

571 *Cf.* n.560, *supra.* C'était la Convention en vigueur à l'époque, aujourd'hui remplacée par le Règlement n°44/2001, art. 31, dans une rédaction pratiquement identique.

572 *Van Uden, cf.* n.559, par. 33.

prononcé d'une mesure provisoire au détriment de la convention arbitrale. Cela aurait très certainement apporté un esprit plus combatif à la décision.

347. Enfin, les mesures provisoires permettent des attaques contre l'arbitrage international, comme l'illustrent quelques décisions. De plus, selon la doctrine, « l'utilisation des procédures d'urgence est devenue un élément de la stratégie judiciaire[573] », et le simple fait qu'une partie doive se défendre dans le for de cette procédure représente pour le demandeur une « victoire tactique[574] » en soi.

348. Nous étudierons dans le prochain chapitre quels sont les instruments – et leurs limites – mis en place jusqu'à présent pour dissuader les demandes d'urgence abusives. Dans nombre de cas, leur principal objectif n'est pas tellement la protection ou la garantie d'un droit ou d'une créance, mais plutôt la saisine d'une juridiction parallèle à l'arbitrage, spécialement dans un for différent de celui du siège. Or, il s'agit d'une demande qui, normalement, relève du fond de l'arbitrage, ce qui permet de mieux en appréhender le caractère décalé, puisqu'il est plus facile d'y identifier une compétence matérielle. Cela s'avère certainement moins aisé quand ces manœuvres abusives s'attaquent à la convention arbitrale elle-même.

§ 2°. Les contestations étatiques de la convention arbitrale

349. Nous incluons dans la notion de « contestation étatique » de la convention arbitrale non seulement les attaques judiciaires directes aux clauses ou compromis, fondées sur leur éventuelle irrégularité, mais aussi toute action des parties dont l'objectif, avec l'appui des cours étatiques, est de vider cette convention de ses effets. C'est le cas, par exemple, des actions devant les tribunaux étatiques concernant des moyens qui relèvent en substance de l'arbitrage, faisant abstraction de la convention, ou même des demandes étatiques déclaratoires d'irresponsabilité, émises dans le but d'empêcher la future exécution d'une sentence dans le pays.

350. S'il paraît exister un certain consensus législatif et jurisprudentiel autorisant les cours étatiques à se manifester sur les mesures provisoires, sans que cela signifie une renonciation automatique à l'arbitrage, la difficulté ici est qu'il existe une marge bien plus considérable pour discuter la compétence de ces cours quant aux demandes d'invalidité, d'inexistence ou

---

[573] SOREL Jean-Marc, « Le contentieux de l'urgence et l'urgence dans le contentieux devant les juridictions interétatiques (CIJ et TIDM) », *in* FABRI Hélène Ruiz, SOREL Jean-Marc (dirs), *op. cit.*, p 45.

[574] FENTIMAN Richard, « Parallel proceedings and jurisdiction agreements in Europe », *in* VAREILLES-SOMMIÈRES Pascal de (éd), *Forum shopping in the European judicial area*. Portland : Hart Publishing, 2007, p. 40.

d'inefficacité de la convention arbitrale elle-même. Le choix des adverbes employés pour répartir cette compétence, comme dans les expressions « manifestement nulle » ou « manifestement inapplicable[575] », ne fait qu'en renforcer cette indétermination.

351. Avant de nous pencher spécifiquement sur l'arbitrage, faisons un bref détour par un domaine où ces discussions ont fait l'objet d'un débat doctrinal et jurisprudentiel plus prononcé : la violation des clauses d'élection de for, surtout au niveau communautaire, soutenue par une législation européenne qui privilégie la première juridiction saisie. Le caractère tout aussi conventionnel de la clause d'*electio juris* peut nous fournir les premières pistes concernant la clause compromissoire.

352. Dans l'affaire *Gasser*, l'une des plus commentées sur ce thème, la société autrichienne homonyme avait conclu un contrat pour la vente de vêtements d'enfants à la société italienne MISRAT. Malgré l'absence d'une clause explicite de choix du for dans le contrat original, toutes les factures contenaient une disposition indiquant la juridiction des cours autrichiennes. Cela a permis de les associer à une clause d'*electio juris*, *ex vi* de l'art. 17[576] de la Convention de Bruxelles.

Quand le litige se présente, suite à une faute de MISRAT, celle-ci, afin d'éviter d'être assignée devant le for convenu, saisit rapidement les cours italiennes, en réclamant la rescision du contrat et une déclaration de non-responsabilité pour son inexécution. Malgré le choix du for autrichien, cette manœuvre permet à MISRAT de se valoir des très longs délais des cours italiennes, afin de retarder au maximum une condamnation future.

353. A. Nuyts résume bien cette tactique, qui consiste à prendre de l'avance sur la procédure engagée par l'autre partie pour la vider de toute effectivité devant un for parallèle : « Le défendeur anticipe les procédures du demandeur en proposant une action dans un autre for, choisi en fonction du fait qu'il est incapable d'apporter une solution rapide à l'affaire, du fait de ses ressources limitées ou bien de sa lourde charge de travail[577]. »

---

[575] Art. 1448, CPC : « Lorsqu'un litige relevant d'une convention d'arbitrage est porté devant une juridiction de l'État, celle-ci se déclare incompétente sauf si le tribunal arbitral n'est pas encore saisi et si la convention d'arbitrage est manifestement nulle ou manifestement inapplicable. La juridiction de l'État ne peut relever d'office son incompétence. Toute stipulation contraire au présent article est réputée non écrite ».

[576] « Si, par une convention écrite ou par une convention verbale confirmée par écrit, les parties, dont l'une au moins a son domicile sur le territoire d'un État contractant ont désigné un tribunal ou les tribunaux d'un État contractant pour connaître des différends nés ou à naître à l'occasion d'un rapport de droit déterminé, ce tribunal ou les tribunaux de cet État sont seuls compétents […]. »

[577] NUYTS Arnaud, « The enforcement of jurisdiction agreements further to *Gasser* and the Community principle of abuse of right », *in* VAREILLES-SOMMIÈRES Pascal de (éd.), *op. cit.*, p. 56. Traduction libre. Dans l'original : « *The potential defendant preempts those proceedings by bringing an action in another forum which is chosen in view of the fact that it*

Cette véritable tactique de guérilla est surnommée l'« *italian torpedo* » par M. Frazosi[578]. La métaphore illustre comment une partie *attaque* la convention de choix de for, en saisissant rapidement les cours italiennes, dénomination qui sera rapidement incorporée dans le vocabulaire définissant les attaques contre la convention arbitrale.

354. Peu après la manœuvre de la société italienne, Gasser engage les cours autrichiennes, et par une demande d'interprétation de la Oberlandesgericht d'Innsbruck, la CJCE est appelée à se prononcer sur (i) l'application de la règle de litispendance européenne[579], même dans les cas où la procédure devant la première cour saisie prend un délai déraisonnable, et (ii) sur la compétence de la deuxième cour, autrichienne, pour décider de la compétence de la première.

Le Royaume-Uni intervient alors dans l'affaire devant la Cour européenne, pour défendre que dans l'hypothèse d'une clause de juridiction exclusive attribuant compétence à la deuxième cour saisie, celle-ci serait compétente pour déterminer la validité de la clause, et, dans le cas positif, poursuivre la procédure indépendamment de la première juridiction saisie. Dans le cas contraire, les parties malintentionnées seraient encouragées à initier des procédures devant des cours différentes de celles choisies, pour de simples raisons tactiques.

355. La CJCE est restée insensible à ces abus potentiels. Dans une décision de 2003[580], la Cour maintient une interprétation stricte (voir purement théorique) de l'art. 21 de la Convention de Bruxelles[581], qui impose la litispendance à la cour choisie par les parties dans les cas où elle serait saisie

---

is unlikely to bring a quick resolution of the proceedings, for instance, because of its limited judicial resources and/or heavy workload. »

[578] FRAZOSI Mario, « Worldwide patent litigation and the Italian torpedo », *EIPR*, 1997, n°7, p. 382.

[579] Art. 21, Convention Bruxelles, à présent arts. 27 et 28, du Règlement n°44/2001 : « Article 27. 1. Lorsque des demandes ayant le même objet et la même cause sont formées entre les mêmes parties devant des juridictions d'États membres différents, la juridiction saisie en second lieu sursoit d'office à statuer jusqu'à ce que la compétence du tribunal premier saisi soit établie. 2. Lorsque la compétence du tribunal premier saisi est établie, le tribunal saisi en second lieu se dessaisit en faveur de celui-ci. Article 28. 1. Lorsque des demandes connexes sont pendantes devant des juridictions d'États membres différents, la juridiction saisie en second lieu peut surseoir à statuer. 2. Lorsque ces demandes sont pendantes au premier degré, la juridiction saisie en second lieu peut également se dessaisir, à la demande de l'une des parties, à condition que le tribunal premier saisi soit compétent pour connaître des demandes en question et que sa loi permette leur jonction. 3. Sont connexes, au sens du présent article, les demandes liées entre elles par un rapport si étroit qu'il y a intérêt à les instruire et à les juger en même temps afin d'éviter des solutions qui pourraient être inconciliables si les causes étaient jugées séparément ».

[580] CJCE, 9 déc. 2003, *Gasser GmbH v. MISRAT Srl.*, aff. n°C-116/02, *Rec. CJCE*, 2003, I, pp. 14693 *et seq.*

[581] Actuellement, art. 27, du Règlement n°44/2001, *cf.* n.579, *supra*.

en deuxième lieu (« *wait and see* »)[582]. Désormais, pour la CJCE, même si les tribunaux d'un État membre ne sont sollicités que dans le but de retarder la résolution du litige dans le for accordé entre les parties, l'équilibre des juridictions européennes et leur respect mutuel semble prioritaire.
Face à cette interprétation très contestable des clauses d'*electio juris*, T. Hartley note que le jugement de la CJCE « place le désir de maintenir des bonnes relations entre les États contractants au-dessus de l'apport de la justice aux parties », concluant que ceci révèle « le mépris de la Cour pour les considérations pratiques[583] ».
Voici, en pleine lumière, l'ambigüité qui nous accompagnera tout au long de cette étude. C'est le prétexte qui justifie l'introduction de la doctrine de l'abus de droit comme mécanisme indispensable à la coexistence de la justice *in casu* et des constructions théoriques – dans ce cas, politiques.

356. Après ce détour par le problème très illustratif des clauses d'*electio juris*, retournons à l'arbitrage international. Dans ce cadre spécifique, le problème est encore plus complexe, puisque le Règlement n°44/2001[584] exclut l'arbitrage de son application. Dès lors, l'examen des contestations étatiques des clauses compromissoires en Europe intègre le problème posé par les limites de cette exclusion, certains[585] affirmant même que le droit communautaire en la matière est devenu une véritable « *torpedo-free zone* ».

357. L'affaire *Marc Rich* constitue l'une des premières à poser spécifiquement ce problème dans l'arbitrage international ; elle a été traitée par la CJCE plus de dix ans avant l'affaire *Gasser*.

358. En l'espèce, la société suisse Marc Rich a conclu un contrat de fourniture de pétrole avec la société italienne Impianti, contenant une clause compromissoire fixant le siège de l'arbitrage à Londres. La société suisse soulève un problème concernant la qualité du produit, et, rapidement Impianti lance son « *torpedo* ». Elle saisit les cours italiennes d'une demande déclaratoire d'irresponsabilité envers la société suisse. Parallèlement,

---

582 La position de la Cour européenne est bien résumée dans le par. 53 de sa décision : « Enfin, les difficultés, telles que celles invoquées par le gouvernement du Royaume-Uni, découlant des comportements dilatoires de parties qui, souhaitant retarder la solution du litige au fond, engagent une action devant un tribunal qu'elles savent incompétent du fait de l'existence d'une clause attributive de juridiction, ne sont pas de nature à remettre en cause l'interprétation de l'une des dispositions de la convention de Bruxelles, telle qu'elle résulte de son texte et de sa finalité » (*cf.* n.580, *supra*).

583 HARTLEY Trevor C., *International commercial litigation: text, cases and materials on private international law*, New York : Cambridge University Press, 2009, pp. 258-259. Traduction libre. Dans l'original : « *The judgment shows again that the European Court puts de desirability of maintaining good relations among Contracting States above that of doing justice to the parties. It also shows the court's disdain for practical considerations.* »

584 Art. 1er(2)(d) (*cf.* n.389, *supra*).

585 HARTLEY Trevor C., *op. cit.*, p. 259.

Marc Rich initie un arbitrage en Angleterre, et désigne son arbitre. Impianti refuse de le faire.

Néanmoins, puisque le droit anglais permet à la partie défavorisée par ce refus de demander aux cours la nomination de l'arbitre de la partie adverse, la société suisse réclame cette désignation. Impianti la conteste, affirmant que la saisine des juridictions anglaises est contraire aux règles de litispendance de la Convention de Bruxelles. Les cours italiennes ayant été saisies antérieurement, les procédures étatiques anglaises devraient être suspendues face à la *lis pendens*.

À son tour, Marc Rich défend que les dispositions de la Convention de Bruxelles ne s'appliquent pas en l'espèce, puisque son art. 1er(4)[586] exclut l'arbitrage, et c'est exactement cette question que la Court of Appeal anglaise réfère à la CJCE.

359. Notons ici la subtile différence présentée à la Cour européenne entre l'exclusion de l'arbitrage comme *procédure autonome* par rapport à une procédure étatique, et, ce qui est l'hypothèse de Marc Rich, l'exclusion des *demandes étatiques* en *support* de l'arbitrage par rapport à une autre procédure étatique[587].

360. Même plus de dix ans avant l'arrêt *Gasser*, la CJCE[588] adopte dans l'affaire Marc Rich une position bien plus libérale, favorisant l'examen *in casu*, spécialement celui du choix des parties pour l'arbitrage. Dans le par. 19 de sa décision, la Cour européenne observe que la procédure étatique de désignation d'un arbitre correspond à « une mesure étatique destinée à mettre en œuvre une procédure d'arbitrage », concluant qu'« une telle mesure relève dès lors de la matière de l'arbitrage et, ainsi, elle est visée par l'exclusion de l'article 1er, deuxième alinéa, point 4, de la convention[589] ».

Encore plus important, dans le par. 27 du même délibéré, la CJCE affirme « qu'il serait d'ailleurs contraire au principe de la sécurité juridique, qui constitue l'un des objectifs de la Convention [...], que l'applicabilité de l'exclusion prévue par l'article 1er, deuxième alinéa, point 4, puisse varier au gré de l'existence d'une question préalable, qui peut être soulevée à tout moment par les parties[590] ». Cette affaire signale que l'« *italian torpedo* »

---

[586] Aujourd'hui, art. 1er(2)(d), du Règlement n°44/2001.

[587] La dernière proposition de refonte du Règlement n°44/2001, présentée en juin 2012, rend cette distinction explicite, en affirmant que le règlement ne s'applique pas aux procédures étatiques accessoires à l'arbitrage international, comme celles concernant la désignation des arbitres, le déroulement de l'exécution de celle-ci (art. 84, note 1, *cf.* n.827, *infra*). Nous nous permettons de l'examiner justement dans le cadre des tentatives de contrôle des déviations de l'arbitrage international concernant la litispendance (*cf.* n.501 *et seq.*, *infra*).

[588] CJCE, 25 juil. 1991, *Marc Rich and Co. v. Società Italiana Impianti*, aff. n°C-190/89, *Rec. CJCE*, 1991, I, pp. 3855 *et seq.*

[589] *Ibid.*, par. 19.

[590] *Ibid.*, par. 27.

ne peut être utilisé comme manœuvre dilatoire dans les arbitrages, ce qui amène certains[591] à affirmer que les clauses compromissoires sont plus effectives en Europe que les clauses d'*electio juris*.

361. Malheureusement, la conclusion n'est pas si simple. Nous verrons que le débat sur l'incidence de l'arbitrage au sein de la Communauté européenne sera repris quant à l'admissibilité des injonctions anti-procédure prononcées par des cours étatiques contre des tribunaux arbitraux. Nous approfondirons leur étude dans le prochain chapitre, considérant les *anti-suit injunctions* comme l'une des solutions mises en place aujourd'hui pour éviter des saisines abusives[592]. Pour l'instant, limitons-nous seulement aux mesures de contestation de la convention d'arbitrage.

362. Dans cette perspective, il est impossible ne pas référer, cette fois-ci en dehors de la Cour européenne, à l'affaire *Fomento*[593]. En 1996, une compagnie panaméenne CCT engage la société espagnole Fomento de Construcciones y Contratas pour la construction d'un port au Panama, prévoyant une clause d'arbitrage CCI à Genève. Quand commence un litige, Fomento engage les cours panaméennes, le 12 mars 1998, tandis que la CCT s'oppose à cette juridiction en soulevant l'existence de la clause d'arbitrage insérée dans le contrat. Le 26 juin 1998, le juge panaméen établit que la contestation à sa juridiction par la CCT s'est faite tardivement, ce qui justifie la poursuite de la procédure étatique.

En parallèle, la CCT initie la procédure arbitrale à Genève le 30 septembre 1998. Fomento demande immédiatement que le tribunal arbitral se dessaisisse, selon le moyen que la posture de la CCT au Panama, basée sur la décision du juge de première instance, indique sa renonciation à l'arbitrage. Entretemps, la Cour d'appel du Panama infirme la décision de la première instance, rejetant cette renonciation et, le 30 novembre 2002, le tribunal arbitral siégeant à Genève prend la même position, entérinant l'arbitrage.

Devant la décision du tribunal arbitral, la société espagnole saisit le Tribunal fédéral suisse d'un recours en annulation de cette décision, arguant que la procédure étatique panaméenne constitue *lis pendens*, interdisant aux arbitres de se prononcer sur leur propre compétence. Dans un arrêt du 14 mai 2001[594], le Tribunal fédéral estime que des arbitres siégeant en Suisse doivent surseoir à statuer dans l'attente de la décision qui sera rendue

---

[591] HARTLEY Trevor C., *op. cit.*, p. 263.

[592] *Cf.* n.504 *et seq.*, *infra.*

[593] Pour un aperçu de cette affaire, *cf.* Adam SAMUEL, « Fomento – a tale of "litispendance", arbitration and private international law », *in Liber Amicorum Claude Reymond*, *op. cit.*, pp. 255 *et seq.*

[594] TF, 14 mai 2001, *Fomento de Construcciones y Contratas SA v. Colon Container Terminal Sal.*, *ATF* 127, III, 279, *Rev. arb.*, 2001, p. 835 – note POUDRET Jean-François.

sur le même contrat dans un autre État, en application de l'art. 9, LDIP[595], lequel donne priorité à la première juridiction saisie en cas de litispendance.

363. Selon E. Gaillard, « la solution était évidemment très fâcheuse[596] ». L'auteur rappelle qu'à suivre cette décision, il suffirait, pour retarder ou faire échouer un arbitrage, de saisir d'abord des juridictions étatiques, et de demander que les arbitres sursoient à statuer. En cas de succès devant les ordres de l'État, les parties demanderaient aux arbitres de s'incliner à un *decisum* dont le seul « mérite » est d'avoir été rendu en premier. Cette situation favorise des comportements mal intentionnés contre l'autonomie de l'arbitrage international.

364. Ce risque semble avoir été contrôlé par le législateur suisse avec la loi du 6 octobre 2006, qui renforce l'autonomie de l'arbitrage international, en ajoutant à l'art. 186, LDIP, consacré à la compétence du tribunal arbitral, l'al. 1*bis*, *in verbis* : « [Le tribunal arbitral] statue sur sa compétence sans égard à une action ayant le même objet déjà pendante entre les même parties devant un autre tribunal étatique ou arbitral, *sauf si des motifs sérieux commandent de suspendre la procédure* » (souligné par nous).

Ce n'est pas par hasard que nous mettons en évidence la réserve prévue dans la partie finale du dispositif, car elle revêt une importance fondamentale dans notre recherche de critères plus précis pour l'analyse du cas concret[597]. À présent, limitons-nous à approuver la réaction rapide du législateur suisse, qui renforce l'autonomie de l'arbitrage international sans en faire un dogme insurmontable, ouvrant la possibilité d'y renoncer face à des *motifs sérieux*.

365. En dépit de cette intéressante solution venant de Suisse, bon nombre de pays subissent encore le poids de leurs juridictions internes, et reçoivent très mal cette délocalisation de l'arbitrage international. Citons par exemple certaines affaires en Russie, où des justiciables soucieux d'échapper à une condamnation issue d'un arbitrage international provoquent souvent une action étatique parallèle devant les cours russes, en demandant la nullité du contrat principal, tentant de contaminer aussi la convention arbitrale[598].

---

[595] « Art. 9. (1) Lorsqu'une action ayant le même objet est déjà pendante entre les mêmes parties à l'étranger, le tribunal suisse suspend la cause s'il est à prévoir que la juridiction étrangère rendra, dans un délai convenable, une décision pouvant être reconnue en Suisse. (2) Pour déterminer quand une action a été introduite en Suisse, la date du premier acte nécessaire pour introduire l'instance est décisive. La citation en conciliation suffit. (3) Le tribunal suisse se dessaisit dès qu'une décision étrangère pouvant être reconnue en Suisse lui est présentée. »

[596] GAILLARD Emmanuel, *Aspects philosophiques…*, *op. cit.*, p. 132.

[597] Sur le rôle de l'abus de droit comme critère permettant cette poursuite de l'analyse plus précise du cas concret, *cf.* n.1079 *et seq*, *infra*.

[598] C'est le scénario rapporté par Boris KARABELNIKOV et Dominic PELLEW, « L'exécution des sentences arbitrales internationales en Russie – un tableau encore en demi-teinte ». *Bull. CCI*, 2008, v. 19, n°1, spéc. pp. 77 *et seq*.

366. C'est exactement ce qui s'est passé dans l'affaire *Quality Steel v. Bummash* en 2003. Un actionnaire de la société russe Bummash a engagé le tribunal d'*arbitrazh* dès qu'un litige est survenu, pour qu'il déclare nuls tous les contrats entre les parties, lesquels contenaient une clause d'arbitrage devant l'Institut d'arbitrage des Pays-Bas. Le tribunal d'*arbitrazh* fédéral de la région de l'Oural a effectivement déclaré les conventions comme nulles, dans deux jugements du 29 décembre 2003 et du 24 décembre 2004[599]. Parallèlement, Quality Steel obtient finalement une sentence arbitrale sur la même affaire, prononcée aux Pays-Bas. Quand elle demande ensuite sa reconnaissance en Russie en 2005, les cours étatiques la refusent immédiatement. Les tribunaux russes affirment que la sentence arbitrale est contraire aux décisions précédentes assignant l'invalidité des contrats, et donc contraire à l'ordre public russe. La boucle est bouclée.

367. Selon deux commentateurs de ces décisions, « les juges devraient abandonner l'idée que l'exécution d'une sentence qui va à l'encontre d'une décision judiciaire russe préexistante est nécessairement contraire à l'ordre public[600] ». Ceci éviterait une contestation judiciaire de la convention d'arbitrage dont le seul but est d'empêcher l'exécution d'une future sentence arbitrale internationale. De plus, les parties étrangères sont très loin de vouloir perdre du temps et de l'argent pour se défendre dans ces procédures étatiques détournées[601].

368. Pourtant, ces décisions internes restent isolées. En France, par exemple, la jurisprudence[602] a établi que les règles de reconnaissance et d'exécution des sentences ne s'appliquent pas aux décisions étatiques sur la validité de la convention ou bien sur la reconnaissance ou l'annulation d'une sentence. C'est un premier signe de l'écartement des griefs locaux d'annulation de la sentence, dont l'évolution législative a déjà pu être notée ci-dessus, dans le progrès entre la Convention de New York et la Convention de Genève de 1961[603].

369. L'arrêt de la CJCE dans l'affaire *West Tankers*, en 2009[604], a certainement marqué un pas en arrière, ce que nous approfondirons lorsque nous traiterons des *anti-suit injunctions*. Néanmoins, l'affaire nous intéresse déjà ici, puisqu'en interdisant des injonctions entre des États membres

---

[599] Tribunal d'*arbitrazh* fédéral pour la région de l'Oural, 12 oct. 2005, *Quality Steel v. Bummash*, F09-2110/05-C6. *Apud* KARABELNIKOV Boris, PELLEW Dominic, *op. cit.*, p. 78.

[600] KARABELNIKOV Boris, PELLEW Dominic, *op. cit.*, p. 79.

[601] *Ibid.*, p. 87.

[602] CA Paris, 22 mar. 2001, *Gouvernement de la Fédération de Russie v. Compagnie Noga d'importation et d'exportation*, *Rev. arb.*, 2002, p. 723. Confirmée par Cass., 9 déc. 2003, *Rev. arb.*, 2004, p. 337.

[603] *Cf.* n.234 *et seq.*, *supra*.

[604] CJCE, 10 fév. 2009, *Allianz SpA & Generali Assicurazioni Generali SpA v. West Tankers Inc.*, aff. n°C-185/07, *Rec. CJCE*, 2009, pp. 63 *et seq.*

pour garantir une procédure arbitrale, cette décision a eu pour principal effet collatéral de rapprocher l'arbitrage international des ordres étatiques.

Ainsi, surtout au Royaume-Uni, où s'est déroulé l'arbitrage qui fait l'objet de l'arrêt *West Tankers*, la jurisprudence commence à considérer « qu'un jugement rendu par un autre tribunal étatique appartenant au système Bruxelles-Lugano en violation d'une convention d'arbitrage (qui serait considérée valide dans la perspective anglaise) doit être reconnu et exécuté en Angleterre, même si le jugement affirme l'invalidité de la clause compromissoire[605] ».

370. La jurisprudence *West Tankers* ressuscite et renforce les demandes judiciaires en support de l'arbitrage comme arme de guerre devant les cours étatiques pour vider la clause compromissoire. À cela s'ajoute une tendance déjà manifeste à intenter des actions déclaratoires d'irresponsabilité dans le deuxième for saisi, pour éviter une future reconnaissance des sentences arbitrales. Cette pratique, qui n'en reste pas moins une façon d'éviter le *forum shopping* des parties qui se précipitent vers leurs propres tribunaux[606], constitue un obstacle certain à la formation d'un espace autonome.

371. Finalement, quant à la saisine de cours nationales dont les liens sont presque inexistants avec la procédure arbitrale dans le seul but de fragiliser celle-ci, citons quelques décisions des juridictions indiennes. En effet, depuis 1997, des jugements semblent indiquer un prolongement indéfini de la loi d'arbitrage de l'Inde à toutes les procédures qui lui sont un minimum liées.

372. Dans une affaire *Suzuki Motors Corp.*[607] qui date de 1997, un juge de la Delhi High Court a ordonné une mesure provisoire contre un arbitrage se déroulant à Londres. En 1999, dans une affaire *Marriott International Inc.*[608], un autre magistrat a permis la même manœuvre contre un arbitrage dont le siège était à Kuala Lumpur, en Malaisie. Citons aussi l'affaire *Bhatia*[609], en 2002, dans laquelle la Cour suprême a autorisé l'intervention

---

605 RAPHAEL Thomas, *The anti-suit injunction: updating supplement.* Oxford : Oxford University Press, 2010, p. 76. Traduction libre. Dans l'original : « *It is clear, at least for now, that a judgment of another Brussels-Lugano court obtained in breach of an arbitration agreement (which would be valid from an English perspective) must be recognized and enforced in England, even to the extent that it contains a ruling as to the invalidity of the arbitration clause.* » C'est ce qui découle de l'arrêt *National Navigation Co. v. Endesa Generacion SA (The Wadi Sudr)* [2010] 1 Lloyds Rep 183 (CA).

606 C'est l'opinion de Andrew Bell, dans *Forum shopping and venue in transnational litigation.* New York : Oxford University Press, 2003, p. 246. La même opinion est discutée par Stuart Dutson, dans « Breach of an arbitration or exclusive jurisdiction clause: the legal remedies if it continues », *Arb. intern.*, 2000, v. 16, n°1, p. 94.

607 Inde, Delhi High Court, *Suzuki Motor Corporation v. Union of India and Anr, Arb. L. Rev.*, 1997, n°2, p. 477.

608 Inde, Delhi High Court, *Marriott International Inc. v. Ansal Hotels*, 1999 (82), *DLT*, 1999, n°82, p. 13. Rapporté par Hamid G. GHARAVI, *op. cit.*, pp. 118 *et seq.*

609 Inde, Supreme Court, *Bhatia International v. Bulk Trading SA*, (2002) 4 SCC 105.

des cours indiennes pour ordonner des mesures provisoires adressées directement à des procédures arbitrales dont le siège n'était pas situé sur son territoire ; *in casu*, il s'agissait d'une procédure siégée à Paris.
Ces décisions s'appuient toutes sur une application très discutable de la loi d'arbitrage indienne (Indian Arbitration Act), à partir d'une interprétation très extensive de sa section 2(2), laquelle affirme simplement la mise en application de la partie concernant l'arbitrage aux procédures se déroulant en Inde. Nonobstant une rédaction très claire (dans l'original : « *This Part shall apply where the place of arbitration is India* »), la plupart des magistrats dans les affaires *supra* s'efforcent d'affirmer qu'il s'agit d'un dispositif simplement inclusif, qui n'écarterait donc pas les arbitrages siégés dans d'autres États[610].

373. Aujourd'hui, face aux nombreuses critiques de la communauté internationale, et du fait de la qualification de plus en plus fréquente de l'Inde comme une juridiction *arbitration-unfriendly*, un mouvement de discussion jurisprudentiel et politique s'est développé, accompagné d'une consultation publique du ministère de la Justice indien. Parallèlement, l'affaire *Bhatia* a été rouverte ; un nouveau jugement, devant la Cour suprême, a commencé début 2012. Il est bien probable que ces efforts mènent à un changement de position et attirent un nombre croissant d'arbitrages asiatiques en Inde[611].

374. En tout état de cause, il est indéniable que les demandes étatiques qui ignorent ou qui contestent la convention arbitrale portent préjudice à la partie cherchant la condamnation. Les délais souvent très étalés des juridictions saisies empêchent l'application de solutions rapides pour des problèmes souvent très simples.
Pire, rappelons que dans un nombre considérable de législations nationales, la défense concernant la procédure est présentée en même temps que celle portant sur le fond. Cela rend encore plus difficile et coûteuse la participation judiciaire de la partie en question, déjà lésée dans un for avec lequel elle n'a normalement aucune intimité[612].

---

[610] GHARAVI Hamid G., *op. cit.*, p. 118. Dans cet effort interprétatif, la jurisprudence indienne se vaut aussi de la section 2(5) de l'Arbitration Act, dont le seul membre « *all arbitration* » paraît suffisant pour un raisonnement holiste : « *(5) Subject to the provisions of subsection (4), and save in so far as is otherwise provided by any law for the time being in force or in any agreement in force between India and any other country or countries, this Part shall apply to all arbitrations and to all proceedings relating thereto* » (souligné par nous).

[611] NAIR Promod, « A new year, a new start in India », *Kluwer Arbitration Blog*, 11 jan. 2002.

[612] La préoccupation a été exprimée par le rapport de l'ILA issu de sa conférence à Londres, en 2000, sur la renonciation de compétence en matière de contentieux international (*ILA Third Interim Report: Declining & Referring Jurisdiction in International Litigation*, 69e conférence de l'ILA, Londres, 25-29 juil. 2000, p. 4). Selon le rapport, une des principales causes d'abus résultant des Conventions de Bruxelles et de Lugano correspond à l'inexistence de règles qui imposeraient aux cours nationales d'examiner leur juridiction avant que le plaideur soit obligé

375. Enfin, rappelons que notre but ici n'est pas d'épuiser les discussions autour des problèmes liés aux mesures conservatoires, provisoires, ou sur les violations de la convention d'arbitrage. Nous aurons l'occasion d'approfondir ce débat lorsque nous étudierons les solutions proposées aujourd'hui pour les sanctionner, lesquelles semblent chaque fois plus conscientes des risques d'implosion du système. À cette occasion, nous examinerons aussi les limites de ces solutions, afin d'en proposer une autre plus viable.

376. Présentons dans cette première section les principales manifestions des manœuvres abusives, ainsi que la posture juridique adoptée par la jurisprudence, sans y porter aucun jugement de valeur. Toutefois, nous dégagerons déjà la piste d'une interprétation équitable du cas d'espèce comme condition pour la formation d'un système autonome d'arbitrage qui n'ignore pas le contrôle étatique. Si ce dialogue nécessaire semble encore fragile au sein des manœuvres de contestation de l'autonomie de l'arbitrage avant et pendant la procédure, une fois la sentence arbitrale rendue, celle-ci apportera un degré d'immutabilité qui renforcera le problème.

---

de se défendre sur le fond. Cette forme de préjudice a été rapportée par la Court of Appeal anglaise dans l'affaire *Continental Bank NA v. Aeokos Cia Naviera SA*, [1994] 1 WLR 588. *Cf.* NUYTS Arnaud, « *Forum shopping* et abus du *forum shopping* dans l'espace judiciaire européen », *op. cit.*, p. 769 : « Il suffit pour n'importe quelle partie, même en défaut d'exécution de ses obligations, de saisir les tribunaux de son choix pour que toute demande ultérieure de la victime de l'inexécution soit paralysée par le jeu de l'exception de litispendance, l'obligeant ainsi à porter son action par voie reconventionnelle devant un tribunal qu'elle n'aurait probablement pas choisi. »

Section II. Les dérives après la procédure arbitrale

377. Si l'interaction entre l'arbitrage international et les cours étatiques en ce qui concerne les mesures parallèles ou antérieures à la procédure est encore dépourvue d'instruments normatifs assez précis pour uniformiser la pratique, il n'en est pas de même pour les sentences arbitrales. Leur circulation internationale est réglée par divers textes, comme la Convention de New York, la Convention de Genève de 1961, la Convention du Panama, etc. Néanmoins, ce qui aurait pu être un avantage se révèle une variable de plus dans l'équation déjà complexe qui essaie d'harmoniser *autonomie* et *intervention étatique*.

378. Une recherche de la Queen Mary University de Londres sur les pratiques corporatives dans l'arbitrage international[613] atteste que 40 % des conseils ont déclaré avoir atteint un accord avec l'autre partie *après* le prononcé de la sentence arbitrale, moyennant une réduction de la valeur de sa condamnation ; 56 % d'entre eux indiquent que la principale raison motivant cette négociation réside dans les déficiences du système de reconnaissance des sentences. En commentant ces résultats, S. Brekoulakis[614] observe que cette inefficacité résulte du fait que les débiteurs de la sentence abusent de son système de circulation.

379. Nous présenterons donc ici les problèmes issus de ces faiblesses, spécialement ceux qui dérivent des effets de l'annulation de la sentence arbitrale par les juridictions étatiques. Pourtant, avant de nous pencher sur l'attitude des parties dans le dialogue – ou « monologue » – entre l'ordre d'annulation de la sentence et celui de son exécution (§ 2°), il est indispensable de tracer, encore que brièvement, les différentes conceptions théoriques qui définissent la sentence arbitrale internationale (§ 1°).

§ 1°. La nature juridique de la sentence arbitrale internationale

380. Les premiers éléments doctrinaux sur ce thème résultent des débats qui ont opposé des territorialistes, comme F. Mann, à des internationalistes, comme B. Goldman. Toutefois, les échanges spécifiques sur la nature que devrait revêtir la sentence arbitrale dans un effort de détachement de

---

[613] [En ligne] http://www.pwc.co.uk/eng/publications/international_arbitration_2008.html (page consultée le 14/12/11).

[614] BREKOULAKIS Stavros, « Special section on the 2008 survey on corporate attitudes towards recognition and enforcement of international arbitral awards: enforcement of foreign arbitral awards: observations on th efficiency of the current system and the gradual development of alternative means of enforcement », *Amer. Rev. Intern. Arb.*, 2008, n°19, p. 420.

l'arbitrage international sont également apparus dans les discussions autour de l'élaboration de la Convention de New York, dans les années 1950.
Dans ses travaux préparatoires, la CCI[615] exprime clairement sa position : la Convention de Genève de 1927 présentait une notion encore trop locale de la sentence, et ne prévoyait uniquement la reconnaissance des décisions arbitrales respectant les règles de procédure de l'État où l'arbitrage a eu lieu[616]. L'avant-projet de la CCI, daté de 1953[617], fait écho à cette préoccupation, et suggère que « pour obtenir l'exécution, la composition du tribunal et la procédure devaient être conformes à la volonté des parties et, à défaut, à la loi du lieu de l'arbitrage[618] ».
La CCI propose alors une véritable « sentence internationale ». R. David[619] observe que les participants à la conférence diplomatique associent rapidement cette appellation aux sentences relevant du droit international public. C'est pourquoi la Convention adopte finalement le concept de « sentence étrangère », rendue dans un pays autre que celui où l'exécution est demandée[620].
Les débats qui ont précédé l'adoption du texte de New York ont été dominés par ceux qui censuraient une sentence arbitrale détachée de tout ordre étatique. Néanmoins, l'on observait déjà un mouvement discret des partisans d'une *lex arbitri* anationale, qui avait semé ses premières graines, par exemple, dans la rédaction des lettres « a » et « d »[621], de l'art. V, permettant que la régularité de la convention, ou bien celle du tribunal et de la procédure, soient examinés, respectivement, selon « la loi à laquelle les parties l'ont subordonnée », ou bien selon la convention des parties. Dans les deux cas, la Convention de New York s'éloigne de la loi territoriale.

381. À ce moment, les ingénieurs de la Convention de New York ne peuvent pas prévoir que les interprétations jurisprudentielles de ces dispositifs, ainsi que l'amalgame entre l'art. V(1)(e)[622] et l'art. VII(1)[623], conduiront la sentence à se détacher de plus en plus des ordres étatiques

---

[615] CCI, *Enforcement of international arbitral awards: report and preliminary draft convention*, ICC Brochure, n°174, 1953.
[616] Commenté par Laurence FRANC-MENGET, *Le contrôle judiciaire des sentences arbitrales internationales en droit américain et français*, thèse de droit, Université Paris II, 2002, p. 178.
[617] CCI, *Enforcement of international arbitral awards*, *op. cit.*
[618] FRANC-MENGET Laurence, *op. cit.*, p. 178.
[619] DAVID René, *Le droit du commerce international*, *op. cit.*, p. 116.
[620] Art. 1, CNY : « La présente Convention s'applique à la reconnaissance et à l'exécution des sentences arbitrales rendues sur le territoire d'un État autre que celui où la reconnaissance et l'exécution des sentences sont demandées, et issues de différends entre personnes physiques ou morales. Elle s'applique également aux sentences arbitrales qui ne sont pas considérées comme sentences nationales dans l'État où leur reconnaissance et leur exécution sont demandées ».
[621] Art. V(1), let. (a) et (d), *cf.* n.270, *supra.*
[622] *Cf.* n.271, *supra.*
[623] *Cf.* n.363, *supra.*

d'origine. Ces positions ont permis d'intégrer à la Convention, quoique de manière transversale, des sentences « anationales », dont les arrêts *SEEE*[624] ou *Götaverken*[625] sont devenus des symboles importants.

382. Dans cette évolution, la Convention européenne de 1961, même si elle ne définit pas explicitement la sentence, paraît renforcer son aspect anational. Elle écarte les motifs locaux d'annulation dans son art. IX(2), et les griefs qu'elle mentionne tendent vers une conception internationale de justice[626]. La Loi-type de la CNUDCI n'apporte elle non plus aucune définition de la sentence, en dépit d'un effort dans ce sens lors de ses travaux préparatoires[627].

383. Les législations internes ne contribuent pas d'avantage à la qualification de la sentence internationale. Dans le droit français, ce sont plutôt ses conditions d'existence et ses effets qui sont privilégiés, ainsi que sa preuve dans le cadre des demandes de reconnaissance[628]. La LDIP suisse observe la même réserve, sauf en ce qui concerne le renvoi, par le biais de son art. 194[629], à la Convention de New York en matière de reconnaissance des sentences arbitrales étrangères.

384. Dès lors, ni les conventions internationales ni les législations internes ne semblent accorder d'importance à l'énoncé d'un significat définitif à la sentence. Celle-ci sera surtout définie à partir de l'analyse jurisprudentielle de ses conditions d'existence et de validité.

385. Ces positions pragmatiques sont soutenues, surtout en France, par d'intenses débats doctrinaux, qui constituent, en ultime instance, la véritable source théorique de la sentence internationale. Voyons alors quels sont ses principales caractéristiques.

386. En 1956, Vizioz défend la sentence arbitrale comme un acte juridictionnel, tant du point de vue matériel, « car elle a pour objet de trancher un litige », que formel, « dès lors que l'arbitre a suivi une procédure juridictionnelle[630] ». Néanmoins, son insertion progressive dans une optique

---

[624] *Cf.* n.408, *supra.*

[625] *Cf.* n.491, *supra.*

[626] *Cf.* n.378, *supra.*

[627] « Le mot "sentence" doit s'entendre d'une sentence définitive qui tranche toutes les questions soumises au tribunal arbitral et de toute autre décision du tribunal arbitral qui règle définitivement une question de fond quelconque ou la question de sa compétence ou toute autre question de procédure, mais dans le dernier cas, seulement si le tribunal qualifie sa décision de sentence » (A/CN.9/246, 6 mar. 1984, n.192, rapporté par Laurence FRANC-MENGET, *op. cit.*, p. 112).

[628] Arts. 1506(4), 1513 et 1514 *et seq.*, CPC.

[629] « La reconnaissance et l'exécution des sentences arbitrales étrangères sont régies par la convention de New York du 10 juin°1958 pour la reconnaissance et l'exécution des sentences arbitrales étrangères. »

[630] VIZIOZ Henry, *Études de procédure*, Paris : Dalloz, 2011 (1956), p. 588.

transnationale, à partir des années 1960, a rapproché cet auteur des thèses contractualistes.

387. Sans avoir la prétention d'épuiser un thème si complexe[631], citons H. Motulsky comme l'un des représentants de cette contractualisation de la sentence. Dans ses *Écrits*, le juriste défend l'arbitrage comme une « *institution* complexe », et la sentence comme « un *jugement* à physionomie contractuelle[632] ». Adoptant ce qu'il appelle une théorie mixte, il considère la sentence autant dans ses aspects institutionnels que conventionnels. Il s'agit « d'opter, devant chaque problème, pour [sa] composante prédominante[633] ». Dans l'arbitrage international, l'élément contractuel prédomine, car, selon l'auteur[634], en matière internationale, la sentence n'*évince* pas la juridiction interne, mais *crée* une nouvelle juridiction. Dès lors, il est facile de constater que, pour H. Motulsky[635], l'applicabilité de la loi du lieu de la sentence n'est qu'une présomption de fait, et jamais une présomption de droit. De plus, « l'insuffisance actuelle du développement d'un *droit* "véritablement international", imposant le recours à des lois nationales, ne dément pas la "réalité psychologique et juridique" d'une sentence "véritablement internationale"[636] ».

388. Voici les grands traits de la progression théorique qui représente l'un des piliers de la jurisprudence de délocalisation de la sentence internationale. Néanmoins, si H. Motulsky estime en conclusion « que le texte de la Convention de New York signifie bien que la procédure arbitrale peut être *détachée de tout lien national*[637] », ceci n'en reste pas moins une *possibilité*. Ce caractère facultatif permet à la jurisprudence d'employer les interprétations les plus différentes de la Convention, tant pour défendre l'enracinement de la sentence que pour soutenir son détachement. Tandis que l'ordre du siège, en annulant la sentence, exprime son enracinement, celui de l'exequatur, en ignorant cette annulation, manifeste sa délocalisation.

389. En outre, la nature contractuelle de la sentence, qui se prête si bien à l'arbitrage international, trouve son apogée, ironiquement, dans les théories purement territoriales. Ce sont les hypothèses dans lesquelles la sentence est considérée comme un simple acte privé, un *fait juridique*, qui ne se situe pas

---

[631] Sur la nature juridique des sentences, *cf.*, entre autres, ARETS V., « Réflexions sur la nature juridique de l'arbitrage », *Annales de la Faculté de droit de Liège*, 1962, pp. 173 *et seq.* ; BOLLÉE Sylvain, *Les méthodes…*, *op. cit.*

[632] MOTULSKY Henri, *Écrits…*, *op. cit.*, p. 383, italique dans l'original.

[633] *Ibid.*

[634] *Ibid.*, p. 384.

[635] *Ibid.*, p. 385.

[636] *Ibid.*, p. 389, italique dans l'original.

[637] *Ibid.*, p. 392, italique dans l'original.

à l'« extrémité inférieure » d'un ordonnancement juridique normatif, mais bien « à l'extérieur[638] ».

390. Pourtant, à notre avis, il y a là un décalage entre les éléments théoriques apportés au sujet et l'interprétation de ses principaux textes, comme la Convention de New York. Une même sentence, comme l'observe C. Santulli[639], peut être qualifiée à la fois de « sentence internationale » par le droit du contentieux international, et de « sentence nationale "matériellement internationale" » par le droit étatique.

391. Ainsi, la Convention de New York se transforme en un instrument à double tranchant, servant de légitimation normative pour les constructions théoriques des plus variables. Toutefois, il nous semble que la nature juridique de la sentence arbitrale ne ressort d'aucun texte, ni même d'une association – fort risquée, mais chaque fois plus fréquente – avec la décision judiciaire[640].

392. Au contraire, considérant la sentence comme métonymie du débat plus large, et mené précédemment, sur la nature de l'ordre juridique arbitral, ses caractéristiques doivent être catégorisées selon le type d'affaires quelle tranche, c'est-à-dire ceux qui relèvent du commerce international. Le lieu où la sentence est rendue, ou la nationalité des parties, ne contribuent que comme indices des intérêts en jeu. Désormais, le caractère international de la sentence n'est utile qu'en tant que source interprétative pour les arbitres qui la prononcent, ou bien pour les juges qui la contrôlent. Si nous appliquons à l'ordre juridique arbitral une perspective téléologique, impossible ne pas le faire ici en ce qui concerne la sentence, son émanation principale.

---

[638] BOLLÉE Sylvain, *Les méthodes…*, *op. cit.*, p. 38 : « Ces développements nous amènent donc à la conclusion que la position de la sentence, par rapport à l'ordonnancement normatif, est au fond semblable à celle de n'importe quel fait juridique : il s'agit toujours d'un *Sein* constituant la réalisation de l'hypothèse mentionnée dans le présupposé d'une règle. Et s'il est certain que l'effet juridique produit par celle-ci est "attribuable" à l'ordre juridique qui l'a posée, rien n'implique en revanche que ce dernier prenne à son compte le *Sein* lui-même. Cette analyse conduit donc en définitive à faire admettre que la sentence, loin d'accéder à la dignité de norme juridique, est purement et simplement un *fait* qui, à l'instar d'un contrat ou d'un délit, *ne se situe pas à l'extrémité inférieure, mais à l'extérieur de l'ordonnancement juridique* » (italique dans l'original). *Cf.* dans ce sens CA Paris, 9 juil. 1992, *Norbert Beyrard France v. République de Côte d'Ivoire*, *Rev. arb.*, 1994, p. 133, affirmant que la sentence n'est qu'un titre pour lequel des mesures protectives peuvent être demandées. Rapporté par Gary BORN, *International commercial arbitration*, v. 2. The Netherlands : Kluwer Law International, 2009, p. 2398.

[639] SANTULLI Carlo, *Droit du contentieux international*, Paris : Montchrestien, 2005, p. 48.

[640] Pour un exemple de ses caractéristiques communes, *cf.* Philippe PINSOLLE, « The status of vacated awards in France… », *op. cit.*, p. 284.

§ 2°. *La portée internationale de l'annulation de la sentence*

393. Ce sujet fait apparaître de manière flagrante les divergences entre l'autonomie de la sentence et la résolution équitable du cas concret. D'une part, le droit d'une partie de demander la reconnaissance d'une sentence valable au niveau international, émanant de la convention et de l'ordre juridique arbitral ; de l'autre, le droit de la partie opposée de faire contrôler la régularité de cette même sentence au niveau local. C'est la limite entre ces deux droits, encore peu explorée, qui empêche un parfait ajustement entre l'ordre arbitral et l'ordre national, créant les brèches par lesquelles se glisseront les dérives éventuelles.

394. Bien entendu, toutes les tentatives de reconnaissance d'une sentence annulée dans un autre for ne résultent pas d'une manipulation de l'ordre juridique arbitral. De la même manière, les tentatives de reconnaissance ne sont pas dénuées d'un caractère subversif au motif qu'elles se basent sur l'autonomie de la sentence.

395. À ce stade, il nous parait donc important de souligner que les affaires examinées ci-dessous ne résultent pas toutes nécessairement d'une stratégie procédurale froidement tracée par les parties ou les conseils pour échapper aux effets d'une future décision d'annulation. Cependant, les constructions théoriques confrontées dans les tentatives de reconnaissance d'une sentence annulée exposent les fragilités du système. Examinons alors comment les juges d'accueil incorporent – ou non – les effets de l'annulation de ces sentences, qu'elles soient annulées dans le siège de l'arbitrage (A), ou qu'elles soient annulées par un ordre totalement étranger (B).

A. Les effets de l'annulation de la sentence dans le siège de l'arbitrage

396. Avant de considérer les différentes positions législatives, jurisprudentielles et doctrinales vis-à-vis des effets de l'annulation de la sentence arbitrale dans le siège du tribunal (2°), parcourons, très brièvement, les différents griefs pour l'annulation des sentences internationales (1°).

1°. Bref survol des conditions d'annulation des sentences internationales

397. Plutôt que de décrire exhaustivement toutes les conditions d'annulation de la sentence internationale, essayons de chercher le dénominateur commun de ces griefs, élément indispensable pour dégager les critères interprétatifs d'un ordre commun. En même temps, il sera plus simple d'identifier les conditions qui, bien que prévues pour l'arbitrage international, ne résultent que de l'acception nationale d'une conception transnationale, ce qui correspond, au fond, à des critères purement locaux.

398. À commencer par les législations internes, la France est certainement l'un des pays les plus favorables au détachement de l'arbitrage international. L'art. 1520, CPC prévoit qu'un recours en annulation contre une sentence internationale rendue dans son territoire ne sera ouvert que dans les hypothèses suivantes : (1°) le tribunal s'est déclaré à tort compétent ou incompétent ; (2°) le tribunal arbitral a été irrégulièrement constitué ; (3°) le tribunal arbitral a statué sans se conformer à la mission qui lui avait été confiée ; (4°) le principe de la contradiction n'a pas été respecté ; ou (5°) la reconnaissance ou l'exécution de la sentence est contraire à l'ordre public international[641].

Les quatre premiers griefs se rapprochent des éléments de base de l'ordre juridique arbitral – la convention, le tribunal et la procédure –, qui permettent aux cours étatiques de se prononcer sur des conditions relevant d'un caractère nettement transnational. Quant au cinquième moyen, et sans réitérer le débat déjà exploré ci-dessus[642], rappelons seulement qu'un concept d'ordre public *réellement* international reste à atteindre. C'est la condition pour que tous les griefs d'annulation s'approchent d'une perspective véritablement transnationale de l'arbitrage en France.

399. En Suisse, l'art. 190(1), LDIP énonce les conditions pour attaquer la sentence[643], en se rapprochant de la législation française. Sa lettre « e » prévoit encore la contrariété à « l'ordre public », sans spécifier s'il s'agit de l'ordre interne suisse ou de l'ordre international, ce qui peut prêter à confusion, spécialement en considérant que la LDIP prévoit expressément un « ordre public suisse » dans ses arts. 17 et 27[644].

400. Au Royaume-Uni, l'EAA prévoit une série de griefs pour l'impugnation de la sentence, énumérés comme « *serious irregularity* » dans sa section 68(2)[645]. Quelques uns d'entre eux, comme l'ambigüité ou

---

[641] « Art. 1520. Le recours en annulation n'est ouvert que si : 1° Le tribunal arbitral s'est déclaré à tort compétent ou incompétent, ou 2° Le tribunal arbitral a été irrégulièrement constitué, ou 3° Le tribunal arbitral a statué sans se conformer à la mission qui lui avait été confiée, ou 4° Le principe de la contradiction n'a pas été respecté, ou 5° La reconnaissance ou l'exécution de la sentence est contraire à l'ordre public international. »

[642] *Cf.* n.273 *et seq.*

[643] *Cf.* n.453, *supra.*

[644] *Cf.* n.452, *supra.* Sur les interprétations de ces différentes dénominations dans le droit suisse, *cf.*, *supra*, n.277.

[645] « *(2) Serious irregularity means an irregularity of one or more of the following kinds which the court considers has caused or will cause substantial injustice to the applicant— (a) failure by the tribunal to comply with section 33 (general duty of tribunal); (b) the tribunal exceeding its powers (otherwise than by exceeding its substantive jurisdiction: see section 67); (c) failure by the tribunal to conduct the proceedings in accordance with the procedure agreed by the parties; (d) failure by the tribunal to deal with all the issues that were put to it; (e) any arbitral or other institution or person vested by the parties with powers in relation to the proceedings or the award exceeding its powers; (f) uncertainty or ambiguity as to the effect of the award; (g) the award being obtained by fraud or the award or the way*

l'incertitude des effets de la sentence, s'éloignent de la conception plus internationale des législations suisse ou française. Il faut, bien entendu, considérer que les motifs locaux d'annulation sont bien plus présents dans des législations monistes, qui ne distinguent pas les griefs de l'arbitrage international et ceux de l'arbitrage interne[646].

401. Dans le cadre international, les conditions d'annulation de la sentence sont plus homogènes, et nous permettent plus aisément de définir un dénominateur commun. La Convention de New York, en prévoyant, dans son art. V(1), les causes de refus de reconnaissance des sentences, fournit une interprétation des griefs susceptibles d'invalider la décision arbitrale : il s'agit de motifs relevant de l'irrégularité de la convention ou de l'incapacité des parties (let. « a »), du droit à la contradiction (let. « b »), du caractère *extra petita* ou *ultra petita* de la sentence (let. « c »), ou bien de l'invalidité même de la procédure ou de la constitution du tribunal (let. « d »)[647].

Autant l'inarbitrabilité que la violation de l'ordre public du for de reconnaissance apparaissent dans l'al. 2 de l'art. V[648], comme les fondements du rejet de la reconnaissance, ce qui, rappelons-le, maintient la Convention dans un cadre encore très local.

402. La Convention européenne de 1961, dans son art. IX[649], restreint ces conditions aux griefs présents dans l'art. V(1), lets. « a » à « d » de la Convention de New York, excluant les critères plus locaux présents dans l'art. V(2), de cette dernière, rapprochant le texte de Genève d'une conception plus délocalisée de la justice.

403. Si l'on pouvait espérer que la Loi-type de la CNUDCI, dans son effort d'harmonisation du droit international de l'arbitrage, prévoie des conditions transnationales d'annulation de la sentence, le texte, dans l'art. 34(2)[650], finit

---

in which it was procured being contrary to public policy; (h) failure to comply with the requirements as to the form of the award; or (i) any irregularity in the conduct of the proceedings or in the award which is admitted by the tribunal or by any arbitral or other institution or person vested by the parties with powers in relation to the proceedings or the award. »

[646] Pour un examen de plusieurs hypothèses d'annulation, *cf.* BENEDETTELLI Massimo V. *et al.*, *op. cit.*, pp. 968 *et seq.*

[647] *Cf.* n.270, *supra.*

[648] *Cf.* n.273, *supra.*

[649] *Cf.* n.274, *supra.*

[650] « La sentence arbitrale ne peut être annulée par le tribunal visé à l'article 6 que si : a) La partie en faisant la demande apporte la preuve : i) Qu'une partie à la convention d'arbitrage visée à l'article 7 était frappée d'une incapacité ; ou que ladite convention n'est pas valable en vertu de la loi à laquelle les parties l'ont subordonnée ou, à défaut d'une indication à cet égard, en vertu de la loi du présent État ; ou ii) Qu'elle n'a pas été dûment informée de la nomination d'un arbitre ou de la procédure arbitrale, ou qu'il lui a été impossible pour une autre raison de faire valoir ses droits ; ou iii) Que la sentence porte sur un différend non visé dans le compromis ou n'entrant pas dans les prévisions de la clause

par simplement décalquer les moyens prévus par la Convention de New York. Pis, le texte de la CNUDCI inclut encore les griefs présents dans l'art. V(2) du texte de New York – l'ordre public et l'arbitrabilité du litige –, qui sont des critères purement régionaux.

404. La Convention CIRDI indique elle aussi, dans son art. 52(1)[651], les différentes conditions de la demande d'annulation de la sentence devant son comité *ad hoc*. Il s'agit d'un mécanisme original, reposant sur système totalement autonome de contestation de la régularité de la sentence. Notons ici l'inclusion de l'hypothèse de corruption d'un des membres du tribunal, vice largement reconnu comme l'un des dénominateurs communs de la *lex mercatoria*[652].

405. Ce bref panorama montre qu'il existe une certaine convergence des critères d'annulation de la sentence internationale. On pourrait donc s'attendre à ce que les États signataires de ces conventions internationales, ou ceux qui les adoptent comme modèle, maintiennent un dialogue assez uniforme entre les causes d'annulation de la sentence dans leur territoire et les motifs de refus de reconnaissance de cette même décision par les juridictions de l'État d'accueil. Or, si cette coïncidence de critères pourrait indéniablement supposer une réduction des inconsistances du système, leur nature souvent trop indéterminée produit des interprétations encore trop disparates dans chacune des juridictions concernées. Ces griefs sont traduits sous l'influence des différentes idéologies de l'arbitrage international, tantôt les rapprochant du siège de l'arbitrage, tantôt les écartant vers un ordre autonome.

406. Citons seulement, à titre d'exemple, l'une des affaires *Yukos*[653], à une époque où la compagnie russe pouvait encore se valoir de demandes étatiques devant ses cours nationales en sa faveur. Le 6 août 2003, le tribunal

---

compromissoire, ou qu'elle contient des décisions qui dépassent les termes du compromis ou de la clause compromissoire, étant entendu toutefois que, si les dispositions de la sentence qui ont trait à des questions soumises à l'arbitrage peuvent être dissociées de celles qui ont trait à des questions non soumises à l'arbitrage, seule la partie de la sentence contenant des décisions sur les questions non soumises à l'arbitrage pourra être annulée ; ou iv) Que la constitution du tribunal arbitral, ou la procédure arbitrale, n'a pas été conforme à la convention des parties, à condition que cette convention ne soit pas contraire à une disposition de la présente Loi à laquelle les parties ne peuvent déroger, ou, à défaut d'une telle convention, qu'elle n'a pas été conforme à la présente Loi ; ou b) Le tribunal constate : i) Que l'objet du différend n'est pas susceptible d'être réglé par arbitrage conformément à la loi du présent État ; ou ii) Que la sentence est contraire à l'ordre public du présent État. »

[651] « (1) Chacune des parties peut demander, par écrit, au Secrétaire général l'annulation de la sentence pour l'un quelconque des motifs suivants : (a) vice dans la constitution du Tribunal ; (b) excès de pouvoir manifeste du Tribunal ; (c) corruption d'un membre du Tribunal ; (d) inobservation grave d'une règle fondamentale de procédure ; (e) défaut de motifs. »

[652] *Cf.* n.279 *et seq.*, *supra*.

[653] Extraits de la décision présentés par Boris Karabelnikov et Dominic Pellew (*op. cit.*, p. 82).

fédéral d'*arbitrazh* pour la région de Sibérie occidentale refuse l'exécution d'une sentence CCI rendue contre Yukos en faveur de la société turque Tupras (Turkish Petroleum Refineries Inc.). Le tribunal russe constate l'inexistence d'un accord d'arbitrage, dans une hypothèse se rapprochant de l'art. V(1)(a) de la Convention de New York.
Dans le cas d'espèce, l'irrégularité de la convention résulte de la prétendue inexistence de l'original de la procuration établie par Yukos, autorisant son représentant à signer la clause compromissoire. Tupras a seulement pu produire la copie de ce document, ce qui a amené à la conclusion suivante : « L'arbitrage commercial international avait excédé le champ de sa compétence puisque la convention d'arbitrage signée par des personnes inhabilitées n'avait aucune portée juridique[654]. »
Selon les commentateurs de cette décision, « il semblerait que, même si le demandeur turc n'avait pas la charge de prouver le pouvoir des personnes qui avaient signé la convention d'arbitrage, il a néanmoins pu produire la photocopie de la procuration établie par Yukos[655] ». Les juges russes ont interprété l'absence de l'original comme un grief susceptible d'invalider la convention, justifiant ainsi le refus d'exécution de la sentence. Face à cette position, l'on n'hésite pas à affirmer que « dire que le raisonnement des tribunaux allait à l'encontre de la Convention de New York relève de la litote[656] ».

407. En France, la plus que célèbre affaire *Norsolor*[657] révèle aussi les divergences interprétatives des causes d'annulation de la sentence. Autant en droit autrichien qu'en droit français, une sentence peut être annulée lorsque les arbitres ont dépassé les limites de leur mission ; toutefois, la jurisprudence française n'a jamais considéré que l'application d'un droit transnational par les arbitres, dans le silence des parties, relevait de ce grief.
Or, c'est exactement selon ce moyen que la cour d'appel de Vienne a annulé la sentence, se fondant sur le dépassement de la mission des arbitres. En même temps, les cours françaises ont reconnu et permis l'exécution de cette même sentence annulée en Autriche[658]. Selon E. Gaillard, qui observe cette incohérence, « la même cause d'annulation a été apprécié diversement dans deux États différents[659] ».

408. Faisons donc ce rapide détour par les principales hypothèses d'annulation de la sentence arbitrale, dans le seul but de rappeler que l'inadéquation entre les différentes cours examinant la sentence ne résulte

[654] *Ibid.*
[655] *Ibid.*, p. 82.
[656] *Ibid.*
[657] *Cf.*, *supra*, n.170.
[658] Nous aurons l'occasion d'étudier ce cas par la suite, comme lorsque nous discuterons de la portée internationale des sentences annulées dans le siège (*cf.* n.442 *et seq.*).
[659] GAILLARD Emmanuel, « L'exécution des sentences annulées… », *op. cit.*, p. 658.

pas de critères d'analyse différents. Au contraire, ce sont souvent des postures interprétatives disparates sur les mêmes griefs qui encouragent les manœuvres abusives.

2°. La reconnaissance et l'exécution des sentences annulées dans le siège

409. C'est en étudiant la reconnaissance et l'exécution des sentences annulées dans le siège de l'arbitrage que nous verrons plus clairement le conflit entre les différentes conceptions de l'arbitrage international.

410. Soulignons avant tout la différence essentielle entre *reconnaissance* et *exécution*. La première fonctionne comme un bouclier, un mécanisme de défense pour éviter que l'autre partie ne commence une procédure parallèle dans le for d'accueil. La seconde fonctionne comme une épée, correspondant à la transformation du bien-fondé de la sentence en prestation obligationnelle[660].

Cette distinction est d'autant plus importante que nous verrons par la suite que l'intention de la partie apportant une sentence à la connaissance d'un autre for peut varier, entre la seule reconnaissance ou bien la poursuite effective de la *res in iudicium deducta*. Tandis que la reconnaissance peut plus souvent être utilisée comme un simple mécanisme de blocage stratégique de l'autre partie, l'intention exécutoire peut légitimer les intérêts d'une partie dans la poursuite du bien-fondé.

411. Selon Q. Tannock[661], rapportant des chiffres recueillis par A. J. van den Berg pour la période située entre 1995 et 1999, le taux de refus de reconnaissance des sentences arbitrales sous la Convention de New York est passé de 2 % à 10 %. En dehors du constat concret, ces statistiques démontrent qu'il existe une préoccupation doctrinale majeure vis-à-vis des mécanismes de circulation des sentences internationales, qui représente l'une des conditions pour la formation d'une *societas mercatorum* qui puisse rendre effectif le contenu de ses décisions.

412. Nous verrons toutefois que les normes qui existent dans les conventions internationales et dans un certain nombre d'ordres étatiques, et qui permettent de discipliner la reconnaissance des sentences internationales (a), sont encore interprétées de manière trop théorique par la jurisprudence, (b) transformant un système qui devrait garantir la stabilité des rapports commerciaux internationaux en un terrain propice aux tactiques obstructives.

---

[660] C'est la métaphore employée par Herbert KRONKE *et al.* (éds.), *op. cit.*, p. 7. Sur la distinction, *cf.*, not., *Redfern and Hunter…*, *op. cit.*, p. 628.

[661] TANNOCK Quentin, « Judging the effectiveness of arbitration through the assessment of compliance with and enforcement of international arbitration », *Arb. intern.*, 2005, v. 21, n°1, p. 84.

a) Aspects législatifs

413. Considérant que le but de toute reconnaissance est d'intégrer un acte juridique international au sein d'un ordonnancement étatique, l'étude des conditions d'annulation de la sentence internationale devant le juge national nous fournit un panorama assez complet des conditions pour son exequatur[662]. C'est pour cela que le droit français, en indiquant dans l'art. 1525(4), CPC[663] les conditions pour l'appel contre l'ordonnance d'exequatur de la sentence étrangère, ne fait que se référer aux causes d'annulation de l'art. 1520, CPC.

414. Néanmoins, le droit français, dans l'art. 1514, CPC[664], exige uniquement le respect à son ordre public international pour accorder l'exequatur, écartant, dans cet examen, les autres conditions prévues par la Convention de New York[665]. En outre, l'art. 1520, CPC ne prévoit pas l'hypothèse de suspension ou d'annulation de la sentence par les juridictions de l'origine comme un motif de refus à sa reconnaissance en France, en dissonance avec la lettre « e », de l'art. V(1), de la Convention de New York.

Ces caractéristiques sont à la base de l'interprétation jurisprudentielle selon laquelle le droit interne français est plus avantageux à la réception des sentences étrangères que celui de la Convention de New York. Cela explique l'application de l'art. VII(1)[666], qui permet de privilégier les conditions d'exequatur de l'ordre d'accueil lorsque celles-ci sont plus favorables que celles prévues par la convention internationale pour la reconnaissance de la sentence. Le texte de New York est alors relégué au deuxième plan.

---

[662] *Cf.* n.397 *et seq.*, *supra.*

[663] « La cour d'appel ne peut refuser la reconnaissance ou l'exequatur de la sentence arbitrale que dans les cas prévus à l'article 1520. »

[664] *Cf.* n.448, *supra.*

[665] Le respect d'un ordre public *international* est aussi une condition d'exequatur hérité du droit français par les législations de quelques pays arabes, comme le Liban (Art. 814, nouveau Code civil de procédure), l'Algérie (Art. 1051, Code de procédure) ou la Tunisie (Art. 81(2) du Code de l'arbitrage tunisien). Dans le cas spécifique de la Tunisie, il ne s'agit pas proprement d'un ordre public international, mais d'un « ordre public au sens du droit international privé ». On voit clairement l'influence de la méthode conflictuelle sur le terrain de l'arbitrage international, que nous aurons l'occasion d'examiner par la suite comme une méthode de raisonnement qui limite encore beaucoup les perspectives transnationales (*cf.*, en général, n.711 *et seq.*, et, plus spécifiquement, n.1000 *et seq.*, *infra*). Dans tous les cas, certains ne manquent pas de noter que la réserve de l'ordre public *international* pour l'internalisation d'une sentence est signe de l'examen moins rigoureux d'un acte provenant d'un scénario transnational (AHDAB Abdul Hamid El, « Enforcement of arbitral awards in Arab countries », *Arb. intern.*, 1995, v. 11, n°2, p. 185).

[666] *Cf.* n.363, *supra.*

415. Concernant cette distance avec la Convention de New York, la France semble faire exception : certains parlent d'« isolement[667] ». Le nombre de pays qui ont simplement incorporé dans leur droit interne les griefs présents dans l'art. V de la Convention de New York est bien plus significatif. C'est le cas du droit suisse, dans l'art. 194, LDIP, du droit italien, dans l'art. 840 de son code de procédure, du droit anglais, dans la section 103(f) de la loi sur l'arbitrage de 1996, du droit brésilien, dans l'art. 38, de la Loi n°9.307, de 1996, ou du droit allemand, dans la section 1061 du Zivilprozessordnung. De plus, rappelons le grand nombre d'États qui ont adopté les griefs de la Convention de New York par l'intermédiaire de la Loi-type de la CNUDCI[668].

416. Ajoutons encore qu'en France, la discipline législative de reconnaissance s'applique autant aux sentences en matière d'arbitrage international rendues sur son territoire qu'à celles rendues à l'étranger[669], et que le droit français exige encore l'exequatur des sentences rendues dans les arbitrages internes. La nécessité d'exequatur des sentences prononcées sur le territoire français, qu'elles résultent d'un arbitrage interne ou d'un arbitrage international, l'éloigne des droits plus libéraux, par exemple celui du Portugal ou du Brésil[670]. Dans ces deux cas, seules les décisions arbitrales

---

[667] Sur l'isolement du droit français et l'incorporation de la Convention de New York par les ordonnancements d'autres États, *cf.* Antoine KASSIS, *L'autonomie de l'arbitrage...*, *op. cit.*, pp. 506 *et seq.*

[668] Entre autres, voici les pays qui ont adopté une loi fondée sur le texte de la CNUDCI, avec les amendements de 2006 : Australie (2011), Brunei Darussalam (2009), Hong Kong (2010), Costa Rica (2011), Irlande (2010), Île Maurice (2008), Nouvelle-Zélande (2007), Pérou (2008), Rwanda (2008), Slovénie (2008). Informations [en ligne] http://www.uncitral.org/uncitral/fr/uncitral_texts/arbitration/1985Model_arbitration_status.hm l (page consultée le 20/03/12).

[669] Arts. 1514 *et seq.* Peu importe, d'ailleurs, que les sentences rendues à l'étranger soient considérées, par le for d'origine, comme internes ou internationales. Cette position a déjà été avalisée par la Cour de cassation, *cf.* Cass., 1re Ch. civ., 17 oct. 2000, *ASECNA v. N'Doye*, *Rev. arb.*, 1997, p. 395 – note FOUCHARD Philippe : « Mais attendu que les dispositions des articles 1498 et suivants du nouveau Code de procédure civile sur la reconnaissance et l'exécution des sentences arbitrales sont applicables à la fois aux sentences arbitrales internationales et aux sentences rendues à l'étranger, quel que soit, pour ces dernières, leur caractère interne ou international. »

[670] Dans le droit portugais, *cf.* art. 42(7), de sa nouvelle loi d'arbitrage (Loi n°63/2011), dans l'original : « *A sentença arbitral de que não caiba recurso e que já não seja susceptível de alteração no termos do artigo 45.° tem o mesmo carácter obrigatório entre as partes que a sentença de um tribunal estadual transitada em julgado e a mesma força executiva que a sentença de um tribunal estadual* ». Dans le droit brésilien, *cf.* l'art. 18, de la Loi n°9.307/96, dans l'original : « *Art. 18. O árbitro é juiz de fato e de direito, e a sentença que proferir não fica sujeita a recurso ou a homologação pelo Poder Judiciário* ». Le Code de procédure brésilien qualifie aussi la sentence arbitrale de « titre exécutoire judiciaire », dans son art. 745-N(IV), dans l'original : « *Art. 475-N. São títulos executivos judiciais : [...] IV – a sentença arbitral [...]* ». Sur la loi brésilienne d'arbitrage, *cf.* João Bosco LEE, « Le nouveau régime de l'arbitrage au Brésil », *Rev. arb.*, 1997, pp. 199 *et seq.*

« étrangères » exigent la reconnaissance, les sentences rendues sur leurs propres territoires étant immédiatement exécutoires.
Les systèmes anglais (sections 58, 66 et 101 de l'EAA), allemand (sections 1055, 1060 et 1061 de la ZPO), et américains (arts. 9, 207, 304, du FAA) adoptent une « position intermédiaire[671] ». Bien qu'ils reconnaissent des effets à la sentence arbitrale internationale dès sa prononciation, ainsi que leur autorité de chose jugée, ces droits exigent aussi une déclaration de force exécutoire pour les sentences nationales.

471. L'examen de ces différentes approches législatives nous montre qu'en dépit d'un effort indéniable d'adoption de la Convention de New York comme modèle normatif d'uniformisation, ce texte fournit des interprétations encore très incertaines, à partir de notions encore indéterminées. L'art. VII, par exemple, permet au juge de l'exequatur d'évaluer à sa seule discrétion le caractère plus ou moins favorable de sa législation interne. Citons aussi le manque de définition précise de certains concepts cruciaux, comme le terme « obligatoire » de l'art. V(1)(e), pour lequel G. Born[672] ne nous donne pas moins de sept acceptions.

418. Cette malléabilité fera de la reconnaissance des sentences internationales un chapitre à part dans le cadre des distorsions du système. Les cours étatiques souffrent de cette hésitation, et sans que toutes les hypothèses que nous présenterons ensuite puissent être qualifiées d'abusives, ces affaires montrent néanmoins comment la disjonction entre ordres de contrôle et d'accueil risque de rendre délétère le droit à l'exequatur.

b) Aspects jurisprudentiels

419. Examinons d'abord l'expérience des tribunaux face au problème tel que l'interprètent les cours en Amérique du Nord et en Europe (1), réservant une discussion spécifique aux cours françaises, dont la position est la plus approfondie (2).

1) La position des cours en Amérique du Nord et en Europe

420. Depuis 1996 et l'affaire *Chromalloy*[673], la jurisprudence des États-Unis navigue à ce sujet dans des eaux turbulentes. La société américaine Chromalloy avait conclu un contrat pour l'approvisionnement militaire de la République d'Égypte. Sans que l'espèce nous retienne plus longtemps, un litige étant survenu, la procédure arbitrale siégée au Caire est engagée par Chromalloy, qui obtient gain de cause le 24 août 1994. Malgré l'existence d'une clause d'exclusion de tout recours contre la

---

[671] DE LIMA PINHEIRO Luís, *op. cit.*, p. 284.
[672] BORN Gary, *International commercial arbitration*, v. 2, *op. cit.*, p. 2818.
[673] *Cf.* n.496, *supra*.

sentence dans la convention d'arbitrage entre les parties, l'Égypte saisit alors la cour d'appel du Caire en demandant l'annulation de la sentence, laquelle est accordée le 5 décembre 1995 selon le moyen que les arbitres n'ont pas appliqué la loi choisie par les parties, grief spécifique de la loi égyptienne. Nonobstant les efforts de l'Égypte pour annuler la sentence, peu de temps après que les arbitres l'aient rendue, le 28 octobre 1994, Chromalloy saisit les cours américaines en réclamant son exequatur. Ainsi, après l'annulation de la sentence par les cours égyptiennes, le juge de la cour du district de Columbia se trouve confrontée au problème.

421. En affirmant le caractère facultatif des règles de reconnaissance prévues par l'art. V de la Convention de New York[674], la cour soulève qu'elle n'est pas obligée de tenir compte de l'annulation dans le siège. Elle peut alors mettre en place le mécanisme de la législation la plus favorable (art. VII).

Ainsi, la cour du district considère que, nonobstant le grief de l'art. V(1)(e), la sentence arbitrale ne souffre d'aucune des irrégularités prévues par la législation interne américaine (section 10 du FAA), et qu'elle n'est pas non plus marquée par une « méconnaissance manifeste de la loi » (dans l'original, « *manifest disregard of the law* »). D'ailleurs, selon les juges, le fait que les arbitres aient affirmé leur indifférence quant au droit applicable à la substance du contrat d'approvisionnement (fondement de l'annulation) représente, au maximum, une erreur de droit, mais en aucun cas un *manifest disregard.*

Désormais, pour la cour de Columbia, « la prétention de l'Égypte selon laquelle « la sentence arbitrale est nulle en vertu de la loi en matière d'arbitrage […] parce qu'elle n'est pas régulièrement "motivée au regard de la loi égyptienne" reflète cette attitude suspicieuse à l'endroit de l'arbitrage[675] ». Par ailleurs, la cour américaine affirme qu'une décision reconnaissant l'arrêt de la cour d'appel du Caire annulant la sentence serait contraire à l'ordre public des États-Unis, favorable à l'arbitrage commercial international[676].

422. Toutefois, si, en dernière instance, la décision de la cour de Columbia est interprétée comme participant d'un mouvement de délocalisation de l'arbitrage international, ironiquement, elle n'a pu passer outre la décision de la cour d'appel du Caire qu'après s'être rapprochée de l'ordre juridique du siège. Autrement dit, c'est en auscultant les motifs suspects d'annulation de l'ordre interne égyptien que la cour américaine a pu s'en distancer.

423. L'insertion trop prématurée de la jurisprudence *Chromalloy* dans l'idéologie d'un ordre juridique arbitral explique probablement la déception

---

[674] Sur la nature discrétionnaire de l'art. V(1), CNY, *cf.* n.663 *et seq.*, *infra.*
[675] Traduction non officielle de la décision américaine parue dans *Rev. arb.*, 1997, n°3, p. 444.
[676] *Ibid.*, p. 447.

des partisans de la doctrine autonomiste par la suite, face aux arrêts *Baker Marine*[677], *Spier*[678] et, plus récemment, *TermoRio*[679]. Pour eux, les affaires *Baker Marine* et *Spier* marquent « un recul certain de la jurisprudence américaine sur la question du sort des sentences annulées dans l'État d'origine[680] ».

Nous osons affirmer qu'il ne s'agit pas tant d'un *recul*, mais plutôt d'une continuité dans l'*examen des circonstances de l'annulation dans le siège* comme facteur indispensable au juge de l'exequatur. Si l'arrêt *Chromalloy* semble dissonant, cela ne résulte pas d'une projection macroscopique du système du juge de la reconnaissance, mais plutôt d'une recherche microscopique des causes de l'annulation.

424. Cette différence subtile sera dévoilée très clairement en 1999 dans l'affaire de la société nigérienne Baker Marine[681]. La cour d'appel pour le 2e circuit refuse l'exécution aux États-Unis d'une sentence arbitrale rendue au Nigeria, et postérieurement annulée par les cours de ce pays. Le demandeur de l'exequatur aux États-Unis se vaut du précédent *Chromalloy* pour convaincre les cours américaines. Or, c'est justement la différence entre ces deux affaires qui sera rappelée par les juges de *Baker Marine* – encore que quelque peu perdue dans une note de bas de page de la décision[682].

---

677 United States Court of Appeals, Second Circuit, 12 août 1999, *Baker marine (NIG.) LTD., Petitioner-Appellant, v. Chevron (NIG.) LTD. and Chevron Corp., Inc., Respondents-Appellees. Baker Marine (Nig.) Ltd., Petitioner-Appellant, v. Danos and Curole Marine Contractors, Inc., Respondent-Appellee*, docket n°97-9615, 97-9617 (191 F.3d 194).

678 United States District Court, 22 octobre 1999, S.D. New York, *Martin I. Spier, Petitione v. Calzaturificio Tecnica, S.p.A., Respondent*, n°86 CIV.3447 (CSH) (71 F. Supp. 2d 279).

679 United States District Court, District of Columbia. 17 mars 2006, *Termorio S.A. E.S.P. et al., Plaintiffs v. Electrificadora del Atlantico S.A. E.S.P. et al., Defendants*, n°Civ.A. 03-2587(PLF) (421 F.Supp. 2d 87). Pour un commentaire de cette affaire dans la perspective des effets de l'annulation dans le siège, *cf.* Adriana BRAGHETTA, « Não-reconhecimento de sentença arbitral anulada em seu país de origem », *Rev. br. arb.*, 2007, n°15, spéc. pp. 217-218.

680 GAILLARD Emmanuel, « Note sous CA des États-Unis (2e circuit), 12 août 1999 », *Rev. arb.*, 2000, p. 137.

681 *Cf.* n.677, *supra*.

682 C'est la célèbre « *footnote 3* » de la decision précitée, dans l'original : « *This case is unlike In re Chromalloy Aeroservices, 939 F.Supp. 907 (D.D.C.1996), on which Baker Marine relies. In that case, the government of Egypt had entered a contract with an American company agreeing that disputes would be submitted to arbitration and that the decision of the arbitrator could not "be made subject to any appeal or other recourse". Id. at 912. After the arbitrator entered an award in favor of the American company, the American company applied to the United States courts for confirmation of the award, and the Egyptian government appealed to its own courts, which set aside the award. The district court concluded that Egypt was seeking "to repudiate its solemn promise to abide by the results of the arbitration", and that recognizing the Egyptian judgment would be contrary to the United States policy favoring arbitration. See id. at 912, 913* ».

La cour relève que dans l'affaire *Chromalloy*, il s'agissait d'une société américaine confrontée à une violation de la convention d'arbitrage en fonction du recours de l'Égypte à ses tribunaux locaux ; le cas de *Baker Marine* est différent, il s'agit d'une société non américaine, et ses cocontractants n'ont enfreint aucune clause compromissoire. Ainsi, « la reconnaissance du jugement nigérien [d'annulation de la sentence] n'est pas contraire à l'ordre public des États-Unis[683] ». En reconnaissant le jugement étatique nigérien, *incidenter tantum*, le tribunal américain refuse de recevoir la sentence arbitrale, penchant, même si ce n'est pas explicite, vers une interprétation plus traditionnelle de la Convention de New York.

425. La même position est ensuite adoptée dans l'affaire *Spier*[684], où le Senior Judge de la cour locale de New York refuse de reconnaître aux États-Unis une sentence arbitrale prononcée en Italie, et postérieurement annulée par les cours de ce pays, au motif que les arbitres ont excédé leur pouvoir. Citant largement les irrégularités soulevées par les juges italiens au sein de leur décision d'annulation, et face à l'art. V(1)(e), de la Convention de New York, la cour new-yorkaise écarte aussi le précédent *Chromalloy*, affirmant la spécificité de cette affaire : « Le recours de la cour [du district de Columbia] au FAA dans l'affaire Chromalloy pour écarter la décision des cours égyptiennes annulant une sentence résulte d'une circonstance particulière qui est absente dans le cas présent : la flagrante violation de l'Égypte de son obligation de ne pas faire appel de la sentence[685]. »

426. Plus récemment, l'affaire *TermoRio*[686] ratifie la position de la jurisprudence américaine, en reconnaissant une décision d'annulation d'une sentence proférée par les cours colombiennes dans un arbitrage siégé à Bogota. En l'espèce, il s'agit d'un contrat d'approvisionnement d'électricité conclu entre une société privée colombienne contrôlée par une société américaine et une société nationale de Colombie. Un litige survient, et une sentence est prononcée en faveur de la première société ; le Conseil d'État colombien l'annule ensuite, au motif qu'à l'époque de la conclusion du contrat, le recours à un arbitrage CCI était interdit aux sociétés nationales.

Dans sa tentative d'exequatur de la sentence annulée devant la cour du district de Columbia, *TermoRio* défend que la décision colombienne, soi-disant « *result-oriented* », viole l'ordre public américain (dont l'une des

---

[683] *Ibid.*, p. 197. Traduction libre. Dans l'original : « *Recognition of the Nigerian judgment in this case does not conflict with United States public policy.* »

[684] *Cf.* n.678, *supra.*

[685] *Ibid.* Traduction libre. Dans l'original : « *Finally, the Chromalloy district court's reliance upon the FAA to disregard an Egyptian court's decision nullifying an Egyptian award was prompted by a particular circumstance not present in the case at bar : Egypt's blatant disregard of its contractual promise not to appeal an award.* »

[686] *Cf.* n.679, *supra.*

conditions est que la décision étrangère ne soit pas « *repugnant* »), ce qui lui permet donc d'écarter les dispositions de la Convention de New York.
En première instance, le juge de Columbia prononce une décision très étudiée, spécialement au regard des précédents *Chromalloy* et *Baker Marine*. Il conclut que « sur un fondement légal, il ne suffit pas d'affirmer que la décision est "*result-oriented*" pour démontrer qu'elle est "*repugnant*", spécialement ici, où la décision semble plausible quant à la substance[687] ».
En deuxième instance, devant la cour d'appel du district de Columbia[688], le résultat est encore plus radical. Cette cour, sans se pencher de manière aussi effective sur les fondements de la décision d'annulation colombienne, observe simplement que la sentence arbitrale annulée à l'origine n'existe plus, « peu important que les griefs locaux pour son annulation soient valable aux États-Unis[689] ». Dès lors, elle ne peut être reconnue.

427. La décision d'appel efface le fondement pourtant solide de la décision de première instance, dont l'analyse attentive des moyens d'annulation en Colombie, ainsi que l'étude des précédents en la matière, se rapproche de notre opinion quant à l'importance d'un retour aux spécificités du cas concret comme méthode pour éviter les abus.

428. De plus, l'affaire *TermoRio* soulève, encore que discrètement, le problème des recours tendancieux au cours étatiques locales, qui explique en partie le choix de l'arbitrage dans les rapports internationaux. En effet, la principale critique de la jurisprudence *TermoRio* lui reproche « d'encourager les manœuvres procédurales des plaideurs peu soucieux de voir l'arbitrage se dérouler ou la sentence reconnue et exécutée, [abandonnant] à leur triste sort les plaideurs suffisamment inconscients – ou suffisamment faibles – pour avoir accepté que l'arbitrage se déroule dans l'État de leur cocontractant[690] ». Entre cette opinion, qui prône une totale délocalisation de la sentence, et la décision d'appel *TermoRio*, qui défend l'enracinement de la sentence dans le siège[691], il nous semble qu'il existe une position intermédiaire. C'est justement la parabole que nous explorons au long de cette thèse, et la décision de première instance dans cette même affaire nous en fournit les premières caractéristiques.

---

[687] *Ibid.*, p. 102. Traduction libre. Dans l'original : « *On a legal basis, it takes much more than an allegation that a decision was "results-oriented" to demonstrate that it was "repugnant", particularly when, as here, the decision seems plausible on the merits.* »
[688] *Cf.* n.373, *supra.*
[689] *Ibid.* Traduction libre. Dans l'original : « *Under the New York Convention, Colombian award would not be enforced after being set aside, regardless of wether the grounds reilied upon for nullification would have been valid in the United States.* »
[690] GAILLARD Emmanuel, « Note sous Cour de Cassation, 1re Ch. civ., 29 juin 2007, *Putrabali* », *Rev. arb.*, 2007, p. 521.
[691] Selon F. Grisel, la décision d'appel dans l'affaire *TermoRio* est contraire au mouvement de la jurisprudence américaine défendant un ancrage de la sentence arbitrale internationale dans un ordre juridique arbitral (*op. cit.*, p. 94).

429. Dans tous les cas, l'évolution jurisprudentielle aux États-Unis indique, selon une partie de la doctrine[692], que la règle actuelle dans ce pays est « la non-reconnaissance de la sentence devant le seul moyen de son annulation dans le siège ». En réattribuant de l'importance au choix du siège, cette opinion rapproche l'arbitrage des ordres étatiques, sans toutefois que le fondement des décisions d'annulation importe pour l'examen de la demande de reconnaissance. C'est cette abstraction qui semble rendre trop théorique le mécanisme de circulation internationale des sentences.

430. Proche des États-Unis, le Canada adopte pourtant une position qui l'éloigne de son voisin dans l'affaire *Europcar Italia*[693]. Les cours canadiennes ont suspendu une demande d'exequatur de la société italienne en attendant le résultat d'un recours en annulation contre la sentence arbitrale proposé par une compagnie canadienne devant les tribunaux italiens.

Malgré la décision de suspension, la cour de justice d'Ontario affirme la possibilité d'accorder l'exequatur nonobstant le recours dans le siège. Pour ce faire, elle affirme la nature discrétionnaire du pouvoir résultant de l'art. 36 de la Loi-type de la CNUDCI[694] – texte qui régit alors la convention

---

[692] SCOTT RAU Alan, « Symposium: Arbitration and national courts: conflict and cooperation: understanding (and misunderstanding) "primary jurisdiction" », *Amer. Rev. Intern. Arb.*, 2010, v. 21, p. 85. Traduction libre. Dans l'original : « *[...] non-recognition on the sole ground that an award has been set aside at the seat has become the American norm.* »

[693] Canada, Ontario Court of Justice, General Division (Dilks J.), 21 jan. 1997, *Europcar Italia S.p.A. v. Alba Tours International Inc.*, [1997], O.J. n°133, 23 *O.T.C.* 376 (Gen. Div.)

[694] « Article 36. Motifs du refus de la reconnaissance ou de l'exécution. 1) La reconnaissance ou l'exécution d'une sentence arbitrale, quel que soit le pays où elle a été rendue, ne peut être refusée que : a) Sur la demande de la partie contre laquelle elle est invoquée, si ladite partie présente au tribunal compétent auquel est demandée la reconnaissance ou l'exécution la preuve : i) Qu'une partie à la convention d'arbitrage visée à l'article 7 était frappée d'une incapacité ; ou que ladite convention n'est pas valable en vertu de la loi à laquelle les parties l'ont subordonnée ou, à défaut d'une indication à cet égard, en vertu de la loi du pays où la sentence a été rendue ; ou ii) Que la partie contre laquelle la sentence est invoquée n'a pas été dûment informée de la désignation d'un arbitre ou de la procédure arbitrale, ou qu'il lui a été impossible pour une autre raison de faire valoir ses droits ; ou iii) Que la sentence porte sur un différend non visé dans le compromis ou n'entrant pas dans les prévisions de la clause compromissoire, ou qu'elle contient des décisions qui dépassent les termes du compromis ou de la clause compromissoire, étant entendu toutefois que, si les dispositions de la sentence qui ont trait à des questions soumises à l'arbitrage peuvent être dissociées de celles qui ont trait à des questions non soumises à l'arbitrage, seule la partie de la sentence contenant des décisions sur les questions soumises à l'arbitrage pourra être reconnue et exécutée ; ou iv) Que la constitution du tribunal arbitral, ou la procédure arbitrale, n'a pas été conforme à la convention des parties ou, à défaut d'une telle convention, à la loi du pays où l'arbitrage a eu lieu; ou v) Que la sentence n'est pas encore devenue obligatoire pour les parties, ou a été annulée ou suspendue par un tribunal du pays dans lequel, ou en vertu de la loi duquel elle a été rendue; ou b) Si le tribunal constate que : i) L'objet du différend n'est pas susceptible d'être réglé par arbitrage conformément à la loi du présent État; ou que ii) La reconnaissance ou l'exécution de la sentence serait contraire à l'ordre public du présent État. »

d'arbitrage, et qui correspond à une transcription *ipsis litteris* de l'art. V de la Convention de New York. Ainsi, la jurisprudence canadienne rejoint une interprétation libérale de son pouvoir pour accorder l'exequatur, affirmant que les moyens dont elle dispose pour établir son refus sont indicatifs et non impératifs[695].

431. Retournons maintenant vers l'Europe, pour citer la célèbre affaire belge *Sonnatrach*[696]. En 1988, le tribunal de 1re instance de Bruxelles reconnait une sentence CCI annulée par la cour d'appel d'Alger, siège de l'arbitrage. Dans sa décision, la cour de Belgique applique son code judiciaire, en affirmant que la sentence a été rendue en 1985, date à laquelle l'Algérie n'avait pas encore adhéré à la Convention de New York[697]. Dès lors, la cour de Bruxelles observe qu'il s'agit d'une sentence internationale, et qu'aucun des griefs présents dans l'art. 1723 de son code judiciaire[698] n'a été évoqué pour interdire l'exequatur.

---

[695] C'est l'opinion d'Henri C. Alvarez, dans « The implementation of the New York Convention in Canada », *Journ. Int. Arb.*, 2008, v. 25, n°6, p. 672. Nous étudierons le problème de la discrétion du juge de l'exequatur et le problème de l'emploi du terme *may* dans la version anglaise de la Convention de New York par la suite (*cf.* n.663 *et seq.*).

[696] Belgique, Tribunal 1re instance de Bruxelles, 6 déc. 1988, *Sonnatrach (Algérie) v. Ford Bacon & Davis Incorporated (Dallas/États-Unis)*, *Bull. ASA*, 1989, v. 7, n°2, pp. 213-218.

[697] L'Algérie ratifie la Convention le 7 fév. 1989, laquelle entre en vigueur le 8 mai 1989.

[698] « Art. 1723. À moins qu'il n'y ait lieu à l'application d'un traité entre la Belgique et le pays ou la sentence a été rendue, le juge refuse l'exequatur : 1 si la sentence peut encore être attaquée devant des arbitres et si les arbitres n'en ont pas ordonné l'exécution provisoire nonobstant appel ; 2 si la sentence ou son exécution est contraire à l'ordre public ou si le litige n'était pas susceptible d'être réglé par la voie d'arbitrage ; 3 s'il est établi qu'il existe une cause d'annulation prévue à l'article 1704 ». À son tour, l'art. 1704 prévoit : « Art. 1704. 1. La sentence arbitrale ne peut être attaquée devant le tribunal de première instance que par la voie de l'annulation et ne peut être annulée que dans les cas énumérés au présent article. 2. La sentence arbitrale peut être annulée : a) si la sentence est contraire à l'ordre public ; b) si le litige n'était pas susceptible d'être réglé par la voie de l'arbitrage ; c) s'il n'y a pas de convention d'arbitrage valable ; d) si le tribunal a excédé sa compétence ou ses pouvoirs ; e) si le tribunal arbitral a omis de statuer sur un ou plusieurs points du litige et si les points omis ne peuvent être dissociés des points sur lesquels il a été statué ; f) si la sentence a été rendue par un tribunal arbitral irrégulièrement constitué ; g) s'il n'a pas été donné aux parties la possibilité de faire valoir leurs droits et moyens ou s'il y a eu méconnaissance de toute autre règle impérative de la procédure arbitrale pour autant que cette méconnaissance ait une influence sur la sentence arbitrale ; h) si les formalités prescrites à l'article 1701, alinéa 4, n'ont pas été remplies ; i) si la sentence n'est pas motivée ; j) si la sentence contient des dispositions contradictoires. 3. La sentence peut également être annulée : a) si elle a été obtenue par fraude ; b) si elle est fondée sur une preuve déclarée fausse par une décision judiciaire passée en force de chose jugée ou sur une preuve reconnue fausse ; c) si, depuis qu'elle a été rendue, il a été découvert un document ou autre élément de preuve qui aurait eu une influence décisive sur la sentence et qui avait été retenu par le fait de la parti adverse. 4. Ne sont pas retenus comme causes d'annulation de la sentence les cas prévus à l'alinéa 2, lettres c), d) et f), lorsque la partie qui s'en prévaut en a eu connaissance au cours de la procédure arbitrale et ne les a pas alors invoqués. 5. Les causes de récusation et d'exclusion des arbitres prévues aux articles 1690 et 1692 ne constituent pas des causes d'annulation au

432. En Autriche, l'affaire *Radenska*[699] constitue une véritable « hypothèse d'école[700] », spécialement quant à l'application de la Convention de Genève de 1961. La Cour suprême d'Autriche accorde, en faveur de la société autrichienne Kajo, la reconnaissance et l'exécution d'une sentence rendue sur le territoire de l'ex-Yougoslavie, et postérieurement annulée par la Cour suprême de Slovénie – un des États issus de la République de Yougoslavie.
L'annulation de la sentence par la juridiction slovène est fondée sur la nature de monopole du contrat international, qui viole les règles de son ordre public. En retour, la Cour suprême autrichienne n'hésite pas, en application de l'art. IX, de la Convention de 1961, à affirmer que ce grief est purement local, et ne peut guère affecter la reconnaissance de la sentence dans un autre for.
Cette affaire est intéressante dans le sens où elle permet de mettre en lumière la principale évolution du texte de 1961, c'est-à-dire l'écartement de l'ordre public du siège comme critère pour l'accord de l'exequatur. Rappelons que le but de ce changement était justement d'intégrer dans la communauté des pays européens des juridictions qui proviennent de cultures politiques très différentes, comme celle des ex-républiques soviétiques.

433. Les bénéfices de la Convention européenne peuvent être aussi observés dans une récente affaire dans le marché international de ciment. Les cours de Russie se sont values de cette Convention pour reconnaître une sentence partielle CCI annulée en Turquie[701]. Dans la décision d'annulation, la cour turque invoque l'excès de pouvoir des arbitres dans l'exercice de leur mission, la violation du délai de la procédure arbitrale prévu dans le Règlement CCI, et la violation de l'ordre public turc.
La société française bénéficiaire de la sentence arbitrale demande son exequatur devant la cour d'*arbitrazh* de Kemerovo Oblast, en Sibérie. Le 20 juillet 2011, en affirmant qu'aucun des griefs soulevés par les cours turques n'est prévu par l'art. IX(1) de la Convention de 1961, cette cour accorde la reconnaissance de la sentence partielle. Selon M. Mc Clure[702], c'est la première fois qu'un tribunal russe reconnait une sentence annulée dans le siège[703].

---

sens de l'alinéa 2, lettre f) du présent article, alors même qu'elles ne seraient connues qu'après le prononcé de la sentence. »

[699] Autriche, Oberster Gerichtshof, 20 oct. 1993, *Radenska v. Kajo*, *Rev. arb.*, 1998, p. 425.

[700] LASTENOUSE Pierre, SENKOVIC Petra, « Note sous Cour suprême autrichienne. 20 octobre 1993 – Radenska v. Kajo », *Rev. arb.*, 1998, p. 425.

[701] Russie, Cour d'*arbitrazh* de Kemerovo Oblast, Sibérie, 20 juil. 2011, *Ciments Français v. Sibirskiy Cement*.

[702] Mc CLURE Mike, « An unlikely mix – the Russian courts, a French cement company, and the 1961 European Convention on International Commercial Arbitration », *Kluwer Arbitration Blog*, 27 sept. 2011, p. 3.

[703] Toutefois, très récemment, dans une décision étonnante, la Cour d'*arbitrazh* du district de Sibérie de l'Ouest a accueilli l'appel de la société russe et a refusé la reconnaissance de la

434. Dans le sens inverse, il est indispensable de nous référer à la décision de la cour d'appel d'Amsterdam du 28 avril 2009, autorisant l'exequatur aux Pays-Bas de quatre sentences annulées auparavant en Russie[704]. Cette décision, qui intègre l'un des chapitres de la saga *Yukos*, reconnaît que la procédure d'annulation des sentences par le tribunal d'*arbitrazh* de Moscou en faveur de la société Rosneft, les 18 et 23 mai 2007, n'a guère été partielle ou indépendante, ainsi que contaminée par une série d'autres irrégularités. Dans ces cas, selon la cour d'appel néerlandaise, l'art. V(1)(e) de la Convention de New York laisse au juge de l'exequatur le pouvoir discrétionnaire – « *may*[705] » – de reconnaître les sentences arbitrales même face à une décision d'annulation du siège.

Il est extrêmement important de noter[706], que, dans ce cas, la cour d'appel d'Amsterdam distingue clairement la reconnaissance de la *sentence arbitrale* et la reconnaissance de la *décision d'annuler cette sentence* par la juridiction nationale russe. En commentant cette décision, la doctrine observe que « si les décisions des cours russes ne peuvent être reconnues, alors elles ne peuvent pas être qualifiées comme moyens relevant de l'art. V(1)(e) de la Convention de New York[707] ».

435. Le 18 septembre 2012, la cour d'appel d'Amsterdam retrouve le même problème dans l'affaire *Nikolai Maximov v. Novolipetsk Metallurgical Kombinat (NLMK)*[708], face à la demande de reconnaissance de Maximov d'une sentence arbitrale annulée par les cours russes – par le juge du tribunal d'*arbitrazh* de Moscou également responsable de l'annulation dans l'affaire *Yukos*.

Néanmoins, dans l'affaire *Maximov*, la cour néerlandaise ne se limite pas seulement à accepter la nature prétendument impartiale ou irrégulière de la décision d'annulation, fondée, dans le précédent *Yukos*, sur une série d'indices généraux (par exemple, des études sur les problème du judiciaire

---

sentence annulée en Turquie. En dépit d'un jugement pour le moins discutable (GADELSHINA Elvira R., « Ciments Français: Russian Putrabali No More », *Kluwer Arbitration Blog*, 22 mar. 2012), cette décision est un frein aux élans doctrinaux qui indiquaient déjà que les tribunaux russes pourraient participer à une conception autonome de l'arbitrage international.

[704] Pays-Bas, CA Amsterdam, 28 avr. 2009, *Yulos Capital SARL v. OAO Rosneft*, *Rev. arb.*, 2009, p. 557. L'appel à la Cour suprême néerlandaise a été rejeté le 25 juin 2010. Pour une critique de la décision de la Cour suprême néerlandaise, *cf.* VAN DEN BERG Albert Jan, « Enforcement of arbitral awards annuled in Russia. Case comment on Dutch Supreme Court of 25 june 2010 », *Rev. br. arb.*, 2011, v. 30, spéc. pp. 63-64.

[705] Sur le débat autour du terme *may*, *cf.* n.663 *et seq.*, *infra*.

[706] C'est l'observation de Marnix LEIJTEN et Rogier SCHELLAARS, « The Yukos awards: Enforcement of awards annuled at the place of arbitration », *Cah. arb.*, 2010, n°4, p. 1157.

[707] *Ibid.*

[708] Pays-Bas, CA Amsterdam, 18 sept. 2012, *Nikolai Maximov v. Novolipetsk Metallurgical Kombinat (NLMK)*, [en ligne] http://www.transnational-dispute-management.com/legal-and-regulatory-detail.asp?key=7945 (page consultée le 09/10/12).

russe) sans une preuve directe, dans une approche plutôt de droit international privé ; au contraire, elle présume que toute décision russe est régulière, sauf si elle résulte d'un « *unfair trial* », lequel ne peut être caractérisé qu'à partir d'indications suffisamment spécifiques (dans l'original, « *sufficiently specific indications* »). Celles-ci doivent être alors identifiées par des experts désignés, qui devront attester la nature *unfair* de la procédure russe. On observe clairement une tendance vers l'examen par la voie directe, et *in casu*, des déviations de l'arbitrage international[709].
Ainsi, la cour d'appel d'Amsterdam renvoie les parties à une expertise pour identifier les éventuels problèmes de cette procédure d'annulation russe avant de rendre une décision sur la reconnaissance de celle-ci, pour interdire, selon l'art. V(1)(e), CNY, la ratification de la sentence arbitrale aux Pays-Bas.

436. Rappelons encore l'affaire *SEEE*, saga dont l'un des chapitres[710] s'est déroulé aux Pays-Bas dans les années 1960. Dans son arrêt, la Hoge Raad[711] estime que malgré l'annulation de la sentence par le Tribunal fédéral suisse selon le moyen qu'elle a été rendue par un nombre pair d'arbitre[712], en violation de la loi procédurale du canton de Vaud, elle peut néanmoins être reconnue aux Pays-Bas, sans qu'il soit nécessaire de rechercher une conformité avec la loi du pays où elle a été rendue[713]. Selon la décision de la Cour suprême néerlandaise, l'exequatur d'une sentence arbitrale internationale ne dépend aucunement du lien qu'elle entretient avec le droit du pays sur le territoire duquel elle a été prononcée.

437. Encore aux Pays-Bas, comment ne pas souligner également la non moins illustre affaire du *Plateau des Pyramides* ? Le jour même où la cour

---

709 C'est pour cette raison que nous nous permettons de retourner à cette affaire ci-dessous (*cf.* n.1154 *et seq.*), comme représentant un exemple de l'application possible du critère de l'abus de droit comme règle matérielle pour identifier les annulations déviantes des sentences arbitrales dont la reconnaissance est demandée à l'étranger.

710 Sur le « chapitre français » de l'affaire, *cf.* n.408, *supra.*

711 Pays-Bas, Hoge Raad, 26 oct. 1973, *SEEE v. République populaire fédérative de Yougoslavie*, *Nedrl. Jurispr.*, 1974, n°361.

712 La sentence a été prononcée par un tribunal arbitral composé de seulement deux membres. Le tribunal du canton de Vaud, le 12 février 1957, ainsi que le Tribunal fédéral suisse, le 18 septembre 1958, ont nié qu'une décision prononcée par un nombre pair d'arbitres pouvaient être qualifiée de « sentence arbitrale » selon le Code de procédure vaudois.

713 En commentant cette affaire, voici l'opinion de F. Eisemann : « Pour notre part, nous pouvons concéder qu'il est peut-être difficile, selon la *lettre* du texte [de la Convention de New York], d'affirmer avec la Hoge Raad qu'il n'engage pas le juge à rechercher la conformité de [la] sentence avec la loi où elle a été rendue *ou avec celle de tout autre pays*. Mais, quant à l'*esprit* du texte ?, Nous nous en remettons à vous de conclure » (« La *lex fori* de l'arbitrage... », *op. cit.*, p. 202, italique dans l'original). Sur cette affaire, *cf.* not. François RIGAUX, « Les situations juridiques individuelles... », *op. cit.*, pp. 269 *et seq.*

d'appel de Paris[714] annule une sentence rendue dans un arbitrage siégeant en France en affirmant l'inexistence d'une convention d'arbitrage, le président du tribunal du district d'Amsterdam[715] la déclare exécutoire aux Pays-Bas sur le fondement exactement inverse !

438. Le même scénario kafkaïen se retrouve plus récemment dans l'affaire *Dallah*[716]. Les cours étatiques de France et du Royaume-Uni aboutissent à des positions opposées quant à la validité d'une sentence arbitrale, alors qu'elles se basent sur les mêmes principes de droit internationaux pour statuer. En l'espèce, la société saoudienne Dallah a obtenu une sentence arbitrale favorable contre le gouvernement du Pakistan en juin 2006. Le tribunal arbitral siégeant à Paris a appliqué les principes du commerce international français. Mais tandis que les cours françaises accordent l'exequatur de la sentence en août 2009[717], la Cour suprême britannique, en novembre 2010, refuse de reconnaître la sentence, affirmant, *inter alia*, son pouvoir de mener une investigation indépendante du tribunal arbitral quant à la juridiction de celui-ci[718].

En dépit de la sentence partielle rendue par ce même tribunal arbitral en juin 2001, qui affirme par là sa compétence en la matière, les cours anglaises, presque dix ans après, lors de son exequatur au Royaume-Uni, choisissent de réévaluer cette issue !

Quelques mois après la décision de la Cour suprême, la cour d'appel de Paris, le 17 février 2011[719], refuse une demande du Pakistan pour annuler la sentence arbitrale. Dans son recours en annulation, le gouvernement de cet État fait valoir l'inexistence de convention d'arbitrage, irrégularité reconnue par les tribunaux anglais, et qui figurait en tant que grief dans l'ancien

---

[714] CA Paris, 12 juil. 1984, *Southern Pacific Properties (Middle East) Ltd. de Hong Kong v. République arabe d'Égypte*, *JDI*, 1985, p. 129 – note GOLDMAN Berthold.

[715] Pays-Bas, président du tribunal du district d'Amsterdam, 12 juil. 1984, *Southern Pacific Properties (Middle East) Ltd. de Hong Kong v. République arabe d'Égypte*, *Rev. arb.*, 1986, p. 101. Sur cette affaire, *cf.* Patrick RAMBAUD, « L'affaire "des pyramides"… », *op. cit.*, pp. 567-576 ; VAN DEN BERG Albert Jan, « Netherlands: District Court of Amsterdam decision in Southern Pacific Properties (*Middle East) Ltd. v. Arab Republic of Egypt (Enforcement of Foreign Arbitral Award against a State)* », *Intern. Leg. Mater.*, 1985, v. 24, n°4, pp. 1040-1045.

[716] Sur cette affaire, *cf.* not. Gary BORN, « Dallah and the New York Convention », *Kluwer Arbitration Blog*, 7 avr. 2011. Plus récemment, *cf.* François-Xavier TRAIN, « L'affaire *Dallah* ou de la difficulté pour le juge anglais d'appliquer le droit français, note sous Paris, Pôle 1, Ch. 1, 17 février 2011 et Cour suprême du Royaume-Uni, 3 novembre 2010 », *Rev. arb.*, 2012, pp. 369 *et seq.*

[717] TGI Paris, 24 août 2009.

[718] Royaume-Uni, UK Supreme Court, 3 nov. 2010, *Dallah Real Estate and Tourism Holding Company (Appellant) v. The Ministry of Religious Affairs, Governement of Pakistan (Respondent)*, [2010] UKSC 46.

[719] CA Paris, 17 fév. 2011, *Dallah Real Estate and Tourism Holding Company v. Gouvernement du Pakistan, Le ministère des Affaires Religieuses*, affaires n°09/28533, 09/28535 et 09/28541.

art. 1502(1)(1°), CPC[720]. Or, dans sa décision, la cour d'appel de Paris, se fondant sur les mêmes principes de droit international français défendus par la Cour suprême britannique pour refuser l'exequatur, déclare la convention valide et accorde l'exequatur à la sentence.

439. S'il ne s'agit pas d'un cas spécifique de reconnaissance d'une sentence annulée dans le siège, comme le Tribunal suprême anglais le fait lui-même remarquer[721], cela montre l'influence réciproque – ou, *rectius*, l'ignorance –, entre deux juridictions expérimentées dans le domaine des arbitrages internationaux. Ce manque de dialogue, en plus de provoquer une extrême insécurité juridique, ouvre la voie à toutes les formes de manœuvres stratégiques pour fuir l'exécution d'une sentence.

440. Si ces cas montrent l'ampleur du problème, c'est surtout la France qui a internalisé le débat comme un problème théorique relatif aux représentations de l'arbitrage international. Dès lors, si les précédents cités jusqu'à présent constituent un ensemble encore assez diffus, les juridictions françaises, soutenues par une doctrine solide, lui apporteront un cadre bien plus conceptuel.

2) La position des cours françaises

441. La jurisprudence française a promu un véritable détachement des sentences du siège de l'arbitrage, en les accueillant sous les seules conditions de son ordre interne – ou de son « ordre public international interne » –, peu importan leur statut dans le pays où elles ont été prononcées[722]. La tradition de méfiance de la jurisprudence française à l'égard des jugements étrangers, qui « peuvent recéler de graves dangers d'injustice[723] », a servi ici pour écarter les décisions du siège contestant les sentences, et créer une conception délocalisée de cet acte juridique international.

Soulignons cependant que la réceptivité du droit français ne réside pas seulement dans une jurisprudence favorable, mais surtout dans un effort indéniable de motivation de ses décisions, et dans un élan théorique

[720] Notons qu'après la réforme de 2011, l'hypothèse d'appel contre l'exequatur fondé sur l'inexistence de convention ou bien sur une convention nulle ou expirée, a été remplacée par celle du tribunal qui se déclare à tort compétent ou incompétent (art. 1520(1)(1°), CPC, *cf.* n.641, *supra*). L'inexistence ou la nullité d'une convention conduit non pas à une incompétence, mais à un manque de juridiction. Dès lors, ce sont bien des hypothèses distinctes.

[721] Royaume-Uni, *Dallah*, *op. cit.*, par. 131.

[722] Dans une étude empirique sur le sort des sentences arbitrales devant les juges français entre 1981 et 1992, S. Crépin observe que seulement trois des quinze ordonnances d'exequatur soumises à la Cour d'appel de Paris ont été infirmées, soit 20 % d'entre elles. Dix-huit sentences ont été annulées à la suite des 88 recours en annulation exercés, soit 20,4 % (CRÉPIN Sophie, *Les sentences arbitrales devant le juge français : pratique de l'exécution et du contrôle judiciaire depuis les réformes de 1980-1981*, Paris : LGDJ, 1995, p. 170).

[723] MAYER Pierre, HEUZE Vincent, *op. cit.*, pp. 267-268.

favorable à la légitimation de l'autonomie de l'arbitrage international. Cette somme de facteurs explique que la France soit devenue le terrain d'accueil privilégié des sentences internationales annulées dans le siège. Pourtant, cette posture nous apparait quelques fois presque trop obstinée dans sa démarche d'abstraction des causes de rejet dans le for d'origine, laquelle peut récompenser les plaideurs les plus habiles dans la demande d'exequatur.

442. En 1984, les cours françaises sont confrontées pour la première fois au problème à l'occasion de l'affaire *Norsolor*. Une sentence rendue en Autriche a été partiellement annulée par la cour d'appel de Vienne[724], au motif que le tribunal arbitral avait dépassé sa mission, en se référant simplement à la *lex mercatoria*, qui, selon la cour, est un « droit mondial d'une validité incertaine ». Face à la décision autrichienne, la cour d'appel de Paris[725], le 19 novembre 1982, annule l'ordonnance d'exequatur précédemment concédée par le TGI de Paris, en se fondant sur l'art. V(1)(e) de la Convention de New York.

La Cour de cassation[726], à son tour, censure la décision de la cour d'appel de Paris au vu de l'art. VII de la Convention de New York, affirmant que le juge ne peut refuser l'exequatur si son droit national l'autorise, écartant en cela l'application de l'art. V(1) du même texte. La Haute Juridiction impose au juge d'accueil le devoir de chercher, même *ex officio*, la législation la plus favorable à la reconnaissance[727]. Parallèlement, la Cour suprême d'Autriche[728] censure la décision de la cour d'appel de Vienne, restaurant ainsi la sentence arbitrale déjà ratifiée par l'ordre français.

Bien qu'il ait abouti à une certaine convergence, le conflit initial entre la position de la Cour de cassation française et la cour d'appel de Vienne quant à la validité de la sentence arbitrale constitue un cas d'étude, tant pour ceux qui y voient un signe de la *lex mercatoria*[729] que pour ceux qui critiquent le manque d'uniformité des critères quant aux griefs d'annulation[730]. Néanmoins, l'affaire *Norsolor* est surtout commentée ici pour avoir inauguré une jurisprudence historique reconnaissant en France les sentences annulées à l'étranger.

---

[724] Autriche, Tribunal de commerce de Vienne, 29 juin°1982, *Rev. Arb.*, 1983, p. 513.

[725] CA Paris, 18 nov. 1982, *Société Palbalk Ticaret Sirketi v. Société Norsolor*, *Rev. arb.*, 1983, p. 472.

[726] *Cf.* n.170, *supra*.

[727] *Ibid.*, extrait de la décision : « Alors qu'il lui appartient de rechercher, même d'office, si le droit français ne permettait pas à la société Palbak de se prévaloir de la sentence invoquée, la Cour d'appel a violé les textes susvisés. »

[728] Autriche, Oberster Gerichtshof, 18 nov. 1982, *Société Palbalk Ticaret Sirketi v. Société Norsolor*, *Rev. arb.*, 1983, p. 513.

[729] *Cf.* GOLDMAN Berthold, « Bataille autour de la *lex mercatoria*… », *op. cit.*

[730] GAILLARD Emmanuel, « L'exécution des sentences annulées… », *op. cit.*, p. 658.

443. Citons encore le chapitre français de l'affaire *SEEE*[731], qui date de 1984, et dont la tentative de reconnaissance de la sentence annulée aussi aux Pays-Bas a déjà été rapportée plus haut. En France, après un nombre considérable de tentatives de reconnaissance d'une sentence arbitrale rendue et annulée en Suisse, la cour d'appel de Rouen accorde finalement l'exequatur. Pour la cour française, la décision arbitrale n'est pas soumise à la souveraineté du canton de Vaud, siège de l'arbitrage.

La décision de la cour d'appel de Rouen applique non seulement la Convention de New York – et, *obiter dictum*, affirme même l'application de la Convention de Genève de 1927 –, mais elle va plus loin. Elle se prononce, de manière très discutable, sur l'inapplicabilité de la loi suisse aux sentences internationales, et sur limites de la souveraineté de la loi vaudoise. Autrement dit, le juge français se manifeste sur les effets de l'application de la loi helvétique dans le cas d'une sentence rendue en Suisse, usurpant une déclaration de compétence qui n'aurait dû être consignée que par les juges de ce dernier pays.

444. Presque dix ans après, la Cour de cassation française revient sur ce problème dans un arrêt *Polish Ocean Line*[732]. En cause, une sentence prononcée en Pologne dont le tribunal économique de Gdansk avait suspendu la nature exécutoire jusqu'à ce qu'il puisse statuer sur sa validité.

Malgré la suspension de la sentence dans le siège, moyen expressément prévu par l'art. V(1)(e), de la Convention de New York, la Cour de cassation autorise sa reconnaissance, affirmant que le juge français ne peut en refuser l'exécution qu'au motif d'un des griefs présents dans l'ancien art. 1502, CPC (à présent, art. 1520, CPC). La jurisprudence française commence à affirmer explicitement le privilège de sa législation interne par rapport à la convention internationale.

445. Cette position culmine avec l'arrêt de la Cour de cassation du 10 juin 1997[733], dans l'affaire *Hilmarton*, qui met fin à une saga qui a longuement occupé la chronique arbitrale. C'est le « point d'orgue de l'arbitrage international qui rayonne bien au-delà de nos frontières[734] ».

Il s'agit d'un contrat d'intermédiation conclu entre la société anglaise Hilmarton et la société française OTV, pour l'intervention de la première auprès des autorités algériennes dans le but d'obtenir un marché public. Un différend étant survenu quant aux honoraires dus par OTV à Hilmarton,

---

[731] *Cf.* n.408, *supra*.

[732] Cass., 1re Ch. civ., 10 mar. 1993, *Polish Ocean Line v. Jolasry*. *JDI*, 1993, p. 360 – note KAHN Philippe.

[733] *Cf.*, *supra*, n.494.

[734] CLAY Thomas, « Arbitrage international – sentence arbitrale – annulation dans le pays du siège – Exécution en France – Autonomie de la sentence internationale – Convention de New York du 10 juin°1958 pour la reconnaissance et l'exécution des sentences arbitrales étrangères – Compatibilité avec une autre sentence », *JDI*, 2007, comm. 23, p. 1242.

un tribunal CCI siégeant à Genève déboute la société anglaise par une sentence du 19 août 1988, en se fondant sur la nullité du contrat d'intermédiation selon la loi algérienne contre le trafic d'influence.
Suite à un recours d'Hilmarton, la cour de justice de Genève annule cette première sentence, qu'elle qualifie d'arbitraire, le 17 novembre 1989, déclarant que la violation de la loi algérienne ne contrarie pas les pratiques commerciales telles que définies par le droit suisse. Le recours d'OTV devant le Tribunal fédéral, le 17 avril 1990[735], est rejeté. La procédure d'arbitrage reprend donc en Suisse, avec la nomination d'un nouvel arbitre qui, le 10 avril 1992, rend une sentence inverse, condamnant OTV au paiement des honoraires d'intermédiation contractés avec Hilmarton.

446. Entre temps, avant même que la deuxième sentence n'ait été prononcée contre OTV, celle-ci requiert en France l'exequatur de la première sentence arbitrale, qui lui était favorable. L'exequatur est accordé par le président du TGI de Paris le 27 février 1990. En appel, la cour de Paris confirme l'ordonnance[736], au motif que l'art. VII de la Convention de New York renvoie à l'application de l'ancien art. 1502, CPC[737], lequel n'inclut pas dans ses griefs l'annulation de la sentence dans un autre for, *in casu*, la Suisse.
En cassation, la Cour rejette le pourvoi le 23 mars 1994[738], affirmant encore plus catégoriquement que l'annulation dans le siège ne constitue pas un fondement pour le rejet de l'exequatur dans sa législation interne. La Cour en profite pour souligner que la sentence rendue en Suisse n'est pas intégrée dans l'ordre juridique de cet État ; son existence demeure établie malgré son annulation.

447. À ce stade, cette jurisprudence s'insère déjà parfaitement dans le problème de la reconnaissance des sentences annulées. Mais la saga n'est pas terminée… Les distorsions résultant d'une conception trop idéaliste de l'arbitrage international sont révélées de manière encore plus flagrante lorsque Hilmarton réussit à obtenir en France l'exequatur de la décision du Tribunal fédéral suisse qui annule la première sentence, ainsi que de la deuxième sentence arbitrale, totalement incompatible avec la première !
OTV s'oppose à ces deux exéquaturs devant la cour d'appel de Versailles. La cour les confirme par deux arrêts du 29 juin 1995[739], déclarant que l'exequatur, en France, d'une première sentence annulée postérieurement

---

[735] TF suisse, 17 avr. 1990, *Société Omnium de traitement et de valorisation (OTV) v. Société Hilmarton Ltd.*, *Rev. arb.*, 1993, p. 315.
[736] CA Paris, 19 déc. 1991, *Société Hilmarton Ltd. v. Société Omnium de traitement et de valorisation (OTV)*, *Rev. arb.*, 1993, p. 300.
[737] À présent, arts. 1520 (n.641, *supra*) et 1525(4), CPC (n.663, *supra*).
[738] *Cf.*, *supra*, n.494.
[739] CA Versailles, 29 juin°1995, *Société Omnium de traitement et de valorisation (OTV) v. Société Hilmarton Ltd.*, *Rev. arb.*, 1995, p. 639.

« ne peut avoir pour effet de figer le litige dans l'ordre juridique français au stade où il se trouvait à la date de cette sentence, et de rendre de la sorte inefficaces en France les recours régulièrement formés dans l'ordre juridique étranger contre cette sentence ». La cour conclut que « décider autrement aboutirait à faire prévaloir de façon systématique la sentence qui, la première, aurait été reconnue ou déclarée exécutoire en France, quelle que fût sa valeur dans l'ordre juridique suisse ».

448. Ainsi se concrétise la préoccupation de la doctrine, qui, à la veille des décisions de Versailles dans le recours d'OTV, craignait déjà que « si la cour d'appel de Versailles rejetait l'appel de l'ordonnance d'exequatur de la deuxième sentence, on serait confronté à une situation inédite : deux sentences, incompatibles car totalement contraires, coexisteraient dans l'ordre juridique français. On aurait alors un cas d'impossibilité d'exécution véritable. Une telle situation heurterait l'ordre public international français[740] ». À ce moment-là, la doctrine « voit mal comment cette juridiction pourrait faire autrement que d'infirmer les deux décisions nanterroises[741] ».

449. Néanmoins, par un arrêt du 10 juin 1997[742], la Cour de cassation met fin à l'imbroglio, et casse les deux arrêts d'appel sans renvoi. La Haute Juridiction affirme que l'existence d'une décision antécédente sur le même objet, prononcée par la Cour de cassation le 23 mars 1994, fait autorité de chose jugée, laquelle aurait été violée par les décisions de la cour d'appel de Versailles.

Ainsi, la Cour de cassation souligne que seule la première sentence, annulée à l'origine, peut être reconnue en France. La juridiction française restaure l'ordre sans que la justice relevant des fondements de l'annulation dans le siège puisse avoir un quelconque poids dans sa décision.

450. La même année, en 1997, la cour d'appel de Paris[743] confirme la jurisprudence *Hilmarton* en accordant l'exequatur en France d'une sentence annulée en Égypte. Il s'agit de l'affaire *Chromalloy*, dont la sentence arbitrale et la décision égyptienne d'annulation avaient déjà été examinées par la jurisprudence américaine[744].

En France, la cour d'appel affirme que « la sentence rendue en Égypte était une sentence internationale qui par définition, n'était pas intégrée à l'ordre juridique de cet État, de sorte que son existence est demeurée établie malgré

---

[740] JARROSSON Charles, « Note sous Cour de cassation (1re Ch. civ.) 23 mars 1994, *Société Hilmarton v. société OTV* », *Rev. arb.*, 1994, p. 329.

[741] *Ibid.*

[742] Cass., 1re Ch. civ., 10 juin°1997, *Omnium de traitement et de valorisation (OTV) v. Société Hilmarton Ltd.*, *JDI*, 1997, p. 1033 – note GAILLARD Emmanuel ; *Rev. arb.*, 1997, p. 376 – note FOUCHARD Philippe.

[743] *Cf.* n.499, *supra*.

[744] *Cf.* n.496, *supra*.

son annulation et que sa reconnaissance en France n'est pas contraire à l'ordre public international[745] ».

451. En 1997, dans l'affaire *Inter-Arab*[746], la cour d'appel de Paris refuse de surseoir à statuer sur une demande d'exequatur, en attendant le résultat d'un recours en annulation contre la sentence arbitrale porté devant les cours de Jordanie.

En accordant l'exequatur immédiat, la juridiction française écarte l'application de l'art. VI, de la Convention de New York, et déclare « qu'au terme de cette Convention, le juge français ne peut refuser l'exequatur que pour une des causes prévues par son droit national et que l'article 1502 du nouveau Code de procédure civile ne retient pas, parmi ces causes, le cas où la sentence est l'objet d'un recours à l'étranger ».

452. Citons encore l'arrêt *Bargues Agro* de la cour d'appel de Paris du 10 juin 2004[747], qui refuse de considérer une procédure d'annulation en Belgique comme un obstacle pour concéder l'exequatur de la sentence. La cour observe que celle-ci a été prononcée dans le cadre d'un arbitrage international mettant en cause les intérêts du commerce international et que l'arbitrage, portant sur la vente internationale de noix de pécan, n'est pas intégré à l'ordre juridique belge. Ainsi, elle conclut sur la sentence arbitrale que « son éventuelle annulation par le juge du siège ne porte pas atteinte à son existence en empêchant sa reconnaissance et son exécution dans d'autres ordres juridiques nationaux ».

453. En 2005, la cour d'appel de Paris est à nouveau confrontée à ce problème dans l'affaire *Bechtel*[748]. Une sentence, annulée par la Cour de cassation de Dubaï au motif que les témoins dans l'arbitrage n'avaient pas prêté serment selon les règles locales, est reconnue en France. Dans ce cas, les Émirats Arabes Unis ne faisant pas partie de la Convention de New York, c'est la Convention bilatérale France-Émirats du 9 septembre 1991 quant à la reconnaissance de jugements réciproques qui est appliquée, réserve faite de l'épuisement des voies locales de recours. Selon son art. 17, les conditions relatives à la circulation des jugements ne sont transposables à l'arbitrage que « dans la mesure où celles-ci sont applicables ».

---

[745] À la fin 2011, la cour d'appel de Paris confirme à nouveau l'exequatur d'une sentence arbitrale rendue au Caire et annulée par les cours égyptiennes (CA Paris, *Société Egyptian Petroleum Corporation (EGPC) v. Société National Gas Company (NATGAS)*, 24 nov. 2011, *Rev. arb.*, 2011, p. 1107), selon le moyen que l'art. VII, de la Convention de New York, permet de mettre en place le droit français de l'arbitrage, plus favorable à la reconnaissance des sentences étrangères.

[746] CA Paris, 23 oct. 997, *Inter-Arab Investement Guarantee Corporation v. Banque arabe et internationale d'investissement SA (BAII)*, *Rev. arb.*, 1998, p. 143.

[747] CA Paris, 10 juin 2004, *Société Bargues Agro Industries v. Société Young Pecan Compagny*, *Rev. arb.*, 2004, p. 733.

[748] *Cf.* n.47, *supra*.

La cour d'appel parisienne estime que cette réserve permet d'affirmer que l'exigence d'épuisement des voies de recours internes appliquée aux jugements étatiques ne peut pas s'appliquer à l'arbitrage, étant même contraire aux principes internes qui régissent l'arbitrage dans le droit français. Ainsi, selon la cour d'appel de Paris, la contestation de la sentence devant les cours de Dubaï ne peut pas être considérée comme un recours au sens de l'exigence d'épuisement des voies de recours prévue par la Convention bilatérale. En commentant cet arrêt, H. Muir Watt souligne, qu'« à nouveau, la fondamentalisation des principes prétoriens dégagés sur le fondement de ces derniers textes [dispositifs sur l'arbitrage du droit français] autorise une entorse étonnante à la hiérarchie des normes, en justifiant que soit évincée une convention bilatérale[749] ».

454. Permettons-nous une parenthèse pour rappeler que cette « fondamentalisation » des positions jurisprudentielles, soutenue par une certaine contemplation théorique de l'arbitrage international en tant qu'ordre autonome, pousse les tribunaux à adopter un regard trop abstrait et généraliste. Le premier titre de cette partie vient justement en soutien de cette représentation conceptuelle.

455. Revenant à l'affaire *Bechtel*, il est curieux de noter que la même décision des cours des Émirats Arabes Unis a été considérée comme motif suffisant pour le *refus* de l'exequatur par la cour fédérale du district de Columbia aux États-Unis, dans une décision du 8 mars 2005[750]. En adoptant une position totalement inverse à celle de la cour d'appel de Paris, les juridictions américaines se fondent sur une préoccupation de *comity*[751], favorable au respect de la décision étrangère.

456. Le précédent *Bechtel* fait partie de ces situations « boiteuses[752] », au sujet desquelles H. Muir Watt souligne « qu'il va sans dire que la coexistence de ces deux appréciations radicalement différentes portées sur la validité de la sentence est de nature à avoir des conséquences désastreuses, déjà largement illustrées par l'affaire Hilmarton[753] ».

457. Le 18 janvier 2007, dans l'arrêt *SA Lesbats et fils*[754], la cour d'appel de Paris va encore plus loin. Elle transforme en véritable « principe fondamental du droit français » l'inefficacité internationale de l'annulation des sentences dans le siège : « Il est en effet *un principe fondamental du*

---

[749] MUIR WATT Horatia, « Note sous Cour d'appel de Paris (1re Ch. C), 29 septembre 2005 », *op. cit.*, pp. 700-701.

[750] Columbia District Court, *International Bechtel Co., Ltd. v. Dep't of Civil Aviation of the Govt. of Dubai*, 8 mar. 2005, 360 F. Supp. 2d 136 (D.D.C.2005).

[751] Sur la courtoisie internationale, *cf.* n.516 *et seq.*, *infra.*

[752] MUIR WATT Horatia, *op.cit.*, p. 701.

[753] *Ibid.*

[754] CA Paris, 18 jan. 2007, *La société SA Lesbats et fils v. Monsieur Volker le Docteur Grup*, *Yearb. Comm. Arb.*, 2007, pp. 297 *et seq.*

droit français de l'exécution des sentences rendues à l'étranger que l'annulation par le juge du siège ne porte pas atteinte à l'existence de la sentence en empêchant sa reconnaissance et son exécution dans d'autres ordres juridiques nationaux car l'arbitre ne fait pas partie intégrante de l'ordonnancement juridique de l'État du siège, dans notre cas, celui de Belgique[755]. »

458. Finalement, le 29 juin 2007, la Cour de cassation inscrit ce positionnement français de manière indélébile. Dans l'affaire *Putrabali*[756], la Haute Juridiction prononce deux arrêts de principe sur le déracinement des sentences du siège. L'importance de ces décisions, dont le rapporteur est le président Ancel lui-même, qui est aussi responsable de l'exequatur de la première sentence *Hilmarton*, n'en est que renforcée.

L'effervescence provoquée par l'affaire *Putrabali* se manifeste à travers une pléthore de chroniques et de publications parues même avant les arrêts de la Cour de cassation[757]. Cela montre qu'à la suite de l'affaire *Hilmarton*, la Haute Juridiction possède finalement les outils théoriques pour consacrer, sous un angle axiologique, la délocalisation des sentences arbitrales.

459. En l'espèce, la société française Rena Holdings achète une cargaison de poivre blanc à la société indonésienne Putrabali, qui se perd lors d'un naufrage de la barge qui la transporte entre l'Indonésie et la France. L'acheteur français refusant de payer, le vendeur indonésien met en œuvre la clause d'arbitrage de l'International General Produce Association (IGPA). Une sentence est alors rendue à Londres le 30 octobre 2000, par un arbitre unique, condamnant Rena Holdings à payer la marchandise non reçue.

Le système d'arbitrage de l'IGPA permettant un appel de la sentence, une deuxième décision arbitrale est rendue le 10 avril 2001, infirmant la première, et libérant Rena Holding de son obligation. Cette deuxième sentence est ensuite partiellement annulée par la High Court de Londres le 19 mai 2003, au motif que le défaut de paiement constitue une violation du contrat. Une troisième sentence est finalement prononcée le 21 août 2003, reprenant la position de la première, et condamnant définitivement Rena Holdings au paiement du prix demandé.

460. Même après que la sentence de 2001 a été annulée par les juridictions londoniennes, et qu'une troisième sentence, totalement opposée, a été prononcée, la société française Rena Holding porte la sentence de 2001, qui lui est favorable, à l'exequatur en France. La reconnaissance est autorisée par le président du TGI de Paris le 30 septembre 2003. Toutefois, peu de temps après, c'est Putrabali qui demande l'exequatur de la troisième

---

[755] *Ibid.*, souligné par nous.

[756] *Cf.* n.324, *supra*.

[757] *Cf.* la compilation remarquable des différentes publications réunies par Th. Clay dans sa note aux arrêts *Putrabali* (*JDI*, 2007, comm. 23, *op. cit.*)

sentence, contraire à la deuxième, laquelle est également accordée par le TGI de Paris le 10 février 2004 !
On se rapproche ainsi du scénario déjà observé dans l'affaire *Hilmarton*, avec deux décisions judiciaires pleinement exécutoires et totalement contradictoires dans l'ordre juridique français. Les deux ordonnances d'exequatur sont attaquées devant la cour d'appel de Paris : dans un premier arrêt[758], le 31 mars 2005, celle-ci confirme la reconnaissance de la deuxième sentence, libérant Rena Holding ; et, dans un deuxième arrêt[759], le 17 novembre 2005, elle infirme l'ordonnance accordée à la troisième sentence, au motif qu'elle est inconciliable avec la précédente.

461. Putrabali se pourvoit en cassation contre les deux arrêts d'appel : contre le premier, elle invoque la déloyauté et même l'abus de droit de celui qui demande l'exequatur d'une sentence annulée dans le siège. La société indonésienne rejette même la qualification de « sentence arbitrale » de la décision, puisqu'on lui substitue une troisième sentence, laquelle portait d'ailleurs le même numéro que la précédente.
Contre le deuxième arrêt d'appel, Putrabali essaie de démontrer que la deuxième sentence exequaturée est dépourvue de l'autorité de chose jugée, ce qui permet l'exequatur de la troisième. Putrabali reprend la jurisprudence consacrée par la Cour de cassation[760] pour affirmer que le refus de reconnaitre la troisième sentence ne serait donc possible qu'en cas de violation « flagrante, effective et concrète[761] » de l'ordre public international. Notons que Putrabali met en avant, *a contrario senso*, un argument cher à la jurisprudence américaine. La société soulève la gravité de la décision d'annulation, dont le caractère « répugnant » (dans l'original, « *repugnant* » comme libellé dans la décision *TermoRio*[762]) justifierait une violation à l'ordre public international et, donc, empêcherait l'exequatur de la sentence qui se substitue à celle annulée antérieurement.

462. Voici le scénario présenté à la Cour de cassation en 2007, et qui fait l'objet du rapport du président Ancel[763]. En systématisant l'évolution

---

[758] CA Paris, 31 mars 2005, *Société PT Putrabali Adyamulia v. Monsieur le Procureur Général près la Cour d'appel de Paris ; Société Moguntia Est Epices ; société Rena Holding, anciennement dénommée Est épices*, *Rev. arb.*, 2006, p. 665 – note GAILLARD Emmanuel ; *D.*, 2006, pan. 3035 – obs. CLAY Thomas.

[759] CA Paris, 17 nov. 2005, *Société PT Putrabali Adyamulia v. Monsieur le Procureur Général près la Cour d'appel de Paris ; Société Moguntia Est Épices ; Société Rena Holding, anciennement dénommée Est épices.*

[760] Cass., 1re Ch. civ., 21 mars 2000, *Verhoeft v. Moreau*, *Rev. arb.*, 2001, p. 817 – note DERAINS Yves.

[761] *Cf.* n.324, *supra.*

[762] *Cf.* n.679, *supra.*

[763] « Lorsque la sentence est annulée, la question se pose de la portée de cette annulation. Elle est certaine en droit interne : la sentence n'existe plus. Mais qu'en est-il en droit

jurisprudentielle que nous avons commentée ici, le rapporteur attribue à la Haute Juridiction la responsabilité de rendre une décision qui doit non seulement apporter la solution *in casu*, mais aussi catalyser l'intense débat sur la question, et ainsi l'orienter vers une position solide du droit français dans ce domaine.

463. Et c'est avec une simplicité déconcertante que la Cour de cassation se positionne, rejetant les appels formés par Putrabali : « La sentence internationale, qui n'est rattachée à aucun ordre juridique étatique, est une décision de justice internationale dont la régularité est examinée au regard des règles applicables dans le pays où sa reconnaissance et son exécution son demandées[764]. »

De plus, la Cour applique explicitement l'art. VII, de la Convention de New York, en stipulant que le droit français est plus favorable en la matière. Par conséquent, la Cour de cassation rejette aussi le deuxième pourvoi, affirmant tout simplement que la reconnaissance de la deuxième sentence fait obstacle à l'accueil de la troisième, qui lui est totalement contraire.

464. Selon Th. Clay[765], la décision de la Haute Juridiction concilie deux logiques : celle de l'arbitrage international, « qui veut que le juge du siège ne puisse imposer sa décision à l'ensemble des autres pays », et la logique judiciaire, qui, ensuite, « commande que deux décisions contradictoires ne puissent être déclarées exécutoires au même endroit, sauf à sombrer dans la schizophrénie ».

Cette dichotomie rejoint la dialectique qui conduit notre analyse, entre une logique construite sur les assises théoriques d'un ordre juridique arbitral et une logique judiciaire réaliste construite sur les bases de l'examen du cas concret. Néanmoins, s'il est vrai que le délibéré de cassation concilie ces deux positions, il nous semble que cette « logique judiciaire » est la simple conséquence d'une logique conceptuelle encore trop préoccupée par la cohérence de la solution de l'espèce avec une certaine représentation théorique de l'arbitrage international.

465. Finalement, la solution de l'arrêt *Putrabali* sera reprise par la cour d'appel de Paris dans l'affaire *Société ivoirienne de raffinage v. Société Teekay Shipping Norway AS*[766], le 31 janvier 2008. La cour parisienne refuse de surseoir à statuer sur une demande de reconnaissance d'une sentence arbitrale internationale prononcée sous les auspices du règlement d'arbitrage de la Commission de coopération technique en Afrique au sud du Sahara

---

international ? L'annulation de la sentence a-t-elle automatiquement un effet international ? » (*Rev. arb.*, 2007, p. 507).

[764] *Cf.* n.324, *supra.*

[765] CLAY Thomas, « Arbitrage international… », *op. cit.*, comm. 23, p. 1245.

[766] CA Paris, 31 jan. 2008, *Société ivoirienne de raffinage v. société Teekay Shipping Norway AS.* Rapporté et commenté par E. GAILLARD, « L'ordre juridique arbitral… », *op. cit.*, par. 47.

(CCTA), et soumise à un recours en annulation devant les juridictions d'Abidjan. Selon la juridiction française, « quelle que soit la compétence de la cour d'appel d'Abidjan pour connaître d'un recours dirigé contre une sentence [...], la sentence internationale, qui n'est rattachée à aucun ordre juridique étatique, comme celle rendue dans le contexte du traité de l'OHADA, est une décision de justice internationale dont la régularité est examinée au regard des règles applicables dans le pays où sa reconnaissance et son exécution son demandées ».

466. Ainsi, l'évolution de la jurisprudence en France nous montre que ce droit reste encore très peu ouvert à l'examen d'une justice *in casu* des parties sous l'influence de critères transnationaux. L'isolement par rapport à l'ordre du siège est flagrant. D'ailleurs, même dans l'hypothèse inverse, où le juge du contrôle valide la sentence, les tribunaux français ne se montrent pas liés par cette décision, puisqu'ils peuvent encore refuser son exequatur[767].

467. Il nous semble indiscutable que la dynamique présentée par la jurisprudence française peut, dans la pratique, encourager des manœuvres contraires à une solution équitable du rapport *inter partes*, comme, par exemple, une véritable « course mondiale à l'exequatur[768] ». L'idée est tout aussi bien synthétisée par X. Delpech dans son observation sous les arrêts *Putrabali* : « Ces solutions sont donc tout à fait justifiées au regard du droit positif. Elles n'en suscitent pas moins un sentiment de malaise, car elles aboutissent à une "course à l'exequatur" de la part des plaideurs de mauvaise foi, qui tentent de "cristalliser", grâce à cet exequatur, une sentence qui leur est favorable au moment où, à la suite de l'annulation de celle-ci, ils sentent le vent tourner à leurs dépends[769]. »

La crainte d'un « *forum shopping* anarchique et coûteux[770] » reste au centre des débats. La partie bénéficiaire de la sentence cherche le juge le plus libéral pour lui soumettre sa demande d'exequatur, pour peu que se trouvent

---

[767] Dans ce sens, *cf.* CA Paris, 12 fév. 1993, *Unichips Finanziara v. Fesnouin. Rev. arb.*, 1993, p. 255.

[768] GHARAVI Hamid G., *op. cit.*, p. 124.

[769] DELPECH X., « Admission de l'exequatur en France d'une sentence arbitrale étrangère annulée », *D.*, 2007, act. jurispr., par. III.

[770] FOUCHARD Philippe. « La portée internationale de l'annulation... », *op. cit.*, p. 342. La même idée est partagée par Van den Berg : « La partie perdant doit avoir assuré le droit d'avoir la validité de la sentence prononcée définitivement dans une juridiction. Si cela n'était pas le cas, dans l'hypothèse d'une sentence questionnable, la partie succombant pourrait être poursuivie par son créancier à travers des demandes d'exequatur de pays en pays, jusqu'à ce qu'une cour accordant l'exécution soit trouvée – s'il en trouve ». Traduction libre. Dans l'original : « *A losing party must be afforded the right to have the validity of the award finally adjudicated in one jurisdiction. If that were not the case, in the event of a questionable award a losing party could be pursued by a claimant with enforcement actions from country to country until a court is found, if any, which grants the enforcement* » (VAN DEN BERG Albert Jan, *The New York Convention of 1958: towards a uniform judicial interpretation*, The Hague : TMC Asser Institute, 1982, p. 355).

dans cette juridiction des biens appartenant à la partie condamnée. Il en résulte une instabilité et une relativité préjudiciables à l'image de l'arbitrage international, qui porte atteinte à la sécurité de cette méthode de règlement des litiges du commerce international.

C'est le constat de ces possibles manœuvres qui aboutit à la transformation de la France en une « terre d'asile de sentences en mal d'exécution[771] », et à ce que sa jurisprudence soit perçue par certains comme une « anomalie française[772] ».

Le recours à l'art. VII de la Convention de New York se substitue au recours à l'art. V(1)(e), transférant le rattachement territorial de l'ordre du contrôle vers l'ordre de l'accueil. Dans les deux cas, la circulation internationale des sentences reste fondée sur les différents droits internes concernés. La Convention de New York se transforme en une scène internationale où se disputent des acteurs nationaux.

468. Les risques qui résultent de la position aujourd'hui consacrée par les tribunaux français quant à la reconnaissance des sentences annulées dans le siège constituent peut-être l'un des aspects les plus fragiles du système arbitral international. Comme l'affirme A. Braghetta, « le motif de la théorie est noble, mais son résultat peut être désastreux[773] ».

469. Nonobstant, et de manière encore plus pittoresque, l'on voit surgir à l'horizon un risque encore plus troublant, qui révèle non seulement un *forum shopping* de l'exequatur, mais aussi un *forum shopping* du recours en annulation de la sentence lui-même.

B. Les effets de l'annulation de la sentence prononcée par un État différent du siège

470. Dans ces cas, le recours en annulation est porté devant une juridiction totalement étrangère au siège. Le lien avec ces fors, souvent beaucoup plus ouverts à l'annulation que ceux du siège, est établi par des jonglages procéduraux qui construisent un pont presque imaginaire avec la procédure arbitrale dont résulte la sentence.

471. En 1987, un tribunal de New York[774] refuse de reconnaître un jugement pakistanais qui annule une sentence arbitrale prononcée en Suisse,

---

[771] CLAY Thomas, « France, terre d'asile de sentences non exécutées », *D*, 2004, p. 3185.

[772] KASSIS Antoine, *L'autonomie de l'arbitrage…*, *op. cit.*, p. 499.

[773] BRAGHETTA Adriana, *A importância da sede da arbitragem : visão a partir do Brasil*, v. 1. Rio de Janeiro : Renovar, 2010, p. 171. Traduction libre. Dans l'original : « *O motivo da teoria é nobre, mas o resultado pode ser desastroso.* »

[774] US District Court for the Southern District of New York, *American Construction Machinery & Equipment Corp. v. Mechanised Construction of Pakistan Ltd.*, 659 F. Supp. 426 (at 429). Decided 1987. Sur cette affaire, *cf.* Dirk OTTO, Omaia ELWAN, « Article V(2) », *in* KRONKE Herbert *et al.* (éds.), *op. cit.*, pp. 399-400.

au motif que le principal objectif du recours devant les juridictions du Pakistan est de contourner la clause compromissoire. Plus récemment, en 2007[775], le même tribunal new-yorkais écarte une décision des cours ukrainiennes qui déclare nulle une convention, et ordonne ainsi l'interruption d'un arbitrage dont le siège se situe aux États-Unis.

472. Aux États-Unis, citons aussi l'affaire de la société américaine *Karaha Bodas*, qui sera mieux examinée par la suite en ce qui concerne la mise en place des *anti-suit injunctions*[776]. Néanmoins, retenons déjà qu'il s'agit d'une tentative de la partie condamnée, la société indonésienne Perusahaan, pour faire annuler, devant les cours d'Indonésie, une sentence arbitrale rendue en Suisse en faveur de Karaha Bodas.

Cette dernière société demande au juge de la District Court of the Southern District of Texas une mesure pour empêcher la société indonésienne de demander l'annulation de la sentence devant ses propres tribunaux, laquelle est accordée. La mesure est cependant infirmée postérieurement par la cour d'appel du 5e Circuit[777], au motif que chaque État se réserve le droit de contrôler la validité de la sentence.

Ainsi, son annulation en Indonésie n'aurait aucun effet pour le juge du contrôle dans le for d'exécution. En commentant cette décision, S. Huber souligne que « si la première cour saisie pouvait obliger les autres tribunaux dans des juridictions secondaires, il y aurait un fort appel pour que la partie perdante dans l'arbitrage engage rapidement les cours de son pays », concluant que « cette perspective serait un désastre pour l'arbitrage international[778] ».

473. Un autre stratagème afin de légitimer la compétence des juridictions étrangères pour recevoir la demande d'annulation consiste à tenter d'associer

---

775 US District Court for the Southern District of New York, *Telenor Mobile Communications AS v. Storm LLC*, 524 F. Supp. 2d 332 (at. 356-358), decided 2007. Selon cette décision, « Storm a initié les procédures étatiques devant les juridictions ukrainiennes faisant usage de tactiques procédurales *hautement discutables* [...] La situation de Storm, comme celle du parricide apocryphe cherchant le pardon parce qu'il est devenu orphelin, est entièrement de sa faute » (italique ajouté). Traduction libre. Dans l'original : « *Two factfinders have concluded that Storm brought the Ukrainian judgments upon itself through use of highly questionable litigation tactics [...] Storm's situation, like that of the apocryphal parricide seeking mercy because he had been orphaned, is entirely of its own making.* »

776 *Cf.* n.694 *et seq.*, *infra.*

777 United States Court of Appeals, Fifth Circuit, *Karaha Bodas Company, L.L.C., Plaintiff-Appellee, v. Perusahaan Pertambangan Minyak Dan Gas Bumi Negara; et al., Defendants, Perusahaan Pertambangan Minyak Dan Gas Bumi Negara, Defendant-Appellant*, n°02-20550. June 18, 2003 (335 F.3d 357).

778 HUBER Stephen K., « The arbitration jurisprudence of the Fifth Circuit, round II », *Tex. Tech L. Rev.*, 2005, pp. 551-552. Traduction libre. Dans l'original : « *If the first court to take action could bind the courts in other secondary jurisdiction nations, there would be a strong incentive for a losing party in arbitration to proceed quickly in its home country. Such an approach would be a disaster for international arbitration.* »

la loi qui régit la substance du contrat avec celle qui régit la convention arbitrale, et surtout avec celle qui discipline l'exécution de la sentence. C'est ce que prétend la Cour suprême du Pakistan en annulant deux sentences arbitrales CCI rendues à Londres, résultant d'un contrat « *governed and construed by Pakistan law* ». Dans cette affaire *Hitachi*[779], non seulement les juridictions pakistanaises considèrent qu'elles peuvent recevoir le recours en annulation contre ces sentences, mais elles qualifient ces sentences de « nationales », peu important qu'elles aient été prononcées à Londres.

Néanmoins, il est intéressant de noter que la Pakistan Supreme Court a pourtant défendu que la loi régissant la procédure arbitrale devait être celle du siège ; toutefois, la cour interprète que l'exécution de la sentence n'est pas une question devant être régie par la loi de la procédure, mais par la loi du contrat, *i.e.*, celle du Pakistan.

L'interprétation des tribunaux dans l'affaire *Hitachi*, qui attribue la nationalité pakistanaise à toutes les sentences rendues d'après sa loi, s'approche de l'hypothèse prévue dans la partie finale de l'art. V(1)(e), de la Convention de New York – « d'après la loi duquel[780] ». Ce dispositif permet donc au juge au Pakistan de décider d'interdire la reconnaissance de la sentence dans d'autres fors.

474. Il s'agit de l'hypothèse, rare et troublante, de l'annulation d'une sentence par une autorité compétente du pays *d'après la loi duquel* la sentence a été rendue, différent du siège, qui est explicitement prévue dans la Convention de New York.

Dans ce sens, notons que la doctrine procédurale allemande – *Verfahrenstheorie* – énoncée par l'ancien Livre 10 de son ZPO, prévoyait que les parties pouvaient choisir une loi d'arbitrage différente de la loi du siège de la procédure. Ainsi, des parties étaient autorisées à tenir un arbitrage siégé en Allemagne mais régi par la loi d'arbitrage française, par exemple.

Dès lors, l'hypothèse inverse permettait qu'un juge allemand se déclare compétent pour recevoir le recours en annulation contre une sentence prononcée dans un for étranger, mais sous la loi d'arbitrage germanique. Cela correspond exactement à l'hypothèse d'une annulation par une juridiction étrangère au siège de l'arbitrage. L'évolution du droit allemand, par la section 1025, ZPO[781], abandonne la doctrine procédurale, interdisant

---

[779] Pakistan, Supreme Court, *Hitachi Ltd. v. Rupali Polyester*, 1998, *SCMR*, 1618. En anglais dans *WAMR*, 1999, v. 10(6), p. 155. Sur cette affaire, *cf.* Pippa READ, *op. cit.*, p. 167.

[780] *Cf.* n.271, *supra*.

[781] Dans la traduction anglaise : « *Section°1025 - Scope of application (1) The provisions of this Book apply if the place of arbitration as referred to in section°1043 subs. 1 is situated in Germany [...]* » (traduction [en ligne] http://www.trans-lex.org/600550, consulté le 26/04/12, souligné par nous).

alors la séparation entre la loi qui régit la procédure arbitrale et celle du siège de l'arbitrage[782].

475. Dès lors, ce que les cours du Pakistan ont prévu par un recours interprétatif, l'Allemagne l'avait considéré par une disposition expresse. Certes, aussi bien l'un que l'autre ne seront que rarement appliqués, mais le seul risque d'un « *shopping* d'annulation » suffit à les inclure ici dans les manifestations qui favorisent les abus de l'ordre juridique arbitral.

Conclusion du Chapitre I

476. Les stratégies procédurales explorées tout au long de ce chapitre ne résultent pas toutes de la mauvaise foi d'une des parties, ou encore de circonstances contraires aux principes moraux du droit international. Néanmoins, toutes ces situations montrent comment une compréhension trop stricte de l'autonomie de l'arbitrage international peut encourager ce type de pratiques.

477. Avant, pendant ou après l'arbitrage, ces manœuvres profitent des divergences interprétatives entre les arbitres, les juridictions du siège et celles de l'exécution, dont le manque de communication crée des failles dans l'application des représentations théoriques. Si la juridiction du siège peut souvent revendiquer une intervention plus marquée pour protéger sa souveraineté, le for de l'exequatur peu simplement adopter un regard délocalisé de l'arbitrage.

Pour L. Gama Jr., qui note cette incohérence, l'une des principales tensions immanentes à la Convention de New York réside justement dans « l'antagonisme entre l'idée d'autonomie et de délocalisation de la sentence arbitrale, d'une part, et, d'autre part, celle du territorialisme de l'arbitrage commercial international, qui défend le contrôle de la sentence par les juridictions du siège[783] ».

478. Ce scénario intransigeant de l'arbitrage international apparait comme le résultat de constructions théoriques dont la flexibilité indispensable à la

[782] Sur l'évolution du droit allemand, *cf.* Gabrielle KAUFMANN-KOHLER, « Globalization of Arbitral Procedure », *op. cit.*, p. 1313.

[783] GAMA Jr. Lauro, « Recusas fundadas no artigo V, (1), (E), da Convenção de Nova Iorque : peculiaridades de sua aplicação no Brasil », *in* WALD Arnoldo, LEMES Selma Ferreira (coords.). *Arbitragem comercial internacional – a Convenção de Nova Iorque e o direito brasileiro*, São Paulo : Saraiva, 2011, pp. 236-237. Traduction libre. Dans l'original : « *Tais situações refletem uma das principais tensões imanentes à Convenção: o antagonismo entre a idéia de autonomia e deslocalização da sentença arbitral, de um lado, e, de outro, a de territorialismo da arbitragem comercial internacional, que defende o controle da sentença pela jurisdição da sede.* »

justice internationale est souvent mise au deuxième plan. L'ordre juridique arbitral, comme catégorie doctrinale, représente peut-être l'un des apports les plus importants des juristes de l'arbitrage international. Cependant, seule son interprétation pragmatique, appliquée au cas concret et en vue de l'équité, est en mesure de préserver cette catégorie.

Au contraire, un ordre juridique arbitral privilégiant moins le service de la *justice* que de l'*ordre* risque de devenir une structure boiteuse, dont l'intégrité sera toujours confrontée à des réalités déviantes lui échappant conceptuellement. C'est le péril d'implosion d'un ordre macroscopique par des injustices microscopiques qui nous préoccupe. Essayons, par le biais de cette thèse, de montrer que l'adoption de critères plus relatifs dans l'évaluation des ces dérives peut rendre à l'arbitrage international, dans la pratique, la cohérence présente dans les cours et monographies. Pour l'instant, tentons de comprendre quelles sont les efforts déployés actuellement pour contenir ses manœuvres, ainsi que les aspects théoriques qui limitent encore grandement leur portée.

Chapitre II. Les efforts de contrôle des dérives

479. L'application concrète des conceptions théoriques de l'arbitrage international défie l'équilibre entre ordre et justice. Nous nous rapprochons de ce qu'un auteur[784], en exposant les problèmes du processus de la mondialisation, a nommé une « catastrophe normative », laquelle se manifeste selon trois tendances : dans l'espace, où l'on observe un « enchevêtrement des normes » ; dans l'ordre, où il existe des « fluctuations entre unification et harmonisation » ; et dans le temps, avec une « instabilité des seuils de compatibilité ».
Voici donc définies les trois principales sources d'instabilité de tout droit international, qui peuvent servir de loupe pour l'arbitrage international. Essayons à présent de dégager quels sont les principaux mécanismes mis à disposition de juges et arbitres pour rapprocher les différentes normativités dans le temps et dans l'espace, afin de contourner les distorsions du système (section I). Ensuite, nous montrerons comment les caractéristiques du raisonnement d'application de ces mécanismes les rendent encore très limités dans le domaine de l'arbitrage international (section II).

Section I. Les mécanismes de contrôle des dérives de l'arbitrage international

480. Ainsi que nous l'avons fait pour l'étude des différents types de distorsions de l'arbitrage international, nous organiserons ici l'analyse de ses instruments de contrôle en distinguant ceux mis en place avant et pendant la procédure arbitrale (§ 1°), et ceux appliqués après, qui portent sur la sentence (§ 2°).

§ 1°. Les mécanismes de contrôle des dérives avant et pendant la procédure arbitrale

481. Deux principaux critères d'harmonisation spatio-temporelle tentent de protéger l'autonomie de l'arbitrage international avant et pendant la procédure : la litispendance internationale, comprise comme phénomène (A), et les injonctions anti-procédure, qui constituent son instrument principal (B).

---

784 DELMAS-MARTY Mireille, « Les processus de mondialisation du droit », *in* MORAND Charles-Albert (dir.), *op. cit.*, p. 65.

A. La litispendance internationale

482. La *lis pendens* est loin de constituer une notion typique de l'arbitrage international. Bien au contraire, un grand nombre d'autorités[785] rappellent qu'il n'y a qu'un for compétent dans l'arbitrage, celui du tribunal arbitral, défini par une convention valable. De plus, la doctrine[786] a longtemps considéré que la procédure arbitrale elle-même n'était pas une « *lis* ». Ainsi, ses effets ne pourraient jamais faire obstacle à la concurrence d'une démarche étatique.

La jurisprudence arbitrale elle-même, à la fin des années 1980 et au début des années 1990, a encore du mal à accepter que l'arbitrage constitue une procédure *pendante*. Citons la sentence partielle dans l'affaire CCI n°6709 de 1991 : « Le caractère de juridiction d'exception de la juridiction arbitrale fait obstacle à la possibilité d'une situation de litispendance entre une juridiction étatique et la juridiction arbitrale[787]. »

483. Cependant, la fidélité technique de ces acceptions ne doit pas empêcher d'examiner le problème sous un angle téléologique, lequel justifie complètement l'inclusion de l'arbitrage en tant que procédure suffisante à la litispendance. Nous rejoignons ici A. Samuel[788], pour qui, bien qu'il soit difficile d'associer les notions d'arbitrage et de procédure étatique, l'exécution immédiate des sentences arbitrales, ainsi que le risque de leur contradiction avec certains jugements, constituent des motifs tout à fait suffisants pour discuter la *lis pendens* dans ce domaine.

484. Au cours de l'année 2000, lors de la conférence de l'ILA à Londres, son Committee on International Civil and Commercial Litigation[789] note que la litispendance internationale correspond bien plus à la description d'un problème – les procédures parallèles[790] –, qu'à une solution pour le résoudre.

---

785 Par exemple, *cf.* Gary B. BORN, *International commercial arbitration*, v. 2, *op. cit.*, p. 2935, spéc. note 260.

786 *Cf.* SCHWEIZER P., GUILLOD O., « L'exception de "litispendance" et l'arbitrage international », *in* KNOEPFLER F., *Le juriste suisse face au droit et jugements étrangers.* Fribourg : Éd. Universitaires, 1988, p. 71. ; CREMADES Bernardo M., « Procedimientos paralelos en el arbitraje internatcional », *Rev. br. arb. med.*, jan.-mar. 2008, spéc., p. 119. Voir, not. la sentence CCI dans l'affaire n°5103, *JDI*, 1988, p. 1206.

787 Sentence partielle CCI rendue dans l'affaire n°6709, de 1991. DERAINS Yves, JARVIN Sigvard, *Recueil des sentences arbitrales de la CCI 1991-1995*, The Hague : Kluwer Law International, 1997, p. 438.

788 SAMUEL Adam, *op. cit.*, p. 258.

789 *ILA Third Interim Report : Declining & Referring Jurisdiction in International Litigation, op. cit.*, p. 6. Commenté par Norah GALLAGHER, « Chapter 17: Parallel proceedings, *res judicata* and *lis pendens*: *problems and possible solutions* », *in* MISTELIS Loukas A., LEW Julian D.M. (éds.), *op. cit.*, p. 339.

790 C. Kessedjian nous rappelle les trois cas de litispendance possibles dans l'arbitrage : « Dans le premier cas, le demandeur commence l'arbitrage et le défendeur poursuit le demandeur devant un tribunal étatique. Dans le deuxième cas, une partie procède devant un

Ainsi, la *lis pendens* internationale n'est pas, *per se*, un instrument de contrôle des dérives du contentieux international, mais plutôt la constatation de l'une de ses situations boiteuses récemment appliquée à l'arbitrage.

485. Si le droit interne de la plupart des pays n'hésite pas à consacrer la litispendance comme règle interne de procédure, laquelle permet la suspension d'une demande étatique face à l'existence d'une action antérieure dans un autre for[791], le droit international n'est pas aussi unanime concernant sa nature. Les cours internationales et les tribunaux arbitraux caractérisent la litispendance soit comme règle coutumière, soit comme principe général de droit[792]. Dans les deux cas, c'est une norme reconnue comme obligatoire, et dont le but est d'inciter juges et arbitres à éviter des décisions jurisprudentielles contradictoires.

486. Dans une étude sur ce thème, C. Mc Lachlan[793] rappelle les cinq raisons qui justifient l'importance générale de la litispendance : (a) elle permet d'éviter, *a priori*, les problèmes surgis postérieurement avec la *res judicata* ; (b) elle stimule l'efficience judiciaire ; (c) c'est un moyen de décliner ou bien d'atténuer la compétence originaire excessive des juridictions du for en faveur de juridictions voisines ; (d) elle promeut la courtoisie internationale entre les cours des différents pays ; et, *last but not least*, (e) elle permet de renforcer la règle de droit par l'équité et la loyauté de la procédure.

Les quatre premiers arguments correspondent aux déploiements techniques de l'objectif principal, qui réside dans la cinquième raison : empêcher les manœuvres déloyales d'un adversaire qui, en engageant plusieurs fors simultanément avec le même bien-fondé, espère qu'au moins l'un d'entre

---

tribunal étatique malgré une convention d'arbitrage alors que l'autre partie commence l'arbitrage. Dans les deux cas, c'est la validité de la convention d'arbitrage qui est en jeu. Dans le troisième cas, rappelé ici seulement pour mémoire, deux procédures d'arbitrage sont commencées en parallèle » (KESSEDJIAN Catherine, « Le règlement 44/2001 et l'arbitrage », *Rev. arb.*, 2009, p. 722). L'observation de l'auteur nous permet de faire deux réserves. En premier lieu, nous n'aborderons pas le problème de la validité de la convention d'arbitrage, relevant du droit des obligations, concentrant nos efforts sur la procédure étatique de contestation du compromis, et sur la forme avec laquelle elle peut être utilisée de manière abusive pour retarder ou vider l'arbitrage. Encore que la saisine des cours étatiques puisse se justifier dans le cas d'une convention manifestement nulle, ce n'est pas tellement le *contenu* de cette saisine qui nous intéresse, mais plutôt sa *forme*. En deuxième lieu, ainsi que l'auteur dans cet extrait, nous ne traiterons pas de la litispendance entre deux procédures arbitrales, car ce qui constitue l'objet de notre étude est justement cette interaction entre l'ordre arbitral et les cours étatiques, permettant de questionner les constructions théoriques qui légitiment l'autonomie de l'arbitrage international.

[791] Art. 100, CPC français, § 261(3), ZPO, art. 35, CPC suisse, art. 231, CPC japonais, art. 301, §§ 1° et 3°, CPC brésilien, parmi d'autres.

[792] *Cf.* plusieurs précédents sur le thème dans Gary BORN, *International commercial...*, v. 2, *op. cit.*, p. 2934, note 251 ; ainsi que August REINISCH, *op. cit.*, p. 121, note 33.

[793] Mc LACHLAN Campbell, *Lis pendens...*, *op. cit.*, p. 21.

eux lui sera favorable[794]. La litispendance devient alors, selon K. Hobér[795], un principe fondamental de justice procédurale, partie intégrante de l'ordre public de la plupart des droits nationaux. C'est sous cet angle que nous envisageons ici la litispendance, afin d'éviter la multiplication sans contrôle des procédures dans le but de défier un système accordé et préétabli.

487. Une des seules législations qui prévoit explicitement la *lis pendens* internationale dans une règle assez complète est le droit suisse : « Lorsqu'une action ayant le même objet est déjà pendante entre les mêmes parties à l'étranger, le Tribunal suisse suspend la cause s'il est à prévoir que la juridiction étrangère rendra, dans un délai convenable, une décision pouvant être reconnue en Suisse[796]. »
Notons l'avancée de ce dispositif, qui rend hommage au sérieux d'une juridiction étrangère en incluant comme critère de dessaisissement du juge suisse une décision rendue dans un *délai raisonnable*, évitant par là une saisine purement abusive d'un for étranger connu pour la longueur de ses délais de jugement. Nous retournerons à l'importance de ce dialogue entre les divers fors par la suite. Retenons ici seulement une tendance au rapprochement entre les juridictions des différents pays.

488. En France, cette tendance apparait clairement dans l'évolution de la jurisprudence. Si, en 1969, la Cour de cassation refusait catégoriquement une exception de litispendance internationale[797], un revirement s'est opéré depuis. Dans ses derniers arrêts, la Haute Juridiction note que « l'exception de litispendance peut être reçue devant le juge français, en vertu du droit commun français, en raison d'une instance engagée devant un tribunal étranger également compétent[798] ». Il s'agit là d'une position libérale affirmée, néanmoins, cette ouverture à l'échange procédural concerne presque exclusivement le droit international privé, éloigné de l'autonomie de l'arbitrage international.

489. Bien évidemment, le seul fait qu'il s'agisse du conflit entre un juge et un tribunal arbitral, et non entre deux juridictions étatiques, suffit à expliquer la difficulté que connait la doctrine pour adapter le concept de litispendance

---

[794] *Cf.* BORN Gary, *op.cit.*, p. 2934.

[795] HOBÉR Kaj, « Parallel arbitration proceedings – duties of the arbitrators », *in* CREMADES Bernardo, LEW Julian D.M, (éds.), *Parallel state and arbitral procedures in international arbitration*, Paris : ICC Publishing, v. 692, 2005, p. 243.

[796] Art. 9(1), LDIP.

[797] « [...] il est de principe que l'exception de litispendance n'est pas reçue en France à raison d'une instance introduite à l'étranger » (Cass., 1re Ch. civ., 1er déc. 1969, *JDI*, 1970, p. 707 – note HUET).

[798] Cass., 1re Ch. civ., 26 nov. 1974, *JDI*, 1975, p. 108 – note PONSARD ; *Rev. crit. DIP*, 1975, p. 491 – note HOLLEAUX ; *GA*, n°54. *Cf.* aussi Cass, 1re Ch. civ., 17 juin°1997, *D.*, 1997, inf. rap. p. 166.

dans ce domaine. Ainsi, des auteurs comme E. Gaillard[799] ou P. Mayer[800] n'hésitent pas à affirmer que dans la représentation qui accepte un ordre juridique arbitral, ce n'est pas le principe de la litispendance, mais celui de compétence-compétence, qui permet de départager une juridiction étatique et une juridiction arbitrale ayant une vocation égale à trancher le litige.

490. En dépit de ces positions, nous verrons que dans la pratique, les principaux efforts de contrôle des procédures parallèles à l'arbitrage ont recours au principe de litispendance construit dans le droit international privé. Le débat européen résultant de l'application du Règlement n°44/2001 à l'arbitrage international en est la preuve évidente.

Même s'agissant d'une discussion prioritairement communautaire, l'exclusion de la procédure arbitrale du Règlement, via son art. 1(2)(d)[801], suscite des questions intéressantes quant à l'extension de ses règles de litispendance (arts. 27 *et seq.*[802]) aux procédures dérivées de l'arbitrage. Ainsi, dans le Rapport d'Heidelberg sur l'application du Règlement n°44/2001, présenté en 2007, il est affirmé que la question de savoir si la prévalence d'une convention arbitrale ou l'existence d'une procédure suffisent pour empêcher une demande judiciaire dans un autre État membre reste ouverte[803].

Pourtant, s'il est vrai que l'art. II(3)[804], CNY, par l'effet négatif de la compétence-compétence, peut résoudre une partie considérable des problèmes de litispendance, bon nombre d'hypothèses plus subtiles restent encore en suspens, soit parce qu'il s'agit d'une irrégularité grave de la convention elle-même, soit parce qu'il s'agit du conflit entre plusieurs procédures étatiques concernant un arbitrage. Dans ces cas, l'application du Règlement n°44/2001 est toujours douteuse.

491. C'est pour cette raison que la doctrine défend aujourd'hui un éclaircissement des règles de litispendance présentes dans la norme européenne quant aux procédures accessoires à l'arbitrage international. Les normes de litispendance prévues par les arts. 27 et 28 du Règlement

---

[799] GAILLARD Emmanuel, *Aspects philosophiques…*, *op. cit.*, p. 128.

[800] « De deux choses l'une en effet : ou bien le tribunal arbitral est incompétent, et il lui suffit de le déclarer pour que la situation de litispendance cesse ; ou bien il est compétent, et dès lors le tribunal étatique ne l'est pas, la convention d'arbitrage ayant, à côté de son effet positif, attributif de pouvoir aux arbitres, normalement un effet négatif, exclusif de la compétence des tribunaux étatiques » (MAYER Pierre, « Litispendance, connexité et chose jugée dans l'arbitrage international », *in Liber Amicorum Claude Reymond*, *op. cit.*, p. 191).

[801] *Cf.* n.389, *supra*.

[802] *Cf.* n.579, *supra*.

[803] *Rapport Heidelberg*, p. 56, par. 120 (*cf.* n.392, *supra*).

[804] « Le tribunal d'un État contractant, saisi d'un litige sur une question au sujet de laquelle les parties ont conclu une convention au sens du présent article, renverra les parties à l'arbitrage, à la demande de l'une d'elles, à moins qu'il ne constate que ladite convention est caduque, inopérante ou non susceptible d'être appliquée. »

n°44/2001[805] ne peuvent constituer des exceptions devant le juge d'un État membre se basant sur la saisine d'un tribunal arbitral dont le siège est dans un autre for communautaire ; néanmoins, l'exception de l'art. 1(2)(d)[806] devient plus énigmatique quant à la litispendance des procédures étatiques concernant l'arbitrage, comme l'annulation de la convention ou de la sentence, les injonctions anti-procédure, la récusation des arbitres ou la reconnaissance même de la sentence.

492. Surgit alors une tendance doctrinale[807] forte, qui défend que l'exception de l'arbitrage présente dans le Règlement inclut aussi toutes les procédures qui lui prêtent support. L'objectif principal de celles-ci étant justement d'assurer la protection et la régularité de l'arbitrage, il serait incohérent de ne pas les exclure du Règlement.

Cela est parfaitement illustré par une décision judiciaire anglaise prononçant une *anti-suit injunction* dans une affaire sur le commerce international de cacahouètes. Le but de la mesure étatique n'est alors pas de décider sur le fond du litige, mais de prêter support à l'arbitrage international, ce qui amène la cour à affirmer : « Il ne s'agit pas d'un cas sur des cacahouètes. Il s'agit de qui décidera un cas sur des cacahouètes[808]. »

493. L'on rendrait plus explicite l'exception de l'arbitrage en incluant dans sa portée non seulement une référence générique, mais aussi en l'appliquant à toutes les procédures qui permettent d'assurer la régularité de la convention. À cela s'ajoute le fait que les critères de litispendance mis en place par la pratique européenne sont aujourd'hui très contestés. C'est le cas de la règle de priorité temporelle[809], ou de la tendance des juridictions européennes à se rendre compétentes même devant des fors d'États non-membres de l'UE[810].

494. Nonobstant ces constatations, les efforts de coordination et de respect des juridictions européennes, renforcés dans une période où le système établi par le Traité de Rome est en crise, amènent la doctrine, la jurisprudence et le législateur à envisager l'inclusion de l'arbitrage au sein du Règlement.

---

[805] *Cf.* n.579, *supra*.

[806] *Cf.* n.389, *supra*.

[807] MOSIMANN Olivier Luc, *op. cit.*, p. 66, spéc. note 307.

[808] Q.B. (Comm), STAUGHTON J., *Tracomin SA v. Sudan Oil Seeds (N. 1)*, [1983] 1 Lloyd's Rep. 560, 562. Traduction libre. Dans l'original : « *The case is not a case about peanuts. It is about who shall decide a case about peanuts.* »

[809] Présente dans l'art. 29, du Règlement n°44/2001 : « Lorsque les demandes relèvent de la compétence exclusive de plusieurs juridictions, le dessaisissement a lieu en faveur de la juridiction première saisie ». Pour cette critique, *cf.* Andrew BELL, *op. cit.*, p. 61.

[810] *Cf.* l'affaire CJCE, *Owusu v. Jackson*, 13 mar. 2005, aff. n°C-281/02. *Rec. CJCE*, 2005, I, p. 1383, spéc. par. 46.

495. Dans un intéressant débat entre Ph. Fouchard et J.-F. Poudret[811], à la recherche d'une solution pour en finir avec les situations incohérentes comme celle de l'affaire *Hilmarton*, le second auteur est catégorique : il affirme qu'il suffirait à cet effet d'étendre le champ du Règlement n°44/2001 aux jugements étatiques en matière d'arbitrage, ainsi que d'élargir éventuellement l'art. 21 à la litispendance entre procédure étatique et procédure arbitrale.

496. L'intégration de l'arbitrage international dans le Règlement Bruxelles I a été évoquée pour la première fois par H. van Houte dans un article daté de 2004[812]. Elle a ensuite été placée au centre du Rapport d'Heidelberg, commandité par la Commission européenne[813] : les normes sur la litispendance s'appliqueraient alors à l'arbitrage, au bénéfice de la première cour saisie, qu'elle l'ait été par le biais de mesures provisoires, ou par des demandes contestant la validité de la clause compromissoire.

497. Devant la possibilité de vider l'arbitrage international de son autonomie, en l'incluant dans un système déjà fortement contesté dans le domaine des clauses de juridiction exclusive, une partie considérable de la doctrine s'élève contre la proposition. Certains diront qu'après l'affaire *Gasser*[814], le système juridictionnel de Bruxelles est « largement ouvert aux abus systématiques et aux tactiques dilatoires[815] » .

498. Sur les vingt-cinq rapports nationaux commandés par les rédacteurs de la réforme, seuls cinq défendent l'inclusion de l'arbitrage dans le Règlement Bruxelles I[816]. L'attitude critique est renforcée par le *Livre vert*[817], où c'est au tour de la société civile de manifester son rejet de la suggestion. Cette critique suppose la perte de la nature autonome de l'arbitrage international en Europe, et ainsi, la perte progressive de la position de force du continent au sein du commerce mondial.

499. L'opposition de la communauté arbitrale internationale n'a pas suffit pour modifier le constat des rapporteurs, qui soutiennent que la coexistence entre l'arbitrage et le Règlement est insatisfaisante. Cela devrait conduire,

---

811 FOUCHARD Philippe, POUDRET Jean-François, « Quelle solution pour en finir avec l'affaire Hilmarton ? – Réponse à Philippe Fouchard », *Rev. arb.*, 1998, p. 19.

812 VAN HOUTTE Hans, « The Brussels I regulation and the arbitral procedure: jurisdiction and enforcement », *in Arbitral Procedure at the Dawn of the New Millennium*, 15 oct. 2004, Bruxelles : Bruylant (coll. scientifique du Centre belge d'arbitrage et de médiation.), 2004.

813 Pour un bref historique, *cf.* Philippe PINSOLLE, « Les problèmes cachés de la proposition de suppression de l'exception d'arbitrage du Règlement 44/2001 », *Cah. arb.*, 2010, n°1, p. 33.

814 *Cf.* n.580, *supra*.

815 ANDREWS Neil, « Abuse of process and obstructive tactics under the Brussels jurisdictional system », *in Zeitschrift für Gemeinschaftsprivatrecth*, 2005, n°8, par. 8.

816 Chypre, Estonie, Lituanie, Slovénie et Espagne. *Cf.* Rapport Heidelberg, n.392, *supra*, p. 51, note 154.

817 Par exemple, la réponse de la CCI, *cf.*, *supra*, n.393.

selon ses rédacteurs[818], à une règlementation plus détaillée que l'exception générique de l'art. 1(2)(d)[819]. Deux solutions sont ainsi proposées : (i) soit l'on exclut, tout court, l'exception de l'arbitrage ; (ii) soit l'on rend plus compréhensible et détaillée l'interférence entre l'arbitrage et le Règlement, spécialement quant aux procédures étatiques accessoires[820].

Dans le dernier cas, le Rapport Heidelberg suggère l'ajout d'un paragraphe 6 à l'art. 22[821], qui traite de la compétence exclusive des juridictions européennes. L'objectif du nouveau dispositif serait de prévoir la compétence exclusive du for du siège de l'arbitrage pour connaître toutes les mesures en son support. De plus, serait inclus un art. 27A[822], afin de déterminer la compétence prioritaire du for désigné comme siège de l'arbitrage pour décider sur l'existence, la validité, et l'étendue de la convention, *obligeant* (dans l'original, « *shall* ») la cour saisie dans un autre État membre à surseoir à statuer sur le sujet[823].

500. Si l'idée d'effacer l'exception de l'art. 1(2)(d) est certes exagérée, comme l'avoue l'un des rapporteurs[824], l'explicitation de la relation entre les cours étatiques et la procédure arbitrale semble plus réaliste.

501. C'est exactement la voie qui sera empruntée par la dernière proposition de refonte du Règlement, en date de juin 2012[825]. Même si elle

---

818 Rapport Heidelberg, n.392, *supra*, par. 131.

819 *Cf.* n.389, *supra*.

820 Rapport Heidelberg, n.392, *supra*, par. 131.

821 « *Art. 22. The following courts shall have exclusive jurisdiction, regardless of domicile : [...] (6) in ancillary proceedings concerned with the support of arbitration the courts of the Member State in which the arbitration takes place* » (Rapport Heidelberg, n.392, *supra*, par. 132 et 865).

822 « *Art. 27A. A court of a Member State shall stay the proceedings once the defendant contests the jurisdiction of the court with respect to existence and scope of an arbitration agreement if a court of the Member State that is designated as place of arbitration in the arbitration agreement is seised for declaratory relief in respect to the existence, the validity, and/or scope of that arbitration agreement* » (Rapport Heidelberg, n.392, *supra*, par. 134 et 868).

823 La Réforme propose encore d'inclure une disposition qui permet de déterminer le siège de l'arbitrage, dont l'importance est bien entendu indiscutable dans ce nouveau modèle : « *The place of arbitration shall depend on the agreement of the parties or be determined by the arbitral tribunal. Otherwise, the court of the Capital of the designated Member State shall be competent, lacking such a designation the court shall be competent that would have general jurisdiction over the dispute under the Regulation if there was no arbitration agreement* » (Rapport Heidelberg, n.392, *supra*, par. 136 et 870).

824 HESS Burkhard, « Improving the interfaces between arbitration and European Procedural Law – the Heidelberg Report and the EU Commission's Green Paper on the Reform of the Regulation Brussels I », *Cah. arb.*, 2010, n°1, p. 30.

825 Proposal for a Regulation of the European Parliament and of the Council on jurisdiction and the recognition and enforcement of judgments in civil and commercial matters (Recast) – First reading – General approach, Interinstitutional File: 2010/0383 (COD), 01/06/12, [en ligne] http://register.consilium.europa.eu/pdf/en/12/st10/st10609.en12.pdf, consulté le 26/06/12. Nous reviendrons aux propositions de refonte du Règlement n°44/2001 dans la deuxième partie de ce travail, car elles peuvent nous apporter des importants indices de l'insertion de la doctrine de

continue à exclure de son domaine l'arbitrage international, en affirmant que le Règlement ne doit pas constituer un obstacle à l'application de la Convention de New York[826], la refonte propose de détailler les hypothèses plus subtiles de litispendance concernant justement les procédures étatiques dont l'objet est un arbitrage international[827]. La refonte attribue aux cours des États membres la compétence pour se prononcer sur la nullité, l'inopérabilité ou l'inapplicabilité de la convention arbitrale selon leurs lois

---

l'abus de droit au sein des règles européennes de coopération judiciaire et arbitrale (*cf.* n.1082 *et seq.* et 1099 *et seq., infra*).

[826] Art. 84(2), dans l'original : « *This Regulation shall not affect the application of the Convention on the Recognition and Enforcement of Foreign Arbitral Awards, done at New York on°10 June 1958.* »

[827] Toute l'explicitation de la litispendance entre l'arbitrage international et les cours étatiques des États membres se trouve dans la note 1 à l'art. 84 : « *(1) The following recital will be inserted: This Regulation should not apply to arbitration. Nothing in this Regulation should prevent the courts of a Member State, when seised of an action in a matter in respect of which the parties have made an arbitration agreement, from referring the parties to arbitration or from staying or dismissing the proceedings and from examining whether the arbitration agreement is null and void, inoperative or incapable of being performed, in accordance with their national law. A ruling given by a court of a Member State as to whether or not an arbitration agreement is null and void, inoperative or incapable of being performed should not be subject to the rules of recognition and enforcement of this Regulation, regardless of whether the court decided on this as a principal issue or as an incidental question. On the other hand, where a court, exercising jurisdiction under this Regulation or under national law, has determined that an arbitration agreement is null and void, inoperative or incapable of being performed, this should not prevent that the court's judgment on the substance of the matter be recognised and, as the case may be, enforced in accordance with this Regulation. This should be without prejudice to the competence of the courts of the Member States to decide on the recognition and enforcement of arbitral awards in accordance with the Convention on the Recognition and Enforcement of Foreign Arbitral Awards, done at New York on°10 June 1958, which takes precedence over this Regulation. This Regulation should not apply to any action or ancillary proceedings relating to, in particular, the establishment of the arbitral tribunal, the powers of the arbitrators, the conduct of the arbitration procedure or any other aspects of such a procedure, nor to any action or judgment concerning the annulment, review, appeal, recognition and enforcement of an arbitral award* » (*cf.* n.825, *supra*). La proposition de refonte de 2010 de la Commission européenne présentait, dans son art. 29 (Section°10 – « Litispendance et connexité »), les règles suivantes concernant la litispendance entre procédure étatique et arbitrale : « Article 29 […] 4. Lorsque le siège convenu ou désigné d'un arbitrage se situe dans un État membre, les juridictions d'un autre État membre dont la compétence est contestée en vertu d'une convention d'arbitrage sursoient à statuer dès que les juridictions de l'État membre où se trouve le siège d'arbitrage ou le tribunal arbitral ont été saisis d'un recours ayant pour objet de déterminer, à titre principal ou incident, l'existence, la validité ou les effets de ladite convention d'arbitrage. Le présent paragraphe ne fait pas obstacle à ce que la juridiction dont la compétence est contestée se dessaisisse dans le cas visé ci-dessus si sa législation nationale l'exige. Lorsque l'existence, la validité ou les effets de la convention d'arbitrage sont établis, la juridiction saisie décline sa compétence. Le présent paragraphe n'est pas applicable aux litiges relatifs aux matières visées aux sections 3, 4 et 5du chapitre II,([en ligne] http://ec.europa.eu/justice/policies/civil/docs/com_2010_748_fr.pdf, page consultée le 10/05/12).

nationales respectives. Toutefois, ce jugement n'est pas soumis au Règlement, permettant donc qu'une autre juridiction européenne se prononce sur la même matière. Pourtant, au cas où la juridiction nationale aurait décidé que la convention arbitrale est caduque, inopérante ou non susceptible d'être appliquée, elle peut statuer sur le fond, rendant une décision qui est alors soumise au Règlement.

Enfin, l'évolution majeure de la refonte 2012 en ce qui concerne la litispendance entre procédures arbitrales et étatiques réside dans la proposition d'exclure du Règlement, de manière explicite, toutes les procédures accessoires à l'arbitrage international : « Ce Règlement ne s'applique pas aux demandes ou procédures accessoires concernant, notamment, l'établissement du tribunal arbitral, les pouvoirs des arbitres, le déroulement de la procédure ou tout autre aspect de cette procédure, ainsi qu'à toute demande ou jugement concernant l'annulation, la révision, l'appel, la reconnaissance et l'exécution d'une sentence arbitrale[828]. »

502. Le même genre de mouvement peut se lire, quoique dans une moindre mesure, dans le projet suisse de modification de l'art. 7, LDIP[829], par l'« initiative Lüscher ». Le texte parlementaire suggère d'ajouter un second alinéa à ce dispositif, imposant au juge suisse de *surseoir* à statuer, sans égard au siège du tribunal arbitral, jusqu'à ce que celui-ci se soit prononcé sur sa compétence, à moins qu'un examen *sommaire* ne démontre qu'il n'existe entre les parties aucune convention d'arbitrage[830].

La proposition réduit considérablement la compétence du juge suisse, dont la rédaction actuelle de l'art. 7(1)(b), LDIP, lui permet d'examiner si la convention d'arbitrage est caduque, inopérante ou non susceptible d'être appliquée. Au cas contraire, le juge suisse doit *se dessaisir.*

Ainsi, les principales critiques[831] adressées à cette réforme portent sur la création d'une situation juridique de litispendance, entre, d'une part, la demande étatique suspendue, et, de l'autre, la procédure arbitrale entamée. Le juge suisse doit attendre le prononcé des arbitres sur leur propre

---

[828] Traduction libre. Dans l'original, *cf.* n.827, *supra.*

[829] L'art. 7, LDIP, dans sa rédaction actuelle : « Si les parties ont conclu une convention d'arbitrage visant un différend arbitrable, le tribunal suisse saisi déclinera sa compétence à moins que : a. le défendeur n'ait procédé au fond sans faire de réserve ; b. le tribunal ne constate que la convention d'arbitrage est caduque, inopérante ou non susceptible d'être appliquée, ou que c. le tribunal arbitral ne puisse être constitué pour des raisons manifestement dues au défendeur à l'arbitrage ».

[830] « En matière internationale, le tribunal suisse, sans égard au siège du tribunal arbitral, sursoit à statuer jusqu'à ce que celui-ci se soit prononcé sur sa compétence, à moins qu'un examen sommaire ne démontre qu'il n'existe entre les parties aucune convention d'arbitrage. »

[831] *Cf.* BESSON Sébastien, « Réflexions sur le projet de modification de l'article 7 LDIP (initiative Lüscher) », *Bull. ASA*, 2011, v. 29, n°3, p. 574-582.

compétence, engendrant une situation de procédure parallèle qui peut très bien s'éterniser.
La difficulté de cette solution est surtout due à une conception trop rigide de la litispendance, où le juge étatique n'a pratiquement pas de marge pour évaluer la nature de la demande arbitrale parallèle (seule l'*inexistence* d'une convention d'arbitrage permettrait d'affirmer la compétence judiciaire). Ce n'est donc pas un hasard si S. Besson[832] propose, pour contourner le problème de l'initiative Lüscher, de s'inspirer de la rédaction de l'art. 9, LDIP[833], relatif à la litispendance, et qui permet à l'instance judiciaire suisse d'évaluer avec plus de précision la demande étrangère, spécialement le délai dans lequel la juridiction étrangère rendra sa décision et si celle-ci pourra être reconnue en Suisse.

503. Retenons de ces analyses que c'est une certaine rigidité qui freine l'adoption des projets de coexistence entre ordre étatiques et arbitrage international. Toutefois, si cette présentation générale de la litispendance internationale nous fournit un tableau, surtout conceptuel, des efforts entrepris pour encadrer les déviations de l'ordre juridique arbitral avant et pendant la procédure arbitrale, ce sont dans les injonctions anti-procédure que nous verrons la concrétisation de ces efforts de protection du for – soit arbitral, soit étatique. La litispendance cesse d'être seulement un phénomène pour devenir un instrument d'action.

B. Les injonctions anti-procédure

504. Tout comme l'emploi du concept de litispendance pour inclure la procédure arbitrale, l'utilisation de l'expression *anti-suit injunctions* est imprécise. En premier lieu parce qu'il ne s'agit pas toujours d'un ordre déterminant l'interruption d'une *suit*, mais souvent d'une décision déterminant l'arrêt d'un arbitrage. On parlera alors *d'anti-arbitration injunction*[834]. Nous avons toutefois déjà dépassé ce problème sémantique, lorsque nous nous sommes permis d'englober la procédure arbitrale[835] dans le concept de *lis*. Rien de plus naturel que de le faire aussi pour l'idée de *suit*[836].

---

832 *Ibid.*, p. 582.
833 *Cf.* n.595, *supra.*
834 Pour une explicitation des différences entre les *anti-suit injunctions* et les *anti-arbitration injunctions*, *cf.* Chetan PHULL, « U.S. Anti-suit injunctions in support of international arbitration: five questions American courts ask », *Journ. Int. Arb.*, 2011, v. 28, pp. 23-24.
835 *Cf.*, *supra*, n.482 à 484.
836 *Cf.* Axel H. BAUM, « Anti-suit injunctions issued by national courts to permit arbitration proceedings », *in* GAILLARD Emmanuel (éd.), *Anti-suit injunctions…*, *op. cit.*, p. 19.

Cependant, le problème de la dénomination s'est aussi posé en 2002, avec un fondement bien moins sémantique, dans l'affaire *Turner v. Grovit*[837]. Lord Hobhouse y affirme que l'emploi de l'expression *anti-suit injunctions* est tendancieux, puisqu'il fait supposer que l'ordre s'adresse à une autre cour, questionnant la juridiction de cette dernière et, donc, son indépendance. Or, les injonctions anti-procédure ne s'adressent qu'aux parties, *in personam*, jamais aux tribunaux, comme nous le verrons postérieurement.
Même la nature personnelle de cette action n'a pas suffi à écarter une dénomination largement consacrée[838]. Ainsi, l'emploi des expressions originales anglaises *anti-suit injunctions* et *anti-arbitration injunctions* désigne les mesures restrictives adressées respectivement aux cours étatiques et aux tribunaux arbitraux. Nous emploierons aussi l'expression francisée injonction anti-procédure[839], afin de désigner le genre auquel appartiennent les deux espèces de mesures mentionnées ici.

505. En revenant à notre objectif – identifier des mécanismes qui tentent de surmonter le conflit entre conceptions autonomistes de l'arbitrage et intervention étatique –, nous examinerons comment les *anti-suit injunctions* ont émergé historiquement et philosophiquement dans ce contexte (1°), pour ensuite explorer comment elles sont mises en place par juges et arbitres dans la pratique (2°). Enfin, nous conclurons en sondant quelles sont les principales critiques qui lui sont aujourd'hui adressées en tant qu'instrument de contrôle de l'ordre juridique arbitral (3°).

1°. Les injonctions anti-procédure dans le contexte de l'arbitrage international

506. Afin de fixer les interprétations qui permettent aujourd'hui aux juges et arbitres de se valoir des injonctions comme d'une arme pour éviter des manœuvres déloyales dans l'arbitrage international, il est indispensable de tracer, encore que brièvement, l'historique de cette institution (a). Ce parcours révélera que les injonctions sont nées du souci de respect mutuel des juridictions, dont le principal postulat philosophique jusqu'à aujourd'hui est le problème de la courtoisie internationale (b).

---

[837] Dans la décision de la House of Lords, *Turner v. Grovit and others*, [2002] 1 WLR 107, 117. Sur cette affaire, *cf.* notre analyse ci-dessus (n.544 *et seq.*).

[838] C'est l'opinion de la High Court d'Australie dans un jugement de 1997 (*The Enforcement of an English Anti-Suit Injunction* [1997] 1 L Pr 320). *Apud* BELL Andrew, *op. cit.*, p. 171.

[839] Nous empruntons la traduction française de C. Kessedjian (« Le Règlement 44/2001...», *op. cit.*,) encore qu'il soit aussi commun de trouver la traduction d'« injonction anti-suit » (*cf.* BOLLÉE Sylvain, « Quelques remarques sur les injonctions anti-suit visant à protéger la compétence arbitrale (à l'occasion de l'arrêt *The Front Comor* de la Chambre des Lords) », *Rev. arb.*, 2007, pp. 223-249. Toutefois, l'expression « injonction anti-procédure » procure le bénéfice didactique de permettre d'englober autant la *procédure* étatique que la *procédure* arbitrale, raison pour laquelle nous la préférons.

a) Historique

507. Dans un premier temps[840], au XVe siècle, c'est surtout pour limiter les juridictions ecclésiastiques que l'Angleterre introduit un *writ of prohibition*, adressé directement à l'autre cour, et non aux parties. L'instrument est utilisé tout au long du XVIe siècle, dans le conflit entre les cours de droit commun et celles de la Chancery, ce qui pousse le roi James I à le déclarer légal. Finalement, au XIXe siècle, les *anti-suit injunctions* voient leur portée élargie géographiquement, afin d'éviter non plus seulement des conflits fonctionnels entre les différentes cours de l'Angleterre, mais aussi entre les tribunaux de tout le Royaume-Uni.

508. L'un des premiers et des plus importants cas d'injonction prononcée dans son acception la plus moderne, *i.e.*, adressée explicitement contre les parties, est l'affaire anglaise *Cohen v. Rothfield*[841], en 1919, dans laquelle la cour d'appel anglaise détermine qu'une partie renonce à une action proposée en Écosse. Même avant, en 1834, dans l'affaire *Lord Portarlington v. Soulby*[842], il avait déjà été établi que les *anti-suit* se fondent sur la juridiction *personnelle* des cours anglaises pour recevoir le litige, et non pas sur un attentat contre l'autorité de *l'autre* juridiction.

509. La notion originelle d'*anti-suit injunction* a été supprimée du droit anglais avec l'extinction de la section 24(5) du Supreme Court of Judicature Act de 1873. Néanmoins, les cours anglaises continuent à prononcer des *anti-suit injunctions* dans des cas internationaux, face à des demandes étrangères qualifiées de vexatoires ou d'oppressives (dans l'original, « *vexatious or oppresive* »)[843]. Il ne suffit donc plus de prouver la seule existence d'une procédure parallèle.

---

[840] *Cf.* l'historique tracé par Olivier Luc MOSIMANN, *op. cit.*, pp. 9-10.

[841] Court of Appeal, *Cohen v. Rothfield*, [1919] 1 KB 410.

[842] Court of Chancery, *Lord Portarlington v. Soulby*, [1834] 3 My & K 103.

[843] Certains notent qu'il existe, spécialement dans le droit anglais, une différence subtile entre le caractère *vexatoire* et *oppressif* d'une demande (*cf.* la définition de Lord Kilbrandon dans l'arrêt *The Atlantic Star*, n.43 *supra*, reprise par Justice Brennan dans l'arrêt australien *Oceanic Sun-Line Special Shipping Co. Inc. v. Fay*, ([1988] 165 *CLR* 197 (HC)) : tandis qu'une action *oppressive* serait une demande exercée de façon à mettre en difficulté la victime pour obtenir la sanction de ses droits, une procédure *vexatoire* résulterait de poursuites injustifiées et infondées, un type de harcèlement. Dans le contexte international, l'on associe donc souvent l'action vexatoire à l'abus du droit d'action en justice, et l'action oppressive à l'abus du droit de choisir un for (*cf.* Laurence USUNIER, *op. cit.*, p. 388). Néanmoins, comme la doctrine semble avouer, dans les pays de *civil law* la distinction entre ces deux formes d'abus reste encore très peu développée (*ibid.*). Nous nous permettrons, donc, en faisant cette réserve, d'approcher les notions de vexatoire et d'oppressif de l'idée d'abus de procédure. Selon C. Mc Lachlan, d'ailleurs, « le concept d'*abus de droit* peut être associé de très près aux concepts originels de vexation et oppression énoncés par le *common law* comme une partie du teste pour la concession d'injonctions anti-procédure » (*Lis pendens...*, *op. cit.*, p. 430). Traduction libre. Dans l'original : « *The concept of abus de droit may be very closely related to the original concept of*

510. Les États-Unis, adoptant un système de *common law* d'influence britannique, et soumis à un régime politique de juridictions encore plus éparpillées, ne tardent pas à incorporer ces mesures. Toutefois, c'est seulement en 1984, dans l'affaire *Laker*[844], que la cour du district de Washington D.C. et la cour d'appel du district de Columbia se sont penchées en détail sur ce problème au niveau du droit international.

La cour d'appel américaine affirme, après un long et complexe litige, que les procédures parallèles, *per se*, ne sont pas suffisantes pour justifier la concession d'une injonction anti-procédure. Cependant, elle souligne que cela est envisageable quand le seul objectif de la demande étrangère est d'obstruer abusivement la juridiction américaine (dans l'original, « *sole purpose of halting the US action*[845] »).

511. C'est à partir de ce précédent que les affaires suivantes[846] adopteront, comme une « approche libérale », les critères fournis par *Laker* : la demande étrangère menace la juridiction du for objet de l'injonction ou bien son ordre public. Comme dans le droit anglais, le caractère vexatoire et oppressif de la procédure parallèle devient indispensable, la seule existence d'une autre procédure ne suffisant pas à justifier l'*injunction.*

512. Dans le domaine de l'arbitrage, les premières injonctions remontent à 1911, en Angleterre[847]. L'objectif consiste alors à protéger le demandeur contre une procédure parallèle qui violerait les droits contractuels résultants de la clause compromissoire. En 1994, dans l'affaire *The Angelic Grace*[848], les cours anglaises se sont finalement défaites du phantasme d'une application timide des injonctions, pour en faire un instrument presque quotidien de protection des accords d'arbitrage menacés par une manœuvre obstructive.

513. Aux États-Unis, C. Mc Lachlan[849] observe que le pouvoir d'ordonner des *anti-suit injunctions* dans les arbitrages internationaux est apparu de manière plus sporadique. En dépit de l'importance de la protection du lien de la convention arbitrale, l'auteur note que les cours américaines n'ont pas encore totalement décidé si ce facteur suffit pour justifier une injonction.

---

vexation and oppression enunciated in the Common Law cases as part of the test for the grant of an anti-suit injunction. »

844 Court of Appeal, Columbia District Court, *Laker Airwars Ltd. v. Sabena Belgian World Airlines*, 731 F. 2d 909, 927. Pour une description détaillée de cette affaire, *cf.* SWANSON Steven R., « The vexatiousness of a vexation rule: international comity and antisuit injunctions », *Geo. Wash. Journ. Int. L. & Econ.*, 1996, v. 30, pp. 1-37.

845 *Ibid.*, par. 930.

846 Par exemple Court of Appeals, Second Circuit, *China Trade and Development Corp. v. M.V. Choong Yong*, 837 F. 2d 33 (ed Cir. 1987).

847 *Pena Copper Mines Ltd. v. Rio Tinto Co. Ltd.*, (1911) 105 LT 846 (CA). *Apud* Mc LACHLAN Campbell, *Lis pendens…*, *op. cit.*, p. 223.

848 *The Angelic Grace*, [1995] 1 Lloyd's Rep. 87 (CA).

849 Mc LACHLAN Campbell, *Lis pendens…*, *op. cit.*, pp. 224 *et seq.*

Désormais, la jurisprudence américaine semble plus hésitante quant aux critères de protection de la clause compromissoire par rapport à la clause d'*electio juris*.

514. Dans une affaire récente, en 2004, *Paramedics Electro v. GE Medical Systems*[850], la cour d'appel du 2e circuit a confirmé une *anti-suit injunction* pour interdire à une partie de poursuivre une demande étatique au Brésil en violation de la convention arbitrale. Néanmoins, dans ce cas, autant la District Court que le tribunal arbitral lui-même avaient déjà déclaré la validité de la convention d'arbitrage, ce qui rend le problème moins complexe. Ainsi, la procédure brésilienne relève clairement d'une « tactique pour échapper à l'arbitrage[851] ».

515. Voici donc un rapide aperçu de l'origine et du développement historique des *anti-suit injunctions*. L'histoire d'une institution si récemment appliquée dans le domaine international se confond dans ce cas précis avec la présentation de ses critères plus actuels, c'est-à-dire avec son application pratique. Toutefois, avant de nous pencher sur la mise en place concrète des injonctions, attardons-nous préliminairement sur l'insertion de ce mécanisme dans la logique actuelle d'harmonisation internationale, qui constitue souvent le principal argument pour refuser leur concession.

b) Le principe de la courtoisie internationale

516. Le principe de la courtoisie internationale (*international comity*) est sûrement l'un des arguments les plus présents dans la *ratio decidendi* de juges et arbitres qui prononcent des injonctions anti-procédure. Dès lors, cela crée un obstacle à la mise en place de ce mécanisme de contrôle, ce qui rend indispensable une analyse des principaux traits de ce postulat philosophique.

517. Le juriste hollandais U. Huber[852] est l'un des premiers à avoir étudié le concept dans sa modernité, fondant l'idée de courtoisie sur trois principes : en premier lieu, la loi nationale est toujours limitée à son application territoriale ; en deuxième lieu, tout individu sur ce territoire est soumis à cette loi ; finalement, par le principe de la *comity*, les lois de chaque État qui sont valides à l'intérieur de son territoire maintiennent leur effet partout, même dans d'autres États, pourvu que cette loi ne porte pas préjudice à ceux-ci, ni à leurs citoyens.

---

850 Court of Appeal, Second Circuit, *Paramedics Electro v. GE Medical Systems*, 369 F. 3d 645 (2nd Cir., 2004).

851 *Ibid.*, par. 654.

852 HUBER Ulrik (1636-1694), *Conflito de leis*, Rio de Janeiro : Pontifícia Universidade Católica do Rio de Janeiro, 1951, *passim* ; LORENZEN Ernest G., « Huber's De Conflictu Legum », *in* LORENZEN Ernest G., *Selected Articles on the Conflict of Laws*, New Haven : Yale University Press, 1947, pp. 162 *et seq.* ; YNTEMA Hessel E., « The comity doctrine », *Mich. L. Rev.*, 1996, v. 65, pp. 9 *et seq.*

518. La jurisprudence américaine est restée assez hésitante quant à l'importance de la *comity* dans ses décisions. Elle oscille entre l'application du principe en faveur de la communauté internationale, et sa complète abstraction face à des exigences de politique interne[853]. Ce double aspect de la courtoisie est bien décrit par H. Maier[854] : d'une part, l'effort politico-diplomatique pour respecter les juridictions étrangères, et d'autre part, l'effort de consolidation d'une justice internationale prévisible et cohérente pour l'essor des relations commerciales.

Si certains auteurs[855] affirment que l'aspect politique de la courtoisie aboutit à des décisions incohérentes, il nous semble que c'est plutôt le radicalisme incertain entre le respect ou le non-respect de la juridiction voisine qui explique ce scénario. Il ne s'agit pas tellement du radicalisme du choix, mais plutôt de celui de l'hésitation. D'ailleurs, ce radicalisme, qui règne entre des constructions institutionnelles – soit-elles théoriques ou politiques – et leur totale abstraction en faveur des seules parties, nous accompagne tout au long de cette étude.

Ainsi, comme la Supreme Court[856] américaine l'a bien remarqué à la fin du XIXe siècle, la *comity* n'est ni une obligation absolue, ni une simple courtoisie ou bonne volonté. C'est, au contraire, un instrument de reconnaissance, de respect et de légitimation des positions normatives d'un autre État, dans les limites définies ci-dessus. C'est donc une perspective tournée vers un besoin futur de réciprocité politique entre les différentes juridictions qui prévaut, en aval d'un souci véritablement technique de promouvoir la sécurité juridique dans la communauté commerçante international.

519. L'exemple typique de l'engagement politique du principe de la courtoisie peut se lire dans des arrêts comme *Gasser*[857], quand la CJCE affirme que les cours de tous les États membres méritent ce respect mutuel sur lequel se base la Convention de Bruxelles. C'est la condition pour « l'établissement d'un système obligatoire de juridictions[858] » en Europe.

Pourtant, s'il est question de courtoisie internationale dans le domaine des injonctions anti-procédure, cela résulte d'une hésitation quant à ses véritables destinataires. Des précédents comme *Gasser* insistent sur le rôle des cours étatiques étrangères, et non sur celui des individus. L'objectif de

---

[853] Pour l'évolution de la jurisprudence américaine sur le thème, *cf.* Steven R. SWANSON, *op. cit.*, pp. 5 *et seq.*

[854] MAIER Harold G., « Extraterritorial jurisdiction at a crossroads: an intersection between public and private international law », *Am. Journ. Int. L.*, 1982, v. 76, p. 283.

[855] SWANSON Steven R., *op. cit.*, p. 8.

[856] Supreme Court, *Hilton v. Guyot*, 159 US 113, 163-164.

[857] *Cf.* n.580, *supra.*

[858] *Cf.* l'arrêt *Gasser supra*, n.580. Sur l'influence de la *comity* dans cette affaire, *cf.* Spencer WOLFF, « Tanking arbitration or breaking the system to fix it? A sink or swim approach to unifying European judicial systems: the ECJ in *Gasser, Turner,* and *West Tankers* », *Col. Jour. Europ. L Online*, 2009, v. 15, p. 66.

ces mesures obstructives devient alors extrajuridique, relevant d'une finalité politique totalement étrangère au comportement abusif des parties. L'on sanctionne la saisine d'une cour et non le comportement de l'individu qui l'a saisie abusivement.

Voici pourquoi des auteurs comme B. Remy[859] présentent l'idée de courtoisie internationale comme une « illusion ». En effet, si elle permet aux États de prendre en considération des normes étrangères, elle « n'explique pas *pourquoi* ils le font[860] ». Cette explication vient rapidement si l'on décale les injonctions vers leurs véritables destinataires, c'est-à-dire « les plaideurs qui agissent de mauvaise foi en poursuivant des procédures étatiques vexatoires ou oppressives[861] ». À partir de là, ce n'est même plus de *comity* qu'il faut parler, mais de simple reconnaissance internationale d'une justice supraétatique.

520. C'est la raison pour laquelle des juridictions de *civil law*, comme la française, dans des cas où une mesure provisoire est demandée pour interdire à une partie de poursuivre une action à l'étranger, ont opté pour des mesures qui, en dépit de leur rapprochement avec les *anti-suit injunctions*, ne laissent aucun doute quant à leur nature purement personnelle.

Dans l'affaire de la *Banque Worms*[862], la Cour de cassation confirme la faculté de ses juridictions d'ordonner que les créanciers d'une société française en faillite cessent une procédure engagée en Espagne. Leur but est de se voir attribuer une somme supérieure à ce qu'ils auraient perçu dans la procédure de banqueroute en France. Ainsi, M. de Cristofaro[863] note que, sous la forme d'une *astreinte*, les cours françaises ont bien prononcé une mesure semblable à une *anti-suit injunction*, mais gardant son aspect nettement *in personam*.

521. En replaçant l'attitude procédurale des parties au centre du problème, l'on comprend mieux l'idée d'une *anti-arbitration injunction* destinée à interdire à une partie de poursuivre une procédure arbitrale. Il ne s'agit plus d'éviter une *suit* ou une *lis*, mais bien d'empêcher un comportement individuel. Dès lors, la courtoisie internationale ne peut être un postulat adressé à une juridiction privée, tel qu'un tribunal arbitral, pour interdire une

---

[859] REMY Benjamin, *Exception d'ordre public et mécanisme des lois de police en droit international privé*, Paris : Dalloz, 2008, p. 36.

[860] *Ibid.*, italique dans l'original.

[861] Mc LACHLAN Campbell, *Lis pendens…*, *op. cit.*, p. 157. Traduction libre. Dans l'original : « *Yet the central concern which lies behind this remedy is not the control of foreign courts, but rather the control of litigants who are acting in bad faith by pursuing vexatious and oppressive litigation.* »

[862] Cass., 1re Ch. civ., *Banque Worms v. Brachot*, 11 nov. 2002, *D.*, 2003, p. 797 – note KHAIRALLAH.

[863] CRISTOFARO Marco de, « Anti-suit injunctions as a tool for governing private litigation », *in* STÜRNER Rolf, KAWANO Masanori (éds.), *Current topics of international litigation.* Tübingen : Mohr Siebeck, 2009, p. 68.

injonction qui lui est destinée, encore que d'aucuns[864] considèrent ces mesures comme contraires aux principes *pro-arbitrii* présents dans la Convention de New York.

522. La cour d'appel du 5e circuit des États-Unis va même plus loin dans l'affaire *Karaha Bodas*[865]. Elle affirme que la Convention de New York garantit, dans un souci de respect mutuel, la totale indépendance entre la juridiction d'annulation de la sentence (juridiction primaire) et celle de sa reconnaissance (juridiction secondaire). L'argument lui permet de nier une *injunction* contre une procédure en Indonésie. Les juges américains emploient explicitement la *comity* pour défendre qu'il ne peut y avoir une gradation d'autorité entre ces deux types de juridictions dans l'arbitrage international[866].

523. Ainsi, l'on voit à quel point la préoccupation de la courtoisie internationale en matière d'injonctions anti-procédure est éloignée de l'examen du comportement des parties. En tout état de cause, relativisons donc les effets de la *comity* comme obstacle aux mesures restrictives des procédures, et faisons de ce débat un symbole de la façon dont on érige des barrières politiques pour éclipser des problèmes pratiques.

2°. La mise en place des injonctions anti-procédure

524. Une fois posées les bases conceptuelles de l'idée, étudions maintenant l'emploi concret de ces mesures par des cours étatiques et des tribunaux arbitraux (b), non sans avoir auparavant tenté d'organiser les principales positions théoriques autour de leur application (a).

a) Une mitigation théorique

525. Les dernières positions doctrinales et jurisprudentielles sur ce thème montrent une certaine réticence quant à l'efficacité des injonctions anti-procédure dans le domaine de l'arbitrage international. Y. Derains[867] va même jusqu'à souligner que leur « unilatéralisme judiciaire » a un effet « dévastateur » sur l'arbitrage international.

526. En théorie, J. Lew[868] indique quatre principes qui seraient contestés par la détermination étatique d'une *anti-arbitration injunction* : (i) celui de la

---

[864] BAUM Axel. H., *op. cit.*, p. 30.

[865] *Cf.* n.777, *supra.*

[866] C'est l'interprétation de Michael E. Schneider, dans « Court actions in defense against anti-suit injunctions », *in* GAILLARD Emmanuel (éd.), *Anti-suit injunctions…*, *op. cit.*, p. 55.

[867] DERAINS Yves, « L'abus des "anti-suit injunctions" en matière d'arbitrage international et la Convention de New York », *in De lege ferenda : réflexions sur le droit désirable en l'honneur du Professeur Hirsch*, Genève : Slatkine, 2004, p. 106.

[868] LEW Julian D.M., « Control of jurisdiction by injunctions issued by national courts », *in* VAN DEN BERG Albert Jan (éd.), *International Arbitration 2006…*, *op. cit.*, pp. 215-216.

compétence-compétence, puisque la décision sur la juridiction du tribunal arbitral est réservée à ce dernier, ne pouvant pas être avancée par l'injonction ; (ii) le principe de la séparabilité, car l'éventuelle nullité du contrat principal, qui peut être le fondement de l'injonction, ne peut éviter que les arbitres décident sur leur compétence ; (iii) le principe de l'autonomie des parties, qui permet aux arbitres d'ignorer simplement l'ordre injonctif en se basant sur la seule volonté de celles-ci d'adhérer à l'arbitrage[869] ; et (iv) la légalité, selon laquelle la régularité de la procédure arbitrale ne peut être contrôlée qu'une fois la sentence rendue, et non *a priori* à travers une injonction.

Sous un angle bien plus pratique, une autre partie de la doctrine observe la spirale que le problème des injonctions peut engendrer suite à des concessions multiples par différents fors. Dans ce cas, une cour étatique, face à une *anti-suit injunction*, prononce à son tour une « *anti-anti-suit injunction* », et ainsi de suite, dans une concaténation infinie. Se déclenche alors une véritable guerre d'injonctions[870].

527. Aux États-Unis[871], la position très partagée de plusieurs cours à ce sujet ne fait que renforcer une approche modérée de l'emploi de ces mesures. Les 5e, 7e et 9e circuits ont adopté une position libérale, selon laquelle la simple existence d'une procédure parallèle peut résulter dans des délais, dans des dépenses ou dans une situation vexatoire[872], autorisant une *anti-suit injunction*. En revanche, la cour du district de Columbia et les 1er, 2e, 3e et 6e circuits préfèrent une posture plus conservatrice, et exigent que la procédure étrangère ait pour seule finalité de violer la juridiction américaine, suivant le précédent *Laker*[873].

Dans ce dernier cas, seul un risque de violation de l'ordre public américain pourrait justifier la relativisation des principes de courtoisie et de coopération internationale, lesquels sont élevés à un rang supérieur par les cours adoptant la position la plus conservatrice[874].

---

[869] Pour des exemples pratiques qui utilisent le simple refus d'un tribunal arbitral de se soumettre à une injonction qui lui est adressée comme mécanisme de contrôle, *cf.* n.585 *et seq.*, *infra.*

[870] Le problème se présente de manière plus illustrative dans la pratique, spécialement dans des affaires comme *Jirau*, au Brésil (*cf.* n.571 *et seq.*, *infra*) ou *Pertamina*, aux États-Unis (*cf.* n.694 *et seq.*, *infra).* Dans la doctrine, *cf.* Konstantinos KERAMEUS, « Anti-suit injunctions in ICSID arbitration », *op. cit.*, p. 137.

[871] Pour un rapport complet des positions des cours américaines, *cf.* Campbell Mc LACHLAN, *Lis pendens…*, *op. cit.*, pp. 166 *et seq.* ; Kyriaki NOUSSIA, « Antisuit injunctions and arbitration proceedings: what does the future hold? », *Journ. Int. Arb.*, 2009, v. 26, pp. 312-313. Récemment, *cf.* Jennifer L. GORSKIE, « US Courts and The Anti-Arbitration Injunction », *Arb. intern.*, 2012, v. 28, issue 2, pp. 295 *et seq.*

[872] Critères présents dans Court of Appeal, 5th Circuit. *Kaepa, Inc. v. Achilles Corporation.* 76 F. 3d 624 (5th Cir., 1996).

[873] *Cf.* n.844, *supra.*

[874] *Cf.* Court of Appeal, 6th Circuit, *Gau Shan Company Limited v. Bankers Trist Co.*, 956 F. 2d 1349 (6th Cir., 1992).

528. L'hésitation américaine nous montre que si l'on est encore loin d'un consensus autour des critères pour la concession d'*anti-suit injunctions* en ce qui concerne les procédures purement étatiques, cette hésitation ne peut être que renforcée dans un domaine aussi récent que celui de l'arbitrage international. À cela s'ajoute une optique nouvelle, intéressée par l'autonomie de ce système.

529. Même dans des pays de *civil law*, peu familiarisés avec cette catégorie, les discussions commencent à faire surface. Très récemment, la Cour de cassation française, dans l'affaire *In Beverage*[875], a déclaré valable une injonction anti-procédure prononcée par une cour de l'État de Georgia, aux États-Unis. La mesure interdisait aux parties françaises de saisir le tribunal de commerce de Nanterre en violation d'une clause attributive de compétence de la cour américaine.
Le juge de cassation s'est montré catégorique, en affirmant qu'une *anti-suit injunction* dont l'objet « consiste seulement, comme en l'espèce, à sanctionner la violation d'une obligation contractuelle préexistante » ne peut être contraire à l'ordre public international. Dès lors, même s'il ne s'agit pas d'une convention arbitrale, l'évocation d'une *obligation préexistante*, qui résulte tout aussi bien d'une clause compromissoire, suppose une position future de la cour aussi protectrice face à une injonction destinée à faire respecter l'arbitrage.

530. Pourtant, la position française ne doit pas tromper : les *anti-suit injunctions* continuent d'être très contestées par la doctrine, et par le *case law* des pays où ce principe est le plus développé. Pour M. Mustill et S. Boyd[876], c'est un instrument à n'employer qu'en dernière extrémité, quand la partie ne peut plus ou n'a plus de recours pour se défendre dans le for de la procédure parallèle.

531. Toutefois, et c'est ce que nous verrons par la suite, les injonctions anti-procédure, quelles soient prononcées par des juges ou par des arbitres, n'ont jamais eu un succès plus retentissant que dans la pratique de l'arbitrage international. D'ailleurs, c'est surtout dans la pratique que nous pourrons étudier plus spécifiquement ces instruments dans l'arbitrage, car les débats théoriques restent encore très concentrés dans les clauses attributives de juridiction.

---

[875] Cass., 1re Ch. civ., *In Zone Brands International Inc. v. In Beverage International*, 14 oct. 2009.

[876] MUSTILL Sir Michael J., BOYD Stewart C., *op. cit.*, p. 410.

b) Un essor pratique

532. Il est impossible de recenser tous les cas d'injonctions anti-procédure, tellement le sujet est vaporeux, et souvent utilisé en sourdine, pour des motifs peu déclarés. Le secrétaire général de la CCI estime qu'entre 2000 et 2003, parmi les quelques 1 500 arbitrages présentés devant l'institution, il est possible d'identifier à peu près quinze affaires dans lesquelles une *anti-arbitration injunction* a été prononcée[877].
À ce chiffre s'ajoutent encore toutes les *anti-suit injunctions* pour lesquelles le juge ordonne une injonction non pas contre un tribunal arbitral, mais contre les parties qui tentent de saisir une autre cour étatique en violation de la convention. Dans ce cas, l'injonction est prononcée pour protéger l'arbitrage.

533. De toute manière, leur utilisation est de plus en plus fréquente, spécialement pour profiter des faveurs des cours étatiques qui protègent leurs ressortissants nationaux, comme il est commun dans les arbitrages d'État[878].
Il nous semble que les critères actuels de concession des injonctions anti-procédure se présentent comme une parfaite allégorie de l'interaction déséquilibrée entre un ordre arbitral et les juridictions nationales.

534. Considérant ces hypothèses, examinons les trois principales formes d'application et d'interprétation des injonctions anti-procédure dans la pratique : en premier lieu, les *anti-suit* ou *anti-arbitration injunctions* prononcées par les cours étatiques (1) ; ensuite, le problème de leur concession par des tribunaux arbitraux contre des procédures étatiques (2) ; et, enfin, le refus de ces mêmes tribunaux arbitraux de soumettre leur autorité aux injonctions prononcées par les cours étatiques, comme signe de l'affirmation de leur autonomie (3).

1) Les injonctions prononcées par les cours étatiques

535. Le Royaume-Uni tient une place de choix dans ce domaine. Non seulement pour avoir perpétré dans son droit interne une tradition née dans les îles britanniques, mais, surtout, pour avoir suscité le débat au niveau européen, en référant le problème des injonctions à la CJCE. Examinons donc l'évolution des *anti-suit injunctions* avant, pendant, et après l'intervention de la Cour européenne, dont la position est déterminante pour le futur de ce mécanisme en tant qu'instrument de sauvegarde d'un espace arbitral autonome.

---

877 Rapporté par Julian D.M. LEW, « Anti-suit injunctions issued… », *op. cit.*, p. 33.
878 *Cf.* GAILLARD Emmanuel, *Aspects philosophiques…*, *op. cit.*, p. 107.

536. Sur le plan législatif, les *anti-suit injunctions* au Royaume-Uni se basent autant sur la section 44(2)(e) de l'EAA[879], qui prévoit, sauf convention contraire des parties, le pouvoir des cours pour prononcer des injonctions face à une procédure arbitrale, que sur la section 37(1) du Supreme Court Act de 1981[880], autorisant le prononcé d'injonctions définitives de manière plus générale. Malgré le conflit potentiel entre ces deux dispositifs, c'est surtout la section 37(1), par son ampleur et par la faculté qu'elle donne aux parties d'écarter consensuellement la section 44, qui sert de base aux *injunctions* britanniques.

537. Le mécanisme de la section 37(1) du Supreme Court Act a été employé en 2003 dans l'affaire *Epsilon Rosa*[881]. La Court of Appeal confirme la décision de la High Court de prononcer une injonction pour interdire à une partie de poursuivre une demande en Pologne, en violation d'une convention arbitrale. La cour d'appel observe que, même si l'EAA ne fournit pas expressément les pouvoirs pour déterminer une *injunction*, cet ordre peut dériver du pouvoir général de la section 37(1).

538. Bien avant, toutefois, en 1996, dans l'affaire *Compagnie Nouvelle France Navigation S.A. v. Compagnie Navale Afrique du Nord*[882], la Court of Appeal avait déjà prévu deux conditions pour la concession des mesures : en premier lieu, l'injonction ne doit pas causer d'injustice au demandeur dans l'arbitrage ; ensuite, le requérant de la mesure doit prouver que la poursuite de l'arbitrage serait oppressive, vexatoire, ou bien encore « un abus de la procédure de la cour[883] ».

---

[879] Section 44 : « (1) Unless otherwise agreed by the parties, *the court has for the purposes of and in relation to arbitral proceedings the same power of making orders about the matters listed below as it has for the purposes of and in relation to legal proceedings. (2) Those matters are – [...] (e) the granting of an interim injunction or the appointment of a receiver* » (souligné par nous). Mentionnons aussi, *a contrario*, la section 72, du même texte : « *72 Saving for rights of person who takes no part in proceedings. (1) A person alleged to be a party to arbitral proceedings but who takes no part in the proceedings may question– (a) whether there is a valid arbitration agreement, (b) whether the tribunal is properly constituted, or (c) what matters have been submitted to arbitration in accordance with the arbitration agreement, by proceedings in the court for a declaration or injunction or other appropriate relief* ».

[880] Section 37 : « *Powers of High Court with respect to injunctions and receivers. (1) The High Court may by order (whether interlocutory or final) grant an injunction or appoint a receiver in all cases in which it appears to the court to be just and convenient to do so* ».

[881] Court of Appeal, *Welex A.G. v. Rosa Maritime Ltd.*, [2003] EWCA (Civ) 938. Sur cet historique, nous nous basons sur l'exposé de Julian D.M. LEW, « Does national court involvement undermine international arbitration process? », *Am. Univ. Intern. L. Rev.*, 2009, v. 24, pp. 500 *et seq.*

[882] Court of Appeal, *Compagnie Nouvelle France Navigation, S.A. v. Compagnie Navale Afrique du Nord*, (1966) 1 Lloyd's List L. R. 477.

[883] *Ibid.*, p. 487. Traduction libre. Dans l'original : « *must satisfy the Court that the continuat[ion] of the arbitration would be oppressive or vexatious [...] or an abuse of the process of the Court* ».

539. Cette posture n'a pas empêché une position encore plus stricte des tribunaux anglais quant à la concession des *anti-arbitration injunctions*, spécialement en ce qui concerne la Commercial Court. À plusieurs reprises[884], celle-ci refuse de prononcer l'injonction en se fondant sur l'accord des parties pour recourir à l'arbitrage dans les conditions prévues par l'EAA de 1996, plaçant l'examen du comportement oppressif ou vexatoire des parties au deuxième plan.

540. Les précédents de la Commercial Court ont permis de rendre plus stricts les critères pour la concession de ces mesures. Ainsi, dans l'affaire *J. Jarvis & Son Ltd. v. Blue Circle Dartford Estates Ltd.*[885], Jarvis demande la suspension d'un arbitrage déjà instauré, en vertu de l'existence d'une procédure parallèle qui pourrait apporter des résultats contradictoires, soulevant aussi que la procédure arbitrale serait inutile. En citant justement l'un des précédents de la Commercial Court – l'arrêt *Vivendi* –, la High Court affirme que, nonobstant son pouvoir de concéder une *injunction*, ces mesures doivent avoir un caractère *exceptionnel*.

La doctrine anglaise[886] associe cette nature exceptionnelle à la vérification des critères qui ont été établis auparavant dans l'affaire *Compagnie Nouvelle France Navigation* : (a) l'injonction ne doit pas causer d'injustice, et (b) la poursuite de l'arbitrage doit être oppressive, vexatoire, déraisonnable ou un abus de procédure. Cette discrétion doit observer les principes généraux de l'EAA, ainsi que la preuve qu'un retard dans la concession de la mesure serait préjudiciable à l'arbitrage. Désormais, la nature oppressive ou vexatoire de la demande revient comme condition de ces mesures, même après quelques précédents de la Commercial Court trop centrés sur la seule convention d'arbitrage.

Notons, quant à l'argument reposant sur le risque de duplicité de décisions, que la Cour, dans *Jarvis*, observe simplement que cette contradiction représente un risque bien réel, mais que cela ne rend pas, *per se*, la procédure arbitrale vexatoire ou oppressive. Il faut donc accepter que, de temps en temps, ce genre de déviation est inévitable[887].

541. Ainsi, malgré une certaine hésitation, la jurisprudence anglaise[888] n'a jamais vraiment contesté la nature ou la viabilité des *anti-suit* ou des *anti-arbitration injunctions*, mais seulement leur insertion dans un contexte

---

[884] Par exemple, High Court (Comm.), *Elektrim S.A. v. Vivendi*, [2007] EWHC (Comm) 571 (Eng.) ; High Court (Comm.), *Intermet FCZO v. Ansol Ltd.*, [2007] EWHC (Comm) 266 (Eng.).

[885] High Court, *J. Jarvis & Sons Ltd. v. Blue Circle Dartford Estates Ltd.*, [2007] EWHC (TCC) 1262, [19] Eng.

[886] LEW Julian D.M., « Does national court involvement... », *op. cit.*, p. 502.

[887] *Ibid.*, p. 503.

[888] Pour une liste très élaborée d'autres affaires en Angleterre, *cf.* José Carlos Fernández ROZAS, « Anti-suit injunctions issued by national courts. Measures addressed to the parties or to the arbitrators », *in* GAILLARD Emmanuel (éd.), *Anti-suit injunctions...*, *op. cit.*, pp. 88-89.

extraétatique. En 2001, du reste, la Commercial Court elle-même, dans l'arrêt *The Kribi*[889], affirme la compatibilité des *anti-suit injunctions* avec le droit à la procédure prévu par l'art. 6 de la Convention EDH, observant que cette garantie n'est pas une autorisation générique pour saisir *n'importe quel* tribunal[890].

542. Le même enthousiasme est perceptible dans le rapport anglais concernant la réforme du Règlement n°44/2001. Il soulève que la pratique des injonctions anti-procédure, si répandue dans son droit interne pour imposer le respect aux conventions arbitrales, représente une solution bien plus avantageuse que l'inclusion de l'arbitrage dans la règlementation européenne[891]. Impossible ne pas considérer la conviction presque nationaliste de l'utilité de ce mécanisme pour participer aux efforts de coordination de la procédure arbitrale internationale.

543. Néanmoins, la très récente intervention de la CJCE, se manifestant sur deux affaires anglaises d'*anti-injunctions*, semble avoir coupé le souffle de ce « paneuropéisme », même si les juridictions britanniques paraissent bien décidées à ne pas s'en passer.

544. Dans le premier cas, *Turner v. Grovit*[892], il ne s'agit pas d'une convention d'arbitrage, mais de la saisine d'une cour étatique en Espagne dans le but de vider une première procédure, elle aussi étatique, devant les tribunaux anglais. Même en dehors du contexte de l'arbitrage, c'est l'une des premières affaires où la CJCE se positionne contre les *anti-suit injunctions* anglaises.

En l'espèce, Paul Turner, après avoir été renvoyé d'une société basée en Espagne dont il était conseil, saisit un tribunal étatique anglais, lieu de son domicile, pour reconnaître le caractère injuste et illégal de sa démission. La cour anglaise fait droit à cette demande. En réponse, Grovit, qui contrôle la compagnie dans laquelle était engagé Turner, saisit parallèlement les cours espagnoles, essayant de rediscuter le bien-fondé déjà décidé en Angleterre.

Face à la manœuvre de Grovit, Turner demande une injonction anti-procédure devant les cours anglaises, et la Court of Appeal affirme que la procédure espagnole a effectivement été initiée de mauvaise foi. Grovit fait appel auprès de la House of Lords[893], tandis que Turner est substitué par un *amicus curiae* devant celle-ci, après avoir épuisé tous ses ressources pour financer le litige. La House of Lords renvoie alors l'affaire à la CJCE.

---

[889] High Court (Comm.), *OTF Africa Line Ltd. v. Hijazy & Ors*, [2001] Lloyd's Law Repports, v. 1, p. 76.

[890] Pour une critique de cette décision, *cf.* Renaud CARRIER, « Anti-suit injunctions : réquisitoire pour l'abandon de leur prononcé en matière d'arbitrage », *D.*, 2005, p. 2714.

[891] *Rapport Heidelberg*, n.392, *supra*, p. 52, par. 110.

[892] CJCE, *Turner v. Grovit*, aff. n°C-159/02, *Rec. CJCE*, 2004, I, p. 3565.

[893] House of Lords, *Turner v. Grovit*, 13 déc. 2001, [2001] UKHL 65.

545. Malgré la nature atypique de l'action proposée par Grovit en Espagne – selon certains un cas « de harcèlement procédural multijuridictionnel[894] » – la CJCE, dans un jugement où n'a siégé aucun magistrat de *common law*[895], a affirmé que la « nature abusive » de la saisine d'une cour appartenant à un autre État membre réclamait une position sur le caractère approprié de cette saisine. Cette évaluation, selon la Cour européenne, serait contraire au principe de la confiance mutuelle qui doit prévaloir entre les juridictions communautaires[896].

Dès lors, l'*anti-suit injunction* anglaise est contraire à la Convention de Bruxelles, « même quand une partie agit de mauvaise foi en vue de frustrer une procédure existante[897] ». Selon un commentateur de cette décision, « la protection des intérêts des États prévaut sur la réalisation de la justice individuelle[898] ».

546. À ceci correspond non seulement le premier revers des injonctions anglaises en dehors des îles britanniques, mais, surtout, l'expression évidente de la critique que nous nourrissons dans cette étude. En effet, une approche prioritairement théorique – *in casu*, de la courtoisie internationale – s'érige comme un obstacle à la recherche d'une justice concrète, rendant ce mécanisme de contrôle ineffectif.

547. Dans l'affaire *West Tankers*, il s'agit précisément de la portée des *anti-suit injunctions* en matière d'arbitrage international. La société d'assurance Allianz engage les cours de Syracuse, en Italie, dans une action récursoire contre West Tankers, propriétaire d'un navire affrété par la société assurée Erg Petroli, le Front Comor, et qui est entré en collision avec un

---

[894] CARRIER Renaud, *op. cit.*, p. 2712.

[895] C'est ce qui est souligné par Trevor C. HARTLEY, *op. cit.*, p. 251.

[896] Affaire Turner, n.893, *supra*, par. 28. Dans l'original : « *28. Notwithstanding the explanations given by the referring court and contrary to the view put forward by Mr. Turner and the United Kingdom Government, such interference cannot be justified by the fact that it is only indirect and is intended* to prevent an abuse of process *by the defendant in the proceedings in the forum State. In so far as the conduct for which the defendant is criticized consists in recourse to the jurisdiction of the court of another Member State, the judgment made as to the abusive nature of that conduct implies an assessment of the appropriateness of bringing proceedings before a court of another Member State. Such an assessment runs counter to the principle of mutual trust which, as pointed out in paragraphs 24 to 26 of this judgment, underpins the Convention and prohibits a court, except in special circumstances which are not applicable in this case, from reviewing the jurisdiction of the court of another Member State* » (souligné par nous).

[897] *Ibid.*, par. 31. Traduction libre. Dans l'original : « *[...] even where the party is acting in bad faith with a view of frustrating the existing proceedings [...].* »

[898] HARTLEY Trevor C., *op. cit.*, p. 253. Traduction libre. Dans l'original : « *Again, protecting the interests of States prevails over doing justice to individuals. Thanks to the European Court, bad-faith litigants can now go about their business without fear of antisuit injunctions, at least if they do not stray beyond the confines of the European Union.* »

embarcadère dans le port italien. Allianz prétend donc recevoir de West Tankers l'indemnisation avancée à Erg Petroli.
Les cours de Syracuse se déclarent compétentes par l'art. 5(3), du Règlement n°44/2001[899], autorisant l'engagement du tribunal de la *lex loci delicti*. Parallèlement, le contrat d'affrètement entre West Tankers et Erg Petroli contient une clause compromissoire stipulant que toutes les controverses doivent être résolues par arbitrage à Londres. En fonction de cette convention, West Tankers demande alors aux cours anglaises une *anti-suit injunction* interdisant à Allianz – en qualité de subrogée dans les droits d'Erg Petroli – de poursuivre toute demande en dehors de l'arbitrage à Londres.
Après avoir obtenu l'injonction de la Commercial Court[900], Allianz fait appel à la House of Lords[901] qui, avec le gouvernement britannique, renvoie le problème à la CJCE. Si la doctrine[902] s'attendait à une décision rapide et directe affirmant la validité de l'injonction face à l'exclusion de l'arbitrage du Règlement n°44/2001, c'est bien une surprise que la Cour européenne lui réserve.
548. La CJCE prononce une décision[903] « aussi confuse dans sa logique qu'ambitieuse dans ses objectifs[904] ». Le tribunal interprète la demande devant les cours italiennes comme une action intentée sur un fondement délictuel, donc régie par le Règlement n°44/2001. Il attribue au juge de Syracuse la compétence exclusive non seulement pour connaître la demande d'indemnisation d'Allianz, mais aussi pour connaître toutes les exceptions préliminaires apportées par West Tankers, dont l'existence d'une convention d'arbitrage[905]. Autrement dit, de la compétence pour connaître le fond découle celle pour connaître la forme, toutes incluses dans le Règlement Bruxelles I.
Dans une préoccupation bien plus politique, la CJCE note le souci qu'elle rencontre avec « l'unification des règles de conflit de juridiction civiles et commerciales et la circulation des décisions à ce sujet[906] ». La position de la juridiction européenne affirmant l'incompatibilité des *anti-suit* avec la poursuite d'une harmonisation judiciaire communautaire peut se résumer en

---

[899] « Une personne domiciliée sur le territoire d'un État membre peut être attraite, dans un autre État membre : […] 3) en matière délictuelle ou quasi délictuelle, devant le tribunal du lieu où le fait dommageable s'est produit ou risque de se produire ; […]. »
[900] High Court (Comm), *West Tankers Inc v. Ras Riunione Adriatica di Sicurta Spa et Generali Assicurazioni Generali Spa (The Front Comor)*, [2005] EWHC 454 (Comm).
[901] House of Lords, *West Tankers Inc (Respondents) v. RAS Riunione Adriatica di Sicurta SpA and others (Appellants)*, [2007] UKHL 4.
[902] Par exemple, *cf.* Spencer WOLFF, *op. cit.*, p. 67.
[903] *Cf.* n.604, *supra*.
[904] WOLFF Spencer, *idem.*, p. 67.
[905] *West Tankers*, n.604, *supra*, par. 26.
[906] *Ibid.*, par. 24.

trois conclusions : (a) l'*anti-suit injunction* serait contraire à la confiance mutuelle entre les États membres ; (b) autoriser l'injonction porterait atteinte au droit de protection judiciaire d'Allianz simplement « sur la base de la convention d'arbitrage[907] » ; et (c) ces conclusions s'appuient sur l'art. II(3), CNY, qui prévoit comme exception à la compétence-compétence la caducité, l'inopérabilité ou la non applicabilité de la convention[908].

549. Le volume d'argumentation du jugement semble inversement proportionnel à sa contribution au débat sur l'insertion de l'arbitrage dans le Règlement n°44/2001. En effet, la CJCE n'a pratiquement pas examiné la question sous l'angle de l'exclusion de l'arbitrage prévue par l'art. 1(2)(d), qui constitue le principal point de distinction avec des jugements antérieurs comme *Turner*[909] ou *Gasser*[910]. Pour la Cour, le seul fait qu'une décision ordonnant une injonction puisse contrarier le principe de la confiance mutuelle est suffisant pour écarter l'exception d'arbitrage prévue par l'art. 1(2)(d). Pour R. Arenas, cela est « nouveau et choquant[911] ».

550. Le principal risque d'un jugement comme celui de la CJCE dans *West Tankers* est que cela diminue l'attraction de Londres en tant que place privilégiée d'arbitrage international, où la possibilité d'employer les *anti-suit injunctions* était certainement un avantage. Néanmoins, nous nous rallions à ceux[912] qui mitigent ce risque. D'autres places d'arbitrage, comme Paris, Vienne, Stockholm, ou Zurich, sont devenues de grands centres en la matière, et cela sans prévoir naturellement ce genre de contrôle.

551. En outre, si le jugement de la Cour européenne peut faire planer un doute sur l'application du Règlement n°44/2001 à l'arbitrage (doute qui, à notre avis, n'a pas été dissipé), les injonctions restent valables concernant les juridictions des États non membres.

Les affaires *Shashoua v. Sharma*[913], dans laquelle une *anti-suit injunction* a été ordonnée par la Commercial Court contre la saisine d'un tribunal indien, et *Midgulf International Limited v. Groupe chimique tunisien*[914], où la même juridiction a prononcé une injonction contre une procédure en Tunisie, en sont les meilleurs exemples.

---

[907] *Ibid.*, par. 27.

[908] Ces conclusions sont résumées par Michael M. Collins dans « Parallel proceedings and the Italian Torpedo: still firing after all these years », *TDM*, v. 7, n°2, nov. 2010, p. 12.

[909] *Cf.* n.892, *supra.*

[910] *Cf.* n.580, *supra.*

[911] Référé par Marta REQUEJO, « Rafael Arenas on *West Tankers* ». *Conflict of Laws.net*, 13 février 2009, [en ligne] http://conflictoflaws.net/2009/rafael-arenas-on-west-tankers/ (page consultée le 12/01/12).

[912] NOUSSIA Kyriaki, *op. cit.*, pp. 333-334.

[913] High Court (Comm.), *Shashoua v. Sharma*, [2009] *All ER* (D) 64.

[914] High Court (Comm.), *Midgulf International Limited v. Groupe Chimique Tunisien*, [2010] All ER (D) 144.

552. Néanmoins, le jugement de la Court of Appeal dans l'affaire *Endesa* en 2009, peu de temps après la décision *West Tankers*, montre qu'à l'intérieur de l'espace européen au moins, les cours anglaises ont tendance à suivre l'orientation de la CJCE. Dans cette affaire, la Court of Appeal[915] a considéré que la décision étatique d'un tribunal espagnol se prononçant sur la validité d'une clause compromissoire qui prévoyait le siège de l'arbitrage à Londres constitue effectivement un jugement dans le sens du Règlement n°44/2001.

553. Finalement, pour revenir à *West Tankers*, le 6 avril 2011, la High Court anglaise[916] confirme la reconnaissance et l'exécution de la troisième sentence prononcée par le tribunal arbitral siégé à Londres, nonobstant la procédure se déroulant en Italie. Selon K. Davies[917], cette décision est importante justement dans le sens où elle essaye de vider une future tentative de reconnaissance en Angleterre de la décision italienne, sous l'effet de la *res judicata*. Sans déranger le fragile équilibre européen énoncé par la CJCE dans *West Tankers*, on use quand même d'autres moyens pour éviter les abus.

554. Ce rapide passage par la jurisprudence anglaise nous montre que si l'intervention de la Cour européenne ne met sûrement pas fin à la pratique des *anti-suit injunctions* en matière d'arbitrage international, elle reste cependant une source sans précédent d'insécurité juridique pour le droit communautaire. Pire que l'impossibilité d'ordonner une injonction pour protéger l'autonomie de l'arbitrage, l'impossibilité de prévoir si on peut le faire et, en le faisant, si la mesure aura un impact effectif.

555. Aux États-Unis, la jurisprudence est certainement moins systématique, non seulement du fait du caractère diffus des juridictions du pays, mais, surtout, de la discrétion très prononcée de ses juges pour ordonner ces mesures.

556. C'est dans l'affaire *China Trade*[918] du 2e circuit que les deux principales conditions préliminaires pour la concession d'une *anti-suit* sont mises en place : les parties doivent être identiques, et la demande devant la cour ordonnant la mesure doit être liée à la demande devant la cour destinataire. Cependant, la difficulté ne relève pas de ces critères, mais plutôt de ceux qui doivent être pondérés avec la *comity* par le juge, fournis par le même arrêt : (a) la frustration de la mission juridictionnelle (dans l'original, « *policy* ») du for d'origine ; (b) le caractère vexatoire de la demande étrangère ; (c) la menace à la juridiction *in rem* ou *quasi in rem* de la cour

---

915 Court of Appeal, *National Navigation Co. v. Endesa Generacion S.A.*, [2009] EWCA Civ 1397. Sur cette affaire, *cf.* Catherine KESSEDJIAN, « Le Règlement 44/2001… », *op. cit.*, p. 720.

916 High Court (Comm.), *West Tankers Inc v. Allianz Spa & Anor*, [2011] EWHC 829 (Comm).

917 DAVIES Kate, « Whereto now, the Italian Torpedo », *Kluwer Arbitration Blog*, 16 mai 2011. Le 24 janvier 2012, la décision fût confirmée par la Court of Appeal (*cf.* BORN Gary, « Route 66: diverting the Italian torpedo », *Kluwer Arbitration Blog*, 05/03/12).

918 *Cf.* n.846, *supra*.

enjoignant la mesure ; (d) les dommages causés par la demande parallèle ; et (e) les délais, les inconvénients, les dépenses, les inconsistances ou bien la course au jugement, causés par l'adjudication des mêmes questions par des demandes parallèles[919].

557. C. Phull[920] propose cinq questions auxquelles tout juge américain devrait répondre dans le but d'insérer les *anti-suit injunctions* dans le contexte de l'arbitrage international, à partir des critères généraux mentionnés ci-dessus : 1) Il y a-t-il un refus de l'une des parties de participer à l'arbitrage ? Si non, est-ce que la procédure étatique étrangère contre l'arbitrage se poursuit en parallèle avec la procédure américaine visant la confirmation de l'arbitrage ? Il y a-t-il des dommages causés par la procédure parallèle ? 2) Est-ce que la demande de reconnaissance et d'exécution de la sentence a été reçue par une autorité compétence du pays, ou bien selon les lois du pays dans lequel la sentence a été prononcée ? 3) Est-ce qu'une décision américaine confirmant l'arbitrage a déjà été rendue ? 4) Il y a-t-il une clause compromissoire suffisamment évidente qui pourrait déclencher l'ordre public américain favorisant l'arbitrage, même face à la décision d'une cour étrangère refusant la reconnaissance de la décision ? ; et 5) Il y a-t-il mauvaise foi de la partie qui demande l'*anti-suit* ou l'*anti-arbitration injunction* ?
Précisons seulement que certaines de ces questions se réfèrent évidemment à des injonctions ordonnées contre une tentative de reconnaissance de sentence arbitrale. Nous traiterons de ces hypothèses par la suite[921]. Néanmoins, comme il s'agit aussi d'une injonction, il nous faut esquisser dès à présent les bases que nous reprendrons plus loin.

558. Si l'affaire *Laker*[922] mentionnée ci-dessus nous fournit les bases théoriques pour la concession des injonctions aux États-Unis, le précédent *China Trade* introduit des critères plus pratiques, applicables à une convention ou à une procédure arbitrale. Notre objectif ici n'est pas d'épuiser la volumineuse jurisprudence américaine[923], mais surtout d'identifier dans ces critères une approche moins théorique, qui s'intéresse plus au comportement et aux intentions des parties.

559. Au Canada, c'est surtout la discussion des injonctions anti-procédure à partir du texte de la Loi-type de la CNUDCI qui contribue aux débats.

---

919 *Ibid.*, par. 35.
920 PHULL Chetan, *op. cit.*, pp. 30 *et seq.*
921 *Cf.* n.691 *et seq.*
922 *Cf.* n.844, *supra.*
923 *Cf.* BORN Gary, *International Commercial Arbitration*, v. 1, *op. cit.*, p. 1049 ; BACHAND Frédéric, « The UNCITRAL Model Law's take on anti-suit injunctions », *in* GAILLARD Emmanuel (éd.), *Anti-suit injunctions…*, *op. cit.*, p. 89.

L'art. 5[924] de ce texte interdit toute interférence étatique ; de plus, son art. 1(2)[925] ne prévoit pas l'art. 5 comme exception au critère territorial, ne pouvant donc s'appliquer qu'aux arbitrages dont le siège est situé sur le territoire de l'État contractant.

560. À partir de ces interprétations, un *case law* s'est développé devant les cours canadiennes, que la doctrine interprète comme permettant au juge d'ordonner une injonction à l'encontre d'un arbitrage international dont le siège est situé à l'étranger.

561. Dans une affaire *Deco Automotive*[926] de 1989, la cour de première instance de l'Ontario est saisie par une demanderesse allemande requérant le renvoi à l'arbitrage en Europe d'un litige présenté par l'autre partie devant la cour ontarienne. La demanderesse tire son argument de l'art. 16(1)[927] de la Loi-type, qui attribue la compétence primaire au tribunal arbitral siégeant en Allemagne pour statuer sur l'efficacité de la convention.

La cour rejette l'argument, et laisse entendre que la société demanderesse allemande a également évoqué l'art. 5 de la Loi-type pour soutenir que cette cour ne pouvait intervenir que dans les cas prévus par la Convention. Le tribunal réfute aussi cette allégation, concluant que « la règle de l'exhaustivité des cas d'intervention judiciaire prévus dans la Loi type [art. 5] n'est pas applicable lorsque le siège de l'arbitrage est situé à l'étranger [art. 1(2)][928] ».

562. Dans la célèbre affaire *Lac d'Amiante du Québec*[929], la cour d'appel de la province de Québec a rendu une ordonnance pour interrompre un arbitrage CCI à New York, tandis que dans l'affaire *Ellis*[930], un tribunal d'Ontario a affirmé sa compétence pour émettre une *injunction* contre un arbitrage AAA se déroulant au Connecticut (même s'il ne l'a pas fait).

---

[924] « Pour toutes les questions régies par la présente Loi, les tribunaux ne peuvent intervenir que dans les cas où celle-ci le prévoit. »

[925] Article premier : « 2) Les dispositions de la présente Loi, à l'exception des articles 8, 9, 17 H, 17 I, 17 J, 35 et 36, ne s'appliquent que si le lieu de l'arbitrage est situé sur le territoire du présent État ».

[926] Cour du District de l'Ontario, *Deco Automotive Inc. v. G.P.A. Gesellschaft Für Pressenautomation MbH*, [1995] 1(1) *MALQR*.126 ; [1989] *OJ*, (Quicklaw) n°1805 (C. dist. Ont.).

[927] « Le tribunal arbitral peut statuer sur sa propre compétence, y compris sur toute exception relative à l'existence ou à la validité de la convention d'arbitrage. À cette fin, une clause compromissoire faisant partie d'un contrat est considérée comme une convention distincte des autres clauses du contrat. La constatation de nullité du contrat par le tribunal arbitral n'entraîne pas de plein droit la nullité de la clause compromissoire. »

[928] Dans l'original : « *The seat of the arbitration not being in Canada, such provision [l'article 5] for the reasons hereinbefore set forth does not apply.* »

[929] Cour d'appel du Quebéc, *Lac d'Amiante du Canada LTEE v. Lac d'Amiante du Québec Ltée. REJB*, 1999-15419 ; [1999] *QJ*, (Quicklaw), n°5438. Décision de la cour supérieure *REJB* 1999-13747 ; [1999] *QJ*, (Quicklaw), n°2727.

[930] Cour supérieure de Justice de l'Ontario, *Ellis v. Subway Franchise System of Canada Ltd.*, [2000] 8 *BLR* (3d) 55 ; [2000] *O.J.*, (Quicklaw), n°1690 (C.S.J Ont.).

En commentant cette jurisprudence, F. Bachand[931] critique le refus de la CNUDCI d'inclure le problème de l'intervention du juge étatique dans l'arbitrage dans l'exception de territorialité prévue par l'art. 1(2) de la Loi-type. Dans ce sens, le mécanisme de la Loi-type rendrait légitime l'emploi des *anti-arbitration injunctions* contre des procédures étrangères au siège.

563. Certains cas du Sud-Est asiatique nous montrent une attitude bien moins rigoureuse dans la concession des injonctions. Dans l'affaire *Hubco v. WAPDA*[932], la Supreme Court du Pakistan a confirmé une *anti-arbitration injunction* dirigée par les cours du pays contre une procédure arbitrale se déroulant à Londres. Elle a accueilli le moyen de la partie pakistanaise, WAPDA, pour qui les contrats entre les parties avaient été fraudés.
La décision *Hubco* suscite les plus vives critiques. S. Sattar[933] note que la position de la Cour suprême pakistanaise cause une grande préoccupation dans la communauté internationale, et risque de faire imploser le régime arbitral du pays. Ce n'est rien d'autre qu'un « abus du pouvoir de supervision des cours nationales[934] ».

564. La même méfiance envers l'arbitrage apparaît dans l'affaire de la société suisse SGS, qui saisit le CIRDI d'une procédure arbitrale réclamant la violation d'un traité bilatéral d'investissement par l'État pakistanais[935]. Très rapidement, le gouvernement du Pakistan demande à ses propres cours une injonction pour suspendre l'arbitrage CIRDI, affirmant que la convention d'arbitrage prévoyait une procédure judiciaire au Pakistan. Le 3 juillet 2002, la Cour suprême du pays[936] confirme l'injonction, observant que le traité bilatéral avec la Suisse ne lie pas le gouvernement du Pakistan.

565. En Indonésie, l'affaire *Himpurna*[937] a défrayé la chronique policière de l'arbitrage international. Une *anti-arbitration injunction* prononcée par les cours de Jakarta aboutit au *kidnapping* de l'un des membres du tribunal

---

[931] *L'intervention du juge canadien…*, *op. cit.*, p. 117.

[932] Supreme Court, *Hub Power Company Ltd. v. Wapda. PLD*, 2000 SC 841. Le jugement est disponible dans *Arb. intern.*, 2000, v. 16, pp. 439 *et seq.*

[933] SATTAR Sameer, « National courts and international arbitration: a double-edged sword? », *Journ. Int. Arb.*, 2010, v. 27, p. 60.

[934] *Ibid.*, traduction libre. Dans l'original : « *[…] abuse of the national court's supervisory powers.* »

[935] CIRDI, *SGS Société Générale de Surveillance S.A. v. Islamic Republic of Pakistan*, 25 avr. 2002, aff. n°ARB/01/13.

[936] Supreme Court, *Islamic Republic of Pakistan v. Société Générale de Surveillance S.A. Arb. intern.*, 2003, v. 19, pp. 179 et seq.

[937] *Cf.* n.61, *supra*. Sur cette affaire, *cf.* ABDURRASYID Priyatna , « They said I was going to be kidnapped », *Mealey's Int'l Arb. Rep.*, 2003, v. 18(6), pp. 29 *et seq.* ; et CORNELL Peter, HANDLEY Arweb, « Himpurna and Hub: International arbitration in developing countries », *Mealey's Int'l Arb. Rep.*, 2000, v. 15(6), pp. 29 *et seq.*

arbitral siégeant à La Haye à son arrivée à l'aéroport ! Nous verrons par la suite que cette manœuvre du gouvernement indonésien résulte de la tentative du tribunal arbitral d'ignorer la mesure coercitive[938].

Pour l'instant, retenons qu'il s'agit de deux procédures arbitrales *ad hoc* régies par le Règlement CNUDCI, avec siège à Jakarta, où le gouvernement indonésien saisit ses propres cours pour demander deux injonctions. L'une pour éviter la reconnaissance de la première sentence arbitrale, et l'autre, qui nous intéresse ici, pour interrompre la deuxième procédure.

Les deux mesures ayant été accordées par les cours d'Indonésie, soutenues par une astreinte d'un million de dollars par jour en cas de violation, le tribunal arbitral déplace le lieu de ses réunions aux Pays-Bas, tout en maintenant le siège à Jakarta. Les membres du tribunal ont simplement décidé de méconnaître l'injonction.

566. En Afrique, citons l'affaire *Salini*[939], encore plus grave, dans laquelle les cours d'Éthiopie ont prononcé une *anti-arbitration injunction* non seulement contre les parties engagées dans un arbitrage CCI siégeant à Addis-Abeba, mais surtout contre le tribunal arbitral lui-même[940] !

567. En Europe, la plupart des pays de *civil law* adoptent une position contraire aux injonctions anti-procédure, préférant se munir des principes typiques de l'arbitrage, comme la compétence-compétence.

568. C'est ainsi que la jurisprudence suisse, par exemple, a affirmé que ces mesures sont incompatibles avec son ordre juridique et avec le principe de la compétence-compétence[941]. L'arrêt *Fomento* du Tribunal fédéral[942] recommande qu'au lieu d'essayer d'éviter la procédure parallèle, il vaut mieux s'opposer à sa reconnaissance postérieure.

569. En France, même si certains[943] affirment que le fondement textuel de l'article 33(1er), de la loi du 9 juillet 1991[944], portant sur la réforme des procédures civiles d'exécution, et de l'art. 809(1er), CPC[945], autorisent les

---

938 *Cf.* n.586, *infra*.

939 *Cf.* n.322, *supra*. Pour la décision CCI rejetant de prendre en considération l'injonction éthiopienne, *cf.* ci-dessous la discussion sur le refus d'accepter ces mesures comme un mécanisme d'autonomisation de l'arbitrage international (n.587).

940 Sur cette affaire, *cf.* Emmanuel GAILLARD, « Reflections on the use of anti-suit injunctions… », *op. cit.*, pp. 202 *et seq.*

941 Cour de 1re instance du Canton de Genève, *Air (PTY) Ltd. v. International Air Transport Ass'n*, 2 mai 2005, aff. n°C/1043/2005-15SP.

942 *Cf.* n.594, *supra*. Pour un examen plus détaillé de la jurisprudence suisse, *cf.* MOSIMANN Olivier Luc , *op. cit.*, pp. 40 *et seq.*

943 VAREILLES-SOMMIÈRES Pascal, « Le *forum shopping* devant les juridictions françaises », *Travaux comité fr. DIP*, 1998-1999, 2001, p. 65.

944 « Tout juge peut, même d'office, ordonner une astreinte pour assurer l'exécution de sa décision. »

945 « Le président peut toujours, même en présence d'une contestation sérieuse, prescrire en référé les mesures conservatoires ou de remise en état qui s'imposent, soit pour prévenir un

injonctions, É. Cornut note « qu'il n'en reste pas moins que le prononcé d'une injonction ne pourra certainement pas produire, en droit, l'effet escompté en dehors des systèmes juridiques qui la connaissent[946] ».

570. Au Brésil, un autre pays de culture romano-germanique, rappelons l'affaire *COPEL*[947], qui nous fournit l'un des rares exemples d'injonctions prononcées par une cour de *civil law*[948]. En l'espèce, la société COPEL, contrôlée par l'État du Paraná, demande aux cours étatiques une *anti-arbitration injunction* pour interdire à la société privée UEGA de poursuivre un arbitrage CCI à Paris. Selon COPEL, l'objet de l'arbitrage se résume à des questions d'intérêt public, et une société contrôlée par l'État ne peut se soumettre à ce genre de procédure privée.

Le juge de première instance[949] ordonne l'injonction, ainsi qu'une astreinte de 400 000 dollars. En recours à la cour d'appel du Paraná[950], UEGA réussit à se munir d'une injonction provisoire pour poursuivre l'arbitrage, tandis que le tribunal arbitral rend une sentence acceptant sa juridiction.

571. Les cours brésiliennes sont à nouveau confrontées au problème des *anti-suit injunctions* à la fin 2011, dans une affaire concernant un contrat d'assurance pour la construction d'une usine hydroélectrique à Jirau, au Brésil – affaire *Jirau.* Le contrat prévoit, en même temps, la compétence exclusive des juridictions brésiliennes pour régler toutes ses disputes, et cinq clauses plus bas, le recours à l'arbitrage, avec siège à Londres, sous les règles de l'ARIAS (Insurance and Reinsurance Arbitration Society, basée au Royaume-Uni), pour décider sur la liquidation de ce même contrat.

---

dommage imminent, soit pour faire cesser un trouble manifestement illicite. » Sur les différents types de mesures provisoires en droit français, *cf.*, *supra*, n.536.

[946] CORNUT Étienne, *Théorie critique de la fraude à la loi : étude de droit international privé de la famille*. Paris : Defrénois, 2006, p. 390.

[947] Pour un commentaire, *cf.* Bernardo M. CREMADES, « Latin American courts and international arbitration », *Rev. br. arb. med.*, sept.-déc. 2004, n°3, spéc. pp. 43-44 ; VALENÇA FILHO Clávio, LEE João Bosco, « Brazil's New Public-Private Partnership Law: One Step Forward, Two Steps Back », *Journ. Int. Arb.*, 2005, 22(5), p. 419. Pour une approche jurisprudentielle brésilienne contraire, refusant de connaître une injonction contre une procédure arbitrale se déroulant en Suisse, *cf.* l'affaire *Cimento Tupi S.A.*, commentée par Ricardo Ramalho ALMEIDA, « Jurisprudência comentada : apelação. Cláusula arbitral. Lei de Arbitragem. Aplicação imediata de suas regras de natureza processual. Extinção do processo sem julgamento do mérito. Contrato internacional. Protocole de Genebra de 1923. Convenção de Nova Iorque de 1958, *Anti-suit injunction*, n°Brasil, contra arbitragem em curso na Suíça », *Rev. br. arb. med.*, jan.-mar. 2008, n°16, pp. 217-221.

[948] LEW Julian D.M., « Control of jurisdiction… », *op. cit.*, p. 212.

[949] Brésil, TJPR, MM Juízo da 3ª Vara de Fazenda Pública, 2003, *Copel v. UEG Araucária*, aff. n°24.334

[950] TJPR, 1er jul. 2004, ord. réf. n°160.213-7. Injonction contre l'ord. réf. n°0161371-8. Puis, en appel définitif, TJPR, 1re Ch. civ. 2004, *Copel v. UEG Araucária*, aff. n°174.874-9. Sur cette affaire, *cf. Rev. br. arb.*, 2004, v. 3, pp. 170-187.

572. Même face à la difficile conciliation des deux clauses, les assureurs instaurent une procédure arbitrale à Londres le 29 novembre 2011. Les parties assurées considèrent à leur tour que le contrat est régi exclusivement par la loi brésilienne, laquelle exige que la clause compromissoire dans les contrats d'adhésion soient agréée de manière isolée et spécifique, ce qui n'a pas été le cas. En défendant qu'il s'agit, en espèce, d'un contrat d'adhésion, les parties assurées recourent aux juridictions brésiliennes pour déclarer nul le recours à l'arbitrage et interdire aux compagnies d'assurance de poursuivre la procédure arbitrale à Londres.
Le 12 décembre 2011, un juge de première instance du tribunal de justice de São Paulo rejette la demande d'*anti-arbitration injunction*[951]. À leur tour, et malgré cette décision de première instance qui leur est favorable, les assureurs saisissent les juridictions anglaises pour interdire aux assurés de recourir aux juridictions brésiliennes, les obligeant à respecter la convention arbitrale. Le lendemain de la décision brésilienne de première instance, le 13 décembre 2011, un juge anglais ordonne effectivement une *interim anti-suit injunction*[952]. Le 16 décembre 2011, la cour d'appel du tribunal de justice de São Paulo infirme la décision de première instance et ordonne, encore *in limine*, l'*anti-arbitration injunction* demandée[953].

573. Nous arrivons ainsi à un scénario pour le moins intéressant : deux mesures judiciaires valables dans leurs juridictions respectives et totalement opposées. Le 19 janvier 2012, la High Court[954] confirme l'*anti-anti-suit injunction*, affirmant, *inter alia*, que le choix de Londres comme siège de l'arbitrage présuppose la compétence de la loi anglaise pour régir la convention arbitrale, encore que la *proper law* du contrat d'assurance soit la loi brésilienne.

574. Quatre mois plus tard, le 19 avril 2012, la cour d'appel du tribunal de justice de São Paulo[955] confirme sa décision provisoire et ordonne aux assureurs de suspendre la procédure arbitrale à Londres. Au contraire de la cour anglaise, la juridiction brésilienne applique directement la loi nationale pour affirmer l'invalidité de la clause compromissoire face à l'inexistence de consentement exprès de l'autre partie.
Dans sa décision, la cour brésilienne adopte une position nettement politique face à l'*anti-suit* anglaise, en notant qu'il s'agit d'une « question de souveraineté, d'indépendance, laquelle ne peut jamais être diminuée au nom d'intérêts autres, sous peine de compromettre la SOUVERAINETÉ

---

[951] Rapporté par la décision d'appel du Tribunal de Justiça de São Paulo : TJSP, 6ª Câmara de Direito Privado, AI n°0304979.2-11.8.26.0000, rapport DES Paulo Alcides, 19 avr. 2012.
[952] Rapporté par la décision de la High Court (Comm.), [2012] EWHC 42 (Comm.).
[953] TJSP, 6ª Câmara de Direito Privado, AI n°0304979.2-11.8.26.0000, rapport DES Paulo Alcides, j. 19 avr. 2012.
[954] *Cf.* n.952, *supra*.
[955] *Cf.* n.953, *supra*.

NATIONALE[956] ». Elle conclut que « pour cette raison, on ne peut accepter, *data venia*, la prohibition proclamée par la Justice anglaise dans le sens d'empêcher, sous peine de prison, les Brésiliens de lutter pour leurs droits, prévus et protégés par notre Constitution fédérale ; principalement quand il s'agit de *sociétés brésiliennes, dirigées par des brésiliens, qui engagent des brésiliens et qui réalisent des travaux sur territoire brésilien*[957] ».

575. Un peu plus d'un mois après la décision de la cour d'appel brésilienne, le 16 mai 2012, c'est au tour de la Court of Appeal[958] anglaise de confirmer la décision de la High Court, en rejetant un appel des assurées contre l'*anti-suit injunction*. La décision de la Court of Appeal concilie, avec aisance, les bases théoriques de l'arbitrage international et l'examen plus pragmatique du comportement *in casu* des parties.

En effet, les juges anglais notent qu'autant la doctrine que la jurisprudence arbitrale présument que, si les parties n'ont pas explicitement prévu la loi qui régit la convention, c'est à la loi de fond de s'appliquer[959]. Jusque-là, nous pourrions penser que ce raisonnement amènerait la Court of Appeal à définir la compétence de la loi brésilienne pour régir la procédure, et donc à suspendre l'*anti-suit injunction* anglaise. Toutefois, à la fin du *decisum*, les juges anglais remarquent que le choix de la loi brésilienne pour régir la clause compromissoire est incompatible avec la survie même de celle-ci, car, en considérant l'argument des assurées, la loi brésilienne invalide une convention qui n'est pas acceptée de manière expresse et spécifique par l'autre partie dans un contrat d'adhésion (présumant que la nature de contrat d'adhésion serait reconnue par les juridictions brésiliennes). Dès lors, il y a un

---

956 *Ibid.*, majuscules dans l'original, traduction libre. Dans l'original : « *Questão de soberania, de independência, que em momento algum pode ser mitigada em nome de interesses outros sob pena de comprometermos a SOBERANIA NACIONAL.* »

957 *Ibid.*, traduction libre. Dans l'original : « Por essa razão, não se pode aceitar, com a devida vênia, a vedação proclamada pela Justiça Inglesa no sentido de impedir, pena de prisão, brasileiros de lutar pelos seus direitos nos termos proclamados e resguardados por nossa Constituição Federal, principalmente quando estamos a tratar *de empresas brasileiras, dirigidas por brasileiros, que contratam brasileiros e realizam obra em território brasileiro* » (italique dans l'original).

958 Court of Appeal, [2012] EWCA Civ 638.

959 *Ibid.*, dans l'original : « *11. It has long been recognised that in principle the proper law of an arbitration agreement which itself forms part of a substantive contract may differ from that of the contract as a whole, but it is probably fair to start from the assumption that, in the absence of any indication to the contrary, the parties intended the whole of their relationship to be governed by the same system of law [...] 27. In the present case the parties expressly agreed that the policy was to be governed exclusively by the law of Brazil. Although the insured did not seek to argue that that amounted to an express choice of law governing the arbitration agreement, for the reasons given earlier I think it is a strong pointer towards an implied choice of the law of Brazil as the proper law of that agreement. However, the matter does not end there.* »

sérieux risque que le choix de la loi brésilienne nuise à la validité de la convention arbitrale[960].

576. Ainsi, ce dernier jugement nous montre clairement comment une analyse spécifique de l'argumentaire d'une partie suffit à faire exception aux leçons théoriques qui recommandent l'extension de la *lex contractus* à la clause compromissoire. Dans ce cas concret, cela amènerait probablement à condamner toute possibilité de recourir à l'arbitrage. C'est une approche pragmatique et interprétative qui ne nie pas l'importance de l'examen du droit interne d'un autre pays – comme l'a nié, par exemple, la High Court[961] – dans le but d'adopter une position favorable à l'autonomie de l'arbitrage international.

577. Les différentes affaires examinées jusqu'à présent montrent comment les juges nationaux mettent en place des injonctions anti-procédure, soit contre des procédures étatiques, soit contre des arbitrages. Face à des mesures souvent intimidatrices, l'on observe que les arbitres ont tendance à s'y opposer, en prononçant à leur tour des *anti-suit injunctions*. Dès lors, il nous est indispensable d'effectuer un bref détour par ces hypothèses.

---

[960] *Ibid.*, par. 31, dans l'original : « *In the light of these conflicting indications it is necessary to return to the two critical questions raised earlier: have the parties impliedly chosen the law of Brazil to govern the arbitration agreement; and if not, with which system of law does that agreement have the closest and most real connection? Taking into account the various factors to which I have referred,* I do not think that in this case the parties' express choice of Brazilian law to govern the substantive contract is sufficient evidence of an implied choice of Brazilian law to govern the arbitration agreement, because (if the insured are correct) there is at least a serious risk that a choice of Brazilian law would significantly undermine that agreement. *Having regard to the terms of conditions 11 and 12, I do not think that the parties can have intended to choose a system of law that either would, or might well, have that effect. This, it seems to me, reflects the fact that, although one may start from the assumption that the parties intended the same law to govern the whole of the contract, including the arbitration agreement,* specific factors may lead to the conclusion that cannot in fact have been their intention. *In the end, therefore, I am unable to accept that the parties made an implied choice of Brazilian law to govern the arbitration agreement* » (souligné par nous).

[961] *Cf.* n.952, *supra*, par. 16, dans l'original : « *The consequence of my finding that English law is the proper law of the agreement to arbitrate means that no issue arises as to its validity, since it was not contended by the Insureds (who at all times made submissions, without prejudice to their stance that the English court had no jurisdiction) that, as a matter of English conflict of laws rules, any provisions of Brazilian law which might render it ineffective (such as Article 4(2) of the Brazilian Arbitration Act and Article 44 of SUSEP Circular n° 256) could have extra-territorial effect or have any application so far as the English court is concerned.* Such provisions are irrelevant to my decision, in accordance with English law and its conflicts of laws principles, whether or not the Brazilian court might regard such provisions as mandatorily applicable. I do not therefore have to decide whether they do apply to the Policy or what their effect might be under the law of Brazil » (souligné par nous).

2) Les injonctions prononcées par les arbitres

578. Dans ces cas, il faut surtout considérer l'aspect contractuel, à savoir la protection de la convention arbitrale et le respect de la compétence-compétence. Dans l'injonction prononcée par un arbitre, la préoccupation politique, qui apparaît – quoique subliminairement – dans les mesures prononcées par les juridictions étatiques, n'est pas au centre du problème.

579. L'affaire *SGS*[962] nous fournit un exemple intéressant. Un tribunal CIRDI fait droit à une demande de la société suisse SGS pour interdire les manœuvres transversales du Pakistan devant ses propres cours étatiques, le 16 octobre 2002. Les arbitres ordonnent au gouvernement du Pakistan de « ne prendre aucune mesure pour que la SGS soit condamnée en *contempt of court* pour avoir saisi le CIRDI d'une demande d'arbitrage et pour faire avancer la procédure[963] ». En même temps, le tribunal arbitral établit la suspension de l'arbitrage se déroulant en parallèle au Pakistan, jusqu'à ce qu'il ait pu, lui-même, se prononcer sur sa propre compétence.

580. E. Gaillard[964] est sceptique quant au pouvoir des arbitres d'enjoindre aux parties de respecter le principe de la compétence-compétence, toutefois, il applaudit la solution de l'arbitrage CIRDI, qui correspond à l'engagement des États signataires de la Convention de Washington à donner aux sentences des effets définitifs devant leurs tribunaux. Dans ces hypothèses, les États se positionnent non seulement comme des souverainetés, mais surtout comme des parties dans la procédure.

---

[962] *Cf.* n.935, *supra.*

[963] *Procedural Order n°2*, 16 oct. 2002, *cf.* n.952, *supra.* Traduction et observation de GAILLARD Emmanuel, *La jurisprudence du CIRDI...*, *op. cit.*, p. 830. La décision, dans l'original : « *First, the Tribunal recommends that the Government of Pakistan not take any step to initiate a complaint for contempt. It recommends further that, in the event that any other party, including the Supreme Court of Pakistan sua sponte, were to initiate a complaint, the Government of Pakistan take all necessary steps to inform the Court of the current standing of this proceeding and of the fact that this Tribunal must discharge its duty to determine whether it has the jurisdiction to consider the international claim on the merits. The Government of Pakistan should ensure that if contempt proceedings are initiated by any party, such proceedings not be acted upon. Second, the Tribunal recommends that the Islamabad-based arbitration pending between the Government of Pakistan and SGS be stayed until such time, if any, as this Tribunal has issued an award declining jurisdiction over the present dispute, and that award is no longer capable of being interpreted, revised or annuled pursuant to the ICSID Convention. The Tribunal requests that a copy of this procedural order be transmitted to the designated arbitrator so that he is made fully aware of the status of this international proceeding* ».

[964] GAILLARD Emmanuel, *La jurisprudence du CIRDI...*, *op. cit.*, p. 831. Le même auteur cite l'affaire CCI n°8307, comme exemple bienvenu d'une injonction ordonnant aux parties de ne pas poursuivre une procédure devant une juridiction étatique en violation de la convention d'arbitrage.

581. Pour appuyer cette position favorable, citons l'affaire *CMA CGM v. Hyundai MIPO Dockyard*[965], examinée par la High Court anglaise. Cette Cour approuve le raisonnement d'un tribunal arbitral affirmant que les arbitres ne sont pas soumis aux effets de la *res judicata* du régime Bruxelles-Lugano. Dès lors, ils sont libres de prononcer des injonctions anti-procédure indépendamment de toute décision judiciaire antérieure rendue dans le territoire d'un État membre[966].

582. Une position bien plus mitigée, démontrant que la souveraineté d'un État partie constitue encore un frein aux *anti-suit injunctions* peut se lire dans l'affaire *Chevron Corp. et Texaco Co. v. The Republic of Ecuador*[967]. Ici, un tribunal CNUDCI, sous l'administration de la CPA, ordonne au gouvernement de l'Équateur de prendre toutes les mesures possibles pour respecter le contentieux arbitral qui l'oppose aux sociétés américaines. Il s'agit de faire face à des demandes étatiques parallèles engagées par des communautés équatoriennes locales devant leurs propres cours nationales, lesquelles risquent de rendre sans effet toute sentence arbitrale future. Sans nous pencher sur les détails de l'espèce, ces communautés réclament la réparation d'un préjudice environnemental collectif causé par un consortium disparu depuis, et dont faisait partie Texaco (fusionné en 2003 avec une filiale de Chevron) et qui exploitait du pétrole dans la région d'Oriente, en Équateur.

Selon les arbitres, dans une ordonnance très flexible et générale, il s'agit pour l'État, *en tant que partie à l'instance*, de conserver une « *professional courtesy*[968] », en demandant aux autorités judiciaires de son pays de surseoir à statuer sur la demande civile[969] jusqu'à l'issue de l'arbitrage siégé à New York. Malgré les ordonnances du tribunal arbitral, la cour équatorienne

---

[965] High Court, *CMA CGM v. Hyundai MIPO Dockyard Co Ltd.*, [2009] 1 Lloyds Rep. 213, § 35, pp. 41-47.

[966] Cela a été repris, en 2010, par l'arrêt *Endesa* de la Court of Appeal anglaise (*cf.* n.915, *supra*) : « C'est vrai que le Règlement ne s'applique pas aux tribunaux arbitraux » (par. 118).

[967] *Chevron Corporation (USA) et Texaco Petroleum Company (USA) v. The Republic of Ecuador*, CPA, aff. n°2009-23, ordonnance de mesure provisoire du 14 mai 2010 ([en ligne] http://italaw.com/documents/EcuadorOrderonInterimMeasures.pdf, page consultée le 03/05/12).

[968] *Ibid.*, p. 5. Dans l'original : « *The Respondent is ordered to communicate (in writing and also by any other appropriate means) the Tribunal's invitation to the Court in the Lago Agrio Case to make known as a professional courtesy to the Tribunal the likely date for the issue by the Court of its judgment in the Lago Agrio Case; and, to that end, the Respondent is ordered to send to the Court the full text in Spanish and English of the Tribunal's present order.* »

[969] Parallèlement, une demande pénale contre deux avocats des sociétés américaines a été aussi engagée en Équateur, et a aussi fait l'objet de l'ordonnance des arbitres, demandant qu'elle soit suspendue jusqu'à l'issue de la procédure arbitrale (*cf. Chevron Corporation (USA) et Texaco Petroleum Company (USA) v. The Republic of Ecuador*, CPA aff. n°2009823, ordonnance de mesure provisoire du 9 fév. 2011, [en ligne] http://italaw.com/documents/ChevronAndTexacoV Ecuador_InterimMeasuresOrder.pdf, page consultée le 03/05/11).

en charge de l'affaire condamne Chevron à verser 8,6 milliards de dollars aux demandeurs nationaux pour préjudice environnemental.

583. Un commentateur de cette décision rappelle que la position du tribunal équatorien, en ignorant les *anti-suit* prononcées par le tribunal arbitral, « méconnaît le principe désormais bien établi selon lequel les ordonnances en recommandation de mesures conservatoires sont obligatoires pour les parties à l'instance [*in casu*, la République de l'Équateur][970] ». Au fond, la nature très souple de l'ordonnance du tribunal arbitral n'a pas vraiment d'impact sur les cours équatoriennes, et révèle comment une interprétation de la position des États considérés encore trop exclusivement comme des États souverains et non pas aussi comme des États parties peut constituer un frein politique.

584. Pourtant, si les injonctions semblent prononcées avec un certain naturel par quelques tribunaux arbitraux, elles n'en restent pas moins une gênante source de conflit avec les juridictions étatiques. Ainsi, comme le remarque L. Levy, les injonctions anti-procédure prononcées par les arbitres ne sont appropriées que quand « il semble nécessaire de protéger le tribunal, *i.e.*, quand une partie essaie de miner frauduleusement la juridiction du tribunal arbitral[971] ». C'est une mesure exceptionnelle et, dans les autres cas, les arbitres « ne doivent prendre le risque d'ordonner à des juges ou à d'autres arbitres comment se comporter[972] ».

3) Le refus des arbitres de se soumettre aux anti-arbitration injunctions

585. Enfin, la dernière forme de contrôle des incohérences de l'arbitrage en ce qui concerne les mesures injonctives est aussi le signe d'un effort de délocalisation de la procédure. Les tribunaux arbitraux refusent de se soumettre aux *anti-arbitration injunctions* prononcées par les cours étatiques, attitude souvent basée sur la nature théoriquement autonome de leur mission, ce qui revient à la représentation conceptuelle d'un ordre juridique arbitral.

586. Cette indifférence des arbitres se retrouve dans nombreuses affaires, comme *Himpurna*[973]. Ici, malgré une injonction des autorités indonésiennes, le tribunal poursuit la procédure, déplaçant ses réunions et ses audiences à La Haye, pour éviter que les autorités locales puissent interrompre l'arbitrage par la force.

---

[970] CAZALA Julien, « Investissements internationaux et arbitrage ». *Cah. arb.*, 2011, v. 4, p. 1017.

[971] LEVY Laurent, « Anti-suit injunctions issued by arbitrators », *in* GAILLARD Emmanuel (éd.), *Anti-suit injunctions..., op. cit.*, p. 128. Traduction libre. Dans l'original : « *[...] it appears necessary to protect the arbitral proceedings, namely where a party is fraudulently attempting to undermine the arbitral tribunal's jurisdiction.* »

[972] *Ibid.* Traduction libre. Dans l'original : « *[...] should not take the risk of ordering a judge or other arbitrators how to behave.* »

[973] *Cf.* n.61, *supra*.

587. Dans l'affaire *Salini*, le tribunal CCI siégeant en Éthiopie a aussi décidé de continuer la procédure malgré une mesure restrictive des cours éthiopiennes, tenant ses audiences à Paris. Le tribunal d'Addis-Abeba se prononce ainsi sur l'*anti-injunction* par le biais d'une sentence partielle sur la suspension de la procédure et sur la juridiction, le 7 décembre 2001 : « Le tribunal arbitral accorde le plus grand respect aux cours éthiopiennes. Toutefois [...] le tribunal considère n'être pas obligé de suspendre la procédure en vertu de l'injonction prononcée par la Cour suprême fédérale et par la cour de première instance fédérale et que, dans les circonstances particulière du cas, tient le devoir de poursuivre l'arbitrage[974]. »
Pour atteindre cette conclusion, A. Redfern et M. Hunter[975] synthétisent les quatre principaux arguments du tribunal, lesquels renforcent l'idée d'autonomie. En premier lieu, les arbitres notent qu'ils ne relèvent pas de l'organe d'un État, mais d'une création du contrat ; ensuite, la convention d'arbitrage n'est pas exclusivement enracinée dans l'ordre du siège, mais validée par un ensemble de sources internationales qui vont au-delà du siège ; troisièmement, malgré l'obligation, imposée par l'art. 35 du Règlement CCI de 1998, de rendre une sentence exécutoire dans les potentiels pays de reconnaissance, dont l'Éthiopie, le tribunal doit suivre son propre jugement quand la décision étatique lui paraît contraire à la volonté manifestée par les parties dans la convention ; enfin, le tribunal rappelle que respecter l'injonction signifierait un déni de justice.

588. E. Gaillard présente encore l'affaire CCI n°7934[976], où un tribunal arbitral décide de ne pas prendre en considération une injonction prononcée par un tribunal du Bangladesh. La mesure avait été obtenue par la partie nationale dans l'arbitrage devant ses propres cours, interdisant la poursuite de l'arbitrage siégé à Dhaka.
En commentant cette décision, ainsi que l'affaire *Salini*[977], E. Gaillard observe qu'il serait effectivement choquant qu'un État puisse se valoir de ses propres cours territoriales, au nom des entreprises qu'il contrôle, pour se soustraire à une convention d'arbitrage antérieurement accordée en matière internationale[978].

---

[974] Décision intégrale reproduite dans Frédérique BACHAND, « Must an ICC Tribunal... », *op. cit.*, p. 41. Traduction libre. Dans l'original : « *The Arbitral Tribunal accords the greatest respect to the Ethiopian courts. Nevertheless, [...] the Tribunal considers that it is not bound to suspend the proceedings as a result of the particular injunctions issued by the Federal Supreme Court and Federal First Instance Court and that, in the particular circumstances of the case, it is under a duty to proceed with the arbitration.* » *Cf.* not. Emmanuel GAILLARD, « Reflections on the use...», *op. cit.*, pp. 204-205.
[975] *Redfern and Hunter...*, *op. cit.*, p. 461.
[976] GAILLARD Emmanuel, « L'interférence des juridictions... », *op. cit.*, p. 91.
[977] *Cf.* n.322, *supra.*
[978] GAILLARD Emmanuel, *op. cit.*.

589. La position de ces tribunaux arbitraux pourrait même se fonder sur des dispositifs comme l'art. 8(2) de la Loi-type CNUDCI[979]. Certains[980] défendent que tout en faisant référence à la litispendance générale, l'article pourrait mettre en avant le principe de priorité de la juridiction arbitrale devant les cours étatiques, afin de justifier leur indifférence vis-à-vis des injonctions.

590. L'idée d'autonomie de la procédure arbitrale semble donc au centre du débat. Lors de la conférence de l'IAI sur les *anti-suit injunctions* en 2003, Ph. Fouchard affirme dans sa note finale que la meilleure solution est que les juridictions confrontées à ces mesures les ignorent, plutôt que de contre-attaquer en ordonnant une *anti-anti-suit injunction*, au risque de déclencher une spirale sans fin et un « chaos juridique international[981] ».

591. S'il nous parait évident que l'autonomie de l'arbitrage international ne peut être renforcée que par un raisonnement semblable, nous préférons adopter une position plus modérée. Nous l'exposerons dans la deuxième partie de ce travail, lorsque nous envisagerons l'abus de droit comme une exception possible à un certain radicalisme qui peut surgir de toute approche binaire, comme celle qui oscille entre *toujours* respecter les *anti-suit injunctions* ou bien ne *jamais* les respecter. Cela encouragerait un meilleur dialogue entre le tribunal arbitral et les juges ordonnant l'injonction.

592. Pour l'instant, mentionnons seulement que des perspectives comme celle de la recommandation n°4 du rapport de l'ILA sur la litispendance dans l'arbitrage[982] semblent plus proches de la flexibilité que nous jugeons primordiale à la réalisation d'une justice privée, guidée par la spécificité des cas et non par la généralité des règles.

Ladite recommandation suggère que le tribunal arbitral continue la procédure même face à une injonction. Néanmoins, elle prévoit qu'il décline simplement sa juridiction dans des cas exceptionnels, comme quand la

---

[979] « 2) Lorsque le tribunal est saisi d'une action visée au paragraphe 1 du présent article, la procédure arbitrale peut néanmoins être engagée ou poursuivie et une sentence peut être rendue en attendant que le tribunal ait statué. »

[980] *Cf.* KURKEL Matti S., SNELLMAN Hannes, *op. cit.*, pp. 112-113.

[981] FOUCHARD Philippe, « Anti-suit injunctions in international arbitration…, *op. cit.*, p. 156. Traduction libre. Dans l'original : « *[…] international legal chaos* ». *Cf.* dans le même sens, COURT DE FONTMICHEL Alexandre , « Les tentatives de paralysie de l'instance arbitrale devant le juge étatique », *Cah. arb.*, 2010, n°2, par. 71.

[982] Dans l'original : « *Where the Parallel Proceedings are pending before a court of a jurisdiction other than the jurisdiction of the seat of the arbitration, consistent with the principles of competence-competence, the tribunal should proceed with the Current Arbitration and determine its own jurisdiction, unless the party initiating the arbitration has effectively waived its rights under the arbitration agreement or save in other exceptional circumstances* » (ILA, *Final Report on Lis Pendens and Arbitration*, conférence d'arbitrage international de l'ILA à Toronto, 2006, pp. 24-25, souligné par nous).

participation du demandeur dans l'instance étatique montre qu'il renonce à l'arbitrage, ou bien quand il agit de mauvaise foi ou d'abus de droit[983].

593. L'indifférence du tribunal arbitral quant aux *anti-arbitration injunctions* déterminées par les cours étatiques constitue non seulement un mécanisme pour contrer les manœuvres déloyales, mais aussi, dans une préoccupation bien plus abstraite, une manière de renforcer l'autonomie de l'arbitrage.
Le généralisme de cette abstraction rend moins aisée l'identification des cas où les injonctions seraient effectivement légitimes. Il nous semble que, dans le domaine de l'arbitrage international, l'exception ne peut jamais succomber à la règle, car c'est justement pour ne jamais être considérée comme l'objet d'une exception que les parties choisissent l'arbitrage. La difficulté de la conciliation entre théorie et pratique pour implémenter ce mécanisme est certainement au centre des critiques qui lui sont vouées.

3°. Les critiques des injonctions anti-procédure

594. Les oppositions à ce mécanisme de contrôle ne portent pas tant sur sa nature même que sur la façon dont il est mis en place par la jurisprudence. Les principaux courants doctrinaux s'attaquent au manque de critères uniformes, à son encadrement dans une perspective généraliste, et à son caractère encore trop politique.

595. En premier lieu, on critique le véritable décalage entre la compréhension jurisprudentielle et l'objectif originel des *anti-suit injunctions*, que soulèvent des affaires comme *Gasser*[984] ou *West Tankers*[985]. A. Nuyts[986] observe que la CJCE semble désapprouver ces mesures dans une perspective purement généraliste, sans se préoccuper des circonstances spécifiques du cas concret, c'est-à-dire sans s'interroger sur les véritables raisons et circonstances qui ont poussé l'une des parties à saisir une cour étrangère réputée pour la lenteur de ses jugements.
Ainsi, peu importe que l'engagement d'une cour étrangère en violation d'une clause compromissoire puisse enfreindre le droit d'accès à la justice de la partie qui s'est tenue à la convention arbitrale. La dimension individuelle et spécifique de chaque cas concret est mise au deuxième plan par les principes

---

[983] Cette lecture de la recommandation ne résulte pas explicitement de sa lettre, mais elle est certainement au centre de sa réflexion, puisque l'abus de droit comme exception à la *lis pendens* est l'un de ses piliers, présent tout au long de la directive. *Cf.* KREMSLEHNER Florian , « The arbitration procedure – *lis pendens* and *res judicata* in international commercial arbitration », *in* KLAUSEGGER Christian *et al.* (éds.), *Austrian Arbitration Yearbook*, Vienne : C.H. Beck/St ämpfli & Manz, 2007, p. 156.

[984] *Cf.* n.580, *supra*.

[985] *Cf.* n.604, *supra*.

[986] NUYTS Arnaud, « The enforcement of jurisdiction… », *op. cit.*, p. 60.

politiques de la confiance mutuelle et de la courtoisie, dans un effort de diplomatie qui paraît prioritaire sur la justice des parties.

596. La myopie de cette interprétation vient de l'atrophie du principe des injonctions, dont la finalité a été détournée dès son origine, pour devenir, aux yeux d'une jurisprudence dominante, un mécanisme de contestation juridictionnelle, et non pas individuelle[987]. Or, cette mesure procédurale ne devrait pas susciter de problème concernant le contrôle des cours étatiques étrangères ou des tribunaux arbitraux, mais plutôt remédier à celui des plaideurs qui agissent de mauvaise foi en poursuivant une demande vexatoire ou oppressive[988].

Cependant, comme l'affirme P. Karrer dans un article dont le titre est des plus significatifs – « Interim measures issued by arbitral tribunals and the courts: *less theory please* » (souligné par nous) –, il serait certainement « hypocrite[989] » de voir dans la pratique quotidienne des *anti-suit injunctions* un mécanisme destiné exclusivement aux parties. Il est évident qu'une mesure prononcée par une juridiction étatique ou arbitrale empêchant une partie de poursuivre une demande devant une cour voisine, ou bien devant un tribunal arbitral, conteste la légitimité même de la juridiction de ceux-ci.

Alors, même sans douter du fait que les injonctions cherchent à éviter les conséquences des comportements individuels, il faut revenir à une vision plus pragmatique, afin d'essayer de comprendre le problème politique qu'elles soulèvent. Il est indéniable que la cour ou les arbitres devant lesquels la partie présente un ordre restrictif se sentent « personnellement » affrontés en cas d'injonction. Cela nous conduit à un problème subséquent, le symptôme du nationalisme qui imprègne encore trop ces mesures.

597. La tendance des cours nationales à adopter une posture ambigüe est évidente. Il est probable qu'un juge ordonne une injonction contre une procédure arbitrale se déroulant dans un autre État, et qu'il hésite à le faire quand le siège se situe sur son territoire[990]. Par opposition, il est peu probable que la cour étatique d'un État étranger respecte aveuglement l'ordre provenant d'autres juges, et encore moins d'un tribunal arbitral[991], sans que cela représente une menace pour sa souveraineté.

---

[987] Sur cette déviation, *cf.* spéc. n.516 *et seq.*, *supra*.

[988] Mc LACHLAN Campbell, *Lis pendens…*, *op. cit.*, p. 157.

[989] KARRER Pierre A., « Interim measures issued by arbitral… », *op. cit.*, p. 106.

[990] C'est ce qui paraît découler du raisonnement de M. Mustill et S. Boyd autour des *anti-suit injunctions* pour empêcher la reconnaissance d'une sentence arbitrale (*op. cit.*, p. 511. Sur ce thème, *cf.*, *infra*, n.691 *et seq.*).

[991] Dans une affaire *Phillip Alexander Securities & Futures Ltd. v. Bamberger*, un tribunal allemand a refusé de prendre en considération une *anti-suit injunction* prononcée par un tribunal arbitral siégé à Londres sous le prétexte que « cette injonction constituerait une violation de la souveraineté judiciaire de la République fédérale d'Allemagne, car les cours allemandes décident seules, sur la base de traités internationaux obligatoires, si elles détiennent la juridiction pour décider l'affaire ou bien si elles doivent respecter une autre

Ce nationalisme est aussi présent dans le nombre considérable d'*anti-suit* ou d'*anti-arbitration injunctions* qui sont prononcées par les cours en faveur de leur ressortissants nationaux, comme nous l'avons constaté dans des affaires *Salini*[992], *Hubco*[993], *Himpurna*[994], *SGS*[995], *COPEL*[996], *Jirau*[997] et tant d'autres[998]. Précisons qu'il ne s'agit pas toujours de nationalisme pur et simple, mais de l'utilisation de critères appartenant exclusivement à ces ordres nationaux pour vider une convention d'arbitrage et échapper à la procédure internationale.

À ce sujet, la CCI révèle qu'en 2006, sur les trente et un cas dans lesquels ont été ordonnées des *anti-arbitration injunctions* contre des procédures sous son administration, vingt-cinq l'ont été par des cours de la même nationalité que l'une des parties[999]. Cela n'est que plus évident quand il s'agit de sociétés publiques ou contrôlées par l'État, comme dans les affaires *Himpurna*[1000] ou *COPEL*[1001].

Ainsi, tant que ces mesures seront perçues comme destinées au contrôle des juridictions plutôt que des individus, nous n'échapperons pas au problème de l'État qui agit en tant que puissance publique.

---

court germanique ou bien étrangère (incluant les tribunaux arbitraux). Les cours étrangères ne peuvent donner des instructions sur comment et dans quelle mesure une cour allemande doit agir dans une affaire déterminée » (OLG Düsseldorf, *Phillip Alexander Securities & Futures Ltd. v. Bamberger*, ord. 10 jan. 1996 – 3 VA 11/95. Rapporté et traduit de l'allemand en anglais par Michael E. SCHNEIDER, « Court actions in defence... », *op. cit.*, p. 43, note 3. Dans l'original : « *Solche Anordnungen stellen [...] einen Eingriff in die Justizhoheit der Bundersrepublik Deutschland dar, weil die deutschen Gerichte ausschliesslich selbst nach den für sie geltenden Verfahrensgesetzen und nach bestehenden völkerrechtlichen Verträgen darüber befinden, ob sie für die Entscheidung einer Streitsache ausländischen Gerichts (auch Schiedsgerichte) zu respektieren haben. Auch können ausländische Gerichte keine Weisungen erteilen, ob und in welchem Umfang [...] ein deutsches Gericht in einer bestimmten Sache tätig werden kann und darf* »). Pour le jugement prononçant l'*anti-suit injunction* au Royaume-Uni, *cf. Phillip Alexander Securities & Futures Ltd. v. Bamberger*, [1997] I.L.Pr. 73, 102, n.115. L'on se rapproche du jugement du tribunal brésilien dans l'affaire *Jirau*, contestant le respect à une *anti-suit injunction* prononcée par un tribunal anglais comme un attentat à sa souveraineté nationale (*cf.* n.571 *et seq.*, *supra*).

[992] *Cf.* n.322, *supra.*

[993] *Cf.* n.932, *supra.*

[994] *Cf.* n.61, *supra.*

[995] *Cf.* n.935, *supra.*

[996] *Cf.* n.949 et 950, *supra.*

[997] *Cf.* n.953, *supra.*

[998] C'est l'utilisation transversale et nationaliste des *anti-suits* et *anti-arbitrations* exposée par Thiago Marinho NUNES, « A prática das anti-suit injunctions no procedimento arbitral e seu recente desenvolvimento no direito brasileiro », *Rev. br. Arb*, 2005, n°5, pp. 16-17.

[999] Rapporté par Julian D.M. LEW, « Does national court involvement... », *op. cit.*, p. 511.

[1000] *Cf.* n.61, *supra.*

[1001] *Cf.* n.949 et 950, *supra.*

598. Cette confusion est renforcée par certaines positions jurisprudentielles notoires, comme celles de la CJCE dans les affaires *Turner*[1002], ou encore *West Tankers*[1003]. La Cour européenne finit par éloigner davantage les injonctions de leurs véritables destinataires, alors qu'elle pouvait profiter du débat pour se positionner fermement quant à l'exclusion de l'arbitrage international du système communautaire. La nature autonome de l'arbitrage serait le prétexte plus que parfait pour recentrer les injonctions sur les manœuvres des parties, et non sur les juridictions des États membres.
En affirmant explicitement que l'interférence entre les différentes juridictions européennes n'est guère justifiée, même pour éviter des manœuvres abusives[1004], la Cour européenne ne fait qu'attester de la déformation de ces mesures, suite à laquelle elles peuvent effectivement permettre d'éviter les déviations d'un système autonome.
En revanche, et très ironiquement, cette déformation contribue à un isolement chaque fois plus marqué entre les juridictions de l'espace européen. Les parties, sans pouvoir interrompre les procédures parallèles dans un for étranger, se précipitent pour explorer les effets de la *res judicata*[1005]. Il suffit alors de demander, *in continenti*, la reconnaissance de la sentence arbitrale pour éviter l'internalisation future du jugement étranger, comme récemment dans le cas *West Tankers*[1006].

599. S'il est vrai que les *anti-suit injunctions* continuent d'être prononcées contre des juridictions extérieures à l'espace judiciaire de Bruxelles-Lugano, en Europe, les affaires *Gasser*[1007], *Turner*[1008], et surtout *West Tanker*[1009], ont engagé une véritable paralysie de ce mécanisme.

600. D'autre part, la construction théorique d'un espace arbitral autonome permet de légitimer l'indifférence des tribunaux arbitraux face aux *anti-arbitration injunctions* qui, si elles sont abusives dans un certain nombre de cas, peuvent ne pas l'être dans bien d'autres, notamment dans ceux où celui qui engage l'arbitrage est à l'origine des abus.
Ces deux situations demeureront boiteuses tant qu'une approche plus spécifique ne sera pas adoptée pour l'examen de chaque cas d'espèce. Les principes généraux, comme la *comity* ou ceux découlant d'un ordre

---

[1002] *Cf.* n.892, *supra.*
[1003] *Cf.* n.604, *supra.*
[1004] *Turner,* n.892, *supra,* par. 24-28.
[1005] Sur la *res judicata* comme instrument de contrôle des déviations de l'ordre juridique arbitral, *cf.*, *infra*, n.603 *et seq.*
[1006] La troisième sentence arbitrale a été reconnue par la High Court anglaise, ce qui très probablement empêchera une future homologation de la sentence étatique prononcée par les tribunaux italiens (*cf.* n.553). Une fois que la CJCE a vidé les *anti-suit* anglaises, les tribunaux de ce pays se ferment aux décisions étrangères.
[1007] *Cf.* n.580, *supra.*
[1008] *Cf.* n.892, *supra.*
[1009] *Cf.* n.604, *supra.*

juridique arbitral, certes utiles, finissent par radicaliser dans la théorie un mécanisme qui est pratique par nature. Ce n'est surement pas par hasard s'il trouve son origine dans une juridiction de *case law*.

601. Ainsi, nous nous joignons à C. Kessedjian[1010] pour affirmer que seul un mécanisme de coopération est vraiment viable, lequel pourrait être instauré entre le tribunal arbitral et les juridictions nationales saisies en parallèle. Au cours de ce travail, nous développerons cette idée, en utilisant l'abus de droit comme le critère faisant ce lien. Pour l'instant, le mécanisme des injonctions anti-procédure, au prétexte d'éviter les abus, contribuent souvent à les perpétrer[1011].

§ 2°. Les mécanismes de contrôle des dérives après la procédure arbitrale

602. Tandis que les efforts pour limiter les dérives avant et pendant l'arbitrage portent sur les tentatives de vider la convention arbitrale, notre examen ici part de l'hypothèse d'une sentence déjà prononcée par le tribunal. Dès lors, devant une sentence arbitrale dont l'existence est incontestable, il ne reste plus qu'à se valoir des conflits entre les diverses juridictions liés à sa reconnaissance et à son exequatur.
Les mécanismes de contrôle des distorsions après l'arbitrage s'inscrivent donc dans une tentative de dialogue entre les États concernés par les effets de la sentence internationale, qui procède de façons différentes : en essayant de définir les limites internationales de la *res judicata* (A), en refusant son exequatur en vertu de la doctrine du *forum non conveniens* (B), ou encore, et c'est l'aspect le plus important, en tentant de promouvoir une multiplication des échanges entre juridiction de contrôle ou primaire et juridiction d'accueil ou secondaire (C).

A. La res judicata internationale

603. Les problèmes de la chose jugée dans l'arbitrage international résultent du développement chronologique de ceux relatifs à la litispendance. La *res judicata* commence là où se termine la *lis pendens*, et c'est quand il n'est plus possible de mettre en œuvre cette dernière que l'on tente de se rendre à la première. Voyons, de ce fait, comment se présente ce mécanisme dans le contexte de l'arbitrage (1°), avant de passer en revue ses principales oppositions (2°).

[1010] KESSEDJIAN Catherine, « Le Règlement 44/2001 et l'arbitrage », *op. cit.*, p. 725.
[1011] DERAINS Yves, « Les techniques anti-recours abusifs », *op. cit.*, p. 243.

1°. La res judicata dans l'arbitrage international

604. Il est indispensable de rappeler quelles sont les principales caractéristiques de la doctrine de la *res judicata* en général (a), afin de montrer comment celles-ci peuvent s'adapter au contexte bien moins formel de la procédure arbitrale internationale (b).

a) Présentation générale

605. En 1977, dans l'affaire *The Ampthill Peerage*[1012], Lord Wilberforce suppose, dans l'hypothèse où de nouveaux faits apparaissent après un jugement définitif, qu'il est possible que le droit préfère la certitude de la justice déjà rendue à la possibilité d'une nouvelle vérité. Ce sont les bases du principe de l'autorité de la chose jugée, fondée sur l'intérêt public qui est à l'origine du procès, évitant qu'une personne soit poursuivie plusieurs fois pour la même cause[1013].

606. Le principe de la *res judicata* est aujourd'hui prévu par la presque totalité des législations internes, et même s'il peut différer quant à sa dénomination et à sa perspective, son objectif est toujours le même, à savoir empêcher le renouvellement d'une procédure déjà aboutie. C'est un instrument de politique juridique, fondé sur une présomption légale *juris et de jure* – établie en France, par les arts. 1350(3)[1014] et 1352, CC[1015] – qui ne peut être combattue par aucune preuve contraire.

La triple identité (i) des parties, (ii) de la chose demandée, et (iii) de la cause, visée en France[1016] par l'art. 1351, CC[1017], est un dénominateur

---

[1012] House of Lords, *The Ampthill Peerage*, [1977] AC 547, 569. *Apud.* ; GEE Steven, « The autonomy of arbitrators, and fraud unravels all », *Arb. intern.*, 2006, v. 22, pp. 355-356.

[1013] Ce sont les deux adages romains qui figurent en exergue du rapport de l'ILA sur la *res judicata* et l'arbitrage, résultant de sa conférence à Berlin en 2006 : « *interest reipublicae et sit finis litium* » et « *nemo debet bis vexari pro una et eadem causa* » (ILA, *Interim report: « res judicata » and arbitration*, 2006. Berlin Conference, p. 3). Sur l'association entre l'intérêt public et l'intérêt privé reposant sur la *res judicata* et le principe du *functus officio*, *cf.* Alexis MOURRE, « Is there a life after the award? », *in* TERCIER Pierre (éd.), *Post award issues*, ASA Special Series n°38, New York : ASA/JurisNet, 2011, pp. 1 *et seq.*, spéc. p. 3.

[1014] « La présomption légale est celle qui est attachée par une loi spéciale à certains actes ou à certains faits ; tels sont : [...] 3° L'autorité que la loi attribue à la chose jugée ; [...]. »

[1015] « La présomption légale dispense de toute preuve celui au profit duquel elle existe. Nulle preuve n'est admise contre la présomption de la loi, lorsque, sur le fondement de cette présomption, elle annule certains actes ou dénie l'action en justice, à moins qu'elle n'ait réservé la preuve contraire et sauf ce qui sera dit sur le serment et l'aveu judiciaires. »

[1016] Pour un examen du problème en France sous l'angle du contentieux international, *cf.* Serge GUINCHARD, Cécile CHANAIS et Frédérique FERRAND, *op. cit.*, pp. 751 *et seq.*

[1017] « L'autorité de la chose jugée n'a lieu qu'à l'égard de ce qui a fait l'objet du jugement. Il faut que la chose demandée soit la même ; que la demande soit fondée sur la même cause ; que la demande soit entre les mêmes parties, et formée par elles et contre elles en la même qualité. »

commun assez fiable concernant les conditions de mise en place de l'exception de la chose jugée dans la plupart des droits nationaux[1018]. C'est l'art. 480, CPC[1019] qui attribue, à partir de ces éléments, la *res judicata* aux décisions prononcées définitivement.

607. Les effets de la chose jugée découlant d'une décision ne se restreignent pas seulement à son dispositif, mais aussi aux raisons qui le soutiennent, autrement dit, à ses motifs[1020]. En outre, un mouvement conduit par des auteurs comme H. Motulsky[1021] défend que la *res judicata* doit englober non seulement les matières effectivement débattues pendant l'instance, mais aussi celles qui auraient pu l'être, dans un raisonnement que P. Mayer[1022] transpose sans problème à l'arbitrage.

608. Si en France cette ouverture est due à un élargissement de la notion de « cause » prévue par l'art. 1351, CC[1023], en Angleterre, c'est surtout le rapprochement de la doctrine de la *res judicata* avec celle de l'*abuse of process* qui valide le raisonnement. Ainsi, le *common law* nous fournit une première piste d'un rapprochement qui fonde notre idée de *res judicata* dans la perspective de l'abus de droit au sein de l'arbitrage international[1024].

En effet, comme l'observe le rapport de l'ILA sur le sujet[1025], la doctrine de la *res judicata* est effective dans la plupart des juridictions de *common law*, comme l'Angleterre, l'Irlande, le Canada, l'Inde, l'Australie et la Nouvelle Zélande. Néanmoins, en Angleterre, la *res judicata* est appliquée au moyen d'une série de règles plus précises, qui portent sur le comportement contradictoire d'une partie qui poursuit une *causa petendi* déjà prononcée antérieurement.

Dans cette juridiction, la *res judicata* se déploie en quatre volets : la *cause of action estoppel*, interdisant à une partie de soulever un fondement déjà déterminé dans une procédure préalable ; l'*issue estoppel*, défendant une partie de se contredire sur une question de droit ou de fait déjà décidée dans

---

1018 Pour un aperçu des plusieurs droits nationaux au sujet, *cf.* ILA, *Interim report: "res judicata" and arbitration, op. cit.*, pp. 6 *et seq*.

1019 « Le jugement qui tranche dans son dispositif tout ou partie du principal, ou celui qui statue sur une exception de procédure, une fin de non-recevoir ou tout autre incident a, dès son prononcé, l'autorité de la chose jugée relativement à la contestation qu'il tranche Le principal s'entend de l'objet du litige tel qu'il est déterminé par l'article 4. »

1020 *Cf.* ILA, *Interim report: "res judicata" and arbitration, op. cit.*, p. 15.

1021 C'est ce que l'auteur appelle « concentrer la matière litigieuse » (MOTULSKY Henri, « Pour une délimitation plus précise de l'autorité de la chose jugée en matière civile », *D.*, 1968, chron. 1, p. 12. Commentant la position de Motulsky, *cf.* MAYER Pierre, « Litispendance, connexité et chose jugée dans l'arbitrage international », *op. cit.*, p. 196).

1022 MAYER Pierre, *idem*.

1023 *Cf.* n.1017, *supra*. Transcrivons seulement le membre qui intéresse ici : « […] Il faut que la chose demandée soit la même ; que la demande soit fondée sur *la même cause* ; […] » (italique ajouté). C'est l'opinion de Pierre Mayer (*idem*).

1024 *Cf.* n.1036 *et seq.*, *infra*.

1025 ILA, *Interim report: "res judicata" and arbitration, op. cit.*, pp. 6 *et seq*.

la procédure passée ; le *former recovery*, empêchant simplement que la partie à laquelle la décision fait droit essaie de recouvrir à nouveau l'objet du litige et, finalement, l'*abuse of process*.
Dans ce dernier cas, le rapport de l'ILA note que si une partie de la doctrine défend que l'abus de procédure n'est rien d'autre que le genre auquel appartiennent les quatre volets mentionnés ci-dessus, il est plus correct d'affirmer qu'il s'agit d'un instrument autonome, qui s'est beaucoup approché, dans un premier temps, de l'extension de la *res judicata* aux motivations qui auraient pu être débattues[1026]. Progressivement, l'*abuse of process* est devenu une doctrine bien plus discrétionnaire, permettant aux juges de sanctionner tout usage impropre de la procédure, encore que cet usage soit conforme à la lettre de la loi[1027].

609. Finalement, sanctionner l'atteinte à l'autorité de la chose jugée revient à reconnaître une fin de non-recevoir[1028], résultant d'une exception soulevée par les parties ou bien par le juge lui-même[1029], sans que cela représente une obligation pour ce dernier. Le caractère facultatif de ce moyen revient à interpréter l'atteinte à l'autorité de la chose jugée comme une sanction d'intérêt privé, et non d'ordre public, ce qui a occasionné des critiques tant du point de vue de la jurisprudence que de la doctrine[1030].

610. Les problèmes liés à la violation de l'autorité de la chose jugée sont complexes et suscitent des débats intenses. Cependant, rappelons que ce qui nous intéresse ici est la *res judicata* comme moyen de défense de l'autonomie de l'arbitrage international. Nous concentrerons donc nos efforts sur l'application de ce mécanisme dans la relation entre les ordres juridiques étatiques et les tribunaux arbitraux, et spécialement sur la portée de ses effets, plutôt que sur la nature de ses conditions.

[1026] C'est la règle *Henderson v. Henderson* (High Court of Chancery. [1843] 67 E.R. 313), indiquée par l'*ILA Report on Res Judicata*, *op. cit.*, p. 8.

[1027] *Cf.* BARNETT Peter, *Res judicata, estoppel, and foreign judgments*, New York : Oxford University Press, 2001, pp. 8 *et seq.* ; KURKELA Matti S., SNELLMAN Hannes, *op. cit.*, pp. 107-109 ; ROGERS Catherine A., ALFORD Roger P. (éds.), *op. cit.*, pp. 51-54.

[1028] Art. 122, CPC : « Constitue une fin de non-recevoir tout moyen qui tend à faire déclarer l'adversaire irrecevable en sa demande, sans examen au fond, pour défaut de droit d'agir, tel le défaut de qualité, le défaut d'intérêt, la prescription, le délai préfix, la chose jugée ».

[1029] Arts. 123 (« Les fins de non-recevoir peuvent être proposées en tout état de cause, sauf la possibilité pour le juge de condamner à des dommages-intérêts ceux qui se seraient abstenus, dans une intention dilatoire, de les soulever plus tôt ») et 125(2) (« Le juge peut relever d'office la fin de non-recevoir tirée du défaut d'intérêt, du défaut de qualité ou de la chose jugée. »), CPC.

[1030] *Cf.* GUINCHARD Serge, CHANAIS Cécile, FERRAND Frédérique, *op. cit.*, pp. 770-771.

b) L'application de la res judicata dans l'arbitrage international

611. L'autorité de la chose jugée a été largement reconnue comme un principe de droit international. Dès 1927, devant la Cour permanente de justice internationale, dans l'affaire *Chorzow Factory*[1031], en passant par une multitude de cas portés devant la CIJ et la CJCE[1032], tous ont affirmé la *res judicata* comme un principe applicable aux rapports du contentieux internationaux, y compris en référence à l'art. 38(1)(c), du statut de la CIJ[1033].

612. Sa reconnaissance a aussi été établie par des tribunaux CIRDI, de manière explicite, comme dans l'affaire *Waste Management v. Mexique*[1034], ou bien indirectement, par sa simple application entre deux jugements arbitraux subséquents, comme dans la deuxième affaire *Amco*[1035].

613. Toutefois, l'intérêt principal de l'application de la *res judicata* à l'arbitrage ne se limite pas à l'encadrement des procédures arbitrales parallèles[1036], mais réside également, et surtout, dans l'identification des effets de la chose jugée entre différents ordres juridiques, et en particulier entre un ordre juridique arbitral et un ordre juridique étatique. Les conceptions théoriques peuvent ici entraver la reconnaissance mutuelle des jugements, et ainsi créer les vides juridiques que nous poursuivons dans ce travail.

614. Selon le rapport de l'ILA[1037], quatre hypothèses peuvent susciter des problèmes liés à la *res judicata* dans l'arbitrage international : l'autorité de la chose jugée (a) entre une sentence arbitrale partielle et une sentence arbitrale finale émises par un même tribunal ; (b) entre deux tribunaux arbitraux ; (c) entre une cour étatique et un tribunal arbitral ; et (d) entre une cour ou tribunal supranational et un tribunal arbitral.

Ainsi que nous l'avons déjà avancé, dans le cadre d'une étude dont le but est de montrer comment une représentation déterminée de l'arbitrage international peut servir aux parties qui profitent du manque de dialogue entre les différents ordres pour échapper à leurs obligations, c'est surtout la

---

[1031] CPJI, Interpretation of judgements n°7 & 8 concerning the case of the factory Chorzow, 1927, *CPJI*, (Ser. A) n°11, par. 27. *Apud* ILA, *Interim report…*, *op. cit.*, p. 18.

[1032] *Cf.* une série d'affaires jugées par ces deux tribunaux rapportés par August REINISCH, *op. cit.*, p. 121, note 33 ; GALLAGHER Nora, *op. cit.*, pp. 335 *et seq* ; ILA, *Interim report…*, *op. cit.*, pp. 18 *et seq.*

[1033] *Cf.* n.205, *supra.*

[1034] Le tribunal CIRDI dans ce cas affirme « qu'il n'y a pas de doute que la *res judicata* est un principe de droit international, et même un principe général de droit dans le sens de l'art. 38(1)(c) du statut de la CIJ » (*Waste Management Inc. v. Mexico*, Mexico's preliminary objection. CIRDI, 26 juin 2003, 2002 41, *ILM*, 1315).

[1035] CIRDI, *Amco Asia Corp. v. Indonesia*, décision d'annulation, 16 mai 1998, *ICSID Reports*, n°1, p. 509.

[1036] Concernant deux procédures arbitrales parallèles, on propose même de parler de « *res arbitrata* » (RADICATI DI BROZOLO Luca G., « *Res Judicata* », *op. cit.*, p. 128).

[1037] ILA, *Interim report…*, *op. cit.*, p. 3.

res judicata telle que comprise dans le point (c) qui nous intéresse. D'ailleurs, c'est l'hypothèse la plus fréquente selon le Rapport ILA[1038], ce qui ne fait que renforcer son intérêt.

615. Au fond, c'est surtout le problème des effets d'une sentence étatique définitive devant un tribunal arbitral qui fait ici débat autour de l'autorité de la chose jugée[1039]. Or, la question se complique encore si l'on considère la difficulté de définir la loi qui régit la constitution de la chose jugée face à un tribunal arbitral dans une recherche conflictualiste. Ce danger a déjà été évoqué par P. Mayer[1040], qui suggère une méthode de rapprochement par la *volonté des parties* et par la fonction de la *mission de l'arbitre*, lesquelles nous semblent bien plus adaptées à l'idée que nous développerons dans la deuxième partie de cette thèse afin de recentrer sur ces personnages les représentations de l'arbitrage international.

Pour l'instant, rappelons que le rapport final de l'ILA sur la *res judicata* dans l'arbitrage reste assez lacunaire quant au problème de la relation entre une décision étatique préalable et le tribunal arbitral devant lequel une exception de chose jugée est soulevée[1041]. Cependant, bien qu'il ait concentré son travail sur le problème des procédures arbitrales parallèles, l'ILA semble avoir posé une exigence particulièrement révélatrice pour notre travail, *i.e.*, l'appartenance au *même ordre juridique* des deux décisions confrontées[1042] comme l'une des conditions de la *res judicata*, qui s'ajoute aux traditionnelles[1043].

[1038] *Ibid.*, p. 37.

[1039] Dans le sens inverse, la plupart des législations internes (art. 1484, CPC, applicable à l'arbitrage international selon l'art. 1506(4°), CPC, art. 1703, du Code judiciaire belge, art. 1059(1), du Code de procédure néerlandais, section°1055, ZPO, art. 190, LDIP, art. 43, de la Loi espagnole d'arbitrage), des règlements d'arbitrage (art. 28(6), Règlement CCI 1998, art. 34(6), Règlement CCI 2012, art. 26.9, LCIA, art. 32(2), Règlement CNUDCI, art. 53(1), Règlement CIRDI) et des conventions internationales (art. 35(1), Loi-type CNUDCI, art. III, CNY) prévoient que la sentence arbitrale est toujours finale et définitive entre les parties, devant donc être respectée par les cours étatiques (*Cf.* ILA. *Interim report : "res judicata" and arbitration, op. cit.*, pp. 16-17 et 22 *et seq.*).

[1040] MAYER Pierre, « Litispendance... », *op. cit.*, p. 187.

[1041] Le rapport final paraît indiquer, dans son par. 11, que les arbitres restent libres de choisir la loi la plus appropriée pour interpréter les effets du jugement étatique évoqué comme *res judicata*. Néanmoins, le rapport est explicite en affirmant que « la Recommandation n'aborde par la relation entre les cours étatiques et les tribunaux arbitraux, n'indiquant pas comment doit agir le tribunal arbitral concerné par un jugement étatique antérieur » (ILA, *Final Report..., op. cit.*, p. 28). Permettons-nous d'observer que le rapport final sur la *res judicata* dans l'arbitrage international a été présenté lors de la conférence de l'ILA à Toronto, en 2006, deux ans après le rapport préliminaire. Pourtant, le rapport final sur la *res judicata* est présenté à la suite du rapport final sur la *lis pendens* (à partir de la page 27), d'où la référence à ce dernier, ci-dessus.

[1042] ILA, *Final Report..., op. cit.*, p. 32, par. 29 et p. 33, par. 35.

[1043] Le rapport indique comme conditions : (a) la sentence arbitrale antérieure doit être finale, obligatoire et capable de reconnaissance dans le pays où est le siège de la procédure arbitrale

L'ILA n'adopte pas de position définitive sur le sujet, mais suppose une représentation de l'arbitrage au même niveau que les cours étatiques, sans que son autonomie signifie sa complète délocalisation. Le simple fait qu'un ensemble normatif résultant des règles de la convention et de la procédure arbitrale attribue à la sentence un caractère final et définitif ne semble pas suffire à créer un ordre juridique séparé de l'ordre étatique[1044]. C'est donc sa force exécutoire, conditionnée à l'intervention étatique, qui la rattacherait à l'ordre national, et non pas l'autorité de chose jugée, qui ne serait qu'un appendice.

616. Dans cette perspective, la *res judicata* peut être un excellent instrument pour transférer aux arbitres une décision étatique prononcée dans un autre for ; cependant, nous préférons l'ouverture proposée par P. Mayer[1045] mentionnée plus haut, afin de laisser le tribunal interpréter l'autorité de la chose jugée à la loupe de la volonté des parties, et, rajoutons-nous, sous l'angle du caractère abusif de la demande étatique préalable. Quelques cas pratiques nous permettront de mieux élucider la question.

617. Premièrement, citons l'affaire *Minera Condesa*[1046], dans laquelle un tribunal arbitral siégeant en Suisse a été confronté avec une exception de *res judicata* tirée d'un jugement péruvien privant d'efficacité la convention arbitrale. Ce jugement, pourtant, n'avait pas été précédemment reconnu par l'ordre juridique helvétique.

Puisque la décision péruvienne n'était pas intégrée dans l'ordre juridique suisse, les arbitres se sont quand même déclarés compétents. Par la suite, le Tribunal fédéral a refusé d'annuler cette sentence arbitrale sur la compétence, confirmant l'interprétation des arbitres, et rappelant que la solution n'aurait pas été la même si la décision péruvienne avait été reconnue préalablement – auquel cas les arbitres auraient dû accueillir la *res judicata*[1047].

618. Dans une perspective purement internationale et autonome de l'arbitrage, rien n'aurait empêché que les arbitres déclarent la demande non recevable, en reconnaissant la décision du juge péruvien avant même qu'elle

---

subséquente ; (b) la procédure arbitrale dans laquelle l'exception de *res judicata* est soulevée doit appartenir au même ordre juridique que la sentence antérieure ; (c) le même objet ; (d) la même *causa petendi* ; et (e) l'identité des parties (ILA, *Final Report...*, *op. cit.*, p. 32, par. 29).

[1044] Dans ce sens, *cf.* COURT DE FONTMICHEL Alexandre, *L'arbitre, le juge...*, *op. cit.*, p. 201.

[1045] *Cf.* n.1040.

[1046] TF suisse, 19 déc. 1997, *Compania Minera Condesa S.A. et Compania de Minas Buenaventura S.A. v. BRGM Pérou S.A.S et Tribunal CIA*, ATF 124 III 32, *Bull. ASA.*, 1998, pp. 365 *et seq.* – note VULLIEMIN Jean-Marie.

[1047] Pour un commentaire de la décision, *cf.* Andrea PINNA, « L'autorité de la chose jugée invoquée devant l'arbitre. Point de vue sous le prisme de l'ordre juridique français », *Cah. arb.*, 2010, v. 3, p. 705.

ne soit intégrée dans l'ordre juridique suisse. Il s'agit de transformer le critère d'intégration de la décision étrangère dans le for du siège en un critère lié à la *qualité* de l'exercice de la demande étrangère résultant dans la *res judicata*.

Bien entendu, seul un dialogue plus prononcé entre la juridiction de l'annulation et celle du siège peut assurer que la décision des arbitres sur la chose jugée ne sera pas vidée postérieurement par un recours en annulation devant le Tribunal fédéral[1048]. D'une certaine manière, l'accueil, par les arbitres, des effets d'une décision étrangère légitime et le refus de la juridiction du siège d'annuler la sentence prononcée par ces mêmes arbitres reconnaissant cette *res judicata* est la représentation parfaite du dialogue que nous entrevoyons. Nous verrons que l'abus de droit sera alors l'instrument à disposition autant des arbitres que des juges du contrôle du siège pour évaluer aussi bien la forme de saisine des juridictions étrangères résultant dans la *res judicata* que la forme de saisine du tribunal arbitral qui refuse cette *res judicata*[1049].

619. En France, c'est l'autorité de la chose jugée qui sert de mécanisme de contrôle des manœuvres relevant de la reconnaissance des sentences annulées, comme dans les affaires *Hilmarton*[1050] et *Putrabali*[1051]. Dans la première, c'est l'application pure et simple de la *res judicata* qui a permis d'évincer la deuxième sentence de l'ordre juridique français, prononcée après l'annulation de la première. Selon J.-B. Racine, « c'est la voie de la raison qui a prévalu[1052] ».

620. Ici, les juridictions françaises ont clairement adopté une approche conflictuelle de l'autorité de la chose jugée, à partir d'une conception nationale, selon laquelle deux décisions judiciaires contradictoires entre les mêmes parties et portant sur les mêmes objet et cause ne peuvent coexister dans son ordre interne. Les cours françaises affirment la *res judicata* sans examiner les circonstances de l'ordre international – et celles du siège –, qui ont finalement nié l'autorité de chose jugée à la première sentence, pour l'attribuer à la seconde.

Encore que l'on puisse questionner le fondement de l'annulation de la première sentence par les cours du siège – rappelons-le, pour sa nature

[1048] A. Pinna propose, pour éviter la future annulation d'une sentence se manifestant sur la régularité d'une décision étrangère, le mécanisme français de l'action déclaratoire en (in)opposabilité, admise par la Cour de cassation depuis 1951 (*ibid.*, pp. 705-706). Malgré l'intérêt de cette solution, il nous semble qu'elle n'est qu'un palliatif temporaire pour combler le manque de communication qui existe entre les tribunaux arbitraux et les juridictions de contrôle.

[1049] *Cf.* n.1136 *et seq.*, *infra.*

[1050] *Cf.* n.494, *supra.*

[1051] *Cf.* n.324, *supra.*

[1052] RACINE Jean-Baptiste, *L'arbitrage commercial international...*, *op. cit.*, p. 562.

« arbitraire[1053] » –, la juridiction française ne s'intéresse aucunement par la forme dont ont été exercés les droits d'action qui amènent à attribuer l'autorité de chose jugée à une sentence qui sera postérieurement portée à la reconnaissance de ses cours. C'est une conjoncture que celui contre lequel la reconnaissance est opposée ne peut pas se valoir. Au fond, il s'agit alors de la *res judicata* de l'exequatur, mais pas celle de la sentence arbitrale elle-même, décalage qui, à notre avis, n'est pas cohérent avec la poursuite d'une représentation autonome de l'arbitrage international.
Il y a là une incohérence, selon A. Samuel[1054], pour qui la jurisprudence française défend une sentence arbitrale appartenant à un ordre juridique autonome, mais recourt à des concepts typiquement internes, quand la *res judicata* aurait pu être mieux employée si on l'avait interprétée comme un principe international. Pour l'auteur, commentant l'affaire *Hilmarton*, le fait que la deuxième sentence arbitrale ne résulte pas de la convention des parties aurait dû constituer un argument pour interdire sa reconnaissance si la juridiction française voulait tendre vers une perspective véritablement transnationale.

621. L'application du droit interne français comme support à l'autorité de la chose jugée est aussi en cause dans l'affaire *Putrabali*[1055]. Selon J.-L. Delvolvé, G. H. Pointon et J. Rouche[1056], la décision de la Cour de cassation laisse entrevoir implicitement que la première sentence a été reconnue au détriment de la deuxième en fonction de la *res judicata*. À aucun moment la Haute Juridiction n'a procédé à un examen du caractère obligatoire ou final de la première décision selon les termes de la CNY, s'agissant d'une position de droit interne pur, d'ailleurs soutenue par le recours à l'art. VII(1), CNY[1057].

622. D'un autre côté, une affaire traitée en 2007 nous montre que la Cour de cassation[1058] n'hésite pas à relativiser l'autorité de chose jugée d'une

---

[1053] *Cf.* n.495, *supra*.
[1054] SAMUEL Adam, *op. cit.*, p. 261.
[1055] *Cf.* n.324, *supra*.
[1056] DELVOLVÉ Jean-Louis, POINTON Gerald H., ROUCHE Jean, *French arbitration law and practice: a dynamic civil law approach to international arbitration*, 2e éd., The Netherlands : Kluwer Law International, 2009, p. 234.
[1057] *Cf.* n.363, *supra*.
[1058] Cass., 1re Ch. civ., 4 juil. 2007, *La société Groupe Antoine Tabet v. La République du Congo*, n°05-14.918 : « Mais attendu que les décisions rendues en matière d'arbitrage sont exclues du champ d'application de la Convention de Lugano et ne sont donc susceptibles ni de bénéficier du système de reconnaissance simplifié mis en place par la Convention ni de faire obstacle à la reconnaissance de décisions rendues dans un autre État membre ; que par ce motif de pur droit substitué, dans les conditions de l'article 1015 du nouveau Code de procédure civile, à ceux critiqués, l'arrêt, qui a dit que les décisions suisses dont l'exequatur était demandé n'étaient pas inconciliables avec la sentence arbitrale partielle du 8 décembre 2003, se trouve légalement justifié ; [...] » (*D.*, 2008, p. 451 – obs. CLAY Thomas).

décision concédant l'exequatur à une sentence arbitrale partielle prononcée sur le territoire français, afin d'accorder l'exequatur à une décision des juridictions suisses qui lui était en partie opposée, du fait que l'arbitrage est exclu de la Convention de Lugano[1059] (à laquelle appartient la Suisse, et parallèle au Règlement n°44/2001).
C'est bien une preuve de flexibilisation de l'autorité de la chose jugée par la jurisprudence française, qui cesse de l'interpréter comme un dogme insurmontable. Dans l'affaire citée, la contradiction possible entre la décision suisse et la décision française au sujet de l'arbitrage ne paraît pas aussi préoccupante que dans les affaires *Hilmarton* ou *Putrabali*.

623. Finalement, il est impossible d'étudier le sujet sans mentionner le problème de la *res judicata* de sentences étatiques parallèles à des arbitrages d'investissement. Ces affaires nous apparaissent particulièrement intéressantes, car cette modalité d'arbitrage porte sur un objet très spécifique, ce qui ouvre la voie à d'autres procédures, étatiques ou même arbitrales, pour discuter certains aspects soumis à d'autres règles que celles des traités ou conventions d'investissement.

624. Dans l'affaire *Petrobart v. République du Kirghizstan*[1060], le principe de la *res judicata* a été soulevé dans un arbitrage ECT administré par la SCC. Avant même que la société investisseur Petrobart puisse entamer la procédure arbitrale sous l'ECT, la République du Kirghizstan saisit ses propres cours étatiques pour demander la déclaration d'inexistence d'un investissement, laquelle est prononcée en décembre 2000. En parallèle, le Kirghizstan engage un tribunal arbitral CNUDCI sous le Foreign Investement Law of the Kyrgyz Republic, lequel se déclare incompétent face à l'absence d'investissement de la part de Petrobart.
Une fois la procédure ECT initiée par Petrobart en septembre 2003, la République du Kirghizstan soulève rapidement l'exception de chose jugée face aux décisions de la cour étatique et du tribunal CNUDCI. Malgré ces deux obstacles, le tribunal ECT écarte autant l'une que l'autre.
Quant à la décision étatique, le tribunal arbitral ECT affirme que les cours du Kirghizstan n'ont fait qu'interpréter le droit interne de l'État, ce qui ne

---

[1059] Art. 34, (3) et (4), de la Convention de Lugano et du Règlement n°44/2001 : « Article 34. Une décision n'est pas reconnue si : 1) la reconnaissance est manifestement contraire à l'ordre public de l'État membre requis ; 2) l'acte introductif d'instance ou un acte équivalent n'a pas été signifié ou notifié au défendeur défaillant en temps utile et de telle manière qu'il puisse se défendre, à moins qu'il n'ait pas exercé de recours à l'encontre de la décision alors qu'il était en mesure de le faire ; 3) elle est inconciliable avec une décision rendue entre les mêmes parties dans l'État membre requis ; 4) elle est inconciliable avec une décision rendue antérieurement dans un autre État membre ou dans un État tiers entre les mêmes parties dans un litige ayant le même objet et la même cause, lorsque la décision rendue antérieurement réunit les conditions nécessaires à sa reconnaissance dans l'État membre requis ».

[1060] SCC, *Petrobart Limited v. Kyrdgyz Republic*, aff. n°126/2003, sentence juridiction du 29 mar. 2005.

coïncide en rien avec la mission des arbitres dans l'examen de l'affaire à la lumière des dispositions du Traité concernant la Chartre de l'énergie. De plus, selon le tribunal, la Charte ne permet qu'à l'*investisseur* de commencer une procédure, et non à l'État d'accueil[1061], comme l'a fait le Kirghizstan.

Quant à la sentence CNUDCI, le tribunal ECT observe, une fois encore, qu'il s'agit d'une analyse des obligations des parties non pas dans le cadre de l'ECT, mais dans celui de la loi d'investissement du Kirghizstan. L'État soulève aussi que Petrobart aurait pu discuter la violation de l'ECT dans l'arbitrage CNUDCI, avec un argument qui se rapproche de l'extension de la *res judicata* que nous avons étudiée ci-dessus, spécialement dans le droit anglais. Néanmoins, le tribunal rejette l'argument, affirmant que si la compagnie pouvait le faire, *elle n'y était toutefois pas obligée*[1062].

625. Nous avons pu observer dans ces quelques exemples que la *res judicata* est un mécanisme trop souvent employé irrégulièrement, sans que les conditions techniques de sa mise en place puissent s'adapter à un scénario transnational dépassant une approche purement conflictuelle. Pourtant, personne n'ose nier l'importance vitale de la sécurité juridique qui résulte de l'immutabilité des décisions.

Toutefois, l'autorité de la chose jugée ne sera en mesure de remplir cette fonction dans l'arbitrage international qu'à condition que juges et arbitres puissent examiner les circonstances et l'intention des parties dans la poursuite d'une décision étatique – ou même arbitrale – antérieure. À l'examen purement chronologique, nous rajoutons, au sein d'un système où dialoguent différents ordres juridiques, une analyse obligatoirement qualitative du *decisum* préalable, constitutif de la *res judicata*. Dès lors, les principales critiques adressées à ce moyen de contrôle du système arbitral international répondent à un portrait encore une fois trop austère de cette doctrine.

[1061] Art. 26(2), ECT : « 2. Si un différend de ce type n'a pu être réglé conformément aux dispositions du paragraphe 1 dans un délai de trois mois à compter du moment où l'une des parties au différend a sollicité un règlement à l'amiable, *l'investisseur partie au différend peut choisir de le soumettre*, en vue de son règlement : […] » (souligné par nous).

[1062] Sur cette affaire, *cf.* Nora GALLAGHER, *op. cit.*, pp. 345-346. À propos des questions soulevées dans le cadre de l'ECT, *cf.* not. Bernardo M. CREMADES, « Arbitration under the ECT and other investment protection treaties: parallel arbitration tribunals and awards », *TDM*, v. 2, n°3, juin 2005.

2°. Les critiques de la res judicata internationale

626. L'interprétation aseptique des critères permettant de déclencher les mécanismes de contrôle comme la *res judicata* est au cœur des reproches qui émanent aujourd'hui de la doctrine, qui critique tant la nature de ces critères que la multitude de définitions formulées par les différentes cultures juridiques qui se prononcent sur le problème.

627. Quant au premier aspect, l'autorité de chose jugée, telle qu'elle est conçue aujourd'hui, devient, dans l'arbitrage, une simple motivation à la course pour obtenir une décision étatique préalable, afin d'entraver une sentence future, ou au moins de la rendre incertaine. La validité de la sentence dépend alors des « aléas du calendrier[1063] ».

Ici, on ne fait que transposer un problème déjà existant quant à la litispendance, avec la circonstance aggravante qu'il ne s'agit pas simplement d'une procédure parallèle pouvant être suspendue, mais d'une décision finale théoriquement définitive, et ne pouvant être censurée.

628. Le critère purement chronologique ne peut être accueilli que dans un contexte où les juridictions se retrouvent sur un même plan, au sein d'un même ordre juridique, où l'autonomie de l'un des fors n'est pas en jeu, comme c'est le cas dans l'arbitrage international. Nous verrons que seule une interprétation volontariste du problème peut apporter une solution plus juste, où la chronologie de la *res judicata* est relativisée face aux indices de la réelle volonté des parties et des circonstances entourant leurs manœuvres pour échapper à l'arbitrage.

En dehors de cette interprétation, le jugement national se prononçant sur la convention, la procédure, ou même le fond du litige, continuera à jouir d'effets internationaux absolus, annihilant la sentence rendue par le tribunal arbitral, solution que les parties voulaient justement éviter en choisissant ce mode alternatif pour résoudre leur différend.

Surgit alors une « autorité de chose jugée internationale absolue[1064] », préjudiciable à l'arbitrage dans les cas où l'une des parties prétend prouver que la procédure étatique ne vise qu'à contourner la convention. Même si le tribunal arbitral peut simplement écarter les effets de cette *res judicata*, la partie qui veut demander la reconnaissance de sa sentence aura bien des difficultés à le faire dans la juridiction où la chose jugée a été prononcée antérieurement.

629. Ainsi, la portée internationale illimitée de l'autorité de la chose jugée nationale sert aux parties voulant canaliser dans la société internationale des positions d'ordre public interne. C'est exactement la teneur de la critique des

---

[1063] PINNA Andrea, *op. cit.*, p. 712.

[1064] ROBERT Jean, « La Convention européenne sur l'arbitrage commercial international signée à Genève le 21 avril 1961 », *D.*, 1961, chron. p. 33.

annotateurs[1065] de la décision *Radenska*[1066] de la Cour suprême d'Autriche, mentionnée auparavant. Seule la relativisation de la *res judicata* d'un jugement étatique slovène fondé sur un argument purement interne a permis de protéger et de garantir l'efficacité de la sentence arbitrale internationale.

630. On assiste donc à une multilocalisation de la sentence, comme l'exprime P. Mayer[1067], et non à son autonomisation. La décision arbitrale devient otage de la *res judicata* de tous les États dans lesquels une position judiciaire a été adoptée au sujet de sa validité – soit par le biais de son contrôle, soit même préalablement. Cela représente un bras de fer des plus nocifs.

631. Finalement, et là nous nous attaquons à la nature même du phénomène de la chose jugée, la notion reste très hétérogène dans ses applications et ses critères selon les différentes juridictions concernées par un même arbitrage international, spécialement entre les ordres du *common law* et du *civil law*.
C'est un obstacle soulevé par P. Mayer[1068] dans son analyse du problème, pour qui les divergences interprétatives de la *res judicata*, typiques d'une approche conflictuelle dépassée, sont source d'insécurité juridique. Comme exemple, l'auteur cite la portée de la chose jugée, qui englobe seulement le dispositif du jugement dans des pays comme l'Allemagne, tandis que l'*issue estoppel*, en Angleterre, interdit de remettre en cause tout point de droit ou de fait qui a servi de base au jugement déjà rendu.

632. Voici donc quelques unes des critiques adressées à l'autorité de la chose jugée comme mécanisme de contrôle des déviations de l'arbitrage international, dans un domaine où des études plus approfondies restent encore à mener. De toute manière, dans le cadre d'une procédure fondée sur la volonté exclusive des parties de se soustraire à l'influence étatique, le dialogue entre les différentes positions juridiques au sujet de ce litige ne peut dépendre d'un instrument construit sous l'influence d'une linéarité horizontale rigide. Dans ces cas, l'autorité de la chose jugée imposant le respect de la décision émane d'une juridiction dont le pouvoir fonctionnel est délégué de la même autorité publique, dans le même ordre juridique.
Or, une fois que le tribunal arbitral n'est qu'une émanation de la volonté des parties, ce n'est pas tellement l'autorité de la décision conférée par une autre juridiction qui doit lier les arbitres, mais surtout la forme par laquelle ces mêmes parties ont abouti à cette autorité. Nous espérons alors qu'un critère permettant de passer du droit acquis à l'esprit du droit puisse contribuer à ce changement de paradigme.

[1065] LASTENOUSE Pierre, SENKOVIC Petra, *op. cit.*, p. 428.
[1066] *Cf.* n.699, *supra*.
[1067] MAYER Pierre, « L'insertion de la sentence arbitrale… », *op. cit.*, p. 84.
[1068] MAYER Pierre. « Litispendance, connexité et chose jugée dans l'arbitrage international », *op. cit.*, pp. 188-189.

B. Le forum non conveniens dans la reconnaissance des sentences

633. Si la doctrine du *forum non conveniens* est née en Écosse[1069], elle est devenue un ingrédient naturel des juridictions du *common law*, et s'est principalement développée grâce aux conflits entre les multiples fors étatiques et fédéraux américains.

634. D'une manière générale, aux États-Unis, cette doctrine attribue aux cours étatiques la discrétion nécessaire pour rejeter une demande en faveur d'un for plus approprié, tant que cette décision vise des principes équitables pour minimiser les coûts et élargir l'accès à la procédure[1070]. Ainsi, si certains[1071] peuvent observer que ce genre de mécanisme menace le droit de recourir à la justice, il vise l'objectif inverse, en référant les parties à leur for naturel.

635. C'est l'affaire *Gulf Oil Corp. v. Gilbert*[1072], en 1947, qui articule pour la première fois cette doctrine avec le droit interne américain, en observant les critères suivants pour le choix du for adéquat : la facilité d'accès à la preuve, l'exécution de la décision, et même l'attitude vexatoire ou oppressive du demandeur en choisissant une autre juridiction.

636. Dans le contentieux international, c'est le précédent *Piper Aircraft Co. v. Reyno*[1073] qui permet à la Cour suprême des États-Unis d'inclure la pondération entre l'intérêt public du for d'origine et celui du for étranger comme facteur d'analyse du *forum non conveniens*, ainsi que la charge qui repose sur le demandeur au cas où son action est renvoyée dans une autre juridiction.

C'est ainsi que la Supreme Court censure la décision d'un tribunal du 3e circuit qui avait rejeté le renvoi du demandeur à une juridiction écossaise avec le seul argument que la législation de cette dernière est moins favorable au requérant que celle des États-Unis. Justice Marshall, dans son opinion dans l'affaire, estime que le *forum non conveniens* n'est rien d'autre qu'un « *forum shopping reverse*[1074] ».

637. Dans le cadre spécifique du contrôle des distorsions de l'arbitrage international, les tentatives de cristalliser des sentences arbitrales sans aucun lien avec le for d'accueil dans des ordres étatiques qui ne sont pas appropriés créent la controverse, en particulier aux États-Unis.

[1069] JUENGER Friedrich K., « Judicial control… », *op. cit.*, pp. 311-312.

[1070] Ce sont les fondements cités par Pedro J. Martinez-Fraga (*op. cit.*, p. 22, note 44).

[1071] PFEIFFER Thomas, *Internationale Zuständigkeit und prozessuale Gerechtigkeit: die internationale Zuständigkeit im Zivilprozess zwischen effektivem Rechtsschutz und nationaler Zuständigkeitspolitik Zuständigkeit und prozessuale Gerechtigkeit*, Frankfurt : Vittorio Klostermann, 1995, pp. 394-396. Rapporté par Friedrich K. JUENGER, *op. cit.*, p. 312.

[1072] Supreme Court, *Gulf Oil Corp. v. Gilbert*, 330 US 501 (1947).

[1073] Supreme Court, *Piper Aircraft Co. v. Reyno*, 454 US 235 (1981).

[1074] *Ibid.*, par. 19.

P. Martinez-Fraga[1075] note que, dans l'affaire *TermoRio*[1076], la cour du district de Columbia avait déjà rejeté en première instance la demande de reconnaissance de la sentence annulée en Colombie selon le moyen du *forum non conveniens*. Néanmoins, la cour d'appel[1077] du même district refuse postérieurement cet exequatur en vertu de l'obligation imposée par l'art. V(1)(e), CNY, considérant inutile de se prononcer sur l'existence concrète du *forum non conveniens* des juridictions américaines.

638. L'affaire *Monégasque de Réassurances (Monde Re)*[1078] est encore plus emblématique : la partie monégasque demande devant la cour fédérale du district de Floride l'exequatur d'une sentence arbitrale prononcée par un tribunal siégé à Moscou, contre l'État ukrainien et une compagnie ukrainienne.

Autant la société nationale que la République d'Ukraine contestent la demande monégasque au moyen du *forum non conveniens*. Le tribunal de Floride observe alors que le Foreign Sovereign Immunities Act américain n'écarte par la discrétion des cours fédérales pour décliner leur juridiction dans le cas de procédures complexes et inappropriées, engagées aux États-Unis et impliquant seulement des parties étrangères. Suivant cet argument, la cour rejette l'exequatur de la sentence arbitrale[1079].

La cour de Floride s'appuie sur la conformité de la demande de reconnaissance aux règles de procédures du for devant lequel la sentence est invoquée, prévue par l'art. III, CNY[1080], pour affirmer que la doctrine du *forum non conveniens* correspond à l'une de ces règles de procédure, lui permettant donc d'évincer la sentence internationale. Ainsi, le tribunal américain considère la nature appropriée du for comme une « condition » (*in verbis*) d'incidence du caractère obligatoire de reconnaissance des

---

[1075] MARTINEZ-FRAGA P., *op. cit.*, pp. 166-170.

[1076] *Cf.* n.679, *supra*.

[1077] *Cf.* n.688, *supra*.

[1078] Southern District of Florida, *In the matter of the arbitration between Monégasque de Réassurances (Monde Re) and Nak Naftogaz of Ukraine and State of Ukraine*, 158 F. Supp. 2d 377 (S.D.Fla. 2001). Dix ans avant, citons l'affaire District Court Porto Rico, *MC Cain Foods Ltd. v. Puerto Ricos Supplies Inc.*, 766 F. Supp. 58 (D. Puterto Rico, 13/06/1991), où une cour américaine avait rejeté une demande d'exequatur d'une sentence arbitrale rendue en Finlande contre un finlandais.

[1079] Commenté par Pedro J. MARTINEZ-FRAGA, *op. cit.*, p. 167.

[1080] « Chacun des États contractants reconnaîtra l'autorité d'une sentence arbitrale et accordera l'exécution de cette sentence conformément aux règles de procédure suivies dans le territoire où la sentence est invoquée, aux conditions établies dans les articles suivants. Il ne sera pas imposé, pour la reconnaissance ou l'exécution des sentences arbitrales auxquelles s'applique la présente Convention, de conditions sensiblement plus rigoureuses, ni de frais de justice sensiblement plus élevés, que ceux qui sont imposés pour la reconnaissance ou l'exécution des sentences arbitrales nationales. »

sentences imposées par l'art. III, CNY, ce qui ne manque pas de provoquer des critiques[1081].

Selon P. Martinez-Fraga, les « conditions » d'incidence auxquelles se réfère la cour américaine ne peuvent être comprises que selon les griefs de l'art. V, CNY[1082]. Désormais, « il n'y a aucun support dans les articles III et V de la Convention qui permette d'appliquer la doctrine du *forum non conveniens* par la juridiction où la reconnaissance est poursuivie sous l'argument qu'il s'agit d'une doctrine de nature *procédurale* et non pas *substantive*[1083] ».

639. Ainsi, les positions jurisprudentielles comme celle de la cour de Floride, qui tentent d'inclure des doctrines locales dans les griefs de l'art. V, telles que le *forum non conveniens*, sont non seulement très contestées, mais révèlent l'une des principales critiques que nous explorerons ensuite, portant sur les mécanismes de contrôle qui régionalisent l'arbitrage international.

640. Très récemment, en décembre 2011, le 2e circuit s'est prononcé dans une affaire *Figueiredo*[1084], censurant une décision de première instance qui avait autorisé l'exequatur d'une sentence arbitrale, en dépit de l'exception du *forum non conveniens* soulevé par la partie défenderesse.

En l'espèce, il s'agit d'un arbitrage *ex aequo et bono,* avec siège au Pérou, entre une compagnie privée péruvienne et une société contrôlée par l'État du Pérou, ainsi que la République du Pérou elle-même. La sentence arbitrale condamne l'État du Pérou, ainsi que la société publique péruvienne. La société privée forme rapidement une demande de reconnaissance de cette sentence devant une cour de New York.

Parallèlement à la demande de reconnaissance aux États-Unis, les cours péruviennes sont saisies par les parties qui ont succombé d'un recours en annulation de la sentence. Les juridictions péruviennes affirment alors qu'il s'agit d'un arbitrage purement national. L'importance du problème de la nationalité de l'arbitrage résulte de l'existence d'une loi péruvienne limitant le paiement des condamnations d'une sentence arbitrale à une partie étrangère. Ainsi, la reconnaissance de la sentence aux États-Unis aurait permis à la demanderesse d'échapper à cette limitation relevant des règles nationales.

Le tribunal du 2e circuit, en rejetant la demande d'exequatur à partir du *forum non conveniens*, révèle le caractère purement national de l'arbitrage

---

1081 MARTINEZ-FRAGA Pedro J., *op. cit.*, p. 167.

1082 *Cf.* n.270, *supra.*

1083 MARTINEZ-FRAGA Pedro J., *op. cit.*, p. 168, italique dans l'original. Traduction libre. Dans l'original : « *[...] there is no authority or support in Articles III and V of the Convention when read together and in their entirely for the proposition that the doctrine of* forum non conveniens *can be applied by the court where confirmation of an arbitral award is sought, on the ground that the doctrine is* procedural *and not* substantive *in nature.* »

1084 Court of Appeal, 2nd Circuit, *Figueiredo Ferraz e Engenharia de Projecto Ltda. v. Republic of Peru*, 2001, WL 6188497 (2d Cir. Dec. 14, 2011).

traité au Pérou, mais aussi la façon dont une société péruvienne utilise la procédure de reconnaissance dans le seul but de fuir les limites d'indemnisation en vigueur dans son pays. La doctrine du for le plus approprié apparait clairement comme un mécanisme utilisé pour éviter les manœuvres évasives, et proche de l'esprit des plaideurs[1085].

641. Nous voyons ainsi comment les cours américaines s'appuient sur cette doctrine typique du *common law* dans leur recherche de moyens permettant de confirmer la légitimité d'un arbitrage dans un autre pays.

Cela relève sans doute aussi d'une préoccupation macroscopique, qui ne se limite pas aux frontières du pays, mais considérant le comportement des parties dans un mouvement global. C'est dans ce sens que l'on approuve la décision de refuser l'exequatur dans l'affaire *Figueiredo*. Si le résultat est satisfaisant, les moyens le sont moins, car fondés spécialement sur le FAA et l'incorporation des dispositions de la Convention du Panama à ce texte purement interne. Pourtant, c'est un bel exemple de la difficulté à trouver des critères uniformes dans cet amalgame entre droit interne, droit international et arbitrage transnational.

C. Les mécanismes portant sur le contrôle des sentences arbitrales annulées

642. Pour essayer de surmonter l'isolement qui existe entre les différents ordres nationaux concernés par l'arbitrage, il est indispensable d'examiner comment les effets de la décision d'annulation d'une sentence peuvent – ou doivent – être considérés par les juridictions tenant à se prononcer sur sa reconnaissance dans un autre for.

C'est peut être le débat le plus intense dans ce domaine, et la multiplication des études sur le sujet[1086] suffit à montrer la gêne que provoquent aujourd'hui les hypothèses de reconnaissance et d'exécution des sentences arbitrales annulées par d'autres juridictions. Face à la jurisprudence *Hilmarton*, Ph. Fouchard n'hésite pas à affirmer qu'il importe de « réduire le désordre international[1087] ».

Ainsi, la plupart des suggestions pour contrôler la portée internationale de l'annulation des sentences concernent soit des mécanismes à disposition du juge de l'exequatur pour favoriser le dialogue avec le for d'annulation (1°),

---

[1085] Pour ce faire, le tribunal américain s'est muni de dispositifs de loi présents dans le FAA qui incorporaient des règles présentes dans la Convention du Panama. La principale critique repose sur l'incorporation dans l'ordre interne des États-Unis de normes taillées spécifiquement pour l'arbitrage international. Sur cette critique, *cf.* Charles H. BROWER II, « December Surprise: New Second Circuit Ruling on Forum Non Conveniens in Enforcement Proceedings », *Kluwer Arbitration Blog*, 20 jan. 2012.

[1086] *Cf.* n.296 *et seq.*, *supra*.

[1087] FOUCHARD Philippe, POUDRET Jean-François, *op. cit.*, p. 12.

soit des questionnements sur le rôle même du for d'annulation dans l'arbitrage international (2°).

1°. Les mécanismes portant sur le rôle de la juridiction d'accueil de la sentence

643. Comme l'affirme A. Bucher[1088], s'il semble naturel de soutenir la possibilité de reconnaître une sentence annulée dans le siège pour des motifs parfois difficiles à justifier pour le juge de l'exequatur, comme dans l'affaire *Bechtel*[1089], il est bien plus difficile d'appuyer une décision qui refuse la reconnaissance d'une deuxième sentence après une annulation soi-disant légitime de la première, comme dans les affaires *Hilmarton*[1090] ou *Putrabali*[1091].

644. Progressivement, l'enthousiasme de la jurisprudence française, favorable au détachement de la sentence, fondé sur une représentation autonome de l'arbitrage international, connait ses premières contestations face à un mouvement doctrinal qui défend un examen plus attentif des motifs de censure du juge étranger. L'uniformité théorique doit faire place à la spécificité du cas concret, en faveur du contrôle des abus de ceux qui cherchent une annulation biaisée, mais aussi de ceux qui tentent une reconnaissance agile en dépit d'une annulation légitime.

645. Examinons donc les principaux mouvements de doctrine défendant l'analyse des motifs d'annulation de la sentence dans le for étranger comme mécanisme de contrôle de sa reconnaissance (a), pour ensuite étudier quels sont les recours normatifs sis dans la Convention de New York qui pourraient établir cette marge de manœuvre interprétative pour le juge de l'exequatur (b).

a) L'analyse des motifs d'annulation de la sentence par le juge de l'exequatur

646. Dans le cadre du contrôle par le juge d'accueil d'une sentence annulée par un autre for, une partie de la doctrine semble bien décidée à surmonter une approche purement binaire, reposant soit sur le rejet automatique de la décision arbitrale en vertu de l'art. V(1)(e) de la Convention de New York, soit sur sa reconnaissance tout aussi automatique dans le seul respect de son ordre public interne. C'est sur l'abandon de cette approche « *all-or-nothing*[1092] » que reposent ces efforts d'encadrement des

---

[1088] BUCHER Andreas, *La dimension sociale…*, *op. cit.*, p. 538.
[1089] *Cf.* en France et aux États-Unis, respectivement, n.47 et 750, *supra*.
[1090] *Cf.* n.494, *supra*.
[1091] *Cf.* n.324, *supra*.
[1092] KRONKE Herbert, « The New York Convention… », *op. cit.*, p. 10.

comportements décalés, qui tendent vers un examen des moyens d'annulation de la sentence à l'origine.

647. Des dispositifs tels que l'art. V(1)(e), CNY[1093], dépendent d'une procédure d'annulation dans le siège qui soit sérieuse, impartiale et équitable, poursuivie selon des circonstances et des motifs légitimes. Dès lors, le juge de l'exequatur peut respecter sans aucune difficulté la décision étrangère d'annulation, et en ce faisant, respecter aussi la Convention de New York[1094]. En outre, ce texte, au contraire de la Convention européenne de 1961[1095], n'émet aucune réserve quant aux moyens d'annulation dans le for d'origine, les accueillant tous indistinctement, y compris ceux reposant sur des irrégularités purement locales.

648. Ce sont donc des prémisses très fragiles qui ont amené la doctrine à avouer l'insuffisance de la Convention de New York en la matière, tout en cherchant des critères qui puissent rendre compte des imperfections de la juridiction primaire, ce que la candeur d'un texte élaboré dans le monde pacifique de l'après-guerre ne pouvait – ou ne voulait – supposer.

C'est justement de cette imperfection naturelle de tout système international qu'une jurisprudence trop linéaire ne peut que très difficilement rendre compte. Ainsi, il ne s'agit pas de critiquer les positions théoriques reposant sur une représentation autonome de l'arbitrage international, mais plutôt de discuter la façon encore trop abstraite dont elles sont appliquées, dépourvue d'une vision élargie du comportement des parties navigant entre les différents fors concernés.

649. L'analyse des motifs d'annulation de la sentence, sans représenter une trahison à cette représentation de l'arbitrage international, peut contribuer à mieux accoupler les différents ordres juridiques, dans une recherche plus aboutie de la justice transnationale des parties. C'est le critère de l'abus de droit, présenté dans la deuxième partie de ce travail, qui permet de combattre ces exceptions sans dépasser la théorie, laquelle prend sa source dans l'ordre juridique arbitral.

Ainsi, Th. Clay, en défendant la jurisprudence *Putrabali*, se demande si « entre deux maux, [on doit] privilégier le système qui annule *erga omnes* une bonne sentence ou celui qui permet l'exécution quelque part d'une mauvaise sentence[1096] ». La doctrine ici présentée semble suggérer que c'est l'examen des motifs d'annulation qui permet au juge de l'exequatur d'ignorer l'annulation de la bonne sentence et de refuser la reconnaissance de la mauvaise. Pourquoi choisir entre seulement deux options quand le

---

[1093] *Cf.* n.271, *supra*.
[1094] *Cf.* CRAIG William Laurence, « Uses and abuses of appeal from awards », *op. cit.*, p. 201.
[1095] Art. IX(2), *cf.* n.378, *supra*.
[1096] CLAY Thomas, « Arbitrage international… », *op. cit.*, p. 1248.

recours à l'arbitrage suppose que l'on poursuive une solution parmi une infinitude de possibilités ?

650. C'est J. Paulsson[1097] qui a le plus explicitement exposé une première forme de dialogue entre la cour d'exécution de la sentence et celle de son contrôle, proposant que les annulations en fonction d'un critère local (dans l'original en anglais, il s'agit d'un *local standard annulment*, LSA) ne constituent pas un obstacle à la reconnaissance de la sentence.

Pour ce faire, le juriste pose deux conditions principales : en premier lieu, que les griefs présents dans l'art. V(1), CNY[1098] soient seulement indicatifs, et ensuite, se valant du terme *may*[1099] présent dans la version anglaise de la Convention de New York (art. V(1), *caput*[1100]), que le juge de l'exequatur ne soit pas *obligé* de refuser la reconnaissance, mais qu'il ait la *faculté* de le faire, pouvant ainsi tenir compte des LSA.

Plus loin, J. Paulsson[1101] observe que l'annulation d'une sentence internationale dans le siège ne conduit pas à son inexistence, car elle n'est pas intégrée exclusivement dans cette juridiction. Désormais, elle est susceptible de produire des effets dès sa notification et indépendamment de la position des juges locaux qui l'ont annulée postérieurement.

Selon l'auteur, les critères internationaux d'annulation (dans l'original, *international standard annulment*, ISA), par opposition aux LSA, correspondent aux quatre premiers griefs de l'art. V(1) (lettres « a » à « d »[1102]), et tout autre moyen renvoie à la catégorie d'un standard purement local d'annulation, qui n'a pas vocation à être considéré par le juge d'accueil.

651. La thèse du juriste est certainement très osée et a suscité les plus vifs débats parmi les théoriciens. A. Kassis[1103] note qu'elle suppose un pouvoir discrétionnaire du juge de l'exequatur, qui n'existe que dans la version anglaise de la Convention de New York, mais pas dans sa rédaction française, dans laquelle l'application de l'art. V(1) est nettement obligatoire.

1097 PAULSSON Jan, « L'exécution des sentences arbitrales… », *op. cit.*, pp. 14 *et seq.*, spéc. p. 15. Dans le même sens, mais de manière moins explicite, *cf.* Eduardo ZULETA, « El reconociemente international de laudos anulados », *Rev. br. arb.*, 2007, n.14, p. 76.

1098 *Cf.* n.270 et 271, *supra.*

1099 PAULSSON Jan, *idem.*, p. 17. Nous examinerons la nature de la mission du juge de l'exequatur à partir de l'interprétation de la version en anglais de la Convention de New York, car l'art. V(1), *caput*, semble être un des instruments normatifs considérés par la doctrine comme au service de ce dialogue avec le for d'origine *(Cf.* n.663 *et seq.*, *infra*).

1100 Dans sa version anglaise : « *Recognition and enforcement of the award* may be refused, *at the request of the party against whom it is invoked, only if that party furnishes to the competent authority where the recognition and enforcement is sought, proof that: […]* » (souligné par nous).

1101 PAULSSON Jan, *idem.*, p. 21.

1102 *Cf.* n.270, *supra.*

1103 KASSIS Antoine, *L'autonomie de l'arbitrage…*, *op. cit.*, p. 530.

J. Paulsson essaie de contourner le problème en défendant que l'application de l'art. VII, CNY[1104] par le juge français représente le même pouvoir discrétionnaire que celui de l'art. V(1) de la version anglaise. Cependant, il reste encore à prouver, selon A. Kassis[1105], que le droit français impose d'accorder l'exequatur à la sentence bien que le tribunal d'origine l'ait annulée, ce qui n'est pas non plus la tendance que suivent actuellement les autres législations nationales.

En effet, selon la thèse de J. Paulsson, le pouvoir facultatif du juge d'accueil face au grief de la lettre « e » de l'art. V(1), CNY[1106], serait aussi, logiquement, le même face aux quatre autres griefs présents dans les lettres « a » à « d ». Or, ces derniers sont justement ceux que l'auteur considère comme des ISA. Donc, A. Kassis[1107] y voit une incohérence, car, au fond, même devant des annulations en vertu de griefs soi-disant internationaux, le juge peut accorder l'exequatur si l'on considère que le *caput* de l'article attribue une faculté.

Finalement, A. Kassis[1108] affirme que seul l'abandon du conflictualisme pourrait permettre à la thèse de J. Paulsson de parler d'ISA qui le seraient véritablement. Au contraire, pour l'instant, les griefs indiqués par ce dernier comme des standards internationaux ne correspondent sûrement pas à des règles matérielles, mais plutôt à des règles de conflit, indiquant toutes un droit de juridiction primaire. Le même phénomène peut s'appliquer, encore qu'implicitement, à l'art. 1520, CPC[1109] (ancien art. 1502, CPC).

652. D'ailleurs, le problème de l'application des méthodes conflictuelles à l'arbitrage est fondamental dans la recherche du dialogue que nous entreprenons, ce qui nous amène à faire une brève parenthèse sur le sujet. Ainsi, la thèse consistant à distinguer les critères d'annulation à partir des griefs qui ramènent à des irrégularités de l'arbitrage lui-même n'aura d'effet que si l'on dépasse « une solution aussi frustre que celle qui consiste à jauger dans tous les cas les sentences à l'aune des seules exigences posées par les dispositions matérielles de la *lex fori*[1110] ».

653. Ainsi, ce que J. Paulsson considère comme un ISA ne serait rien d'autre qu'un critère « international » d'annulation *dans la perspective* du for d'origine, ce qui nous ramène à la discussion sur l'existence actuelle d'un ordre véritablement transnational. Il faudrait effectivement doter les sentences arbitrales d'une méthode matérielle, car il n'est pas logique,

---

[1104] *Cf.* n.363, *supra.*

[1105] KASSIS Antoine, *idem.*

[1106] *Cf.* n.271, *supra.*

[1107] KASSIS Antoine, *idem.*, pp. 531-532.

[1108] *Ibid.*, p. 533.

[1109] *Cf.* n.641, *supra.*

[1110] BOLLÉE Sylvain, *Les méthodes…*, *op. cit.*, p. 200.

selon S. Bollée[1111], d'insister sur la méthode des conflits de juridiction pour encadrer les sentences, ce qui révèle une assimilation erronée de celles-ci avec les décisions judiciaires.

654. Une rapide comparaison entre les affaires *Hilmarton*[1112] et *Chromalloy*[1113] permet d'observer le problème de cette assimilation, dans le but d'élargir le dialogue entre l'ordre d'accueil et l'ordre d'origine. Comme le note J.-B. Racine[1114], dans les deux affaires, le tribunal de l'exequatur a passé outre une annulation dans le siège de l'arbitrage sur le fondement de l'ordre public du for d'accueil.

Cependant, pour arriver à ce résultat, les juges d'*Hilmarton* ont considéré que l'exécution en France d'une sentence annulée à l'étranger n'est pas contraire à son ordre public international, tandis que les magistrats américains de *Chromalloy* ont affirmé que c'est la reconnaissance de la décision étrangère d'annulation qui est contraire à leur ordre public international.

Dans ces deux situations différentes, à notre avis, différentes méthodes de dialogue auraient pu soutenir les résultats. Si, dans l'affaire française, les juges s'appuient sur la représentation de l'arbitrage international qui délocalise la sentence du for d'origine, par une méthode purement fondée sur l'interprétation de la juridiction d'accueil, dans l'affaire américaine, s'agissant de nier reconnaissance à une décision étatique étrangère, c'est vers la méthode traditionnelle du droit international privé qu'ils se tournent[1115].

Désormais, l'ordre public sert de dénominateur commun dans les deux cas. Cependant, dans le premier, comme règle matérielle permettant d'exécuter une sentence arbitrale annulée, peu important les causes locales de cette annulation, et dans l'autre, comme principe refusant la décision d'annulation d'un for étranger en vertu d'une censure locale contraire à l'ordre public américain.

Cela nous mène à constater qu'il est hasardeux – mais justifié didactiquement – d'utiliser l'affaire *Chromalloy* de manière neutre dans

---

[1111] Bollée Sylvain, *Les méthodes…*, *op. cit.*, p. 199. L'idée apparaît aussi quant aux accords procéduraux, dans lesquels le conflit de loi devient un simple outil subsidiaire d'interprétation dans le dialogue entre les différents fors (*Cf.* Sindres David, *La distinction des ordres et des systèmes juridiques dans les conflits de lois*, Paris : LGDJ, 2008, pp. 115-116).

[1112] *Cf.* n.494, *supra.*

[1113] *Cf.* n.496, *supra* (décision américaine).

[1114] Racine Jean-Baptiste, *L'arbitrage commercial international…*, *op. cit.*, p. 563.

[1115] Il est intéressant de noter que, même si la jurisprudence *Hilmarton* est presque exclusivement attachée à une interprétation française de l'arbitrage, des auteurs comme M. de Boisséson y voient une solution pour un dialogue entre les ordres juridiques : « Il est sain que chaque État puisse faire prévaloir sa conception du contrôle, pour permettre un dialogue entre les systèmes nationaux d'arbitrage international. » (« Les conséquences de l'annulation d'une sentence arbitrale dans l'État de la juridiction du siège de l'arbitrage », *Rev. br. arb.*, 2007, n°12, p. 97).

l'ascension d'un ordre juridique arbitral, puisqu'au fond, c'est à partir d'une conception *territorialiste* que la cour de Columbia rejette la décision égyptienne.

655. Cette parenthèse essentielle dans le contexte faite, revenons aux critiques adressées à la thèse de J. Paulsson. En plus des deux principaux problèmes vérifiés par A. Kassis, H. Gharavi[1116] insiste sur le problème de l'uniformité des ISA dans la communauté internationale.

Pour empirer la situation actuelle, nombre d'États adoptent des textes harmonisateurs, comme la Loi-type de la CNUDCI, tout en se valant des renvois qui lui permettent d'apporter une « touche locale ». De plus, il est rare qu'un État renonce aux annulations du fait de l'inarbitrabilité du litige ou de la violation de son ordre public. Le consensus est encore loin[1117].

656. De ce fait, la solution de J. Paulsson séduit par son application assez facile, qui repose seulement sur un effort interprétatif, *de lege lata*[1118], de la Convention de New York. Toutefois, elle reste un peu limitée dans ses axiomes de départ, et ironiquement trop moderne pour une convention encore fondée sur les méthodes du droit international privé : les critères d'annulation d'une sentence dans le siège ne doivent ainsi jamais l'enraciner territorialement, mais seulement servir d'indices sur les circonstances et les véritables intentions de cette annulation.

657. Notons tout de même que la Convention de Genève de 1961 va dans le sens de la thèse de J. Paulsson, même si elle maintient un regard conflictualiste. Le but de ses rédacteurs était indiscutablement d'écarter les causes d'annulation liées à des particularismes locaux[1119], fondement pour maintenir dans ce texte uniquement les quatre griefs que J. Paulsson défend comme étant des ISA.

658. C'est également le cas du *Miami Draft*, projet de réforme de la Convention de New York présenté par A. J. van den Berg en 2008[1120]. Le texte s'éloigne aussi du for d'origine, en suggérant que le juge de la reconnaissance ne refuse d'accueillir la sentence étrangère au moyen d'une

---

1116 GHARAVI Hamid G., *op. cit.*, p. 149.

1117 La même critique est partagée par William W. Park, dans « Duty and discretion in international arbitration », *Am. Journ. Int. L.*, 1999, p. 812. Rappelons aussi qu'il faudra encore que le juge de l'exequatur s'efforce à sonder les véritables motifs d'annulation dans le for d'origine, lesquels ne lui pourront être apportés que par le contradictoire de la demande de reconnaissance, et non pas directement par l'autre juridiction. Ainsi, la construction d'un LSA est bien fragilisée, puisque contaminée par une position partielle (*Cf.* CHAN Ray Y., « The enforceability of annuled foreign arbitral awards in the United States: a critique of Chromalloy », *Bos. Univ. Int. L. Journ.*, 1999, p. 197).

1118 Ce sont les propos de J.-F. Poudret (FOUCHARD Philippe, POUDRET Jean-François, *op. cit.*, p. 13).

1119 *Cf.* KASSIS Antoine, *L'autonomie de l'arbitrage...*, *op. cit.*, p. 501. *Cf.* n.234 *et seq.*, *supra.*

1120 *Cf.* n.359, *supra.*

annulation locale que si celle-ci est fondée sur l'un des griefs prévus par les lettres « a » à « e », du projet, qui correspondent à la régularité de la convention d'arbitrage, au principe de la contradiction, aux limites de la mission du tribunal, à sa composition, et à la régularité de la procédure[1121].
C'est une solution habile, puisque tout en respectant la décision du for d'origine, par déférence envers la coordination politique des juridictions concernées par la procédure, le projet limite la portée des décisions d'annulation aux seuls cas où celles-ci sont fondées sur les griefs typiquement transnationaux de l'arbitrage, cités ci-dessus. La proposition se rapproche de la Convention de 1961.

659. Finalement, en dépit de ses critiques, la thèse de J. Paulsson s'attaque aux solutions purement abstraites, en prônant une analyse plus concrète du problème à partir des décisions du for d'origine. L'auteur lui-même[1122], dans sa note sous l'arrêt *TermoRio*[1123], observe que des affaires comme *Baker Marine*[1124], ou *Spier*[1125] « demanderaient, au moins en France, un examen autonome par le juge de la reconnaissance afin de déterminer s'il y a une réalité derrière l'annonce formelle des motifs[1126] », considérant que les griefs d'annulation « nigérians et italiens visés ci-dessus [...] paraissent plausibles[1127] ».
En outre, l'arrêt *TermoRio* refuse d'exécuter une sentence arbitrale annulée par les juridictions colombiennes soulevant, *inter alia*, que les motifs de la

---

1121 Dans l'original : « « *Article* 5 – Grounds for Refusal of Enforcement *[...] 3. Enforcement of an arbitral award shall be refused if, at the request of the party against whom the award is invoked, that party asserts and proves that: (a) there is no valid arbitration agreement under the law of the country where the award was made; or (b) the party against whom the award is invoked was not treated with equality or was not given a reasonable opportunity of presenting its case; or (c) the relief granted in the award is more than, or different from, the relief sought in the arbitration and such relief cannot be severed from the relief sought and granted; or (d) the composition of the arbitral tribunal was not in accordance with the agreement of the parties, or in the absence of such an agreement, not in accordance with the law of the country where the award was made; or (e) the arbitral procedure was not in accordance with the agreement of the parties, or in the absence of such an agreement, not in accordance with the law of the country where the award was made*; *or (f) the award is subject to appeal on the merits before an arbitral appeal tribunal or a court in the country where the award was made*; or (g) the award has been set aside by the court in the country where the award was made on grounds equivalent to grounds (a) to (e) of this paragraph; *or (h) enforcement of the award would violate international public policy as prevailing in the country where enforcement is sought* » (souligné par nous).

1122 PAULSSON Jan, « Note – U.S. District Court, District of Columbia, 17 mars 2006 », *Rev. arb.*, 2006, p. 802.

1123 *Cf.* n.679, *supra*.

1124 *Cf.* n.677, *supra*.

1125 *Cf.* n.678, *supra*.

1126 PAULSSON Jan, *idem*.

1127 PAULSSON Jan, *idem*.

décision étatique étrangère « paraissent plausibles sur le fond[1128] ». Dans *Chromalloy*[1129], il est indéniable que la cour américaine se base sur les motifs suspects de la décision égyptienne d'annulation, spécialement sur sa forme, pour nier sa reconnaissance aux États-Unis[1130].

660. Ainsi, selon G. Born[1131], la jurisprudence américaine paraît accorder plus d'importance à la juridiction primaire que son homologue française. Il est peut être possible d'affirmer que les tribunaux américains sont, dans un contexte de *common law*, moins préoccupés par les méthodologies théoriques subsomptives[1132], et bien moins attachés à l'insertion des affaires dans un ensemble abstrait qu'à l'examen concret typique du *case law*.

661. Ce débat nous permet de montrer l'importance d'un rapprochement plus étroit des différents fors concernés par l'arbitrage. L'analyse des motifs d'annulation du for d'origine peut contribuer à fournir des indices nécessaires pour qualifier la relation entre la demande d'annulation et celle de reconnaissance, dans une dialectique indispensable à l'identification de la véritable légitimité de ces mesures. Examinons à présent les trois principaux instruments normatifs qui encadrent la poursuite de ce dialogue au sein de la Convention de New York.

b) Les instruments normatifs de la Convention de New York permettant ce dialogue

662. Trois dispositifs de la Convention de New York viennent conforter la doctrine qui promeut l'échange entre le for de l'exequatur et for de contrôle. Néanmoins, tandis que le premier (1) et le second (2) dépendent encore d'une interprétation plus uniforme de la doctrine et de la jurisprudence, le troisième (3) semble ne pas susciter autant d'hésitation, même s'il reste encore peu appliqué. Dans tous les cas, bien que souvent évoqués, ces recours sont encore loin de légitimer normativement le dialogue recherché par la doctrine.

1) L'art. V(1), CNY et le pouvoir discrétionnaire du juge de l'exequatur

663. La lecture de l'art. V(1), CNY comme une règle simplement indicative pour le magistrat de la reconnaissance, telle que la défend

---

1128 *Cf.* arrêt *TermoRio,* n.679, *supra*, p. 102. Traduction libre. Dans l'original : « *[...] plausible on the merits* ».

1129 *Cf.* n.496, *supra.*

1130 *Cf.* Born Gary, *International commercial arbitration*, v. 2., *op. cit.*, p. 2684.

1131 *Ibid.*, p. 2687. Dans le même sens, *cf.* Gharavi Hamid G., *op. cit.*, p. 103.

1132 Sur le thème, *cf.* Wells Michael L., « A Common Law perspective on the European perspective on punitive damages », *In Louis. L. Rev.*, 2010.

J. Paulsson[1133], apparaît comme une condition *sine qua non* pour que ce juge puisse examiner les motifs de la décision d'annulation dans le siège.
La nature facultative de la reconnaissance d'une sentence, même devant une décision d'annulation étrangère, provient du texte en anglais de la Convention de New York, qui emploie le terme *may* dans la rédaction de son art. V(1), *caput*, CNY[1134]. Cela a permit à une partie de la doctrine[1135] et de la jurisprudence[1136] d'y voir l'ouverture tant poursuivie vers une évaluation plus profonde de la demande d'exequatur.

664. Si la version anglaise de la Convention peut effectivement prêter à cette interprétation, il paraît bien moins facile de l'appliquer au texte français, dont la traduction établit que la reconnaissance et l'exécution « ne seront refusées [...] que ». Il s'agit effectivement d'une « bizarrerie stupéfiante[1137] », car le dispositif du texte français diffère des autres versions officielles aussi bien en anglais, en espagnol, en russe, qu'en chinois[1138]. La règle française est clairement impérative.

665. Néanmoins, J. Paulsson[1139], ainsi que J.-L. Delvolvé, G. Pointon et J. Rouche[1140] relativisent cette dimension impérative, et soutiennent la nature discrétionnaire du pouvoir du juge de l'exequatur même dans le texte français de la Convention de New York. Voici leurs principaux arguments.

666. En premier lieu, ils utilisent le texte de la Loi-type de la CNUDCI en renfort, pour affirmer que même en 1985 quand il a été adopté, la version française de son art. 36(1)[1141] emploie la formule « ne *peut* être refusée », tandis que sa version anglaise emploi la formule « *may* be refused » (dans les deux cas, c'est nous qui soulignons), identique à l'expression employée par la Convention de New York. Or, même trente ans après le texte de New York, la version française de la Loi-type préfère la faculté à l'impérativité.

[1133] *Cf.* n.650 *et seq.*, *supra*.
[1134] *Cf.* n.1100, *supra*.
[1135] Entre autres, citons J. Paulsson (« L'exécution des sentences arbitrales... », *op. cit.*), J.-F. Poudret et S. Besson (*op. cit.*, par. 924), *Redfern and Hunter...*, (*op. cit.*, p. 639), O. Chukwumerije (*op. cit.*, p. 95), Van den Berg (*The New York Convention of 1958*, *op. cit.*, p. 265), G. Delaume (« Enforcement against foreign state of an arbitral award annuled in the foreign state », *RD aff. int.*, 1997, p. 254.
[1136] *Cf.* par exemple l'affaire *Chromalloy* (n.496, *supra*).
[1137] Paulsson Jan, « Rediscovering the NY Convention: further reflections on Chromalloy », *Mealey's Int'l Arb. Rep.*, 1997, p. 22.
[1138] Art. XVI(1), CNY : « La présente Convention, dont les textes anglais, chinois, espagnol, français et russe font également foi, sera déposée dans les archives de l'Organisation des Nations Unies ».
[1139] Paulsson Jan, « Rediscovering the NY Convention... », *op. cit.*, *passim*.
[1140] Delvolvé Jean-Louis *et al.*, *op. cit.*, pp. 223-224.
[1141] « La reconnaissance ou l'exécution d'une sentence arbitrale, quel que soit le pays où elle a été rendue, ne peut être refusée que : [...]. »

Toutefois, comme le note A. Kassis[1142] en se référant aux travaux préparatoires de la Loi-type[1143], le problème a bien été soulevé au moment de sa rédaction, et la suggestion d'employer l'expression « *shall be refused* » dans la version anglaise a effectivement aussi été émise. L'auteur souligne, en référant aux travaux préparatoires, que « le point de vue prédominant était que, dans le souci de certitude et de prévisibilité, le juge ne devrait pas être pourvu d'un tel pouvoir discrétionnaire et que l'interprétation devrait être rendue claire en utilisant l'expression "*shall be refused*"[1144] ».

Même si, finalement, on est revenu à l'expression *may be refused*, « sans qu'une explication ait été donnée à ce sujet[1145] », on « a donc bien réalisé en 1985 que le "*may*" de l'article V de la Convention de New York et de l'article 36 de la loi-type de la CNUDCI peut causer de sérieux problèmes d'interprétation[1146] ». Dès lors, l'argument fondé sur la *mens legislatoris* est bien affaibli.

667. Ensuite, J. Paulsson défend que la version française de l'art. V(1) n'est que l'« insinuation » d'une intention contraire, une « *hint* » dans l'original. Il serait alors impossible d'y apposer un quelconque caractère impératif, lequel ne pourrait découler que d'une intention *claire* du législateur[1147]. Il faudrait alors imaginer une rédaction plus explicite : « la reconnaissance et l'exécution de la sentence seront refusées toutes les fois que…[1148] ».

668. Face aux limites sémantiques du texte (*in claris cessat interpretatio*), J. Paulsson défend l'argument reposant sur la finalité de la Convention de New York, fondée sur la circulation internationale des sentences. Le but de cette convention internationale, affirme l'auteur, est de faciliter l'exécution des sentences étrangères, et non d'imposer un système unique.

Pour J. Paulsson, le juge ne violerait la Convention qu'en refusant d'accorder l'exequatur à une sentence étrangère quand aucun des griefs de l'art. V(1) n'est vérifié. *A contrario sensu*, le juge ne violerait *jamais* la Convention en accordant l'exequatur à une sentence devant l'existence d'un de ces griefs quand les circonstances le justifient[1149]. C'est une perspective privilégiant l'exequatur de la sentence comme finalité de la Convention de New York.

669. Finalement, A. Kassis[1150] avance un dernier argument de J. Paulsson, pour qui la version française de la Convention de New York constituerait une exception. Or, avec quatre autres versions qui affirment le pouvoir

---

[1142] KASSIS Antoine, *L'autonomie de l'arbitrage…*, *op. cit.*, p. 453.
[1143] HOLTZMANN H., NEUHAUS J., *op. cit.*, pp. 1057 *et seq.*
[1144] KASSIS Antoine, *idem.*, p. 454, italique dans l'original.
[1145] *Ibid.*
[1146] *Ibid.*, p. 455.
[1147] *Ibid.*, p. 457.
[1148] DELVOLVÉ Jean-Louis *et al.*, *op. cit.*, p. 223.
[1149] *Cf.* le raisonnement d'Antoine Kassis dans *L'autonomie de l'arbitrage…*, *op. cit.*, p. 458.
[1150] *Ibid.*, p. 459.

discrétionnaire du juge de l'exequatur, l'unité du traité ne peut être assurée que si la version française, n'étant pas explicitement contredite, se conforme aux autres textes[1151].

670. Pour une certaine doctrine, c'est l'inconnu qui se cache derrière le pouvoir discrétionnaire qui paraît déranger dans la thèse de J. Paulsson, spécialement dans les cultures juridiques de *civil law*, très attachées à la liaison normative de ses magistrats. Ainsi, lorsqu'une décision est prise en vertu d'un pouvoir discrétionnaire, il s'agit d'une décision souveraine, soumise à aucun contrôle, et ne demandant aucune explication[1152].

Pourtant, les textes qui attribuent ce pouvoir sont rares et exceptionnels, ce qui oblige une interprétation nécessairement restrictive de dispositifs ambigus comme l'art. V(1), qui ne pourrait qu'être contraire à sa nature facultative[1153]. Ici, le manque de critères pour exercer ce pouvoir rend encore plus difficile la reconnaissance de griefs aussi variés que l'absence d'une convention arbitrale (lettre « a »), ou bien une irrégularité procédurale minime (lettre « d »[1154]). Face à des conditions de gravité si différentes, il est effectivement difficile d'accepter que le pouvoir qui les reconnaît, sans des critères plus précis, soit aussi large.

671. A. Kassis poursuit sa critique de la thèse de J. Paulsson en réfutant la conception de l'art. V(1) comme simple indice d'un pouvoir impératif, puisque sa seule lecture suffit pour saisir son aspect contraignant. Quant au problème de la disparité entre les versions du traité, A. Kassis défend qu'il ne s'agit pas là d'une analyse quantitative, dans laquelle la majorité détermine la vérité, mais d'un examen de « rationalité objective de contenu[1155] », qui est dans ce cas heurtée par un pouvoir discrétionnaire.

672. L'argument définitif pour contrer la thèse de J. Paulsson est qu'il est impensable que le législateur de la Convention de New York ait choisi l'auxiliaire verbal *may* aussi dans l'art. V(2), *caput*[1156], si son intention était de lui attribuer un sens facultatif. En effet, cela attribuerait au juge de l'exequatur la possibilité de reconnaître une sentence étrangère même si elle

---

[1151] Rappelons ici l'art. 33(3), de la Convention de Vienne sur le droit des traités : « Les termes d'un traité sont présumés avoir le même sens dans les divers textes authentiques. »

[1152] Ce qui, bien entendu, n'écarte aucunement l'exigence indispensable de motivation.

[1153] KASSIS Antoine, *L'autonomie de l'arbitrage…*, *op. cit.*, p. 462.

[1154] *Ibid.*, p. 465.

[1155] *Ibid.*, p. 467. Nous nous permettons de ne pas explorer exhaustivement tous les arguments débattus par A. Kassis. Limitons-nous à ceux qui peuvent contribuer à montrer les efforts de dialogue entre les différents fors comme un mécanisme de contrôle des abus utilisé soit dans les demandes d'annulation du siège, soit dans les demandes d'exequatur dans l'État d'accueil.

[1156] « 2. *Recognition and enforcement of an arbitral award* may also be refused *if the competent authority in the country where recognition and enforcement is sought finds that: (a) The subject matter of the difference is not capable of settlement by arbitration under the law of that country; or (b) The recognition or enforcement of the award would be contrary to the public policy of that country* » (souligné par nous).

viole l'ordre public de son pays, ou bien si elle porte sur un objet inarbitrable selon ses lois[1157].

Ces vices sont bien plus graves, matériellement, que ceux de l'art. V(1), et portent atteinte à l'ordre étatique dont le juge de l'exequatur est l'émanation judiciaire, ce qui est très contradictoire. Or, la version française de la Convention de New York contient, dans son art. V(2), l'expression « pourront », équivalent du *may* anglais[1158].

673. Contre la thèse du pouvoir discrétionnaire du juge de l'exequatur s'érige aussi le projet de réforme de la Convention de New York (*Miami Draft*[1159]). En effet, les al. 1 et 2 de l'art. 5[1160] sont non seulement explicites, comme leur rédaction a voulu écarter définitivement les discussions concernant la version anglaise du texte. Le dispositif déclare que la sentence arbitrale ne *devra* (*shall*) être refusée uniquement en face des griefs prévus expressément par son al. 3[1161] et que, même devant ces griefs, ce refus ne devra être prononcé que dans des cas manifestes.

Le *Miami Draft* adopte ainsi une position extrêmement restrictive concernant le pouvoir de refuser l'exequatur d'une sentence. Autrement dit, il transforme le prétendu pouvoir discrétionnaire du juge d'accueil en une obligation de reconnaître toute sentence étrangère, à n'être écartée que devant des situations exceptionnelles.

674. Nonobstant une argumentation critique contre le pouvoir discrétionnaire du juge français, qui nous paraît très solide, on ne peut nier que l'ouverture interprétative fournie par l'art. V(1) de la version anglaise a suffi à renforcer la légitimité normative des décisions voulant éviter des abus. Rappelons que c'est en se fondant sur le *may* que le président de la cour territoriale d'Amsterdam a accordé l'exequatur à une sentence annulée dans des circonstances douteuses en Russie[1162], et que les arrêts *Chromalloy*[1163] aux États-Unis, ou *Bechtel*[1164] en France présentent les mêmes caractéristiques.

675. Cette discussion, à laquelle la doctrine a accordé beaucoup d'attention, continue à déstabiliser la procédure de reconnaissance des sentences annulées dans le for d'origine. Cependant, nous ne croyons pas que la version française

---

[1157] KASSIS Antoine, *idem.*, p. 469.

[1158] *Cf.* n.273, *supra.*

[1159] *Cf.* n.359, *supra.*

[1160] Dans l'original : « *Article 5 – Grounds for Refusal of Enforcement 1. Enforcement of an arbitral award* shall not be refused *on any ground* other than the grounds expressly set forth *in this article. 2. Enforcement shall be refused on the grounds set forth in this article* in manifest cases *only* » (souligné par nous).

[1161] *Cf.* n.1121, *supra.*

[1162] LEIJTEN Marnix, SCHELLAARS Rogier, *op. cit.*, p. 1157.

[1163] *Cf.* n.496, *supra.*

[1164] *Cf.* n.47, *supra.*

de la Convention présente effectivement les caractéristiques suffisantes pour qualifier le pouvoir du magistrat de discrétionnaire.

676. Toutefois, et c'est ce que nous proposerons par la suite, il nous semble que ce dialogue peut apparaitre sans ce jonglage interprétatif, à partir du concept d'abus de droit, qui permet de respecter le texte de la loi tout en combattant les situations déviantes, lesquelles constituent, au fond, la grande préoccupation des défenseurs du pouvoir discrétionnaire. Pour l'instant, limitons-nous à examiner quelles sont les solutions envisagées aujourd'hui en faveur de ce dialogue.

2) L'art. VII, CNY, et le problème de l'isolement du for d'accueil

677. L'art. VII(1), CNY[1165], permet d'éviter les exigences de son art. V[1166] quand un régime plus libéral de reconnaissance des sentences étrangères existe dans la législation de l'État où l'exequatur est demandé ou bien dans d'autres conventions internationales. La jurisprudence de délocalisation française se fonde sur l'art. VII, CNY, pour reconnaître des sentences annulées dans le siège reposant non plus sur la Convention de New York, mais sur son droit interne, qui ne prévoit pas une hypothèse similaire à celle de l'art. V(1)(e)[1167].
C'est un instrument qui devrait certes s'ouvrir sur un dialogue, raison pour laquelle nous l'intégrons dans ce paragraphe, mais que nous considérons ici plutôt comme obstacle à la poursuite d'une plus grande cohérence entre les différents fors concernés par la sentence.

678. La coexistence de l'art. V(1)(e) et de l'art. VII ne peut que produire des résultats illogiques. Elle montre comment la Convention de New York, à la fin des années 1950, a dû concilier l'effort de coopération judiciaire qu'elle proposait et la préoccupation d'attirer un maximum d'États signataires, même les plus libéraux. Ainsi, même si une sentence arbitrale ne peut être reconnue si une décision étrangère l'annule, la simple existence d'une disposition plus favorable dans l'ordre interne de l'État d'accueil permet d'écarter la Convention.
C'est un système qui s'arrête « au milieu du gué », selon l'expression de Ch. Jarrosson[1168], qui observe que c'est l'interprétation conjointe des arts. V(1)(e) et VII qui aboutit à des résultats contradictoires, comme dans l'affaire *Hilmarton.* Pour lui, il aurait mieux fallu garder l'art. VII et supprimer la lettre « e » de l'art. V(1), tout en abandonnant les références aux conflits de loi[1169].

[1165] *Cf.* n.363, *supra.*
[1166] *Cf.* n.270, *supra.*
[1167] *Cf.* n.271, *supra.*
[1168] JARROSSON Charles, « Note sous Cour de cassation… », *op. cit.*, p. 331.
[1169] *Ibid.*, p. 333.

679. L'importance de l'art. VII, CNY pour l'équilibre du système de New York est indéniable[1170], et personne ne semble suggérer sa suppression. En établissant une priorité législative du droit le plus libéral quant à la reconnaissance de la sentence arbitrale, le dispositif a aussi permis à la plupart des pays de fuir les annulations locales dans le siège.

D'ailleurs, selon J. Paulsson, il serait évidemment préférable pour le juge français d'écarter une décision d'annulation en affirmant que « notre droit *nous commande* d'accorder l'exequatur à cette sentence bien que votre tribunal l'ait annulée[1171] », plutôt qu'en affirmant que « nous exerçons notre autorité discrétionnaire pour accorder l'exequatur à cette sentence annulée par votre juge malgré le fait que nous ayons refusé l'exécution des sentences annulées dans d'autres pays, parce que nous ne sommes pas convaincus par la décision de vos juges[1172] ».

L'art. VII n'est alors rien d'autre qu'un mécanisme purement dogmatique de légitimation, qui permet de refuser de reconnaître les effets d'une sentence étrangère, sans que cela ne génère un malaise politique, lequel serait bien plus manifeste avec le subjectivisme du pouvoir discrétionnaire dont nous parle J. Paulsson, et qui est au centre de son interprétation du *caput* de l'art. V(1).

680. Si le risque des annulations locales préoccupait déjà les auteurs de la réforme du droit français de 1981[1173], A. Kassis[1174] ne manque pas de souligner, dans ses réflexions sur le texte proposé par le Comité français de l'arbitrage pour la réforme de 2011, qu'un retour à l'art. V est indispensable pour réinsérer la France dans le droit comparé de l'arbitrage international.

Nonobstant, la réforme de 2011 n'apporte aucune évolution à ce sujet. Le nouvel art. 1520, CPC[1175] ne prévoit toujours pas l'annulation de la sentence dans le siège comme un grief susceptible d'entraver sa reconnaissance en France. L'art. VII, CNY fera certainement long feu.

681. Cependant, l'influence de l'art. VII, CNY, est encore plus large, puisqu'il a contribué à diffuser une philosophie de valorisation de la sentence arbitrale internationale indépendamment de son encadrement dans la Convention de New York. À cet effet, la référence à toute autre convention ou législation interne consignée dans l'art. VII, CNY, a ironiquement rapproché la procédure de reconnaissance des droits internes, et l'a éloignée du régime de New York.

[1170] *Cf.* FOUCHARD Philippe, « Note sous Cour d'appel de Paris (1re Ch. C.) 14 jan. 1997 », *Rev. arb.*, 1997, p. 399.

[1171] Paulsson J. , « L'exécution des sentences… », *op. cit.*, pp. 29-30, souligné par nous.

[1172] *Ibid.*

[1173] KASSIS Antoine, *La réforme du droit de l'arbitrage international : réflexions sur le texte proposé par le Comité français de l'arbitrage*, Paris : L'Harmattan, 2008, p. 174.

[1174] *Ibid.*, pp. 178 et 187.

[1175] *Cf.* n.641, *supra.*

682. C'est notamment le cas aux États-Unis, qui, au contraire de la France, ne disposent pas d'une législation interne aussi explicitement libérale. Or, quand les juridictions américaines reconnaissent une sentence arbitrale malgré une annulation locale, comme dans l'affaire *Chromalloy*[1176], et fondent leur raisonnement sur l'art. VII CNY, c'est moins parce qu'il existe une norme plus libérale[1177] pour l'accueil de cette sentence dans le FAA, qu'en vertu de la constatation que l'annulation est abusive.
Ainsi, dans d'autres pays que la France, l'art. VII n'est pas considéré comme un mécanisme pour la recherche effective d'un droit plus favorable, mais sert surtout de soupape de sécurité face à des annulations locales suspectes. Ironiquement, le pouvoir discrétionnaire que nous avons identifié dans la version anglaise de l'art. V(1) se retrouve dans l'art. VII, sans que l'existence d'une législation interne plus favorable ne constitue une véritable préoccupation.

683. Pourtant, s'il est vrai que l'art. VII, CNY régionalise l'arbitrage[1178], il attire aussi l'attention sur les dispositifs de droit interne qui peuvent être mis en place devant une sentence annulée injustement dans le siège. C'est un souci constructif, et qui peut encourager l'émergence de législations favorables à la circulation des sentences internationales.

684. Toutefois, tant que l'art. VII, CNY sera appliqué comme une règle, et non comme une exception, il sera aussi source d'insécurité. Il est risqué de recourir à ce dispositif à chaque fois que l'annulation dans la juridiction primaire paraît abusive, et d'en appeler à l'art. V(1)(e), CNY à chaque fois qu'elle paraît légitime. C'est le « *shopping* normatif » que nous voulons éviter, par une application moins dichotomique des règles concernant les effets de la sentence annulée.

3) L'art. VI, CNY, et la suspension de la demande d'exequatur

685. L'analyse des motifs d'annulation ne peut pas non plus être examinée sans en référer au rôle de l'art. VI, CNY[1179], comme instrument

---

1176 *Cf.* n.496, *supra*.

1177 Sur le caractère très peu structuré du droit fédéral américain de l'arbitrage dans le contexte de l'application de l'art. VII, CNY, *cf.* Emmanuel GAILLARD, « Note sous Cour d'appel des États-Unis… », *op. cit.*, pp. 138-139.

1178 *Cf.* OSTROWSKI Stephen T., SHANY Yuval, « Chromalloy: United States law and international arbitration at the crossroads », *N.Y. Un. L. Rev.*, 1998, pp. 1669-1670.

1179 « Si l'annulation ou la suspension de la sentence est demandée à l'autorité compétente visée à l'article V, paragraphe 1, e, l'autorité devant qui la sentence est invoquée peut, si elle l'estime approprié, surseoir à statuer sur l'exécution de la sentence ; elle peut aussi, à la requête de la partie qui demande l'exécution de la sentence, ordonner à l'autre partie de fournir des sûretés convenables. » Nous reviendrons au rôle de l'art. VI, CNY, dans la deuxième partie de notre thèse (*cf.* n.1163 *et seq.*, *infra*). En effet, il s'agit d'une règle pouvant incorporer les critères de l'abus de droit au mécanisme actuel de reconnaissance des

d'interconnexion entre les deux fors. Ce n'est donc pas un hasard si J. Paulsson défend, au sein de la Convention de New York, que « l'art. VI est plus important que l'art. V(1)(e)[1180] ». Une fois que le dispositif conditionne la suspension de la procédure de reconnaissance à une analyse purement discrétionnaire du juge de l'exequatur quant à son caractère « approprié », il nous semble qu'il est possible d'entreprendre le dialogue sur les causes d'annulation dans le siège.

686. Dans l'affaire américaine *Europcar*[1181], la cour d'appel du 2e circuit réforme une décision autorisant l'exécution aux États-Unis d'une sentence arbitrale soumise à une procédure d'annulation en cours devant les juridictions italiennes, considérant que la reconnaissance aurait dû être suspendue aux termes de l'art. VI, CNY.

La cour américaine reconnait la faculté attribuée au juge de l'exequatur par l'art. VI, CNY, comme un pont servant à une analyse plus attentive des caractéristiques de la demande d'annulation étrangère. Ainsi, les juges du 2e circuit estiment crucial examiner : (a) si la procédure étrangère a été initiée pour exécuter la sentence (pesant en faveur de la suspension) ou bien l'annuler (pesant en faveur de sa reconnaissance) ; (b) si la procédure étrangère a été initiée avant la reconnaissance en question, afin d'évaluer le respect à la courtoisie internationale ; (c) si la procédure étrangère a été poursuivie par la partie demandant l'exequatur ; et, finalement, (d) si la procédure a débuté dans des circonstances indiquant une intention d'entraver ou de retarder la résolution du litige[1182].

687. La même pétition pour suspendre une procédure de reconnaissance face à une demande étrangère d'annulation a été rejetée en France dans l'affaire *Bargues Agro*[1183].

---

sentences annulées dans le siège. Profitons-en pour rappeler que la même faculté de suspension se trouve aussi incorporée dans l'art. 6 de la Convention du Panama. Pour un commentaire de ces dispositifs, *cf. Redfern and Hunter...*, *op. cit.*, p. 665.

1180 PAULSSON Jan, « L'exécution des sentences arbitrales… », *op. cit.*, p. 23.

1181 Court of Appeal, 2nd Circuit, *Europcar Italia, S.p.A. v. Maiellano Tours, Inc. (« Europcar US »)*, 156 F.3d 310, 1998 (US Court of Appeals for the 2nd Circuit).

1182 *Ibid.*, pars. 317-178. Rapporté par Nicola Christine PORT *et al.* « Art. VI », *op. cit.*, p. 431.

1183 *Cf.* n.747, *supra.* Voici les propos de la décision parisienne : « Une procédure d'annulation intentée en Belgique où l'arbitrage a eu lieu est d'autant plus privée d'intérêt pour les besoins de l'exécution en France que, prononcée dans le cadre d'un arbitrage international où sont en cause les intérêts du commerce international pour porter sur la vente de noix de pécan entre parties établies dans des États différents, elle n'est pas intégrée dans l'ordre juridique belge de sorte que son éventuelle annulation par le juge du siège ne porte pas atteinte à son existence en empêchant sa reconnaissance et son exécution dans d'autres ordres juridiques nationaux. *Dès lors les dispositions de l'article VI de la Convention de New York qui se réfèrent à l'article V en autorisant le juge de l'exécution à surseoir à statuer dans l'attente de la décision du juge de l'annulation n'offrent aucune utilité dans le système de reconnaissance et d'exécution de l'article 1502, CPC, et la demande présentée sur ces bases doit être rejetée* » (souligné par nous).

688. Pourtant, l'art. VI, CNY, et plus largement, l'examen attentif des fondements de la procédure étrangère d'annulation de la sentence, « offrent une solution équilibrée entre la demande d'annulation reposant uniquement sur une intention de retarder [la procédure arbitrale] et le droit d'un demandeur de bonne foi de contester la validité de la sentence dans son lieu d'origine[1184] ».
De manière encore plus concrète, une partie de la doctrine suggère même des propositions législatives qui pourraient rendre compte de ce dialogue. C'est le cas du comité d'arbitrage de l'IBA, qui, dans le *Livre vert sur la révision du Règlement n°44/2001*, soulève qu'une solution plus adéquate que l'exclusion de l'exception de l'arbitrage serait d'obliger les États membres à « examiner les bases des jugements décidant sur la validité des sentences[1185] ».

689. Finalement, cet aperçu nous montre que malgré une configuration plutôt territorialiste de la Convention de New York, quelques dispositifs pourraient contribuer à l'extension de ses effets aux différentes juridictions concernées par l'arbitrage international. C'est la prémisse pour établir des mécanismes de contrôle de l'arbitrage qui soient véritablement transnationaux. Toutefois, ces règles, en plus d'être dépourvues de critères plus précis de mise en place, dépendent encore trop d'un examen de la légitimité de la décision prononcée par une juridiction voisine. Nous retrouvons alors la même gêne politique observée dans le cas des injonctions[1186], demandant un critère qui puisse recentrer le problème non plus autour des institutions, mais autour des parties qui l'explorent.

2°. Les mécanismes portant sur le rôle de la juridiction de contrôle de la sentence

690. Deux approches différentes résultent de l'analyse de la fonction du juge de contrôle de la sentence en vue de l'encadrement des comportements obstructifs fondés sur les tentatives d'exequatur des sentences annulées : soit il s'agit, pour cette juridiction primaire, de tenter d'interdire la reconnaissance dans un autre for (a), soit il s'agit de simplement s'abstenir de toute intervention face aux sentences internationales (b).

[1184] VAN DEN BERG Albert Jan, « Annulment of awards… », *op. cit.*, p. 158.
[1185] IBA, Arbitration Committee, *Working group on the report from the Commission to the European Parliament, the Council and the European Economic and Social Committee (COM(2009 174 final) and the Green Paper on the review of Council Regulation (EC) n°44/2001 on jurisdiction and the recognition and enforcement of judgments in civil and commercial matters*, par. 24., [en ligne] http://ec.europa.eu/justice/news/consulting_public/002 /contributions (page consultée le 23/03/12). Traduction libre. Dans l'original : « *However, were the Commission nevertheless minded to propose its deletion, the Arbitration Committee is of the view that Member States should be entitled to examine the basis of judgment deciding on the validity of awards.* » La même position est partagée par Luís de LIMA PINHEIRO, *op. cit.*, p. 323.
[1186] *Cf.* spéc. n.516 *et seq.*, *supra*.

a) Les anti-suit injunctions pour interdire la reconnaissance d'une sentence annulée

691. Nous avons déjà examiné le rôle des injonctions comme mécanisme de contrôle de l'arbitrage international au sein des procédures parallèles[1187]. Néanmoins, si c'est la *lis pendens* qui motive les *anti-suit* ou *anti-arbitration injunctions* dans le premier cas, ici, c'est l'existence d'une procédure d'annulation de la sentence qui peut pousser le juge devant lequel elle est engagée à interdire à l'une des parties d'exequaturer cette sentence dans un for étranger.

692. Quand cette tentative de reconnaissance a lieu dans le même État que celui du juge de contrôle, rien de plus normal, sous peine de résultats effectivement contradictoires dans une même juridiction. Cependant, selon Y. Derains[1188], il paraît moins naturel qu'un juge s'estime compétent pour annuler une sentence, et en même temps pour interdire que son exequatur soit recherché dans d'autres juridictions.

693. Avant d'examiner précisément le problème dans l'arbitrage international, faisons un bref détour pour nous référer à l'importante décision du juge Kaplan, de la United States District Court of the Southern District of New York, dans l'affaire *Chevron*, concernant une demande d'*anti-suit* pour interdire la reconnaissance d'une décision judiciaire prononcée par une cour équatorienne[1189]. Encore que cela concerne plutôt une décision judiciaire, et que l'opinion du juge Kaplan ait été postérieurement infirmée par une cour d'appel[1190], il est indispensable de référer aux critères établis dans la décision de première instance, quant aux conditions pour prononcer une injonction anti-poursuite afin d'interdire la reconnaissance d'une décision étrangère non seulement aux États-Unis, mais dans tout autre pays : une véritable « *worldwide injunction* ».

Après une décision d'une cour provinciale équatorienne condamnant la compagnie pétrolière américaine pour des dommages et intérêts résultants, celle-ci demande aux juridictions américaines une *anti-suit injunction* pour interdire la reconnaissance du jugement équatorien aux États-Unis et dans toute autre juridiction.

Pour effectivement prononcer l'injonction interdisant la reconnaissance de la décision étatique de l'Équateur en dehors de ce pays, le juge Kaplan, dans

---

1187 *Cf.* n.524 *et seq.*, *supra*.

1188 DERAINS Yves, « L'abus des "*anti-suit injunctions*"… », *op. cit.*, p. 110.

1189 United States District Court, SD New York, *Chevron Corp. v. Steven Donziger et. al.*, 7 mar. 2011 (768 F. Supp. 2d 581).

1190 United States Court of Appeal for the Second Circuit, *Chevron Corporation, Plaintiff-Appellee, V. Hugo Gerardo Camacho Naranjo, Javier Piaguaje Payaguaje, Steven R. Donziger, The Law Offices Of Steven R. Donziger, Defendants-Appellants*, Docket n°11-1150-cv(L) 11-1264-cv(CON), decided 26 jan. 2012.

une décision très détaillée, retient les critère suivants : (i) la décision des cours équatoriennes résulterait pour Chevron dans des dommages irréparables si elle était reconnue en dehors de la République d'Équateur ; (ii) la possibilité encore existante en Équateur de faire appel de la décision étatique, ou bien de suspendre celle-ci, n'interdit pas la reconnaissance d'un risque de dommages irréparables ; (iii) la pondération entre les préjudices dont peuvent souffrir les demandeurs de l'exequatur de la décision et la défenderesse penche vers cette dernière ; (iv) la loi de New York serait applicable pour décider si le jugement équatorien peut être reconnu *in casu* ; (v) Chevron a pu démontrer une possibilité raisonnable de succès de ses demandes en Équateur, selon laquelle le jugement des cours de ce pays n'a pas été impartial et n'a pas respecté le *due process* ; (vi) et Chevron a soulevé des sérieuses interrogations quant à la nature frauduleuse du jugement équatorien dont l'exequatur est demandé aux États-Unis.

Voici donc les critères qui ont permis à la cour de première instance américaine d'accueillir la demande d'*anti-suit* pour interdire la reconnaissance du jugement équatorien non seulement aux États-Unis, mais dans toute autre juridiction. Bien que cela soit un cas de décision étatique, et non pas de sentence arbitrale, ce sont des conditions qui peuvent facilement être transposées à l'arbitrage international, autant à l'hypothèse d'une sentence arbitrale dont l'exequatur est poursuivi aux États-Unis, que dans les cas où c'est l'exequatur d'une décision étrangère d'annulation de cette sentence qui est demandé.

694. L'affaire emblématique qui réunit ces deux idées est certainement celle de *Pertamina*[1191]. Un litige survenu entre la société américaine Karaha Bodas Company (KBC) et la société d'État indonésienne Pertamina, au sujet de la construction d'une usine géothermale en Indonésie, la première initie une procédure arbitrale en Suisse sous les règles de la CNUDCI[1192].

Après une sentence arbitrale promulguée en décembre 2000, condamnant Pertamina à payer 260 millions de dollars de dommages et intérêts à la société américaine, celle-ci obtient, huit mois après, l'exequatur de la sentence aux États-Unis. En mai 2002, Pertamina saisit les cours de Jakarta d'une demande d'annulation de la sentence arbitrale, ainsi que d'une demande d'*anti-suit injunction* pour interdire à KBC de demander la reconnaissance de la décision arbitrale dans toute autre juridiction. Les cours indonésiennes prononcent alors une injonction provisoire en avril 2002.

[1191] Nous empruntons la synthèse d'Emmanuel Gaillard dans « Reflections on the use of anti-suit injunctions in international arbitration », *op. cit.*, pp. 206 *et seq.*

[1192] CNUDCI, *Karaha Bodas Company LLC v. Perusahaan Pertambangan Minyak Dan Gas Bumi Negara and PT. PLN (Persero)*, sentence finale 18 déc. 2000. Extraits [en ligne] http://translex.uni-koeln.de/output.php?docid=261800&markid=946000, (page consultée le 23/03/12).

Face à l'injonction provisoire déjà prononcée en Indonésie, KBC, en mars 2002, saisit la cour du district du Texas en demandant une *anti-anti-suit injunction*, obligeant Pertamina à se désister de la procédure d'annulation en Indonésie. Le tribunal texan accorde cette contre injonction provisoirement en mars 2002, et définitivement un mois après, en avril 2002. En respect à la décision de la cour du Texas, Pertamina demande aux cours indonésiennes la suspension de sa procédure d'annulation et de son injonction provisoire. Néanmoins, le tribunal de Jakarta refuse de le lui accorder, tout en annulant définitivement la sentence arbitrale, puis confirmant l'injonction contre KBC, en août 2002.
En appel présenté par Pertamina contre la décision du tribunal du Texas, la cour du 5e circuit[1193] adopte une approche bien plus modérée, conditionnant l'*anti-suit injunction* au caractère vexatoire ou oppressif de la procédure indonésienne. Selon la cour, ce n'est pas le cas présent. Ainsi, le tribunal américain essaye de répondre au principe de la courtoisie internationale, en affirmant que toute autre juridiction peut poursuivre un examen indépendant de la sentence arbitrale sans que cela influence d'autres États dans la même mission[1194].
En outre, selon la cour du 5e circuit, la Convention de New York paraît autoriser un certain degré de *forum shopping*, et c'est seulement en adoptant une attitude favorable à l'arbitrage que les cours des États signataires pourront éviter le cercle vicieux qui accompagne ce phénomène. Désormais, le fait de ne pas censurer la décision de la cour du Texas ordonnant l'*anti-anti-suit injunction* aurait suffit pour déclencher cette spirale[1195].

695. Voici donc une tentative de contrôle des demandes de reconnaissance d'une sentence théoriquement valable[1196], et qui, au lieu de résoudre le problème, peut l'aggraver[1197]. Néanmoins, la décision de la cour d'appel américaine peut ouvrir la voie vers une pondération plus rationnelle entre le respect des juridictions étrangères et les véritables buts de la demande d'annulation, dont la nature oppressive et vexatoire restera au centre des débats.

[1193] *Cf.* n.777, *supra*.
[1194] *Ibid.*, p. 376.
[1195] *Ibid.*, pp. 375-376.
[1196] En 2006, Pertamina entame un deuxième front de bataille en saisissant les cours des îles Cayman. Elle allègue que la sentence arbitrale de 2000 a été produite en fraude, matière qui avait d'ailleurs déjà été décidée par les cours américaines dans l'examen de l'exequatur, et donc, constitue *res judicata*. Nous nous permettons de seulement faire référence à cette deuxième affaire, car il n'est pas tellement question du problème des injonctions contre la reconnaissance d'une sentence, encore que d'autres injonctions aient été poursuivies et qu'il s'agisse tout aussi bien d'un exemple clair des manœuvres visant à échapper aux obligations de l'arbitrage et des cours américaines (surtout les frais imposés par les tribunaux américains dans les procédures examinées). *Cf.* PHULL Chetan, *op. cit.*, pp. 39-40.
[1197] GAILLARD Emmanuel, « Reflections on the use of anti-suit injunctions… », *op. cit.*, p. 211.

b) L'écartement de la juridiction de contrôle

696. Les solutions présentes considèrent que la coexistence de deux juridictions pouvant, à titre égal, contrôler la sentence aboutirait nécessairement au problème de la reconnaissance des décisions arbitrales annulées. Dès lors, pourquoi ne pas abolir tout simplement le recours en annulation dans le siège (1), ou bien établir un système unifié et international de contrôle des sentences arbitrales (2) ? Bien que ces manifestations soient plus conceptuelles que pratiques, elles constituent des modèles *in extremis* pouvant fournir des pistes pour le contrôle autonome de l'arbitrage international.

1) La mise à l'écart du contrôle du juge du siège de l'arbitrage

697. L'idée que nous examinerons ici part de l'hypothèse que tout recours à une juridiction du siège peut contenir un certain degré d'abus. Or, comme semble le suggérer W. Park[1198], le conseil d'un client déçu après avoir perdu un arbitrage ne pourra pas toujours lui demander d'accepter la perte financière que cela suppose au seul prétexte de respecter une représentation théorique donnée. Au contraire, il est probable que l'avocat explore tous les recours possibles. Ainsi, selon cette conception, seule l'élimination complète de ces recours dans la juridiction primaire pourrait résoudre le problème.

698. Nous nous sommes déjà penchés brièvement sur le sujet lors de l'analyse de la formation théorique d'un espace arbitral transnational, puisque l'abolition des recours en annulation dans le siège constitue certainement l'un de ses symptômes[1199]. Cependant, si notre objectif était alors de décrire un mouvement normatif donnant lieu à une sentence flottante constitutive d'un ordre arbitral, ici, nous étudierons plutôt l'abstention du juge du siège dans la perspective d'une possible solution pour éviter des manœuvres déviantes.

699. Nous partons donc à présent de l'idée de Ph. Fouchard[1200] selon laquelle toute intervention étatique dans le siège est déjà une défaite pour l'arbitrage international. L'auteur est l'un des premiers à suggérer cette solution, qui apparaît très clairement dans sa thèse[1201] en 1965, reprise de manière indiscutable en 1997 dans un article publié dans la *Revue de l'arbitrage*[1202].

1198 PARK William W., « Arbitration's discontents… », *op. cit.*, p. 267.

1199 *Cf.* n.307 *et seq.*, *supra*.

1200 FOUCHARD Philippe, *L'arbitrage commercial international*, *op. cit.*, p. 537.

1201 FOUCHARD Philippe, *idem.*, *passim.* Pour une analyse de l'importance du siège, impossible ne pas citer Adriana BRAGHETTA, *A importância da sede…*, *op. cit.*, spéc. p. 28.

1202 FOUCHARD Philippe, « La portée internationale de l'annulation de la sentence arbitrale dans son pays d'origine », *op. cit.*, *passim.* Sur le thème, *cf.* un nombre de références indiqués par *Fouchard Gaillard Goldman…*, *op. cit.*, p. 136.

Ainsi, Ph. Fouchard en appelle à un système qui supprimerait tout recours en annulation contre les sentences arbitrales internationales, réservant le seul contrôle judiciaire aux fors du lieu dans lequel son exequatur est demandé. Cela revient à un transfert complet du contrôle des juridictions primaires vers les juridictions secondaires.

700. Selon A. Kassis[1203], se référant spécifiquement au droit français, un tel système n'est possible qu'à deux conditions. En premier lieu, il faut que le recours en annulation des sentences rendues en France en matière d'arbitrage international soit aboli. Avec la réforme de 2011, et le nouvel art. 1522, CPC[1204], les parties peuvent pourtant renoncer au recours en annulation par convention spéciale.

Toutefois, le droit français maintient l'exigence d'exequatur de cette sentence, contre lequel il est possible de faire appel via l'un des griefs prévus en cas de recours en annulation[1205]. La réforme de 2011 donne d'une main et retire de l'autre, ce qui démontre qu'un total renoncement du juge de contrôle n'est pas encore désiré pour l'arbitrage international.

701. La seconde condition pour implémenter le système proposé par Ph. Fouchard consiste en l'adoption d'une définition uniforme de la sentence arbitrale internationale[1206]. L'absence de critères communs aux différents États pour qualifier la sentence arbitrale internationale en tant qu'un acte pouvant être soustrait au contrôle de la juridiction primaire rend le système encore plus instable.

Cette deuxième condition correspond en outre à l'une des deux principales critiques adressées à la thèse par H. Gharavi[1207]. Pour A. Kassis, l'absence de définition commune et uniforme de la sentence arbitrale internationale est renforcée par le fait qu'un grand nombre d'États ne différencient pas l'arbitrage interne de l'arbitrage international[1208].

L'autre opposition est plus pragmatique, et vient du constat que des États qui ont adopté des législations supprimant obligatoirement le recours en annulation des sentences internationales, tels que la Belgique, ont dû faire marche arrière, comme nous l'avons montré plus haut[1209] .

702. Malgré ces critiques, A. Kassis[1210] affirme qu'une fois remplies les conditions présentées, le système de Ph. Fouchard paraît théoriquement

---

[1203] KASSIS Antoine. *L'autonomie de l'arbitrage…*, *op. cit.*, p. 527.

[1204] *Cf.* n.513, *supra.*

[1205] Art. 1522(2), CPC (*cf.* n.513, *supra*). Sur les limites de la réforme de 2011 quant au thème, *cf.* not. Sylvain BOLLÉE, « Le droit français… », *op. cit.*, p. 56.

[1206] Sur le concept de sentence arbitrale internationale, *cf.* n.380 *et seq.*, *supra.*

[1207] GHARAVI Hamid G., *op. cit.*, p. 153.

[1208] *Cf.* n.400, *supra.*

[1209] *Cf.* n.308, *supra.*

[1210] KASSIS Antoine, *L'autonomie de l'arbitrage…*, *op. cit.*, p. 529.

réalisable. Cette thèse est partagée par J.-B. Racine[1211], qui défend son adoption non seulement de manière isolée, en France, mais aussi à l'échelle mondiale.

703. La tendance que nous observons ici est renforcée par le mouvement en faveur de la délocalisation de l'arbitrage[1212] au sein d'un ordre juridique autonome, et par la prise de conscience que le rôle du siège du tribunal est de plus en plus limité. S'il est vrai que le siège est souvent choisi en fonction de sa législation libérale et de la position jurisprudentielle favorable de ses juges d'appui, dans bien d'autres cas, ce choix ne tient compte que des meilleures installations hôtelières, salles de conférences, institutions d'arbitrage et même résidence des arbitres, dans le souci de diminuer les frais de la procédure.

Th. Clay[1213] rappelle même que l'intégralité des opérations de l'arbitrage peut se dérouler en dehors du siège, et que l'arrivée des nouvelles technologies peut conduire à un véritable « cyberarbitrage », sans for ni siège. Ce n'est pas un hasard si l'auteur défend cette position justement dans une note concernant les arrêts de cassation *Putrabali*, consacrant la délocalisation absolue de la sentence arbitrale. Dans des affaires comme *Himpurna*[1214] ou *Salini*[1215], bien qu'en maintenant le siège de l'arbitrage dans la place choisie par les parties, les arbitres n'ont pas hésité à tenir leurs audiences et réunions dans d'autres villes pour éviter toute menace locale à leur juridiction.

704. Il nous apparaît ainsi que la suppression des recours en annulation dans le siège est encore très loin d'être réalisée. Cependant, qu'elle puisse au moins représenter une provocation théorique favorisant des réformes comme celle de 2011 en France, concédant aux parties d'y renoncer conventionnellement, justifie déjà son intérêt. Le radicalisme de la solution proposée a aussi permis de réfléchir à une position intermédiaire, peut être tout aussi – ou même plus – nébuleuse, à savoir la création d'un organisme international de contrôle des sentences arbitrales.

1211 RACINE Jean-Baptiste, « Réflexions sur l'autonomie… », *op. cit.*, p. 332.

1212 Sur cette relation, *cf.* PARK William W., « National law and commercial justice: safeguarding procedural integrity in international arbitration », *Tul. L. Rev.*, 1989, p. 683.

1213 CLAY Thomas, « Arbitrage international… », *op. cit.*, p. 1250. Rappelons que, dans l'affaire *Dallah* (n.718, *supra)*, la Cour suprême du Royaume-Uni critique l'idée reposant sur l'exclusivité de la juridiction primaire pour examiner les irrégularités de l'arbitrage et, même en affrontant l'art. V, CNY, décide que sa juridiction secondaire est tout aussi apte à procéder à cet examen (*cf.* n.718 *supra*, par. 103).

1214 *Cf.* n.61, *supra.*

1215 *Cf.* n.322, *supra.*

2) Vers un contrôle international des sentences

705. Face à la difficile coordination entre les divers ordres nationaux, et constatant qu'il est difficile pour une juridiction interne de renoncer à sa souveraineté judiciaire sur le contrôle d'un acte produit sur son territoire, l'on se demande si l'établissement d'une cour supranationale chargée de ce contrôle pourrait dissiper cette mésentente.

706. En 1993, lors d'une conférence commémorative du centenaire de la LCIA, H. Holtzmann[1216] propose la création d'une cour supranationale de contrôle des sentences arbitrales internationales, dotée de juridiction exclusive pour examiner l'existence des griefs indiqués dans l'art. V, CNY[1217]. Cette International Court of Arbitral Awards[1218] serait également apte à recevoir les demandes d'annulation, évitant ainsi que les parties ne soient laissées au gré du siège.
H. Holtzmann propose que le grief de l'ordre public présent dans l'art. V(2)(b) soit remplacé par celui d'*ordre public international.* Ceci nous permet de rappeler qu'une modification de la discipline de la reconnaissance des sentences arbitrales dans Convention de New York paraît indispensable avant d'entreprendre la création de tout organe supraétatique de contrôle, spécialement en ce qui concerne l'existence d'un consensus plus large autour de ses moyens d'annulation[1219].

707. L'idée d'une autorité judiciaire unique avait déjà été évoquée par Ph. Fouchard[1220] en 1965, qui prétend que la question aurait certes pu être posée aux législateurs de 1958, mais qu'elle aurait rendu impossible un accord aussi large que la Convention de New York. D'ailleurs, selon l'auteur, à l'époque, l'état de l'unification du droit international et les conceptions dominantes en matière de souveraineté nationale « rendaient dès l'abord une telle idée chimérique[1221] ».

708. Presque trente ans après, H. Holtzmann affirme croire à ce « rêve impossible[1222] ». Ainsi, si la possibilité d'un tel un mécanisme s'avère encore lointaine, elle n'est plus considérée comme une simple bizarrerie. Bien au contraire, en 1965, la Convention de Washington crée le CIRDI, attribuant à cet établissement la juridiction exclusive pour l'annulation des sentences

---

[1216] HOLTZMANN Howard, « A task for the 21st Century: creating a new international court for resolving disputes on the enforceability of arbitral awards », *in* HUNTER Martin *et al.* (éds.), *The internationalization of international arbitration: the LCIA Centenary Conference.* Graham & Trotman/Nijhoff, 1993, pp. 109 *et seq.*

[1217] *Cf.* n.270 et 271, *supra.*

[1218] C'est la dénomination proposée par Pippa Read (*op. cit.*, p. 187).

[1219] *Cf.* GHARAVI Hamid G., *op. cit.*, pp. 157-162.

[1220] FOUCHARD. Philippe, *L'arbitrage commercial international*, *op. cit.*, p. 510.

[1221] *Ibid.*

[1222] HOLTZMANN Howard, *op.cit.*, p. 109.

rendues sous son administration[1223]. S'il est vrai que le système CIRDI repose sur une exclusion bien plus accentuée des cours étatiques, il n'en reste pas moins un grain de concrétude dans la poursuite du rêve impossible.

709. Le contrôle international des sentences arbitrales pourrait dépasser la rivalité qui existe entre les différentes juridictions souveraines. Toutefois, il suppose une réforme profonde de la Convention de New York, ou bien l'élaboration d'un texte parallèle, ce qui semble difficile actuellement. Ainsi, nous préférons considérer cette idée comme une motivation académique servant à montrer à quel point le système actuel de reconnaissance et d'exécution des sentences peut être problématique, et surtout à quel point il est difficile de recourir à des solutions fondées sur la coordination de ces juridictions. Arrive ainsi logiquement la suggestion d'un autre organisme supranational.

710. Enfin, la présente section nous a permis de montrer comment la doctrine, la jurisprudence et le législateur tentent de mettre en place des mécanismes, souvent issus du droit international privé, pour contenir les manœuvres abusives de l'arbitrage international. Leurs inadaptations surgissent rapidement dans un domaine qui demande une flexibilité et une spécificité incompatibles avec des critères encore trop fondés sur le conflit de lois.

Néanmoins, avant d'examiner comment les critères résultant de la doctrine de l'abus de droit pourraient surmonter ces difficultés, il est indispensable d'examiner la source conceptuelle de cette inadaptation. Autrement dit, présentons les aspects théoriques actuels du raisonnement d'application et d'interprétation de ces mécanismes, qui, en s'opposant aux caractéristiques de la représentation d'un ordre juridique arbitral, ne peuvent qu'être écartés dans toute nouvelle suggestion de critères.

[1223] Il existe même aujourd'hui un mouvement défendant la création d'une Cour d'appel du CIRDI (*Cf.* MILES Kate, « Reconceptualising international investment law: bringing the public interest into private business », *in* LEWIS Meredith Kolsky, FRANKEL Susy (éds.), *op. cit.*, pp. 312 *et seq.*) et, plus largement, une juridiction d'appel de tout le système d'arbitrage commercial. Il s'agirait d'organiser un régime rapide et efficace pour connaître les recours, afin de ne pas supprimer les bénéfices de l'arbitrage tout en lui attribuant une légitimité accrue (sur le problème de la légitimité et les mécanismes d'appel, *cf.* Alec STONE SWEET et Florian GRISEL, *op. cit.*, p. 90). L'idée pourrait encore apporter une plus grande prévisibilité et uniformité des jugements à partir de la formation d'une jurisprudence respectée par les tribunaux arbitraux, spécialement sur des thèmes sensibles, comme la nature de l'investissement étranger ou bien l'état de nécessité économique du pays d'accueil (*Cf.* WELLS Louis T., « Backslash to investment arbitration: three causes », *in* WAIBEL Michael *et al.* (éds.), *op. cit.*, p. 349).

Section II. Les limites théoriques des mécanismes de contrôle de l'arbitrage international

711. L'objectif de cette première partie est de décrire un mouvement dialectique : d'un côté, la construction théorique de l'autonomie de l'arbitrage international ; de l'autre, les comportements pratiques des plaideurs, qui, se valant de la rigidité de cette conception, tentent de retarder ou de vider l'arbitrage.

712. Si, dans la section précédente, nous avons exposé quelques mécanismes mis en place par juges et arbitres pour essayer d'équilibrer cette dichotomie, notre but dans la deuxième partie de cette thèse est de présenter des critères qui nous semblent plus adaptés pour réaliser ce contrôle. Ce faisant, il est indispensable auparavant de comprendre en quoi leur interprétation actuelle est insuffisante.

Désormais, il nous reste à joindre les deux extrêmes du mouvement dialectique annoncé, c'est-à-dire à examiner, dans une perspective théorique, quelles sont les caractéristiques de cette représentation de l'arbitrage international qui entravent l'établissement définitif des mécanismes de contrôle, ce qui nous amènera de fait à proposer un système plus approprié.

713. Ainsi, nous exposerons les principales critiques résultant de l'application encore très théorique de la représentation autonome de l'arbitrage international aux instruments de contrôle examinés ci-dessus (§ 1°), avant de montrer comment ce décalage ouvre des brèches par lesquelles se glissent les abus (§ 2°).

§ 1°. Le conflit entre l'ordre juridique arbitral et l'interprétation présente de ses mécanismes de contrôle

714. Il existe aujourd'hui deux principaux groupes d'obstacles limitant la mise en place d'instruments de contrôle de l'arbitrage international : le premier réside dans l'influence d'une représentation théorique encore trop rigide l'arbitrage international sur le raisonnement interprétatif, qui conduit juges et arbitres dans l'application de ces mécanismes (A), tandis que le deuxième résulte de la configuration même de la société internationale (B).

A. Les limites reposant sur l'interprétation des mécanismes de contrôle

715. Notre critique ne porte pas sur la conception en soi d'un ordre juridique arbitral, mais plutôt sur la manière dont elle est interprétée par les principaux acteurs du système. Examinons donc comment l'influence trop rigide de cette conception aboutit à un raisonnement fondé sur une interprétation à la fois trop générique (1°), trop déductive (2°), et prioritairement amorale (3°).

1°. Un raisonnement généralisant

716. En concluant une étude sur l'autonomie de l'arbitrage international, J.-B. Racine[1224] se demande : « L'arbitrage commercial international n'est-il pas trop autonome ? La recherche de l'efficacité à tout prix n'est-elle pas trop systématique ? » Le juriste répond à ces questions en affirmant que si l'autonomie de l'arbitrage s'explique et se justifie, « peut-être est-on allé trop loin ».

Nous traiterons donc ici du risque que la quête incessante d'autonomie de l'arbitrage international ne devienne un « fantôme académique[1225] ». Par cette métaphore, nous voulons montrer que l'insistance aveugle sur l'autonomie de l'arbitrage international fait souvent prévaloir la généralité théorique sur le souci d'apporter une solution équitable à chacun de ses cas concrets. En revenant à l'idée que nous avons exposée lors de notre introduction, l'on observe à présent un scénario dans lequel la forêt conceptuelle de l'arbitrage international risque de dissimuler les arbres qui ne s'encadrent pas dans son homogénéité.

Ainsi, peut-être que les arbres, plus concrètement, ne sont que les « plaideur[s] déçu[s] » auxquels se réfère Ph. Fouchard en commentant, avec une ironie certaine, la position française sur la reconnaissance des sentences annulées au siège : « Il faut seulement espérer que la cohérence du droit français et la faveur qu'il manifeste ainsi à l'égard des sentences arbitrales rendues à l'étranger soient comprises, *sinon par des plaideurs déçus*, du moins par les auteurs étrangers qui s'étonnent encore de la jurisprudence *Norsolor-Hilmarton*[1226]. »

Il importe peu, dans ce raisonnement, que la déception du plaideur puisse être légitime, tant que la cohérence du système théorique général est maintenue.

1224 RACINE Jean-Baptiste, « Réflexions sur l'autonomie… », *op. cit.*, p. 358.

1225 RENSMANN Thilo, « Anational arbitral awards. Legal phenomenon or academic phantom? », *Journ. Intern. Arb.*, 1998, p. 37.

1226 FOUCHARD Philippe, « Note sous Cour d'appel de Paris (1re Ch. C) 23 octobre 1997 – *Inter-Arab Investement Guarantee Corporation v. Banque arabe et internationale d'investissement SA (BAII)* », *Rev. arb.*, 1998, p. 154, souligné par nous.

717. Cela n'a été que renforcé avec l'arrêt *Putrabali*[1227], dans lequel la Cour de cassation n'hésite pas à appuyer la solution qu'elle propose sur une base effectivement théorique, fondée sur l'existence d'une justice internationale[1228]. Si la délocalisation de la sentence annulée – et postérieurement même substituée en Angleterre – paraît justifier sa reconnaissance en France, c'est surtout aux partisans de la doctrine autonomiste que la solution semble adressée, sans que sa légitimité *inter partes* puisse toujours entraver ce raisonnement.

Comme l'observe P. Pinsolle dans son étude de l'arrêt *Putrabali*, l'approche de la Cour de cassation suppose que « l'efficacité de la sentence arbitrale est sacrifiée au profit d'une cohérence abstraite[1229] ». C'est un raisonnement trop général, fondé sur une conception qui ne devrait renforcer l'autonomie de l'arbitrage qu'à condition de ne pas le faire au détriment de la justice de ses composantes individuelles.

718. On découvre donc une justice qui peut se préoccuper surtout de l'image qu'elle renvoie, soucieuse d'apparaître respectueuse d'un certain cadre théorique, et d'être associée à une logique formelle plutôt qu'à la solution équitable de l'espèce. Il ne suffit pourtant plus d'affirmer un droit ou une obligation ; il faut les mettre en pratique à l'aune d'un regard individuel.

Rappelons à ce sujet la célèbre phrase mentionnée par le tribunal arbitral dans l'affaire *Libananco*, afin de réprimander la République de Turquie pour ne pas avoir essayé d'éviter que ses autorités criminelles ne menacent l'intégrité d'une procédure CIRDI : « Il ne suffit pas que la justice soit faite, elle doit aussi être manifestement perçue comme ayant été faite[1230]. »

Ce souci de l'apparence de justice est naturel dans un raisonnement qui priorise l'encadrement de la solution obtenue pour le cas concret dans un schéma théorique de légitimation. Il est cependant curieux de noter que dans l'affaire *supra* citée, il s'agit surtout pour l'État défendeur de montrer au tribunal une véritable volonté de protéger la procédure arbitrale, et non seulement une simple « intention » de le faire. Le tribunal adopte ainsi une posture remarquable, dans une recherche concrète d'équité.

719. La recherche de mécanismes de subsomption du problème à une norme générique, dans le sens d'une légitimation apparente, n'est que plus grave dans des domaines qui, comme l'arbitrage international, ne disposent pas d'un nombre suffisant de solutions propres. Les juges et les arbitres doivent alors recourir à des mécanismes qui bénéficient déjà d'un

---

[1227] *Cf.* n.324.

[1228] Cette perspective découle des propos de Philippe Pinsolle dans « The status of vacated awards in France: the Cour de cassation decision in *Putrabali* », *op. cit.*, p. 276.

[1229] *Ibid.*, p. 290. Traduction libre. Dans l'original : « *The difficulty with this approach is that the efficiency of the award is sacrificed for the sake of an abstract consistency.* »

[1230] Affaire Libananco (n.60, *supra*), par. 79. Traduction libre. Dans l'original : « *[...] it is not enough that justice should be done, it must also manifestly be seen to be done.* »

encadrement théorique, même si cette théorie ne répond pas encore parfaitement aux nécessités pratiques de l'arbitrage international. Ceci explique l'application courante des méthodes plus traditionnelles du droit international privé dans ce domaine.

Dans ces cas, comme le note un magistrat américain dans une étude sur l'internationalisation du droit en France et aux États-Unis, « la plus grande différence que je perçois dans mon travail entre les États-Unis et l'Europe continentale, c'est qu'aux États-Unis, en tant que juge, je suis directement confronté aux problèmes, et non à la théorie des problèmes[1231] ».

720. En effet, même si les méthodes du *common law* suscitent tout aussi bien des critiques concernant l'application de certains mécanismes de contrôle des dérives du système (par exemple, les problèmes liés au *forum non conveniens*[1232] ou aux *anti-suit injunctions*[1233]), il est indéniable que le *case law* offre un raisonnement bien plus adapté aux exigences d'un ordre encore si diffus que celui de l'arbitrage international. L'insertion des solutions proposées dans une théorie préexistante n'est pas une priorité.

L'influence romano-germanique dans l'arbitrage international pose un problème : chaque affaire concrète peut difficilement créer une légitimation propre, fondée sur le simple intérêt des parties et, plus précisément, sur la volonté que celles-ci matérialisent dans la convention arbitrale. Au sein d'un ordonnancement codifié comme ceux du *civil law*, chacune des situations ne représente que des « droits », lesquels n'existent que dans le cadre d'un « Droit », pour reprendre la distinction faite par L. Josserand[1234].

Les instruments visant à éviter les dérives de la justice arbitrale souffrent de leur soumission trop forte à un « Droit » dont la construction est récente – et hésitante. Bien que ce système serve à éviter que l'arbitrage international ne soit soumis à l'arbitraire de la *societas mercatorum*, au risque de devenir un simple « produit marchand[1235] », l'inclusion des différents « droits » en tant que parties immanentes de cette théorie devra permettre d'élaborer des solutions spécifiques aux besoins de l'arbitrage.

721. Pour l'instant, au contraire, on risque d'afficher l'autonomie de l'arbitrage international dans des solutions concrètes comme une forme

---

[1231] BREYER Stephen, « Le principe de laïcité devant la Cour suprême des États-Unis », *in* CANTEGREIL Julien (coord.), *Regards croisés sur l'internationalisation du droit : France-États-Unis*, Paris : Société de législation comparée, 2009, p. 53.

[1232] *Cf.* n.633 *et seq., supra.*

[1233] *Cf.* n.504 *et seq., supra.*

[1234] JOSSERAND Louis, *De l'esprit des droits et de leur relativité : théorie dite de l'abus des droits*, Paris : Dalloz, 2006 (1939), p. 327.

[1235] « Il n'est pas davantage utile d'insister sur les "inquiétantes dérives" affectant la justice arbitrale, lesquelles tiennent autant à l'existence unanimement dénoncée de "déviations processuelles" qu'à la tendance de l'institution elle-même "à n'être plus qu'un produit marchand" » (BOLLÉE Sylvain, *Les méthodes…, op. cit.*, p. 83).

juridique vide de contenu, ou au moins vide d'un contenu de « droit ». C'est ce que P. Bourdieu nomme « l'autonomie absolue de la forme juridique par rapport au monde social[1236] ». Il en ressort une organisation théorique prétendument parfaite, dans laquelle les incohérences, les antinomies ou les ambiguïtés ne sont dues qu'aux erreurs d'interprétation, mais jamais à la loi, au « Droit ».

Un juge qui prononce une injonction pour protéger une procédure arbitrale, celui qui refuse de tenir compte de l'autorité de chose jugée d'une décision étatique en violation de la clause compromissoire, ou encore celui qui ne tient pas compte d'une annulation étrangère de la sentence, tous le font non seulement en s'appuyant sur le texte légal, mais surtout au nom d'une autonomie de l'arbitrage construite à partir de la généralité théorique.

722. Or, comme cette théorie ne peut encore répondre à tous les besoins, c'est surtout vers les domaines les plus courants et consacrés que l'interprète est conduit face à ces hypothèses *sui generis*, objet même de notre étude. Voilà pourquoi des mécanismes comme la litispendance ou la *res judicata* finissent par être associés à la méthode conflictuelle du droit international privé, ne répondant pas au caractère véritablement transnational d'un ordre juridique arbitral. Après tout, comme l'affirme un des grands anthropologues américains, « l'Homme est une créature suspendue dans une toile qu'il a lui-même tissée[1237] ».

2°. Un raisonnement déductif

723. En plus d'être encore trop attachée à la généralité de la théorie, l'interprétation de ceux qui sont confrontés aux distorsions de l'arbitrage international reste fondée sur un raisonnement prioritairement déductif. Ce n'est, à vrai dire, qu'un corolaire à l'exposé ci-dessus. Le risque est qu'au lieu de tenter de construire la règle à partir de la solution la plus juste se rapportant à chaque cas concret, les exagérations d'un ordre juridique arbitral finissent par forcer l'encadrement de l'espèce dans une logique autonomiste.

Empruntons les paroles de H. Sainte-Claire : « Toutes les fois que l'on découvre un fait exceptionnel, le premier devoir imposé à l'homme de science est de faire tous les efforts pour le faire rentrer dans la règle commune[1238]. » Dans notre cas, ces faits exceptionnels correspondent aux

---

[1236] BOURDIEU Pierre, « La force du droit, éléments pour une sociologie du champ juridique », *ARSS*, 1986, n°64, p. 3.

[1237] GEERTZ Clifford, *Local Knowledge*: *further essays in interpretative anthropology*, New York : Basis Books, 1983, p. 182. Traduction libre. Dans l'original : « *Man is a creature suspended in a web that he himself has spun.* »

[1238] SAINTE-CLAIRE DEVILLE Henri-Étienne, *Recherche sur la décomposition des corps par la chaleur et la dissociation*, Bibliothèque universelle. Archives, nouvelle période, t. IX, 1860, p. 59. *Apud* ; BOLLÉE Sylvain, *Les méthodes*..., *op. cit.*, p. 165.

dérives examinées dans le premier chapitre de ce titre, que les mécanismes examinés dans ce deuxième chapitre essaient d'encadrer dans une conception commune.

724. Il est pourtant vrai que dans un environnement aussi informel et peu réglementé que celui de l'arbitrage international, la construction d'un système commun peut fournir une sécurité indispensable aux parties qui se lancent dans la résolution d'un litige extraétatique. Cependant, la procédure arbitrale est aussi une alternative que les parties choisissent pour recevoir une solution personnalisée, qui ne peut en revanche que très difficilement dériver d'un raisonnement purement déductif.

725. En plus de la spécificité recherchée dans l'arbitrage, H. Batiffol rappelle que dans le domaine du droit international, malgré « la persistance du raisonnement déductif "montant" les règles de droit en système », « l'*empirisme utilitariste* fait trop ses preuves quotidiennement pour qu'on le récuse, et la *téléologie* à laquelle il aboutit assure sa validité[1239] ». Nous recherchons ce quotidien, cette exception qui a tant de mal à être cernée par la règle, et qui finit donc sacrifiée au nom d'un ordre pourtant illusoire.

726. Des décisions comme celle de la CJCE dans *West Tankers*[1240] contribuent à créer le principe – *in casu*, celui de l'incompatibilité des *anti-suit injunctions* en matière d'arbitrage avec le Règlement n°44/2001 ; toutefois, il ne faudrait pas que cette règle se replie sur elle-même, ni que la crainte de l'instabilité de la coopération judiciaire européenne ne constitue un obstacle à une recherche empirique future. Ici, en plus d'un raisonnement déductif, c'est la cristallisation trop précoce des solutions axiologiques qui doit être évitée.

Au contraire, la fragilité résultant d'un ordre juridique arbitral naissant risque d'empêcher que le système reste ouvert à des hypothèses contraires à sa logique, préférant simplement ratifier celles qui lui permettent de renforcer sa validité. Les autres sont négligées, pour n'en faire que des exceptions.

727. Néanmoins, dans un système englobant plusieurs juridictions parallèles – étatiques et arbitrales – la simple abstraction des manifestations autour de la sentence, par exemple au profit des seules conditions de l'exequatur, consiste déjà dans l'imposition déductive d'un système national incompatible avec la formation d'un ordre transnational.

728. Le mouvement double dont nous parle Ch. Jarrosson n'est donc plus présent : « Le conceptualisme impose un mouvement ascendant et descendant, qui mène de la réalité au concept, puis du concept à la réalité.

[1239] BATIFFOL Henri, *Aspects philosophiques…*, *op. cit.*, p. 285.

[1240] *Cf.* n.604.

La connaissance et l'étude d'une portion de la réalité permettent (c'est le mouvement ascendant) une généralisation grâce à un effort d'abstraction[1241]. » Au contraire, c'est plutôt à un mouvement typique de l'historicisme que l'on assiste, où l'individualité et la variété de l'homme ne sont plus considérées comme une série de faits transformateurs, mais réduites à de simples constructions évolutives et conceptuelles[1242].
C'est ce mouvement ascendant dans la formation du *concept* d'ordre juridique arbitral que les interprètes paraissent oublier dans leur confrontation avec les dérives arbitrales. Il faut au moins considérer le cas concret, encore que cela ne serve qu'à rejeter son insertion dans le système. La simple affirmation de la délocalisation d'une convention, d'une procédure ou d'une sentence, sans un examen ponctuel, ne peut contribuer dans ce sens.

729. Ainsi, des critères favorisant un raisonnement inductif peuvent non seulement profiter des contributions théoriques résultant des cas exceptionnels, comme ces derniers permettent encore de rappeler que tout système est construit *pour leur être utile*, ressuscitant un certain utilitarisme si marginalisé par la beauté du conceptualisme.

730. Pourquoi essayer d'expliquer l'autonomie de la sentence arbitrale par les schémas théoriques les plus divers, quand on peut simplement rappeler que le but d'un ordre juridique arbitral est de faciliter la circulation et la reconnaissance de ces actes juridiques ? L'autonomie pourrait-elle alors n'être « qu'une notion instrumentalisée au gré des politiques poursuivies[1243] ? » À cette dernière question, J.-B. Racine répond par l'affirmative, précisant que « c'est très certainement le choix effectué par la jurisprudence au détriment de la cohérence des instruments juridiques[1244] ».
La cohérence des instruments juridiques représente un système qui doit être dépassé pour que les mécanismes existants puissent s'adapter aux besoins de l'arbitrage international. C'est la condition pour qu'ils ne demeurent pas les transpositions difformes d'outils imaginés dans un autre contexte. Nous revenons alors à notre conception d'ordre juridique arbitral comme un instrument interprétatif, et non pas seulement comme un système de production normative en boucle[1245].

1241 JARROSSON Charles, *La notion d'arbitrage*, *op. cit.*, p. 218. Sur ce thème, *cf.* GESSNER Volkmar, BUDAK Ali Cem (éds.), *Emerging legal certainty: empirical studies on the globalization of law*, Aldershot/Brokfield : Ashgate, 1998.

1242 C'est un mouvement très présent dans le droit international actuel, comme l'a bien observé L. Gama Jr. dans son analyse des prémisses théoriques pour l'application des principes UNIDROIT aux contrats internationaux (GAMA Jr. Lauro, *Contratos internacionais à luz dos princípios do UNIDROIT 2004: soft law, arbitragem e jurisdição*, Rio de Janeiro : Renovar, 2006, p. 49).

1243 RACINE Jean-Baptiste, « Réflexions sur l'autonomie… », *op. cit.*, p. 317.

1244 *Ibid.*

1245 *Cf.* n.201 *et seq.*, *supra*.

731. Enfin, les motifs qui justifient la conception d'un ordre juridique arbitral doivent certainement orienter l'examen du cas concret ; cependant, l'espèce ne doit pas simplement constituer un objet taxonomique, mais aussi un prétexte pour l'évolution permanente du système, dans un *moto perpetuum* qui évitera qu'il ne rouille.

3°. Un raisonnement amoral

732. Le troisième obstacle dans l'interprétation actuelle des mécanismes de contrôle des dérives de l'arbitrage international consiste en une posture encore trop mécanique vis-à-vis des parties, écartant tout jugement moral. L'on oublie souvent que tout plaideur est d'abord un être humain, et même s'il saisit une cour ou un tribunal arbitral poursuivant des intérêts légitimes, il est tout aussi bien susceptible de le faire pour des raisons moins nobles[1246]. Le problème n'est donc pas que les juges ou les arbitres présument toujours un comportement légitime ou illégitime ; au contraire, l'ennui est qu'ils ne paraissent pas considérer cette question comme prioritaire, préférant recourir à la facilité d'un schéma théorique de légitimation. Pourtant, le temps où l'on affirmait le droit de la procédure comme un système purement amoral est bien révolu[1247].

733. En préfaçant la réédition de 2002 de l'œuvre de Santi Romano, P. Mayer s'interroge sur les raisons exactes qui expliquent la construction d'un ordre juridique en écartant les éléments subjectifs : « Le plus étrange n'est-il pas finalement cet acharnement à exclure jusqu'à la moindre parcelle de réalité vivante de la définition d'un phénomène qui caractérise, malgré tout, la vie de l'homme en société[1248] ? » Même si P. Mayer note que Santi Romano a tout fait pour résister à ce dogmatisme, c'est une tendance des constructions récentes, dans lesquelles le jugement moral semble contaminer les plus belles constructions scientifiques avec une certaine « imprécision humaine ».

734. Rares sont les décisions que nous avons examinées tout au long de cette partie dans lesquelles juges ou arbitres tirent leurs conclusions du

---

[1246] Pour une perspective générale de l'importance de l'examen psychologique des parties dans l'arbitrage international, *cf.* Shari Seidman DIAMOND, « Psychological aspects of dispute resolution issues for international arbitration », *in* VAN DEN BERG Albert Jan (éd.), *International commercial arbitration: important contemporany questions*, ICCA Congress Series, 2002, London. London : Kluwer Law International, 2003, p. 326.

[1247] C'est ce qu'affirmait J. Goldschmidt, en°1925 (*Der Prozess als Rechtslage*), cité par Burkhard HESS, « Abuse of procedure in Germany and Austria », *in* TARUFFO Michele (éd.), *op. cit.*, p. 155.

[1248] *Ibid.*, p. VIII. Sur l'importance de la morale comme valeur de base d'un ordre international, *cf.* not. Bruce JONES, Carlos PASCUAL, Stephen John STEDMAN, *Power & Respponsability: building international order in an era of transnational threats*, Washington DC : Brookings Institution Press, 2009, pp. 8 *et seq.*

comportement subjectif d'une partie tentant d'échapper à l'arbitrage ou même des circonstances qui puissent présumer ce comportement. Que ce soit dans le prononcé d'une mesure provisoire, dans la concession d'une *anti-suit injunction*, ou dans la reconnaissance d'une sentence, l'*intention* d'une partie de profiter de l'autonomie du système pour retarder ou vider l'arbitrage n'est pas une variable prise en compte.

735. Si la recherche de l'intention peut certainement poser des difficultés – que nous examinerons dans la deuxième partie[1249] –, elle permet une approche fondamentale des parties dans un domaine comme celui de l'arbitrage international, dans lequel leur volonté est placée au sommet de la pyramide. Non seulement la bonne foi des sujets, mais aussi le simple respect de la convention arbitrale, sont des éléments qui ne peuvent que perfectionner l'application des critères de contrôle de l'ordre juridique arbitral.

D'ailleurs, au début du XXe siècle, Ripert observe déjà que « l'évolution du droit civil ne tend nullement à éliminer la recherche de l'intention. Bien au contraire, ce droit se perfectionne dans la mesure où il peut tenir compte de la bonne foi des sujets de droit[1250] ». Que dire alors dans un domaine encore plus libéral et volontariste comme celui de l'arbitrage international, au début du XIXe siècle ? Comment explique-t-on, partant, que les solutions actuelles restent si peu attachées à l'intention des parties dans les procédures étatiques parallèles à l'arbitrage ?

Ici, les preuves (même circonstancielles) qu'une *anti-arbitration injunction* ou qu'un recours en annulation de la sentence dans le siège ont été demandés dans le but de se soustraire à la clause compromissoire ou à la condamnation ne constituent pas des éléments fondamentaux pour leur interprétation. Les juridictions compétentes préfèrent souvent s'appuyer sur une autonomie amorale de la convention et de la sentence.

736. Par conséquent, s'il est temps de se recentrer sur les valeurs de base de l'arbitrage, comme le suggère B. Hanotiau[1251]. Il ne s'agit pas seulement d'élire les arbitres et les institutions d'arbitrage comme garants de ces valeurs, mais spécialement les parties, dont l'examen des volontés respectives devient fondamental pour la continuité du système. Ce sont les comportements abusifs se valant de l'autonomie du système qui mettent ses valeurs en danger.

À notre avis donc, revenir aux bases de l'arbitrage signifie revenir à un raisonnement moral qui a progressivement disparu derrière le confort des

---

[1249] *Cf.* spéc. n.805 *et seq.*, 830 *et seq.*, 839 *et seq.*, 879 *et seq.*, 902, 1062 *et seq.*, *infra*.

[1250] RIPERT Georges, *La règle morale dans les obligations civiles*, 4e éd., Paris : LGDJ, 1949, pp. 290-291.

[1251] HANOTIAU Bernard, « L'arbitre, garant du respect des valeurs de l'arbitrage », *in* AKSEN Gerald *et al.* (éds.), *Global reflections on international law, commerce and dispute resolution:* liber amicorum *in honour of Robert Briner*, Paris : ICC Publisihing, 2005, p. 366.

schémas théoriques. Ceux-ci posent un problème en ce qu'ils tentent une généralisation au sein d'une société internationale encore trop fragmentée, et, pis, dans un champ d'étude tel que l'arbitrage international, un ordre à part, dans lequel chaque procédure revêt un caractère tout à fait particulier.
Dans ces hypothèses, R. Saleilles[1252] observe en 1905 que ce qui prête à l'arbitraire et à l'incertitude, c'est de devoir délimiter les droits non tant par l'intention de nuire des parties, mais à partir de convenances sociales et des exigences d'équité différemment appréciées dans chaque ordre juridique. Plus d'un siècle après, est-ce une coïncidence de voir transparaître dans les mécanismes de contrôle de l'arbitrage international cette quête de critères uniformes ? Et l'ordre juridique arbitral, dans son interprétation statique, pourrait-il n'être qu'une convenance sociale ?

737. Il est bien évident, et nous ne le répéterons jamais assez, que la conception, en soi, d'un ordre juridique arbitral n'est pas en question ici. Nous contestons la forme trop abstraite de sa mise en place dans la recherche d'un équilibre entre autonomie et intervention étatique. La volonté des parties, leur intention, et les circonstances de celles-ci, semblent inexplicablement passées au deuxième plan, ces éléments qui, ironiquement, représentent la source obligationnelle de l'arbitrage.
En outre, la légitimité de n'importe quel ordre ou système juridique dépend de l'acceptation de ses sujets de droit, c'est-à-dire de la correspondance entre ses principes et, dans l'expression de H. L. Hart, la « moralité conventionnelle[1253] » des parties. Les distorsions de l'ordre juridique arbitral peuvent donc être interprétées exactement comme un moment de décalage entre les règles établies par ce système et leur (non) acceptation par ses sujets de droit. Comment alors contrôler ses dérives sans un instrument fondé sur un rapprochement de l'élément subjectif ?

738. Dans un ordre juridique transnational, la morale joue un rôle qui ne peut être négligé. Dans une conception purement délocalisée de la procédure, les arbitres ne seraient limités par l'ordre public d'aucun État, et accorderaient plus de place aux jugements moraux, qui culminent dans les arbitrages d'équité[1254]. Ainsi, même si des juges confrontés à des procédures parallèles sont soumis au respect de leur ordre interne, cela ne les empêche pas d'incorporer dans leur raisonnement cet aspect subjectif, qui justifiait au départ le choix des parties pour l'arbitrage international.

739. Voici, enfin, la dernière et peut être la plus importante des valeurs nécessaires dans l'interprétation de juges et arbitres face au dialogue entre un ordre arbitral autonome et les cours étatiques. C'est donc vers des critères

---

[1252] SALEILLES Raymond, *De l'abus de droit : rapport présenté à la première sous-commission de la Commission de révision du Code civil*, Paris : Arthur Rousseau Éditeur, 1905, p. 25.
[1253] HART H. L. A., *op. cit.*, p. 196.
[1254] *Cf.* COURT DE FONTMICHEL Alexandre, *L'arbitre, le juge…*, *op. cit.*, p. 203.

qui peuvent incorporer ces caractéristiques que nous nous orienterons dans la deuxième partie de cette thèse, dans le renouveau d'un élément subjectif dont l'effacement au profit de l'ordre est paradoxal avec l'embryon volontariste de l'arbitrage international[1255].

B. Les limites reposant sur la disparité d'interprétations des mécanismes de contrôle

740. Après avoir parcouru les trois caractéristiques intrinsèques du raisonnement qui limitent l'application des mécanismes de contrôle à l'arbitrage international, il nous reste ici à examiner quels sont les traits de la société internationale qui renforcent le problème : d'un côté, l'isolement des ordres juridiques, dû au manque de critères transnationaux, résultant dans le choix récurrent d'une méthode conflictuelle (1°) ; de l'autre, au contraire, la superposition désordonnée de règles juridiques de différentes natures, créant un scénario kafkaïen (2°).

1°. L'isolement des différents ordres juridiques

741. Si ce problème de l'isolement des différents ordres nationaux dans l'effort d'identification et de sanction des dérives arbitrales s'est déjà révélé entre les lignes de cette première partie, abordons-le ici de manière explicite. Cela se fait sentir très clairement dans la mise en place de mécanismes comme la *lis pendens*, ou encore dans les tentatives de dialogue entre le juge de contrôle et celui de l'exequatur. Le réseau de communication qui permettrait de saisir le comportement des parties en dehors de leur reflexe étatique est encore inefficient.
Cela se manifeste principalement dans des phénomènes comme le *forum shopping international*, qui, n'étant pas frauduleux *per se*[1256], résulte d'interprétations étatiques – et étanches – du comportement des parties, sans une vision qui puisse rendre compte de leurs mouvements transnationaux. Ainsi, en partant de la définition de *forum shopping* présentée par B. Audit[1257], consistant à saisir un juge étranger pour obtenir de lui ce que

---

[1255] L'idée d'un paradoxe est aussi bien exposée par F. Grisel, non dans le cadre de la morale, mais dans celui de l'autonomie, qui, selon l'auteur, ne peut qu'être contraire à l'appui constant de l'arbitrage international sur un ordre préconstitué (« Le droit arbitral présente donc une forme de paradoxe : son développement prend appui contre un ordre juridique, tandis que son existence même en est intrinsèquement autonome. » GRISEL Florian, *op. cit.*, p. 231).

[1256] C'est la position affirmée par la CJCE, *Inspire Art. Ltd.*, affaire C-167/01, 30 sept. 2003, *Rec. CJCE*, 2003, I, p. 10155.

[1257] AUDIT Bernard, *op. cit.*, p. 53. C'est une définition qui apparaît déjà en°1971, dans l'affaire anglaise *Chaplin v. Boys* ([1971] AC 356) dans les propos de Lord Pearson. Présentons-la dans l'original, en anglais, car B. Audit emploie pratiquement les mêmes expressions en français : « *[A] plaintiff bypassing his natural forum and bringing his action in some alien forum which*

l'on ne peut pas obtenir de son juge naturel, il est clair que seul un isolement des critères peut apporter des solutions différentes à partir du même bien-fondé[1258].

Non seulement le *forum shopping* est une preuve quasi naturelle de cet isolement, de la même manière que l'on assiste, depuis une dizaine d'années, à une véritable course législative pour attirer un nombre croissant d'arbitrages sur des places « *arbitration-friendly*[1259] ». Sans nier l'importance de ces réformes, elles prouvent pourtant une évolution souvent parallèle et rarement convergente de chaque juridiction. Il n'est donc pas facile d'imaginer les moyens d'une coopération plus intense pour éviter des manœuvres abusives, dans un contexte où chaque État se vaut justement de l'originalité de ses législations pour développer ses stratégies de marketing[1260].

Bien que la principale stratégie consiste à proposer le détachement des éléments de l'arbitrage international des ordres étatiques au profit de critères transnationaux de contrôle, elle reste encore trop teintée de nationalisme. Autrement dit, on n'hésite pas à affirmer qu'une sentence peut être reconnue même en ayant été annulée par une décision étatique étrangère, mais accepterait-on avec le même naturel qu'une sentence annulée par nos propres juridictions soit reconnue par un autre État ?

742. Cette situation n'est que renforcée par l'existence de textes internationaux qui insistent encore sur les critères locaux, comme les arts. V(1)(e)[1261] et V(2), CNY[1262], fondés sur des griefs d'annulation de la

---

would give him relief or benefits which would not be available to him in the natural forum. » Selon Lord Simon of Glaisdale dans l'affaire *The Atlantic Star*, « le *forum shopping* n'est pas un motif de surprise ou d'indignation » ([1974] AC 436, p. 471).

1258 Selon A. Nuyts, « dans la société internationale actuelle qui se caractérise par la coexistence de systèmes juridiques différents comportant chacun leur propre réglementation matérielle des rapports de droit privé, les parties qui sont confrontées à une loi qui les gênent peuvent être tentées de se placer sous l'empire d'une autre loi qui leur convient mieux » (NUYTS Arnaud, « *Forum shopping* et abus du *forum shopping* dans l'espace judiciaire européen », *in Mélanges John Kirkpatrick*, Bruxelles : Bruylant, 2004, p. 746).

1259 Citons, ces dernières années, la réforme de 1996 du droit anglais, celle de Hong Kong en 2011, celle de l'Irlande en° 1997, celle de l'Écosse en 2010, celle du Pérou en 2008, celle du Brésil en° 1996, la loi espagnole de 2003, celle de Suède en° 1999, celle du Portugal en 2012, la réforme du droit de l'arbitrage italien en 2006, la réforme du droit français en 2011, etc. Dans le sens contraire, dans un des rares efforts d'unification et d'harmonisation de l'arbitrage international, citons les nouvelles règles suisse d'arbitrage international, en vigueur depuis le 1er juin 2012. Le texte, basé sur les règles suisses de 2004, qui unifiait déjà les plusieurs chambres de commerce cantonales, ainsi que les règles d'arbitrage, est encore plus ambitieux, et crée une Chambre suisse d'arbitrage international, entité indépendante de toutes les chambres régionales, et qui sera désormais compétente pour administrer les procédures introduites sous les règles d'arbitrage suisse (*cf.* SCHERER Matthias, « Revised Swiss Rules of International Arbitration Enter Into Force », *Kluwer Arbitration Blog*, 31 mai 2012).

1260 *Cf.* LYNCH Katherine, *op. cit.*, p. 273.

1261 *Cf.* n.271, *supra*.

sentence arbitrale résultant de configurations purement nationales. Même les griefs qui auraient pu jouir d'une construction matérielle supranationale, comme ceux indiqués par les lettres « a » à « d », de l'art. V(1), CNY[1263], sont imbriqués dans une logique purement conflictuelle, reposant sur des critères *nationaux* de validité de la convention, de notification des parties, de régularité de la procédure, de respect au principe de la contradiction, etc. Pour l'instant donc, l'interprétation des conventions internationales s'effectue à partir des définitions, des techniques, et des concepts particuliers à chaque nation[1264], sans reposer sur un « véritable droit international privé matériel transnational, voire universel qui s'élabore en matière d'arbitrage international[1265] ». Penser que les mécanismes que nous avons étudiés s'appuient sur des critères « universels » serait, selon l'expression d'A. Kassis, « prendre ses désirs pour des réalités[1266] ».

743. Au contraire, le concept de *transnational* devrait être utilisé en opposition à celui d'*international*, justement pour rendre compte non seulement d'une préoccupation interétatique dans les efforts de contrôle de l'arbitrage international, mais également d'un souci effectivement *commun* aux différentes juridictions concernées, dès la convention et jusqu'à la sentence[1267].

744. Il n'existe donc pas aujourd'hui de volonté commune dont l'objectif serait exclusivement la justice matérielle des parties. Au contraire, on assiste à une multiplication des compréhensions individuelles du problème. Si celles-ci peuvent considérer la position d'une autre juridiction, c'est à condition de placer la cohérence de leurs ordonnancements respectifs au-dessus de la cohérence matérielle de la solution concrète pour les parties[1268].
Rappelons qu'E. Jayme, en introduisant son cours à l'Académie de La Haye, en 1995, affirmait déjà la nécessité de concilier la diversité des lois étatiques avec « les solutions justes dans la communauté internationale[1269] ». Selon lui, ce serait la raison d'être du droit international privé. Or, plus de dix ans après, et même dans un domaine qui pourrait échapper à la méthode

---

[1262] *Cf.* n.273, *supra.*
[1263] *Cf.* n.270, *supra.*
[1264] KASSIS Antoine, *Problèmes de base de l'arbitrage : en droit comparé et en droit international*, Paris : LGDJ, 1987, p. 375.
[1265] *Ibid.*
[1266] *Ibid.*
[1267] Sur cette perspective du concept de transnational, *cf.* Andrew BELL, *op. cit.*, p. 3.
[1268] L'approche encore trop imprégnée par les méthodes conflictuelles est soulignée par L. Gama Jr. quant à l'application des principes UNIDROIT. Le juriste rappelle comme circonstance aggravante, que les juristes ne reçoivent souvent qu'une formation limitée dans le droit international, ce qui rend encore plus difficile la perspective de ce dialogue (GAMA Jr. Lauro, « Prospects for the UNIDROIT Principles in Brazil », *op. cit.*, p. 617).
[1269] JAYME Erik, *op. cit.*, p. 39.

conflictuelle, la coordination des ordres étatiques isolés semble encore prioritaire sur la recherche d'une solution matérielle juste.

745. À cet effet, parmi tous les mécanismes que nous avons présentés jusqu'ici, les tentatives de dialogue sur la portée internationale de la sentence annulée sont peut être celles qui témoignent le plus clairement de cette « cacophonie[1270] ».

Le droit français de l'arbitrage, qui n'a pas adopté l'existence d'une décision étrangère d'annulation parmi les causes d'inefficacité des sentences arbitrales[1271], et cela en dépit des justifications théoriques de la solution[1272], place le pays à un rang minoritaire quant aux critères de contrôle des dérives arbitrales. Au contraire, la plupart des ordres nationaux ont simplement internalisé les dispositions de la Convention de New York ou de la Loi-type de la CNUDCI, qui prévoient ce grief comme motif pour le refus de reconnaissance d'une sentence arbitrale.

Selon A. Kassis, le schéma français révèle un système à « deux poids, deux mesures[1273] », car s'il autorise l'annulation de la sentence internationale rendue en France[1274], il ne reconnaît pas la décision étrangère d'annulation de cette même sentence. Autrement dit, le droit français adopte une position plutôt nationaliste de protection de son ordre interne devant une sentence internationale rendue dans son territoire et une position plutôt « transnationaliste » dans le rejet de la décision étrangère d'annulation.

C'est peut être le « chacun pour soi » dont parle B. Oppetit[1275] en examinant l'affaire *Hilmarton*. Selon lui, « sous la couleur du "libéralisme", de la "répartition internationale des compétences" ou de la "coordination", il s'agit pour l'essentiel, de laisser chaque État fixer souverainement l'étendue du contrôle qu'il entend pratiquer sur les sentences internationales sans avoir à se soucier du contrôle exercé dans les autres pays étrangers sur les mêmes sentences[1276] ».

746. Difficile alors d'expliquer, au temps de la globalisation, une certaine indifférence d'un État confronté à une décision étrangère annulant une sentence à laquelle il accordera l'exequatur[1277]. Insistons : il ne s'agit pas d'avaliser systématiquement cette décision étrangère, ou de ne jamais le

---

1270 Bollée Sylvain, *Les méthodes…*, *op. cit.*, p. 264.

1271 Aujourd'hui, art. 1520, CPC (*cf.* n.641, *supra*).

1272 *Cf.* n.296 *et seq.*, *supra*.

1273 Kassis Antoine, *L'autonomie de l'arbitrage…*, *op. cit.*, p. 525.

1274 Encore que cette possibilité, avec la réforme de 2011, soit devenue une disposition pouvant être écartée par convention spéciale des parties (art. 1522, CPC, *cf.* n.513, *supra*).

1275 Oppetit Bruno, « Note sous Cour de cassation (1re Ch. civ.) 23 mars 1994 – *Société Hilmarton v. société OTV* », *Rev. Crit. DIP*, 1995, pp. 359-360.

1276 *Ibid.*

1277 *Cf.* Gharavi Hamid G., *op. cit.*, p. 123.

faire ; au contraire, nous suggérons ici qu'elle puisse au moins être connue et incorporée au raisonnement du juge de contrôle.

D'ailleurs, le président Ancel[1278] est conscient du problème, ce qui ressort clairement de son rapport dans l'affaire *Putrabali*. Ce ne sont pas, selon lui, des affaires comme *Hilmarton* qui créent le désordre, « mais la disparité des critères d'appréciation de la régularité des sentences ». Il ajoute que les motifs d'annulation locaux ne peuvent avoir d'effets internationaux.

Or, le problème de l'isolement que l'on voit souvent en France réside dans le fait que la jurisprudence ne dispose pas d'instruments permettant d'identifier quels griefs d'annulation sont issus des textes locaux et lesquels ont des effets transnationaux. Au contraire, cette jurisprudence préfère se fier à un support théorique affirmant la délocalisation de la sentence par sa seule nature internationale, comme si la fragilité de cette représentation empêchait d'approfondir l'examen de ses causes d'annulation dans l'ordre étranger.

747. C'est donc un genre de « *no-man's land* éthique[1279] » qui prévaut aujourd'hui au niveau des mécanismes de contrôle des abus dans l'arbitrage international. On néglige le raisonnement fondé sur des critères transnationaux, qui tiennent comme priorité la réalisation de la justice individuelle des parties dans l'arbitrage, renvoyant au second plan la préoccupation de la correspondance entre la solution et une justice étatique.

748. En concluant son œuvre classique, H. Batiffol rappelle que « l'expérience est trop bien acquise que le repliement sur soi-même est la ruine de l'homme moral, c'est-à-dire de l'homme[1280] ». *Mutatis mutandis*, cela correspond parfaitement au risque de repliement des États devant un phénomène transnational par nature. La justice dans l'arbitrage international dépend donc de critères qui, tout en respectant les souverainetés, seraient en mesure d'introduire la flexibilité nécessaire pour que le cadre se plie à son contenu.

2°. La superposition des règles juridiques

749. La superposition que nous présenterons ici résulte d'un réflexe dû à l'isolement des différents ordres juridiques, qui conduit à la prolifération d'un nombre croissant de règles et principes applicables au contrôle de l'arbitrage international, issues des sources les plus différentes, sans qu'elles soient intégrées.

[1278] ANCEL Jean-Pierre, Rapport sous Cass., 1re Ch. civ., 29 juin 2007, *Société PT Putrabali Adyamulia v. Monsieur le Procureur Général près la Cour d'appel de Paris ; Société Moguntia Est Épices ; société Rena Holding, anciennement dénommée Est Épices*, *Rev. arb.*, 2007, p. 510.

[1279] ROGERS Catherine, « Fit and function in legal ethics: developing a code of conduct of international arbitration », *Mich. Journ. Int. L.*, 2002, v. 23, p. 342.

[1280] BATIFFOL Henri, *Aspects philosophiques…*, *op. cit.*, p. 334.

750. Ainsi, la procédure arbitrale se perd dans cet emmêlement de normes, soit en se rapprochant des règles de droit interne, dans un processus de judiciarisation, soit en se rapprochant des règles transnationales. La plupart du temps, c'est la superposition désordonnée de tous ces dispositifs qui rend complexe la sanction des comportements abusifs.

751. Dans la prévalence des règles nationales ou transnationales, il existe aujourd'hui un véritable bras de fer entre internationalisme et régionalisme. Même si d'aucuns[1281] affirment la priorité du premier, se valant de la force d'instruments comme la Convention de New York, rappelons que ce texte maintient le contrôle de l'arbitrage international dans une vision très nationaliste.

752. L'application des critères de sanction des comportements déviants subit donc l'isolement des différents ordres juridiques, chacune de ces juridictions appliquant les règles qu'elle juge les plus appropriées, sans que cela entraîne obligatoirement une réflexion sur la nature des normes employées.

Les cours nationales se comportent ainsi d'abord comme les garantes de leur ordre interne, et moins comme un instrument du « Droit » chargé d'apporter un degré d'équité aux parties, indépendamment de toute autorité gouvernementale[1282]. Tant qu'elles remplissent la première fonction, elles appliquent surtout des règles de droit interne, ou bien de droit international, si elles ont été ratifiées par son corps politique.

Néanmoins, dans le domaine de l'arbitrage international, où une partie peut échapper à ses obligations en se valant justement d'une série de règles de droit interne, il est indispensable que ces mêmes cours dépassent leurs ordres nationaux respectifs afin d'examiner le comportement de l'individu dans un scénario transnational.

753. L'arbitrage international est actuellement le domaine le plus représentatif de cette opposition entre les forces uniformisatrices de la globalisation et le renouveau des droits régionaux[1283], lequel révèle la tendance culturelle du « retour aux sources » si présente dans la société du XXIe siècle. Peut être que les conflits et contestations vécues aujourd'hui par les principaux États et regroupements d'États dans la recherche d'une politique solidaire commune ne sont qu'un signe de cette dichotomie.

Au demeurant, ce contexte politique permet de démontrer que la séparation entre ordre interne et international est surtout une construction historique,

---

[1281] KRONKE Herbert, « The New York Convention fifty years on… », *op. cit.*, p. 5.

[1282] La comparaison entre ces deux attitudes possible des cours nationales est examinée par Henry G. SCHERMERS et Denis F. WAELBROECK, *Judicial protection in the European Communities*, 5e éd., Deventer : Kluwer Law and Taxation Publishers, 1992, p. 116.

[1283] *Cf.* LYNCH Katherine, *op. cit.*, p. 305.

« ni naturelle, ni éternelle[1284] ». Elle est durcie dans les périodes de crise de l'État nation, et assouplie dans des contextes suffisamment stables pour que des concessions interétatiques ne signifient pas une renonciation à la souveraineté.
Des instruments comme le Règlement n°44/2001 tentent justement de s'insérer dans cette position intermédiaire, stimulant la coopération entre les divers ordres juridiques, tout en laissant chaque État libre de décider du degré de cette collaboration. C'est le cas du critère chronologique pour déclencher la litispendance, ou du critère relatif à la date de communication de la décision, dans l'hypothèse de la *res judicata.* Même érigés comme règles de solidarité interétatique, leurs modalités de déclenchement restent nationales.

754. Le même principe peut aussi s'appliquer à l'arbitrage international : les juridictions de chaque État dans lequel la sentence est portée à reconnaissance définissent les critères nécessaires pour déclencher les griefs présents, par exemple, dans l'art. V(1), CNY, ou dans l'art. IX, de la Convention européenne de 1961. Pourtant, si des règles transnationales semblent déjà exister dans ces textes internationaux, ce n'est qu'en apparence, puisque nous sommes encore très éloignés de l'adoption de *critères* effectivement transnationaux pour mettre en place ces sanctions.
Ainsi, face à l'inexistence d'un contrôle homogène, il faudrait promouvoir la coopération entre les diverses ordres juridiques, afin qu'ils s'adaptent les uns aux autres. Cette adaptation suppose, selon H. Batiffol, « que chaque système explore le système voisin avec les instruments dont il dispose et qui déterminent ses moyens d'adaptation, savoir ses propres concepts[1285] ».
Cependant, cette coopération restera sans effet si nous y ajoutons l'existence d'un ordre juridique arbitral, parallèle aux ordres étatiques, dont la représentation théorique est encore discutée. Si la coopération est déjà difficile quand il s'agit de valoriser d'autres juridictions souveraines au profit des plaideurs, cela ne fera qu'empirer face à un système dont l'autonomie est embryonnaire.
Il en résultera non pas une délocalisation des règles de l'arbitrage international, mais plutôt leur « multilocalisation[1286] ». Il devient alors impossible pour les arbitres de prononcer une sentence qui satisfasse à des lois de polices aussi différentes et contradictoires que celles présentes dans les différents États d'accueil de la sentence[1287].

755. Face à cette impossibilité, les tribunaux arbitraux sont guidés par la seule exigence de justice dans le cas concret, et s'appuient souvent sur des

---

[1284] MOREAU DEFARGES Philippe, *op. cit.*, p. 19.
[1285] BATIFFOL Henri, *Aspects philosophiques…*, *op. cit.*, p. 37.
[1286] OPPETIT Bruno, *Théorie de l'arbitrage*, *op. cit.*, p. 86.
[1287] *Cf.* GAILLARD Emmanuel, *Aspects philosophiques…*, *op. cit.*, p. 170.

règles matérielles du commerce international, mais tentant d'éviter d'être confronté à l'obligation – illusoire – de rendre une sentence universellement reconnaissable. Donc, lors du contrôle de cette même sentence, les cours ne considèrent pas les limites de la mission de l'arbitre – ce qui est curieux –, et paraissent présumer qu'il aurait du se plier justement à l'obligation qu'il voulait éviter.
La jurisprudence étatique connait une difficulté certaine pour s'introduire dans la logique de ce nouvel ordre international de l'arbitrage. À vrai dire, il existait déjà une difficulté, spécialement en France, pour distinguer les règles d'ordre public international des règles d'ordre public interne dans le contrôle des sentences, surtout après la réforme de 1981, qui n'a pas incorporé dans le droit interne l'hypothèse de non-arbitrabilité présente dans l'art. V(2)(a), CNY[1288].
En effet, en incorporant seulement le grief de l'ordre public international, et en mettant en place un système fondé sur l'art. VII(1), CNY[1289], le droit français finit par faire de ce grief non pas un moyen réunissant les conceptions internationales fondamentales de chaque culture juridique qui permettent d'évincer une sentence, mais une simple barrière à la violation de son propre droit interne[1290]. C'est ainsi que des sentences ont été rejetées en France, en violation d'un « ordre public international », face à des hypothèses typiquement nationales, comme la violation de la réglementation française des changes[1291], ou des règles relatives au contrôle des investissements étrangers[1292].
Suite à ce constat, A. Kasiss conclut que « l'on ne voit plus, en définitive, ce qui distingue, dans le droit de l'arbitrage commercial international, l'ordre public international de l'ordre public interne[1293] ».

756. La difficulté à dessiner le contour des règles appartenant à un ordre public réellement international rend encore plus incertaine l'interprétation des cours étatiques devant une situation d'abus, où, en réalité, ce sont des règles purement nationales qui se cachent derrière les grands principes transnationaux.

[1288] Sur ce thème, nous empruntons l'analyse d'Antoine Kassis dans *L'autonomie de l'arbitrage...*, *op. cit.*, pp. 161 *et seq.*

[1289] *Cf.* n.363, *supra.*

[1290] C'est le concept qui vient du droit international privé dans l'éviction des décisions étrangères contraires à la loi du pays devant lequel elle est présentée, définition qui ne paraît pas être appliquée dans l'éviction des sentences internationales en France.

[1291] CA Paris, 6 mai 1988, *Rev. arb.*, 1989, p. 83 – note LOQUIN Éric, cité par Antoine KASSIS, *L'autonomie de l'arbitrage...*, *op. cit.*, p. 161.

[1292] CA Paris, 5 avr. 1990, *Rev. crit. DIP*, 1980, p. 580 – note KESSEDJIAN Catherine, cité par Antoine KASSIS, *L'autonomie de l'arbitrage...*, *op. cit.*, p. 161.

[1293] KASSIS Antoine, *L'autonomie de l'arbitrage...*, *op. cit.*, p. 164.

757. De l'autre côte, l'arbitrage, fragilisé par ce vide juridique, n'a d'autre option que d'utiliser les règles de procédure interne. Le déroulement harmonieux de la procédure arbitrale internationale est contaminé, selon les propos de S. Lazareff, par l'attitude de conseils de plus en plus agressifs, car « de plus en plus ils singent les procédures étatiques[1294] ».
S'il est vrai que l'influence des règles étatiques n'est pas nocive tant qu'elle contribue à assurer une procédure arbitrale équitable[1295], on constate que cette imbrication sert surtout à dévier l'arbitrage de son principal objectif, à savoir la résolution rapide et efficace du litige. Ainsi, c'est souvent pour entreprendre des manœuvres suspectes que les parties provoquent cette superposition de règles et principes.

758. Plus spécifiquement, dans le cadre de notre étude, nous ne visons pas, empruntant la distinction de B. Oppetit[1296], une superposition de règles résultant dans une *juridictionnalisation* de l'arbitrage, mais dans sa *judiciarisation*. Tandis que la première représente l'alourdissement du cadre processuel par la multiplication des incidents procéduraux, la seconde consiste dans l'imbrication des tribunaux arbitraux et des tribunaux étatiques en vertu du concours prêté par ceux-ci à la mise en place de l'arbitrage, *v.g.*, au prononcé de mesures provisoires et au contrôle de la sentence[1297].
Nous sommes ici concernés surtout par la *judiciarisation* de l'arbitrage international comme source d'un désordre normatif transformant les critères de contrôle présents en une mosaïque disparate. Il faudra désormais rechercher un instrument qui puisse non seulement naviguer horizontalement entre les différents ordres juridiques nationaux, mais aussi verticalement, depuis les règles du droit nationaux jusqu'à celles visant la justice des parties dans l'arbitrage, internationales, voire même transnationales.

[1294] LAZAREFF Serge, « L'arbitre singe ou comment assassiner l'arbitrage », *in* AKSEN Gerald *et al.* (éds.), *op. cit.*, p. 480. Critiquant aussi la transposition des procédures étatiques à l'arbitrage international par les conseils, *cf.* Fernando MANTILLA SERRANO, « Towards a transnational procedural public policy », *Arb. intern.*, 2004, v. 20, p. 350.
[1295] BROWER Charles N., « Introduction », *in* LILLICH Richard B., BROWER Charles N. (éds.), *op. cit.*, p. x.
[1296] OPPETIT Bruno, *Théorie de l'arbitrage*, *op. cit.*, p. 117.
[1297] *Ibid.*

§ 2°. *Le vide juridique résultant du décalage entre l'ordre juridique arbitral et le manque de critères adaptés au contrôle de ses déviations*

759. D'une part, nous observons la construction d'un ordre juridique arbitral fondé sur la délocalisation de ses éléments ; de l'autre, l'intervention étatique encore fréquente – et souvent nécessaire – qui semble soit défier cette autonomie, soit la confirmer. Ce n'est pas tellement la position adoptée ici qui importe, mais surtout l'absence de solutions uniformes.
À l'ombre de cette tour de Babel, les plaideurs profitent facilement d'un « *doctrinal shopping* », se rapprochant des juridictions plus favorables à une représentation autonome d'un ordre juridique arbitral, comme la France, ou des juridictions plus territorialistes, selon qu'ils veulent faire reconnaître rapidement la validité de l'arbitrage ou bien la contester.

760. L'intention véritable des parties engageant ces manœuvres ne peut être révélée que dans une vision d'ensemble de leurs actions dans plusieurs pays. Néanmoins, au sein de l'arbitrage international, les critères de contrôle restent trop restreints aux frontières du conflictualisme, et se montrent insuffisants pour éviter ce genre de dérives[1298]. Ces critères et instruments se confrontent, mais ne s'adaptent pas, créant les failles du système de contrôle de l'arbitrage international.

761. Le Droit « a horreur du vide[1299] ». L'arbitrage commercial international ne peut donc flotter dans un *vacuum juris*[1300], au bénéfice des parties qui profitent du manque de critères plus élaborés pour perpétrer des situations juridiques formellement valides, mais matériellement injustes.
La difformité du cadre de ces situations inéquitables résulte de l'application des constructions théoriques de l'arbitrage international à partir d'un raisonnement dont nous avons étudié les limites dans cette section. Surgissent alors de véritables « trous noirs[1301] », espaces auxquels des interprétations trop rigides ne peuvent accéder sans compromettre leur cohérence interne. C'est dans ces espaces que se glissent des affaires comme

---

[1298] Sur la difficulté de concilier la justice des parties dans un ordre juridique qui se veut autonome avec la présence des représentations étatiques de la justice, *cf.* Quentin TANNOCK, « Judging the effectiveness of arbitration through the assessment of compliance with enforcement of international arbitration awards », *Arb. intern.*, 2005, v. 21, p. 80.

[1299] KASSIS Antoine, *La réforme…*, *op. cit.*, p. 13.

[1300] *Ibid.*

[1301] L'idée de « trou noir » a été présentée par Lord Nicholls dans l'affaire *Mercedes-Benz A.G. v. Leiduck* ([1995] 3 WLR, par. 733) pour qualifier la situation où un défendeur peut subtilement échapper à la juridiction et devenir inatteignable (« […] un trou noir par lequel un défendeur peut s'échapper hors de la vue et devenir inatteignable ». Traduction libre. Dans l'original : « *[…] a black hole into which a defendant can escape out of sight and become unreachable.* »

Hilmarton[1302], *Chromalloy*[1303], *Putrabali*[1304], *West Tankers*[1305], dans lesquelles on a privilégié une approche formelle, au détriment d'un examen plus précis du comportement des plaideurs.
Il ne s'agit pas pour nous de présenter ces affaires comme des exceptions qui confirment les règles mises en place pour le contrôle de l'arbitrage international. Au contraire, il nous semble que ce ne sont pas seulement des exceptions, mais la pointe d'un iceberg en direction duquel la doctrine paraît vouloir naviguer. Autrement dit, pourquoi permettre le sacrifice de quelques cas irréguliers s'il est possible de chercher des critères qui peuvent aussi les englober dans la cohérence que nous recherchons ?

762. Par conséquent, comme le note H. Motulsky, « ce sont souvent les problèmes les plus pratiques qui postulent le recours aux concepts fondamentaux[1306] ». Voici, à notre avis, ce qui manque dans toutes les solutions présentées jusqu'à présent. Il faut faire un pas en arrière, pour prendre conscience que la forme autant que le contenu du raisonnement qui met en œuvre les mécanismes de contrôle de l'arbitrage international manque du seul élément sans lequel l'arbitrage ne peut exister : la volonté des parties.
D'ailleurs, J. Déprez[1307], dans le cadre du droit international privé, et suivant les pas de Santi Romano, notait déjà l'importance de renouveler la méthode conflictuelle à partir de la volonté des parties. L'être humain et le social devraient revenir au centre du débat, écartant les excès de la théorisation juridique et les risques d'une conception trop cérébrale et mécanique du droit international.

763. Dès lors, ce que l'insuffisance théorique des solutions exposées nous apprend est qu'il faut inévitablement considérer la volonté des parties non seulement comme source de l'accord arbitral, mais aussi comme source des manœuvres pour échapper aux obligations qui en découlent. Pour l'instant, nous percevons la volonté à la base de l'obligation, mais plus tellement celle à la base de ses sanctions.

1302 *Cf.* n.494, *supra.*
1303 *Cf.* n.499, *supra.*
1304 *Cf.* n.324, *supra.*
1305 *Cf.* n.604, *supra.*
1306 MOTULSKY Henri, *Écrits…*, *op. cit.*, p. 44. Rapporté par Gabrielle KAUFMANN-KOHLER, « Qui contrôle l'arbitrage ?... », *in Liber amicorum Claude Reymond*, *op. cit.*, p. 154.
1307 DÉPREZ Jean, « Les relations entre systèmes d'Europe occidentale et systèmes islamiques en matière de statut personnel. Droit international privé et conflits de civilisations. Aspects méthodologiques », *RCADI*, Dordrecht : Martinus Nijhogg Pubslishers, t. 211, 1988, p. 8. Commenté par Lauro GAMA Jr., *Contratos internacionais…*, *op. cit.*, p. 111.

Conclusion du Chapitre II

764. Dans la première section, nous avons présenté les diverses tentatives envisagées pour écarter les dérives arbitrales, et nous avons pu observer combien il est difficile d'adopter des solutions qui préservent leurs racines, encore trop figées dans des ordres nationaux. Soit par le recours permanent à la méthode du conflit des lois, soit du fait d'une souveraineté qui empêche le dialogue, les mécanismes sont en deçà des exigences d'une procédure qui se veut véritablement transnationale.
C'est donc à partir des insuffisances de ces solutions, présentées dans la deuxième section, qu'il nous faut chercher des critères plus adaptés au contrôle de l'arbitrage international. Le raisonnement général, déductif et amoral doit répondre à des critères bien plus spécifiques, inductifs, et qui ressuscitent l'élément personnel de l'arbitrage international. Il faut alors se rapprocher d'une nouvelle méthode et de nouveaux critères d'interprétation de l'ordre juridique arbitral.

765. Finalement, il nous semble que l'isolement des ordres nationaux et la multiplication des règles juridiques à tous les niveaux sont une réalité à laquelle il faudra faire face, en rappelant que tout critère doit jouir de l'élasticité nécessaire pour infiltrer sans contestation les schémas déjà existants. Nous proposons une évolution, et non une révolution.

CONCLUSION DU TITRE II

766. Dans un ouvrage sur les discours du droit international, O. Corten se montre « frappé par le décalage considérable séparant le discours juridique officiel des praticiens, d'une part, et la réalité juridique telle qu'elle est exposée par les théoriciens du droit, d'autre part[1308] ». C'est la réalité des praticiens que nous avons voulu présenter tout au long de ce deuxième titre, par opposition au schéma théorique construit au cours du premier. À la fin, c'est le décalage entre ces deux perspectives de l'arbitrage international qu'il s'agit d'apprivoiser.

L'application pratique d'une représentation de l'arbitrage international qui s'appuie sur l'autonomie de ses éléments nous montre comment cette construction théorique est encore fondée sur des prémisses et des critères inexistants, ou au moins différents selon les juridictions concernées par la sentence.

767. Il est possible d'affirmer que l'ordre juridique arbitral est une représentation impeccable tant que les parties s'accordent sur leurs obligations respectives, depuis la convention jusqu'à l'exécution spontanée de la sentence. Toutefois, ces mêmes parties savent que l'absence d'un consensus sur la nature réellement autonome de l'arbitrage international crée l'ouverture nécessaire pour transformer l'intervention des cours étatiques en un instrument de négociation.

Il s'agit donc bien de la « dialectique pragmatique » dont parle J.-P. Gridel en commentant une communication du premier avocat général Jeol[1309] sur le rôle de la Cour de cassation : d'un côté, l'intention du législateur, authentique ou divinatoire ; de l'autre, la recherche scientifique de son adéquation aux besoins de la société. Nous nous sommes tournés, dans ce deuxième titre, vers cette tentative d'adéquation, qui prend ici un caractère non seulement normatif au sens strict, mais résultant aussi d'une approche

---

1308 CORTEN Olivier, *op. cit.*, p. 43.

1309 *L'image doctrinale de la Cour de cassation*, colloque à la Faculté de droit d'Aix-Marseille/Cour de cassation, 10-11 déc. 1993, Paris : La Documentation Française, 1994. Rapporté par Jean-Pierre GRIDEL, « La Cour de cassation française et les principes généraux du droit privé », *D.*, 2002, p. 229.

théorique, ce qui ne fait que renforcer le décalage avec la réalité microscopique et particulière de chaque sujet de droit.

768. Dès lors, tandis que le premier chapitre nous rapporte justement ces manœuvres bien « réelles » des plaideurs au sein de l'arbitrage international, le deuxième constate que les solutions mises en place pour essayer de protéger l'autonomie de l'arbitrage sont encore trop limitées. Faisons de ce constat le premier pas dans la tentative de rebâtir dans la pratique une représentation de l'arbitrage international déjà si imposante en théorie.

CONCLUSION DE LA PREMIÈRE PARTIE

769. Nous arrivons à la fin de cette première partie entre l'ordre et désordre, mouvement pendulaire si bien décrit par P. Valéry[1310]. Le premier ennuie ; le deuxième effraie. Dès que l'homme atteint l'un, il cherche l'autre, mais il n'existe surtout pas d'ordre définitif ou parfait. Tout « ordre réel est partiel, inachevé, tolérant ou supportant des zones de désordre[1311] ».

L'ordre est représenté par le système exploré dans le premier titre de cette partie. Avec ses concepts, règles, principes, postulats et manifestations, l'ordre juridique arbitral crée un espace dans lequel l'arbitrage international est sensé se dérouler sans aucune intervention des juridictions nationales, dans un scénario non plus international, mais transnational.

Cependant, nous observons rapidement le désordre résultant d'un ordre théorique encore partiel, adopté par une doctrine solide, certes, mais encore trop basé sur la candeur du meilleur des mondes possibles, où la simple existence de ces idées suffirait à décourager les plaideurs déçus, au nom de cet ordre, de saisir des cours étatiques pour contester l'arbitrage. Ce n'est donc pas le modèle que nous contestons, mais le raisonnement qui régit sa mise en place.

770. Les manœuvres pour retarder la procédure ou l'exécution de la sentence, ou bien celles destinées à fuir les obligations contenues dans la clause compromissoires, ne représentent donc que les conséquences naturelles d'un ordre encore naissant, qui ne s'est pas muni d'instruments permettant d'élargir ses conditions en faveur d'une justice non plus légaliste, mais moralisatrice. Les mécanismes imaginés jusqu'à présent pour jouer ce rôle ne font que renforcer le problème, puisqu'ils ne sont que des solutions d'emprunt, construites à partir de critères appartenant à d'autres domaines du droit étrangers à l'arbitrage.

771. C'est pourquoi nous essayons de les rebâtir à partir d'autres critères, plus adaptés à la coexistence d'un ordre juridique arbitral encore froid et

---

1310 VALÉRY Paul, *Regards sur le monde actuel*, Paris : Stock, Delamain et Boutelleau, 1931, cité par Philippe MOREAU DEFARGES, *op. cit.*, p. 9.

1311 MOREAU DEFARGES Philippe, *op. cit.*, p. 9.

mécanique avec la réalité informelle et dynamique de l'arbitrage international. Ce conflit, à notre sens, exige des mécanismes à la fois perturbateurs et libérateurs, qualités qu'É. Cornut attribue à la réserve de l'abus de droit : « Elle perturbe l'ordre juridique établi en rompant, de manière parfois brutale, avec le strict ordonnancement juridique selon lequel le droit doit être lorsque ses conditions sont réunies pour qu'il soit. Elle le libère, par contrecoup, en permettant au juriste de trouver la clef qui lui permet de provoquer cette rupture, et de faire céder la mécanique froide du droit lorsqu'il est convaincu que la justice et la morale commandent que le droit ne soit plus, alors qu'il devrait être[1312]. »

Nous proposerons donc la réserve de l'abus de droit soit comme critère perturbateur de l'ordre juridique arbitral, soit comme critère libérateur de l'examen du comportement des parties, enfin, comme critère pouvant être incorporé à l'arbitrage international dans la quête du contrôle de ses dérives. L'abus de droit comme critère prendra le relais de l'abus d'une conception théorique.

772. En réalité, si nous avons déjà parlé de manœuvres *abusives* au cours de cette première partie, nous encadrerons ces comportements de manière plus précise par la suite, dans les critères théoriques de l'abus de droit. Cela revient, au fond, à encadrer les inconsistances que l'on a nommé *abusives* que dans l'emploi informel du terme dans une catégorie consacrée.

773. On suppose déjà ici que c'est un critère plus facile à identifier qu'à définir. Un critère *empirique*, moins *théorique*, pour compenser le scénario actuellement inverse de l'arbitrage international. D'ailleurs, W. Park, citant une célèbre affaire de la Supreme Court[1313] américaine où le justice P. Stewart déclarait que, même sans pouvoir définir la « *hard core pornography* », il pouvait la reconnaître en la voyant, affirme : « Ainsi que la pornographie [...], l'abus dans l'arbitrage est souvent facile à reconnaître, mais difficile à définir[1314]. »

774. Voici l'objectif que nous envisageons dans la deuxième partie de cette étude : identifier l'abus de droit comme un critère permettant d'encadrer théoriquement les dérives de l'arbitrage international. Cela permettra de concilier la fidélité théorique à une représentation tout à fait

---

1312 CORNUT Étienne, *Théorie critique...*, *op. cit.*, p. 1. Même si l'auteur se réfère expressément dans ce passage à l'exception de fraude à la loi, il affirme, peu avant, que « comme la réserve de l'abus de droit, l'exception de fraude à la loi est un mécanisme perturbateur mais également libérateur » (*ibid.*), ce qui nous permet d'employer l'extrait tout aussi bien pour l'abus de droit.

1313 Supreme Court, *Jacobellis v. Ohio*, 378 US 184 (1964), par. 197.

1314 PARK William W., « Arbitration's discontents... », *op. cit.*, p. 263. Traduction libre. Dans l'original : « *Like pornography and elephants, abuse in arbitration is often easy to recognize but hard to define [...].* »

légitime de l'arbitrage international avec des hypothèses dans lesquelles l'autonomie défendue par cette représentation est mise en cause, sans sacrifier le droit individuel des parties au profit de la cohérence du système.

DEUXIÈME PARTIE

LES ABUS PRATIQUES DE L'ARBITRAGE INTERNATIONAL

775. La première partie de ce travail nous a révélé un abîme entre d'une part les expectatives d'une doctrine affirmant l'autonomie de l'arbitrage international, et d'autre part le constat empirique d'un nombre croissant d'affaires concrètes qui défient cette délocalisation. Ce sont les différentes situations de « droit » qui dépassent la construction d'un « Droit ».
Autrement dit, les mouvements théoriques du droit de l'arbitrage international défendent une procédure déracinée des ordres étatiques, mais s'ils méritent d'être approuvés, ils risquent aussi d'abstraire les attentes plus pragmatiques de ses sujets de droit. Et, comme nous le rappelle O. Yasuaki, si « le droit international est le droit de la société internationale, il doit changer en accord avec les changements des désirs humains, des expectatives, des émotions, et de la poursuite de leurs intérêts dans la société internationale[1315] ».
Voici donc le décalage que nous avons pu percevoir tout au long de la première partie de cette étude. Par conséquent, la représentation théorique du phénomène ne peut passer outre la « comédie humaine », les mouvements sociaux, qui ne sont pas soumis à la fidélité intellectuelle de leurs créateurs, et ne sont donc pas tenus de respecter leurs constructions. Quoiqu'indispensable, la dimension théorique doit toujours marcher aux côtés de la réalité sociale.

[1315] YASUAKI Onuma, *op. cit.*, p. 40. Traduction libre. Dans l'original : « *If international law is the law of international society, it should change itself according to the change in human desires, expectations, emotion, and pursuit for interests and values in international society.* »

776. Dès lors, il faut trouver des critères qui, tout en respectant la théorie, puissent insérer dans son contexte non seulement les mouvements humains qui s'encadrent dans ses postulats, mais aussi – et surtout – ceux qui les défient. Ainsi, les dérives ne représenteront plus une menace pour le système, mais de simples tiraillements, causant des déformations temporaires qui, comme un élastique, reviennent *in continenti* à leur forme originale.

777. L'abus de droit apparaît ainsi comme une référence permettant de rester fidèle aux droits attribués aux parties en vertu de l'autonomie de l'arbitrage international, tout en identifiant leurs limites face à l'équité des plaideurs au sein d'une justice transnationale.

Les parties, leurs intentions, leurs volontés, regagnent le centre du débat. L'abus de droit est un critère « tourné vers la vie[1316] », nous dirions même tourné vers le vivant, et c'est exactement cet aspect du droit de l'arbitrage international qui semble manquer dans ses constructions théoriques actuelles. En outre, cet aspect est devenu d'autant plus important dans un domaine du droit international où la superposition horizontale et verticale de plusieurs ordres juridiques rend encore très difficile l'identification des règles définissant le comportement *iniuria.*

Voilà pourquoi R. Kolb défend aussi cette idée, en affirmant que « la doctrine de l'abus de droit permet à l'ordre juridique international d'étendre son empire à des espaces qui autrement échapperaient à tout contrôle[1317] ». Dans la première partie de cette thèse, nous avons étudié la formation de ces espaces à partir du décalage entre théorie et pratique ; ici, nous proposons la doctrine de l'abus de droit pour les combler.

778. Pourtant, avant d'examiner, dans la pratique, comment celle-ci peut être incorporée aux mécanismes de contrôle de l'ordre juridique arbitral (titre II), démontrons de quelle manière ses éléments théoriques se rapprochent, de manière surprenante, des catégories conceptuelles de l'arbitrage international (titre I).

[1316] CUNHA DE SÁ Fernando Augusto, *Abuso do direito*, Coimbra : Almedina, 1973, p. 243. Traduction libre. Dans l'original : « *[...] voltada para a vida [...].* »

[1317] KOLB Robert, *op. cit.*, p. 441.

TITRE I

UNE DÉCONSTRUCTION THÉORIQUE DE L'ARBITRAGE INTERNATIONAL

779. L'un des grands théoriciens de l'abus de droit du début du XXe siècle, L. Campion[1318], anticipait que le fléchissement des doctrines individualistes après la Première Guerre mondiale viendrait influencer le Droit et lui inspirerait de nouvelles formules de socialisation, lesquelles permettraient de procéder à une évolution nécessaire, mais sans heurts ni transformations brusques. Pour l'auteur, la théorie de l'abus de droit s'impose d'elle-même dans cette mission.

Notre objectif dans ce premier titre est de montrer quelles sont les caractéristiques de cette doctrine qui permettent d'apporter aux représentations théoriques de l'arbitrage ce même fléchissement, « sans heurs ni transformations brusques », en vue d'un rapprochement de la justice des parties au niveau international. Dès lors, examinons les fondements de la théorie générale de l'abus de droit (chapitre I), afin d'en retirer les configurations qui coïncident avec les fondements théoriques de l'arbitrage international (chapitre II).

1318 CAMPION L., *La théorie de l'abus des droits*, Bruxelles/Paris : Émile Bruylant/LGDJ, 1925, p. 286.

Chapitre I. Les apports généraux de la doctrine de l'abus de droit

780. Définir la théorie de l'abus de droit n'est pas tâche aisée. On a déjà signalé qu'il existe pratiquement autant de notions de l'abus de droit « qu'il y a d'États membres du Conseil de l'Europe[1319] ». Ce n'est sûrement pas un ensemble parfaitement homogène, et selon P. Roussel, ce serait plutôt « une série d'attaques contre la "tyrannie" des droits[1320] ». C'est vers cet inconnu que nous nous dirigerons dans ce premier chapitre, en abordant premièrement sa conception classique dans le droit interne (section I), pour ensuite examiner ses représentations, plus ou moins difformes, dans le droit international (section II).

Section I. La théorie générale de l'abus de droit dans l'ordre interne

781. Si dans la société internationale, l'abus de droit sert surtout dans un effort de conciliation entre des ordres juridiques de niveaux différents, en opposition à un modèle d'ordre théorique transnational figé, dans le droit interne, il sert surtout à aérer l'ordre déjà en vigueur, évitant ce qu'un auteur italien a appelé la « misère du droit[1321] ».

Nous transposerons ces concepts dans l'ordre international à partir des postulats philosophiques qui justifient la théorie de l'abus de droit dans un ordre déjà établi, et ensuite spécifiquement dans l'ordre juridique arbitral.

Cependant, rappelons que si la dimension internationale du problème est inévitable, il est néanmoins indispensable de nous pencher sur la théorie générale dans le droit matériel interne (§ 1°), et dans le droit de la procédure (§ 2°), ce dernier constituant le champ même des dérives arbitrales. Désormais, nous examinerons les abus dans l'arbitrage international à partir de l'amalgame entre les problèmes qui dérivent de l'abus de procédure et ceux résultant de la formation encore fragile d'un ordre transnational.

[1319] VOYAME Joseph, COTTIER Bertil, ROCHA Bolivar, « L'abus de droit en droit comparé », *in L'abus de droit et les concepts équivalents : principe et applications actuelles*, actes du 19e Colloque de droit européen, Luxembourg, 6-9 nov. 1989, Strasbourg : Conseil de l'Europe-Service de l'édition et de documentation, 1990, p. 23.

[1320] ROUSSEL Pierre, *L'abus de droit : étude critique*, 2e éd., Paris : Dalloz, 1914, p. 10.

[1321] RESCIGNO Pietro, *L'abuso del diritto*, Bologna : Il Mulino, 1998, p. 143. Traduction libre. Dans l'original : « *Nei suoi limitti e nella sua vocazione, la dottrina dell'abuso finisce allora col testimoniale l'antica miseria del dirritto e la pena del giurista che cerca di riscattarla.* »

§ 1°. La théorie générale de l'abus de droit

782. Avant de passer à la présentation des principaux courants favorables et critiques à la théorie de l'abus de droit (B), faisons un bref détour par les postulats philosophiques et historiques du problème, lesquels montreront qu'il s'agit d'une question aussi ancienne que l'être humain lui-même (A).

A. Les postulats de la théorie de l'abus de droit

783. En ce qui concerne les postulats de la théorie de l'abus de droit, il est nécessaire de décrire non seulement la formation historique du problème (2°), mais surtout les principaux débats philosophiques qui marquent la contestation de l'individualisme et la définition du droit subjectif (1°).

1°. Quelques postulats épistémologiques

784. La seule unanimité au sujet de la théorie de l'abus de droit porte sur l'imprécision de cette doctrine. En réalité, Ripert[1322] remarque qu'il n'existe rien de plus mal fixé que le sens profond et la manière dont s'applique cette idée. L'abus s'attaque-t-il au droit en question ou à son exercice ? Est-il limité par la moralité ou par la société ? S'agit-il d'un droit, d'une faculté, d'un pouvoir, ou d'une liberté ?

Impossible d'aborder le sujet sans s'arrêter, encore que rapidement, sur le problème philosophique que suggère le fait de limiter un comportement humain normativement légitime.

785. F. A. Cunha de Sá cite non moins de six adages romains différents qui prêtent support à la théorie de l'abus de droit, ce qui démontre déjà l'imprécision de ses fondements[1323]. Du *summum ius, summa iniuria*, au *non omne quod licet honestum est*, plusieurs principes seraient donc à la base axiologique du problème.

Cette multitude de concepts résulte de la difficulté d'atteindre un consensus sémantique autour de la notion même d'« abus de droit ». Une approche philosophique nous permet de ne pas nous focaliser sur cette question terminologique, et de nous intéresser au significat de l'expression abus de droit. Le « déclin de l'individualisme politique[1324] » constitue le trait caractéristique du phénomène, indépendamment de toute investigation nominaliste.

[1322] RIPERT Georges, *La règle morale…*, *op. cit.*, p. 158.

[1323] CHUNA DE SÁ Fernando Augusto, *op. cit.*, p. 49 : « *summum ius, summa iuria, non omne quod licet honestum est, malitiis non est indulgendum, quod tibi non prodest et alii nocet, prohibetur, in suo enim alii hactemus facere licet, quatenus nihil in alienum immitat.* »

[1324] WALINE Marcel, *L'individualisme et le Droit*, 2e éd., Paris : Dalloz, 2007 (1949), p. 412.

786. En effet, comment un individu peut-t-il être « en droit » et « en tort » à partir du même acte juridique[1325] ? Voici le paradoxe – au moins apparent – qui accompagne toutes les réflexions sur la théorie de l'abus de droit. Il révèle une possible pétition de principe exigeant une redéfinition des différentes notions juridiques mises en jeu. L'abus de droit ne serait ainsi qu'une catégorie contradictoire, en ce que l'exercice fautif d'un « droit », en vérité, n'est *plus* dans les limites de ce droit.
Des auteurs comme De Cupis[1326] définissent avec précision ce renouveau philosophique de l'idée même de droit. Ainsi, selon celui-ci, quand un sujet dépasse les limites établies pour l'exercice de son droit, « il n'agit plus dans la portée de son droit, mais simplement *iniuria* » ; il conclut que « l'abus de droit ne constitue pas une forme répréhensible d'exercice du droit, mais rentre dans le champ de l'illicite[1327] ».

787. Un « droit » exercé fautivement n'est pas un « droit ». Alors, de deux choses l'une : soit l'on nie la qualification ontologique de « droit » à cet acte réalisé contrairement aux principes de justice de l'ordonnancement juridique, soit l'on maintient sa configuration de droit, et l'on affirme que l'abus ne concerne, en réalité, que son *exercice*.
Dans les deux cas, la théorie de l'abus de droit est certainement mal nommée[1328]. Il est vrai que le paradoxe serait surmonté par l'attribution d'une finalité – soit morale, soit sociale – à l'exercice du droit. Néanmoins, les débats sur la nature ontologique de cette notion ont tout de même permis que la doctrine se demande si, au fond, un droit « abusé » a effectivement la nature d'un « droit », ou bien s'il ne serait pas mieux qualifié comme une liberté, une faculté ou un pouvoir. Ainsi, indépendamment de la réponse à cette interrogation, les débats à propos de la nature de l'abus de droit ont permis de distinguer toute ses formes pratiquées par les hommes.

788. Sans trop nous éloigner du cadre de notre sujet, rappelons seulement que P. Roubier définit la liberté comme « une prérogative qui ouvre à son bénéficiaire, s'il le désire, un accès inconditionné aux situations juridiques, qui se placent dans le cadre de cette liberté[1329] ». La liberté est donc un ensemble flou de prérogatives, une « virtualité de droit », selon

---

[1325] *Cf.* OST François, *Droit et intérêt.*, *op. cit.*, p. 141.
[1326] DE CUPIS Adriano, *Il danno: teoria generale della responsabilità civile*, Milano : Dott. A. Giuffrè Editore, 1946, p. 20.
[1327] *Ibid.*, p. 20. Traduction libre. Dans l'original : « *Quando un soggetto supera i limiti posti all'esercizio del suo diritto, non agisce più nell'ambito del suo diritto, ma semplicemente iniuria : l'abuso del diritto non costituisce un modo riprovevole di esercizio del diritto, ma verte semplicemente nel campo dell'illecito.* »
[1328] WALINE Marcel, *op. cit.*, p. 412. Toutefois, le fait que l'expression reste consacrée justifie que l'on la conserve, pour des fins didactiques, tout au long de ce travail.
[1329] ROUBIER Paul, *Droits subjectifs et situations juridiques*, Paris : Dalloz, 2005 (1963), p. 147.

J. Carbonnier[1330], ouvrant à son titulaire la possibilité d'agir soi-même[1331], sans dépendre d'une altération dans la position juridique d'un tiers.
Le droit subjectif, au contraire de la liberté, « s'inscrit davantage comme une relation interindividuelle », permettant « d'obtenir quelque chose d'autrui[1332] ». Ainsi, il n'est pas faux d'affirmer que tout droit tient à sa source une liberté. Le droit est la part de liberté que l'État incorpore à son ordre normatif non seulement pour le protéger, mais aussi pour le limiter, en vue de sa conciliation avec la liberté des autres sujets. Le droit est donc une liberté sociale.
Tandis que la liberté se fonde sur un principe inconditionné, la faculté est « entourée de conditions très strictes par la loi, mais elle comporte cependant un jeu d'initiative et de liberté, qui n'est pas négligeable[1333] ». La faculté englobe un certain degré de liberté, mais qui se trouve contraint par l'existence d'alternatives et un but connus à l'avance ; il s'agit, en quelque sorte, d'une liberté canalisée.
Finalement, le pouvoir consiste dans « la prérogative juridique issue d'une supériorité de fait ou de droit sur autrui, imposant de prendre en considération l'intérêt de cette personne, dans la possibilité d'émission des actes juridiques contraignants ainsi conférée[1334] ». Au contraire de la liberté, de la faculté, ou du droit subjectif, le pouvoir est directement lié à une relation interindividuelle de soumission, fondée sur une obligation préexistante. Dans ce cas, l'abus ne résulte pas tant de l'utilisation biaisée du droit qui constitue l'objet du pouvoir, mais de la déviation de ce pouvoir, qui prend ses distances avec la fonction pour laquelle il a été attribué. Autrement dit, il s'agit d'un détournement de pouvoir[1335].

789. La différenciation certainement trop vague entre ces notions ne rend bien entendu pas compte des intenses discussions sur le sujet[1336]. Toutefois, elle permet de montrer que la théorie de l'abus de droit est conditionnée par cette précision étymologique. Sinon, le débat sur l'existence d'un abus perd son objet, qui peut alors être compris comme un simple acte illicite, l'exercice d'une liberté, ou bien d'un pouvoir.

790. Or, l'identification de ces postulats épistémologiques est d'autant plus importante face à des prérogatives qui puisent leurs sources dans des ordres juridiques parallèles. Il est donc nécessaire de tenir compte de cette dimension sémantique, et de l'incorporer comme une réserve dans toute

---

1330 CARBONNIER Jean, *Droit civil : introduction*, 26e éd., Paris : PUF, 1999, p. 313.
1331 *Cf.* MORACCHINI-ZEIDENBERG Stéphanie, *op. cit.*, p. 177.
1332 *Ibid.*
1333 ROUBIER Paul, *op. cit.*, p. 166.
1334 *Ibid.*, p. 210.
1335 C'est surtout en s'approchant de l'idée de détournement de pouvoir que nous retrouverons la figure de l'abus de droit dans le droit international public (*Cf.* n.927 *et seq.*, *infra*).
1336 *Cf.* ROUBIER Paul, *op. cit.*, pp. 127 *et seq.*

proposition dont l'objectif est de montrer la déformation d'une prérogative dans la société internationale.

2°. Quelques postulats historiques

791. Le problème de la relativisation des droits est toujours contemporain d'un certain absolutisme. Ainsi, il n'est pas étonnant de déceler les premiers signes de ce principe dans les droits conférés au *pater familias* romain.
Le droit du père sur ses enfants – *patria potestas* –, le droit du maître sur ses esclaves – *dominica potestas* –, le droit du mari sur sa femme – *manus* –, et le droit de propriété – *dominum ex jure quiritium* – sont les quatre piliers sur lesquels repose la société romaine. Ce sont les dommages que la nature absolue de ces pouvoirs pouvaient causer qui a préoccupé les jurisconsultes dès le départ.
La mercantilisation progressive de l'Empire romain renforce cette tendance. D'une part, elle confirme le droit de propriété comme une prérogative absolue, de l'autre, elle confère à l'individu une valeur économique. Le pouvoir absolu exercé sur cet individu correspond alors à la perte d'une main d'œuvre intégrée dans une logique mercantile. Il était donc nécessaire de flexibiliser ces pouvoirs absolus afin de conserver l'unité de production humaine, ce qui explique les premières manifestations d'un exercice abusif du droit.
792. Selon C. Appelton[1337], toute l'évolution du droit romain repose sur cette théorie, partant d'une conception stricte de l'équité, issue des XII Tables, pour aboutir à la célèbre définition de Celse : « *Jus est ars boni et aequi* », « *non omne quod licet honestum est*[1338] ». Cette idée, présente dans plusieurs autres textes[1339], exige le respect de l'utilité sociale des droits, qui seront désormais employés *civiliter*, limitant la puissance colossale du *jura* romain.
Cependant, les juristes romains n'ont jamais érigé leurs textes dans une théorie générale[1340], et leur conception de l'abus de droit, si elle paraît comporter une dimension sociale, reste très subjective, fondée sur un « acte malicieux[1341] », dans son sens véritablement intentionnel.
793. En France, c'est dans le droit ancien que nous retrouverons la théorie de l'abus de droit. Citons l'art. 88 de l'ordonnance de Villiers de 1539, par laquelle François Ier réprime l'exercice antisocial du droit d'ester en

---

[1337] APPELTON Charles, « Les exercices pratiques dans l'enseignement du Droit romain, et plan d'un cours sur l'Abus des Droits », *RTD civ.*, 1924, pp. 151 *et seq.*
[1338] Sur ce développement, *cf.* Séléa TRIFU, *La notion de l'abus de droit dans le droit international*, Paris : Domat-Montchrestien, 1940, pp. 20-21.
[1339] Pour un aperçu, *cf.* CAMPION L., *op. cit.*, p. 7.
[1340] CRABB John H., « The french concept of abuse of rights », *Inter-amer. L. Rev.*, 1964, n°1, p. 5.
[1341] TRIFU Séléa, *op. cit.*, p. 21.

justice : « En toute matière y doit y avoir une adjudication de dommages et intérêts estans demandés pour punir la témérité du succombant[1342]. »

À ce moment-là, la théorie de l'abus de droit se consolide, avec des textes et des arrêts qui règlent les rapports de propriété, et spécialement de voisinage. C'est le cas de l'art. 420 des *Maximes générales du droit français*, élaborées par P. de L'Hommeau : « Il n'est permis à personne de faire de son fonds ce qui lui sert de rien et nuit aux autres[1343]. » Selon les Mazeaud, les Parlements n'hésitaient pas à réprimer tout abus malicieux. Le 1er février 1577, le Parlement d'Aix condamnait un cardeur de laines qui chantait dans le seul but de troubler son voisin avocat[1344].

Dans la doctrine, J. Domat[1345] admet que le plaideur abusant des voies de droits engage sa responsabilité. Toutefois, il refuse de condamner le propriétaire qui, en abusant de son droit de propriété, tarit la source de son voisin ou bien construit un mur gênant.

794. Si la Prusse, dans son Landrecht[1346] daté de 1794, fournit l'un des premiers textes législatifs sur ce thème, c'est surtout la jurisprudence française postérieure au Code civil de 1804 qui explore le problème dans ses aspects pratiques.

795. Le Code de Napoléon, au début du XIXe siècle, consacre un droit de propriété absolu dans son art. 544[1347], créant ainsi un contexte favorable au développement de courants de relativisation du droit. Nous nous trouvons, *mutatis mutandis*, dans une conjoncture absolutiste similaire à celle observée à Rome, et entraînant les mêmes discussions sur les limites de l'exercice du droit.

1342 Cité par L. CAMPION, *op. cit.*, p. 15.

1343 L'HOMMEAU P. de, *Maximes générales du droit français*, *Apud* CAMPION L., *op. cit.*, p. 15. Exposant les mêmes idées, voir Louis JOSSERAND, *De l'esprit des droits…*, *op. cit.*, p. 4 ; et R. JANNOT, *De la responsabilité civile par suite de l'abus de droit*, Paris : Librairie nouvelle de droit et de jurisprudence Arthur Rousseau, 1906, p. 32.

1344 Rapporté par Henri MAZEAUD et Léon MAZEAUD, *Traité théorique et pratique de la responsabilité civile délictuelle et contractuelle*, t. 1, 2e éd., Paris : Librairie du Recueil Sirey, 1934, p. 527.

1345 DOMAT Jean, *Les loix civiles dans leur ordre naturel*, liv. III, tit. V, sect. II, §§ XIV et XVII, Paris : Chez Adrian Moetjens, 1703, p. 257.

1346 Le texte prussien posait le principe général dans ses pars. 36 et 37 : « Celui qui exerce son droit dans l'intérieur de ses limites propres n'est pas obligé de réparer le dommage qui en résulte pour un autre, mais il doit le réparer lorsqu'il ressort clairement des circonstances qu'entre plusieurs modes possibles d'exercice de son droit, il a choisi celui qui est dommageable à autrui dans l'intention de lui porter préjudice. » Et l'application spécifique de la théorie au droit de propriété dans ses pars. 27 et 28 : « Personne ne peut mésuser de sa propriété pour léser autrui et lui porter préjudice. Est mésusage tout usage de la propriété qui de par sa nature ne peut avoir d'autre but que de léser autrui » (Rapporté par L. CAMPION, *op. cit.*, p. 211).

1347 « La propriété est le droit de jouir et disposer des choses *de la manière la plus absolue*, pourvu qu'on n'en fasse pas un usage prohibé par les lois ou par les règlements » (souligné par nous).

796. En 1825, la cour d'Aix est confrontée à une affaire d'odeurs malsaines et nuisibles, répandues par une fabrique de soude artificielle. Selon la cour, l'activité est exploitée de manière abusive, ce qui est ensuite confirmé en cassation. Cette dernière instance souligne que les dommages ne résultent pas de l'existence des manufactures, mais « de l'abus des manufacturiers qui n'ont pas pris les précautions convenables[1348] ».
En 1854, la cour de Douai se prononce dans le même sens, cette fois sur un problème de fumées nuisibles[1349]. En 1855[1350] et 1861[1351], la cour de Colmar prononce deux arrêts également très significatifs. Le premier condamne la construction abusive d'une cheminée dans le seul but d'empêcher la vue d'un voisin, tandis que le deuxième soulève que les limites pour l'exercice d'un droit résident dans l'art. 1382, CC[1352]. Il note que la nature absolue des droits n'est qu'une abstraction[1353].

797. Pourtant, si les tribunaux français sont confrontés explicitement au problème dès 1850, c'est seulement à la fin du XIXe et au début du XXe siècle que la doctrine se propose de construire une théorie générale.

798. Parmi les différents textes parus à cette période, citons l'étude de R. Sailelles[1354], dont la première édition date de 1889, sur la théorie générale de l'obligation d'après le premier projet de Code civil allemand. Il étudie la question en profondeur, et paraît sensible au rôle des « censeurs », que la théorie de l'abus de droit peut conférer aux juges. C'est pourquoi il adopte une position objective : « La véritable formule serait celle qui verrait l'abus de droit dans l'exercice anormal du droit, exercice contraire à la destination économique ou sociale du droit subjectif, exercice réprouvé par la conscience publique et dépassant par conséquent le *critérium* du droit puisque tout droit, au point de vue social, est relatif[1355]. »

[1348] Cass., 11 juil. 1826, *D.*, 1826, p. 424. *Apud* JANNOT R., *op. cit.*, p. 35.
[1349] CA Douai, 30 mai 1854, *D.*, 1855, p. 26.
[1350] CA Colmar, 2 mai 1855, *D.*, 1856, p. 9
[1351] CA Colmar, 25 juil. 1861, *D.*, 1961, p. 212.
[1352] « Tout fait quelconque de l'homme, qui cause à autrui un dommage, oblige celui par la faute duquel il est arrivé à le réparer. »
[1353] CA Colmar, 25 juil. 1861. *D.*, 1961, p. 212 : « Considérant qu'une appréciation aussi absolue du droit de propriété ne saurait être consacrée sans blesser les principes les plus sacrés du droit et de l'équité, qu'en effet, quelle que soit l'étendue du droit de propriété tel qu'il a été définit par le Droit romain et tel qu'il l'est par l'article 544 du Code civil, ce droit a toujours pour limite l'obligation de ne pas nuire à autrui, principe sanctionné par la disposition générale de l'article 1382 du code précité, que s'il est vrai que le propriétaire est maître absolu de sa chose et qu'il soit libre d'en user, de la modifier, de la dénaturer et même de la détruire, cela n'est vrai qu'abstractivement et au point de vue de son intérêt ou de son caprice, quant à la chose qui lui appartient, mais que relativement aux tiers, à l'exercice de ces droits correspond l'obligation de prendre toutes les mesures nécessaire pour ne pas nuire aux voisins. »
[1354] SALEILLES Raymond, *Étude sur la théorie générale de l'obligation d'après le premier projet du Code civil allemand*, 3e éd., Paris : LGDJ, 1925.
[1355] *Ibid.*, p. 371, continuation de la note 1 de la p. 370.

Lors du projet de révision du Code civil français, en 1905, R. Saleilles est chargé d'élaborer un rapport sur la question de l'abus de droit. Il y propose d'introduire dans le titre préliminaire un texte ainsi libellé : « Un acte dont l'effet ne peut être que de nuire à autrui, sans intérêt appréciable et légitime pour celui qui l'accomplit, ne peut jamais constituer un exercice licite d'un droit[1356]. »

799. La même année, L. Josserand[1357] publie son œuvre paradigme, l'une des premières études consacrées entièrement à l'abus de droit. L'auteur se livre à une analyse de forme et de fond, par un examen plutôt subjectif de l'intérêt légitime du titulaire du droit en fonction de la finalité sociale de celui-ci. Progressivement, L. Josserand se rallie à un courant plus objectif. En 1910[1358], il associe la finalité du droit à la finalité reconnue par le législateur, et en 1922, il affirme simplement que « le droit doit être exercé socialement, conformément à sa finalité[1359] ».

800. Dans les années 1950, l'introduction de la théorie de l'abus de droit dans l'ordonnancement français est de nouveau discutée lors des travaux de la Commission de réforme du Code civil[1360]. La prévalence initiale des critères objectifs[1361] fait progressivement place à un énoncé très conciliateur, proposé par R. Houin, et présenté définitivement au Garde des sceaux dans l'art. 147, de l'Avant-projet : « Tout acte ou tout fait qui excède manifestement, par l'intention de son auteur, par son objet ou par les circonstances dans lesquelles il est intervenu, l'exercice normal d'un droit, n'est pas protégé par la loi et engage éventuellement la responsabilité de son auteur. La présente disposition ne s'applique pas aux droits qui, à raison de leur nature ou en vertu de la loi, peuvent être exercés de façon discrétionnaire[1362]. »

801. Voici un bref aperçu de l'évolution historique de l'abus de droit en France. Nous reprendrons évidement par la suite ces différentes propositions théoriques, ainsi que l'influence du droit comparé ; néanmoins, l'histoire

---

1356 SALEILLES Raymond, *De l'abus de droit…*, *op. cit.*, p. 28.

1357 JOSSERAND Louis, *De l'esprit des droits…*, *op. cit.*

1358 JOSSERAND Louis, *Traité général théorique et pratique de droit commercial : les transports*, Paris : A. Rousseau, 1910, *passim*, spéc. n°307, 546, 776, 1011.

1359 JOSSERAND Louis, Note, *DP*, 1922, n°2, p. 173.

1360 *Travaux de la Commission de réforme du Code civil : année 1950-1951*, Paris : Librairie du Recueil Sirey, 1952, pp. 14 *et seq.*

1361 Voici deux extraits qui précèdent la version finale : « Les droits patrimoniaux ou extrapatrimoniaux ne peuvent être exercés que dans le but pour lequel ils ont été reconnus par la loi, à moins que, par leur nature ou par une disposition expresse de la loi, ils puissent être considérés comme discrétionnaires » ; « Est entaché d'abus du droit tout acte qui excède manifestement, par son but ou par son objet, l'exercice normal du droit correspondant » (*Travaux de la Commission de réforme du Code civil*, *op. cit.*, pp. 20 et 22, respectivement).

1362 *Avant-projet de Code civil, présenté à Monsieur le Garde des sceaux Ministre de la Justice par la Commission de réforme du Code civil. 1re Partie, livre préliminaire, livre premier : Des personnes physiques et de la famille*, Paris : Librairie du Recueil Sirey, 1955, p. 233.

nous révèle déjà comment l'abus de droit est apparu en tant que phénomène naturel et humain, progressivement apprivoisé par la théorie.
Ainsi, nous retiendrons de cette esquisse le caractère constructiviste de la théorie de l'abus de droit, et sa difficulté à encadrer le phénomène dans des critères exclusivement objectifs ou subjectifs. Cette hésitation est centrale dans quasiment tous les courants doctrinaux, et son imprécision convient parfaitement à notre propos dans cette thèse.

B. Les principaux courants théoriques

802. Les postulats historiques de la théorie de l'abus de droit fournissent les bases nécessaires pour comprendre quelles préoccupations motivent non seulement les mouvements favorables à la construction de cette théorie (1°), mais aussi ses principales critiques (2°). Dans ce dialogue apparaissent les critères qui peuvent servir au droit du XXIe siècle (3°).

1°. Les courants favorables à l'abus de droit

803. Nous proposons ici une étude générale sans chercher à épuiser le sujet. Bien au contraire, face à un nombre considérable de monographies s'y rapportant[1363], il nous semble plus utile d'observer dans ces courants théoriques l'origine des critères susceptibles de se rapprocher des configurations contemporaines de l'arbitrage international.

804. Chez les auteurs qui ont défendu la consistance juridique de l'abus de droit, il est possible de distinguer des arguments restrictifs et des arguments extensifs[1364]. Tandis que, pour les partisans des premiers, l'abus de droit est conditionné par une intention de nuire (a), pour les adeptes des seconds, il peut avoir abus même si cette intention n'est pas caractérisée (b).

a) Les thèses restrictives

805. Ici, la faute aquilienne constitue le fondement de la théorie quand il existe une intention de nuire. L'exercice d'un droit est abusif quand il constitue une faute. La doctrine de l'abus se transforme ainsi en un appendice des règles générales de responsabilité civile. Les Mazeaud[1365] sont certainement les partisans les plus représentatifs de cette tendance.

[1363] *Cf.* not. JOSSERAND Louis, *De l'esprit des droits…*, *op. cit.* ; SALEILLES Raymond, *Étude sur la théorie générale…*, *op. cit.* ; MORACCHINI-ZEIDENBERG Stéphanie, *op. cit.* ; STOFFEL-MUNCK Philippe, *L'abus dans le contrat : essai d'une théorie*, Paris : LGDJ, 2000. Pour un résumé des principales positions classiques sur le thème, *cf.* R. JANNOT, *op. cit.*, pp. 102-111.
[1364] Systématisation proposée par Henri Mazeaud, Léon Mazeaud, Jean Mazeaud et François Chabas, dans *Leçons de droit civil*, t. 1er, v. 1, 9e éd., Paris : Montchrestien, 1998, p. 478.
[1365] MAZEAUD Henri, MAZEAUD Léon., *op. cit.*, p. 533.

806. Cependant, les partisans de cette thèse ne sont pas tous d'accord en ce qui concerne les éléments qui servent à limiter l'*animus* du sujet de droit. Tandis que pour des juristes comme L. Josserand[1366], ce fondement réside dans le détournement de la finalité sociale du droit, pour J. Dabin[1367], il s'agit d'un devoir moral de solidarité sociale. Étudions maintenant l'évolution de ces aspects doctrinaux.

807. La thèse des Mazeaud se rattache à une préoccupation organisationnelle et individualiste typique du début du XXe siècle en France. Organisationnelle, car en incluant l'abus de droit dans le cadre de la responsabilité civile, il devient possible de considérer un nouveau phénomène sans ébranler l'édifice du code de 1804. Individualiste car, même si les Mazeaud[1368] défendent que l'intention de nuire n'est pas une condition de l'abus de droit, accordant aussi une place à la faute quasi délictuelle, ils continuent d'envisager l'individu comme seul maître de ses propres actions.

Cela permet alors d'écarter le fantôme des juges pris comme des organes politiques, lesquels ne jugeraient plus le comportement des individus, mais le but social de leurs droits. Selon les Mazeaud, en admettant l'abus de droit comme une simple catégorie de délit, on ne demande plus aux tribunaux de juger « le but social des droits, mais d'examiner seulement si une personne avisée aurait fait montre de plus de prudence dans l'exercice de son droit[1369] ».

808. Ceci nous ramène à la discussion, très mouvementée en France, sur ce lien – presque naturel – entre la théorie de l'abus de droit et la responsabilité civile. Dans un système sculpté si soigneusement autour d'une clause générale de réparation telle que l'art. 1382, CC[1370], il est difficile, sous l'influence positiviste, d'attribuer des dommages et intérêts résultant d'un abus de droit à partir d'un autre texte[1371].

R. Demogue adopte cette conception dans ses aspects les plus extrêmes : « [Il est] plus exact de dire qu'il y a seulement parmi les actes illicites une catégorie spéciale : celle des actes se dissimulant sous l'apparence de l'usage d'un droit[1372]. » L'association de ces deux idées théoriques atteint ici son paroxysme. L'élément subjectif – l'intention de nuire, l'imprudence ou la négligence – semble effectivement ramener la théorie de l'abus de droit à un simple problème de responsabilité civile. Il retire de cet instrument toutes ses autres caractéristiques qui, sous un angle social, pourraient être utilisées de manière bien plus intéressante.

[1366] JOSSERAND Louis, *De l'esprit des droits…*, *op. cit.*, *passim.*

[1367] DABIN Jean, *Le droit subjectif.* Paris : Dalloz, 1952, *passim.*

[1368] MAZEAUD Henri, MAZEAUD Léon., *op. cit.*, p. 543.

[1369] *Ibid.*, p. 544.

[1370] *Cf.* n.1352, *supra.*

[1371] C'est l'opinion de Stéphanie Moracchini-Zeidenberg (*op. cit.*, pp. 330-331).

[1372] DEMOGUE René, *Traité des obligations en général*, t. IV, Paris : A. Rousseau, 1924, p. 365.

C'est cette limitation qui attise les critiques de ceux qui refusent de réduire le problème de l'abus de droit à une question purement délictuelle. La doctrine perçoit le danger de réduire tous les problèmes aboutissant à des dommages et intérêts à une question de responsabilité civile. Pis, en France, cela revient à limiter toutes ces questions au seul art. 1382, CC, qui, malgré sa solidité, ne « fournit pas de critères bien sûrs du fait délictuel[1373] ».
D'ailleurs, en 1905, R. Saleilles[1374] expose clairement la préoccupation organisationnelle et positiviste de ceux qui préfèrent incorporer l'abus à l'art. 1382, CC : intégrer cette notion à la responsabilité civile permettrait de beaucoup moins « troubler l'harmonie du Code civil[1375] ».
Face à cette contrainte, R. Saleilles ne pouvait conclure autrement qu'ainsi : « Il est tout à fait impossible de procéder à cette délimitation par une formule générale qui aurait son point d'attache sur l'art. 1382. Car ce serait vouloir résoudre un problème insoluble que de rechercher une formule unique qui pût suffire à fixer la limite de tous les droits reconnus par la loi[1376]. » C'est ce qui a motivé la proposition de l'auteur français, lors de la réforme de 1905[1377], à détacher l'abus de droit de l'art. 1382, CC, pour en faire un principe général introduit dans la partie générale, embrassant ainsi tout le droit.

809. La différence entre ces deux perspectives de l'abus de droit – soit comme principe général, soit comme déploiement de la responsabilité civile – s'illustre dans la différence entre le droit français et le droit suisse. Ce dernier érige l'abus de droit comme une véritable clause générale, introduite dès l'art. 2(2) du Code civil, affirmant catégoriquement que « l'abus manifeste d'un droit n'est pas protégé par la loi ».
Ce n'est donc pas étonnant que l'on ait remarqué, en 1998, lors d'un séminaire sur l'abus de droit, que si le droit suisse semble avoir des difficultés à obliger l'auteur de l'abus à réparer le dommage, le droit français envisage cette catégorie presque exclusivement comme une source de responsabilité civile[1378].

810. Dès lors, en France, les partisans de la thèse restrictive, en érigeant le critère de l'intention malicieuse comme condition fondamentale de l'abus de

---

1373 SALEILLES Raymond, *Étude sur la théorie générale…*, *op. cit.*, p. 361.
1374 SALEILLES Raymond, *De l'abus de droit…*, *op. cit.*, p. 5.
1375 *Ibid.*
1376 *Ibid.*, p. 19.
1377 *Cf.* n.798, *supra.*
1378 Communication de P. Ancel lors de l'introduction au séminaire organisé par le Centre de recherche critique du droit de Saint-Étienne et par le Centre d'études juridiques européennes de Genève (ANCEL Pascal, AUBERT Gabriel, « Introduction en forme de dialogue franco-suisse », *in* ANCEL Pascal, AUBERT Gabriel, CHAPPUIS Christine (orgs.), *L'abus de droit : comparaisons franco-suisses*, Saint-Étienne : Publications de l'Université de Saint-Étienne, 2001, p. 28).

droit, réduisent le problème à la réparation des actes illicites[1379]. Le constat est d'autant plus important que, comme nous le verrons, c'est la position adoptée aujourd'hui majoritairement par les cours françaises[1380]. Celles-ci sont encore réticentes à admettre l'abus de droit comme principe fondamental, permettant de s'infiltrer sous les bases de l'édifice construit en 1804.

b) Les thèses extensives

811. Écarter l'abus de la responsabilité civile signifie repousser l'élément subjectif comme un critère indispensable. Il faut alors développer une analyse non plus de l'individu avec ses propres droits, mais des droits de cet individu en relation avec les droits des autres individus. Cela suppose une perspective sociale, qui est la marque des thèses extensives.

812. À cela s'ajoute l'influence du contexte socialiste. Une théorie limitant la liberté individuelle en vertu de la cohésion sociale s'accorde tout à fait à l'idéologie qui s'est propagée dans les pays d'Europe de l'Est[1381].

E. Levy[1382] est considéré comme le plus éminent théoricien du socialisme juridique. Bien qu'il considère la théorie de l'abus de droit comme un cas particulier de responsabilité civile[1383], il fonde l'illicite non pas sur la déviation du fautif par rapport à une norme individuelle, mais sur une déviation de ce comportement par rapport à une confiance collective qui est déposée sur les attitudes de ce même individu.

Les droits n'existent qu'en tant qu'attribués et protégés par cette conscience collective, et les abus se manifestent dès qu'un individu qui en relève la trahit[1384]. E. Levy s'appuie encore sur le comportement subjectif de l'individu – et, en contraposition, celui d'une société personnalisée –, raison pour laquelle il maintient la théorie de l'abus de droit comme proche de la faute. Cependant, sa thèse représente la métaphore d'un mouvement de socialisation du droit qui constitue la base des théories véritablement objectives.

813. C'est sans aucun doute L. Josserand qui a le plus vivement défendu ces théories, suggérant un critère objectif pour définir les limites d'un droit :

[1379] C'est le constat de J. Voyame et B. Cottier à l'occasion du 19e Colloque de droit européen organisé au Luxembourg en°1989 (VOYAME Joseph *et al.*, *op. cit.*, p. 31).

[1380] *Cf.* n.837 *et seq.*

[1381] *Cf.* EÖRSI Gyula, « The abuse of right in doctrine and court practice in Hungary », *in* ROTONDI Mario (org.)., *op. cit.*, p. 92.

[1382] *Cf.* LEVY Emmanuel, « L'exercice du droit collectif », *RTD civ.*, 1903, p. 95 ; « La personne et le patrimoine », *Revue socialiste*, 1911, n°318, juin, p. 545 ; « Confiance légitime », *RTD civ.*, 1910, p 717.

[1383] *Cf.* JANNOT R., *op. cit.*, p. 109.

[1384] C'est ce qui découle de l'analyse spécifique de l'auteur sur le droit de propriété, *cf.* Emmanuel LEVY, *Preuve par titre du droit de propriété immobilière*. Paris : Pedone, 1896, *passim.*

« D'intentionnel qu'il était, le critère est devenu social[1385]. » Sans nous pencher en détail sur les différentes voies empruntées par l'auteur français pour arriver à ces conclusions, gardons seulement à l'esprit le poids qu'il attribue à l'« interdépendance sociale » qui, selon lui, « s'est substituée à la conception purement métaphysique de l'indépendance des individus[1386] ».
Ce postulat philosophique de la théorie de l'abus de droit telle que l'interprète L. Josserand conduit logiquement à envisager que « toute prérogative, tout pouvoir juridique [sont] sociaux dans leur origine, dans leur essence et jusque dans la mission qu'ils sont destinés à remplir[1387] ». Pour lui, les prétendus droits subjectifs soumis à l'abus ne sont que des « droits-fonctions[1388] ».
Les droits doivent rester circonscrits à l'intérieur de la fonction à laquelle ils correspondent, et en vertu de laquelle ils ont été créés. Sinon, leur titulaire dévie de son objectif, il commet un abus de droit. Selon la conclusion de L. Josserand, « l'acte abusif est l'acte contraire au but de l'institution, à son esprit, à sa finalité[1389] ».

814. Pour rendre sa théorie plus tangible et la rapprocher de la réalité, l'auteur propose la notion de « motif légitime » comme instrument de liaison entre l'esprit des droits et le comportement concret des parties. L'acte est normal ou abusif selon qu'il se justifie ou non par un motif légitime. C'est la « véritable pierre angulaire de toute la théorie de l'abus des droits et comme son précipité visible[1390] ».
L. Josserand ne nie pas le caractère subjectif de sa thèse. Cependant, il n'y voit pas un problème[1391], tant que cela lui sert seulement à confronter l'attitude de l'individu avec l'esprit *objectif* de la finalité du droit abusé. Il ne s'agit pas d'une « intention de nuire », mais d'un « comportement antisocial ». Dans les deux cas, pourtant, il y a bien un mouvement subjectif.

815. Cela n'a pas empêché certains auteurs de voir dans la doctrine de L. Josserand un dépassement de la conception individualiste du droit, en vogue depuis le début du XIXe siècle. Comme nous le fait remarquer G. Morin[1392], le propriétaire était alors souverain absolu, muni de l'autorité

1385 JOSSERAND Louis, *De l'esprit des droits…*, *op. cit.*, p. 8.
1386 *Ibid.*, p. 322.
1387 *Ibid.*, p. 394.
1388 *Ibid.*, p. 395.
1389 *Ibid.*
1390 *Ibid.*, p. 401. Le critère du motif légitime présente des faiblesses qui ne sont pas passées inaperçues. Au fond, s'il semble plus objectif, ce n'est qu'en apparence, car la légitimité d'un acte continue à reposer sur une analyse des motifs de l'individu (*cf.* la critique de Georges RIPERT, « Abus ou relativité des droits », *Rev. crit. législ. et jurispr.*, 1929, spéc. p. 33).
1391 JOSSERAND Louis, *De l'esprit des droits…*, *op. cit.*, p. 414.
1392 MORIN Gaston, « L'abus du droit », *Rev. met. mor.*, 1929, p. 270.

suffisante pour être égoïste, mais aussi de la liberté de ne pas l'être. Depuis les thèses de L. Josserand, il a l'obligation de ne pas l'être.

816. Aux côtés de L. Josserand, citons R. Saleilles, qui, dès la fin du XIXe siècle, rejoint un courant plutôt extensif de l'abus de droit. Même s'il n'écarte pas complètement l'intention de nuire, il semble légitimer l'acte nuisible quand son auteur le justifie par un « intérêt appréciable[1393] ». L'élément subjectif est alors très secondaire, exigeant avant tout un examen des intérêts en jeu entre les personnages engagés.

Ce n'est donc pas un hasard si R. Saleilles a été l'un des plus sévères critiques de la réduction de l'abus de droit à l'art. 1382, CC. Il ne s'agit plus seulement d'évaluer une intention de nuire, mais aussi la contraposition d'intérêts en jeu : la loi ne doit plus seulement entraver l'abus sur le terrain de la réparation, mais aussi « sur le terrain de la prévention et de la préparation[1394] ».

817. Enfin, évoquons encore L. Campion[1395], qui défend l'intérêt des parties comme un critère de l'abus de droit. Cet auteur détache complètement la théorie de l'aspect subjectif, à l'autre extrémité du mouvement pendulaire étudié ici. Il ne parle même pas d'« exercice abusif », mais d'« exercice antisocial d'une faculté reconnue par la loi[1396] ».

818. Selon lui, l'abus est caractérisé chaque fois que « l'intérêt social lésé par cet exercice [apparaît] comme plus considérable que l'intérêt social s'attachant à l'intangibilité de cette faculté[1397] ». C'est l'un des seuls auteurs à poser la stabilité des droits attribués par la société comme une variable pour la configuration de l'abus. Cela nous semble très important dans une analyse comme la nôtre, qui examine les limites des droits attribués par un ordre juridique encore en formation.

819. Si les courants qui acceptent, à plusieurs degrés, la notion de l'abus de droit nous permettent déjà de dégager certains critères, l'examen des critiques qu'on lui adresse est encore plus révélateur : les différentes formes d'opposition au concept d'abus donnent naissance aux débats doctrinaux des plus intéressants.

1393 SALEILLES Raymond, *De l'abus de droit...*, *op. cit.*, p. 13 : « Et cependant, si un acte de ce genre n'a d'autre but que de nuire à autrui, *sans qu'il puisse s'expliquer par aucun intérêt appréciable pour celui qui en est l'auteur*, il devient un abus de droit, c'est-à-dire un acte contraire au droit, auquel il n'est pas juste, auquel il serait antisocial, que la loi vînt prêter son concours » (souligné par nous). Du même auteur, *cf. Étude sur la théorie générale de l'obligation...*, *op. cit.*, p. 361.

1394 SALEILLES Raymond, *De l'abus de droit...*, *op. cit.*, p. 13.

1395 CAMPION L., *op. cit.*, spéc. pp. 329 *et seq.*

1396 *Ibid.*, p. 329.

1397 *Ibid.*

2°. Les principales critiques à la théorie de l'abus de droit

820. Il existe deux principaux courants d'opposition à la théorie de l'abus de droit : le premier affirme l'abus de droit comme une notion contradictoire en soi (a), et le deuxième, plus solide et matériel, conteste la nature des critères qui le définissent (b).

a) Les critiques formelles

821. M. Planiol est le plus éminent représentant de ce premier courant, affirmant que la notion d'acte abusif est à la fois contradictoire et absurde : « Le droit cesse où l'abus commence et il ne peut pas y avoir usage abusif d'un droit quelconque, par la raison irréfutable qu'un seul et même acte ne peut par être tout à la fois *conforme au droit* et *contraire au droit*[1398]. »
L'abus de droit est, selon lui, une « logomachie[1399] », que certains nomment aussi, plus récemment, un « oxymoron[1400] ». Ce mélange des concepts révèle la difficulté d'accepter qu'un droit subjectif attribué par l'ordonnancement soit considéré comme une source de responsabilité[1401]. Voici donc présentée l'« aberration » d'un concept qui réunit licéité et illicéité dans le même acte dont nous parle M. Planiol.

822. Pour L. Josserand, la critique porte en fait sur la confusion littéraire autour du terme « droit » : « la pauvreté de notre terminologie juridique » permet un « sophisme assez banal et assez facile à dénoncer[1402] ». Il suffit de différencier les deux acceptions du mot « droit », l'une se référant à un ensemble de règles sociales – le droit objectif – et l'autre à une prérogative déterminée[1403] – le droit subjectif.
Dès lors, il n'y a plus aucune objection à ce qu'un acte soit tout à la fois conforme à un droit subjectif prédéterminé et contraire au droit envisagé « dans sa généralité et dans son objectivité[1404] ». Empruntant l'expression des Mazeaud, un acte peut être à la fois conforme au « droit » et contraire au « Droit[1405] ». Il suffit de recourir à la terminologie anglaise pour éviter la

---

[1398] PLANIOL Marcel, *Traité élémentaire de droit civil*, t. 2, 10e éd., (par Georges RIPERT). Paris : LGDJ, 1900, par. 871, italique dans l'original.
[1399] *Ibid.*
[1400] PERILLO Joseph M., « Abuse of rights: a pervasive legal concept », *Pac. L. Journ.*, 1995, p. 47.
[1401] Selon Planiol, commenté par G. Ripert et J. Boulanger, « le droit subjectif n'a de valeur que s'il confère l'irresponsabilité » (RIPERT Georges, BOULANGER Jean, *Traité de droit civil d'après le traité de Planiol*, Paris : LGDJ, 1957, p. 365).
[1402] JOSSERAND Louis, *De l'esprit des droits…*, *op. cit.*, p. 333.
[1403] *Ibid.*
[1404] *Ibid.*
[1405] MAZEAUD Henri, MAZEAUD Léon., *op. cit.*, p. 525. *Cf.* not. Georges CORNIL, *Le droit privé : essai de sociologie juridique simplifiée*, Paris : M. Giard (coll. Internationale des juristes populaires), 1924, p. 99.

contradiction, puisqu'elle n'utilise pas l'expression *abuse of law*, mais bien celle d'*abuse of rights*.
L'apparente contradiction se dissout dès que l'on se détache d'une vision « géométrique[1406] », qui empêche d'observer l'abus comme une alternative à l'imperfection logique de la dichotomie trop mathématique entre licéité et illicéité[1407].

823. Pour finir, rappelons une critique que nous avons déjà abordée dans une autre perspective : la réduction de l'abus de droit à une simple question de responsabilité civile. C'est un argument souvent utilisé par les opposants du principe autonome de l'abus de droit. En outre, c'est une critique dont l'importance est fondamentale pour notre suggestion d'employer le critère comme repère des comportements dans l'arbitrage international[1408].
En effet, quand les partisans de la doctrine de l'abus constatent un acte abusif, « ils prennent pour une singularité ce qui est la monnaie courante en matière de responsabilité civile[1409] ». Cette attitude conduit à nier l'abus de droit en tant que phénomène original associé à une théorie nouvelle, la ramenant aux problèmes de la responsabilité civile. Le rejet de cette critique peut apporter des importants indices pour le développement de notre thèse.

824. L. Josserand[1410] reconnaît que, malgré la solidité de cette position, il est indispensable d'observer que la rupture de l'équilibre des droits s'effectue à des degrés différents. Cette implosion n'a pas toujours lieu avec la même intensité ou avec la même évidence. Un acte peut être conforme à l'esprit de l'institution tout en causant des dommages indemnisables. Ce ne serait alors plus un acte abusif, mais, un « acte excessif[1411] ».
Autrement dit, réduire toutes les hypothèses d'abus de droit à des situations de responsabilité civile serait faire preuve d'un réductionnisme incompatible avec l'objectif même de cette théorie. En effet, sa finalité est d'identifier une série de *nuances* qui ne peuvent se limiter à la dichotomie traditionnelle du délit, chère à la responsabilité civile.
La réalité sociale, dans une perspective purement théorique, perd donc tout profil et toute nuance ; toutefois, « pour le juriste qui travaille dans la plaine, profil et nuances subsistent et l'acte abusif se différencie, dans sa nette individualité, aussi bien de l'acte excessif que de l'acte illégal ; il constitue

---

1406 CUNHA DE SÁ Fernando Augusto, *Abuso de direito*, *op. cit.*, p. 324.
1407 HUSSON Léon, *Les transformations de la responsabilité : étude sur la pensée juridique*, Paris : PUF, 1947, pp. 233 *et seq.*
1408 *Cf.* la présentation et le rejet de la critique de Louis JOSSERAND, *De l'esprit des droits…*, *op. cit.*, pp. 341 *et seq.*
1409 *Ibid.*, p. 341.
1410 *Ibid.*, p. 342.
1411 *Ibid.*, p. 343.

une réalité, une catégorie juridique dont on ne pourra jamais plus se passer[1412] ».

825. Cette critique revêt également une importance fondamentale pour notre thèse. Nous recherchons un critère pour l'identification et la sanction des dérives qui s'observent dans la pratique, dans la « plaine ». C'est un contexte dont l'amalgame d'une multitude de droits subjectifs, puisés dans différents ordres juridiques nationaux, internationaux et transnationaux, ne peut résulter que dans une infinitude de « nuances ».

b) Les critiques de fond

826. Les critiques adressées au problème de la « finalité des droits », provoquées par les thèses de L. Josserand, semblent bien plus solides. Elles paraissent renforcées dans un contexte encore trop positiviste, où le juge, selon l'expression de Montesquieu, n'est que la « bouche de la loi ».

827. L'opposition dérive juridiquement d'une scientificité qui culmine dans les écrits de H. Kelsen. Le droit s'écarte de tout autre jugement non dogmatique. Dans une perspective sociologique, l'influence d'un moment historique, en l'occurrence celui où le socialisme, compris comme un instrument de domination, hante les esprits, risque de des transformer les juges en *lawmakers*.

Même les partisans de la doctrine de l'abus de droit, comme les Mazeaud[1413], se méfient de ce critère finaliste. Ils fondent leur critique précisément sur l'adoption de cette notion téléologique par des ordonnancements socialistes, comme le Code civil soviétique de 1922, dont l'article premier pose déjà que les droits ne seront protégés par la loi que s'ils respectent leur destination économique et sociale[1414]. Pour les Mazeaud, le problème réside dans le « critère de la finalité des droits, critère redoutable au pays des Soviets où le but "social" des droits est déterminé par des juges peut-être préoccupés de politique[1415] ».

828. La position de M. Planiol et G. Ripert est encore plus extrême. Selon eux, donner au juge le pouvoir de déclarer illicite l'exercice d'un droit contraire à son « but social » est très dangereux pour la liberté individuelle, à

[1412] *Ibid.*, p. 344.

[1413] MAZEAUD Henri, MAZEAUD Léon, *op. cit.*, p. 559.

[1414] « Les droits civils sont protégés par la loi, sauf dans les cas où ils sont exercés dans un sens contraire à leur destination économique et sociale » (traduit par Jules PATOUILLET, *op. cit.*, p. 124). Pour une étude sur l'abus de droit dans le contexte des républiques socialistes, *cf.* Stojan CIGOJ, « L'abus de droit dans la doctrine et la jurisprudence yougoslaves », *in* ROTONDI Mario (org.)., *op. cit.*, pp. 17 *et seq.* Plus spécifiquement, *cf.* J. BELLON, « La nouvelle législation civile soviétique », *Cah. monde russe et soviet.*, 1963, v. 4, pp. 143-146.

[1415] MAZEAUD Henri, MAZEAUD Léon., *op. cit.*, p. 559.

« l'exemple des tribunaux de l'Allemagne national-socialiste et de la Russie communiste, où les tribunaux ont précisément reçu cette mission[1416] ».

829. Cette incursion de la sociologie, voire de la politique, dérange aussi J. Dabin[1417], dans le souci clairement dogmatique de l'isolement de l'édifice juridique. De plus, cela soulève une question plus pragmatique, concernant l'identification de la finalité d'un droit : comment faut-il procéder pour y parvenir, et surtout, à quel moment cela doit être fait ? se demande M. Desserteaux[1418]. La finalité doit-elle être concomitante à la promulgation de la loi, définie au moment de l'acte, ou bien quand survient le litige ?

830. Voilà pourquoi G. Ripert préfère encore un critère moral. L'arbitraire du juge paraît bien moins redoutable quand il s'agit de découvrir la mauvaise foi et l'intention de nuire, car « il est dans les fonctions du juge de porter un jugement de valeur sur la moralité des actions humaines[1419] ». Néanmoins « c'est toute autre chose de dire si le titulaire d'un droit a agi conformément à la destination économique et sociale de son droit, de départager l'intérêt individuel et l'intérêt social, d'approuver ou de désarmer l'activité humaine en considérant les fins auxquelles elle tend[1420] ».

La critique de G. Ripert, qui date de 1929, est adressée spécifiquement à l'œuvre de L. Josserand. Ce dernier lui répond avec force dans un article paru la même année et dans la même revue[1421]. Il se montre étonné que l'auteur de *La règle morale dans les obligations civiles* puisse critiquer son texte, dans lequel il ne manque pas d'affirmer que « les droits ne sauraient être mis au service de l'injustice, qu'ils ne doivent pas être déviés de leur but, détournés de leur destination, ouvrage qui aurait pu aussi bien être intitulé "*La moralisation du droit*[1422]" ».

Il existe effectivement une charge morale dans les thèses de L. Josserand, et l'auteur lui-même le reconnait[1423]. Toutefois, elle ne joue pas le rôle primordial que lui attribue G. Ripert. L'opposition entre les deux juristes semble donc décalée, et il est inévitable de voir dans le critère finaliste de L. Josserand un jugement politique, qui constitue la *prémisse* pour évaluer l'élément subjectif.

[1416] PLANIOL Marcel, RIPERT Georges, *Traité pratique de droit civil français*, t. VI, 2e éd., Paris : LGDJ, 1952, p. 803.

[1417] DABIN Jean, *Le droit subjectif*, *op. cit.*, pp. 289 *et seq.*

[1418] DESSERTEAUX Marc, « Abus du droit ou conflits des droits », *RTD civ.*, 1906, pp. 119-139.

[1419] RIPERT Georges, « Abus ou relativité des droits », *op. cit.*, spéc. p. 42.

[1420] *Ibid.*

[1421] JOSSERAND Louis, « À propos de la relativité des droits : réponses à l'article de M. Ripert », *Rev. crit. législ. et jurispr.*, 1929, n°49, p. 278.

[1422] *Ibid.*

[1423] JOSSERAND Louis, *De l'esprit des droits*..., *op. cit.*, spéc. p. 400.

831. Pour C. Beudant[1424], le critère moral autant que le critère social représentent un risque pour la stabilité du droit établi dans la législation. L'auteur se vaut d'un jugement de la cour d'appel de Rennes en 1932, affirmant que « [suivre] telle conception *morale* ou *sociale*, c'est livrer dangereusement les droits aux tendances personnelles du juge, c'est-à-dire à l'arbitraire, ôter toute stabilité et toute sécurité aux rapports juridiques tels qu'ils sont établis par la législation positive[1425] ».

832. L. Josserand est bien conscient que sa thèse donne au magistrat une marge de manœuvre assez large. Toutefois, il n'y voit pas un problème ; au contraire, ce serait une pratique naturelle et millénaire du droit, où le juge « a pour mission de scruter des volontés et de sonder les cœurs[1426] ». D'ailleurs, « en tous pays, à toute époque le plus large crédit lui est ouvert à cet effet par le législateur et par l'opinion publique ; à la fois maître souverain du fait et interprète de la loi, le champ des intentions des parties comme celui de l'esprit de nos institutions lui sont ouverts, et c'est en toute liberté qu'il les explore[1427] ».

833. Évoquons enfin deux autres auteurs, qui nient simplement l'existence d'une théorie de l'abus de droit, soit parce qu'elle n'appartient qu'au domaine de la sociologie, soit parce qu'il n'existe pas de droit subjectif qui puisse être abusé.

834. M. Rotondi[1428] défend le premier argument. Pour ce juriste italien, la recherche de l'abus de droit est incompatible avec les fondements du *ius positum*, et ne peut être admise et qualifiée qu'en tant que phénomène sociologique. Cet examen de l'esprit des institutions dérive d'une analyse de la conscience et de la volonté collective, totalement extérieure au droit.

835. Dans le deuxième cas, nous nous référons à L. Duguit[1429], peut être celui qui a suggéré la thèse la plus originale et la plus intéressante du point de vue de l'étymologie des concepts juridiques. Pour cet auteur, agir *conformément* au droit n'est pas exercer un droit subjectif, mais simplement réaliser un acte qui n'est pas *contraire* au droit objectif.

Il n'y a pas de véritable différence entre un acte contraire par sa *fin* et un acte contraire par son *objet*, car la distinction n'existe qu'en présence du concept de « droit subjectif », que l'auteur écarte de son raisonnement. Le juriste exclut, du même coup, « toutes les controverses et subtilités qu'on a comme à plaisir accumulées sans raison et sans profit[1430] ».

[1424] BEUDANT Charles, *Cours de droit civil français*, 2e éd., Paris : A. Rousseau, 1952, p. 71.
[1425] CA Rennes, 20 juin°1932, *Gaz. Pal.*, 1932, 2, jurispr. p. 516, souligné par nous.
[1426] JOSSERAND Louis, *De l'esprit des droits…*, *op. cit.*, p. 353.
[1427] *Ibid.*
[1428] ROTONDI Mario, « L'abuso del diritto », *Riv. dir. civ.*, 1923, n°XV, pp. 352 *et seq.* ; ROTONDI Mario, *Instituzioni di diritto privato*, 7e éd., Milano : Paraninfo, 1962, pp. 103 *et seq.*
[1429] DUGUIT Léon, *Traité de droit constitutionnel*, t. 1, 3e éd., Paris : E. de Boccard, 1927, p. 271.
[1430] *Ibid.*

863. Il semble que les critiques de cette théorie se déploient autour d'une certaine préciosité juridique. Elles sont renforcées par la limitation du droit à un raisonnement purement dogmatique, qui n'a plus de raison d'être au début du XXIe siècle. Pourtant, la finalité du droit autant que l'évaluation morale exigent un encadrement, au risque de susciter l'arbitraire, mais cela ne doit pas constituer un prétexte pour leur refuser toute valeur. Les critères adoptés aujourd'hui dans les ordonnancements postmodernes cherchent justement à concilier les jugements sociaux et moraux avec la prévisibilité des décisions.

3°. Les critères actuels de l'abus de droit

837. Passons ici en revue la façon dont le droit de différents pays accueille aujourd'hui cette théorie. Notons déjà une tendance majoritaire à prévoir législativement l'interdiction de l'acte abusif, tandis que certains États, comme la France et la Belgique, préfèrent renvoyer le problème à la jurisprudence[1431]. On assiste aussi à un mouvement assez général visant à distinguer l'abus de droit de la bonne foi, dont les différences seront mieux étudiées par la suite[1432], mais qui révèle dans un premier temps le souci de rendre la sanction de ces comportements plus objective.

838. L'attitude de la France cadre assez bien avec ces deux prémisses. Les critères de l'abus de droit sont le fruit d'importants débats doctrinaux et jurisprudentiels[1433], et malgré une série de tentatives pour insérer ce principe dans le Code civil[1434], cela n'a jamais abouti.

Cependant, même sans cette clause spécifique, la doctrine prétend que plusieurs dispositifs du Code civil français consacrent la théorie de l'abus de droit : en réprimant l'exercice anormal des droits, comme dans l'art. 618 ; pour concilier l'intérêt particulier avec l'intérêt collectif, dans l'art. 701 ; en empêchant un exercice trop rigoureux des droits conférés par un acte juridique en faveur de la bonne foi, en référence à l'art. 1134, § 3 ; pour éviter l'exercice d'un droit conféré par la loi dans l'intention de nuire au créancier, selon l'art. 1153(4) ; dans la tentative d'éviter que le créancier n'exerce son droit avec trop de rigueur, comme le stipule l'art. 1244-1 ; ainsi que les règles consacrant le pouvoir d'apprécier la *légitimité* des motifs, comme l'art. 1699 et l'art. 2007, § 2[1435].

[1431] *Cf.* VOYAME Joseph *et al.*, *op. cit.*, pp. 28 *et seq.*, spéc. p. 28.

[1432] *Cf.* n.943 *et seq.*

[1433] En rappelant que c'est l'inverse de ce qui s'est passé au Portugal, où, selon certains, la disposition législative de l'abus a finalement causé un détournement de la jurisprudence, *cf.* CUNHA DE SÁ Francisco Augusto, « O abuso do direito na doutrina... », *op. cit.*, p. 32.

[1434] *Cf.* n.798 et 800, *supra.*

[1435] CAMPION L., *op. cit.*, pp. 24-27. D'autres dispositifs sont aussi référés par François OST, *Droit et intérêt*, *op. cit.*, p. 142.

C'est donc à partir des plusieurs cas d'espèce qui permettent une flexibilisation du droit subjectif conféré par la loi que les juges français sont devenus les principaux instigateurs de la construction de cette théorie dans la doctrine moderne.

839. La jurisprudence française consacre comme critère principal l'intention de nuire[1436], souvent utilisé pour mettre en exergue la faute comme fondement de l'abus de droit. Ce rapprochement du concept de responsabilité civile semble conforter une partie considérable de la doctrine et des tribunaux[1437].

840. Toutefois, si une grande majorité des arrêts révèle l'intention de nuire, la jurisprudence affirme la responsabilité pour abus de droit également dans les hypothèses où le titulaire du droit l'a exercé sans prouver un *intérêt sérieux*[1438]. Même quand il existe un intérêt, l'on réprime aussi l'*imprudence* dans son exercice[1439]. De plus, cet intérêt ne doit pas seulement être sérieux, mais surtout *légitime*, c'est-à-dire que, même fondé sur des raisons solides, il peut néanmoins être fautif[1440].

841. En dépit de ces critères encore très portés sur l'héritage volontariste de la responsabilité civile, il semble que l'identification de l'esprit malveillant ou malicieux ne passe plus tant par des notions résultant d'un examen subjectif, mais par des repères objectifs[1441].

P. Stoffel-Munck, dans sa thèse récente sur l'abus dans le contrat, présente trois de ces repères. Cumulés, ils révèlent une forte probabilité de malice, le juge devant ensuite confirmer sa conviction ou l'infirmer : « Les premiers tiennent aux motifs effectivement donnés par l'agent pour rendre compte de son intention dans l'action, les seconds relèvent du contexte historique des relations entre les parties, les derniers concernent la conscience qu'avait l'agent du préjudice causé par son acte[1442]. »

Ces indices permettent de dépasser le critère trop simpliste de l'intérêt légitime, ou bien celui, souvent critiqué, de l'inutilité de l'acte[1443], qui jouent

---

[1436] Nous empruntons l'étude de la jurisprudence français actuelle réalisé par Henri et Léon MAZEAUD, Jean MAZEAUD et François CHABAS, *op. cit.*, pp. 479 *et seq.*

[1437] C'est l'opinion de J. Voyame, B. Cottier et B. Rocha, pour qui l'intention de nuire dans l'abus de droit n'est pas au devant de la scène, mais bien en « coulisses » car l'élément primordial continue à être la notion de faute (*op. cit.*, p. 31).

[1438] Cass. com., 18 oct. 1988, *Resp. civ. et assur.*, 1988, III, p. 7 ; Cass., 2ème Ch. civ., 17 juin°1988, *Bull. civ.*, II, n°146.

[1439] *Cf.* MAZEAUD Henri et Léon, MAZEAUD Jean, CHABAS François., *op. cit.*, pp. 479-480.

[1440] C'est le cas, référé par les Mazeaud et F. Chabas, de l'employeur condamné pour abus du droit de résiliation unilatérale du contrat de travail. L'employeur avait certainement un intérêt à exercer ce droit, mais la jurisprudence estime qu'un autre employeur se serait comporté différemment (*op. cit.*, p. 480).

[1441] C'est le mouvement que fait remarquer Philippe Stoffel-Munck, *op. cit.*, p. 193.

[1442] *Ibid.*, p. 193.

[1443] *Ibid.*, p. 189 ; BAKOUCHE David, *L'excès en droit civil*, Paris : LGDJ, 2005, p. 89.

un rôle seulement subsidiaire dans un examen bien plus poussé des circonstances objectives.

842. Retenons que la compréhension du droit français est encore très contaminée par l'idée de faute, revenant souvent aux problèmes de la responsabilité civile. Ne nions pas pour autant l'effort doctrinal de recherche d'indices objectifs pour configurer l'intention abusive. L'amalgame entre aspects intentionnels et aspects circonstanciels fournit des éléments précieux dans le scénario de notre étude. Ici, *volonté* et *ordres théoriques* se valent d'une légitimité réciproque pour perpétrer les manœuvres abusives.

843. Comme la France, la Belgique ne prévoit pas de disposition relative à l'abus de droit. L'influence de la culture juridique française se retrouve dans une approche similaire entre la théorie de l'abus de droit et la responsabilité civile[1444].

Toutefois, à l'inverse de la France, la jurisprudence belge va au-delà de l'intention de nuire. Elle consacre trois autres critères : le défaut d'intérêt légitime, la disproportion grossière des intérêts en question et l'exercice d'un droit contrairement à sa finalité[1445]. F. Ost[1446], citant un arrêt de la Cour de cassation belge[1447], y ajoute l'hypothèse du choix, parmi plusieurs manières d'exercer un droit présentant un intérêt pour son titulaire, de celle qui entraîne le plus grave préjudice.

844. L'Italie est restée plus proche de la compréhension française, et même plus restreinte quant à l'intention de nuire, qui repose sur l'art. 833 du Codice civile[1448]. Non seulement les tribunaux italiens affirment que ce dispositif est inopérant en dehors de l'intention de nuire[1449], comme il est limité aux droits réels, ce qu'explique l'insertion de la règle non pas comme une disposition générale, mais dans le livre de la propriété[1450]. Les *atti emulativi* dépendent ainsi de l'*animus nocendi*, et se limitent aux droits de propriété.

845. Les Pays-Bas ont surement été l'un des tout dernier pays au monde à introduire une clause générale d'abus de droit dans sa législation. En 1992, le nouveau Code civil néerlandais insère une disposition sur l'abus de droit

---

[1444] Spécialement en vertu de l'influence de la clause générale de l'art. 1382, CC français, qui se retrouve mot pour mot et chiffre pour chiffre dans le Code civil belge.

[1445] *Cf.* VOYAME Joseph *et al.*, *op. cit.*, p. 33.

[1446] OST François, *Droit et intérêt*, *op. cit.*, p. 148.

[1447] Belgique, Cass., 12 juil. 1917, *Pas.*, I, p. 65 ; Belgique, Cass., 16 novembre 1961, *Pas.*, 1962, I, p. 332.

[1448] Dans l'original : « *Art. 833 Atti d'emulazione. Il proprietario non può fare atti i quali non abbiano altro scopo che quello di nuocere o recare molestia ad altri* ».

[1449] Italie, Cass., 7 mars 1986, *Giustizia Civile*, 1986-I, n°1509, p. 434 ; Cass., 29 juillet 1963, *Giustizia Civile*, 1963, v. Emulzaione, 2, n°2139.

[1450] Pour un regard plus approfondi sur droit italien, *cf.* Stefano PAGLIANTINI (org.), *Abuso del diritto e buona fede nei contratti*, Torino : G. Giappichelli Editore, 2010.

au sein de son droit général de propriété, dans l'art. 13 de son troisième livre[1451].

Le dispositif indique comme critères, *inter alia*, l'inexistence d'une autre finalité pour son exercice que celle de causer un dommage à autrui, ou bien son utilisation dans une autre finalité que celle pour laquelle le droit a été attribué, considérant la disparité entre l'intérêt lésé et celui qui justifie sa protection. Ce sont les repères qui prévalaient déjà dans la jurisprudence antérieure à 1992, et qui ont été maintenus jusqu'à aujourd'hui[1452].

846. Si c'est en France que nous avons assisté aux débats les plus importants autour de l'abus de droit, c'est surement en Suisse que l'on a osé consacrer cette théorie de la manière la plus limpide. L'art. 2 du Code civil helvétique[1453] impose, parmi les « devoirs généraux » associés à « l'étendue des droits civils », que « l'abus manifeste d'un droit n'est pas protégé par la loi ». C'est le devoir que prévoit l'alinéa 2 de cet article. Son premier alinéa consacre quant à lui le principe de la bonne foi : « Chacun est tenu d'exercer ses droits et d'exécuter ses obligations selon les règles de la bonne foi. »

La coexistence de la bonne foi et de l'abus de droit à un alinéa près n'est pas passé inaperçue. Bon nombre de juristes[1454] affirment que tandis que l'al. 1a une fonction interprétative, l'al. 2 vient en correctif. D'autres, comme J.-F. Perrin[1455] voient dans les éléments de l'art. 2 la primauté de l'éthique, protégeant contre l'imposition mécanique de la loi par l'art. 1[1456].

Quant aux critères employés par la jurisprudence, ils se rapprochent des notions de finalité et d'intérêt légitime. Ils s'appliquent pourtant d'une

---

[1451] En anglais : « *Article 3 : 13 "Abuse of rights". 1. A person to whom a right belongs may not exercise the powers vested in it as far as this would mean that he abuses these powers – 2. A right may be abused, among others, when it is exercised with no other purpose than to damage another person or with another purpose than for which it is granted or when the use of it, given the disparity between the interests which are served by its effectuation and the interests which are damaged as a result thereof, in all reason has to be stopped or postponed – 3. The nature of a right may implicate that it cannot be abused* » (traduction [en ligne] http://www.dutchcivillaw.com/, page consultée le 28/03/12).

[1452] *Cf.* BYERS Michael, « Abuse of Rights: an old principle, a new age », *McGill L. Journ.*, 2002, v. 47, p. 389.

[1453] « Art. 2. B. Étendue des droits civils. I. Devoirs généraux. 1. Chacun est tenu d'exercer ses droits et d'exécuter ses obligations selon les règles de la bonne foi. 2. L'abus manifeste d'un droit n'est pas protégé par la loi. »

[1454] ANCEL Pascal, AUBERT Gabriel, *op. cit.*, p. 19.

[1455] PERRIN Jean-François, « Les relations entre la loi et les règles de la bonne foi : collaboration au conflit internormatif ? », *in* ANCEL Pascal *et al.* (orgs.), *op. cit.*, p. 34.

[1456] « Art. 1. 1. La loi régit toutes les matières auxquelles se rapportent la lettre ou l'esprit de l'une de ses dispositions. 2. À défaut d'une disposition légale applicable, le juge prononce selon le droit coutumier et, à défaut d'une coutume, selon les règles qu'il établirait s'il avait à faire acte de législateur. 3. Il s'inspire des solutions consacrées par la doctrine et la jurisprudence. »

manière encore assez large pour englober des cas de *venire contra factum proprium*[1457] ou de *rebus sic stantibus*[1458].
Finalement, selon la rédaction de l'art. 2, l'abus de droit ne serait simplement pas protégé par la loi. À ce moment-là, sa sanction ne peut que résider dans l'inexistence ou l'invalidité de l'acte[1459], ainsi que dans son inopposabilité aux tiers, à l'inverse du droit français, dans lequel la question se résout souvent avec des dommages et intérêts.

847. Aux côtés de la Suisse, l'Allemagne a aussi érigé l'abus de droit en principe général, dans la section 226 du BGB : « L'exercice d'un droit n'est pas permis, lorsqu'il ne peut avoir d'autre but que de causer dommage à autrui[1460]. » L'importance topologique du dispositif n'est pas proportionnelle à sa portée. Au contraire, une vision encore étroite y prédomine, ne sanctionnant que l'esprit de chicane, dans une vision très subjective. Selon L. Josserand[1461], le BGB fait preuve de son « intransigeance » en retenant exclusivement l'intention de nuire.
Cette limitation explique surement pourquoi la section 226 est tombée en désuétude[1462]. C'est pourquoi les tribunaux germaniques préfèrent recourir à la section 826, BGB[1463], obligeant la réparation du dommage causé par un acte

---

[1457] *ATF*, 137 III 208/2011 citant *ATF*, 125 III 257, *ATF*, 123 III 70, *ATF*, 123 III 220.

[1458] *ATF*, 122/1996, III 97, 98 ; *ATF*, du 5 juin°1996, *Praxis* 1997, n°54, p. 288 ; *ATF*, 107/1981 II 343, *JdT*, 1982, p. 272 et 277. *Cf.* not. ANCEL Pascal, AUBERT Gabriel., *op. cit.*, pp. 25-26.

[1459] C'est la distinction notée par Christine CHAPPUIS, « L'abus de droit en droit suisse des affaires », *in* ANCEL Pascal *et al.* (orgs.)., *op. cit.*, pp. 84 *et seq.*

[1460] Traduction de Claude BUFNOIR *et al.*, *Code civil allemand traduit et annoté*, [en ligne] Gallica (bibliothèque numérique de la BNF), http://gallica.bnf.fr, page consultée le 08/02/12, p. 334. Dans l'original : « *§ 226 Schikaneverbot. Die Ausübung eines Rechts ist unzulässig, wenn sie nur den Zweck haben kann, einem anderen Schaden zuzufügen.* »

[1461] JOSSERAND Louis,. *De l'esprit des droits…*, *op. cit.*, p. 374.

[1462] *Cf.* VOYAME Joseph *et al.*, *op. cit.*, p. 35.

[1463] Dans la traduction anglaise : « *§ 826. Intentional damage contrary to public policy. A person who, in a manner contrary to public policy, intentionally inflicts damage on another person is liable to the other person to make compensation for the damage.* » ([En ligne] http://www.gesetze-im-internet.de/englisch_bgb/, page consultée le 26/04/12). Dans l'original, en allemand : « *§ 826 Sittenwidrige vorsätzliche Schädigung. Wer in einer gegen die guten Sitten verstoßenden Weise einem anderen vorsätzlich Schaden zufügt, ist dem anderen zum Ersatz des Schadens verpflichtet.* » Curieusement, selon S. Kröll et P. Kraft, c'est en recourant à la section 826, BGB, qu'un plaideur pourrait soulever la fraude procédurale permettant l'annulation d'une sentence en Allemagne même après le délai de trois mois accordé par la section°1059(3), ZPO (KRÖLL Stefan, KRAFT Peter, « § 1059 », *in* BÖCKSTIEGEL Karl-Heinz, KRÖLL Stefan, NASCIMENTO Patricia (éds.), *Arbitration in Germany: The Model Law in practice*, New York : Kluwer Law International, 2007, n°84). Dans ce cas, il s'agit d'une demande de réparation fondée sur l'illicite de la section 826, BGB, permettant que la cour saisie interdise à l'autre partie d'essayer d'exequaturer la sentence. C'est un résultat, *de facto*, comparable à celui d'un recours en annulation, selon N. Voser et A. George (VOSER Nathalie, GEORGE Anya, « Revision of arbitral awards », *in* TERCIER Pierre (éd.), *op. cit.*, p. 46).

contraire à l'ordre public, et, surtout, à la section 242, BGB[1464], consacrant le principe de la bonne foi, dont l'abus ne serait qu'un simple corolaire.

848. Le Portugal souffre des mêmes problèmes. Son ordre interne consacre une clause générale dans l'art. 334 du Code civil[1465], laquelle qualifie comme illégitime l'exercice d'un droit quand son titulaire excède manifestement les limites imposées par la bonne foi, les bons usages, ou bien la finalité sociale ou économique de ce droit. Toutefois, comme en Allemagne, l'on s'accorde sur la difficulté d'établir tous ces critères[1466].

Il existe, à l'intérieur de ce dispositif, un tel mélange de concepts et de repères différents que son application concrète représente une mission presque impossible. Néanmoins, au contraire de la section 226 du BGB, l'art. 334 du Code civil portugais est l'un des seuls en Europe occidentale à consacrer expressément la théorie *objective* et *finaliste* de l'abus de droit. Au moins en théorie… C'est un dispositif noble dans ses aspirations théoriques, mais qui, selon la doctrine portugaise, « est né manifestement fâcheux[1467] ».

849. Si au Portugal l'abus découle d'un exercice *illégitime* d'un droit, au Brésil, ce même acte est directement qualifié d'*illicite*. En effet, selon l'art. 187 du Code civil brésilien, « commet aussi un acte illicite le titulaire d'un droit qui, en l'exerçant, excède manifestement les limites imposés par sa finalité économique ou sociale, par la bonne foi ou par les bons coutumes[1468] ». Le Brésil se rapproche du Portugal en adoptant une conception objective et finaliste de l'abus de droit, mais s'en écarte néanmoins si l'on considère que l'abus est qualifié au sein de la responsabilité civile comme fait générateur d'un acte illicite.

850. Citons encore le cas soviétique, en tant que légitimation historique des thèses finalistes de l'abus de droit. À cet effet, l'art. 1er du Code civil russe de 1922 énonce que « les droits civils sont protégés par la loi, sauf dans les

---

[1464] Dans la traduction anglaise : « *Section 242. Performance in good faith. An obligor has a duty to perform according to the requirements of good faith, taking customary practice into consideration* » ([en ligne] http://www.gesetze-im-internet.de/englisch_bgb/, page consultée le 26/04/12). Dans l'original, en allemand : « *§ 242 Leistung nach Treu und Glauben. Der Schuldner ist verpflichtet, die Leistung so zu bewirken, wie Treu und Glauben mit Rücksicht auf die Verkehrssitte es erfordern.* »

[1465] Dans l'original : « *É ilegítimo o exercício de um direito, quando o titular exceda manifestamente os limites impostos pela boa fé, pelos bons costumes ou pelo fim social ou económico desse direito.* »

[1466] Pour une synthèse des positions dans ce sens, *cf.* Jorge Manuel COUTINHO DE ABREU, *Do abuso de direito : ensaio de um critério em direito civil e nas deliberações sociais*, Coimbra : Almedina, 1999, pp. 55 *et seq.*

[1467] COUTINHO DE ABREU Jorge Manuel, *op. cit.*, p. 68. Traduction libre. Dans l'original : « *[…] nasceu manifestamente infeliz…* »

[1468] Traduction libre. Dans l'original : « *Também comete ato ilícito o titular de um direito que, ao exercê-lo, excede manifestamente os limites impostos pelo seu fim econômico ou social, pela boa-fé ou pelos bons costumes.* »

cas dans lesquels ils sont exercés dans un sens contraire à leur destination économique et sociale[1469] ».
Pour L. Campion[1470], la règle soviétique incorpore une conception large de la théorie de l'abus de droit, opinion renforcée par l'enthousiasme de L. Josserand, pour qui la disposition est d'« une ampleur infiniment supérieure en la haussant jusqu'à l'esprit même des différentes institutions sur lesquelles elle exerce son contrôle[1471] ».
Il faut néanmoins placer l'article en question dans le contexte de la révolution soviétique[1472]. C'est un atome dans un ensemble bien plus large, à la poursuite des forces productrices de la république socialiste, selon l'expression de l'art. 4, du même texte[1473]. L'art. 1er représente alors plus une motivation politique qu'un essor véritablement dogmatique des thèses finalistes. La preuve en est que le Code civil actuel, dans son art. 10(1)[1474], revient à la conception intentionnelle de l'abus de droit, critère très largement prioritaire aujourd'hui dans la jurisprudence russe[1475].

851. Enfin, faisons un détour par le *common law*, non du fait de l'importance de l'abus de droit dans les cultures juridiques qu'il régit, mais, bien au contraire, pour comprendre pourquoi celles-ci ne se sont pas véritablement intéressées à la formation d'une théorie générale, du moins pas nominalement.
Dans ces pays, les critiques les plus traditionnelles essayent d'expliquer le rejet de la théorie de l'abus de droit à partir d'un soi-disant « individualisme » typique des ordres de *common law*[1476]. Celui-ci serait à l'origine d'une conception absolue des droits subjectifs. Cependant, dans un monde toujours plus globalisé et organisé autour d'une mentalité individualiste, cette position nous semble dépassée.

[1469] Traduit par Jules PATOUILLET, *op. cit.*, p. 124.
[1470] CAMPION L., *op. cit.*, p. 254.
[1471] JOSSERAND Louis, *De l'esprit des droits…*, *op. cit.*, p. 288.
[1472] *Cf.* STÜCKA Peteris, *Direito e luta de classes*, Coimbra : Almedina, 1973 ; HAZARD John, « Le droit et l'évolution sociale en URSS », *Rev. intl dr. Comparé*, 1953, v. 5, n°2, pp. 241-254 ; COUTINHO DE ABREU Jorge Manuel., *op. cit.*, pp. 51 *et seq.*
[1473] « En vue de développer les forces productrices du pays, la République socialiste fédérative soviétique de Russie reconnaît la capacité civile (la capacité d'acquérir des droits et des obligations civiles) à tous les citoyens qui ne sont pas limités dans leurs droits par la justice. »
[1474] Dans la traduction anglaise : « *Article 10. The Limits of Exercising the Civil Rights. 1. Not admissible shall be actions by the citizens and the legal entities, performed with the express purpose of inflicting damage to another person, as well as the abuse of the civil rights in other forms. Not admissible shall also be the use of the civil rights for the purpose of restricting the competition, as well as the abuse of the dominating position on the market* » ([en ligne] http://www.russian-civil-code.com/, page consultée le 09/02/12).
[1475] « The abuse of rights doctrine ». Russian Raw On Line, [en ligne] http://www.russianlawonline.com/content/abuse-rights-doctrine (page consultée le 09/02/12).
[1476] Dans ce sens, *cf.* CAMPION L., *op. cit.*, p. 235 ; O'SULLIVAN R., « Abuse of rights », *Current L. Prob.*, 1955, pp. 72-73.

Nous préférons voir dans cette abstraction non pas le rejet spécifique de la théorie, mais plutôt un désintérêt méthodologique pour les principes généraux. D'ailleurs, pour certains auteurs[1477], la difficulté d'accueillir l'abus de droit suggère une difficulté parallèle, celle d'accueillir le principe général de la bonne foi.

852. Dans cette distinction entre la méthode du *case law* et celle des principes généraux, M. Byers[1478] note que la doctrine de l'abus de droit n'est nécessaire que quand les droits sont proclamés de manière générale ; au contraire, si ces droits sont taillés avec des qualifications concrètes, la doctrine s'avère superflue. Dans le premier cas, cela renvoie à la méthode des droits codifiés, tandis que dans le dernier, il s'agit de la tradition anglaise.

853. Il est donc incorrect d'affirmer que l'abus de droit *n'existe pas* en Angleterre ou aux États-Unis. Si la notion peut ne pas être intégrée comme une théorie générale, ni même nommée ainsi, l'idée d'une limitation des droits subjectifs existe bel et bien, et ne peut être niée[1479].

854. Nous verrons par la suite[1480] que c'est surtout dans le domaine de la procédure que l'abus de droit continental se rapproche des instruments développés par le *common law.* Nous nous attacherons alors à examiner plus spécifiquement les critères de l'« abus de droit » dans le *common law.*

855. À présent, profitons de ces développements pour noter que l'essor théorique de l'arbitrage international que nous avons examiné dans la première partie de ce travail a comme principal effet de renforcer l'influence des principes généraux, au détriment de l'examen casuistique. L'abus de droit apparait alors comme cet instrument permettant de tailler des droits conférés de manière encore trop vague par des représentations théoriques dans un domaine réclamant la spécificité.

Par conséquent, la contraposition du traitement de l'abus de droit entre les juridictions codifiées et celles du *common law* fournit une métaphore fort représentative du problème posé par notre étude. Osons affirmer que l'arbitrage international se situe aujourd'hui à ce carrefour, avec, d'un côté, la méthode inductive à laquelle aspirent les parties recourant à cette forme de règlement de litiges, typique du droit anglo-saxon, et de l'autre, la méthode empirique des cultures romano-germaniques, stimulant la construction d'édifices théoriques.

856. C'est comme si *civil law* et *common law* formaient aujourd'hui

---

[1477] Par exemple, *cf.* Giuseppe VETTORI, « L'abuso del diritto *distingue frequenter* », *in* PAGLIANTINI Stefano (org.)., *op. cit.*, p. 153.

[1478] BYERS Michael, *op. cit.*, p. 396.

[1479] Selon J. Crabb, il y a entre l'idée d'abus de droit dans le *civil law* et les notions correspondantes dans le *common law* des « relations de sang » (CRABB John H., *op. cit.*, p. 1).

[1480] *Cf.* spéc. n.870 *et seq.*

l'amalgame méthodologique de l'arbitrage international. Néanmoins, si, en Europe, le canal de la Manche isole ces différentes cultures, dans l'arbitrage international, c'est plutôt leur superposition désordonnée qui est en cause. L'abus de droit semble donc bien pouvoir organiser ce scénario, sans créer d'îlots, mais en construisant plutôt des ponts.

§ 2°. Vers une théorie de l'abus des voies de droit

857. Si les discussions autour de la théorie générale de l'abus de droit permettent de poser les bases conceptuelles de notre analyse, c'est surtout dans le domaine de la procédure que nous trouverons une application plus pragmatique, utile pour notre étude. En plus de réunir les cas les plus typiques d'abus[1481], le domaine de la *procédure* nous offre un très bon poste d'observation des dérives qui constituent l'objet de cette thèse. Ainsi, avant d'examiner comment la doctrine de l'abus de droit peut constituer un critère de mise en place efficace des mécanismes de contrôle de l'arbitrage international, il est indispensable d'étudier l'abus de procédure en général. Impossible, partant, de ne pas examiner l'application spécifique de la doctrine de l'abus de droit dans la procédure à partir de ses principaux courants théoriques (A), avant de constater quels sont les traits caractéristiques du droit d'action, qui, en le renforçant, rendent encore plus ardue la tâche de trouver ses limites (B).

A. La consolidation de l'abus des voies de droit

858. L'abus des voies de droit est un champ d'analyse assez nouveau. C'est pourquoi il est indispensable de poser quelques remarques préliminaires sur son contenu méthodologique (1°), afin de pouvoir explorer son évolution historique sur des bases conceptuelles plus solides, jusqu'à ces critères actuels (2°).

1°. Quelques notes préliminaires sur l'abus des voies de droit

859. Au préalable, émettons une réserve : nous utiliserons ici l'idée de « droit d'agir en justice » ou de « droit à la procédure » au sens large,

[1481] « C'est dire qu'il n'y a rien d'étonnant à ce que l'abus du droit d'action en justice figure aujourd'hui parmi les principales illustrations de la théorie de l'abus de droit » (USUNIER Laurence, *op. cit.*, p. 397). Dans le même sens, *cf.* Angelo DONDI, « Abuse of procedural rights: regional report for Italy and France », *in* TARUFFO Michele (éd.), *op. cit.*, p. 109.

englobant non seulement le droit de saisir une juridiction[1482], mais tout aussi bien le droit de poursuivre l'objet de la demande, le droit au juge, les droits de la défense, le droit à une voie de recours, lequel inclut, à son tour, le droit de faire appel, le droit à un recours en annulation d'une sentence arbitrale, etc. Soit toutes les formes d'abus qui résultent du droit fondamental d'agir en justice, selon H. Motulsky, le « droit subjectif processuel[1483] ».

860. Il est également indispensable de distinguer procédure et substance quant à l'abus de droit. En effet, même munie d'un bien-fondé légitime, reconnu par la juridiction compétente, la partie peut employer des moyens procéduraux abusifs.

C'est une confusion que l'on observe dans un arrêt de la Cour de cassation[1484] ayant posé, selon la lecture de M.-A. Frison-Roche, qu'il n'était pas possible de « condamner une partie pour abus de droit de saisir un juge puisque celui-ci avait reconnu dans l'examen de sa prétention qu'elle avait le droit pour lui[1485] ». Cette préférence pour le droit substantif légitime, en dépit d'une action procédurale abusive, est typique d'une culture dans laquelle la théorie s'est beaucoup plus intéressée aux limites du droit matériel[1486], concevant l'abus de procédure comme une « une application aujourd'hui banale de la théorie générale de l'abus des droits subjectifs[1487] ». Le corolaire qui accompagne logiquement ce constat est que l'abus des voies de droit ne peut, en aucun cas, se résumer à l'intérêt d'agir procédural de la partie[1488] : c'est une notion directement liée à la prétention matérielle envisagée[1489], et la sanction d'un abus de procédure ne peut se résumer à la perte de cet intérêt[1490]. Une jurisprudence très ferme s'est formée récemment

---

[1482] C'est le droit à la « demande en justice », dont la définition nous est fournie par S. Guinchard, C. Chanais et F. Ferrand : « La demande en justice est l'*acte juridique par lequel une personne soumet au juge une prétention* », (*op. cit.*, p. 261, italique dans l'original).

[1483] MOTULSKY Henri, *Principes d'une réalisation méthodique du droit privé*, Paris : Dalloz, 1991 (1948), pp. 34 *et seq.*

[1484] Cass., 1re Ch. civ., 3 déc. 1980, *Apud* FRISON-ROCHE Marie-Anne, « Légitimité, opportunité et efficacité de l'analyse économique des procès civils », *in* COHEN Dany (dir.). *Droit et économie du procès civil*, Paris : LGDJ, 2010, p. 12.

[1485] FRISON-ROCHE Marie-Anne, *idem*, p. 12.

[1486] L'application prioritaire, en France, de la théorie de l'abus de droit à l'analyse des droits matériaux est notée par Angelo Dondi, *op. cit.*, p. 109.

[1487] LECUYER Hervé, *op. cit.*, p. 573.

[1488] Art. 31, CPC : « L'action est ouverte à tous ceux qui ont un intérêt légitime au succès ou au rejet d'une prétention ».

[1489] « L'intérêt personnel à agir peut se définir comme la recherche d'un avantage personnel. Il désigne le profit, l'utilité ou l'avantage que l'action est susceptible de procurer au plaideur. La personne a intérêt à agir si la demande formée est susceptible de modifier, en l'améliorant, *sa condition juridique*. La notion d'intérêt est floue. Il peut s'agir d'un gain *matériel* (patrimonial), ou *moral* (extrapatrimonial), ou encore du renforcement d'une situation existante » (GUINCHARD Serge *et al.*, *op. cit.*, p. 152, souligné par nous).

[1490] Laquelle résulte dans une fin de non recevoir relevée d'office par le juge, *ex vi* de l'art. 125, CPC : « Les fins de non-recevoir doivent être relevées d'office lorsqu'elles ont un

en France[1491], détachant avec précision l'abus de droit du droit d'action. Les tribunaux affirment que la simple défaite d'une partie ne signifie pas automatiquement l'attribution d'un comportement abusif à son adversaire, et surtout, ne signifie pas la condamnation aux frais irrépétibles.

861. La doctrine[1492] n'est pas passée outre cette distinction cruciale, dont voici les principales lignes : en premier lieu, la partie qui agit en abus de droit peut toujours prouver l'utilité de son action. La distorsion sert à atteindre un objectif, donc il y a bien un intérêt pour une décision de fond ; ensuite, le défaut d'intérêt empêche la continuation de la procédure, alors que l'abus de droit ne peut se révéler que lors du déroulement de celle-ci ; en troisième lieu, tandis que l'intérêt d'agir se réfère à la demande en justice, l'abus repose sur l'utilisation décalée de tous les types d'instruments procéduraux ; finalement, si la sanction du défaut d'intérêt se résume au dessaisissement du juge, celle de l'abus de droit peut largement dépasser le domaine procédural, en conférant au magistrat une plus grande marge de manœuvre pour sanctionner ces comportements[1493].

Désormais, il n'est pas étonnant que des auteurs voient dans la notion d'abus des voies de droit « une catégorie incertaine dans ses contenus ontologiques et opaque dans sa physionomie opérative[1494] ». Pour les Mazeaud et F. Chabas[1495], c'est le domaine dans lequel la jurisprudence demeure la plus incertaine.

862. Voilà pourquoi les efforts de construction d'une théorie générale, si présents dans les études sur l'abus de droit en général, ne sont pas reproduits aussi explicitement dans le domaine de l'abus des voies de droit. D'ailleurs, pour M. Taruffo[1496], à cette modalité d'abus ne correspond qu'une série éparse soit de règles de droit (dans les pays codifiés), soit de précédents (comme au Royaume-Uni).

---

caractère d'ordre public, notamment lorsqu'elles résultent de l'inobservation des délais dans lesquels doivent être exercées les voies de recours ou de l'absence d'ouverture d'une voie de recours. *Le juge peut relever d'office la fin de non-recevoir tirée du défaut d'intérêt, du défaut de qualité ou de la chose jugée* » (souligné par nous).

[1491] *Cf.* Civ., 3ème Ch. civ., 19 fév. 2003, *RJDA*, 2003, n°558 ; Cass. 1re Ch. civ., 25 fév. 1986, *Gaz. Pal.*, 1987, somm. jurispr. p. 41 – obs. CROZE H., MOREL C.

[1492] *Cf.* NICÒTINA Giuseppe, *L'abuso nel processo civile*, Roma : Aracne, 2005, pp. 83-84 ; CATALANO Elena Maria, *L'abuso del processo*, Milano : Giuffrè Editore, 2004, p. 23.

[1493] Sans associer explicitement l'abus de droit et l'intérêt d'agir, L. Cadiet, J. Normand et S. Mekki interprètent le caractère *légitime* de l'intérêt d'agir présent dans l'art. 31, CPC (n.1488, *supra*) comme ouvrant au magistrat « un jugement de valeur sur la prétention dont il est saisi, sur la conformité à l'ordre moral ou aux bonnes mœurs ou, occasionnellement, un jugement d'opportunité » (*op. cit.*, p. 330). C'est une perspective pouvant englober un jugement autour de l'abus.

[1494] CATALANO Elena Maria, *op. cit.*, p. 3. Traduction libre. Dans l'original : « *[...] categoria incerta nei contenuti ontologici ed ocapa nella fisionomia operativa.* »

[1495] MAZEAUD Henri, MAZEAUD Léon, MAZEAUD Jean, CHABAS François, *op. cit.*, p. 480.

[1496] TARUFFO Michele, « Abuse of procedural rights: general report », *op. cit.*, p. 4

863. Ainsi, c'est une discipline qui n'a pas fini de susciter les questions les plus diverses, ce qui renforce notre volonté de limiter l'objet de son analyse aux seuls problèmes qui pourraient servir à identifier les limites du droit à la procédure au sein de l'arbitrage international.

2°. La consolidation de l'abus des voies de droit

864. Avant de présenter quels sont les critères actuels d'identification de ce phénomène dans plusieurs juridictions (b), parcourons les principaux mouvements historiques qui ont abouti aux contours plus ou moins uniformes de la notion (a).

a) Bref survol historique

865. Le droit romain a connu un nombre considérable d'instruments destinés à sanctionner l'utilisation abusive de la procédure. Citons l'*iusiurandum calumniae*, serment par lequel on garantit « que ce n'est pas par pure chicane que l'on plaide[1497] », l'*infitiation* ou la *plus petitio*, sorte de « délits spécialisés ressortissant sans aucun doute à l'abus des voies de droit[1498] », ainsi que la peine du *duplum*, pour le défendeur qui contestait sans succès la *legis action manus iniectionem*[1499].
Le formalisme de la procédure romaine a été rapidement incorporé par les idéaux de complétude et de perfection des codes judiciaires modernes. La doctrine s'est ainsi dotée d'un système qui ne pouvait laisser aucune brèche dans l'exercice d'un droit si fondamental que celui de se munir d'une action en justice. Progressivement, toutefois, la jurisprudence s'aperçoit que la sacralisation du droit d'ester en justice d'une partie peut nuire au droit de son *ex adverso*, et que le schéma fondé sur la perfection formaliste n'est pas en mesure de tenir compte de cet équilibre.

866. La nature si fondamentale de ce droit explique surement que les premiers arrêts français ne se contentent pas d'une simple faute, mais exigent une véritable mauvaise foi.

867. Dès 1883, la chambre civile affirme que l'exercice du droit de soumettre aux tribunaux le jugement d'un différend ne peut constituer une

---

1497 CORNIL Georges, *Droit romain : aperçu historique*, Paris : Imprimerie médicale et scientifique, 1921, p. 470.

1498 JOSSERAND Louis, *De l'esprit des droits…*, *op. cit.*, p. 67.

1499 ALBUQUERQUE Pedro, *op. cit.*, pp. 16-17. Ce même auteur fait une profonde recherche historique dans ce texte, pp. 18 *et seq*. *Cf.* not. António MENEZES CORDEIRO, *Litigância de má-fé, abuso do direito de ação e culpa « in agendo »*, 2e éd., Coimbra : Almedina, 2011, pp. 76 *et seq.*

faute « qu'autant [qu'il] constituerait un acte de malice et de mauvaise foi, ou au moins un acte d'erreur grossière équipollente au dol[1500] ».
La chambre des requêtes semble moins restrictive. Elle emploie des formules comme le caractère « malicieux » ou « vexatoire[1501] » du procès, des demandes « téméraires[1502] », « inconsidérées[1503] », « sans motifs légitimes », avec un « esprit de malice et chicane[1504] », une « résistance indue[1505] » aux prétentions de l'adversaire[1506]. Ainsi, la recherche d'une intention de nuire est relativisée, il suffisant qu'une faute légère soit identifiée.
Finalement, la chambre des requêtes se rallie à la position de la chambre civile par un arrêt du 17 janvier 1933[1507]. Elle revient sur son interprétation de l'intention de nuire, la faute grave et le dol comme conditions de l'abus d'ester en justice. Cependant, R. Demogue[1508] note que l'opposition originelle entre ces deux juridictions réside dans un désaccord sur les formules plus que sur leur contenu. Au fond, les deux chambres s'appuient sur un critère restrictif de l'abus de droit.

868. Au XXe siècle, la jurisprudence française adopte une position très marquée, conditionnant l'identification de cette forme d'abus à la preuve d'un acte de malice ou de mauvaise foi, ainsi que d'une erreur grossière équivalente au dol[1509/1510]. En outre, la constatation du préjudice a toujours été une constante dans l'interprétation du problème par les différentes juridictions, même s'il n'est pas suffisant pour constater l'abus[1511].

[1500] Cass., Ch. civ., 14 août 1883, *D.*, 1883, I, p. 255. Rapporté par René DEMOGUE, *op. cit.*, p. 318

[1501] Cass. req., 25 oct. 1909, *S.*, 1910, I, p. 286 ; *D.*, 1911, I, p. 189 ; Cass. req., 10 jan. 1910, *D.*, 1911, I, p. 370.

[1502] Cass. req., 1er juil. 1889, *D.*, 1890, I, p. 375 ; Cass. req., 10 nov. 1886, *S.*, 1887, I, p. 198.

[1503] Cass. req., 29 nov. 1905, *D.*, 1906, I, p. 207 ; Cass. req., 14 déc. 1903, *S.*, 1905, I, p. 223.

[1504] Cas. req., 6 avr. 1909, *D.*, 1911, I, p. 105 ; Cass. req., 25 oct. 1909, *D.*, 1910, I, p. 189 ; Cass. req., 23 nov. 1908, *S.*, 1910, I, p. 12.

[1505] Cass. req., 27 mai 1884, *D.*, 1884, I, p. 437.

[1506] Les arrêts contenant ces expressions sont rapportés par René Demogue (*op. cit.*, pp. 319-320), Henri Mazeaud et Léon Mazeaud (*op. cit.*, pp. 556-557), Louis Josserand (*De l'esprit des droits…*, *op. cit.*, p. 84), Raymond Saleilles (*De l'abus de droit…*, *op. cit.*, p. 21).

[1507] Cass. req., 17 jan. 1933, *DH*, 1933, p. 116 ; *D.*, 1933, n°1, p. 49 – note JOSSERAND Louis.

[1508] « En résumé les deux chambres malgré ces formules diverses semblent avoir le même principe » (*op. cit.*, p. 322) ; contre, *cf.* L. Josserand, insistant sur le « conflit intestin » entre les deux chambres (*De l'esprit des droits…*, *op. cit.*, p. 88).

[1509] Cass., 1re Ch. civ., 17 février 1937, *DH*, 1937, p. 221 ; Cass., 1re Ch. civ., 22 mai 1935, *Bull. civ.*, 1935, p. 162.

[1510] R. Saleilles cite comme exception l'exemple des tribunaux de commerce (SALLEILLES Raymond, *De l'abus de droit…*, *op. cit.*, p. 21), qui tendraient à imposer une réparation pour frais frustrés par le seul fait qu'il y a une poursuite injustifiée, considérant dans une position abusive celui qui succombe à la demande. La répartition des frais de la procédure entre les parties sera étudiée comme sanction par la suite, questionnant sa véritable portée, qui nous semble plus proche d'un défaut d'intérêt matériel que d'une sanction de l'abus de droit (*cf.* n.1186 *et seq.*, *infra*).

[1511] Cass., civ., 20 avr. 1891, *D.*, 1891, n°1, p. 351. *Apud* ; DEMOGUE René, *op. cit.*, p. 322.

Selon les Mazeaud[1512], c'est la nature fondamentale du droit d'ester en justice et la liberté de stratégie procédurale du plaideur audacieux qui expliquent la préférence des tribunaux français pour une conception restrictive de l'abus de droit. C'est la raison pour laquelle nous dédierons à ces « qualifications » du droit d'ester en justice une attention particulière[1513], d'autant plus qu'elles ne sont que renforcées dans le contentieux international.

869. À présent, notons seulement que l'évolution historique naturelle des cours françaises pourrait expliquer une certaine difficulté à relativiser le droit à la procédure, dont la flexibilisation constitue une prémisse importante de notre étude.

Ainsi, même si des auteurs comme L. Josserand[1514] n'hésitent pas à proposer une consolidation finaliste et objective de cette modalité d'abus, il découle de ce survol historique des critères bien plus subjectifs. Des conceptions comme celle de R. Kolb résument précisément le contexte plus pratique duquel nous partons dans cette thèse : « Il consiste en l'utilisation d'instruments et de prérogatives procédurales par une ou plusieurs parties à l'instance dans une intention frauduleuse, dilatoire ou frivole, dans l'intention de nuire ou de s'assurer un avantage illégitime, dans l'intention de dévaluer ou de priver de son objet une autre procédure en cours, dans l'intention de pure propagande, et, généralement, à toute fin détournée du but en vue duquel les droits procéduraux ont été institués[1515]. »

Même si l'auteur s'exprime dans le cadre d'une étude de droit international public, la définition qu'il présente semble bien concilier les versants subjectifs et objectifs de l'abus des voies de droit, que nous rapprocherons des repères subjectifs et objectifs de l'arbitrage international[1516]. Voyons auparavant comment ces approches coexistent parmi les critères adoptés aujourd'hui par la législation et la jurisprudence dans différentes juridictions.

b) Les critères présents de l'abus des voies de droit

870. La France est certainement l'un des pays au monde où les débats autour de l'abus du droit se sont le plus développés, et où la jurisprudence s'est montrée ces dernières années la plus concernée par la relativisation de

---

[1512] MAZEAUD Henri, MAZEAUD Léon, *op. cit.*, pp. 557-558.

[1513] *Cf.* n.885 *et seq.*, *infra.*

[1514] « Pour découvrir le domaine de l'abus, il faut, pour l'usage des voies légales comme celui des autres droits, supposer : 1°Qu'une personne est titulaire du droit en cause et capable de l'exercer ; 2°Qu'elle en use en demeurant, en se cantonnant dans *les limites objectives* qui lui sont tracées, de façon plus ou moins précise par la loi ; 3°Qu'elle l'aiguille dans une direction autre que celle qui lui est assignée par *l'esprit même de l'institution*, qu'elle l'utilise donc, en quelque sorte, à contre-sens » (*De l'esprit des droits...*, *op. cit.*, p. 66, souligné par nous).

[1515] KOLB Robert, *op. cit.*, p. 637.

[1516] *Cf.* respectivement n.1013 *et seq.*, et 1034 *et seq.*, *infra.*

ses critères. À l'absolutisme du droit d'ester en justice qui régnait au cours du XXe siècle se substitue une prise de conscience de la fragilité de la procédure face aux plaideurs malicieux.

871. La jurisprudence française actuelle exige non seulement l'existence d'un préjudice, mais aussi la qualification d'une faute spécifique de nature à faire dégénérer l'acte en abus d'ester en justice[1517]. Cela évite que le simple préjudice découlant naturellement de la succombance ne soit associé à l'exercice du droit d'action, interdisant à l'adversaire de se valoir d'une défaite comme signifiant, *per se*, l'abus de son *ex adverso*.

En outre, la Cour de cassation exige une mention expresse à la qualification de la faute relevant de l'abus. La Haute Juridiction censure les expressions « stéréotypées », telles que « action vexatoire », « action abusive », « appel abusif », etc.[1518]. La jurisprudence insiste sur l'inadéquation entre les moyens employés par le plaideur et la fin recherchée pour qualifier l'abus, critère de proportionnalité très répandu.

872. Les simples manœuvres dilatoires ne sont pas suffisantes pour caractériser l'abus, ce qui nous ramène à l'idée de stratégie procédurale dont nous parlerons par la suite. Selon L. Cadiet et P. le Tourneau, « un comportement processuel peut être abusif sans être dilatoire […], mais il arrive qu'une condamnation pour abus de procédure soit prononcée au motif que le plaideur ne cherche qu'à obtenir des délais[1519] ».

873. Quant à la gradation de la faute, une majorité d'arrêts récents[1520], envisage l'attitude malicieuse, le dol, l'erreur grossière, comme l'un des facteurs primordiaux de l'abus du droit d'agir en justice. Néanmoins, un mouvement jurisprudentiel[1521], de plus en plus courant aujourd'hui, semble se contenter d'une simple faute, quand il s'agit d'une « légèreté blâmable[1522] ».

Ce mouvement se rapproche de la position des partisans de la lutte contre la « dérive procédurière[1523] », lesquels soutiennent une conception plus

---

[1517] CADIET Loïc, TOURNEAU Philippe le, *Rep. civ. Dalloz*, 2e éd., avril 2008, v°« Abus de droit ».

[1518] Cass., 2e Ch. civ., 19 nov. 1986, *Bull. civ.*, II, n°171 ; 4 nov. 1988, *D.*, 1989, p. 609 – note FRISON-ROCHE Marie-Anne ; 18 déc. 1996, *Gaz. Pal.*, 1997, 2, pan. 215 ; Cass. com., 25 févr. 1992, *Bull. civ.*, IV, n°85 ; 15 mai 2007, n°05-17.464, *PIBD*, 2007, III, p. 473. Rapportés par CADIET Loïc, TOURNEAU Philippe le , *op. cit.*, par. 122.

[1519] *Ibid.*, par. 130.

[1520] Cass. com., 28 fév. 2006, n°04-17.194, inédit ; Cass., 3e Ch. civ., 19 fév. 1999, *RJDA*, 2003, n°558 ; CA Paris, 3 avr. 2002, *PIBD*, 2002, III, p. 493 ; 12 jan. 1999, *Gaz. Pal.*, 1999, n°1, somm. 167. *Apud* CADIET Loïc, TOURNEAU Philippe le, *op. cit.*, par. 134.

[1521] Cass., 1re Ch. civ., 4 oct. 1995, *Bull. civ.*, I, n°262 ; Cass. 2e Ch. civ., 31 mai 1967, *Bull. civ.*, II, n°199 ; Cass., 3^e Ch. civ., 28 nov. 2001, *Resp. civ. et assur.*, 2002, n°47 ; Cass. com., 30 oct. 1968, *JCP G*, 1969, II, p. 15964 – note PRIEUR R. *Apud* CADIET Loïc, TOURNEAU Philippe le, *op. cit.*, par. 137.

[1522] CADIET Loïc, TOURNEAU Philippe le, *op. cit.*, par. 137.

[1523] BOURSIER Marie-Emma, « Note sous Paris, 12 septembre 2002 », *Rev. arb.*, 2003, p. 185.

compréhensive de l'abus de procédure, en opposition avec les partisans d'une plus grande liberté d'agir, fondée sur l'effectivité du droit au juge[1524]. Ainsi, la doctrine note que les tribunaux se sont souvent limités à affirmer que « toute faute dans l'exercice d'un droit est susceptible d'engager la responsabilité des plaideurs[1525] », imposant la condamnation du justiciable même quand il agit avec imprudence, « dès qu'ils estiment qu'un plaideur avisé s'en serait gardé[1526] ». Selon les Mazeaud et F. Chabas[1527], critiquant cette position bien trop extensive, il reste néanmoins nécessaire que les juges n'admettent pas trop facilement l'imprudence, et surtout, qu'ils relèvent les circonstances d'espèce pouvant faire dégénérer le droit en abus.

874. Concernant l'abus du droit d'appel, il semble qu'une posture tout aussi extensive prévaut, avec laquelle un simple comportement fautif suffit à caractériser l'abus[1528]. Néanmoins, il faudra que l'arrêt sous censure précise en quoi il y a abus ou appel dilatoire, la Cour de cassation ne se contentant pas d'une motivation générique.

875. La jurisprudence se rabat sur un critère bien plus restrictif quant aux abus du droit à la défense, exigeant alors un acte de malice ou de mauvaise foi. Comme concluent L. Cadiet et P. le Tourneau, « une plus grande prudence est sans doute exigée du plaideur qui intente un procès que de celui qui se contente de résister à une action[1529] ».

876. Législativement, si la France ne consacre pas de dispositif spécifique traitant de l'abus de droit en général, la situation est différente en ce qui concerne le droit de la procédure. L'art. 32-1, CPC[1530] est même souvent qualifié de clause générale[1531], prévoyant la condamnation de celui qui agit en justice de manière dilatoire ou abusive à une amende civile, sans préjudice des dommages et intérêts résultants.

L'art. 559(1), CPC[1532], est encore plus spécifique. Il prévoit la même amende civile, ainsi que des dommages et intérêts, mais cette fois-ci dans l'hypothèse d'un appel principal dilatoire ou abusif. Nous reviendrons à ces

---

1524 LÉCUYER Hervé, *op. cit.*, p. 573.

1525 C'est la position rapportée par Henri et Léon Mazeaud, Jean Mazeaud et François Chabas (*op. cit.*, p. 480).

1526 *Ibid.*

1527 *Ibid.*

1528 Cass., 2e Ch. civ., 4 mai 2000, *JCP G*, 2000, II, p. 1035.

1529 CADIET Loïc, TOURNEAU Philippe le, *op. cit.*, par. 143.

1530 « Celui qui agit en justice de manière dilatoire ou *abusive* peut être condamné à une amende civile d'un maximum de 3 000 euros, sans préjudice des dommages-intérêts qui seraient réclamés » (souligné par nous).

1531 *Cf.* LÉCUYER Hervé, *op. cit.*, p. 581.

1532 « En cas d'appel principal dilatoire ou *abusif*, l'appelant peut être condamné à une amende civile d'un maximum de 3 000 euros, sans préjudice des dommages-intérêts qui lui seraient réclamés » (souligné par nous).

articles lors que nous traiterons des sanctions possibles de l'abus dans l'arbitrage international[1533].

877. Par conséquent, si en France, les débats doctrinaux autour de l'abus dans le droit matériel apparaissent plus consolidés, c'est dans le domaine de la procédure que le législateur a été plus ambitieux. Nous ne serions pas étonnés de constater que la procédure constitue un domaine bien plus propice aux cas pratiques d'abus, et exigeant des solutions législatives tout aussi concrètes.

878. En Belgique[1534], par exemple, la Cour de cassation, tout comme les cours d'appel, adoptent des critères moins rigoureux pour évaluer la faute. Ainsi, une « légèreté dont se serait gardé tout homme prudent et réfléchi[1535] », ou bien « un esprit peu respectueux ou peu conscient de l'importance et de la gravité qui s'attache à l'administration de la justice[1536] » sont suffisants pour qualifier l'abus d'ester en justice.

879. En Italie, au contraire, une qualification très précise de l'*animus nocendi* est exigée pour l'application d'une forme d'abus de droit correspondant aux « *atti emulativi* » de l'art. 883 du Code civil[1537]. En plus d'exiger l'intention de nuire, le code de procédure italien ne prévoit pas de norme explicite sur ce thème, à l'exception de son art. 92[1538], qui se rapproche plus d'une règle de succombance que d'un moyen de repérer l'abus[1539].

880. En Allemagne, le traitement de l'abus du droit d'ester en justice est encore plus générique et, ainsi que pour l'abus dans le droit matériel, le droit à la procédure n'est limité qu'en application de la section 242, du BGB[1540], clause générale de la bonne foi. En dépit d'une série de règles éparses qui

---

[1533] *Cf.* n.1227 *et seq.*, *infra*. Nous n'incluons pas ici l'art. 700, CPC, pour éviter d'associer la répartition des frais de procédure automatiquement avec l'abus de procédure (sur le problème, *cf.* n.1186 *et seq.*, *infra*).

[1534] Pour un aperçu de la jurisprudence belge, *cf.* Anne MEINERTZHAGEN-LIMPENS, « L'abus de droit dans la doctrine et la jurisprudence belge », *in* ROTONDI Mario (org.), *op. cit.*, pp. 255 *et seq.*

[1535] Belgique, Cass., 27 oct. 1950, *Pas.*, 1951, I, p. 101 ; Cass., 13 avril 1967, *Pas.*, 1967, I, p. 954.

[1536] CA Bruxelles, 26 fév. 1964, *Pas*, 1965, II, p. 86 ; CA Liège, 19 déc. 1967, *RGAR*, 1968, n°8014.

[1537] *Cf.* n.1448, *supra.*

[1538] Dans l'original : « *Il giudice, nel pronunciare la condanna di cui all'articolo precedente, può escludere la ripetizione delle spese sostenute dalla parte vincitrice, se le ritiene eccessive o superflue; e può, indipendentemente dalla soccombenza, condannare una parte al rimborso delle spese, anche non ripetibili, che, per trasgressione al dovere di cui all'articolo 88, essa ha causato all'altra parte. Se vi è soccombenza reciproca o concorrono altre gravi ed eccezionali ragioni, esplicitamente indicate nella motivazione, il giudice può compensare, parzialmente o per intero, le spese tra le parti. Se le parti si sono conciliate, le spese si intendono compensate, salvo che le parti stesse abbiano diversamente convenuto nel processo verbale di conciliazione.* »

[1539] C'est l'opinion d'Angelo DONDI, *op. cit.*, p. 116.

[1540] *Cf.* n.1464, *supra.*

reposent sur l'exigence d'équité dans la procédure[1541], les parties se voient surtout imposer un comportement de bonne foi. Celui-ci est transposé comme une règle de conduite, prohibant par exemple le *venire contra factum proprium* ou la *suppressio*[1542].

881. Citons encore le Portugal, qui possède l'une des législations les plus complètes à ce sujet. L'art. 456(2) de son Code de procédure[1543] indique dans quelles hypothèses une partie, agissant en dol ou en grave négligence, est considérée comme un plaideur de mauvaise foi. Tandis que les deux premières reposent sur le manque de fondement de la demande et la dissimulation ou l'altération des faits, les deux dernières s'approchent des devoirs procéduraux : l'omission du devoir de coopération, et l'emploi de la procédure de manière manifestement réprouvable, dans un objectif illégal, empêcher la découverte de la vérité, obstruer la demande, ou retarder, sans fondement sérieux, la chose jugée.

882. S'agissant du *common law*, le Royaume-Uni a développé avec beaucoup plus de vigueur que ces pays du *civil law* le problème de l'abus de procédure. Même sans être toujours mentionné nominalement, il se retrouve dissimulé derrière d'autres catégories typiques du *case law*.

C'est surtout dans la procédure pénale que le problème apparaît, concernant le pouvoir des juges de suspendre une procédure pour éviter des abus et

---

[1541] Par exemple, la section 765(a), ZPO, prévoit l'abus de droit dans le cadre des exécutions (HESS Burhard, « Abuse of procedure in Germany and Austria », *op. cit.*, p. 152).

[1542] MENEZES CORDEIRO António, *op. cit.*, pp. 127-128.

[1543] L'intégralité de l'article, dans l'original : « *ARTIGO 456.° (RESPONSABILIDADE NO CASO DE MÁ FÉ - NOÇÃO DE MÁ FÉ) 1. Tendo litigado de má fé, a parte será condenada em multa e numa indemnização à parte contrária, se esta a pedir. 2. Diz-se litigante de má fé quem, com dolo ou negligência grave: a) Tiver deduzido pretensão ou oposição cuja falta de fundamento não devia ignorar; b) Tiver alterado a verdade dos factos ou omitido factos relevantes para a decisão da causa; c) Tiver praticado omissão grave do dever de cooperação; d) Tiver feito do processo ou dos meios processuais um uso manifestamente reprovável, com o fim de conseguir um objectivo ilegal, impedir a descoberta da verdade, entorpecer a acção da justiça ou protelar, sem fundamento sério, o trânsito em julgado da decisão. 3. Independentemente do valor da causa e da sucumbência, é sempre admitido recurso, em um grau, da decisão que condene por litigância de má fé.* » Notons que si d'aucuns (MÉNDEZ Francisco Ramos. « Abuse of procedural rights? Spain and Portugal », *in* TARUFFO Michele (éd.), *op. cit.*, p. 183) placent l'art. 665, du Code de procédure portugais comme un dispositif prévoyant explicitement l'abus de procédure, il nous semble que c'est plutôt « l'utilisation anormale de la procédure » qu'il veut réprimer, par laquelle les parties, conjointement, utilisent la procédure dans un but de simulation, ou bien pour commettre une fraude (dans l'original : « *ARTIGO 665.° (USO ANORMAL DO PROCESSO) Quando a conduta das partes ou quaisquer circunstâncias da causa produzam a convicção segura de que o autor e o réu se serviram do processo para praticar um acto simulado ou para conseguir um fim proibido por lei, a decisão deve obstar ao objectivo anormal prosseguido pelas partes* »).

garantir un procès équitable[1544]. Actuellement, le code de procédure civile de 1998 contient, dans la Practice Direction n°3, par. 1.5, la définition d'un abus de procédure, dans l'original : « *where it is vexatious, scurrilous or obviously ill-founded*[1545] ».

Dans son rapport à ce propos, N. Andrews[1546] note que la conception anglaise d'*abuse of process* est très élastique, et inclut quatre perspectives principales. Dans la première, il n'y a abus de procédure qu'à condition de prouver l'intention délibérée de manipuler la procédure ; la deuxième vision qualifie l'abus même s'il n'y a pas véritablement intention ; la troisième représente un élargissement du concept, incluant toutes les formes de désobéissance des parties face aux ordres procéduraux ; et, enfin, selon la quatrième proposition, l'abus inclut toutes les formes de dérives de la procédure, qu'elles soient commises par une partie, un tiers, un avocat ou même par la cour ou par ses auxiliaires[1547].

L'affaire récente la plus symbolique est celle de *Grovit v. Doctor*[1548], en 1997. La House of Lords reconnait qu'une demande peut être rejetée en fonction d'un abus de procédure. La cour explicite qu'il s'agit d'une action poursuivie non pas *bona fide*, mais avec l'intention de nuire et de créer des inconvénients pour le défendeur, ou même de lui causer des dommages[1549].

883. Ainsi, dans les cultures de *case law*, l'abus de procédure apparaît plus comme un instrument discrétionnaire permettant de garantir la stabilité et la cohérence du droit des précédents que comme une théorie générale. Des instruments plus spécifiques sont donc mis en place, reposant tous sur l'idée générale des limites du droit à la procédure, comme l'estoppel, le *venire*, le *forum non conveniens*, etc., que nous aurons l'opportunité d'examiner sous l'angle de l'abus dans l'ordre international.

884. Pour finir, citons les États-Unis. Il y règne une culture qui, en plus de n'avoir jamais véritablement développé une discipline générale de l'abus de droit, est encore très peu habituée à son application dans le domaine de la procédure. Néanmoins, l'objet de notre étude portant sur des aspects de

---

[1544] Ce sont les affaires *Connelly v. DPP* ([1964] AC 1254), *Mills v. Cooper* ([1967] 2 QB 459), *DPP v. Humphreys* ([1977] AC 1) et, plus récemment, *R. v. Beckford* ([1996] 1 Cr. App. R. 94). Sur ce thème, *cf.* Colin WELLS, *Abuse of process*, 2e éd., Bristol : Jordan Publishing, 2011, p. 1.

[1545] « *Art. 1.5. A claim may fall within rule 3.4(2)(b) where it is vexatious, scurrilous or obviously ill-founded* ». « *Art. 3.4. […] (2) The court may strike out a statement of case if it appears to the court – […] (b) that the statement of case is an abuse of the court's process or is otherwise likely to obstruct the just disposal of the proceedings; or […].* »

[1546] ANDREWS Neil, « Abuse of process in English civil litigation », *in* TARUFFO Michele (éd.), *op. cit.*, pp. 65-66.

[1547] *Cf.* la jurisprudence concernant chacune de ces hypothèses dans le rapport *supra* (*ibid.*).

[1548] [1997] 1, *WLR*, 640, HL.

[1549] *Ibid.*, p. 81.

l'arbitrage international dans lesquels les États-Unis occupent une position incontournable, il est important de nous y arrêter brièvement.
L'abus des voies de droit aux États-Unis, ainsi qu'au Royaume-Uni, est moins lié à la moralité qu'au comportement des parties violant l'intégrité de la justice. Le *due process* constitutionnel[1550] s'érige comme principal standard de comportement équitable, dont la violation des limites résulte en une forme d'abus. De manière encore plus marquée, en Amérique, c'est souvent le comportement même des conseils qui est mis en cause[1551].
L'identification et la sanction de la violation aux règles de *due process* qui peuvent constituer des abus sont laissées au gré des tribunaux. Dès lors, ceux-ci préfèrent construire des mécanismes pratiques pour limiter les abus, au lieu de créer une théorie pour limiter la pratique. Le *common law* semble ainsi nous montrer que la nature inductive ou déductive du raisonnement de contrôle de la procédure pèse de façon fondamentale sur le débat portant sur la mise en place de l'abus dans tout nouvel ordre juridique.

B. Les traits qualificatifs du droit d'ester en justice

885. Deux facteurs du droit d'ester en justice, en élargissant ses limites, rendent la caractérisation des abus dans ce domaine particulièrement subtile. Autant sa qualification matérielle comme un droit fondamental (1°) que son déploiement formel comme une stratégie procédurale (2°) sont évoqués pour contourner ce type d'abus.

1°. Quant à son contenu : un droit fondamental

886. En 1910, J. Morel commence sa thèse sur l'abus des actions en justice en affirmant que « recourir à la justice est un droit sacré pour l'individu[1552] ». Il explique que le problème de l'abus de procédure ne peut être analysé autrement qu'en partant de cette prémisse.

[1550] Amendement V^e^ et XIVe de la Constitution des États-Unis. Aux États-Unis, la notion de *due process of law* a nature de droit fondamental dans une perspective non seulement procédurale, mais tout aussi bien matérielle. Ce n'est pas seulement le droit à une procédure équitable, mais le droit d'avoir sa prétention substantive examinée de manière appropriée par la juridiction. Pas étonnant que la *due process clause* soit présent dans le XIVe amendement de la Constitution américaine (dans l'original) : « *Section. 1. All persons born or naturalized in the United States and subject to the jurisdiction thereof, are citizens of the United States and of the State wherein they reside. No State shall make or enforce any law which shall abridge the privileges or immunities of citizens of the United States; nor shall any State deprive any person of life, liberty, or property,* without due process of law*; nor deny to any person within its jurisdiction the equal protection of the laws* » (souligné par nous).

[1551] HAZARD Jr. Geoffrey C., « Abuse of procedural rights: regional report for the U.S.A. », *in* TARUFFO Michele (éd.), *op. cit.*, p. 45.

[1552] MOREL Jules, *Des dommages-intérêts en cas d'exercice abusif des actions en justice*, Paris : Jouve et Cie., 1910, p. 23.

La théorie de l'abus de droit est donc atténuée dans le domaine de la procédure, pour que l'exercice de l'action « ne soit pas enfermé dans des limites trop étroites, en vertu du principe fondamental de liberté de l'action[1553] ». C'est pourtant le caractère prophétique de ce droit, certes fondamental, qui dissimule des manœuvres qui n'en sont pas moins abusives. Il est indispensable de chercher à définir sa véritable nature, pour ensuite montrer qu'il n'agit qu'en renfort de la théorie de l'abus de droit.

887. La consécration du droit fondamental d'accès aux tribunaux est apparue dans le cadre du droit international. C'est d'abord une « idée à atteindre », dans l'art. 8 de la Déclaration universelle des droits de l'homme du 10 décembre 1948[1554], puis une véritable garantie, dans l'art. 6, § 1er, de la Convention EDH[1555].

Cette garantie sera interprétée par la CEDH pour transformer le dispositif en un pilier du droit à un recours juridictionnel. En effet, si cet article consacre, *ipsis litteris*, le « droit à un procès équitable », la CEDH, lors d'une affaire *Golder*[1556], n'hésite pas à affirmer qu'il s'agit non seulement d'un droit d'action devant une instance déjà pendante, mais aussi du droit d'accès aux tribunaux de toute personne souhaitant *introduire une nouvelle action.*

En harmonie avec les buts même de la CEDH et la logique de son art. 6, § 1°, la Cour affirme qu'on « ne comprendrait pas que l'article 6-1 décrive en détail les garanties de procédure accordées aux parties à une action civile en cours et qu'il ne protège pas d'abord ce qui seul permet d'en bénéficier en

---

1553 GUINCHARD Serge, CHANAIS Cécile, FERRAND Frédérique, *op. cit.*, p. 127.

1554 « Toute personne a droit à un recours effectif devant les juridictions nationales compétentes contre les actes violant les droits fondamentaux qui lui sont reconnus par la constitution ou par la loi. »

1555 « Art. 6. Droit à un procès équitable. 1. Toute personne a droit à ce que sa cause soit entendue équitablement, publiquement et dans un délai raisonnable, par un tribunal indépendant et impartial, établi par la loi, qui décidera, soit des contestations sur ses droits et obligations de caractère civil, soit du bien-fondé de toute accusation en matière pénale dirigée contre elle. Le jugement doit être rendu publiquement, mais l'accès de la salle d'audience peut être interdit à la presse et au public pendant la totalité ou une partie du procès dans l'intérêt de la moralité, de l'ordre public ou de la sécurité nationale dans une société démocratique, lorsque les intérêts des mineurs ou la protection de la vie privée des parties au procès l'exigent, ou dans la mesure jugée strictement nécessaire par le tribunal, lorsque dans des circonstances spéciales la publicité serait de nature à porter atteinte aux intérêts de la justice […]. » Citons aussi les articles 2, § 3, et 14, § 1, du Pacte international relatif aux droits civils et politiques du 19 décembre 1966, ainsi que le droit d'accès à la justice consacré par la Convention américaine des droits de l'homme, spécialement son art. 25 (*Cf.* CANÇADO TRINDADE Antonio Augusto, *Évolution du droit international au droit des gens : l'accès des individus à la Justice Internationale. Le regard d'un juge*, Paris : Pedone, 2008, pp. 81 *et seq.*).

1556 CEDH, 21 fév. 1975, *Golder v. Royaume-Uni*, série A, n°18, *AFDI*, 1975, p. 330 – note PELLOUX.

réalité : équité, célérité, publicité du procès n'offrent point d'intérêt en l'absence de procès[1557] ».
La CEDH considère que le droit d'accès à la justice est non seulement une prérogative fondamentale, mais une condition *sine qua non* de l'effectivité de tout autre droit. La doctrine[1558] comprend dans le précédent *Golder* que l'accès au tribunal n'est qu'un aspect du droit consacré par la CEDH. À celui-ci s'ajoutent le droit à une bonne justice (à un bon juge), le droit au déroulement de l'instance, le droit à l'exécution des décisions. L'on approche un « droit d'accès-liberté publique[1559] ».

888. En résumé, la jurisprudence européenne[1560] consacre un droit d'accès à la justice qui se traduit dans un droit à une « solution juridictionnelle du litige[1561] », englobant saisine du tribunal, connaissance de la matière, déroulement de l'instance, décision et exécution.
Bien entendu, cela inclut le droit à contester la demande, le droit à la contradiction, lequel est l'« âme du procès[1562] ». C'est un principe consacré internationalement, et qui répond à l'exigence d'une égalité d'armes entre les parties, condition de la qualité du débat. D'ailleurs, c'est très souvent à l'aune du droit de la défense[1563], plus qu'à celui du droit d'action, que l'on légitime des comportements abusifs.

889. Dans le droit interne français, en dépit de l'absence de dispositif constitutionnel explicite conférant un droit fondamental d'agir en justice, c'est la jurisprudence du Conseil constitutionnel qui lui apporte ce poids normatif.
D'une part[1564], cette juridiction fonde le droit d'agir en justice sur des principes écrits, comme celui de la séparation des pouvoirs, ou celui de l'égal accès à la justice. Tandis que le premier consacre l'existence d'une autorité judiciaire indépendante et gardienne des libertés individuelles, le second permet au Conseil de déclarer contraires à la Constitution « toutes les lois qui excluent une catégorie d'individus de l'exercice des voies de recours ou font obstacle, sans motif légitime, au bénéfice du double degré de juridiction, sous-

[1557] *Ibid.*, par. 35.
[1558] GUINCHARD Serge, CHANAIS Cécile, FERRAND Frédérique, *op. cit.*, p. 133.
[1559] CADIET Loïc, NORMAND Jacques, MEKKI Soraya Amrani, *op. cit.*, p. 317.
[1560] *Cf.* l'arrêt de la CEDH dans l'affaire *Kutic v. Croatie*, 1er mars 2002, *Rec. CEDH*, 2002, II.
[1561] CADIET Loïc, NORMAND Jacques, AMRANI MEKKI Soraya, *op. cit.*, p. 557.
[1562] *Ibid.*, p. 625.
[1563] Il y a bien une distinction entre le *droit à la contradiction*, plus restrictif, s'approchant de la possibilité de présenter activement sa position sur toutes les questions soulevées pendant l'instance, et le *droit à la défense*, plus large, consistant dans le droit de s'opposer à la *causa petendi*, pas nécessairement en contredisant la thèse d'attaque, mais par tout autre moyen, même le silence. Nous nous permettons de ne pas approfondir ici le problème, traité par Loïc Cadiet, Jacques Normand, Soraya Amrani Mekki (*op. cit.*, pp. 629-631).
[1564] Nous empruntons la systématisation du thème proposée par Serge Guinchard, Cécile Chanais et Frédérique Ferrand (*op. cit.*, p. 138).

entend, par le rejet de toute discrimination dans l'exercice du droit d'agir en justice, que ce droit appartient à la catégorie des droits fondamentaux[1565] ».

D'autre part, le Conseil constitutionnel fonde sa jurisprudence sur des principes non écrits, reconnus par les lois de la République, comme l'interdiction du déni de justice, l'abolition de la mort civile par la loi du 31 mai 1854 (« abolition qui postule, pour toute personne, le droit d'ester en justice – peu importe que ce soit par un représentant légal si elle est frappée d'incapacité[1566] »), et les droits de la défense, dont la valeur constitutionnelle est reconnue par le Conseil[1567].

La reconnaissance de ces principes est appuyée sur une série de décisions du Conseil constitutionnel, dont celles du 21 janvier 1994 et du 9 avril 1996[1568], lesquelles rattachent le droit d'exercer un recours devant une juridiction à l'art. XVI de la Déclaration des droits de l'homme de 1789[1569].

890. La doctrine[1570] se réfère aussi à la jurisprudence du Conseil d'État[1571], qui, en 1998, consacre le droit au recours juridictionnel comme un principe de valeur constitutionnelle. Elle s'appuie aussi sur celle de la Cour de cassation affirmant que le droit à l'assistance d'un avocat « exige que soit assuré l'accès de chacun, avec l'assistance d'un défendeur, au juge chargé de statuer sur sa prétention[1572] ».

891. Le droit d'ester en justice tient sa valeur moins d'une consécration normative que de son contenu appliqué. Même au niveau européen, ce n'est qu'après la transformation progressive du « droit au procès équitable » en « droit d'accès à la justice » que l'on assiste à l'émergence d'un principe général.

D'ailleurs, rappelons que ce n'est pas par hasard que la notion de *due process* s'est développée dans le *common law*, spécialement aux États-Unis,

---

[1565] Résumé par Serge Guinchard, Cécile Chanais et Frédérique Ferrand (*op. cit.*, p. 138), rapportant les décisions suivantes : Cons. const., 27 déc. 1973, *Rec. Cons. const.*, 1974, p. 25 ; Cons. const., 18 jan. 1985, *D.*, 1986, p. 425. *Cf.* not. CADIET Loïc, NORMAND Jacques, AMRANI MEKKI Soraya, *op. cit.*, pp. 557-558.

[1566] GUINCHARD Serge, CHANAIS Cécile, FERRAND Frédérique, *op. cit.*, p. 138.

[1567] *Ibid.* Selon T. Renoux, cité par ces auteurs, les principes mentionnés expriment, d'une certaine façon, « la valeur fondamentale du droit d'agir en justice » (RENOUX Thierry. « La constitutionnalisation du droit au juge en France », *in* RIDEAU Jöel (org.), *Le droit au juge dans l'Union européenne*, Paris : LGDJ, 1998, par. 4).

[1568] Respectivement, Cons. const., déc., n°93-335 DC, considérant n°4, *JCP G*, 94, I, p. 3761 – obs. PICARD, et Cons. const., déc. 96.373 DC, considérant n°84. *RDP*, 1996, p. 953 – note LUCHAIRE. *Apud* GUINCHARD Serge, CHANAIS Cécile, FERRAND Frédérique, *op. cit.*, p. 139.

[1569] « Toute Société dans laquelle la garantie des Droits n'est pas assurée, ni la séparation des Pouvoirs déterminée, n'a point de Constitution. »

[1570] GUINCHARD Serge, CHANAIS Cécile, FERRAND Frédérique *op. cit.*, pp. 141-142.

[1571] CE, 29 juillet 1998, *Syndicat des avocats de France et autres*, *AJDA*, 1998, p. 1014 – concl. SCHWARTZ, p. 1010.

[1572] Cass., ass. plén., 30 juin°1995, *D.*, 1995, p. 513 – note DRAGO. Plus récemment, *cf.* Cass., 1re Ch. civ., 11 juin 2009, *D.*, 2009, chron. C. cass., p. 2058 – obs. CHAUVIN, AUROY et CRÉTON.

et qu'elle se rapproche d'un droit à la procédure équitable, lequel a été construit prioritairement par la jurisprudence[1573].

892. À cet effet, c'est surtout la notion de *due process* qui est privilégiée dans le scénario international. Plus spécifiquement, dans le droit de l'arbitrage international, la notion est employée en référence à l'art. 36(1)(a)(ii) de la Loi-type de la CNUDCI[1574], ou bien à l'art. V(1)(b) de la CNY[1575]. Dans ce dernier cas, par exemple, le *due process* qualifie le droit de « faire valoir ses moyens », qui ne correspond pas à une traduction *ipsis litteris* de l'idée de « *present his case* » contenue dans la version anglaise de la Convention.

893. Ainsi, considérant la difficulté du délinéament uniforme de la notion de droit d'accès à la justice, la réserve de l'abus de droit ne peut être mise en œuvre qu'une fois établies les limites du problème. Dire qu'il y a abus quand cesse le droit d'ester en justice, ou bien quand il y a violation des principes du *due process*, ne fait que reporter le problème à la définition de ces deux notions[1576].

M. Taruffo[1577], dans son rapport général lors du colloque de l'International Association of Procedure Law (IAPL) qui a versé spécifiquement sur le thème de l'abus de procédure, perçoit le problème avec beaucoup d'acuité. Pour lui, la relation entre l'abus de droit et les garanties procédurales comporte des facettes multiples, qui, si elles ont pour fonction de prévenir les abus, peuvent être elles-mêmes abusées. Par ailleurs, les abus doivent être prévenus pour rendre les garanties effectives.

Dès lors, garanties procédurales et abus de procédure ne s'excluent pas réciproquement. Il s'agit plutôt d'observer quel est le degré de réalisation des garanties et le degré de prévention des abus dans chaque cas d'espèce. Voilà pourquoi G. Hazard Jr.[1578], chargé de rapporter le problème de l'abus de procédure dans les pays du *common law* lors du même colloque, n'hésite pas à affirmer que c'est surtout la notion large de *due process* qui permet de résoudre une espèce d'abus, et non tant l'exigence générale de prévention de celui-ci.

Cependant, cette perspective nous semble perdre de vue la notion d'abus non seulement comme instrument de rectification d'un comportement procédural, mais, surtout, comme mécanisme de sanction et d'exemple.

[1573] *Cf.* KURKELA Matti S., SNELLMAN Hannes, *op. cit.*, pp. 1 *et seq.*

[1574] *Cf.* n.694, *supra.*

[1575] *Cf.* n.270, *supra.* Au sujet de ce dispositif, *cf.* JANA Andrés, ARMER Angie, KLEIN KRANENBERG Johanna, « Article V(1)(b) », *in* KRONKE Herbert *et al.* (éds.), *op. cit.*, pp. 234 *et seq.*

[1576] Ce cercle vicieux est bien exposé par Luigi Paolo Comoglio (« Abuso del processo e garanzie costituzionali », *Riv. dir. proc.*, 2008, n°2, spéc., p. 332).

[1577] TARUFFO Michele, « Abuse of procedural rights: general report », *op. cit.*, p. 13.

[1578] HAZARD Jr. Geoffrey C., *op. cit.*, p. 38.

894. Dans un scénario comme celui de l'arbitrage international, dans lequel les plaideurs se trouvent souvent dépourvus d'une protection étatique immédiate, le droit fondamental à la justice s'insère comme une garantie humaine, adressée directement aux individus eux-mêmes. Cela renforce sa nature fondamentale, et, partant, la difficulté d'en saisir les abus. Voyons, alors, comment cette informalité fournit aussi une infinitude de moyens proceduraux, dont le choix stratégique participe à cet élargissement du droit d'ester en justice.

2°. Quant à sa forme : une stratégie procédurale

895. Tandis que la nature fondamentale du droit d'agir en justice rend complexe l'établissement des limites de son contenu, ici c'est la manière dont on l'utilise qui permet de contourner la caractérisation de l'abus. Les conseils détiennent dans ce cas une grande liberté, et peuvent employer toute la panoplie de moyens procéduraux à leur disposition.

896. Selon H. Ruiz Fabri, la « stratégie judiciaire ne peut être assimilée à l'abus, mais celui-ci peut être un des moyens de celle-là[1579] ». Il conclut que les parties ont rarement pour objectif de faciliter et clarifier le débat pour les autorités compétentes. Les limites sont nébuleuses entre ces stratégies, inhérentes à l'exercice même du droit d'action, et l'abus de droit.

En examinant les hypothèses d'abus dans les procédures incidentes devant la CJCE, l'auteur en déduit les critères pour dessiner les limites entre l'abus et les stratégies judiciaires : la fréquence d'utilisation de ces moyens, la preuve que les parties les savent souvent infondés, et l'impossibilité pour le juge compétent d'accomplir sa mission[1580].

897. L'intersection entre le droit d'ester en justice et l'abus de procédure est parfaitement illustrée par le phénomène du *forum shopping*. Bien qu'il ne soit pas considéré, en soi, comme une manœuvre abusive[1581], il peut être condamné s'il se fait oppressif, ou dégénère en harcèlement[1582].

[1579] RUIZ FABRI Hélène, « Conclusions », *in* SOREL Jean-Marc, POIRAT Florence (dirs.), *Les procédures incidentes devant la Cour internationale de justice : exercice ou abus de droits ?*, Paris : Pedone, 2001, p. 130.

[1580] *Ibid.*, pp. 131-132.

[1581] *Cf.* entre autres n.741, *supra*.

[1582] L. Usunier (*op. cit.*, p. 396) cite les propos de l'affaire américaine *Gulf Oil Corp. v. Gilbert* (*cf.* n.1072, *supra*, p. 507) : « Les lois [...] confèrent souvent au demandeur le choix des tribunaux, pouvant donc être sûr d'avoir un for compétent pour poursuivre ses prétentions. Toutefois, ces portes ouvertes peuvent recevoir non seulement ceux cherchant la justice, mais tout aussi bien ceux poursuivant la justice tempérée avec un degré de harcèlement. Le demandeur est donc quelque fois tenté d'adopter une stratégie reposant sur la saisine d'une cour dans un for moins approprié pour l'adversaire, encore que cela soit un inconvénient pour lui-même » (Traduction libre. Dans l'original : « *statues [...] usually give a plaintiff a choice of courts, so that they can be quite sure of some place in which to pursue his remedy. But the open door may admit those who seek not simply justice but perhaps justice blended with some*

898. Quelque soit la conception que l'on se fait de l'abus de droit, soit-elle subjective ou objective, reste à savoir « où poser les limites entre les inconvénients normaux d'un procès et les pratiques procédurales intolérables[1583] ». C'est l'intention de nuire, et la proportionnalité entre les bénéfices espérés par cette option stratégique et les dommages causés à l'autre partie, qui doivent servir de critères pour délimiter le problème.

899. Ce n'est pas un hasard si nous retrouvons des notions comme celle de *forum shopping* dans le contexte du *common law*. La liberté presque divine attribuée aux parties et aux conseils – ces derniers véritables « *hired guns*[1584] » – complique encore la définition des limites de l'abus. Dans cette perspective, citons l'intéressant jugement de la Court of Appeal anglaise dans l'affaire *Joyce v. Sengupta*[1585]. La cour souligne que l'utilisation manifestement stratégique d'une espèce de demande pour échapper aux limitations juridiques d'une autre action, pourtant plus appropriée[1586], ne peut constituer un abus. Les limites entre l'abus et l'« hétérodoxie procédurale[1587] » ont été interprétées par la jurisprudence anglaise d'une manière absolument libérale, renforçant la marge de manœuvre des parties, typique dans les cultures du *common law*[1588].

---

harassment. A plaintiff sometimes is under temptation to resort to a strategy of forcing the trial at a most inconvenient place for an adversary, even at some inconvenience to himself»).

[1583] USUNIER Laurence, *op. cit.*, p. 396.

[1584] TERRY Laurel S., « An introduction to the European Community's Legal Ethics Code Part I: an analysis of the CCBE Code of Conduct », *in* DALY Mary C., GOEBEL Roger J. (éds.), *Rights, liability, and ethics in international legal practice*, 2e éd., New York : Fordham University Law School et Juris Publishing, 2004, p. 267. Ironiquement, dans une étude sur l'abus de droit dans la doctrine et dans la jurisprudence de la province du Québec, J.-L. Baudouin rappelle, en référant à une série de précédents des cours québécoises, que celui qui est poursuivi pour avoir abusé de son droit de s'adresser aux tribunaux ne peut invoquer en défense le fait qu'il a consulté un homme de loi (BAUDOUIN Jean-Louis, « L'abus de droit dans la doctrine et la jurisprudence du Québec », *in* ROTONDI Mario (org.), *op. cit.*, p. 11).

[1585] *Joyce v. Sengupta* [1993] 1 WLR 337, CA.

[1586] Le demandeur a présenté une demande de calomnie au lieu d'une demande de diffamation, cette dernière étant plus appropriée en l'espèce. En effet, selon le défendeur, l'objectif du demandeur était d'échapper à l'inexistence d'aide judiciaire gratuite dans les demandes de diffamation, ainsi qu'à la compétence du jury pour ce genre d'action, au contraire de la calomnie, de compétence du juge (sur cette affaire, *cf.* Neil ANDREWS, « Abuse of process in English civil litigation », *op. cit.*, pp. 72-73).

[1587] ANDREWS Neil, *idem.*, p. 72.

[1588] A. Menezes Cordeiro (*op. cit.*, pp. 170-171) nous rappelle que c'est une orientation qui n'est pas si loin des juridictions du *civil law,* comme en Allemagne. La BGH, à plusieurs reprises, a affirmé qu'une demande ne pouvait, *per se*, entrainer la responsabilité du demandeur, encore qu'elle soit contraire aux bons usages, *ex vi* de la section 826, BGB (BGH, 7 mar. 1956). Dans le même sens, une décision du BGH a déclaré légitime une demande de faillite contre un débiteur dont l'objectif était simplement de le menacer afin de le faire payer sa dette (BGH, 3 oct. 1961).

900. Au contraire, dans des juridictions codifiées comme la française, l'on s'efforce très souvent de limiter ces stratégies à partir de principes normatifs. C'est par exemple le cas de la loyauté procédurale, souvent associée aux limites de la stratégie judiciaire[1589].
Si la Cour de cassation elle-même a déjà affirmé l'obligation de respect au principe de la loyauté procédurale[1590], il reste pourtant assimilé à la simple mise en œuvre d'autres principes de rectitude déjà présents dans le code de procédure[1591]. L'on perçoit dans cette déloyauté procédurale une notion qui tente de s'ériger en une échelle intermédiaire, entre la stratégie judiciaire et l'abus du droit d'agir en justice.
La zone grise qui ternit la délimitation de ces catégories se confirme. Le champ d'analyse est encore trop imprécis pour des raisonnements conceptuels qui relèvent d'une analyse au cas par cas. En outre, cette difficulté semble aussi signaler que le critère subjectif pur ne saurait suffire à qualifier l'abus de procédure. La subjectivité comporte trop de nuances pour que le résultat de l'équation puisse être prévisible, même au minimum.

901. Selon L. Josserand, « le plaideur audacieux est un tout autre homme que le plaideur malveillant et malicieux[1592] », et c'est justement du fait de cette différence qu'il critique la position adoptée par la jurisprudence française, qu'il juge trop subjective.

902. Nous abordons ici le conflit de stratégie judiciaire en contraposition avec l'abus de droit, afin de montrer les limites d'un examen purement subjectif du comportement procédural des parties. L'examen de l'intention des plaideurs est important, toutefois, seule une analyse circonstancielle de leur attitude procédurale pourra éviter que l'imagination et la créativité des conseils dans la conduite du procès soient automatiquement associées à un abus.
Ainsi, des critères extrinsèques de l'abus de droit, tels que les circonstances objectives de l'espèce, les éventuels dommages causés et la disproportion entre ceux-ci et les bénéfices poursuivis, font surface comme autant de moyens d'éclaircir les frontières encore trop superposées qui résultent de l'examen pur et simple de l'intention des parties.

903. En conclusion, le contenu comme le contenant d'un droit d'agir en justice rendent difficile – mais d'autant plus nécessaire – l'application de l'abus dans un scénario comme l'arbitrage international. La nature

---

[1589] Par exemple, E. Jeuland : « On peut se demander où commence la déloyauté et où finit la stratégie » (JEULAND Emmanuel, *Droit processuel*, Paris : LGDJ, 2003, par. 271, p. 254). Sur ce thème, *cf.* CADIET Loïc, NORMAND Jacques, AMRANI MEKKI Soraya, *op. cit.*, pp. 634 *et seq.*
[1590] Cass., 1re Ch. civ., 7 juin 2005, *Bull.*, I, n°241.
[1591] C'est l'opinion de Y. Strickler, dans « La loyauté processuelle », *in Principes de justice : mélanges en l'honneur de Jean-François Burgelin*, Paris : Dalloz, 2008, p. 358.
[1592] JOSSERAND Louis, *De l'esprit des droits…*, *op. cit.*, p. 88.

fondamentale du droit à la procédure est renforcée par une protection croissante de l'individu au niveau international – dont l'art. 6, § 1, CEDH n'est que la métonymie –, et la stratégie procédurale ne peut que s'en féliciter face à l'imbrication croissante des différents ordres juridiques concernés par l'arbitrage.

Section II. Les représentations de l'abus de droit dans le droit international

904. Si nous avons nommé la première section de ce chapitre « La théorie générale de l'abus de droit dans l'ordre interne », nous préférons ici non pas identifier l'existence d'une « théorie générale », mais plutôt celle d'une série de représentations de l'abus de droit dans plusieurs domaines du droit international. Cette distanciation du concept originel nous permettra alors d'explorer les notions voisines de l'abus de droit, lesquelles sont souvent superposées à ce dernier dans le droit international.

905. En dépit de l'absence d'une véritable théorie générale, les internationalistes semblent s'accorder sur le caractère beaucoup plus indispensable de la doctrine de l'abus de droit dans le droit international : « Plus une prérogative est réglementée et moins elle devient susceptible d'abus ; les frontières objectives, si elles sont précises, enlèvent beaucoup de son utilité à la notion de l'abus, elles la font reculer, pratiquement du moins[1593]. » Au contraire, « cette même notion devient indispensable et efficiente, pour les droits qui ne sont ni définis, ni nommés et qui font partie intégrante de cette souche, commune à tous les droits : la liberté[1594] ».
En outre, R. Kolb note, évoquant H. Lauterpacht[1595], que « la fonction régulatrice de l'abus de droit est *d'autant plus importante* en droit international que des mécanismes d'ajustement institutionnels lui font défaut[1596] ».

906. Pourtant, le droit international nous révèlera combien il est difficile d'identifier une véritable catégorie uniforme de l'abus de droit, souvent employée nominalement, mais avec les caractéristiques d'autres notions. C'est pourquoi le domaine de l'ordre international nous permet d'explorer non seulement la construction de ce critère uniforme, mais surtout de le rapprocher des notions voisines. Dès lors, observons comment les principales disciplines du droit international interprètent et appliquent l'abus de droit (§ 1°), pour ensuite expliquer comment il se superpose à d'autres sanctions qui lui sont proches (2°).

1593 TRIFU Séléa, *op. cit.*, p. 93.
1594 *Ibid.*
1595 LAUTERPACHT Hersch, *The development of international law by the International Court*, Londres : Stevens & Sons Limited, 1958, p. 162.
1596 KOLB Robert, *op. cit.*, p. 455, italique dans l'original.

§ 1°. Les manifestations de l'abus de droit dans les disciplines du droit international

907. Montrons ici de quelle manière la notion d'abus de droit est reçue dans des domaines aussi différents que celui du droit international public (A), et du droit international privé[1597] (B), constatant qu'il coïncide, la plupart du temps, avec d'autres critères plus communs, comme la fraude ou le détournement de pouvoir. Reste encore à développer une utilisation effective de cette notion dans ces disciplines.

A. L'abus de droit dans le droit international public

908. Dans le droit international public, la notion est traditionnellement associée à l'exercice d'un droit, par un État, pour échapper à une obligation internationale lui incombant, ou bien dans un but ne correspondant pas à celui en vue duquel ledit droit est reconnu à cet État[1598].

909. Le débat sur l'application de l'abus de droit aux relations juridiques entre personnes publiques dans la société internationale peut s'observer spécialement dans la jurisprudence de la CIJ et de la CPJI[1599].
En 1926, dans l'affaire relative à *certains intérêts allemands en Haute-Silésie polonaise*[1600], la Pologne accuse l'Allemagne d'avoir commis un abus de droit en aliénant certains de ses biens publics situés en territoire haut-silésien, lequel avait été transféré à la Pologne par la force de l'art. 88 du Traité de Versailles. Selon la Pologne, c'est en abus de droit que l'Allemagne a disposé de ses biens avant le transfert du territoire, dans le seul but de ne pas lui en faire profiter postérieurement.
La CPJI écarte l'argument de la Pologne. La Cour soulève que l'Allemagne garde le pouvoir de disposer de ses biens jusqu'au transfert effectif de la souveraineté, et que la Pologne n'a pas à prouver d'éventuels manquements

---

[1597] Nous nous permettons de ne pas inclure déjà ici le domaine du droit du commerce international. En dépit de pouvoir effectivement constituer une discipline autonome du droit international (*cf. supra* spéc. n.80 *et seq.*), le droit du commerce international (*lato sensu*, incluant aussi le droit des investissements) n'est rien d'autre que le décor de l'arbitrage international, raison pour laquelle examiner l'*application pratique* de l'abus de droit dans le commerce international revient, spécialement dans la perspective procédurale, à examiner l'abus dans l'arbitrage international, objet de notre travail.

[1598] C'est la définition de J. Basdevant (*Dictionnaire de la terminologie du droit international.* Paris : Sirey, 1960, p. 4).

[1599] Pour une étude de différentes décisions, *cf.* KOLB Robert, *op. cit.*, pp. 470 *et seq* ; BYERS Michael, *op. cit.*, pp. 397 *et seq* ; Sentence de juridiction CIRDI, *Mobil and others v. Bolivarian Republic of Venezuela*, 10 juin 2010, aff. n°ARB/07/27, spéc. par. 172 *et seq.*

[1600] CPJI, *Certains intérêts allemands en Haute-Silésie polonaise*, 1926, CPJI (ser. A), n°7, pp. 37-38.

au principe de la bonne foi, l'acte allemand ressortant de l'administration ordinaire de ses biens publics.

Ensuite, M. Byers[1601] nous fait part de l'affaire des *Zones franches de Haute-Savoie et du Pays de Gex*[1602]. Dans un arrêt de 1932, la CPJI affirme, *obiter dictum*, que l'attitude de la France *pourrait caractériser* un abus de droit. Obligée de maintenir un régime exonéré de douane dans certaines zones frontalières avec la Suisse, la France crée malgré tout un « cordon de surveillance », afin de prélever des taxes de nature fiscale : « La France ne peut échapper à l'obligation de maintenir les zones, en créant, sous le nom de cordon de surveillance, un cordon douanier. *Mais la Cour ne saurait présumer l'abus de droit*[1603]. »

910. Concernant spécifiquement les abus de la procédure internationale publique, rappelons l'affaire *Barcelona Traction*, en 1964[1604], opposant la Belgique et l'Espagne. Sans nous étendre sur le fond de l'espèce, la Belgique retire une première requête au bénéfice des négociations directes, et celles-ci n'ayant pas abouti, l'État veut réintroduire la demande devant la CIJ.

L'Espagne demande l'irrecevabilité de cette deuxième requête soulevant le principe de l'estoppel et de la violation de la bonne foi, proche de l'abus de procédure[1605]. La CIJ rejette l'exception tirée de l'estoppel, et affirme qu'il n'est pas défendu au gouvernement espagnol de présenter à nouveau tous ses arguments dans la deuxième requête. Autrement dit, l'attitude de la Belgique ne causerait aucun préjudice à l'Espagne. En outre, la Belgique n'aurait trompé aucune attente légitime de son adversaire, lequel avait simplement convenu de donner place à des négociations directes.

911. En ce qui concerne les arbitrages entre États[1606], citons l'affaire relative à *la sentence arbitrale du 31 juillet 1989*[1607] entre la Guinée-Bissau et le Sénégal. Dans cette affaire, le Sénégal demande devant la CIJ

[1601] BYERS Michael, *op. cit.*, p. 399.

[1602] CPJI, *Zones franches de Haute-Savoie et du Pays de Gex*, 1932, CPJI (ser. A/B), n°46.

[1603] *Ibid.*, p. 167, souligné par nous.

[1604] *Cf.* n.38, *supra*, pp. 24 *et seq.* Pour une perspective actuelle de l'influence des principes dégagés par cette affaire en matière de contentieux entre États et investisseurs, *cf.* Timothy G. NELSON, « When the lights went out: the strange death and stranger afterlife of the *Barcelona Traction Case* », *Cah. arb.*, 2011, v. 4, pp. 939-971.

[1605] CIJ, *Mémoires, plaidoiries et documents*, v. 1, pp. 89 *et seq.*, *apud* KOLB Robert, *op. cit.*, p. 641.

[1606] Pour une perspective historique de l'arbitrage en droit international public, *cf.* Alexandre MERIGNHAC, *Traité théorique et pratique de l'arbitrage international : le rôle du droit.* Paris : L. Larose, 1895. Citons, plus spécifiquement quant aux sentences prononcées par ce genre de tribunal, l'étude d'Abdelhamid EL OUALI, *Effets juridiques de la sentence internationale : contribution à l'étude de l'exécution des normes internationales*, Paris : LGDJ, 1984 ; ainsi que celle, plus générale, de Luiz Olavo BAPTISTA, *Arbitragem comercial e international*, São Paulo : Lex Editora, 2011, spéc., pp. 57 *et seq.*

[1607] CIJ, *Affaire de la sentence arbitrale du 31 juillet 1989 entre la Guinée-Bissau et le Sénégal*, *Rec. CIJ*, 1991, p. 53, spéc. pp. 63 *et seq.*

l'irrecevabilité d'une requête contestant une sentence arbitrale, au motif qu'elle « viserait à utiliser une déclaration du président du tribunal arbitral jointe à l'arrêt pour jeter le doute sur la validité de la sentence[1608] ».
En dépit d'avoir fait droit à la prétention du Sénégal, le président du tribunal arbitral désigné pour délimiter une zone maritime entre les deux États africains estime qu'une des prémisses indispensables pour le jugement aurait du être mieux définie. Cela suffit pour que le gouvernement de la Guinée-Bissau fasse valoir devant la CIJ l'absence d'une véritable majorité au sein du tribunal arbitral. L'argument est interprété par le Sénégal comme un abus de procédure.
La CIJ considère que la requête de la Guinée-Bissau a été présentée de manière appropriée, et dans le cadre des voies qui lui sont ouvertes devant sa juridiction. En outre, un simple indice de l'invalidité de la sentence présenté à la Cour ne peut être considéré comme un abus de droit, sans que la partie démontre en quoi cela représente un détournement de la finalité de la requête[1609].

912. L'abus de droit apparaît aussi devant la cour d'appel de l'OMC, dans l'affaire *Srhimp-Turtle*[1610], en 1998. Les États-Unis sont confrontés à une demande dénonçant des pratiques abusives pour limiter la pêche étrangère sur son territoire. Pour se défendre, les États-Unis soulèvent que l'objectif de ses mesures est de conserver leurs ressources naturelles, ce qui est autorisé par la let. « g[1611] », de l'art. XX[1612] du GATT, comme une exception au libre commerce. Néanmoins, le *caput* de l'art. XX établit que ces mesures ne peuvent être appliqués « de façon à constituer soit un moyen de discrimination arbitraire ou injustifiable entre les pays où les mêmes conditions existent, soit une restriction déguisée au commerce international ». Dès lors, la préservation de ces ressources permettrait de limiter la pêche, tant que cette préservation n'est pas une manœuvre abusive.
La cour de l'OMC se tourne vers cette nature abusive de l'exercice d'un droit prévu par le GATT. Elle affirme qu'une des applications du principe de la bonne foi, prévu par le *caput* de l'art. XX, n'est autre que « la doctrine de

---

[1608] L'affaire est citée et présentée par Robert KOLB, *op. cit.*, p. 644.
[1609] *Ibid.*, p. 645.
[1610] OMC, Cour d'appel, 1998, *United States Import Prohibition of Certain Shrimp and Shrimp Product (Complaint by the United States)*, WTO Doc. WT/DS58/AB/R, [en ligne] http://www.wto.org/english/tratop_e/dispu_e/cases_e/ds58_e.htm (page consultée le 14/02/12).
[1611] « Art. XX [...] g) se rapportant à la conservation des ressources naturelles épuisables, si de telles mesures sont appliquées conjointement avec des restrictions à la production ou à la consommation nationales. »
[1612] « Art. XX, *caput*. Sous réserve que ces mesures ne soient pas appliquées de façon à constituer soit un moyen de discrimination arbitraire ou injustifiable entre les pays où les mêmes conditions existent, soit une restriction déguisée au commerce international, rien dans le présent Accord ne sera interprété comme empêchant l'adoption ou l'application par toute partie contractante des mesures [...]). »

l'abus de droit[1613] ». Ainsi, « l'exercice abusif, par un État membre, de son propre droit conféré par le Traité résulte dans la violation des droits conférés par le même traité à ses autres membres et, ainsi, une violation des obligations du traité imposées à l'État qui agit ainsi[1614] ».

913. Dans la législation, l'art. 300, de la Convention de Montego Bay sur le droit de la mer mentionne explicitement l'abus de droit : « Les États parties doivent remplir de bonne foi les obligations qu'ils ont assumées aux termes de la Convention et exercer les droits, les compétences et les libertés reconnus dans la Convention d'une manière qui ne constitue pas un abus de droit. »

914. En dépit des nombreuses discussions sur l'inclusion de l'abus de droit lors des travaux de codification de la Commission de droit international des Nations Unies[1615], le principe reste encore exclu de la plupart des législations de droit international public. Il n'y a pas non plus de perspectives d'insertion dans des projets futurs, pas même ceux concernant expressément la responsabilité internationale des États[1616]. Ainsi, selon M. Byers[1617], le contenu comme la portée de l'abus de droit dans le droit international public restent des questions insolubles.

915. Pourtant, cela n'empêche pas d'observer quelques dénominateurs communs dans les critères exposés dans tous ces hypothèses pratiques. R. Kolb[1618] identifie quatre repères de l'abus de droit dans ce domaine. Premièrement, l'*intention de nuire*, interdisant les actes dits émulatifs, qui serait « le degré minimum de la doctrine de l'abus de droit[1619] ». Toutefois, se limiter à des actes exigeant la preuve de l'élément subjectif dans un domaine où les acteurs sont des personnes morales équivaudrait à éliminer presqu'entièrement le principe du droit international. En deuxième lieu, la *disproportion* manifeste des intérêts, à savoir, « l'ajustement de droit liés à la souveraineté par un processus de mise en *balance des intérêts*

[1613] OMC, *United States Import Prohibition of Certain Shrimp and Shrimp Product*, n.1611, *supra*, par. 158. Traduction libre. Dans l'original : « *The chapeau of Article XX is, in fact, but one expression of the principle of good faith. This principle, at once a general principle of law and a general principle of international law, controls the exercise of rights by states. One application of this general principle, the application widely known as the doctrine of* abus de droit [...] » (« *abus de droit* » en italique dans l'original).

[1614] *Ibid.* Traduction libre. Dans l'original : « *An abusive exercise by a Member of its own treaty right thus results in a breach of the treaty rights of the other Members and, as well, a violation of the treaty obligation of the Member so acting.* »

[1615] BYERS Michael, *op. cit.*, pp. 402-404.

[1616] Projet d'articles sur la responsabilité de l'État pour fait internationalement illicite, 2001, [en ligne] http://untreaty.un.org/ilc/texts/instruments/francais/projet_d%27articles/9_6_2001_francais.pdf (page consultée le 14/02/12).

[1617] BYERS Michael, *idem.*, p. 404.

[1618] KOLB Robert, *op. cit.*, pp. 464 *et seq.*

[1619] *Ibid.*, p. 464.

respectifs[1620] ». Cela correspond aussi à l'obligation d'un État de ne pas utiliser ou laisser utiliser son territoire aux fins d'actes contraires aux droits d'autres États[1621], ressortissant d'une série d'affaires, comme celle du *Lac Lanoux* en 1957[1622]. Ensuite, R. Kolb mentionne « l'arbitraire, le déraisonnable, la fraude[1623] ». Il s'agit d'actes manifestement injustifiés au regard des faits, l'exercice choquant d'un droit, ceux violant la conscience juridique ou en fraude à la loi ou au droit. L'abus se transforme ici en un standard de comportement. Finalement, il évoque le *détournement de pouvoir*. Ce critère apparaît comme l'aspect dominant[1624] de l'abus de droit dans le cadre des relations interétatiques, et c'est pour cela qu'il est souvent considéré comme le versant public de l'abus de droit privé. C'est une première superposition que nous traiterons spécifiquement dans le deuxième paragraphe de cette section.

B. L'abus de droit dans le droit international privé

916. L'analyse des critères de l'abus dans le droit international privé est d'autant plus indispensable, comme nous l'avons observé dans l'étude des tentatives de contrôle de l'arbitrage international, aujourd'hui[1625], qu'ils restent très imprégnés de la méthode conflictuelle.

917. Encore que le droit international privé ne soit, en vérité, ni international, ni privé[1626], envisageons-le ici comme une discipline concernant les rapports internationaux, encore qu'ils soient examinés exclusivement par des autorités nationales. L'interconnexion entre les différents droits étatiques pour régler une situation transfrontalière renforce les marges de manœuvre des plaideurs, lesquels profitent du *forum shopping* et du *lex shopping* pour construire leurs stratégies procédurales.

La méthode conflictuelle occasionne un terrain très fertile pour invoquer des rattachements territoriaux susceptibles de profiter à une partie au détriment de l'autre. Cependant, tandis que les problèmes liés au statut familial et successoral de la personne conduisent la plupart du temps à des problèmes

---

[1620] *Ibid.*, p. 466.
[1621] *Ibid.*, p. 467.
[1622] Rapporté par Julio BARBOZA, « International liability for the injurious consequences of acts not prohibited by international law and protection of the environment », *RCADI*, 1994, III, spéc. pp. 319 *et seq.*
[1623] KOLB R., *op. cit.*, p. 468.
[1624] *Ibid.*, p. 464.
[1625] Sur la difficulté de mise en place de ces mécanismes en fonction de la méthode du droit international privé, *cf.* n.1000 *et seq.*, *infra.*
[1626] *Cf.* n.137, *supra.*

de fraude, les questions de commerce et de procédure sont plutôt interprétées dans la perspective de l'abus[1627].

918. La France ne semble éprouver aucune difficulté pour accepter cette idée. Dès 1823, la cour royale de Toulouse condamne à des dommages et intérêts le demandeur qui, ayant à choisir entre plusieurs tribunaux compétents, saisit avec une intention malicieuse celui qui est le plus éloigné de son adversaire[1628]. L. Josserand n'hésite pas à affirmer que « la pénétration du concept de l'abus dans le domaine du droit international privé peut donc être considérée comme une conquête définitive de notre droit français[1629] ».

919. Les problèmes de l'abus se manifestent spécialement dans le droit communautaire, ce qui est logique dans un scénario dans lequel les tentatives de coordination et d'harmonisation des ordres nationaux sont incessantes.

S'agissant tout d'abord de la relation entre États et individus, et même si cela n'est pas toujours inclus dans le domaine du droit international privé, notons qu'autant la Charte des droits fondamentaux de l'Union européenne que la Convention EDH prévoient l'abus de droit.

Dans la Charte, l'art. 54[1630], intitulé « Interdiction de l'abus de droit », exclut une interprétation de ses dispositions favorisant la destruction ou la limitation des droits et libertés qui y sont reconnues. Dans le deuxième texte, l'art. 35(3)(a)[1631] prévoit une demande infondée ou bien abusive comme cause d'irrecevabilité d'une requête individuelle devant la CEDH.

Ce sont des hypothèses qui, bien entendu, ne règlent pas le conflit de lois et de juridictions, mais qui sont insérées dans des textes de la protection de l'individu dans la société internationale. Toutefois, ce sont souvent des problèmes dérivés du droit international privé, comme le déni de justice par le conflit négatif de plusieurs compétences, qui finissent par être portés

---

[1627] Une fois établi que les problèmes concernant le statut de la personne en droit international privé sont bien plus proches de la fraude que de l'abus – même si, comme nous le verrons, la distinction est loin d'être claire – permettons-nous de ne pas aborder ici le thème du droit de la famille et des successions dans l'ordre international, dont la complexité dépasse les limites de notre recherche. Limitons-nous à examiner, de manière générale, comment la réglementation et la jurisprudence européenne ont construit le concept d'abus, spécialement dans le domaine des procédures internationales, qui serviront à notre analyse postérieure de l'arbitrage.

[1628] Cour royale de Toulouse, 3e Ch., 12 juil. 1823, *P.*, 1823-1824, t. 18, p. 34, cité par Séléa TRIFU, *op. cit.*, p. 34.

[1629] JOSSERAND Louis, *De l'esprit des droits…*, *op. cit.*, p. 273.

[1630] « Aucune des dispositions de la présente Charte ne doit être interprétée comme impliquant un droit quelconque de se livrer à une activité ou d'accomplir un acte visant à la destruction des droits ou libertés reconnus dans la présente Charte ou à des limitations plus amples des droits et libertés que celles qui sont prévues par la présente Charte. »

[1631] « Art. 35(3) : La Cour déclare irrecevable toute requête individuelle introduite en application de l'article 34 lorsqu'elle estime : a.) que la requête est incompatible avec les dispositions de la Convention ou de ses Protocoles, manifestement mal fondée ou abusive ; […]. »

devant les juridictions de droit de l'homme[1632], ce pour quoi nous évoquons ici ces dispositifs.

920. Cela étant, le débat, qui est plus explicite autour de l'abus de droit dans les relations de droit international privé, ne s'est développé nulle part avec autant d'intérêt qu'au sein de la CJCE.

Dès 1974, dans l'affaire *Van Binsbergen*[1633], sans reconnaître expressément le principe, la CJCE tient comme abusif le comportement d'un individu qui utilise le principe de la liberté d'activité pour tenter d'évincer des règlements professionnels particuliers existant dans le territoire où l'occupation est exercée.

En 1996, dans l'affaire *Brennet v. Paletta*[1634], le tribunal souligne que « le droit communautaire ne peut pas être évoqué pour commettre des fraudes ou des abus ». La Cour détermine qu'il faut, à partir d'indices objectifs, éviter que des employés migrant en Europe profitent des dispositions du droit communautaire de manière frauduleuse ou abusive pour recevoir plusieurs indemnités sociales.

Citons encore l'affaire *Kefalas*[1635], en 1998, focalisée sur le conflit entre les dispositions législatives internes et communautaires. Il s'agit ici de la faculté attribuée à un État membre d'utiliser ses propres critères nationaux pour juger si un droit conféré par la norme européenne est exercé abusivement. Pour la CJCE, il s'agit de reconnaître – ou non – un principe général de l'abus de droit, considérant la prévalence du droit communautaire sur le droit national.

Même si l'avocat général adopte une position conservatrice contraire, la Cour européenne confirme cette faculté des juridictions des États membres. Toutefois, elle ne se prononce pas explicitement sur la configuration de l'abus de droit comme principe général communautaire.

Néanmoins, en 2000, dans l'affaire *Emsland*[1636], la CJCE semble non seulement reconnaître l'existence d'un principe d'abus de droit de manière catégorique, mais propose aussi deux critères pour l'identifier : en premier lieu, « un ensemble de circonstances objectives d'où il résulte que, malgré un respect formel des conditions prévues par la réglementation communautaire, l'objectif poursuivi par cette réglementation n'a pas été atteint » ; et, ensuite, « un élément subjectif consistant en la volonté

1632 Sur l'application de l'abus de droit par la CEDH, *cf.* Alphonse SPIELMANN, Dean SPIELMANN, « La notion de l'abus de droit à la lumière de la Convention européenne de sauvegarde des droits de l'homme et des libertés fondamentales », *in L'abus de droit et les concepts équivalents…*, *op. cit.*, pp. 58 *et seq.*

1633 CJCE, *Van Binsbergen v. Bedrijfsvereniging*, aff. n°C-33/74, *Rec. CJCE*, 1974, p. 1299.

1634 CJCE, *Brennet v. Paletta*, aff. n°C-206/94, *Rec. CJCE*, 1996, p. 2357.

1635 CJCE, *Kefalas and others v. Elliniko Dimosio and Organismos Oikonomikis Anasygkrotisis Epicheiriseon*, aff. n°C-367/96, *Rec. CJCE*, 1998, p. 2843.

1636 CJCE, *Emsland v. Stärke*, aff. n°C-110/99, *Rec. CJCE*, 2000, p. 11569.

d'obtenir un avantage résultant de la réglementation communautaire en créant artificiellement les conditions requises pour son obtention[1637] ».
Enfin, la même année, la CJCE considère de nouveau le critère de la disproportion comme un moyen d'identifier un abus, dans l'affaire *Diamantis*[1638]. La Cour affirme qu'une partie agit abusivement lorsque « parmi les voies de recours disponibles pour remédier à une situation intervenue en violation de ladite disposition, elle choisit celle qui cause un préjudice tellement grave aux intérêts légitimes d'autrui qu'elle s'avère manifestement disproportionnée[1639] ».

921. La CJCE s'est parfois prononcée sur la notion d'abus de droit dans le cadre spécifique du régime de Bruxelles, concernant un domaine encore plus proche de notre étude, celui de la procédure internationale[1640].
Dans l'affaire *Kalfelis*[1641], le tribunal du Luxembourg exclut le droit d'un plaideur de demander des multiples défendeurs dans le seul but d'évincer la juridiction des cours de l'État de l'un de ses défendeurs. Le fautif utilise, de manière abusive, les règles de réunion d'actions prévues par l'art. 6(1), du Règlement n°44/01[1642].
A. Nuyts[1643] remarque que la CJCE, au fond, ne fait que prolonger le dispositif « anti-abus » déjà présent dans l'art 6(2)[1644], *in fine*, qui exclut la réunion des demandes dans le cas de l'intervention de tiers quand son objectif n'est que de « traduire hors de son tribunal celui qui a été appelé ».

922. S'agissant du problème des juridictions exclusives, mentionnons l'affaire *Autoteile*[1645]. Le défendeur d'une demande de reconnaissance d'un jugement étranger oppose à la cour de l'exequatur des questions que celle-ci avait déjà rejetées précédemment lors de l'analyse de sa juridiction.

1637 *Ibid.*, par. 52 et 53.

1638 CJCE, *Dionysios Diamantis v. Elliniko Dimosio et Organismos Oikonomikis Anasygkrotisis Epicheiriseon AE (OAE)*, aff. n°C-373/97, *Rec. CJCE*, 2000, p. 1705.

1639 *Ibid.*, par. 43.

1640 *Cf.* le rapport d'Arnaud NUYTS, « The enforcement of jurisdiction agreements… », *op. cit.*, pp. 65 *et seq.*

1641 CJCE, *Athanasios Kalfelis v. Banque Schröder, Münchmeyer, Hengst et Cie, et autres*, aff. n°C-189/87, *Rec. CJCE*, 1988, p. 55655.

1642 « Article 6. Cette même personne peut aussi être attraite : 1) s'il y a plusieurs défendeurs, devant le tribunal du domicile de l'un d'eux, à condition que les demandes soient liées entre elles par un rapport si étroit qu'il y a intérêt à les instruire et à les juger en même temps afin d'éviter des solutions qui pourraient être inconciliables si les causes étaient jugées séparément ; […]. »

1643 NUYTS Arnaud, *ibid.*, p. 65.

1644 « Article 6. Cette même personne peut aussi être attraite : […] 2) s'il s'agit d'une demande en garantie ou d'une demande en intervention, devant le tribunal saisi de la demande originaire, à moins qu'elle n'ait été formée que pour traduire hors de son tribunal celui qui a été appelé ; […]. »

1645 CJCE, *AS-Autoteile Service GmbH v. Pierre Malhé*, aff. n°C-220/84, *Rec. CJCE*, 1985, p. 2267.

La CJCE affirme que l'attitude de ce défendeur constitue un abus de procédure consistant à essayer d'obtenir indirectement ce qu'il n'a pas pu obtenir directement.

923. Notre objectif ici n'est sûrement pas d'épuiser la vaste jurisprudence européenne sur l'abus de droit. Au contraire, nous nous sommes concentrés sur les affaires qui se sont penchées, de manière métajuridique, sur les critères de l'abus de droit, ou bien sur ceux concernant l'abus de la procédure internationale.

924. Soulignons encore les affaires où l'abus apparaît surtout lié à l'exercice de droits internationaux, comme la nationalité[1646], la liberté de commerce[1647], la liberté douanière[1648], l'exemption d'impôts[1649], etc.[1650], mais en limitant notre analyse aux hypothèses qui peuvent contribuer à l'identification de critères pour l'exercice d'un droit prioritairement procédural, fondés sur une exigence de coopération *juridictionnelle*. Dans ces derniers cas, reprenant l'expression d'É. Cornut, il s'agit d'une véritable « jurisprudence anti-contournement[1651] », permettant à chaque autorité judiciaire européenne d'apprécier le caractère abusif de la désignation de sa compétence.

[1646] *Cf.* par exemple la saga *Factortame*, incluant les affaires CJCE, aff. n°C-246/89, *Rec. CJCE*, 1989, p. 3125 ; aff. n°246/89, *Rec. CJCE*, 1991, p. 4584 ; aff. n°C-213/89, *Rec. CJCE*, 1990, p. 2433 ; aff. n°C-221/89, *Rec. CJCE*, 1991, p. 3905. Au Royaume-Uni, *cf. House of Lords*, [1990] 3 CMLR 375.

[1647] Par exemple, les affaires *Leclerc* (CJCE, *Association des Centres distributeurs Leclerc v. Sarl. Au blé vert*, aff. C-229/83, *Rec. CJCE*, 1985, p. 1) et les affaires concernant l'importation de bière pour l'Irlande et le Danemark (CJCE, *Commission v. Denmark ; Commission v. Irlande*, aff. conjointes n°C-208/88 et C-367/88, *Rec. CJCE*, 1990, p. 4445).

[1648] *Cf.* l'affaire CJCE, *General Milk Products v. Hauptzollamt Hamburg-Jonas*, aff. n°C-8/92, *Rec. CJCE*, 1993, p. 779.

[1649] *Cf.* l'affaire *The Daily Mail* (CJCE, *R. v. H.M. Treasury and Commissioners of Inland Revenue, ex parte Daily Mail and General Trist Plc.*, aff. n°C-81/87, *Rec.*, 1988, p. 5483).

[1650] Sur l'analyse de très nombreuses affaires d'abus devant la CJCE, *cf.* BROWN Neville, « Is there a general principle of abuse of rights in European Community Law? », *in* CURTIN Deirdre, HEUKELS Ton (éds.). *Institutional dynamics of European integration: essays in honour of Henry G. Schermers*, v. 2., London : Martinus Nijhoff, 1994, pp. 516 *et seq.* ; MANCINI Frederico, « Short note on abuse of procedure in Community Law », *in* TARUFFO Michele (éd.), *op. cit.*, pp. 233 *et seq.*

[1651] CORNUT Étienne, *Théorie critique…*, *op. cit.*, p. 384.

§ 2°. La poursuite d'un critère uniforme de l'abus de droit dans l'ordre international

925. Au long du premier paragraphe, nous avons simplement observé comment la réserve de l'abus de droit est mise en place par les deux principales branches du droit international. Ce que l'on note tout de suite est que cette doctrine, quoique souvent évoquée, est appliquée à partir de fondements et critères bien plus proches d'autres catégories. Examinons, ainsi, comment cette superposition de l'abus de droit avec d'autres sanctions similaires (A) nous montre qu'une place véritablement isolée pour cette doctrine dans l'ordre international reste à prendre (B).

A. L'association de l'abus de droit avec ses notions voisines dans l'ordre international

926. De l'analyse que nous avons menée dans le premier paragraphe de cette section ressortent quatre principales doctrines juridiques, qui semblent souvent se confondre avec l'application nominale de l'abus de droit. Le détournement de pouvoir (1°), dans le droit international public, et la fraude à la loi (2°), dans le droit international privé, apparaissent de manière explicite. À cela, ajoutons encore la bonne foi (3°) et l'estoppel (4°), notions qui émergent de manière moins explicites, mais dont la comparaison avec la doctrine de l'abus de droit est tout aussi présente dans le droit international.

1°. L'abus de droit et le détournement de pouvoir

927. Selon M. Hauriou, le détournement de pouvoir est « le fait d'une autorité administrative qui tout en accomplissant un acte de sa compétence, tout en observant les formes prescrites, tout en ne commettant aucune violation formelle de la loi, use de son pouvoir dans un but et pour des motifs autres que ceux en vue desquels ce pouvoir lui a été conféré, c'est-à-dire autre que le bien du service[1652] ». Cette conception finaliste rejoint naturellement les thèses extensives de l'abus de droit, renforçant l'emploi du critère du détournement de pouvoir comme un mécanisme de contrôle de la finalité des normes internationales.

928. Les motifs d'une législation visant à la nationalisation d'une société étrangère (affaire *Anglo-Iranian Oil Company*, 1952[1653]), les fondements d'une expropriation qui ne satisfait qu'à des intérêts privés (affaire

---

[1652] HAURIOU Maurice, *Précis de droit administratif et de droit public*, 10e éd., Paris : Sirey, 1921, p. 455.
[1653] CIJ, *Mémoires, Plaidoiries et Documents*, 1952, p. 98.

Fletcher Smith, 1929[1654]) et, plus généralement, les hypothèses d'« abus d'autorité » (par exemple, dans l'affaire *Lalanne Ledour*, 1902[1655]), bien qu'elles comportent des mentions à l'abus, reposent tous plutôt sur la notion de détournement de pouvoir[1656].

929. Par ailleurs, la conception objectiviste, inaugurée par L. Josserand, renforce le parallèle entre la théorie de l'abus de droit en droit privé, et celle du détournement de pouvoir en droit public[1657]. En adoptant une thèse finaliste de l'abus de droit, donc vide d'une analyse subjective plus marquée, nous sommes tentés de n'y voir qu'un même problème, car c'est l'aspect objectif qui prédomine dans l'idée de détournement de pouvoir.

Pour différencier les deux notions, il n'est donc pas suffisant d'adopter une conception subjective de l'abus de droit, affirmant qu'au contraire du détournement de pouvoir, seul un examen des mobiles de l'auteur permet de qualifier un acte abusif[1658]. Il faut trouver un critère dans l'évolution des théories objectives reposant non tant sur la forme d'utilisation de la prérogative que sur sa nature. Il faut donc se tourner vers la nature du pouvoir conféré à l'autorité publique, en opposition au droit subjectif attribué au particulier. Tandis que le *pouvoir* de l'autorité publique est fondé sur le principe de la fonctionnalité, imposant un agissement dans l'intérêt général, le *droit subjectif* ne guide l'individu que dans la réalisation de son intérêt propre[1659].

930. Voici, quoique brièvement, quelques réflexions sur la mise en place d'une théorie de l'abus de droit dans les relations juridiques entre États souverains. Cela contribue à révéler une notion dont la fonction au sein de la communauté internationale semble venir justifier quelques imprécisions. Parallèlement, c'est dans le droit international public que la thèse finaliste des droits se réalise le mieux.

[1654] *RSA*, v. II, pp. 917-8.

[1655] *RSA*, v. X, p. 18.

[1656] Affaires rapportées par Robert KOLB, *op. cit.*, p. 465.

[1657] Selon E. Gaillard, « dès l'origine, la conception finaliste des droits a suggéré un parallèle entre la théorie privatiste de l'abus des droits et la théorie publiciste du détournement de pouvoir. Les notions de pouvoir et de détournement de pouvoir ont été conçues, dans la doctrine privatiste, comme le pendant, en droit administratif, de celles de droit subjectif et l'abus de droit en droit privé » (*Le pouvoir en droit privé.* Paris : Economica, 1985, p. 13).

[1658] C'est une des distinctions proposées par Félix Bondil (*Le détournement de pouvoir en droit international public : étude de jurisprudence,* thèse de droit, Université d'Aix-Marseille, 1966, pp. 77 *et seq.*), néanmoins, l'auteur est bien conscient de la différence ontologique des prérogatives conférant le droit abusé et le pouvoir détourné (*ibid.*, p. 77).

[1659] *Cf.* ROULET Jean-David, *op. cit.*, pp. 42-43.

2°. L'abus de droit et la fraude à la loi

931. Selon J. Vidal, la fraude suppose la réunion de trois éléments : « une règle à laquelle le sujet passif a l'obligation de se conformer ; l'intention du sujet passif d'éluder l'exécution de cette règle ; la mise en œuvre à dessein d'un moyen efficace par lequel le sujet passif réussit à éluder cette exécution[1660] ».

932. Ces deux notions sont des instruments correctifs d'un exercice malicieux du droit. En France, elles reposent sur une analyse du mobile de l'agent, même si, comme nous l'avons vu, il existe des hypothèses, comme celle de l'art. 618, CC, dans lesquelles l'abus dispense la vérification de l'intention de nuire[1661]. Voilà déjà une distinction, puisque la fraude sera toujours conditionnée par l'intention d'échapper à une règle impérative.

933. De plus, l'abus de droit est toujours lié à une *prérogative* juridique, alors que la fraude vise à se soustraire à une *règle* juridique[1662]. Dans le premier cas, il ne s'agit pas d'évincer intentionnellement et complètement une règle juridique, mais simplement de « maximiser[1663] » son interprétation, afin qu'elle puisse attribuer un droit subjectif dans le cadre de la loi, encore que préjudiciable à autrui.

934. L'abus de droit entretient un dialogue bien plus profond avec le contenu de la norme juridique attributive du droit subjectif abusé, et notamment avec sa valeur axiologique. La fraude est bien plus simpliste, car elle ne sert qu'à écarter la norme juridique en vue de l'objectif poursuivi[1664].

935. Spécifiquement dans le droit international privé, la théorie de la fraude à la loi surgit avec le problème du changement malicieux de nationalités, dont l'affaire *Princesse de Bauffremont*, en 1878[1665], est le plus célèbre exemple. De là, elle s'est vite répandue aux problèmes du conflit de lois et de juridictions.

936. Deux facteurs ont suscité un nombre considérable d'études : la consécration de la théorie de la fraude à la loi en droit interne, et

---

[1660] VIDAL José, *Essai d'une théorie générale de la fraude en droit français : le principe « fraus omnia corrumpit »*, Paris : Dalloz, 1957, *passim*, spéc. pp. 110 *et seq.*

[1661] *Cf. supra*, n.838.

[1662] MORACCHINI-ZEIDENBERG Stéphanie, *op. cit.*, p. 296.

[1663] *Ibid.*, p. 297.

[1664] *Cf.* CUNHA DE SÁ Fernando Augusto, *Abuso do direito*, *op. cit.*, pp. 535-536.

[1665] Dans cette affaire, « il s'agissait, pour une française séparée de corps selon le droit français alors en vigueur, d'obtenir la nationalité du Duché de Saxe-Altenbourg en Allemagne, où elle s'était temporairement domiciliée afin, qu'en application de ce droit, elle obtienne le divorce pour pouvoir ensuite se remarier » (COURT DE FONTMICHEL Alexandre, *L'arbitre, le juge...*, *op. cit.*, p. 55). La Cour de cassation (Cass. civ., 18 mar. 1878, *S.*, 1878, I, 193 – note LABBÉ Joseph-Émile) a posé les premières bases de la théorie de la fraude à la loi, en affirmant que la nationalité du Duché avait été obtenue non pour exercer les droits et devoirs qui en découlaient, mais dans le seul but d'échapper aux prohibitions de la loi française.

l'existence d'un cadre marqué par la prolifération d'un nombre considérable de législations parallèles. C'est la règle de conflit qui apparaît alors comme la source majeure de fraude[1666].

É. Cornut nous fournit une définition lapidaire de la fraude à la loi en droit international privé : « l'utilisation à dessein du règlement conflictuel d'une situation internationale créée dans le but exclusif d'échapper à l'application de la loi *normalement* compétente[1667] ». Ainsi, selon J.-P. Niboyet, la notion de fraude à la loi est tout aussi bien « le remède pour maintenir à la loi son caractère impératif », que « sa sanction dans les cas où elle ne serait pas applicable au rapport de droit, en raison de ce que les intéressés se sont placés frauduleusement sous l'empire d'une loi nouvelle[1668] ».

Très rapidement, la fraude est interprétée comme une manifestation croissante de l'autonomie des parties dans le choix des lois et des juridictions qui les concernent. H. Batiffol parle même d'un « abus de l'idée d'autonomie de la volonté[1669] », contribuant à l'enchevêtrement progressif des deux concepts.

937. C'est surtout du point de vue de leurs fondements philosophiques que les notions d'abus de droit et de fraude à la loi se sont rapprochées. La plupart des auteurs[1670] s'accordent pour affirmer que l'idée de détournement de la fonction de la loi est à la base des deux sanctions. Il serait alors vain de chercher des différences profondes quant à la finalité de ces idées[1671]. Autant l'une que l'autre fournissent des bases pour le contrôle des tentatives d'usage formellement licites de droits et prérogatives, qui deviennent illicites dans leur application particulière.

Cette confusion n'est que plus profonde dans le droit international privé. Le choix *licite* entre différentes lois également valables et entre différentes juridictions également compétentes renforce le problème. En effet, il est impossible d'identifier une illicéité tant que l'on examine ce choix dans la seule perspective de l'ordre dont la loi a été choisie, ou dont les juges ont été

1666 AUDIT Bernard, *op. cit.*, par. 147. Selon É. Cornut, « dans la mesure où la fraude à la loi, entendue au sens strict, suppose l'éviction d'une loi par une autre, la résolution du conflit de lois en offre une illustration parfaite en raison de l'opposition législative qu'elle induit » (*Théorie critique…*, *op. cit.*, p. 8).

1667 CORNUT Étienne, *Théorie critique…*, *op. cit.*, p. 46. *Cf.* not. les définitions compilées par R. Vander Elst dans une note sous un arrêt de la Cour de cassation belge du 28 juin°1979 (*Rev. crit. jurispr. belge*, 1981, v. 35, pp. 356-357).

1668 NIBOYET Jean Paulin, « La fraude à la loi en droit international privé », *Rev. dr. intern. et dr. comp.*, 1926, n°5, p. 494.

1669 BATIFFOL Henri, *Aspects philosophiques…*, *op. cit.*, p. 66.

1670 *Cf.* not. VIDAL Jacques, *op. cit.*, pp. 65 *et seq* ; GHESTIN Jacques, GOUBEAUX Gilles, FABRE-MAGNAN Muriel, *Traité de droit civil. Introduction générale*, 4e éd., Paris : LGDJ, 1994, pp. 822-823.

1671 AUDIT Bernard, *op. cit.*, par. 199, p. 150.

saisis[1672]. Autrement dit, bien plus que l'abus de droit, la théorie de la fraude à la loi suppose un rattachement territorial, typique du droit international privé.

938. Considérant le mouvement d'abandon progressif des méthodes conflictuelles dans l'arbitrage international qui nous accompagne dans cette étude, l'on commence à comprendre pourquoi l'abus constitue un instrument plus adapté à un contexte non plus interétatique, mais transnational. Nous y reviendrons par la suite[1673].

Pour l'instant, constatons seulement que la théorie de l'abus de droit en droit international privé se trouve très souvent « sous le couvert de la théorie spéciale de "la fraude à la loi"[1674] ». Et, selon L. Campion, « la théorie particulière du détournement de pouvoir n'est qu'une application de la théorie générale de l'abus des droits, de même en droit international privé, la théorie spéciale de la "fraude à la loi" doit être assimilée à celle de l'exercice antisocial des droits[1675] ».

939. Si la finalité des deux théories ne semble pas contribuer à les distinguer dans le droit international privé, c'est vers les *moyens* employés par chacune d'elles pour atteindre leur but que nous devons nous tourner.

En premier lieu, l'aspect matériel des deux mécanismes apparaît très différent[1676]. Comme nous l'avons remarqué de manière générale, rappelons que la fraude est toujours liée à une règle juridique, tandis que l'abus est associé à une prérogative. L'objectif du fraudeur est de se voir attribuer un droit par un comportement qui permet d'évincer la règle naturellement applicable ; celui qui abuse de son droit est, logiquement, déjà titulaire de ce droit.

Dans les cas d'abus en droit international privé, cette prérogative est interprétée de manière très élastique par la partie fautive, en opposition à la règle attributive du droit abusé. Elle reste, pourtant, à l'intérieur de la norme, au contraire de la fraude, qui vise à l'évincer.

Ensuite, l'élément subjectif, quoique bien plus subtil, peut servir pour différencier les deux notions. L'intention de nuire n'est certainement plus le seul critère de l'abus. Néanmoins, c'est un aspect rappelant que derrière tout acte abusif, qu'il soit volontaire ou qu'il résulte des circonstances de l'espèce, il existe toujours une *nuisance de l'autre*.

[1672] Ainsi, par exemple, dans l'affaire de la *Princesse Bauffremont*, la fraude n'est sanctionnée qu'à la lumière du droit français. Des auteurs comme S. Moracchini-Zeidenberg (*op. cit.*, p. 296) avouent que la fraude à la loi, dans ce cas, pourrait, au mieux, « correspondre à un abus de droit entendu *stricto sensu* ».

[1673] Sur l'insuffisance de la fraude dans l'arbitrage international, *cf.* n.978 *et seq.*, *infra*.

[1674] TRIFU Séléa, *op. cit.*, p. 89.

[1675] CAMPION L., *op. cit.*, p. 207. On trouve la même association chez Jacques Maury (*L'éviction de la loi normalement compétente : l'ordre public international et la fraude à la loi*, Valladolid : Casa Martín, 1952, p. 165).

[1676] MORACCHINI-ZEIDENBERG Stéphanie, *op. cit.*, pp. 296 *et seq.*

Au contraire, la fraude peut être aménagée pour ne bénéficier qu'à celui qui s'en prévaut, ou même pour bénéficier à d'autres parties, comme dans les cas de simulation. Dans la fraude, « l'intention de nuire », si l'on peut dire, ne s'adresse qu'à la règle juridique.

940. L'élément subjectif reste pourtant une condition bien plus présente dans la fraude que dans l'abus de droit. En plus de l'élément matériel, consistant dans le passage de la situation juridique sous l'empire d'une autre loi, et de l'élément légal, qui se manifeste dans l'impératif auquel le fraudeur échappe, l'élément intentionnel est indispensable pour rendre la démarche de rattachement illégitime[1677].

941. Enfin, le lien avec la simulation permet d'explorer une dernière distinction. La fraude se caractérise, la plupart du temps, par un montage artificiel, une ruse, dont l'objectif est de se soustraire à l'application d'une règle impérative[1678]. L'abus n'est qu'une manœuvre à l'intérieur des limites d'un droit subjectif, dont la seule ruse consiste en une interprétation de ce droit extrapolant sa finalité. Cet aspect architectural de la fraude n'est pas systématique dans l'abus de droit.

942. Ces différences contribuent à distinguer les deux principes dans le scénario complexe du droit international privé ; cependant, nous sommes encore loin de pouvoir tracer une ligne rigide entre les deux notions, spécialement si on veut essayer de le faire non plus seulement en théorie, mais en nous penchant sur les cas pratiques. C'est pourquoi l'arbitrage international, en se constituant comme un ordre juridique autonome, pourrait fournir un scénario bien plus adapté à l'abus de droit. Et surtout, montrer l'insuffisance des critères encore trop attachés à des racines territoriales.

3°. L'abus de droit et la bonne foi

943. Il est imprécis de *comparer* abus et bonne foi, car ce sont des figures souvent interprétées comme les deux versants d'une même médaille. De manière explicite, dans le Code civil suisse[1679] ou dans le Code civil portugais[1680], et sous forme plus voilée, comme dans le BGB[1681], bon nombre de législations qualifient l'abus comme une violation de la bonne foi.

[1677] L'élément intentionnel était déjà noté par Labbé, dans sa note à l'arrêt de la Cour de cassation dans l'affaire *Principe de Bauffremont*, en°1878, affirmant que « pour qu'il en soit autrement, il faut que la démarche entreprise, intrinsèquement régulière, soit inspirée par des fins illégitimes, par un dessein frauduleux, un *animus fraudis* » (LABBÉ Joseph-Émile, « Note sous Cass., Ch. civ., 18 mars 1878 », *S.*, 1878, n°1, p. 193).

[1678] Sur cette distinction, *cf.* Mélanie DUBUY, « La fraude à la loi : étude de droit public français », *RFDA*, 2009, p. 247.

[1679] *Cf.* n.846, *supra.*

[1680] *Cf.* n.848, *supra.*

[1681] *Cf.* n.847, *supra.*

L'abus, sous cet angle, n'est que l'expression négative de la bonne foi[1682]. Voici pourquoi certains auteurs portugais[1683], confrontés au texte de l'art. 334 de leur Code civil[1684], dénoncent la confusion du dispositif, et défendent l'importance d'une différentiation entre l'abus et la bonne foi. Ils affirment que l'abus serait surtout associé à l'exercice de *droits*, tandis que le principe de la bonne foi régit tout aussi bien l'exécution des obligations que « tout *comportement* juridiquement pertinent des personnes[1685] ».

En Suisse, la coexistence de l'abus de droit et de la bonne foi au sein du même dispositif est elle aussi critiquée. Selon P. Tercier, « l'on a en effet voulu voir dans le deuxième alinéa de l'art. 2 la formulation négative de la règle énoncée positivement dans le premier : il y aurait abus de droit chaque fois qu'une personne invoque un droit contrairement aux règles de la bonne foi[1686] ».

L'auteur insiste sur la distinction entre ces deux critères, dont l'« interpénétration[1687] » dans l'art. 2 semble efficace. Si la bonne foi permet d'interpréter les règles insuffisamment précises ou insuffisamment complètes, l'abus de droit a une action correctrice sur ces règles quand leur application s'oppose à une idée de justice[1688].

944. Voici qui confirme la position de la bonne foi comme une catégorie bien plus large, « qui imprègne chaque droit et chaque obligation[1689] », tandis que l'abus de droit est une mesure exceptionnelle à laquelle le juge ne doit recourir « que dans des situations manifestement contraires à l'idée de justice[1690] ». Ne pas les différencier serait nier toute valeur scientifique de l'abus, dissous dans la catégorie générale de la bonne foi[1691].

Le risque est d'autant plus élevé considérant que la jurisprudence préfère utiliser des critères plus larges, comme la bonne foi, transformant cette notion en une véritable soupape de sécurité apte à s'ouvrir au moindre soupçon de chicane. L'option de la jurisprudence allemande semble en être une bonne

---

[1682] Gmür, *Kommentar zum schweizerischen Zivilgesetzbuch*, 2e éd., bd. I., Berne : Stämpfli, 1919, p. 57. Rapporté par Jean-David ROULET, *op. cit.*, p. 20.

[1683] CARVALHO Orlando de, *Teoria geral do direito civil* : *relatório sobre o programa, conteúdo e métodos de ensino*, Coimbra : Almedina, 1976, p. 54.

[1684] *Cf.* n.1465, *supra*.

[1685] COUTINHO DE ABREU Jorge Manuel, *op. cit.*, p. 61, italique dans l'original Traduction libre. Dans l'original : « *todo o comportamento juridicamente relevante das pessoas.* »

[1686] TERCIER Pierre, « L'abus de droit en droit privé suisse », *in* ROTONDI Mario (org.), *op. cit.*, p. 447.

[1687] *Ibid.*

[1688] *Ibid.*, p. 448.

[1689] *Ibid.*

[1690] *Ibid.*

[1691] Pour d'autres formes de superpositions entre l'abus de droit et la bonne foi dans la législation, *cf.* Philippe STOFFEL-MUNCK, *op. cit.*, pp. 61 *et seq.*

illustration, consacrant la bonne foi de la section 242, BGB, au détriment de l'abus de droit, pourtant explicitement prévu par la section 226, BGB[1692].

945. Cette situation ne peut qu'empirer dans le cadre d'ordonnancements qui, comme le français, ne disposent pas d'un dispositif se rapprochant de l'abus de droit, mais consacrent la bonne foi objective (art. 1134(3), CC)[1693]. Le principe de la bonne foi devient alors un critère bien plus confortable pour sanctionner un comportement abusif, spécialement en matière contractuelle[1694].

946. Pourtant, une autre distinction permet aujourd'hui de diminuer le risque d'absorption de l'abus de droit. Car s'il existe un mouvement indéniable d'objectivisation de la bonne foi, cette notion ne peut être interprétée en dehors d'un jugement moral[1695].

Ainsi, nous ne nions pas que l'abus de droit soit « un grand vassal du principe général de la bonne foi[1696] », cependant, il ne faut pas que la tentation du général efface la sécurité juridique du détail. Or, il est encore trop commun de voir la jurisprudence éviter les discussions sur l'abus de droit pour se refugier dans les voies plus larges de la bonne foi[1697].

947. Si cette préférence existe déjà dans des droits internes solidement constitués, le recours à un critère plus large – mais donc moins précis – n'en sera que renforcé dans le droit international.

1692 *Cf.* n.1460, *supra*. Sur la relation entre l'abus et la bonne foi dans le BGB, *cf.* Filippo RANIERI, « Norma scritta e prassi giudiziale nell'evoluzione della dottrina tedesca del Rechtsmissbrach », *in* ROTONDI Mario (org.), *op. cit.*, pp. 379-380.

1693 Selon P. Stoffel-Munck, « dès lors, le lien entre l'article 1134 alinéa 3 c. civ. et l'abus d'un droit en matière contractuelle paraît couler de source. Rien n'empêche, en effet, que le créancier qui exerce son droit viole simultanément les prescriptions que la morale lui impose. *Celles-ci trouvant leur reflet dans l'exigence contractuelle de bonne foi, c'est sur ce fondement que le créancier se trouve juridiquement en faute* » (*op. cit.*, p. 60, souligné par nous).

1694 Le lien entre les deux notions peut être observé dans Cass., 1re Ch. civ., 5 février 1985, *RTD civ.*, 1986, p. 105 – note MESTRE J.

1695 Nous mentionnons ici la bonne foi dans son sens subjectif, par opposition à la perspective objective, reposant sur l'ensemble des devoirs collatéraux à une convention, comme celui de l'information ou de la coopération.

1696 KOLB Robert, *op. cit.*, p. 440.

1697 C'est ce que nous pouvons noter dans des pays si différents que l'Italie ou le Japon. Dans le premier, C. Restivo rapporte que la jurisprudence utilise encore largement le critère de la bonne foi même quand il aurait pu être question d'abus de droit (RESTIVO Carmelo, « Abuso del diritto e autonomie privata considerazioni critiche su una sentenze eteredossa », *in* CALVO Roberto (dir.), *Abuso del diritto e buona fede nei contratti*, Torino : G. Giappichelli Editore, 2010, p. 116, note 4). Au Japon, J. Taniguchi observe que dans un nombre d'affaires dans lesquelles le principe de la bonne foi a été appliqué, le tribunal aurait pu affirmer l'abus de droit, mais « il semble plus sûr, pourtant, de consigner que le principe plus large de la bonne foi [...] peut donner lieu à des abus de droit dans des situations particulières » (TANIGUCHI Jasuhei, « Abuse of procedural rights: a Japanese perspective », *in* TARUFFO Michele (éd.), *op. cit.*, p. 219. Traduction libre. Dans l'original : « *It seems safer, therefore, to say that the broader principle of good faith [...] fives rise to an abuse of rights in appropriate situations* »).

Dans ce domaine, il s'agit d'un principe d'interprétation des traités, établi par l'art. 31(1), de la Convention de Vienne[1698], un standard matériel de comportement présent dans de règles transnationales comme la CVIM[1699] ou les principes UNIDROIT[1700], et un devoir de rectitude procédurale dans l'arbitrage, comme dans la Convention de Washington[1701], la Loi-type de la CNUDCI[1702], et même dans des règlements d'arbitrage, comme celui de la CCI[1703] ou de l'AAA[1704].

Le mouvement d'objectivisation de la bonne foi n'est pas aussi présent dans le droit international. D'autre part, la liberté procédurale des parties dans ce scénario rend pratiquement impossible de saisir des comportements déviants dans une seule perspective subjective. Ici, la position S. Moracchini-Zeidenberg rend donc compte de ce mouvement pendulaire vers l'abus de droit : « L'abus tend aujourd'hui à se développer dans un sens plus objectif, à l'opposé de la notion de mauvaise foi, éminemment morale et subjective[1705]. » De manière encore plus spécifique, M. Byers note que « l'abus de droit peut aussi fournir un avantage sur le principe de la bonne foi puisque, au moins dans le droit international, l'on n'a pas besoin de prouver la malice afin

---

[1698] « Un traité doit être *interprété de bonne foi* suivant le sens ordinaire à attribuer aux termes du traité dans leur contexte et à la lumière de son objet et de son but » (souligné par nous).

[1699] Art. 7(1) : « Pour l'interprétation de la présente Convention, il sera tenu compte de son caractère international et de la nécessité de promouvoir l'uniformité de son application ainsi que *d'assurer le respect de la bonne foi* dans le commerce international » (souligné par nous).

[1700] Spéc., Art. 1.7 : « 1) Les parties sont tenues de se *conformer aux exigences de la bonne foi* dans le commerce international. 2) Elles ne peuvent exclure cette obligation ni en limiter la portée » (souligné par nous).

[1701] Art. 34(1) : « La Commission a pour fonction d'éclaircir les points en litige entre les parties et doit s'efforcer de les amener à une solution mutuellement acceptable. À cet effet, la Commission peut à une phase quelconque de la procédure et à plusieurs reprises recommander aux parties les termes d'un règlement. Les parties doivent *collaborer de bonne foi* avec la Commission afin de lui permettre de remplir ses fonctions et doivent tenir le plus grand compte de ses recommandations » (souligné par nous).

[1702] Art. 2A(1) : « Pour l'interprétation de la présente Loi, il est tenu compte de son origine internationale et de la nécessité de promouvoir l'uniformité de son application et *le respect de la bonne foi* » (souligné par nous).

[1703] Art. 5(5), du Règlement ADR 2012 de la CCI : « Chaque partie doit *coopérer de bonne foi* avec le Tiers » (souligné par nous).

[1704] Art. 37(2), Procédures de Résolution des Différends Internationaux : « Une partie souhaitant obtenir des mesures urgentes avant la constitution du tribunal arbitral adressera à l'Administrateur et à toutes les autres parties une notification écrite spécifiant la nature de la mesure sollicitée, les motifs pour lesquels elle prétend être fondée à les obtenir, et les raisons pour lesquelles celles-ci sont urgentes. Une telle notification peut être faite par courrier électronique, télécopie ou par tout autre moyen fiable, mais devra contenir une déclaration selon laquelle la demande a été notifiée à toutes les autres parties ou, à défaut, une indication des diligences entreprises afin de *notifier de bonne foi la demande aux autres parties* » (souligné par nous).

[1705] MORACCHINI-ZEIDENBERG Stéphanie, *op. cit.*, p. 283.

d'établir qu'un abus s'est configuré[1706] ». Un jugement moral et subjectif dans un domaine qui implique l'analyse du comportement adopté par un État ou par ses cours pourrait « introduire des facteurs politiques et diplomatiques dans la procédure judiciaire, empêcher les relations internationales[1707] ».
L'élément subjectif n'a la plupart du temps aucun rôle dans l'évaluation du comportement adopté par un État ou par ces juridictions. Selon les propos de H. Lauterpacht, « l'exercice d'un droit dégénère dans un abus de droit socialement réprouvable, non pas tant par les intentions sinistres des personnes l'exerçant, mais en fonction de changements sociaux qui ne s'accompagnent pas d'un développement de la loi, donc, l'assertion d'un droit fondé dans cette loi existante devient malicieuse et intolérable[1708] ».

948. Voici pourquoi il est important de comprendre la distinction entre cette notion et l'abus de droit dans le cadre de notre analyse. Nous verrons que très souvent, la bonne foi est employée dans des arbitrages internationaux dans des cas où les critères de l'abus auraient permis une solution bien plus précise, et surtout détachée de l'élément purement moral.

4°. L'abus de droit et l'estoppel

949. Si la fraude et la bonne foi sont des notions très présentes dans l'arbitrage international, cela ne les transforme pas pour autant automatiquement en principes unanimement admis. Des arbitres ou des cours du *common law* seront certainement moins à l'aise avec ces critères, et, dans le cas spécifique de la bonne foi, ne la considéreront souvent même pas comme un véritable standard de comportement[1709].
Considérant la multitude de cultures juridiques qui se manifestent dans un ordre international, il est indispensable de repérer quels sont les critères qui se rapprochent de la notion d'abus dans le *common law*. Le concept

---

[1706] BYERS Michael, *op. cit.*, p. 412. Traduction libre. Dans l'original : « *Abuse of rights may also provide an advantage over the principle of good faith in that, at least in international law, one need not imply malice in order to establish that an abuse has occurred.* »

[1707] *Ibid.* Traduction libre. Dans l'original : « *[...] introducing political and diplomatic factors into the judicial process, impede international relations [...].* »

[1708] LAUTERPACHT Hersch, *The function of law in international community*, Hamdem : Archon Books, 1966, pp. 286-287. Traduction libre. Dans l'original : « *In many cases the use of a right degenerates into a socially reprehensible abuse of right, not because of the sinister intention of the person exercising the right, but owing to the fact that, as the result of social changes unaccompanied by corresponding developments in the law, an assertion of a right grounded in the existing law becomes mischievous and intolerable.* »

[1709] *Cf.* CRAIG Laurence *et al.*, *op. cit.*, p. 644 ; WAINCYMER Jefrey, « The CISG and international commercial arbitration: promoting a complimentary relationship between substance and procedure », *in* ANDERSEN Camilla B., SCHROETER Ulrich G. (éds.), *Sharing International Commercial Law across National Boundaries: Festschrift for Albert H. Kritzer on the Occasion of his Eightieth Birthday*, London : Wildy, Simmonds & Hill Publishing, 2008, p. 590.

d'estoppel apparait comme le critère qui coïncide avec la bonne foi dans son application souvent très générique.

950. Le mot estoppel, dérivé étymologiquement du terme « étoupe », signifie boucher ; ce principe est apparu en droit anglais comme une simple défense pour bloquer le comportement procédural contradictoire d'une partie. Il protège alors la *res judicata.*

D'une exception limitée par le souci de préserver la stabilité du *decisum*, la jurisprudence anglaise en a fait un principe chaque fois plus large. Cette évolution débouche sur l'arrêt *Henderson v. Henderson*[1710]. Sous le *nominem* de l'estoppel, les tribunaux britanniques affirment l'obligation des parties non seulement de ne pas discuter de nouveau les issues couvertes explicitement par la *res judicata*, mais de ne pas discuter non plus les questions qui *auraient pu* être antérieurement débattues.

951. Le principe est incorporé en France par une décision de l'assemblée plénière de la Cour de cassation du 7 juillet 2006[1711], puis à nouveau confirmé dans un arrêt du 28 mai 2008[1712]. Le Rapport 2006 de la Cour de cassation[1713] évoque explicitement le précédent *Henderson v. Henderson*, affirmant que l'estoppel impose aux parties de faire connaître au tribunal l'intégralité de leurs affaires, à savoir même les questions qu'ils auraient pu présenter auparavant.

952. Cet élargissement crée une marge considérable pour que les magistrats puissent évaluer le comportement des parties dans la saisine des cours. Progressivement, la notion, qui relevait au départ de la *res judicata*, se rapproche de l'*abuse of process*[1714].

Même si les tribunaux anglais insistent pour ne faire de l'abus de droit qu'une catégorie du concept d'estoppel[1715], l'idée de contradiction sera réduite à n'être qu'une des composantes du comportement incohérent des parties, de la manipulation de la procédure, et enfin, des manœuvres abusives[1716]. Partant, ainsi que la mauvaise foi dans le *civil law*, l'estoppel

---

[1710] *Cf.* n.1026, *supra*.

[1711] Cass., ass. plén., 7 juil. 2006, *Cesareo*, n°04-10.672. Commenté par Alexis MOURRE, *op. cit.*, p. 4, note 17.

[1712] Cass., 1re Ch. civ., 28 mai 2008, *G&A Distribution v. Prodim. Rev. arb.*, 2008, p. 461. Commenté par Alexis MOURRE, *op. cit.*, p. 4, note 17.

[1713] Sur cette question, *cf.* Alexis MOURRE, *op. cit.*, p. 4.

[1714] Montrant cette évolution, *cf.*, au Royaume-Uni, *Brisbane CC v. A-G for Queensland*, [1979] AC 411, PC ; *Chamberlain v. Deputy Comt. of Taxation*, [1988] 164 CLR 502, 505, HCA ; *Talbot v. Bershire CC*, [1994] QB 290, 296, 301, CA ; *Barrow v. Bankside Agency Ltd.*, [1996] 1 WLR 257, CA ; *Lordsdale Finance plc v. Bank of Zambia*, [1996] QB 752. Dans la doctrine, *cf.* Peter BARNETT, *op. cit.*, pp. 23 *et seq*.

[1715] *Johson v. Gore Wood & Co.* [2000] 2 AC 1.

[1716] *Walton v. Gardiner*, [1993] 177 CLR 378, 395 HCA ; Bim *Kemi AB v. Blackburn Chemicals Ltd.*, [2004] EWHC 166 (comm.).

apparaît construit par la jurisprudence comme un prétexte pour la régulation des comportements procéduraux.

953. Au caractère chaque fois plus générique de l'estoppel s'ajoute la multiplication des procédures typiques du droit international. Le conflit entre plusieurs juridictions étatiques et entre celles-ci et des juridictions arbitrales est couramment fondé sur l'existence d'une contradiction dans l'attitude des parties.

Désormais, l'estoppel se voit consacré non seulement comme une sanction des comportements contradictoires, mais véritablement comme une règle interdisant à une partie de se prévaloir devant des juridictions étatiques d'une irrégularité qu'elle s'est abstenue d'invoquer devant un autre tribunal, spécialement un tribunal arbitral[1717]. Le principe gagne une dimension verticale, se transposant entre procédures de différentes natures et de différents ordres juridiques.

Cela se révèle très clairement dans le projet de réforme de la Convention de New York présenté par A. J. van den Berg en 2008[1718]. Le texte suggère dans son art. 5(5)[1719] que la partie contre laquelle la demande de reconnaissance de la sentence est opposée ne peut se valoir des moyens de refus d'exequatur prévus par la Convention qui si elle les a déjà soulevés devant le tribunal arbitral sans délais une fois connus.

954. Le principe de l'estoppel gagne donc une dimension véritablement internationale de dialogue entre différentes juridictions. Le comportement contradictoire, conséquence fréquente du parallélisme entre cours étatiques et tribunaux arbitraux, s'approche inévitablement de l'abus de droit[1720].

[1717] C'est le texte consacré par l'art. 1466, CPC : « La partie qui, en connaissance de cause et sans motif légitime, s'abstient d'invoquer en temps utile une irrégularité devant le tribunal arbitral est réputée avoir renoncé à s'en prévaloir ». *Cf.* not. l'art. 39, du Règlement CCI 2012, et l'art. 32, du Règlement d'arbitrage de la CNUDCI.

[1718] *Cf.* n.359, *supra*.

[1719] Art. 5(5) : « *The party against whom the award is invoked cannot rely on grounds (a) to (e) of paragraph 3 if that party has not raised them in the arbitration without undue delay after the moment when the existence of the ground became known to that party* ».

[1720] C'est le rapprochement typique de l'abus et de l'estoppel observé dans la sentence partielle sur le fond dans l'affaire *Chevron Corp. and Texaco Petroleum Company v. The Republic of Ecuador*, 30 mars 2010, sous un arbitrage CNUDCI régit par le TBI États-Unis-Équateur, ([en ligne] http://italaw.com/documents/ChevronTexacoEcuadorPartial Award.PDF, page consultée le 07/03/12).

B. La place de l'abus de droit dans un ordre juridique international

955. Les enseignements que nous avons pu tirer de ces approximations de l'abus de droit conduisent à la question suivante : est-il possible d'identifier un dénominateur commun conduisant à un principe international de l'abus de droit, que nous puissions transposer à l'arbitrage international ? Ou bien est-il nécessaire de repenser et d'adapter ses critères compte tenu des caractéristiques de ce système de règlement de différends ?

956. Une partie considérable de la doctrine n'hésite pas à défendre la réserve de l'abus de droit comme principe général du droit international. Pour A.-C. Kiss, « l'abus de droit est un principe du droit international, principe général dans le plein sens du mot, car il provient de la structure même de ce système juridique, et non d'une transposition forcée d'un ordre juridique dans un autre[1721] ». Sa portée ne peut être que générale. Il se superpose à toutes les règles spécifiques du droit international qui confèrent des compétences particulières aux juridictions étatiques[1722].
C'est la position qui est aussi adoptée par C. Rousseau[1723]. Dans son cours classique, il liste l'abus de droit parmi les principes du droit international. Encore plus spécifique, un commentaire du statut de la CIJ place l'abus de procédure, application spéciale de l'abus de droit, parmi ses principes[1724].
D'ailleurs, la nature internationale de l'abus de droit a souvent été utilisée devant la CIJ pour défendre l'irrecevabilité des demandes nettement abusives. C'est l'emploi choisit par V. Lowe dans une demande d'interprétation[1725] de la décision de la CIJ dans l'affaire *Avena et autres ressortissants mexicains* (*Mexique v. États-Unis*)[1726]. La requête est fondée sur le moyen selon lequel le tribunal aurait pu se dessaisir face à une demande prétendument fabriquée par le Mexique. Selon V. Lowe, le dessaisissement est fondé sur un *principe transnational d'abus de droit.*

957. Les critiques n'ont pas tardé. J.-D. Roulet, dans un travail intitulé *Le caractère artificiel de la théorie de l'abus de droit en droit international*

[1721] KISS Alexandre-Charles, *L'abus de droit en droit international*, Paris : LGDJ, 1952, p. 843.
[1722] *Ibid.*
[1723] ROUSSEAU Charles, *Principes généraux du droit international public*, v. 1, Paris : Pedone, 1944, p. 904.
[1724] ZIMMERMAN Andreas, TOMUSCHAT Christian, OELLERS-FRAHM Karin, *The statue of the International Court of Justice: a commentary*, New York : Oxford University Press, 2006, *passim.*
[1725] CIJ, Requête Introductive d'instance enregistrée au Greffe de la Cour le 5 juin 2008. Demande en interprétation de l'arrêt du 31 mars 2004 en l'affaire *Avena et autres ressortissants mexicains* (*Mexique v. États-Unis*), [en ligne] http://www.icj-cij.org/docket/files/139/14582.pdf (page consultée le 16/02/12). C'est pendant l'audience publique lors de la demande d'interprétation, le 19 juin 2008, que V. Lowe expose l'argument cité ([en ligne] http://www.icj-cij.org/docket/files/139/14592.pdf, page consultée le 16/02/12).
[1726] CIJ, *Avena et autres ressortissants mexicains* (*Mexique v. États-Unis d'Amérique*), *Rec. CIJ*, 2004, p. 12.

public[1727], soulève que le principe ne relève que d'une configuration subsidiaire en droit interne. Celui-ci « ne saurait changer en droit international », concluant que « tant que les procédés habituels suffisent à atteindre les buts recherchés, aucun besoin ne justifie l'admission de l'abus de droit[1728] ».
Pour R. Ago, il est « fort douteux qu'une telle prohibition [de l'abus de droit] revête la valeur d'un principe général du droit reconnu par les nations civilisées aux termes de l'article 38, n°3, du Statut de la Cour[1729] ». Et notamment du fait que les différents ordres juridiques ne sont pas unanimement d'accord sur la façon dont il faut incorporer la théorie de l'abus de droit, ce qui permettrait de former un consensus international[1730].
L'argument est repris par G. Schwarzenberger[1731], dans son cours à l'Académie de droit international de La Haye. Il montre que les caractéristiques des principaux domaines du droit international dispensent la théorie de l'abus de droit. En plus d'affirmer que la théorie de l'abus de droit n'est guère reconnue par certains ordres juridiques, comme l'anglais, l'italien et même le droit romain[1732], le juriste note que la nature flexible des règles internationales reposant sur le *jus aequm* rend inutile le recours à cette réserve[1733]. Pourtant, le même auteur affirme que la prohibition de l'abus de droit est inhérente aux principes de justice et d'équité, lesquels forment une partie intrinsèque du droit coutumier international[1734].

958. Outre cet aspect théorique, soulevant la prétendue inexistence d'un principe international commun de l'abus de droit, dans la pratique, c'est encore par la méthode conflictuelle que cette notion est abordée. L'abus de droit se transforme en un problème de droit international privé, dont les critères et définitions dépendent de la loi applicable. La doctrine se tourne alors vers l'identification de celle-ci plutôt que vers l'édification d'un principe international.
Dès lors, en ce qui concerne l'abus du droit d'option de compétence judiciaire, « la loi procédurale est compétente dans la mesure où il s'agit

---

1727 ROULET Jean-David, *op. cit.*
1728 *Ibid.*, p. 97.
1729 AGO Roberto, « Le délit international », *RCADI*, 1939, II, p. 443. Dans le même sens, *cf.* SCERNI Mario, *L'abuso di diritto nei rapporti internazionali*, Roma : A.R.E. Anonima romana editoriale, 1930, pp. 79-81 ; FEDOZZI Prospero, SANTI ROMANO *et al.*, *Trattato di diritto internazionale*, v. I., Padova : CEDAM, 1938, pp. 532-533.
1730 AGO Roberto, *idem.*
1731 SCHARZENBERGER Georg, *The fundamental principles of international law*, Collected courses of the Hague Academy of International Law, n°87. The Hague : Martinus Nijhoff Publishers, 1955, pp. 305 *et seq.*
1732 *Ibid.*, p. 306.
1733 *Ibid.*, p. 314.
1734 *Ibid.*, p. 305.

d'apprécier la légitimité de l'intérêt à agir du plaideur[1735] », position corroborée par la jurisprudence française[1736]. É. Cornut relève que si la désignation de compétence ressort d'une clause d'élection de for, alors, évidemment, la compétence est reconnue dans la *lex causae* elle-même[1737].

959. Dans le cas d'abus de compétence législative, il ne s'agit plus d'apprécier un intérêt judiciaire. Ainsi, les critères de l'abus ressortent de la loi désignée par les parties ou, dans l'indéfinition de celle-ci, de la loi du domicile de la partie qui n'a pas consenti au choix[1738].

É. Cornut ajoute encore que, dans l'hypothèse où la loi d'élection ne permettrait pas de sanctionner l'abus, alors, c'est la loi du for qui retrouve sa compétence. Il convient, dans ce cas, de « réaffirmer la compétence de la loi du for en faisant jouer l'exception d'ordre public international, dans la mesure où la réserve de l'abus de droit fait partie de l'ordre public français[1739] ».

960. Finalement, si l'abus est envisagé comme un délit civil, même la *lex loci delicti* est en mesure de régir la situation, spécialement dans une demande de réparation de dommages et intérêts causés par l'exercice abusif d'un droit. Ceci, d'ailleurs, bien que l'abus repose sur la violation d'une clause de compétence désignant un autre for[1740].

961. Indépendamment des débats auxquels ces observations peuvent mener, remarquons que la méthode conflictuelle prend le dessus dans toute tentative de construire une notion d'envergure internationale. En même temps, nous constatons les insuffisances de cette méthode, en particulier dans des cas où le conflit de loi s'enferme dans un cercle vicieux, comme dans l'hypothèse d'une loi du contrat qui ne sanctionne pas l'abus !

Cette hésitation s'illustre précisément dans l'évolution récente de la jurisprudence de la CJCE. Rappelons que dans l'arrêt *Kefalas*[1741], la Cour, en autorisant chaque État membre à utiliser ses propres critères nationaux pour reconnaître l'exercice abusif d'un droit communautaire, refuse de consacrer un principe général d'abus de droit européen.

Néanmoins, une année après, dans un arrêt *Centros*[1742], l'avocat général La Pergola affirme que, devant un cas de tentative de contournement d'une

---

[1735] CORNUT Étienne, *Théorie critique…*, *op. cit.*, p. 356.

[1736] Cass., 1re Ch. civ., 25 fév. 1986, *JDI*, 1988, p. 425 – note JACQUEMOT ; CA Paris, 19 jan. 1976, *Rev. crit. DIP*, 1977, p. 126 – note LAGARDE ; CA Aix-en-Provence, 8 mai 1967, *JCP G*, 1968, II, p. 15352 – note LOUSSOUARN. Jurisprudence réunie par Étienne CORNUT, *Théorie critique…*, *op. cit.*, p. 356.

[1737] CORNUT Étienne, *Théorie critique…*, *op. cit.*, p. 356.

[1738] *Ibid.*

[1739] *Ibid.*

[1740] *Ibid.*, p. 357.

[1741] *Cf.* n.1636, *supra*.

[1742] CJCE, *Centros Ltd v. Erhvervs-og Selskabsstyrelsen. Centros*, aff. n°C-212/97, *Rec. CJCE*, 1999, I, p. 1459.

législation locale, la prohibition d'exercer frauduleusement ou abusivement le droit communautaire est non seulement couramment affirmée par la jurisprudence de la CJCE, mais s'insère « entre les principes généraux du droit communautaire[1743] ».
Même si l'avocat général et la CJCE utilisent ici les notions de fraude et d'abus sans grande précision[1744], les juges européens adoptent une position qui semble se distancer des règles de conflit entre les États membres. Ils notent que, dans l'appréciation d'un comportement décalé, il faut « prendre en considération les objectifs poursuivis par les dispositions communautaires en cause[1745] ». Cette position semble avoir été ratifiée par l'arrêt *Diamantis*[1746].

962. Enfin, en 2003, la Cour européenne prend un certain recul dans l'arrêt *Gasser*[1747], réaffirmant l'importance des critères locaux de l'abus de droit dans l'examen de la litispendance.

963. En dépit de cette réserve, nous préférons nous rallier à des auteurs comme A. Nuyts[1748], qui ne voient dans cette dernière décision aucun véritable obstacle au développement d'un principe international d'abus de droit. Selon ce juriste, la CJCE semble avoir laissé ouverte la voie pour une analyse *in casu* du comportement des parties[1749].

964. Parallèlement, les efforts d'internationalisation de la doctrine de l'abus de droit sont renforcés par les exigences croissantes du commerce international, et le processus d'élaboration d'un ensemble autonome de règles autour de la *lex mercatoria*. Les incertitudes qui assombrissent la jurisprudence relative aux problèmes spécifiques du droit international privé semblent en grande partie s'éclaircir dans la jurisprudence sur les rapports commerciaux transnationaux.

965. L'arbitrage international apparaît alors comme l'instrument privilégié de la *lex mercatoria*, et c'est surtout par le biais des sentences que le principe

---

1743 *Ibid.*, par. 20.

1744 C'est le constat d'Étienne CORNUT, *Théorie critique…*, *op. cit.*, p. 76

1745 CJCE, *Centros*, n°1.,743, par. 25.

1746 Ici, la CJCE insiste sur le fait que le comportement abusif d'un plaideur doit être examiné « selon les objectifs poursuivis par les dispositions du droit communautaire » (*cf.* n.1639, *supra*, par. 34).

1747 *Cf.* n.580, *supra.*

1748 NUYTS Arnaud, « The enforcement of jurisdiction agreements… », *op. cit.*, pp. 69-70.

1749 C'est une position qui paraît confirmée par la CJCE elle-même dans l'arrêt *Inspire Art Ltd.* (*cf.* n.1256, *supra*). Il s'agissait d'examiner la liberté et l'option d'établissement d'une société dans le territoire du pays dont la loi lui était la plus favorable. Encore que sans grande précision pour distinguer abus et fraude, le Tribunal affirme que « les raisons pour lesquelles la société a été constituée dans le premier État membre, ainsi que la circonstance qu'elle exerce ses activités exclusivement dans l'État membre d'établissement, ne la privent pas, *sauf à établir au cas par cas l'existence d'un abus*, du droit d'invoquer la liberté d'établissement garantie par le traité CE » (*cf.* n.1256, *supra*, par. 143, souligné par nous).

de l'abus de droit trouve une légitimité transnationale, encore que dépourvu de critères véritablement solides.
Comme exemple[1750], citons la sentence CCI n°3267, décidant qu'un tribunal arbitral, « outre le pouvoir de trancher le litige qui lui est soumis sur la base des principes de droit généralement admis, [...] l'arbitre siégeant en qualité amiable compositeur peut refuser de tenir compte des droits légaux ou contractuels d'une partie quand la prétention de s'en prévaloir équivaudrait à un abus de droit[1751] ».
Le principe est encore référé dans la sentence CCI n°4761[1752], pour justifier l'application de la théorie de l'imprévision, ainsi que dans la sentence CCI n°4145[1753], pour diminuer la disproportion entre la réparation demandée et les dommages subis.

966. L'abus de droit est aussi de plus en plus présent en tant que contenu d'un ordre public transnational, dont les caractéristiques de base ont été déjà présentées dans la première partie de cette thèse[1754]. Par exemple, l'ILA, dans ses recommandations sur l'ordre public transnational, pose l'abus de droit comme un « exemple de principe substantif fondamental[1755] ». Elle note encore que son objectif est d'indiquer les principes qui, couverts par l'ordre public international, justifient qu'une cour étatique refuse l'exequatur d'une sentence arbitrale[1756].

967. En Suisse, le Tribunal fédéral, dans la célèbre affaire *Westland*[1757], définit que la notion d'ordre public énoncée dans l'art. 190(2)(e), LDIP[1758], repose sur une conception véritablement universelle de l'ordre public, qui ne serait violée qu'à condition qu'une décision « transgresse des principes juridiques fondamentaux au point de ne plus être conciliable avec l'ordre juridique et le système de valeurs déterminant ». La Cour conclut « qu'au nombre de ces principes figurent notamment la fidélité contractuelle,

---

[1750] *Cf.* Osman FILIALI, *op. cit.*, pp. 37-38.

[1751] CCI, sentence n°3267, 1979 ; JARVIN Sigvard, DERAINS Yves, *Recueil : 1974-1985...*, *op. cit.*, p. 381.

[1752] CCI, sentence n°4761, 1987, *JDI*, 1987, pp. 1012-1018 – obs. JARVIN Sigvard.

[1753] CCI, Sentence n°4145, 1986, *JDI*, 1985, pp. 985 *et seq.* – obs. DERAINS Yves.

[1754] *Cf.* n.37 *et seq.*

[1755] Recommandation°1(e) : « *An example of* a substantive fundamental principle is prohibition of abuse of rights. *An example of a procedural fundamental principle is the requirement that tribunals be impartial. An example of a public policy rule is anti-trust law. An example of an international obligation is a United Nations resolution imposing sanctions. Some rules, such as those prohibiting corruption, fall into more than one category* » (ILA, *Final report on public policy as a bar to enforcement of international arbitral awards, op. cit.*, souligné par nous).

[1756] Dans l'original : « *In this Recommendation, the Committee has sought to indicate what it considers to fall within the scope of international public policy, the violation of which might justify a State court refusing enforcement.* » (ILA, *Final report..., op. cit.*, par. 27).

[1757] *Cf.* n.328, *supra.*

[1758] *Cf.* n.453, *supra.*

l'*interdiction de l'abus de droit* et des mesures discriminatoires, ainsi que la protection des personnes civilement incapables[1759] ».
Non seulement la jurisprudence suisse inclut l'abus de droit dans un « système de valeurs déterminant », mais elle le place aux côtés de principes littéralement vitaux et universels, comme la protection de l'incapable.

968. Dès lors, nous pouvons conclure qu'entre l'enracinement complet de l'abus de droit dans l'ordre interne par la méthode conflictuelle et son ascension comme principe humain universel par la jurisprudence suisse, il existe une position intermédiaire envisageable... Il est indispensable d'identifier ce moyen terme s'agissant d'une notion comme l'abus de droit, dont le rôle principal est de fournir une flexibilité qui, par définition, n'est jamais dans les extrêmes.

969. Ces représentations internationales de l'abus de droit révèlent autant une tentative d'émancipation du principe des ordres nationaux, qu'une insistance à le maintenir enraciné dans la méthode conflictuelle. Cette antinomie rend presque impossible la définition de critères communs qui puissent être transposés dans l'arbitrage international. Retenons simplement ce mouvement pendulaire comme une limite à surmonter dans notre tentative d'identifier les critères de l'abus pouvant s'adapter à un ordre juridique arbitral.

[1759] *Cf.* n.328, *supra*, souligné par nous. Un nombre d'autres décisions suisses référant expressément à l'abus de droit comme principe international sont cités par Matthias Scherer, (*op. cit.*, pp. 91 *et seq.*, spéc. p. 327).

Conclusion du Chapitre I

970. L'objectif de ce premier titre est de présenter la théorie de l'abus de droit comme dispensant des critères qui participent à la conciliation entre les efforts de détachement de l'arbitrage international et l'insurmontable présence étatique. Pour cela, impossible ne pas poser, de manière solide, les bases de cette catégorie ; c'est une prémisse nécessaire à toute discussion postérieure.

De ses premières manifestations à Rome jusqu'à sa conception comme principe général de droit intégrant même un ordre public transnational, nous avons exposé les principales thèses qui, en dépit de positions les plus extrêmes, s'accordent toutes sur l'incroyable malléabilité du principe de l'abus de droit.

971. Concernant spécifiquement l'abus de procédure, nous avons observé les difficultés de limiter un droit qui est la condition d'obtention de tous les autres. En effet, le droit d'ester en justice est si fondamental, et tellement revêtu de nuances stratégiques, que de trouver ses limites s'avère une mission des plus fragiles.

972. Réunissons les critères généraux de l'abus de droit et les traits qualificatifs du droit d'agir en justice au sein de la confluence des différentes règles et juridictions de l'ordre international. C'est la voie que nous avons empruntée au long de ce premier chapitre. L'abus de droit reste une catégorie à définir avec plus de précision dans ce scénario, tout en évitant qu'elle soit limitée dans une théorie trop rigide. Il semble que cette préoccupation permet de concilier la relativisation des représentations théoriques avec le renforcement des analyses pratiques, coïncidant exactement avec la mission que nous réservons aujourd'hui au droit de l'arbitrage international.

Chapitre II. Les apports de la doctrine de l'abus de droit pour un ordre juridique arbitral

973. Une fois établis, d'une part, les critères de l'abus de droit pouvant s'adapter aux traits particuliers de la procédure, et d'autre part, les apports de cette doctrine en droit international, il est possible de passer à l'examen du domaine qui, en réunissant ces deux aspects, constitue le champ expérimental de notre analyse.
L'arbitrage international émerge comme un domaine qui, en plus de naviguer entre le droit de la procédure et le droit international, deux disciplines déjà familiarisées avec les représentations de l'abus, présente des spécificités qui ne rendront ce rapprochement que plus naturel. C'est en considérant les buts poursuivis aujourd'hui par l'arbitrage international, et spécialement par l'édification théorique d'un ordre juridique arbitral, que nous montrerons comment les critères de l'abus peuvent y contribuer.

974. Si la mention à l'abus de droit dans ou par l'arbitrage n'est sûrement pas une nouveauté[1760], l'on a pratiquement jamais observé comment les critères émanant de cette doctrine peuvent être utiles au contrôle des comportements qui profitent des hésitations d'un système imbriqué entre règles de conflit et règles matérielles.
Voici l'étude que nous proposons ici : démontrer quelles sont les caractéristiques recherchées par un ordre juridique arbitral qui justifient l'abus de droit comme critère de contrôle des manœuvres de ses sujets (section II) ; auparavant, toutefois, nous présenterons l'insuffisance des autres critères souvent associés à l'arbitrage (section I).

Section I. L'insuffisance des autres critères de contrôle de l'ordre juridique arbitral

975. Juges et arbitres du commerce international sont régulièrement confrontés aux dérives arbitrales. Cependant, l'abus de droit n'est que très rarement invoqué. Cette notion n'est en effet presque jamais employée pour prononcer une injonction, pour relativiser la *res judicata*, pour reconnaître une litispendance, ou bien refuser l'exequatur d'une sentence annulée…
Dès lors, si notre objectif est de présenter la doctrine de l'abus de droit comme plus adaptée aux besoins de l'ordre juridique arbitral, nous ne

---

1760 Déjà en°1547, on rapporte des problèmes d'abus dans l'institution arbitrale (MARRELLA Fabrizio, « L'arbitrage à Venise (XIIe-XVIe siècles) », *Rev. arb.*, 2002, p. 274).

pouvons négliger la réalité présente. Il nous faut donc identifier quels sont les moyens évoqués aujourd'hui dans ces hypothèses, et montrer leurs insuffisances. Et cela autant à partir de leurs spécificités respectives (§ 1°), qu'à partir de leur méthode d'application, héritée du droit international privé et inadaptée dans un ordre qui se veut transnational (§ 2°).

§ 1°. Les insuffisances résultantes des spécificités de chaque critère

976. Nous avons observé plus haut comment le concept d'abus de droit se rapproche souvent d'autres critères plus consacrés, spécialement dans l'ordre international, comme de la fraude, en droit international privé[1761], ou du détournement de pouvoir, en droit international public[1762].

Il est temps de montrer que cette superposition, toujours imprécise, n'est que plus poussée dans un domaine aussi imbriqué que celui de l'arbitrage international. La réaction naturelle à cette inadaptation des critères consiste dans une « localisation objective[1763] », qui intervient très en amont des efforts de délocalisation qui accompagnent l'essor théorique de la discipline. Sans des critères unanimes, chaque ordre étatique concerné par l'arbitrage se tourne vers ses propres conceptions.

977. Parmi les différents critères que nous avons examinés auparavant, il existe trois qui se révèlent spécialement utilisés dans l'arbitrage international, et dont la mise en place insuffisante pourrait donner place au critère de l'abus de droit[1764], à savoir la fraude (A), la mauvaise foi (B) et, spécialement dans le *common law*, la notion d'estoppel (C).

A. L'insuffisance de la fraude

978. La simple association entre abus de droit et fraude à la loi en droit international privé, que nous avons constatée auparavant[1765], révèle déjà la principale déficience du critère au sein d'un mécanisme de résolution de controverses qui se veut détaché des ordres étatiques.

En effet, si l'objectif des manœuvres de l'arbitrage international est justement de se *soustraire* à une obligation, il est tentant d'associer ce verbe, tout au

---

[1761] Cf. n.916 *et seq.*

[1762] *Cf.* n.908 *et seq.*

[1763] C'est l'expression d'Henri Batiffol (*Aspects philosophiques…*, *op. cit.*, p. 230).

[1764] Le détournement de pouvoir reste une catégorie typique du droit international public (*cf.* n.908 *et seq.* et 927 *et seq.*, *supra*), qui ne nous préoccupe peu dans notre mission d'isoler la notion d'abus de droit dans l'arbitrage international. Le détournement de pouvoir est mis en place beaucoup plus rarement dans l'arbitrage international et son association spécifique avec une personne publique le rend encore moins habituel dans un domaine marqué par des relations privées.

[1765] *Cf.* n.916 *et seq.*

moins sémantiquement, à l'idée de fraude. Dès lors, une demande contestant la clause compromissoire dans un for incompétent, ou une injonction interdisant la continuité de l'arbitrage pourraient être interprétées comme des moyens pour les parties de bénéficier de règles plus avantageuses.
Au contraire du droit international privé, dans l'arbitrage international il ne s'agit pas de se soustraire à une *règle légale*, mais à une *obligation conventionnelle* existant non pas dans un ordre juridique par renvoi, mais dans un ordre juridique soi-disant autonome.

979. Ce n'est donc pas un hasard si les affaires dans lesquelles la CJCE mentionne l'abus de droit ne témoignent pas d'une interpénétration horizontale de différentes règles nationales, mais plutôt d'une superposition verticale de celles-ci avec des normes supranationales, comme les dispositions communautaires[1766]. *Mutatis mutandis*, il existe une verticalité similaire entre l'intervention des juridictions étatiques et les obligations qui résultent de la convention ou de la sentence arbitrale internationale. La plupart des distorsions de l'arbitrage international dérivent de cette superposition des règles matérielles résultant d'une convention ou d'une sentence théoriquement « transnationale » et des règles nationales appliquées par l'intervention étatique.
Au contraire, A. Nuyts se demande si l'application d'une règle nationale comme celle de la fraude à la loi par la CJCE « ne risquerait pas de porter atteinte à l'effet utile des règles européennes, et en particulier à leur application uniforme dans l'ensemble des États membres[1767] ». La fraude à la loi reste encore trop attachée à un effet « nationalisant », tandis que l'abus de droit s'avère un principe plus apte au dialogue entre différents ordres normatifs verticaux.

980. Ainsi, la notion d'abus de droit repose sur l'idée d'une *option valable* entre différentes lois et juridictions, tandis que la fraude exige la *contrariété* d'au moins une disposition impérative. C'est pourquoi cette dernière peut difficilement rendre compte de phénomènes comme le *forum shopping*, si typique dans l'arbitrage international, lequel, selon P. Mayer et V. Heuze, « est un moyen beaucoup plus élaboré et complexe que la fraude à la loi[1768] ».

[1766] C'est ce qu'il est possible de constater dans l'œuvre d'É. Cornut, mentionnant l'affaire *TV 10* (CJCE, *TV10 SA v. Commissariaat voor de Media*, aff. n°C-23/93, *Rec. CJCE*, 1994, p. 4795) : « La CJCE utilise toujours, cependant, l'expression de "se soustraire abusivement" alors que ces deux termes peuvent sembler antinomiques. *La soustraction renvoie en effet à la notion de fraude à la loi alors que l'abus de droit ne suppose pas une soustraction législative.* Une autre interprétation pourrait alors être recherchée : l'utilisation des libertés communautaires est l'élément matériel de la fraude à la loi communautaire ; si cet exercice est justifié par la volonté exclusive de se soustraire à une législation nationale, il *est susceptible de constituer un abus de droit* » (CORNUT Étienne, *Théorie critique…*, *op. cit.*, pp. 74-75, souligné par nous).

[1767] NUYTS Arnaud, « *Forum shopping* et abus du *forum shopping…* », *op. cit.*, p. 751.

[1768] MAYER Pierre, HEUZÉ Vincent, *op. cit.*, p. 293. D'ailleurs, retournant à la comparaison entre le contexte de l'arbitrage international et celui des règles communautaires, A. Nuyts

La conciliation entre les éléments de droit international privé relevant de l'intervention étatique naturelle dans l'arbitrage et les questions matérielles résultant de la convention et de la sentence ne peut en aucun cas s'appuyer sur un critère purement conflictuel. La vision macroscopique que suppose cette coexistence exige un critère plus flexible.

981. La question est illustrée par une certaine jurisprudence CIRDI[1769], issue d'un nombre d'affaires dans lesquelles des sociétés nationales se sont restructurées dans le seul but d'obtenir le statut d'investisseur étranger. Cela leur permettait de gagner la protection d'un TBI et de recourir à un arbitrage CIRDI pour des questions purement internes. Le plus souvent, ce sont des problèmes politiques locaux qui obtiennent une projection internationale une fois portés devant des tribunaux CIRDI.

Dans la perspective étatique, le fait de soustraire une société nationale à la compétence exclusive de ses cours, en la restructurant dans un autre for, peut effectivement être considéré par l'État en question comme une fraude à la loi. En revanche, les tribunaux CIRDI semblent adopter une vision plus autonome, considérant la liberté d'établissement de ces sociétés dans d'autres États, la protection formellement conférée par un TBI et les *limites* de ces prérogatives.

982. Or, tout en sanctionnant les manœuvres de ces « faux investisseurs », la jurisprudence majoritaire parle plutôt d'« abus du système CIRDI[1770] », et non de fraude. L'éviction de la loi locale par une restructuration n'est considérée que dans le cadre d'une violation des conditions de protection de l'investissement, dans une perspective transnationale. Seul un critère pouvant saisir ces mouvements transnationaux, qui ne sont pourtant pas censurés par des règles étatiques, semble donc apte à contrôler cette forme de *treaty shopping malus*[1771].

---

indique que les critères du *forum shopping* ne peuvent être identifiés dans des ordres nationaux, mais seulement au niveau autonome et communautaire : « On peut se demander si la question des limites éventuelles au *forum shopping* dans l'espace judiciaire européen ne doit pas être recherchée au niveau autonome et communautaire » (« *Forum shopping* et abus du *forum shopping…* », *op. cit.*, p. 751).

[1769] Typiquement, *cf.* CIRDI, *Phoenix Action, Ltd. v. The Czech Republic*, 15 avr. 2009, aff. n°ARB/06/5 ; *Tokios Tokéles v. Ukraine*, 29 avr. 2004, aff. n°ARB/02/18 ; *Europe Cement Investment & Trade S.A. v. Republic of Turkey*, 13 août 2009, aff. n°ARB(AF)/07/2 ; *Cementownia* (*cf.* n.43, *supra*) ; *Mr. Sabas Fake v. Republic of Turkey*, 14 juil. 2010, aff. n°ARB/07/20.

[1770] *Phoenix*, n.1770, par. 144 ; *Cementownia*, n.43, par. 156 ; *Europe Cement*, n.1770, par. 175.

[1771] Selon l'expression employée par la sentence *Cementownia* (n.43, par. 156), « *this was treaty shopping of the wrong kind* ». Notons que même dans les cas où la qualification d'investisseur étranger est conférée à partir de manipulations effectivement frauduleuses – faux documents – et non seulement par des retournements du système, les tribunaux CIRDI préfèrent se réfugier dans le critère de l'abus de droit. Dans la sentence *Europe Cement* (n.1770), le tribunal affirme que « si, comme dans *Phoenix*, une demande basée dans l'acquisition d'un investissement dans le seul but d'initier un litige est un abus de procédure,

E. Silva Romero résume avec précision ce parallélisme : « L'*abus* du système de règlement des différends du CIRDI équivaudrait à une *fraude* à la loi normalement compétente désignant les tribunaux nationaux de l'État d'accueil de l'investissement comme étant les seuls compétents pour trancher le litige[1772]. » Autrement dit, on peut effectivement frauder une loi nationale, mais on a du mal à affirmer la « fraude » d'un système. Pour ces hypothèses, l'abus s'associe avec beaucoup plus de souplesse aux prérogatives typiquement attribuées par ces représentations systémiques.

983. Cela n'empêche pas certains[1773] de proposer l'exception de fraude comme solution pour contourner le problème de la reconnaissance en France de sentences annulées dans le siège, lesquelles pourraient alors être privées d'effet. Cependant, comme le note S. Bollée[1774], cette solution est plus révélatrice du « sentiment d'insatisfaction » résultant plus du complet isolement des cours françaises vis-à-vis des règles de contrôle étrangères que d'une légitimité technique reposant sur le conflit de juridictions.

984. C'est non seulement un moyen mis en place comme garde-fou de manière trop générique, mais, surtout, un critère formé sous l'influence d'une discipline beaucoup plus concernée par la conciliation de règles interétatiques que par la conciliation d'ordres juridiques dans une interprétation matérielle.

985. Finalement, rappelons que la fraude à la loi reste trop attachée à l'élément subjectif. C'est, par exemple, en vertu de la difficulté de prouver cet *animus* dans les affaires CIRDI mentionnées ci-dessus, que les commentateurs

---

alors certainement une demande fondée sur la fausse allégation de propriété d'un investissement est également un abus de procédure » (par. 175. Traduction libre. Dans l'original : « *If, as in Phoenix, a claim that is based on the purchase of an investment solely for the purpose of commencing litigation is an abuse of process, then surely a claim based on the false assertion of ownership of an investment is equally an abuse of process* »). Dans le même sens, *cf.* la sentence *Sabas Fake*, n.1770, spéc. par. 137 *et seq.* Cela montre bien que ces juridictions effectivement autonomes ont bien du mal à considérer des critères locaux relevant de la méthode conflictuelle, priorisant une démarche matérielle qui ne considère les violations de règles locales que dans une perspective macroscopique.

[1772] SILVA ROMERO Eduardo, « Observations sur la notion d'investissement après la sentence *Phoenix* », *Cah. arb.*, 2010, n°4, par. 85, souligné par nous.

[1773] MAYER Pierre, *La distinction entre règles et décisions et le droit international privé*, Paris : Dalloz, 1973, p. 26.

[1774] BOLLÉE Sylvain, *Les méthodes…*, *op. cit.*, p. 231. Pour contourner le problème, l'auteur propose un retour à la méthode du conflit de juridictions en la matière. Cela renverrait les tribunaux français aux règles de contrôle de la sentence propres à l'État dont les règles ont régit les rapports juridiques objet du litige. Il nous semble toutefois qu'outre les limites de la méthode conflictuelle, l'idée finit par rapprocher les manœuvres déviantes des conceptions locales que nous essayons d'éviter. Ainsi, même si l'auteur présente la fraude comme un moyen insuffisant de contrôle de l'arbitrage, ce n'est pas, comme nous, en fonction de la nationalisation entrainée par la méthode conflictuelle, bien au contraire.

de cette jurisprudence[1775] affirment qu'il est indispensable d'employer des critères qui vont au-delà de l'élément subjectif. Ceux-ci doivent rendre compte de la contrariété *objective* avec l'« esprit de la Convention de Washington[1776] ». La voie de l'« *esprit des lois* » commence à s'ouvrir.

B. L'insuffisance de la bonne foi

986. S'il y a un critère pour l'identification des dérives qui apparait dans presque toutes les procédures arbitrales, c'est bien celui de la bonne foi. Selon les uns, « la bonne foi est, en tout cas, au centre et au cœur de la majorité des sentences arbitrales[1777] », c'est même « l'huile qui fait tourner la mécanique sociale[1778] ».

987. Comme nous l'avons observé lors de notre analyse générale du rapprochement de la bonne foi et de l'abus de droit, dans le chapitre précédent[1779], c'est un critère qui est aujourd'hui présent dans une série de conventions et traités, ainsi qu'un standard de comportement et de rectitude procédurale prévu par la plupart des règlements d'arbitrage. Dans le domaine du droit international, la bonne foi remplit de manière encore plus accentué ce rôle imprécis – mais si répandu – de socialisation du monde juridique. Voici donc un principe largement consacré, autant comme règle de droit matérielle dans le commerce international que comme norme de procédure dans l'arbitrage international. Comment alors justifier l'insuffisance d'un critère aussi répandu dans un cadre tellement proche de l'objet de notre recherche ?

988. C'est exactement parce qu'il est trop répandu que le principe de la bonne foi a perdu de sa précision. Il s'est transformé en une simple soupape de sécurité prête à s'ouvrir pour incorporer à chaque affaire les idéaux de justice et d'équité. La bonne foi comme état subjectif se mélange à la bonne foi comme émanation objective des devoirs collatéraux de coopération dans le contrat ou dans la procédure. Ces deux manifestations se réunissent sous l'autel d'un principe majeur et générique, embrassant toutes les espèces d'injustices, mais sans en n'embrasser précisément aucune.

[1775] BEN KHALIFA Rym, « La nationalité des personnes morales demanderesse devant le CIRDI », *in* HORCHANI Ferhat (dir.), *op. cit.*, p. 90..

[1776] *Ibid.* : « L'inconvénient de cette jurisprudence est qu'elle conduit à admettre un large éventail de cas de restructurations, dans lesquels *l'intention frauduleuse de l'investisseur n'est pas avérée*, mais qui conduisent malgré tout à ouvrir la compétence du Centre à des litiges purement internes, en contrariété, donc, *avec l'esprit de la Convention de Washington* » (souligné par nous). Sur le caractère prioritairement subjectif de la fraude à la loi dans la jurisprudence française en général, *cf.* Mélanie DUBUY, *op. cit.*, pp. 243 *et seq.*

[1777] HORSMANS Guy, « L'interprétation des contrats internationaux », *in L'arbitrage commercial international : l'apport de la jurisprudence arbitrale*, Publication CCI, 1986, p. 153.

[1778] ZOLLER Elisabeth, *La bonne foi en droit international public*, Paris : Pedone, 1977, p. 351.

[1779] *Cf.* n.943 *et seq., supra.*

Les règles plus adaptées, qui favorisent une application selon des critères beaucoup plus spécifiques, finissent souvent avalées par une bonne foi pantagruélique. Citons comme exemple le cas de la loyauté procédurale. Nous l'avons examinée, de manière générale, comme une limite à la stratégie judiciaire qui émane du droit d'action en justice[1780]. Néanmoins, le principe a aussi été consacré par la réforme du droit français de l'arbitrage de 2011 comme une obligation imposée aux parties et aux arbitres[1781], dans un domaine où la procédure est encore plus informelle. Elle risque, pourtant, d'être très rapidement associée au simple exercice des droits procéduraux, grevés des charges imposées par la bonne foi[1782].
Au contraire, la loyauté procédurale impose aux parties des devoirs dont les postulats philosophiques sont bien plus précis que ceux de la bonne foi : la finalité du procès, la poursuite de la vérité pendant l'instance, la cohérence et la compatibilité des comportements, la coopération avec les arbitres et les autres parties. Une série de directions précises qui finissent par se perdre dans une conception générique de la bonne foi.

989. Sans épuiser toutes les affaires d'arbitrage international où la bonne foi est utilisée dans des situations réclamant des critères plus appropriés, citons-en seulement quelques unes, dans lesquelles l'abus de droit apparaît associé à cette notion générale. Dans la sentence CCI n°1939 de 1971[1783], le tribunal applique l'abus de droit comme espèce de la bonne foi pour rejeter la demande d'un État invoquant la nullité de la clause qu'il avait

---

[1780] *Cf.* n.895 *et seq.*, *supra.*

[1781] Art. 1464(3), CPC : « Les parties et les arbitres agissent avec célérité et loyauté dans la conduite de la procédure ». Sur les apports de la loyauté dans la réforme de 2011, *cf.* Elie KLEIMAN et Julie SPINELLI, « La réforme du droit de l'arbitrage, sous le double signe de la lisibilité de l'efficacité : à propos du décret du 13 janvier 2011 », *Gaz. Pal.*, 2011, n°27, p. 9 ; Yves DERAINS, « Les nouveaux principes de procédure : confidentialité, célérité, loyauté », *in* Clay Thomas (dir.), *op. cit.*, pp. 92 *et seq.*

[1782] C'est ce qui nous semble résulter de l'interprétation fournie par É. Cornut pour définir les critères du *forum shopping malus* en droit international (« *Forum shopping* et abus du choix de for en droit international privé », *JDI*, 2007, doctr. 2, p. 3) : « Il faut donc nécessairement rechercher le critère du *forum shopping malus*. À l'origine envisagés comme des "règles purement techniques devant être appliquées par les juges de manière mécanique et aveugle" [...] les droits procéduraux subjectifs ont tendance à être considérés, de nos jours, comme des droits relatifs, qui se trouvent *grevés de charges imposées par le principe de bonne foi*, lequel requiert de chaque plaideur le devoir de se comporter dans les rapports procéduraux en tenant compte des intérêts justifiés de l'autre partie ». É. Cornut se réfère ici aux leçons d'A. Nuyts (« *Forum shopping* et abus de *forum shopping*... », *op. cit.*, p. 789). Il y a là une superposition entre ce qui s'avère être la loyauté procédurale, la bonne foi et, s'agissant aussi de « droits relatifs », il est même possible d'y voir l'abus de droit.

[1783] *Rev. arb.*, 1973, p. 145 – note DERAINS Yves.

précédemment signée. En plus d'abus de droit et de bonne foi, surgit alors le concept de l'estoppel[1784], dans un imbroglio peu rassurant.

990. L'enchevêtrement est encore plus manifeste dans l'affaire *Phoenix*[1785]. Le tribunal arbitral conclut que l'acquisition d'une nationalité dans le seul but de gagner le statut d'investisseur étranger constitue un abus du système CIRDI[1786]. Bien qu'il finisse par invoquer la notion d'abus, le tribunal y parvient par un chemin tortueux, sans véritablement préciser les conditions spécifiques de ce critère, mais plutôt en le rapprochant d'autres catégories, et notamment de la bonne foi.

Après avoir dans un premier temps affirmé que le principe de la bonne foi a longtemps été reconnu dans le droit international public et dans tous les droits nationaux, puis après en avoir donné une définition selon laquelle il gouverne les droits et les obligations de ceux poursuivant une demande internationale sous la protection d'un traité, le tribunal en charge de l'affaire *Phoenix* conclut, dans le même paragraphe : « Personne ne peut *abuser* des droits garantis par des traités et, plus généralement, toute règle de droit inclut une clause implicite qui ne peut être *abusée*[1787]. »

Quelques lignes plus loin, la sentence clôt l'examen du problème de la protection des investissements *bona fide* : « Le Tribunal est concerné ici *par le principe international de la bonne foi tel qu'appliqué dans le mécanisme d'arbitrage international du CIRDI*[1788] », concluant donc que « le Tribunal doit *prévenir l'abus du système international de protection d'investissement sous la Convention CIRDI*, assurant que seuls des investissement réalisés *en conformité avec le principe international de la*

1784 Sur l'association de cette catégorie avec l'abus de manière générale, *cf.* n.949 *et seq.*, *supra.* Sur l'insuffisance de l'estoppel comme critère de contrôle de l'arbitrage international, *cf.* n.993 *et seq.*, *infra.*

1785 *Cf.* n.1770, *supra.*

1786 *Ibid.*, par. 144.

1787 *Ibid.*, par. 107, souligné par nous. Traduction libre. Dans l'original, le paragraphe dans son intégralité : « *The principle of good faith has long been recognized in public international law, as it is also in all national legal systems. This principle requires parties 'to deal honestly and fairly with each other, to represent their motives and purposes truthfully, and to refrain from taking unfair advantage...' This principle governs the relations between States, but also the legal rights and duties of those seeking to assert an international claim under a treaty. Nobody shall abuse the rights granted by treaties, and more generally, every rule of law includes an implied clause that it should not be abused. This is stated for example by Hersch Lauterpacht: There is no right, however well established, which could not, in some circumstances, be refused recognition on the ground that it has been abused.* »

1788 *Ibid.*, par. 113, italique dans l'original. Traduction libre. Dans l'original : « *In the instant case, no question of violation of a national principle of good faith or of international public policy related with corruption or deceitful conduct is at stake. The Tribunal is concerned here with the international principle of good faith as applied to the international arbitration mechanism of ICSID [...].* »

bonne foi et qui n'essaient pas de mésuser le système sont protégés[1789]. »
Le problème résultant de cet amalgame imprécis est qu'il risque de réduire les hypothèses d'abus aux seuls cas où la mauvaise foi des parties est avérée. L'examen subjectif devient alors prioritaire, tandis que l'abus de droit se rapproche des circonstances objectives de l'espèce. Voici peut-être l'une des principales causes de l'insuffisance de la bonne foi.

991. Ce décalage nous rapproche d'avantage de l'idée centrale de notre étude. Dans l'arbitrage international, il est bien entendu évident que les comportements des parties visant à se soustraire à leurs obligations peuvent révéler une intention chicanière ; toutefois, l'élément subjectif ne peut être considéré comme un critère insurmontable dans un scénario international où coexistent différentes options législatives et juridictionnelles, et où la légitimité en soi des juridictions qui interviennent dans l'arbitrage n'est presque jamais contestée.
Par ailleurs, l'analyse subjective est encore plus atténuée dans l'arbitrage international si l'on considère une certaine gêne – presque diplomatique – à faire juger l'intention hasardeuse d'une partie exerçant un droit validement reconnu par un ordre juridique voisin. Autrement dit, l'association d'une intention de nuire avec l'exercice légitime d'un droit étranger fait souvent songer à la « complicité » des juridictions devant lesquelles ce même droit est exercé. Que cela soit inconscient suffit déjà à porter préjudice à un système fondé sur une coopération fragile de juridictions

992. Voici pourquoi la subjectivité de la bonne foi ne peut être une *conditio sine qua non* dans le dialogue nécessaire entre les différents ordres juridiques. Sans être totalement exclue de l'équation, l'intention de nuire ne correspondrait alors qu'à l'un des aspects d'un critère beaucoup plus complet.

C. L'insuffisance de l'estoppel

993. Si, dans le chapitre précédent, nous avons noté un élargissement de l'estoppel le rapprochant de l'abus de droit[1790], il se maintient encore prioritairement comme un critère fondé sur la contradiction entre deux comportements linéaires dans l'arbitrage international. Au contraire, et ironiquement, ce sont surtout les cultures étrangères au *common law* qui ont importé cette notion dans une appropriation plus générique et verticale.

[1789] *Ibid.*, par. 113, souligné par nous. Traduction libre. Dans l'original : « *[...] The Tribunal has to prevent an abuse of the system of international investment protection under the ICSID Convention, in ensuring that only investments that are made in compliance with the international principle of good faith and do not attempt to misuse the system are protected.* »
[1790] *Cf.* n.949 *et seq.*, *supra*.

994. En France, par exemple, c'est sous l'influence du principe de la loyauté procédurale que l'estoppel est souvent interprété dans l'arbitrage international. La consécration législative de ce principe par la réforme du droit de l'arbitrage, dans l'art. 1464(3), CPC[1791], n'a fait que renforcer ce constat.

Alors que nous pouvions penser que la disposition normative de la loyauté aurait pu stimuler un contenu autonome beaucoup plus étendu, il semble au contraire que les débats doctrinaux et jurisprudentiels sur le principe restent encore très centrés sur l'estoppel et le problème des comportements contradictoires. L'estoppel absorbe la loyauté.

Dès lors, il n'est pas étonnant que les textes examinant le principe de la loyauté dans le nouveau droit français de l'arbitrage[1792] se tournent prioritairement vers l'art. 1466, CPC[1793], qui, non par hasard, consacre l'estoppel. Au contraire, l'on aurait pu songer au développement d'une doctrine bien plus complète à partir de la mention explicite à la loyauté dans l'art. 1464(3) du même texte.

La loyauté procédurale se transforme en une carapace du *civil law* pour une notion typique du *common law*. C'est ainsi qu'en France, face à la multiplication des moyens de contestation de l'arbitrage, l'estoppel devient « l'arme absolue, tel le crucifix face au vampire[1794] ».

995. La jurisprudence française sanctionnait déjà le comportement contradictoire en matière d'arbitrage international à partir du principe de la loyauté[1795], dans une interprétation « gallicisée[1796] » de l'estoppel. En 2009, la Cour de cassation[1797] est définitivement « contaminée par ce virus de l'estoppel[1798] ».

Il n'est donc pas difficile de constater que les débats autour de la réception de l'estoppel par le droit français de l'arbitrage se concentrent sur l'utilité de

---

[1791] *Cf.* n.1782, *supra*. Sur ce thème, *cf.* Elie KLEIMAN et Shaparak SALEH, « Célérité et loyauté en droit français de l'arbitrage international : quels pouvoirs et quelles responsabilités pour les arbitres et les parties », *Cah. arb.*, 2012, pp. 99-133.

[1792] Par exemple, *cf.* Yves DERAINS, « Les nouveaux principes… », *op. cit.*, pp. 92 *et seq.*

[1793] *Cf.* n.1718, *supra*.

[1794] CLAY Thomas, « Arbitrage et modes alternatifs de règlement des litiges », *D.*, 2009, p. 2959, spéc. p. 2966.

[1795] Par exemple, dans la célèbre affaire *Golshani* (Cass., 1re Ch. civ., 6 juil. 2005, *Bull. civ.*, I, n°302). *Cf.* not. CA Paris, 12 sept. 2002, *Rev. arb.*, 2003, p. 173 – note BOURSIER Marie-Emma ; et Cass., 1re Ch. civ., 28 mai 2008, *Bull civ.*, I, n°153.

[1796] GAILLARD Emmanuel, *La jurisprudence de la Cour de cassation en matière d'arbitrage international*, conférence du cycle de droit et technique de cassation de la Cour de Cassation, 13 mars 2007, par. 2., [en ligne] http://www.courdecassation.fr/colloques_activites_formation_4/2007_2254/intervention_m._gaillard_11066.html, page consultée le 30/03/12).

[1797] Cass., 1re Ch. civ., 6 mai 2009, n°08-10.281, *Sa Jean Lion. Bull civ.*, I, n°86 ; *RTD com.* 2009, p. 546 – obs. LOQUIN Éric.

[1798] CLAY Thomas, « Arbitrage et modes alternatifs… », 2009, *op. cit.*, p. 2966.

ce critère par rapport au principe de la loyauté. Si certains[1799] affirment que l'estoppel serait un mécanisme plus objectif, d'autres[1800] y voient une simple espèce déjà largement sanctionnée par les principes résultants de la loyauté procédurale.

996. Bien que la sanction des comportements contradictoires puisse effectivement constituer l'un des éléments de la loyauté procédurale, la vision des défenseurs de l'estoppel en tant que catégorie autonome s'avère plus pragmatique face à l'état actuel de la jurisprudence. En effet, en maintenant l'estoppel comme un versant de la loyauté, il est probable que les tribunaux réduisent ce dernier principe au seul constat d'un comportement contradictoire, ne profitant guère d'un critère qui pourrait avoir une portée bien plus utile.

997. Dans des droits qui ne disposent pas d'une notion explicite de loyauté, c'est souvent l'abus de procédure qui est employé pour sanctionner les comportements contradictoires. En Suisse par exemple, le Tribunal fédéral[1801] sanctionne les impugnations contradictoires de la sentence à partir de la réserve de l'abus de droit.

La même association peut se lire dans la doctrine, spécialement à partir de la distinction entre les deux facteurs de l'estoppel, c'est-à-dire la contradiction de l'une des parties et la confiance de l'autre. Pour certains, « insister sur la contradiction, c'est favoriser le rapprochement avec des concepts civilistes tels que la bonne foi ou l'abus de droit[1802] ». Au contraire, G. Watson défend « qu'essayer de traiter le problème [de l'estoppel] en utilisant le concept vague d'"abus de procédure" n'ajoute rien, sauf de la confusion, et ne doit donc pas être employé puisque l'on dispose déjà d'une doctrine –*issue estoppel* [dans l'original] – spécifiquement indiquée pour encadrer la question[1803] ».

[1799] *Cf.* MUIR WATT Horatia, « Pour l'accueil de l'estoppel en droit français », *in L'internationalisation du droit : mélanges Yvon Loussouarn*, Paris : Dalloz, 1994, pp. 303 *et seq.*

[1800] CADIET Loïc, « La légalité procédurale en matière civile », *Bull. inf. C. Cass.*, 15 mar. 2005, n°636, spéc. n°21.

[1801] TF suisse, 8 fév. 1978, *Chrome Ressources SA. SJ*, 1980, p. 75. Pour un commentaire de cette affaire, *cf.* Bernard DUTOIT *et al.*, *Répertoire de droit international privé suisse*, v. 1. Berne : Editions Staempfli & Cie, 1982, p. 304. Dans le cadre des sentences internationales, des auteurs se réfèrent couramment à la doctrine de l'abus de droit comme applicable dans des affaires dans lesquelles il s'agit de sanctionner des comportements contradictoires (Par exemple, *cf.* Edward BALDWIN, Mark KANTOR, Michael NOLAN, « Limits to enforcement of ICSID awards », *Journ. Int. Arb.*, 2006, v. 23, p. 17).

[1802] FAUVARQUE-COSSON Bénédicte, « L'estoppel, concept étrange et pénétrant », *RDC*, 2006, n°4, p. 1279, spéc. p. 1282.

[1803] WATSON Garry D., « Issue estoppel, abuse of process and repetitive litigation: the death of mutuality », *in* SCOTT I. R. (éd.), *International perspectives on civil justice*: *essays in honor of Sir Jack I. H. Jacob Q.C.*, London : Sweet & Maxwell, 1990, p. 215. Traduction libre. Dans l'original : « *Attempting to deal with the problem by using the vague concept of 'abuse of process' adds nothing, except confusion, and it should not be used given that we already have a doctrine – issue estoppel – specifically designated to deal with the problem.* »

998. Un autre emploi décalé de l'estoppel par des juridictions de *civil law* peut aussi être observé dans une décision de la Cour suprême du Chili[1804]. En recourant à la théorie des *actos proprios* (associée à l'estoppel par la doctrine[1805]), cette Cour[1806] soulève que la tentative d'une partie de faire reconnaître au Chili une sentence arbitrale annulée par les cours argentines révèle un comportement contradictoire, empêchant donc son exequatur. Il s'agit d'une affaire typique dans laquelle la théorie de l'abus de droit aurait pu fournir des critères de pondération bien plus précis pour équilibrer, d'une part, le droit de contrôle de la sentence à Buenos Aires, et d'autre part le droit d'exequatur à Santiago.

[1804] Chili, Corte Suprema de Chile, Recurso n°4390/2010, resolución n°39772, 08/09/2011, [en ligne] http://www.poderjudicial.cl/, page consultée le 04/05/12. Le même argument a été employé par la partie demanderesse dans une demande de reconnaissance d'une sentence arbitrale au Brésil, dont l'annulation avait été précédemment demandée en Argentine (siège de l'arbitrage) par la même partie réclamant l'exequatur au Brésil (STJ, Corte Especial, SEC n°5782, opinion du répresentant du ministère public auprès du Superior Tribunal de Justiça du 26 nov. 2012, inédit). L'affaire n'a pas encore été jugée, mais le répresentant du ministère public s'est déjà prononcé contre l'exequatur de la sentence arbitrale annulée en Argentine. Après une analyse assez détaillée de l'interprétation de l'art. V(1)(e), de la CNY, spécialement quant à la nature du pouvoir du juge de l'exequatur, la manifestation adopte une approche plutôt territorialiste – voir politique – fondée sur l'existence d'un traité local pour la circulation des décisions étatiques dans le MERCOSUL (*Protocolo de Las Leñas*, de 1992), et en affirmant la nature obligatoire de l'art. V(1)(e), CNY, renforcée par l'art. 38, VI, de la Loi brésilienne sur l'arbitrage (Loi n°9.307/96), qui permet le rejet de l'homologation face à l'annulation de la sentence dans le siège (Art. 38, VI, dans l'original : « *Somente poderá ser negada a homologação para o reconhecimento ou execução de sentença arbitral estrangeira quando o réu demonstrar que: [...] a sentença arbitral não se tenha, ainda, tornado obrigatória para as partes, tenha sido anulada, ou, ainda, tenha sido suspensa por órgão judicial do país onde a sentença arbitral for prolatada* »). L'opinion du réprésentant du ministère public n'examine ni les motifs de la demande d'annulation de la sentence, ni ceux de la demande de reconnaissance au Brésil.

[1805] Pour une étude approfondie de la « *doctrina de los actos proprios* » et son association avec d'autres théories voisines, *cf.* José PUIG BRUTAU, *Medio siglo de estudos jurídicos*, Valencia : Editorial Tirant lo Blanch, S.L., 1996.

[1806] *Idem.*, dans l'original : « *DÉCIMO QUINTO: Que en el curso de estas disquisiciones, no pueden pasar por desapercibidos a estos sentenciadores ciertas situaciones relevantes que se evidencian en el processo, estando constituida una de ellas por la circunstancia de haber EDFI instado ante los tribunales ordinarios superiores de la República Argentina por la nulidad del fallo; resultando, por lo tanto, carente de coherencia que, una vez declarada dicha nulidad, pretenda que se le reconozca en Chile fuerza obligatoria a esa misma sentencia que, a causa de la nulidad, ha quedado desprovista de eficacia jurídica en el propio país donde fue pronunciada. Una situación como la descrita repugna al principio de los actos propios, con amplia consagración en la doctrina y la jurisprudencia, según el cual, no es lícito a una persona hacer valer un derecho en contradicción con un comportamiento desplegado por ella misma con anterioridad (venire contra factum proprium non potest); imponiéndose de esta manera en derecho al deber de respeto y sometimiento a una situación jurídica creada por su conducta pretérita.* »

999. Finalement, comme la bonne foi, l'estoppel se dilate pour devenir un critère général de sanction des comportements abusifs de l'arbitrage international. Toutefois, au contraire de la bonne foi, qui est née dans la généralité, l'estoppel prend racine dans les attitudes contradictoires. Dès lors que l'estoppel revêt les attributs de la loyauté procédurale ou de l'abus de droit, ces notions se réduisent à la constatation d'un *venire contra factum proprium*. L'insuffisance de l'estoppel résulte donc de cette fausse impression de tenir pour général un critère qui a été construit historiquement pour n'être que la sanction d'un comportement spécifique.

§ 2°. Les insuffisances résultantes de la méthode conflictuelle de leur application

1000. La transposition de ces critères dans un ordre arbitral révèle qu'en plus d'une application imprécise, ces mécanismes se réduisent à une tentative d'introduction dans l'arbitrage de catégories issues de contextes étatiques très divers. Ainsi, l'une des principales causes de leur insuffisance ne réside pas dans les spécificités respectives de chacune de ces catégories, mais dans la méthode par laquelle elles sont appliquées. Cet héritage du droit international privé marque très fortement leur application dans le cadre de l'arbitrage international.

1001. En 1959, H. Motulsky souligne l'une des principales causes de la préférence pour le recours à l'arbitrage dans le domaine international : « La complexité et la rigidité de l'agencement des concepts, des lois et des organes juridictionnels internes permettent difficilement au droit international privé de répondre aux attentes du commerce international[1807]. » Cela inaugure un mouvement qui voit dans la méthode conflictuelle du droit international privé l'un des principaux obstacles à la construction d'un critère pleinement applicable au domaine de l'arbitrage international, chaque fois plus détaché des ordres étatiques.

1002. D'autres[1808] soutiennent que ce n'est pas la discipline en soi qui rend cette quête impossible, mais la transformation de son postulat de conciliation interétatique en un postulat d'imposition « juscentrique », dans lequel les juridictions nationales imposent leurs propres conceptions. Selon R. David,

---

[1807] MOTULSKY Henri, « L'évolution récente en matière d'arbitrage international », *Rev. arb.*, 1959, p. 3.

[1808] Des auteurs indiquent les cours anglaises comme exemple d'une jurisprudence qui semble non seulement nationaliser au maximum son conflit de loi, mais aussi prête à l'imposer à d'autres États, « sans le besoin d'identifier une quelconque justification dans un système transcendant » (RAPHAEL Thomas, *op. cit.*, pp. 38-39). Illustrant cette tendance, *cf.* l'affaire *Rimpacific Navigation Inc. v. Daehan Shipbuilding Co Ltd. (The Kin Man)*, [2009] EWHC 2941.

la « “nationalisation” qui s’est produite du droit international privé […] n’en demeure pas moins dans son principe contraire à la saine raison, et elle constitue dans la pratique une solution très peu satisfaisante aux problèmes que peut poser le commerce international[1809] ».
Pour S. Bollée[1810], dans sa défense de la méthode conflictuelle pour le contrôle des sentences arbitrales, c’est plutôt l’association de ces décisions à des actes juridiques contractuels qui, en permettant d’appliquer le droit international privé des contrats, rend la situation instable. Dès lors, ce n’est pas la méthode en soi qui est invalide, mais son mésusage, et il devient nécessaire de ressusciter les règles de conflit adaptées aux décisions étrangères pour les appliquer aux sentences.

1003. En dépit de ces positions, il nous semble effectivement qu’il s’agit d’un problème de méthode. En effet, considérant que nous cherchons ici à développer le dialogue entre les acteurs de l’arbitrage international, une méthode qui se limite à identifier des liens verticaux, et qui ignore l’application matérielle directe, ne peut suffire. C’est justement ce droit matériel, incarné par la convention ou par la sentence, qui constitue l’atome fondamental d’un ordre juridique arbitral.

1004. Au demeurant, nous rejoignons la critique d’A. Bucher : « L’indifférence de la règle de conflit à l’égard du droit matériel des ordres juridiques “en conflit” dans le cas particulier – ce qui représente, comme on le suppose, sa “neutralité” – soulève des doutes lorsqu’elle est confrontée à des approches tendant à intégrer d’emblée dans le processus les effets de la loi susceptible de s’appliquer[1811]. »
Il est clair que le droit international privé ne peut que très difficilement rendre compte d’un ordre juridique arbitral tant que cette discipline ne considérera pas les éléments de l’arbitrage international comme des émanations du droit matériel d’un État, que ce soit celui du siège ou celui de la reconnaissance.

1005. La sentence CCI n°8113 de 1995, citée par I. Fadlallah[1812], nous fournit une illustration révélatrice de ce phénomène. Les arbitres, face à un contrat sans désignation de loi applicable, ont dû jongler avec les règles formelles du droit international privé afin de pouvoir le valider. S’agissant d’un contrat de commission, prohibé par la loi de l’État d’exécution, laquelle avait été choisie par les arbitres, ceux-ci n’ont pas hésité à recourir au renvoi. Ainsi, le tribunal a pu affirmer que le droit international privé de l’État d’exécution autorisait l’application des règles de l’État avec lequel le contrat

---

1809 DAVID René, *Le droit du commerce international*, *op. cit.*, p. 11.
1810 BOLLÉE Sylvain, *Les méthodes…*, *op. cit.*, *passim*, spéc. p. 173.
1811 BUCHER Andreas, *La dimension sociale…*, *op. cit.*, pp. 64-65.
1812 FADLALLAH Ibrahim, « L’ordre public dans les sentences arbitrales », *RCADI*, 1994, v. 249, pp. 418-419.

présentait des liens étroits. Les lois de ce dernier valident alors le contrat de commission !
Cet énorme détour montre bien que les arbitres sont réticents à conférer un statut relevant d'un ordre juridique autonome à un contrat international. Ils préfèrent encore recourir à la méthode conflictuelle pour créer des liens fragiles avec des ordres étatiques, que de valider la relation juridique des parties sous la seule condition de son respect à un ordre matériel autonome, lequel trouve souvent sa source dans la convention arbitrale elle-même.

1006. Ce recours direct aux règles matérielles comme solution pour surmonter la difficulté d'évaluer les dérives du droit international occasionnées par le regard conflictuel n'est surement pas une nouveauté. En 1967, par exemple, avec la théorie du *moral datum*, A. A. Ehrenzwieg[1813] propose que toutes les questions « morales » soient soustraites des règles de conflit de lois et du jeu qu'elles occasionnent. Selon le juriste, ces questions concernent justement les bonnes mœurs, la fraude à la loi et des clauses similaires, dont il prône que le contenu devrait être défini par la loi du for. Pour lui, il est impossible au juge du for d'appliquer un principe d'équité étranger incompatible avec les bonnes mœurs de la *lex fori*.
Bien que la *lex fori* conserve ici son importance – et cela surtout parce qu'il ne s'agit pas d'arbitrage dans la théorie de A. A. Ehrenzwieg, auquel cas l'ordre arbitral pourrait fournir d'autres éléments matériaux, comme la convention ou la sentence –, l'insuffisance de la méthode conflictuelle pour identifier et sanctionner les manœuvres qui se valent *exactement* des règles de conflit pour abuser du système est au centre de sa thèse. Le rattachement territorial des différents critères présentés *supra* et l'exploration de leurs liens étatiques comme autant d'éléments constitutifs des tactiques procédurales rendent pratiquement impossible leur sanction par la méthode du droit international privé. Comment identifier des comportements abusifs dans un ordre privé international à partir d'une discipline qui, au fond, n'est ni privée, ni internationale[1814] ?

1007. Les « monologues parallèles » qui caractérisent aujourd'hui le conflit de loi ne peuvent servir à la construction d'un ordre juridique arbitral. Si l'on admet, avec E. Gaillard, l'existence d'une pluralité d'ordres étatiques « ayant des titres également forts à appréhender une même situation, on ne peut [...] faire prévaloir une règle, fût-elle une règle de conflit, d'un système ou d'un autre[1815] ». Il faudrait alors qu'un ordre juridique arbitral constitue un système suffisamment présent dans l'interprétation décisoire de juges et arbitres pour pouvoir fournir les règles matérielles nécessaires à son

---

[1813] EHRENZWEIG A. A., « Dati di fatti e dati morali in diritto internazionale privato », *Diritto internazionale*, 1967, v. 14, pp. 246 *et seq*.
[1814] Sur la nature prioritairement publique et interne du droit international privé, *cf.* n.137, *supra*.
[1815] GAILLARD Emmanuel, *Aspects philosophiques…*, *op. cit.*, p. 74.

engagement dans cette tentative de dialogue, évitant que les règles de conflit des différentes juridictions étatiques concernées par l'arbitrage l'emportent sur les éléments de cet ordre substantiel.

1008. Des critères comme ceux que nous avons explorés dans le paragraphe précédent restent trop conditionnés à leur déploiement au sein d'un ordre juridique unique, ne permettant donc pas de créer les ponts si nécessaires entre plusieurs juridictions dans l'arbitrage international. Voilà pourquoi la méthode conflictuelle leur est beaucoup plus adaptée. Il faudra de ce fait rechercher un critère qui puisse identifier un abus même face au respect formel de deux règles différentes, valables, et issues de deux ordres juridiques parallèles.

C'est pourquoi la méthode des règles matérielles, qui consiste à identifier les dispositions directement applicables aux situations juridiques internationales, peut être plus intéressante dans la recherche de critères de contrôle. Bien qu'elle soit parfois considérée comme illusoire[1816], au titre qu'elle ne serait pas moins détachée des conceptions nationales que d'autres méthodes, celle-ci permet aux juges et magistrats de se rapprocher de la situation concrète ; et ainsi, des parties. Elle pourrait dégager des critères transcendant les différents ordres juridiques, appartenant, par exemple, à la *lex mercatoria*. D'ailleurs, selon M. Martinek, l'idée d'une *lex mercatoria* effectivement transnationale est « le rêve de tout avocat de droit international privé, l'idée d'une harmonie décisionnelle qui dépasse la tradition du conflit de loi[1817] ».

1009. Toutefois, l'application des règles matérielles n'est pas non plus une solution définitive. Au contraire, cette méthode correspond encore trop à la définition d'un simple dénominateur commun aux différentes règles de conflit. Elle devient une méthode « syncrétique[1818] », consistant à « utiliser concurremment les règles de rattachement de plusieurs systèmes nationaux de conflits de lois[1819] ». Dès lors, en appliquant la méthode des règles soi-disant « matérielles », on ne fait souvent que recourir aux normes matérielles fournies par les différents liens de rattachement étatiques, lesquels, à leur tour, sont simplement fournis par la méthode conflictuelle. C'est une spirale qui ne fait qu'empirer le problème, car derrière une règle matérielle, il y a souvent un rattachement étatique qui isole la situation juridique tout en créant l'illusion d'une solution transnationale.

[1816] C'est l'opinion d'Antoine Kassis (*L'autonomie de l'arbitrage…*, *op. cit.*, p. 54).

[1817] MARTINEK Michael, *Das internationale Kartellprivatrecht*, Heidelberg, 1987, p. 97, cité et traduit de l'allemand en anglais par Peter Klaus BERGER, *op. cit.*, p. 30. Traduction libre en français. En anglais : « *[…] dream of every conflict of law lawyer, the idea of substantive decisional harmony that does away with traditional conflict of law rules […].* »

[1818] FOUCHARD Philippe, « Où va l'arbitrage international ? », *op. cit.*, p. 449.

[1819] *Ibid.*

Voilà pourquoi, selon Ph. Fouchard, cette réalité entraîne pour arbitres et juges une « souplesse », qui, désormais, « fait craindre l'arbitraire[1820] ». La méthode des règles matérielles constitue donc un bon point départ, mais surtout pas une solution en soi. Désormais, pour le contrôle du comportement des parties dans l'arbitrage international, la doctrine de l'abus de droit permettra alors de concilier le dialogue interétatique typique du conflit de loi avec l'application directe des règles qui découleront naturellement des éléments d'un ordre juridique arbitral. C'est vers ce rapprochement que nous nous tournons maintenant.

[1820] *Ibid.*

Section II. Le rapprochement conceptuel de l'abus de droit et de l'ordre juridique arbitral

1010. Nous arrivons ici au noyau conceptuel de cette étude. Notre objectif est de présenter la coïncidence entre les caractéristiques de la doctrine de l'abus de droit, dégagées dans le premier chapitre de ce titre, et les caractéristiques que les partisans d'une représentation transnationale de l'arbitrage international exigent de lui pour le fonctionnement correct du système, identifiées dans la première partie. Cela pour montrer comment la notion d'abus de droit peut répondre, dans la pratique, à la nécessité d'organiser la coexistence entre l'autonomie théorique de l'arbitrage international et la réalité pratique d'intervention des juridictions nationales.

1011. Afin d'accomplir cette mission, il s'agira de coordonner les critères de l'abus de droit, y compris ceux qui qualifient l'abus de procédure, autant dans une perspective subjective que dans une perspective objective. Ils pourront alors être superposés aux configurations de l'arbitrage international, en les liant soit aux parties, soit au système lui-même. Désormais, la dichotomie entre aspects subjectifs et objectifs de l'abus de droit ne sera présentée ici qu'à des fins purement organisationnelles.

D'ailleurs, la plupart des auteurs[1821] n'attachent pas de véritable importance à la caractérisation de l'abus de droit comme une théorie subjective ou objective. Ils préfèrent y voir la coexistence de critères reposant, d'une part, sur les mobiles de l'agent, et de l'autre, sur la finalité, l'esprit de l'ordre juridique[1822].

L. Josserand[1823] résume magistralement le problème : il note que la théorie de l'abus de droit est objective si l'on se réfère aux critères se rapprochant de la fonction sociale de chacun des droits étudiés. C'est une théorie qui se présente même comme un « ordre social ». Néanmoins, pour aboutir à cette conclusion, « il faut, de toute nécessité, se préoccuper de la conduite de l'agent, sinon de sa mentalité ; il faut rechercher soit pourquoi il a agit, soit comment, et s'il a obéi à un motif légitime[1824] ». Dans ce cas, selon l'auteur, « la théorie de l'abus de droit prend elle-même un sens, sinon intentionnel, du moins subjectif[1825] ». De toute manière, conclut-il, « nous ne pensons

---

[1821] *Cf.* CORNUT Étienne, *Théorie critique…*, *op. cit.*, p. 231. Spécialement dans le droit de la concurrence, cette idée est présentée par Marie-Anne FRISON-ROCHE, « Va-t-on vers une acception unitaire de l'abus ? », *Rev. conc. consom.*, 1996, n°92, pp. 13 *et seq.*

[1822] La distinction entre « mobiles » et « buts » pour qualifier les critères de l'abus de droit est proposée par Emmanuel Gaillard (*Le pouvoir…*, *op. cit.*, p. 98).

[1823] JOSSERAND Louis, *De l'esprit des droits…*, *op. cit.*, p. 413.

[1824] *Ibid.*

[1825] *Ibid.*

d'ailleurs pas que le problème ait une sérieuse importance pratique[1826] ».
Au demeurant, G. Davy manifeste la même tendance à la conciliation[1827], cherchant l'équilibre entre le fait et le droit, entre l'idéalisme qui exprime la subjectivité individuelle et le réalisme du contexte historique et sociologique[1828]. Il nous rappelle que pour l'expérience juridique, les jugements de valeur ne sont guère dissociables des fins poursuivies.
Employons donc les critères de l'abus de droit sans en faire deux ensembles hermétiques, mais dans un dessein purement didactique. En les organisant, nous mettrons en évidence que l'abus de droit peut contribuer autant à l'examen des parties, sous un angle subjectif, qu'à la flexibilisation de l'ordre autonome, sous un angle objectif. C'est après l'analyse de ces deux versants (§ 1°) que nous pourrons nous interroger, dans un souci systématique, sur la place de cette notion dans un ordre juridique arbitral (§ 2°).

§ 1°. L'apport des critères de l'abus de droit pour la construction d'un ordre juridique arbitral

1012. Il s'agit à présent d'observer comment les critères de l'abus de droit peuvent contribuer au raisonnement qui prépare la mise en place des mécanismes de contrôle de l'arbitrage international, soit dans la perspective de ses sujets (A), soit dans celle de son organisation (B).

A. L'apport des critères subjectifs

1013. Sous cet angle, deux principales contributions peuvent être identifiées pour la relativisation des mouvements procéduraux des plaideurs entre arbitrage international et ordres étatiques : la doctrine de l'abus permet de légitimer une approche morale du comportement des parties (1°), et renforce l'importance d'une analyse casuistique, et non plus seulement généraliste, de ces comportements (2°).

1°. L'apport de l'abus de droit pour la moralisation du contrôle de l'arbitrage international

1014. En concluant son cours à l'Académie de droit international de La Haye en 1995, E. Jayme note que la caractéristique fondamentale de la

---

[1826] *Ibid.*, p. 414.
[1827] DAVY Georges, *Le droit, l'idéalisme et l'expérience*, Paris : F. Alcan, 1992, pp. 52 *et seq.*
[1828] Finalement, l'abus de droit permet un rapprochement avec un réalisme juridique dont les premiers traits avaient déjà été posés par Holmes à la fin du XXe siècle (HOLMES Oliver W., *The Common Law*, New York : Dover Publication, 1991, spéc. p. 1).

culture postmoderne est le « retour des sentiments » : « L'on accepte le fait que les être humains suivent leurs émotions malgré les dangers inhérents à une telle attitude. L'idée utilitaire, que les raisons de nature économique déterminent ou doivent déterminer exclusivement les actions de l'homme n'est plus convaincante. Les hommes se battent aussi pour les valeurs inhérentes de l'âme[1829]. »

1015. La contribution possible de la réserve de l'abus de droit à l'humanisation et à l'individualisation des relations juridiques n'est pas une nouveauté. Elle constitue même l'un des apports les plus importants de cette théorie[1830]. Le rapprochement avec la morale humaine au-delà de la lettre du droit apparaît comme une ouverture fragile – mais essentielle –, qui trouve une justification scientifique dans cette doctrine.

1016. L'utilisation de l'abus de droit comme instrument moralisateur des relations de droit privé n'est pourtant pas exempte de critiques. Dans un système théorique peu disposé à s'écarter du positivisme, cela suscite la crainte que « le règne de la vertu [ne] mène au moralisme, c'est-à-dire presque toujours le contraire de la morale[1831] ».

Cependant, si ces considérations manifestent une préoccupation qui n'est pas illégitime dans la généralité du droit interne, il nous semble impossible de rejeter la dimension moralisatrice de l'abus de droit dans un domaine dans lequel ce n'est plus la loi qui est au premier plan, mais bien la source de toute morale, c'est-à-dire la volonté.

1017. Dans des domaines qui comportent une telle multitude d'options juridictionnelles formellement légitimes, il est difficile, voire presque impossible, d'ignorer le mobile des parties en faveur de critères purement objectifs. D'ailleurs, notre but n'est pas de simplement rejeter ces derniers, mais, comme nous le verrons par la suite[1832], de proposer leur conciliation avec les aspects subjectifs. Montrons seulement ici combien les possibles contributions de ce versant subjectif sont encore négligées dans l'arbitrage international.

1018. Ainsi, nous préférons nous tourner vers ce « mouvement moralisateur[1833] » que la théorie de l'abus de droit peut offrir à « l'humanisation du droit international contemporain[1834] ». La « moralisation

---

[1829] JAYME Erik, *op. cit.*, p. 261.

[1830] *Cf.* not. DABIN Jean, « Droit subjectif et subjectivisme juridique », *Arch. ph. dr.*, 1964, t. 9, pp. 17 *et seq.* ; SAVATIER René, *Traité de la responsabilité civile en droit français civil, administratif, professionnel, procédural*, t. 1, 2e éd., Paris » : LGDJ, 1951, p. 53.

[1831] MALAURIE. Philippe, « Note sous Cass., com., 27 fév. 1996 », *D.*, 1996, p. 517.

[1832] *Cf.* n.1062 *et seq.*, *infra*.

[1833] POLITIS Nicolas, *op. cit.*, p. 83.

[1834] CANÇADO TRINADADE Antônio Augusto, Présentation du rapport annuel du Conseil permanent de l'Organisation des États américains. Allocution du président de la Cour interaméricaine des Droits de l'homme, le juge Antônio A. Cançado Trinidade. Commission

des litiges internationaux » constitue le principe directeur de la solution des conflits de jugement, empêchant les parties de « profiter *abusivement* de la diversité des ordres juridictionnels[1835] ».
L'on constate que l'acceptation de la perspective morale est beaucoup plus aisée dans les disciplines fondées non pas sur un exercice purement antisocial d'un droit interne, mais sur l'*option* de l'exercice de plusieurs droits également légitimes par rapport à leurs ordres juridiques respectifs. À cela s'ajoute l'aspect volontariste de l'arbitrage international, qui empêche simplement d'écarter l'apport moralisateur de l'abus de droit dans l'analyse de ses manœuvres.

1019. C'est É. Cornut[1836] qui a le mieux démontré cette forme de contribution de l'abus de droit. Même s'il se réfère spécifiquement aux contrats d'*electio juris*, son hypothèse peut naturellement être étendue à la clause compromissoire.
En remarquant la priorité de la fraude à la loi dans le droit international privé, il rappelle que cette « incompatibilité de nature entre le droit international privé et la théorie de l'abus de droit tombe lorsqu'est admise une certaine influence de la volonté quant au choix d'un juge ou d'une loi[1837] ». Il conclut de ce fait « qu'à l'incompatibilité de la fraude à la loi en matière d'autonomie correspond la compatibilité des concepts régulateurs de l'exercice des droits subjectifs tels que la réserve de l'abus de droit[1838] ».
Si la quête d'autonomie est déjà marquée dans cet aspect du droit international privé, que dire alors de l'arbitrage international, dans lequel les efforts d'émancipation de la discipline ne font que la renforcer ? La perspective morale se rapproche du problème de l'intérêt légitime d'une partie liée par une convention ou par une sentence à saisir les cours étatiques.

1020. Le thème est si peu développé dans le domaine spécifique de l'arbitrage international qu'il est plus simple d'observer l'insuffisance des autres critères de contrôle[1839]. Néanmoins, nous pouvons prédire que la question de l'évolution théorique, concernant les problèmes de la volonté dans le droit international privé, se posera de manière encore plus aigue dans une représentation autonome de l'arbitrage international.

---

des questions juridiques et politiques. Séance de la Commission des questions juridiques et politiques, 19 avr. 2002, p. 16, [en ligne] http://www.google.com/url?sa=t&rct=j&q=&esrc=s&source=web&cd=1&ved=0CCEQFjAA&url=http%3A%2F%2Fwww.oas.org%2Fconsejo%2Ffr%2Fcajp%2FDocumentos%2Fcp09664f07.doc&ei=apgIUPGrBaz0mAXrOW2Aw&usg=AFQjCNEHfeiBNymfX4Z9VBRT7xOWoBOgKA (page consultée le 19/07/12).
[1835] MAYER Pierre, HEUZÉ Vincent, *op. cit.*, p. 319, souligné par nous.
[1836] CORNUT Étienne, *Théorie critique…*, *op. cit.*, p. 186.
[1837] *Ibid.*
[1838] *Ibid.*
[1839] *Cf.* n.976 *et seq.*, *supra.*

Quelques arbitralistes l'ont d'ailleurs déjà signalé. Sur les pas de G. Ripert, P. Mayer recherche la « règle morale » dans l'arbitrage international[1840]. À propos du rôle de l'arbitre, il note que « la dissociation entre la règle morale et la règle juridique, jointe à une grande liberté dans le choix des règles de jugement, l'incitera à conférer une importance accrue à la règle morale[1841] ». Cela n'est donc pas un hasard si le juriste inclut l'*abus de droit* parmi les constructions qui peuvent apporter un fondement moral à l'arbitrage international[1842].
Il est vrai que P. Mayer, ainsi que d'autres juristes[1843], penchent plutôt pour une règle morale de nature matérielle, dont l'incidence permet d'écarter la *lex causae* normalement applicable au litige. Dès lors, la « morale privée l'emporte sur les exigences de l'ordre public », afin d'ignorer une loi de police étrangère[1844].

1021. Ainsi, la mise en place de l'abus de droit comme prétexte à une investigation morale de l'attitude procédurale des parties n'est pas encore une solution adoptée telle quelle en l'état actuel. Toutefois, l'on note aujourd'hui un effort de moralisation du droit qui ne peut qu'être renforcé dans l'arbitrage international, où, en dernière instance, c'est l'intention de l'individu qui crée le système. La doctrine de l'abus de droit apparait alors parfaitement adaptée à cette analyse. Dès lors, s'il est déjà possible d'observer la notion appliquée dans des arbitrages internes[1845], elle ne peut qu'être plus valide comme instrument de l'arbitrage international.

1022. En outre, dans ce domaine, l'existence d'un nombre considérable de lois et de juridictions exige l'intégration de l'élément moral par l'intermédiaire de la notion plus subtile d'intérêt légitime, afin d'éviter que

---

[1840] MAYER Pierren « La règle morale dans l'arbitrage international », *op. cit.*, p. 381.
[1841] *Ibid.*
[1842] *Ibid.*, p. 379.
[1843] Par exemple, Francis MEGERLIN, *op. cit.*, pp. 174 *et seq.*
[1844] *Cf.* la sentence CCI n°6294, écartant une loi de police suisse qui n'était évoquée que dans le but de fonder la nullité d'un contrat exécuté normalement pendant des années (CCI, sentence n°6294, 1991, *JDI*, 1991, p. 1050 – obs. ARNALDEZ Jean-Jacques) Dans le même sens, la sentence CCI n°6503, repoussant des règles communautaires. Selon ce dernier tribunal, « l'exception de nullité soulevée par la défenderesse [se fondant sur la violation d'une règle communautaire] aboutirait, si elle était admise, à un résultat profondément inéquitable et choquant, si l'on considère que la même demanderesse a exécuté le contrat sans réserve, en a reconnu la validité à une date postérieure à l'entrée de l'Espagne dans la Communauté […] » (CCI, Sentence n°6503, 1990, *JDI*, 1995, p. 1022 – obs. DERAINS Yves).
[1845] Cass., 1re Ch. civ., 9 jan. 2007, *D.*, 2007, p. 451 : « C'est dans l'exercice de son pouvoir souverain que la cour d'appel, retenant que la dénonciation de l'attitude frauduleuse de la banque défenderesse constituait une nouvelle preuve de l'acharnement judiciaire du demandeur dont il avait été précédemment jugé que le comportement s'avérait manifestement tendancieux et marqué d'un esprit de revanche dénué de toute objectivité, a pu en déduire que le demandeur avait abusé de son droit d'ester en justice et avait causé un préjudice à la banque défenderesse ».

l'impossibilité de prouver l'intention de nuire ne suffise à contrer la constatation de l'abus.

L'intérêt légitime permet de présumer qu'il y a abus quand une partie choisit, parmi plusieurs fors et de multiples lois, celui ou celle qui cause à l'autre partie le plus grand préjudice[1846]. Cet indice nous ramène au problème du *forum shopping* dans l'arbitrage international, dont il constitue un élément central résultant d'une créativité procédurale qui ne peut pas toujours être associée à un dessein malicieux.

Le *forum shopping* est devenu un phénomène si naturel, et même souvent encouragé[1847], que la dimension morale de cette manœuvre devra être complétée par celle de l'*intérêt* que le plaideur avait à adopter une telle position face au choix qui se présentait. Nous restons ici au niveau subjectif, tout en incorporant à l'élément moral une ouverture interprétative qui permettrait de définir les *conséquences* qu'une option donnée peut occasionner pour l'autre partie.

La notion d'intérêt légitime a aussi comme grand avantage d'éviter une recherche de la moralité à tout prix, s'approchant en cela d'une vision plus réaliste. En effet, cette notion nous conduit vers les résultats du comportement procédural, empêchant que la simple constatation d'une posture moralement correcte – ou, encore pire, l'apparence de cette posture – soit plus importante que la constatation de ses effets[1848].

1023. En bref, posons l'abus de droit comme un mécanisme conceptuel de rapprochement moral des parties dans l'arbitrage international, sans que cela signifie l'enfermement de l'interprète dans une perspective purement psychologique. Au contraire, comprenons ici l'examen moral sous un angle utilitaire et réel, comme la première forme de réinsertion des problèmes de l'individu – et non pas de la théorie de l'individu – au centre des débats. Voyons l'autre.

[1846] JOSSERAND Louis, *De l'esprit des lois…*, *op. cit.*, p. 75 ; OST François, *Droit et intérêt*, *op. cit.*, pp. 78-79.

[1847] R. Kreindler liste une série de motivations qui justifient le *forum shopping* dans l'arbitrage international (« Parallel proceedings: a practitioner's perspective », *op. cit.*, pp. 138 *et seq.*).

[1848] C'est un souci qui semble dépassé par une approche réaliste (dans le sens dérivé de l'école réaliste), tel que suggéré par Gordon GRAHAM, *op. cit.*, p. 28. Une vision utilitaire dans le droit international peut être observée chez Anthony ELLIS. « Utilitarianism and international ethics », *in* NARDIN Terry, MAPEL David R. (éds.), *Traditions of international ethics*, New York : Cambridge University Press, 1992, spéc. p. 172.

2°. L'apport de l'abus de droit pour l'individualisation du contrôle de l'arbitrage

1024. Cette autre dimension de l'apport subjectif n'est qu'un élargissement du premier. Car si les critères de l'abus permettent de concilier l'élément moral et l'arbitrage international, c'est qu'ils dérivent d'un raisonnement qui met l'accent sur l'espèce plutôt que sur la rigidité des constructions théoriques. L'abus de droit ne peut être utile que s'il permet de s'infiltrer dans les brèches de la théorie normative, par un raisonnement inductif qui poursuit l'équité pour la formation d'un ordre autonome, et non le contraire.

1025. L'une des principales contributions conceptuelles de l'abus consiste à rapprocher une analyse *in casu* du comportement des parties, en opposition à la tendance actuelle si propice aux constructions déductives des systèmes théoriques de l'arbitrage international. Encourager juges et arbitres à sonder l'exercice des droits procéduraux des parties sous les critères de la théorie de l'abus de droit permettrait de ne pas dissimuler l'arbre sous la forêt.

1026. La réserve de l'abus de droit permet d'appréhender beaucoup facilement les situations issues d'une discipline qui se manifeste surtout dans la jurisprudence. Malgré des efforts indéniables d'organisation théorique, l'arbitrage international reste une structure en réseau. C'est une doctrine qui ne peut donc fonctionner que dans l'analyse de chaque cas d'espèce, au sein de chacun de ces microcosmes. Le particularisme typique du droit de l'arbitrage international ne sera pleinement validé que par la présence d'un instrument d'éviction des situations déviantes.
D'ailleurs, cette idée n'est pas nouvelle. M. Weber[1849] rappelait déjà que l'importance graduelle du particularisme est très marquée dans le droit commercial, où les marchands cherchent à faire traiter leurs affaires légales par des experts. L'arbitrage est le terrain privilégié du particularisme, réflexe de cette société internationale construite à l'initiative des acteurs économiques privés.

1027. Dans cette conjoncture, nous pouvons comprendre l'arbitrage international comme une discipline appelant à une nouvelle organisation juridique, ce que F. Ost et M. van de Kerchove évoquent comme une « révolution copernicienne[1850] ». La vision traditionnelle, qui plaçait les principes généraux au centre du système, desquels pouvaient être mécaniquement déduites les décisions spécifiques, est remplacée par une vision réaliste, qui place en son cœur les espèces, lesquelles soutiennent le système.

[1849] WEBER Max, *Économie et société*, Paris : Plon, 1971, *passim*. *Cf.* not. CAMIC Charles, GORSKI Philip S., TRUBEK David M. (éds.), *Max Weber's "Economy and society": a critical companion*, Berkeley : University of California Press, 1978, p. 882.
[1850] OST François, VAN DE KERCHOVE Michel, *Legal system..., op. cit.*, p. 66.

L'arbitrage international participe à cette révolution, et c'est parce que les parties attendent une décision spécifique qu'elles choisissent cette forme de règlement de litiges – et sont disposées à en payer le prix. En revenant à G. Ripert, il faut « juger la méthode par le résultat[1851] ».

1028. Pas étonnant, donc, que la doctrine majoritaire considère la jurisprudence comme l'organisation « qui convient le mieux à un concept aussi délicat que celui de l'abus de droit[1852] ». Selon H. Capitant, « ses formules souples et nuancées sont peut-être préférables à un critère trop général dont l'application aux multiples situations de fait serait fort délicate[1853] ». Finalement, W. Park[1854] transpose l'idée dans l'arbitrage international, en notant que l'abus de droit est aussi le mécanisme le plus adapté au système jurisprudentiel.

1029. Si les arbitres favorisent naturellement l'analyse casuistique des litiges qui leurs sont soumis, cela n'est pas si évident quand il s'agit d'insuffler le même raisonnement aux juges, les principaux acteurs du contrôle de l'arbitrage international. Autrement dit, peut-on adapter aux juridictions étatiques l'effort de particularisation induit par des notions comme l'abus ?
Le problème est encore plus prononcé si nous considérons la réticence de certaines cultures juridiques, spécialement dans le *civil law*, à attribuer au juge un pouvoir créateur[1855], le seul permettant de placer l'équité du cas concret avant la solution légaliste justifiée par la méthode d'application[1856].
Cependant, exiger des magistrats souvent débordés dans leurs juridictions respectives à porter ce regard particulier constitue un autre problème, plus pragmatique. Pour y répondre, il nous semble que l'organisation d'instances spéciales d'appui et de contrôle de l'arbitrage international au sein des tribunaux, ainsi que l'instauration de mécanismes d'analyse *prima facie* des conditions de l'arbitrage pourraient participer à cet effort.

1030. Progressivement, le développement par les juridictions nationales d'une philosophie fondée sur les attentes de ceux qui choisissent les

---

[1851] RIPERT Georges. *La règle morale…*, *op. cit.*, p. 404.

[1852] CAPITANT Henri, « Sur l'abus des droits », *RTD civ.*, 1928, v. 27, p. 376. Dans le même sens, *cf.* Carmelo RESTIVO, *op. cit.*, p. 123 . Dans le contexte international, le raisonnement de cet auteur est repris par Séléa TRIFU, *op. cit.*, p. 16, et Richard FENTIMAN, « Abuse of procedural rights: the position of English law », *in* TARUFFO Michele (éd.), *op. cit.*, p. 56.

[1853] CAPITANT Henri, *idem.*

[1854] PARK William, « Judicial controls in the arbitral process », *op. cit.*, p. 249.

[1855] Ch. Jarrosson se réfère spécifiquement à la culture française : « La tradition juridique française est sans nul doute hostile au pouvoir créateur du juge » (JARROSSON Charles, *La notion d'arbitrage*, *op. cit.*, p. 94).

[1856] Comparant le système de jurisprudence français et anglais, C. Kessedjian observe que tandis que le premier forme un « jardin à la française », caractérisé par une nature façonnée par l'être humain, le dernier ressemble plus à un « jardin à l'anglaise », plus près de la nature, permettant que chaque arbre, chaque arbuste et chaque fleur évoluent dans leurs propres rythmes (KESSEDJIAN Catherine, « To give or not to give… », *op. cit.*, p. 58).

règlements internationaux des différends peut contribuer à une approche plus nuancée de l'espèce. Même s'il n'est toujours pas possible d'appliquer de manière expresse l'abus de droit comme critère d'individualisation du cas concret, un certain nombre de positions jurisprudentielles semblent déjà très ouvertes à ce raisonnement.

Au sein de la CJCE, rappelons par exemple l'arrêt *Centros*[1857] : la Cour affirme que pour identifier l'établissement abusif d'une société dans un État membre, « les juridictions nationales peuvent, *au cas par cas*, en se fondant sur des éléments objectifs, tenir compte du comportement *abusif ou frauduleux des personnes concernées*[1858] ». Notons que l'analyse *in casu* semble faire surface dans un domaine où coexistent plusieurs ordres juridiques.

1031. Il n'est donc pas surprenant si les solutions apportées par la doctrine afin d'éviter les abus pouvant résulter de certaines positions rigides de la CJCE (par exemple, dans *Gasser*[1859] ou *West Tankers*[1860]) reposent surtout sur une approche plus flexible du premier juge saisi. R. Fentiman[1861] suggère que le demandeur démontre à ce dernier qu'il existe, au moins *prima facie*, un accord juridictionnel. À son tour, A. Nuyts, commentant cette solution, note que « ce concept flexible attribuerait au juge le pouvoir de décider, *au cas par cas*, si l'application pour suspendre la procédure en fonction de l'existence d'une clause d'*electio juris* étrangère est génuine, *i.e.*, si elle n'est pas engagée *abusivement*[1862] ».

Pour C. Mc Lachlan, l'interprétation adoptée par la CJCE quant au problème de la litispendance présente une rigidité qui ne peut être surmontée qu'à partir « d'une approche *plus nuancée*, nécessaire pour concilier les différentes interrelations entre les cours et les tribunaux[1863] ».

[1857] *Cf.* n.1743, *supra.*

[1858] *Ibid.*, par. 25, souligné par nous.

[1859] *Cf.* n.580, *supra.*

[1860] *Cf.* n.604, *supra.*

[1861] FENTIMAN Richard, « Case C-116/02, *Erich Gasser GmbH v. MISAT Srl'* », *CML Rev.*, 2005, v. 42, p. 241.

[1862] NUYTS Arnaud, « The enforcement of jurisdiction agreements… », *op. cit.*, p. 58, souligné par nous. Traduction libre. Dans l'original : « *This flexible concept would, in essence, empower the judge to assess, on a case by case basis, whether the application to stay the proceeding on the basis of a foreign jurisdiction agreement is genuine, ie, that it is not raised abusively.* » É. Cornut (*Théorie critique…*, *op. cit.*, p. 308), commentant le mouvement casuistique de la CJCE, ne manque pas de noter que la jurisprudence française considère que l'art. 1353, CC, pourrait permettre au juge d'établir sa conviction sur un fait unique, peut être l'ouverture nécessaire pour un examen plus spécifique du cas concret (Art. 1353, CC : « Les présomptions qui ne sont point établies par la loi, sont abandonnées aux lumières et à la prudence du magistrat, qui ne doit admettre que des présomptions graves, précises et concordantes, et dans les cas seulement où la loi admet les preuves testimoniales, à moins que l'acte ne soit attaqué pour cause de fraude ou de dol »).

[1863] MC LACHLAN Campbell, *Lis pendens…*, *op. cit.*, p. 415, souligné par nous.

1032. La même idée est défendue par A. Reinisch, traitant spécifiquement des procédures parallèles dans des arbitrages d'investissement : « Les tribunaux d'arbitrage d'investissement devraient considérer l'adoption d'une position flexible dans la mise en place de la *lis pendens* et de la *res judicata* afin d'éviter des procédures multiples et parallèles[1864] »

1033. Finalement, il nous semble que cette approche casuistique sert de postulat à l'argument qui critique la réduction des principes et règles de l'ordre juridique arbitral et de la *lex mercatoria* à une liste étanche. Pour E. Gaillard[1865], ces principes ne peuvent pas être identifiés exhaustivement *a priori*, mais seulement par leur application *ad hoc* dans le cas d'espèce. Nous partageons cette conception interprétative et méthodologique de l'ordre juridique arbitral[1866], qui ne peut que renforcer l'importance du raisonnement inductif qui est à la base de l'abus de droit.

B. L'apport des critères objectifs

1034. Dans cette perspective conceptuelle, trois configurations objectives de la réserve de l'abus de droit semblent s'adapter avec précision à l'actuel contexte de l'arbitrage international.
En premier lieu, les efforts théoriques de construction de l'arbitrage international servent à dégager cet *esprit* pouvant justifier la finalité des droits qui y sont exercés abusivement (1°). Ensuite, la nature privée et obligationnelle de l'abus de droit se rapproche du caractère particulier et conventionnel de l'arbitrage (2°). Enfin, la nature volontairement imprécise et élastique de l'abus de droit trouve dans le scénario déréglementé et informel de l'arbitrage un terrain propice à son adaptation (3°).

1°. L'esprit de l'ordre juridique arbitral

1035. Admettre la sanction de l'abus signifie « donner une valeur positive au contexte social dans lequel sont placés l'individu et ses "droits"[1867] ». Et plus le contexte social est imprécis, plus cette notion devient importante en tant qu'outil de délimitation des droits.

1036. En parlant spécifiquement de l'idée de « détournement de pouvoir » associée à l'abus de droit, J.-D. Roulet note : « Clef de voûte de la théorie de

---

[1864] REINISCH August, *op. cit.*, p. 123. Traduction libre. Dans l'original : « *It is submitted here that investment tribunals should consider adopting similar flexible approaches to the use of lis pendens and res judicata in order to avoid parallel and multiple proceedings.* »

[1865] GAILLARD Emmanuel, « Thirty years of lex mercatoria… », *op. cit.*, p. 583.

[1866] *Cf.* n.201 *et seq.*, *supra.*

[1867] Allocution de R. Biever dans les actes du 19e Colloque de droit européen au Luxembourg, 6-9 nov. 1989 (*L'abus de droit et les concepts équivalents*, *op. cit.*, p. 15).

Josserand, ce critère fut relativement vite adapté aux rapports internationaux[1868]. »

1037. Ainsi, même si certains[1869] n'ont pas manqué de défendre l'« a-causalité » ou l'« a-finalité » des normes internationales, il est difficile d'ignorer que, dans un tel contexte, l'*esprit* des institutions est souvent plus développé que leur *réglementation.* En outre, l'absence d'une autorité supranationale rend l'équilibre des rapports internationaux plus dépendant d'une exécution spontanée de ses normes en vue de leur finalité qu'en vue de leur sanction[1870]. Autrement dit, un commerçant international aura tendance à exécuter ses obligations moins parce qu'il craint une sanction verticale supraétatique que parce qu'il craint la sanction horizontale consistant, par exemple, en son exclusion du marché par ses pairs.

1038. Le détournement de la finalité n'a donc pas tardé à être admis comme l'un des principaux critères de l'abus dans le droit international et, plus spécifiquement, dans le droit international privé[1871]. La CJCE incorpore ce critère pour identifier l'abus du choix de for, affirmant que c'est aux juridictions nationales de « prendre en considération *les objectifs poursuivis par les dispositions communautaires en cause*[1872] ».

1039. Or, dans le contexte que nous avons pu dégager dans la première partie de cette étude, dans lequel les représentations théoriques de l'arbitrage international prolifèrent, l'on assiste à un renforcement des cadres conceptuels, desquels émane justement l'esprit des ses institutions. Ceci explique le souci de dégager ces représentations théoriques de l'arbitrage international, dont la projection pratique correspond à la finalité qu'elle délimite pour l'exercice de ses droits.

L'idée a été parfaitement exprimée par E. Gaillard, dont la recherche des « aspects philosophiques » du droit de l'arbitrage international ne peut qu'aller dans le même sens : « Ce qui compte, lorsque l'on se trouve dans le domaine des idées, est simplement de ne pas se laisser abuser par la force d'évocation de certaines formules ou représentations mentales, en un mot, de ne pas perdre de vue le *sens* et le *but* de la théorisation en cause[1873]. »

1040. L'exaltation initiale de cet ordre naissant risque de solidifier une méthode formelle qui ne pourra être dépassée qu'en revenant à sa finalité.

[1868] ROULET Jean-David, *op. cit.*, p. 71.

[1869] GESTRI Marco, « Considrazioni sulla teoria dell'abuso del diritto alla luce della prassi internazionale », *RDI*, 1994, v. 77, p. 11.

[1870] Sur cette critique, *cf.* Robert KOLB, *op. cit.*, p. 457.

[1871] NUYTS Arnaud, *L'exception de forum non conveniens : étude de droit international privé comparé*, Bruxelles : Bruylant, LGDJ, 2003, pp. 758-766.

[1872] Arrêt *Centros* (n.1743, *supra*), par. 25, souligné par nous. Commentant la jurisprudence de la CJCE sur le critère du détournement de la finalité, *cf.* Étienne CORNUT, « *Forum shopping* et abus du choix de for en droit international privé », *op. cit.*, pp. 6 *et seq.*

[1873] GAILLARD Emmanuel, *Aspects philosophiques…*, *op. cit.*, p. 29, souligné par nous.

La sanction de l'abus de droit représente un instrument des plus utiles pour revenir à l'objectif initial des idées. Cela contribue à expliquer pourquoi l'*esprit* des textes de l'arbitrage international est de plus en plus mis en avant dans le raisonnement des juridictions qui sont amenées à identifier et à sanctionner ces abus.

1041. Dans l'hypothèse spécifique des arbitrages CIRDI, les condamnations résultant des faux investissements ou des fausses nationalités ont souvent étés fondées sur l'esprit du système dérivé de la Convention de Washington ou bien des respectifs traités de protection, comme dans la sentence *Phoenix*[1874], et dans l'opinion dissidente de P. Weil dans l'affaire *Tokios Tokéles*[1875].

Pour identifier cette finalité, le tribunal chargé de l'affaire *Phoenix* rappelle même les discussions sur le projet de la Convention de Washington, en 1965, ainsi que les propos de son préambule actuel[1876]. Dans l'affaire *Tokios Tokéles*, c'est surtout l'apport de capital aux pays signataires qui est identifié par P. Weil comme le but poursuivi[1877]. Autant ce dernier, dans son

---

[1874] *Phoenix*, *cf.* n.1770, par. 146. Dans l'original : « *Having found that there is no protected investment under the Washington Convention and the Israeli/Czech BIT,* interpreted in light of their object and purpose, *the Tribunal need not address the other objections raised by the Respondent to the Tribunal's jurisdiction* » (souligné par nous).

[1875] *Tokios Tokéles*, *cf.* n.1770, *supra*, opinion dissidente de Prosper Weil, par. 20. Dans l'original : « Given the indisputable and undisputed Ukrainian character of the investment the Tribunal does not, in my view, *give effect to the letter and spirit, as well as the object and purpose, of the ICSID institution* » (souligné par nous).

[1876] *Phoenix*, *cf.* n.1770, *supra*, par. 87. Dans l'original : « *The Tribunal wishes to recall that the object of the Washington Convention is to encourage and protect international investment made for the purpose of contributing to the economy of the host State. At the time of the adoption of the Washington Convention,* this purpose was clearly in the forefront, *and it still is today: [...] adherence to the Convention by a country would provide additional inducement and stimulate a larger flow of private international investment into its territories, which* is the primary purpose of the Convention. *This has to be read in light of the first words of the Preamble of the ICSID Convention, referring to "[...] the need for international cooperation for economic development, and the role of private international investment therein"* » (souligné par nous).

[1877] *Tokios Tokéles*, *cf.* n.1770, pars. 19 à 27. Dans l'original : « *This raises the single most important issue which lies at the heart of my dissent. As observed earlier, the silence of the Convention on the criterion of corporate nationality does not leave the matter to the discretion of the Parties. According to Article 31 of the Vienna Convention on the Law of Treaties, which the International Court of Justice has repeatedly described as the expression of customary international law, "[a] treaty shall be interpreted [...] in accordance with the ordinary meaning to be given to its terms in their context and* in the light of its object and purpose*". It is indisputable, and indeed undisputed, that the* object and purpose of the ICSID Convention *and, by the same token, of the procedures therein provided for are not the settlement of investment disputes between a State and its own nationals. It is only the international investment that the Convention governs, that is to say, an investment implying a transborder flux of capital. This appears from the Convention itself, in particular from its Preamble which refers to "the role of private international investment" [...]* » (souligné par

opinion dissidente, que l'unanimité du tribunal, dans la sentence *Phoenix*, se tournent vers l'art. 31, de la Convention de Vienne, imposant la recherche de la finalité et de l'objet des traités[1878].

Au domaine des arbitrages d'investissements correspond un cadre très particulier, dans lequel la protection des investisseurs transparaît clairement dans l'esprit de ses textes et organisations. De plus, le prononcé récent de sentences faisant recours – du moins, nominalement – à la notion d'abus de droit, encourage le rapprochement entre cette doctrine et le domaine spécifique de l'arbitrage international.

Toutefois, ne nous trompons pas : si quelques tribunaux CIRDI ont bel et bien employé le critère finaliste de l'abus de droit pour sanctionner des manœuvres visant à contourner les conditions de protection du système, les arbitres se sont surtout tournés vers la tutelle de l'investisseur en tant que sa finalité. Dès lors, c'est un but spécifique, qui ne pourra donc contribuer que de manière très limitée à une étude qui se penche sur les relations plus larges établies dans un dialogue entre juridictions étatiques et ordre arbitral.

1042. Néanmoins, dans sa note concernant les arrêts *Putrabali*, Th. Clay semble rejoindre cette perspective plus large. Le juriste ne se contente pas de poursuivre la finalité d'un type spécifique d'arbitrage, mais celle de l'autonomie même de l'arbitrage international : « Il est sans doute possible de défendre une lecture dynamique, moderne, renouvelée de la Convention [de New York], en repartant de *son objectif* et en cherchant quel est le meilleur moyen, près de cinquante ans après, de l'atteindre. Nul ne contestera que la Convention a pour *finalité* principale de favoriser la circulation internationale des sentences arbitrales. Si elle utilise le critère du siège du tribunal arbitral comme mode de classement des sentences pour *atteindre le but recherché*, la Convention de New York ne s'intéresse qu'à leur exécution[1879]. »

Plus que dans les arbitrages d'investissement, dans lesquels la notion d'abus est employée avec peu de précision et dans un cadre limité, c'est exactement dans la recherche de l'esprit de ce détachement de l'arbitrage international que nous trouverons la fonction la plus utile de cette doctrine.

Tel que l'ont fait les arbitres du tribunal *Phoenix* en recourant aux débats préparatoires de la Convention de Washington, Th. Clay en appelle à cette même *ratio legis* de la Convention de New York, afin de justifier la solution adoptée par la Cour de cassation dans l'affaire *Putrabali* : « Par conséquent,

---

nous). Sur ce thème, *cf.* Rachel THORN et Jennifer DOUCLEFF, « Disregarding the corporate veil and denial of benefits clauses: testing treaty language and the concept of "investor" », *in* WAIBEL Michael *et al.* (éds.), *op. cit.*, pp. 13-14.

[1878] L'article est transcrit *supra*, n.1699. La mention au dispositif est dans le par. 19 de la sentence *Tokios Tokéles* (*cf.* n.1770, *supra*) et dans le par. 76 de la sentence *Phoenix* (*cf.* n.1770, *supra*).

[1879] CLAY Thomas, « Arbitrage international… », *op. cit.*, p. 1252, souligné par nous.

de manière certes paradoxale, limiter l'influence du siège s'inscrit en réalité, non pas dans une contestation de la Convention de New York, mais dans *son application téléologique.* Celle-ci avait bien pour *finalité* de permettre à l'arbitrage de ne pas être borné aux frontières hostiles ou défavorables. Réduire les conséquences juridiques de la localisation du siège revient donc à faire une *lecture proactive* de la Convention de New York. Le paradoxe n'est cependant qu'apparent car, si l'on s'en souvient bien, le critère du siège fût contesté dès les *premiers instants de l'élaboration de la Convention de New York. Dans l'avant-projet de la CCI de 1953 – qui servira de base à la Convention de New York –, il était précisément question de proposer un arbitrage réellement détaché de toute référence au siège*[1880]. »

Bien que l'on puisse se demander si le dialogue entre les différentes juridictions concernées par l'arbitrage, plutôt que l'isolement de celle du siège, ne devrait pas aussi intégrer cette lecture finaliste, il est impossible de ne pas y voir la poursuite de l'*esprit* historique des droits émanant de ce texte, et qui s'adresse à ses interprètes pour cerner les manœuvres abusives dans l'arbitrage international.

1043. Dans le même sens, la cour d'appel de Paris a été encore plus loin, en novembre 2010, dans l'affaire *Gouvernement de la région de Kalingrad (Fédération de Russie) v. République de Lituanie*[1881]. En 2004, la région de Kalingrad est condamnée par un tribunal LCIA à rembourser plus de 10 millions de dollars à une société chypriote d'investissement (Duke). La sentence n'ayant pas été spontanément exécutée, Duke engage une procédure d'exequatur en Lituanie, où la région de Kalingrad possédait deux immeubles, saisis en 2006, puis vendus sur adjudication pour un montant d'environ 685 mille euros[1882].

Face à la saisie de ses biens en Lituanie, la région de Kalingrad initie un arbitrage d'investissement contre ce dernier État, sur le fondement du TBI conclu en 1999 entre la Russie et la Lituanie. La région russe se prévaut de sa qualité d'investisseur en Lituanie pour invoquer la compétence d'un tribunal arbitral et, sur le fond, affirme que la saisie de ses deux immeubles en faveur de Duke qualifie une expropriation.

Un tribunal arbitral CCI se déclare incompétent le 28 janvier 2009, affirmant que le TBI invoqué ne peut avoir pour effet « de créer contre les sentences arbitrales internationales une voie de recours non prévue par la [Convention de New York][1883] ». La région de Kalingrad forme alors un recours en annulation contre cette sentence arbitrale devant la cour d'appel de Paris,

---

[1880] *Ibid.*, p. 1253, souligné par nous.

[1881] CA Paris, *Gouvernement de la région de Kalingrad (Fédération de Russie) v. République de Lituanie*, 18 nov. 2010, *Rev. arb.*, 2011, p. 695 – note LEMAIRE Sophie.

[1882] *Cf.* LEMAIRE Sophie, « Note sous CA Paris, *Gouvernement de la région de Kalingrad (Fédération de Russie) c. République de Lituanie*, 18 nov. 2010 », *Rev. arb.*, 2011, pp. 703 *et seq.*

[1883] *Ibid.*, p. 703. La référence à cette sentence arbitrale figure dans l'arrêt de la CA Paris, *supra.*

laquelle confirme l'incompétence des arbitres le 18 novembre 2010, soulignant l'idée d'un esprit des textes internationaux.

En effet, la juridiction parisienne invoque l'art. 31, de la Convention de Vienne[1884] (quoique non ratifiée par la France), pour rappeler que les traités doivent être interprétés de bonne foi et dans leur contexte, et à la lumière de leurs objectifs et de leurs buts, afin de conclure : « Considérant que le TBI ne saurait être interprété comme incluant dans son champ d'application la recherche de la responsabilité d'un des États parties du seul fait qu'il s'est conformé aux obligations découlant pour lui de la Convention de New York, sans qu'il en résulte, au sens de la Convention de Vienne, *une incompatibilité avec la réalisation effective de l'objet et du but de la Convention de New York prise dans son ensemble*[1885]. »

Il est évident que même si la cour d'appel ne qualifie pas la demande d'arbitrage d'investissement de la région de Kalingrad d'abusive, c'est bien vers l'esprit des textes concernés qu'elle se tourne pour éviter que l'exécution aveugle de leur lettre ne résulte dans une situation injuste, protégeant ce genre de manœuvre procédurale.

1044. Pour l'instant, limitons-nous à observer avec L. Matray[1886] que c'est en reconnaissant les besoins économiques et sociaux comme des variables intégrant l'interprétation des juridictions étatiques et arbitrales que l'évolution du droit pourra atteindre un niveau supérieur. Si l'auteur se réfère spécifiquement au contenu de l'ordre public transnational dans l'arbitrage, cette compréhension rappelle l'importance de mettre les textes au service de leur finalité.

2°. La nature conventionnelle de l'abus et de l'arbitrage

1045. Autant la théorie de l'abus de droit que celle de l'arbitrage international reposent sur l'exercice de droits subjectifs à l'extérieur d'un cadre légaliste. Soit en excluant la définition de ces droits de la *juris dictio* étatique, soit en limitant leur portée par un contexte extrajuridique, les deux phénomènes se sont concentrés sur l'équilibre privé des droits.

1046. On comprend alors facilement pourquoi la doctrine de l'abus de droit s'est toujours penchée de manière préférentielle sur des domaines qui sont aux marges de la légalité étatique, comme le droit des marchands, l'une de ses plus importantes manifestations. L'abus de position dominante, par exemple, est le symbole le plus représentatif d'un critère surgi presque *sua sponte*, antérieur à toute organisation normative, fondé sur des données économiques plutôt que juridiques.

[1884] *Cf.* n.1699, *supra*.

[1885] LEMAIRE Sophie, *idem.*, souligné par nous.

[1886] MATRAY Lambert, *op. cit.*, p. 250.

1047. C'est la spontanéité caractéristique de tout ordre juridique naissant, si présente dans les conceptions de Santi Romano[1887], qui constitue la base axiologique de l'arbitrage international. Dans ce scénario embryonnaire, où les institutions s'érigent sur des sables mouvants, la doctrine de l'abus de droit apporte, par le biais de l'équité, une justice qui ne dépend guère d'un ordre constitué. Cette doctrine dégage un pouvoir normatif en permanente constitution, et la solution équitable de chaque litige n'est rien d'autre que la prémisse pour fortifier les institutions de ce système.

1048. En discourant sur les instruments de contrôle des compétences concurrentes dans le droit international privé, L. Usunier expose clairement cette idée : « La fraude à la compétence porte en outre atteinte aux intérêts de l'ordre juridique fraudé, alors que *les comportements procéduraux abusifs portent avant tout atteinte aux intérêts privés du plaideur victime de l'abus* et, éventuellement, à la crédibilité et à la bonne administration de la justice de l'État dans lequel l'abus de procédure est perpétré[1888]. »

1049. En outre, les mouvements d'autonomisation de l'arbitrage international confirment un désir d'écartement des ordres constitués non seulement dans leur évolution initiale, mais également dans leur maturité. Désormais, comme le remarque A. Lejbowicz, « la société internationale est une société contractuelle, sans loi[1889] ». Donc, à une société contractuelle, un instrument contractuel. L'arbitrage ne fera que renforcer l'aspect conventionnel déjà si présent dans cette société internationale, où l'autonomie de la volonté occupe une place rayonnante.

Cela n'est donc pas un hasard si le Comité d'arbitrage de l'ILA, en recommandant l'abus de droit comme un critère valable pour sanctionner les manœuvres se valant de la *res judicata* internationale, justifie ce choix par la nature privée du principe. Selon son rapport, c'est un concept « *open-textured*[1890] », conférant aux arbitres des larges pouvoirs afin d'identifier l'abus à partir des circonstances de l'espèce.

1050. Par conséquent, cette autre configuration objective de la doctrine de l'abus de droit peut aussi s'adapter aux efforts de sanction de l'arbitrage international. Finalement, plus qu'une configuration théorique immuable, la nature conventionnelle de l'abus constitue un nouvel indice, rappelant que la confluence de la volonté des parties forme un environnement normatif propre, une exception par nature. La doctrine de l'abus permet de limiter une volonté que la théorie de l'arbitrage international a érigée en totem, sans que

---

[1887] *Cf.* n.45 *et seq.*, *supra.*

[1888] USUNIER Laurence, *op. cit.*, p. 389, souligné par nous. Dans le même sens, *cf.* Pedro de ALBUQUERQUE, *op. cit.*, p. 152.

[1889] LEJBOWICZ Agnès, *op. cit.*, p. 55.

[1890] DE LY Filip, SHEPPARD Audley, « ILA Final Report on *Res Judicata* and Arbitration », *Arb. Intern.*, 2009, v. 25, p. 79.

pour cela il soit nécessaire de recourir à des sanctions extérieures à un ordre tout aussi privé.

3°. L'élasticité de l'abus de droit et l'informalité de l'arbitrage international

1051. Après avoir examiné les contributions possibles de l'abus de droit reposant sur sa nature *téléologique* et *privatiste*, il nous reste à observer comment sa nature naturellement *flexible* peut constituer une arme sur un terrain aussi irrégulier que celui de l'arbitrage international.
L'imprécision de l'abus est la raison de son succès, et son indétermination fait merveille[1891]. Toutefois, c'est surtout le pouvoir d'adaptation constante d'un principe à « contenu variable[1892] » qui nous intéresse ici. Son pouvoir autopoïétique permet de renouveler sans cesse l'esprit de la règle, en l'ajustant toujours à l'espèce[1893], et non pas l'inverse.

1052. À cet effet, si l'arbitrage international constitue un domaine si attractif pour les acteurs du commerce international, cela ne résulte surement pas de ses quelques règles, mais, au contraire, de l'informalité de ses solutions[1894]. Celles-ci reposent sur une constante transmutation du contenu et de la manière d'appliquer ses normes, en accord avec la volonté des parties. Tout critère de contrôle fondé sur la violation d'une règle immuable et statique ne peut permettre une sanction efficace de ses comportements abusifs.

[1891] STOFFEL-MUNCK Philippe, *op. cit.*, p. 4.

[1892] Le contenu variable est la principale caractéristique de la notion floue suggérée par V. Fortier (*op. cit.*, p. 759) : « Dès lors, la finalité des notions à contenu variable est d'infléchir les règles techniques, d'en exclure toute rigidité et tout fixité. » Selon L. Josserand, « grâce à cette flexibilité, la notion du motif légitime et avec elle, celle de l'abus, constituent des instruments précieux et puissants d'adaptation du droit au milieu dans lequel et pour lequel il se réalise [...] » (*De l'esprit des droits...*, *op. cit.*, p. 407).

[1893] En outre, cela peut répondre aux exigences du concept d'auto-poïèse tel qu'étudié et transformé par N. Luhmann (par exemple, LUHMANN Niklas, *Law as a social system*, New York : Oxford University Press, 2004, p. 81), s'écartant d'une conception originelle isolée de l'environnement social, vers une idée de production de normes qui observent la société (selon G. Teubner, « auto-observation ». *Cf.* TEUBNER Gunther. *Droit et réflexivité...*, *op. cit.*, p. 99). Or, des doctrines comme celle de l'abus de droit permettent que la reproduction des éléments du système se base justement dans le comportement des parties et, surtout, dans l'« esprit » que les lois acquièrent dans le temps. Impossible ne pas y voir un pont vers l'environnement extérieur.

[1894] Pour P. Lane, l'informalité de l'arbitrage international et la discrétion de ses principaux acteurs, face à des sanctions trop dogmatiques, expliquent le nombre croissant d'abus dans ce type de procédure en comparaison avec les procédures étatiques (LANE Patrick M. « Dilatory tactics: arbitral discretion », *in* VAN DEN BERG Albert Jan (éd.), *Improving the efficiency of arbitration and awards: 40 years of application of the New York Convention*, ICCA Congress Series, 1998, v. 9. The Hague : Kluwer Law International, 1999, p. 424).

Il faudra donc se tourner vers des critères qui, sans perdre de vue la sécurité juridique, forment un moule incessamment adaptable. Selon W. Park, la flexibilité de l'arbitrage international exige une nature « caméléonesque[1895] ». Cette élasticité implique, dès lors, que la règle spécifique puisse être déterminée après que le problème procédural ait été soulevé : une sorte d'« *ex post-facto rule-making*[1896] ».
Il ne s'agit en aucun cas de créer un droit *ad hoc*, au détriment de la prévisibilité des solutions juridiques[1897]. En revanche, nous voyons seulement dans l'abus de droit un de ces instruments dont la mission est d'avouer l'insuffisance du législateur, spécialement du législateur international. Car, si celui-ci ne peut tout prévoir, « il peut prévoir qu'il ne peut tout prévoir[1898] ».

1053. En même temps, c'est une catégorie qui permet de se tourner vers ce qu'une cour américaine a appelé le « meilleur résultat pratique » (dans l'original, « *best practical result* »)[1899], afin de justifier l'application d'une loi locale, au détriment de la loi de renvoi, pour juger une affaire concernant un accident de la route survenu en Ontario. En critiquant cette solution pour une situation de délit totalement étrangère à l'arbitrage international, E. Jayme note que « si l'attachement au cas concret permet de prononcer une décision équitable, les exigences d'une certaine prévisibilité ne sont pas satisfaites[1900] ».
Or, la doctrine de l'abus de droit permettrait, dans l'informalité de l'arbitrage, de s'attacher au cas concret tout en respectant l'insuffisance de ce législateur. Il s'agit alors d'atteindre le « meilleur et le plus équitable résultat pratique », non pas en écartant l'application du droit prévu, mais en recourant à un autre droit qui permettrait d'éviter que l'application du droit

---

1895 PARK William W., « The procedural soft law of international arbitration: non-governmental instruments », *in* MISTELIS Loukas A., LEW Julian D.M. (éds.), *op. cit.*, p. 149. Traduction libre. Dans l'original : « *chameleon-like quality of arbitral flexibility.* »
1896 *Ibid.*
1897 D'ailleurs, le concept même de « prévisibilité légale » dans l'arbitrage international a été contesté comme une notion prioritairement occidentale, basée sur l'établissement d'une série de règles, principes et standards qui doivent être postérieurement respectés. Selon P. Mc Connaughay, pour un plaideur asiatique, par exemple, la relation commerciale issue d'un contrat et les circonstances de son exécution ont un significat bien plus important que le contrat en soi. En effet, la partie asiatique présume, au contraire de la partie occidentale, que la relation commerciale s'adaptera selon des contingences futures souvent ignorées ou même contredites par le contrat ou par la loi (MC CONNAUGHAY Philip J., « The risks and virtues of lawlesseness: a "second look" at international commercial arbitration », *Northw. Univ. L. Rev.*, 1999, p. 458).
1898 CORTEN Olivier, *op. cit.*, p. 240, se référant à Sadok BELAÏD, *Essai sur le pouvoir créateur et normatif du juge*, Paris : LGDJ, 1974, pp. 23-34.
1899 New York Court of Appeals, *Babcock v. Jackson*, 12 NY 2d 473, 191 NE 2d 279, 240 NYS 2d 743 (Ct. App. 1963).
1900 JAYME Erik, *op. cit.*, p. 45.

prévu ne constitue un avantage abusif pour le plaideur. Car ce même plaideur entreprend la manœuvre abusive *parce qu'*il peut prévoir quel sera le droit applicable et, surtout, quelle sera la représentation théorique de l'arbitrage qui sera choisie pour cette application. Voici le détour que la nature élastique de l'abus de droit peut sanctionner.

1054. Dans ce scénario peu réglementé, l'abus permet de remplir les espaces vides créés par la concurrence rigide des différents ordres juridiques et de leurs interprétations respectives, évitant que cette vacance soit tenue pour une fatalité, pour une exception, pour un mal nécessaire de l'organisation théorique. La doctrine de l'abus de droit maintient le *soft law* comme un droit en mouvement, dynamique, qui « n'est souple que par sa capacité à s'adapter à des exigences qui vont généralement en s'accroissant et par la faculté de leurs auteurs d'en préciser la rigueur en fonction des déficiences éventuellement apparues[1901] ».

Le *soft law* qui rassemble aujourd'hui les différents aspects procéduraux de l'arbitrage international ne peut se priver d'instruments de revitalisation de la norme. La théorie de l'abus fournit l'élasticité nécessaire à ce *moto perpetuum.*

1055. Il ne faut pas s'étonner, alors, que certains[1902] pointent précisément cette flexibilité dans l'opinion dissidente de P. Weil dans l'affaire *Tokios Tokéles*[1903], dont la conclusion revient à affirmer l'*abus* de la personnalité morale de la partie demanderesse. Tandis que l'opinion majoritaire présenterait un « *bright-line test* » pour identifier la légalité de la nationalité de l'investisseur étranger, P. Weil opte pour une approche flexible, laquelle résulte dans la constatation de l'abus de droit[1904].

Le conflit entre la position majoritaire et l'opinion minoritaire dans l'affaire *Tokios Tokéles* n'est qu'une métaphore de cette contribution. La manœuvre abusive sera difficilement réprimée tant que la limite des droits sera examinée dans la seule perspective de la juridiction devant laquelle ils sont exercés, de manière statique. Cela exige alors un critère suffisamment élastique pour que les limites des droits appartenant à des ordres juridiques distincts puissent être confrontées. L'abus de droit permet de passer du cadre statique au mouvement dynamique.

[1901] TROCHON Jean-Yves, VINCKE François (orgs.), *L'entreprise face à la mondialisation : opportunités et risques*, Bruxelles : Bruylant, 2006, p. 294.

[1902] MC LACHLAN Campbell, SHORE Laurence, WEINIGER Matthew, *International investment arbitration: substantive principles*, New York : Oxford University Press, 2008, pp. 150-151.

[1903] *Cf.* n.1770, *supra.*

[1904] MC LACHLAN Campbell, SHORE Laurence, WEINIGER Matthew, *idem.*, p. 151.

§ 2°. *L'abus de droit dans un ordre juridique arbitral*

1056. Une fois présentés les traits de la doctrine de l'abus de droit qui se rapprochent des élans théoriques d'un ordre juridique arbitral, reste à prendre conscience que son caractère moralisateur, casuistique, finaliste, privatiste et flexible ne le transforme pas nécessairement dans un principe passe-partout. Afin que ses qualités ne favorisent pas l'insécurité juridique, et considérant que nous présentons l'ordre juridique arbitral comme un nouvel ensemble interprétatif, l'abus de droit ne peut se limiter à un critère d'improvisation, qui lui est extrinsèque. Au contraire, essayons d'identifier la place de cette sanction à l'intérieur de cet ordre (A), et s'il est possible d'y déceler des critères uniformes prépondérants pour son application (B).

A. La nature de l'abus de droit dans l'ordre juridique arbitral

1057. Face à l'utilité de l'abus de droit dans l'équilibre de l'arbitrage international, comment apporter une légitimité systématique à un instrument rebelle par nature ? Autrement dit, dans un contexte souvent déréglementé, les juges et arbitres saisis d'une manœuvre abusive peuvent-ils justifier l'application de cette sanction sans recourir exclusivement à l'utilité de ses solutions ?

Si nous avons déjà présenté la place de cette théorie dans plusieurs domaines du droit international[1905], et même dans un possible ordre juridique international[1906], présentons maintenant comment l'abus de droit peut être employé dans la consolidation et dans l'évolution d'un système autonome d'arbitrage international.

1058. L'abus de droit semble, *pari passu*, incorporé comme règle matérielle d'un droit non plus international, mais transnational. C'est ce qui paraît découler de la recherche d'un ordre public transnational (ou réellement international), incluant explicitement cette notion[1907]. De plus, la constatation de l'insuffisance des règles purement internationales,

---

[1905] *Cf.* n.907 *et seq.*, *supra.*

[1906] *Cf.* n.955 *et seq.*, *supra.*

[1907] LALIVE Pierre, « Ordre public transnational... », *op. cit.*, pp. 356-357 : « L'examen de la pratique tant judiciaire qu'arbitrale a révélé, dans un nombre non négligeable de cas, les interventions d'un ordre public transnational fondé sur, ou appuyé sur, une constatation de l'état actuel du droit international. Si l'on fait abstraction de principes tout à fait généraux comme celui de la bonne foi, *de l'interdiction de l'abus de droit* (estoppel, *venire contra factum proprium*) ou d'autres interventions d'une notion de "bonnes mœurs" universelle, ou d'une moralité contractuelle élémentaire, on constate que, dans bien des cas, l'application par l'arbitre de l'ordre public transnational (on devrait plutôt parler, parfois, "d'application-création") se fonde sur l'existence de certains traités internationaux multilatéraux ou d'autres textes internationaux (recommandations, résolutions d'organisations internationales, codes de conduite, etc.) » (souligné par nous).

comme les principes de l'art. 38, du Statut de la CIJ[1908], renforce ce mouvement.
La notion d'abus de droit surgit dans cette conjoncture. Elle peut s'appliquer comme une règle matérielle transnationale dont la légitimité se trouve dans une méthode d'interprétation permettant de considérer les intérêts des différents ordres juridiques en jeu, *i.e.*, l'ordre arbitral et les divers ordres étatiques concernées par l'arbitrage[1909]. Tandis que les principes du droit international traditionnel s'attachent à l'*uniformisation*, l'horizon d'un droit transnational doit s'ouvrir sur un effort d'*harmonisation.*
La doctrine de l'abus de droit évolue, entre son insertion dans les disciplines du droit international que nous avons examinées auparavant, et un ordre juridique arbitral pris comme un ensemble transnational. Il s'agit bien de replacer l'individu et sa volonté au centre du droit international.

1059. En constituant l'épine dorsale d'un ordre juridique arbitral, l'autonomie de la volonté renforce la nécessité de transférer la méthode d'application de l'abus de droit d'une perspective conflictuelle vers une perspective matérielle[1910]. Le respect des obligations ressortant de la convention et de la sentence arbitrale se substitue au respect des différents ordonnancements concernés par la relation juridique. Et, dans ce dernier cas, si respect il y a, ce n'est que pour garantir la complète exécution des obligations des parties consacrées dans l'arbitrage.
Il nous semble que c'est justement l'usage désordonné de la méthode du droit international privé dans un domaine où prévalent les liens volontaristes qui ouvre la voie aux abus.

1060. En plus d'être une règle transnationale pouvant s'appliquer directement par la méthode matérielle, l'abus de droit acquiert aussi sa légitimité en tant que mécanisme d'équité de l'arbitrage international. D'ailleurs, dans sa poursuite de la morale dans les relations économiques

---

[1908] Sur cette insuffisance, *cf.* Michel VIRALLY, *op. cit.*, p. 384. *Cf.* le dispositif, n.205, *supra.*

[1909] *Ibid.* : « Les raisons de l'insuccès des principes généraux de droit dans le droit international pourraient être celles de leur succès dans ce droit transnational [...] il faudrait alors prendre ces principes pour ce qu'ils sont, c'est-à-dire ne pas les chercher dans le droit international, où ils ne se trouvent pas (à moins de prendre l'article 38 dans un sens purement textuel, sans tenir compte de la jurisprudence internationale), et les rechercher, au contraire, dans une comparaison entre les systèmes juridiques concernés – en tenant compte, évidemment, de façon prioritaire, dans chaque cas, des ordres juridiques nationaux avec lesquels le contrat considéré a le plus d'affinités ou de motifs de rattachement ».

[1910] C'est l'opinion d'A. Bucher quant à l'importance des règles matérielles dans les contrats internationaux, mais qui s'applique sans problème à l'arbitrage international : « [...] dans la mesure où les parties peuvent choisir le droit qui leur convient le mieux, ce procédé ressemble, techniquement, à un rattachement alternatif très ouvert, avec la différence que la loi la plus favorable n'est pas définie dans la règle de conflit mais par un acte de volonté des parties, qui choisiront, idéalement, la loi qui leur offre les solutions les mieux adaptées à leur relation » (*La dimension sociale...*, *op. cit.*, p. 107).

internationales, Ph. Fouchard ne manque pas d'observer que les principes généraux du droit et les sentences arbitrales consacrent, entre les « règles inspirées de la plus pure équité [...] la théorie de l'abus de droit[1911] ».
C'est un instrument au service de l'équité, laquelle constitue l'un de ses « états bruts », sans s'y limiter. Car la conception d'abus de droit peut aller au-delà, stimulant la construction de critères qui, tout en s'inspirant de l'équité, lui confèrent une légitimité théorique dont cette dernière valeur est dépourvue. C'est pourquoi l'une des principales différences soulevées entre équité et abus dans le droit international réside dans le fait que la première dérive d'un souci anormatif, presque inné, tandis que le second semble exiger une attache théorique[1912].
Bien que l'équité soit à la base axiologique de l'abus de droit, il serait dommage de ne pas profiter des constructions juridiques centenaires autour de cette doctrine pour en faire un critère d'application beaucoup plus prévisible. En outre, le développement historique d'une théorie venant garantir l'équilibre de droits opposés semble parfaitement ajusté à la construction historique d'une théorie de l'arbitrage international. Ainsi, la doctrine de l'abus de droit peut apporter à l'arbitrage international des éléments qui ressortent non seulement de son contenu, mais aussi de sa formation épistémologique. Autrement dit, la doctrine de l'abus de droit prouve qu'il est possible d'organiser un système théorique pour régir la coexistence des droits dans un ordre privé tout aussi informel et irrégulier que celui de l'arbitrage international. Dans ce cas, on voit clairement l'un des principaux intérêts d'organiser l'abus de droit dans un cadre théorique qui va bien au-delà de la simple équité.
Au fond, abus et équité ne sont pas des idées comparables, car elles ne se situent pas au même niveau. La doctrine de l'abus vise la solution équitable. C'est l'étude du chemin emprunté, plutôt que de la solution à l'arrivée, qui nous intéresse ici. Et, dans ce sens, l'abus ne peut qu'être une notion dynamique et interprétative, un instrument de perfectionnement normatif de cet ordre encore en formation.

1061. Désormais, plus important que de règlementer l'abus de droit au sein de tel ou tel texte international, il vaudrait mieux voir la notion participer à l'effort de construction d'un ordre juridique arbitral, non pas comme un ensemble hermétique, mais comme un instrument d'interprétation des rapports commerciaux. E. Gaillard note que l'un des principaux avantages de cette vision est que si « les règles transnationales sont comprises comme une

---

[1911] FOUCHARD Philippe, « Droit et morale dans les relations économiques internationales », *Rev. sc. morales et pol.*, 1997, n°3, p. 18.
[1912] ROULET Jean-David, *op. cit.*, pp. 127-130. Sur cette ressemblance, *cf.* not. André A. BALASKO, *Causes de nullité de la sentence arbitrale en droit international public*, Paris : Pedone, 1938, p. 176.

méthodologie résultant d'un nombre de sources dérivées de la perspective de droit comparé, alors elles seront extrêmement sensibles aux changements exigés par le commerce international[1913] ».
L'abus de droit ne peut qu'être l'une de ces sources sensibles aux changements du commerce international, et qui intègrent la méthodologie dont nous parle le juriste. Celui-ci nous révèle surtout que plutôt que de définir l'abus de droit comme une règle, un principe, un standard, *il faut y voir une catégorie du droit transnational pouvant s'intégrer dans le raisonnement des juges et arbitres, pour permettre d'incorporer à l'esprit du système les manœuvres qui défient son adaptabilité.* Ainsi, l'ordre arbitral serait rendu suffisamment élastique pour que l'on puisse interpréter ces mouvements déviants non pas comme des exceptions, mais comme des abus.

B. Les critères de l'abus dans l'ordre juridique arbitral

1062. Pour contourner l'application disparate des critères de l'abus de droit par chaque droit national, A. Nuyts suggère « d'ériger la sanction de l'exploitation abusive des règles uniformes du droit judiciaire européen en *limitation autonome et communautaire*[1914] ». Dans le cadre plus précis de l'arbitrage international, s'ajoute à la diversité des ordres étatiques intervenants l'existence de règles matérielles transnationales appliquées directement au litige.
Cela dit, est-il possible d'identifier des critères pouvant être employés indifféremment par juges et arbitres dans ce scénario prismatique ? Les qualifications subjectives et objectives que nous avons explorées ci-dessus[1915] nous apportent déjà une première réponse. Néanmoins, elles ne révèlent pas la priorité des unes sur les autres – ou même s'il faut vraiment chercher une quelconque priorité.

1063. En ce qui concerne l'application de l'abus de droit comme doctrine matérielle au fond du litige, par exemple pour limiter la réparation de certains dommages, la jurisprudence a privilégié une perspective plutôt objective, reposant sur les circonstances de l'espèce[1916]. Cependant, l'analyse

---

[1913] GAILLARD Emmanuel, « Transnational law… », *op. cit.*, p. 68, souligné par nous. Traduction libre. Dans l'original : « *In contrast, where transnational rules are understood as a methodology drawing from a number of sources pursuant to the comparative law approach, they will by nature be extremely responsive to the changing needs of international commerce.* »

[1914] NUYTS Arnaud, « *Forum shopping* et abus du *forum shopping…* », *op. cit.*, p. 772, italique dans l'original.

[1915] *Cf.* n.1013 *et seq.* et 1034 *et seq.*, *supra*, respectivement.

[1916] Affaire *Himpurna* (n.61 *supra*) et *Patuha Power Ltd. (Bermuda) v. PT (Persero) Perusahaan Listruik Negara (Indonesia)*, *Mealey's Int'l Arb. Rep.*, 1999, v. 14, B-1, B-44. Les deux décisions sont pratiquement identiques, réserve faite de certains détails concernant l'identité des compagnies et les détails des projets respectifs. Pour une étude de ces affaires

reste à faire quant à l'application de cette doctrine aux manœuvres procédurales des parties dans l'arbitrage international.

1064. Bien plus proche de notre sujet, quoiqu'encore restreint à l'abus dans l'arbitrage interne, H. Lécuyer nous fournit une piste qui peut être utile dans le scénario international : « L'abus dans l'exercice des voies de recours contre les sentences arbitrales pourrait sceller la réconciliation, par tiers impartial interposé, de Ripert et de Josserand, réconciliation par l'addition des critères proposés par chacun d'eux[1917]. » Cette addition, selon le juriste, confère à l'abus le plus vaste domaine qui soit, à partir de critères répondant « tant aux exigences de l'arbitrage que de celles de la justice étatique qui la commande[1918] ».

Nous nous rapprochons d'une synthèse intéressante pour notre thèse, en ce qu'elle encourage l'abus comme critère d'équilibre entre la juridiction étatique et l'ordre arbitral. Toutefois, ajoutons y une deuxième dimension, afin d'étudier non seulement le dialogue entre le tribunal arbitral et la juridiction de son contrôle, mais aussi le dialogue entre le tribunal arbitral et tous les ordres étatiques concernés par l'arbitrage.

1065. La dimension objective de l'abus de droit, en renforçant l'esprit d'un ordre juridique arbitral, pourrait alors constituer la clef de voûte de ce nouveau réseau.

En effet, la superposition de différents ordres juridiques dans un domaine livré aux stratégies procédurales les plus variables ne permet pas d'établir que la malice est le seul critère de l'abus de droit. Comme nous le rappelle P. Stoffel-Munck, « toutes les actions de l'homme sont inspirées par une pluralité complexe de sentiments[1919] ».

L'élément subjectif peut certes contribuer à contourner les tactiques de guérilla dans l'arbitrage international, mais c'est un critère dangereux et inutile s'il est interprété comme moyen unique dans ce combat[1920]. Il faudrait

---

dans la perspective de la doctrine de l'abus de droit, *cf.* Irina PETROVA, « "Steeping on the shoulders of a drowning man". The doctrine of abuse of right as a tool for reducing damages for lost profits: troubling lessons from the Patuha and Himpurna arbitrations », *Geo. Journ. Intern. L.*, 2004, pp. 455 *et seq.* Dans le cas d'un abus quant au fond du litige, rappelons que la sentence *Saipem* considère l'intervention *abusive* de l'État dans l'arbitrage international comme une faute internationale, renforçant, alors, un critère subjectif (affaire *Saipem*, n°62, *supra*, par. 165). Sur ce thème, *cf.* RADICATI DI BROZOLO Luca G., MALINTOPPI Loretta, « Unlawful interference with international arbitration by national courts of the seat in the aftermatch of *Saipem v. Bangladesh* », *in* FERNÁNDEZ-BALLESTEROS Miguel Ángel, ARIAS David (éds.), *Liber amicorum Bernardo Cremades*, Madrid : La Ley, 2010, p. 68.

[1917] LÉCUYER Hervé, « Exercice abusif des voies de recours… », *op. cit.*, p. 582.

[1918] *Ibid.*, pp. 582-583.

[1919] STOFFEL-MUNCK Philippe, *op. cit.*, p. 180.

[1920] Saleilles lui-même, dans son analyse du projet du Code civil allemand, observait déjà en°1914 que « rien n'est plus dangereux, en effet, ou sinon rien n'est plus inutile, que de vouloir s'en remettre uniquement à la psychologie individuelle du soin de fournir le *critérium* de l'abus de droit ; il n'est personne qui ait, en pareil cas, l'ingénuité d'avouer qu'il n'avait

l'associer à la perspective objective, reposant sur la finalité des règles et principes formateurs de l'arbitrage international. Or, en nous fournissant une représentation conceptuelle fondée sur une expérience doctrinale et jurisprudentielle solide, l'ordre juridique arbitral dégage un esprit dont il est impossible de se passer.

1066. Pourtant, si le critère subjectif ne peut suffire comme unique moyen d'appréhender ces manœuvres, il ne peut être ignoré. Bien au contraire, c'est l'*animus nocendi*, sous toutes ses formes, qui permet d'identifier un comportement abusif, quand la finalité de celui-ci est tout aussi légitime que la finalité du droit qui lui est opposé. Comme nous travaillons, dans le cadre de l'arbitrage international, avec plusieurs ordres juridiques parallèles, chacun d'eux peut naturellement fournir une certaine légitimité à l'esprit de ses propres droits.

Ainsi, s'agissant d'actes « à genèse complexe[1921] », selon l'expression de L. Josserand, l'élément subjectif permet de dégager, parmi tous les mobiles opposés, celui dont l'habillage objectif dissimule une intention malveillante. Il ne faut donc pas fuir une recherche psychologique, spécialement dans un domaine où la volonté est l'un des éléments formateurs de l'ordre juridique que les parties essaient de contourner. En outre, cela évite simplement de « tomber dans les plus dangereuses fantaisies de la contrainte sociale[1922] ».

Et cela sans qu'il soit nécessaire de sonder des reins et des cœurs. Comme nous en alertait Y. Derains à propos des techniques anti-recours abusifs dans l'arbitrage international, « selon une motivation ou une autre, l'abus est ou n'est pas conscient mais dans tous les cas il se constate objectivement[1923] ». L'auteur ne fait ici que transposer dans le champ de l'arbitrage international un constat déjà classique, bien résumé par R. Demogue : « Aussi on a pu dire que si la condition d'existence de l'abus est de nature subjective, le moyen pour apprécier son existence est de nature objective : l'acte de l'agent doit être anormal ou antisocial[1924]. »

1067. On constate alors une priorité des indices objectifs, sans pourtant négliger l'élément subjectif comme un critère permettant de se rapprocher des parties quand les différents ordres juridiques en question fournissent à leurs droits respectifs un « esprit » également légitime. Si la finalité des droits exercés par les plaideurs est pareillement valable à la lumière des ordres desquels ils émanent, alors on ne peut que se rapprocher de l'intention

---

d'autre but que de nuire à autrui » (*Étude sur la théorie générale de l'obligation...*, *op. cit.*, p. 371, cont. note 1 de la p. 370).

[1921] JOSSERAND Louis, *De l'esprit des droits...*, *op. cit.*, p. 378.

[1922] RIPERT Georges, *La règle morale...*, *op. cit.*, p. 183 : « Dès qu'on enlève à la théorie de l'abus des droits son fondement moral, on tombe dans les plus dangereuses fantaisies de la contrainte sociale ».

[1923] DERAINS Yves, « Les techniques anti-recours abusifs », *op. cit.*, p. 241.

[1924] DEMOGUE René, *op. cit.*, p. 377.

qu'ils ont consignée dans la convention arbitrale ; si, au contraire, un dialogue entre ces différents ordres permet une pondération entre la légitimité de l'exercice de ces droits devant chacune de ces juridictions, alors l'élément subjectif ne viendra qu'en renfort de ce constat.
Pourtant, malgré ces premières idées, seule l'application pratique de la doctrine de l'abus de droit au quotidien de l'arbitrage international, dont nous essayerons de dessiner un panorama dans le prochain chapitre, pourra fournir un aperçu plus limpide de ces indices. La malléabilité propre à l'abus rend inutile toute tentative de réunir ses critères dans une liste étanche ; il semble plus bénéfique de comprendre par quel raisonnement on les identifie.

Conclusion du Chapitre II

1068. Même si nous nous sommes cantonnés, pour l'instant, à une analyse encore conceptuelle de la doctrine de l'abus de droit, nous observons l'utilité du raisonnement qu'elle propose dans la situation actuelle de l'arbitrage international. La superposition entre les différentes caractéristiques de l'abus de droit et les configurations du mouvement de construction d'un ordre juridique arbitral semble presque naturelle. En même temps, la difficulté de transposer des critères construits sous l'influence du droit international privé dans un système autonome ne fait que renforcer notre proposition. L'abus apparaît alors comme un principe de renouveau.

1069. A.-C. Kiss, à la fin de sa thèse sur l'abus de droit en droit international, arrête sur le bilan suivant : « Donc, souplesse, évolution d'un côté, incertitude de l'autre, voilà la somme des valeurs et des dangers qui appartiennent au principe de l'abus de droit[1925]. » L'organisation des différentes dimensions de l'abus de droit permet justement de ne pas en faire un simple prétexte d'équité, mais une doctrine complète, évitant ainsi l'insécurité.
Donc, même imprécis par nature, l'abus ne peut dériver, et un minimum de prévisibilité exige qu'il soit consacré comme moyen interprétatif dans un ensemble de règles transnationales matérielles. Plus que la source de sa légitimation positive, c'est la méthode qu'il propose dans la confrontation de plusieurs ordres juridiques qui nous semble intéressante.

1070. Finalement, espérons que cette approche théorique révèle l'abus de droit non seulement comme un instrument de sanction des parties naviguant entre les plusieurs ordres juridiques concernés par l'arbitrage international, mais, surtout, comme un moyen d'éternel renouvellement d'une discipline qui ne peut cesser de se transformer.

[1925] KISS Alexandre-Charles, *op. cit.*, p. 196.

CONCLUSION DU TITRE I

1071. Notre finalité étant de présenter l'abus de droit comme un critère de déclenchement des mécanismes de contrôle de l'arbitrage international, ce premier titre se devait de poser ses bases théoriques. Cela sans négliger le but de notre travail, en évitant que les débats complexes sur l'abus de droit perdent de vue son rapprochement avec l'état théorique actuel de l'arbitrage international.

1072. Impossible, face à l'emploi d'une série d'autres critères dans ce domaine, de ne pas les écarter auparavant, tout en examinant quelles sont les caractéristiques de l'abus de droit qui pourraient les remplacer avec plus de précision. Une étude approfondie de cette doctrine s'avérait donc indispensable, puisque c'est sur ses bases que repose notre analyse.

1073. L'on arrive à un critère issu du droit des obligations, ce qui n'a pas empêché son appropriation dans des contextes tout aussi différents que la procédure, le droit international privé, ou le droit international publique. Ce simple constat montre déjà la qualité d'un critère qui s'adapte facilement aux différentes exigences de chacune de ces disciplines, à leurs finalités, à leurs esprits. Plus que de réglementer la substance de chacune de ces branches, c'est la forme de leur mise en place dans un contexte évolutif qui constitue le trait d'application commun de l'abus de droit.

1074. De plus, les théories objectives de l'abus de droit ont fourni un mécanisme très adapté aux périodes de consolidation normatives, spécialement dans la formation de nouvelles dynamiques, sans que cela représente une rupture trop brutale avec le *statu quo*. L'ordre juridique arbitral en mouvement nous semble constituer ce terrain idéal, si propice aux mécanismes de modulation progressive, tout en préservant les attaches plus conservatrices.

1075. Au fond, ce premier titre n'est qu'une projection, au travers du prisme de l'abus de droit, de l'ordre juridique arbitral présenté dans le premier titre de la première partie. Essayons, maintenant d'incorporer ce reflexe dans la réalité. Il s'agit de montrer comment, dans la pratique, la doctrine de l'abus de droit peut être mise en place dans les mécanismes de contrôles de l'arbitrage international.

TITRE II

UNE RECONSTRUCTION PRATIQUE DE L'ARBITRAGE INTERNATIONAL

1076. Si le titre précédent porte sur l'infiltration théorique de l'abus de droit dans la conception d'un ordre juridique arbitral, le présent titre se penche sur son application pratique. Reprenons notre jeu de miroir entre les deux parties de cette thèse, déjà exploré sous l'angle théorique, pour l'examiner ici sous un angle pratique.

La coïncidence entre les critères objectifs et subjectifs de l'abus de droit et les exigences actuelles pour une représentation utile et fonctionnelle de l'arbitrage international nous fournissent une légitimité théorique qui renforce la proposition d'une application pratique.

1077. Toutefois, l'abus de droit ne se réduit pas à un simple critère de déclenchement des mécanismes de contrôle de l'arbitrage international ; car, en plus de pouvoir être intégré à ces instruments dans le but de promouvoir l'adaptation de l'ordre juridique arbitral aux manœuvres qui lui font exception (chapitre I), la doctrine de l'abus de droit acquiert aussi une fonction corrective du système, *a posteriori*, par la sanction de ces comportements (chapitre II).

Chapitre I. L'abus de droit comme critère des mécanismes de contrôle de l'arbitrage international

1078. Actuellement, doctrine et jurisprudence cherchent une approche plus flexible des règles d'exception de l'ordre international. Toutefois, cette flexibilisation manque encore de légitimité théorique, en vue de laquelle nous avons tenté de dégager ici la doctrine de l'abus de droit. Ainsi, une fois établi le caractère naturellement élastique du scénario, profitons de cette prise de conscience pour y insérer les bons acteurs.
Voyons alors comment pourrait se dérouler le spectacle à la lumière d'un nouveau projecteur. Ainsi que nous l'avons fait dans la première partie, nous éclairerons, à l'aide de l'abus de droit, autant les manœuvres engagées avant ou pendant la procédure arbitrale (section I), que celles entamées après la procédure, concernant les problèmes liés à la sentence arbitrale (section II), dans une approche pratique.

Section I. L'abus de droit comme critère des mécanismes de contrôle avant et pendant la procédure arbitrale

1079. Si nous avons examiné dans la première partie[1926] la *lis pendens* et les injonctions anti-procédure comme les deux principales catégories tentant de cadrer le dialogue entre les ordres étatiques et l'arbitrage international, observons à présent comment ces deux mécanismes (§ 1° et § 2°, respectivement) pourraient encore mieux correspondre à ce contexte en y incorporant le critère du comportement abusif.

§ 1°. L'abus de droit comme exception à la litispendance internationale

1080. Certains observent une relation presque naturelle entre l'abus de droit et la litispendance internationale[1927]. En effet, très souvent, les cours étrangères ne sont saisies que dans le but de produire une série de conséquences juridiques et factuelles pour porter préjudice à l'autre partie. Que ce soit pour maculer la réputation professionnelle d'un commerçant dans plusieurs fors, ou bien pour rendre difficile la future reconnaissance d'une sentence arbitrale, les motivations peu orthodoxes sont innombrables.

[1926] *Cf.* n.481 *et seq.*, *supra*.
[1927] STEFANO Giuseppe de, « Note sull'abuso del processo », *Riv. dir. proc.*, 1964, p. 586.

1081. Le problème, qui semblait déjà exister d'une manière générale, est renforcé par le développement de l'espace judiciaire européen, et la consécration des règles internationales de *lis pendens*, spécialement par l'art. 27, du Règlement n°44/2001[1928]. Dès lors, la transposition de la litispendance au niveau international ne peut atteindre des résultats satisfaisants qu'à condition de « trouver des mécanismes pouvant faire face à des hypothèses d'*abus de droit*[1929] ».

C. Mc Lachlan regrette d'ailleurs que « malgré l'acceptation de l'abus de droit comme un principe du droit communautaire par la CJCE, il ne semble pas qu'une révision législative soit en vue pour l'inclure comme exception à la règle de la première cour saisie[1930] ». La position de l'auteur nous renvoie alors aux récentes propositions de réforme du Règlement n°44/2001. Il nous semble que, bien que de manière souvent timide et voilée, le combat contre les abus de procédure dans le droit communautaire est bien l'une de leurs finalités.

1082. En ce qui concerne spécifiquement la règle de la première juridiction saisie, il est vrai que la dernière proposition de refonte du Règlement, en date de juin 2012[1931], semble plutôt confirmer les propos de C. Mc Lachlan. En effet, bien que la refonte proposée par la Commission européenne[1932] en décembre 2010 exige que, dans un cas de litispendance, la première cour saisie établisse sa juridiction *dans un délai maximum de six mois* – sauf circonstances exceptionnelles –, la refonte du Conseil de l'UE[1933]

[1928] *Cf.* n.579, *supra.*

[1929] Mc Lachlan Campbell, *Lis pendens…*, *op. cit.*, pp. 181-182, italique dans l'original. Traduction libre. Dans l'original : « *Some mechanisms needs to be found to address at least cases of* abus de droit *[…].* »

[1930] *Ibid.* Traduction libre. Dans l'original : « *[…] and abus de droit, despite its acceptance by the Court as a general principal of Community law, does not appear to be on any revision agenda at this stages as an exception to the court first-seised rule.* »

[1931] *Cf.* n.825, *supra.*

[1932] Art. 29(2) : « 2. Dans les cas visés au paragraphe 1, le tribunal premier saisi établit sa compétence dans un délai de six mois, sauf si cela s'avère impossible en raison de circonstances exceptionnelles. Sur demande de toute autre juridiction saisie du litige, le tribunal premier saisi informe celle-ci de la date à laquelle il a été saisi et lui indique s'il s'est déclaré compétent à l'égard du litige ou, à défaut, il lui communique le délai estimé nécessaire pour fonder sa compétence » (*cf.* n.827, *supra*).

[1933] Art. 29 : « 1. *Without prejudice to Article 32(2),* where proceedings involving the same cause of action and between the same parties are brought in the courts of different Member States, any court other than the court first seised shall of its own motion stay its proceedings until such time as the jurisdiction of the court first seised is established. *2. In cases referred to in paragraph 1~~, the court first seised shall establish its jurisdiction within six months except where exceptional circumstances make this impossible.~~* **u***pon request by* **a** *court seised of the dispute,* **any other court** *seised shall* **without delay** *inform* **the former** *court of the date* **[…] when** *it was seised* **according to Article 33[…]**. 3. **(ex 2.)** Where the jurisdiction of the court first seised is established, any court other than the court first seised shall decline jurisdiction in favour of that court. **4. (deleted)** » (gras, italique et barré dans l'original, *cf.* n.825, *supra.*

de 2012 exclut ce délai, revenant à la simple règle de priorité chronologique, et permettant ainsi qu'une compétence abusive se prolonge indéfiniment. La fixation d'un délai serait certainement une arme efficace contre les « *torpedos*[1934] ».

Malgré ce recul, la proposition de 2012 maintient une importante modification de la refonte de 2010, destinée à accroître l'effectivité des accords d'élection de for. Il s'agit de la priorité attribuée à la juridiction accordé par les parties pour se prononcer sur sa compétence, interdisant aux tribunaux des autres États membres de se prononcer sur le litige[1935]. Ainsi, même si la juridiction conventionnée par les parties est saisie en second, elle garde la priorité. Selon l'exposé de motifs de la proposition de 2010, « cette modification accroîtra l'effectivité des accords d'élection de for et découragera l'*engagement de procédures abusives* devant des juridictions non compétentes[1936] ».

L'importance de ces modifications dans le contexte de notre étude est renforcée par le fait que la refonte proposée en 2012 prévoit, de manière beaucoup plus explicite, la relation entre les cours étatiques européennes et l'arbitrage, comme nous l'avons étudié dans la première partie de notre analyse[1937]. Parmi ses propositions, le texte de 2012 renforce l'importance d'un espace arbitral autonome en affirmant que la décision des cours nationales sur la régularité de la clause compromissoire n'est pas soumise au Règlement. En outre, rappelons que la refonte 2012 exclut de son application, de manière explicite, toutes les demandes étatiques en support de l'arbitrage, comme celles concernant l'établissement du tribunal arbitral, les pouvoirs des arbitres, le déroulement de la procédure et le contrôle de la sentence.

Il est vrai que ces modifications concernant l'arbitrage international ne sont pas associées de manière aussi explicite aux efforts de contrôle des manœuvres abusives qui semblent constituer la motivation annoncée des propositions concernant la coopération judiciaire stricte. Toutefois, l'association entre la clause compromissoire et la clause d'*electio juris* au sein du droit communautaire, ainsi que l'explicitation de la relation entre arbitrage et procédure étatique dans le Règlement, révèle que la lute contre

---

La partie de l'article rayée correspond à la proposition d'exclusion du Conseil par rapport au texte de la Commission).

[1934] *Cf.*, spéc., n.353 *et seq.*, *supra*.

[1935] Art. 32(2), autant de la refonte 2010 (*cf.* n.827, *supra*) que de la refonte 2012 (*cf.* n.825, *supra*), cette dernière avec des modifications concernant seulement le numéro des articles. Transcrivons donc la version de 2010, dans l'original en français : « 2. À l'exception des conventions régies par les sections 3, 4 et 5 du présent chapitre, lorsqu'une convention visée à l'article 23 attribue une compétence exclusive à une juridiction ou aux juridictions d'un État membre, les tribunaux des autres États membres ne peuvent connaître du litige tant que le tribunal ou les tribunaux désignés n'ont pas décliné leur compétence ».

[1936] *Cf.* n.827, *supra*, p. 9.

[1937] *Cf.* entre autres n.643 *et seq.*, *supra*.

les abus de procédure, soit étatique, soit arbitrale, ressort facilement d'une lecture systématique de la proposition.
Ainsi, revenant à C. Mc Lachlan, en dépit de l'exclusion de l'arbitrage du Règlement actuel, le problème des procédures étatiques abusives en violation d'une clause compromissoire n'a pas été négligé au sein des débats pour la réforme des règles européennes de coopération judiciaire. La coexistence de plusieurs juridictions étatiques n'est que renforcée par la présence d'un tribunal arbitral, lequel s'efforce pourtant de se distinguer en constituant un troisième ordre autour de la volonté des parties. De plus, la CJCE elle-même semble encore hésiter à écarter l'arbitrage des règles de litispendance, comme le montre l'affaire *West Tankers*[1938].
Ainsi, que cela soit de *lege lata* ou de *lege ferenda*, l'abus comme exception à la *lis pendens* dans le contrôle des procédures arbitrales parallèles est bien au centre des débats du droit communautaire actuel.

1083. Face à cette conjoncture, examinons d'abord une série de cas moins explicites, dans lesquels les règles de la *lis pendens* internationale se plient face à ce type de manœuvres abusives. Même si l'on ne parle pas toujours explicitement d'abus de droit, ces exemples témoignent néanmoins de la manière dont le fléchissement de ses règles est associé aux irrégularités du système.

1084. E. Gaillard[1939] nous fournit un premier exemple très intéressant. Le juriste présente l'hypothèse d'un État qui, étant partie dans une procédure arbitrale internationale, demande à son propre juge national de déclarer qu'il n'est pas lié par la convention, déniant tout pouvoir de décision autonome aux arbitres. Si, parallèlement, le tribunal arbitral recourt au conflit de lois pour vérifier dans la législation de cet État l'aptitude des personnes publiques à s'engager dans un arbitrage, la litispendance ne peut qu'en être renforcée.
Selon l'auteur, la démarche comparatiste, permettant aux arbitres de se valoir de règles matérielles transnationales, comme l'estoppel, sanctionnerait le comportement d'un État qui, acceptant librement la convention, se retranche postérieurement derrière son propre droit pour contester son engagement[1940].

1085. Même s'il ne s'agit pas expressément d'abus de droit, l'on voit déjà combien il est important de faire appel à une méthode détachée des particularismes locaux face à une litispendance prise entre deux différents ordres juridiques également légitimes. Ce sont des critères qui, comme l'abus, ne peuvent être utilement mis en place qu'à partir d'une perspective transnationale.

[1938] *Cf.* n.604, *supra.*
[1939] GAILLARD Emmanuel, *Aspects philosophiques…*, *op. cit.*, pp. 114-115.
[1940] *Ibid.*, p. 115.

Dans ce cas spécifique, l'identification d'une manœuvre abusive de l'État pourrait légitimer la décision des arbitres qui détermine la poursuite de la procédure arbitrale, sans considérer la demande étatique parallèle. Pour arriver à ce résultat, il est toutefois indispensable que les arbitres examinent les fondements et la forme de l'exercice du droit de contester la convention devant son propre juge. Voici encore une condition du dialogue entre les différents ordres juridiques concernés.

1086. L'idée d'un comportement *vexatoire* ou *oppressif*, qui nous vient du *common law*, est également évoquée comme règle d'exception de la litispendance internationale. Ce sont des critères que la doctrine[1941] associe à l'abus de droit, et qui sont d'ailleurs souvent employés dans la caractérisation des procédures parallèles par les tribunaux anglais[1942]. L'influence n'est pas moins présente dans le droit français, puisque des auteurs comme H. Muir Watt notent que le juge saisi en second possède le pouvoir « de refuser la litispendance en vue de faire échec au comportement *vexatoire [d'un plaideur]*[1943] ».

1087. L'indication voilée de l'abus de droit se trouve très souvent entre les lignes d'une série de règles et principes portant sur la litispendance. Par exemple, l'art. 9(1), LDIP[1944], prévoit le « délai convenable » de la décision étrangère comme condition de reconnaissance de la litispendance, et, donc comme condition pour suspendre la procédure des juridictions suisses[1945].

[1941] Mc Lachlan Campbell, *Lis pendens*..., *op. cit.*, p. 430 .

[1942] Comme exemple, *cf. Société Nationale Aerospatiale v. Lee Kui Jak*, [1987] 1 AC 871 (PC(Brunei)).

[1943] Muir Watt Horatia, « Qui a peur de la compétence exorbitante ? », *Justice*, 1995, p. 340, souligné par nous.

[1944] *Cf.* n.796, *supra*.

[1945] Notons que l'imposition d'un « délai convenable » pour la fixation de la litispendance est au centre des propositions de réformes du Règlement n°44/2001, dont le principal objectif n'est autre que de combattre les manœuvres abusives. Ainsi, le concept est présent dans l'art. 34 de la refonte 2012 (*cf.* n.825, *supra*), comme critère pour évaluer si la juridiction d'un État non-membre (au contraire du problème concernant la juridiction parallèle de deux États membres, prévue par l'art. 29) rendra un jugement dans un « *reasonable time* », permettant alors à la juridiction européenne saisie en second de surseoir à statuer sur la même affaire (dans l'original : « *When taking into account the proper administration of justice, the court should assess all the circumstances of the particular case. This could include the connections between the facts of the case and the parties and the third State in question, the stage to which the proceedings in the third State have progressed by the time proceedings are initiated in the court of the Member State and whether or not the court of the third State can be expected to give a judgment within a reasonable time* », note 2 à l'art. 34). Au contraire, l'art. 34(3)(b) autorise la cour de l'État membre à poursuivre la procédure déjà engagée devant la juridiction tierce si elle estime que celle-ci ne se prononcera pas dans un délai convenable (dans l'original : « *It appears to the court that the proceedings in the court of the third State are unlikely to be concluded within a reasonable time* »).

La présomption qu'une décision étrangère rendue dans un délai non convenable est souvent le signe d'un abus est confirmée dans l'affaire *Fomento*[1946]. En exigeant que des arbitres régulièrement constitués sursoient à statuer en attendant l'aboutissement d'une demande étrangère engagée en violation de la convention, le Tribunal fédéral a surtout été critiqué pour avoir ouvert la voie aux abus[1947].
Rappelons que pour contourner les reproches adressés à cette décision, le législateur suisse établit, dans l'al. 1*bis* de l'art. 186, LDIP, que la litispendance d'une autre demande – soit étatique, soit arbitrale – n'a aucun effet sur la compétence du tribunal arbitral, « sauf si des motifs sérieux commandent de suspendre la procédure[1948] ».
Notons qu'une interprétation *a contrario sensu* de ce nouveau dispositif permet de sanctionner non seulement la saisine abusive des cours étatiques devant une clause compromissoire, mais tout aussi bien celle du tribunal arbitral, quand il n'y aurait pas de raison de recourir à l'arbitrage. Cette situation découle de la soupape de sécurité que constituent les « motifs sérieux », permettant d'englober toute forme de comportement abusif[1949]. Ainsi, la preuve d'une saisine abusive d'un tribunal arbitral pourrait parfaitement constituer un motif sérieux autorisant la suspension de la procédure arbitrale.

1088. Récemment, les cours françaises se sont aussi rapprochées de cette idée avec la notion de « motifs déviants », pris comme autant d'obstacles à l'établissement d'une litispendance entre une procédure arbitrale siégée à Stockholm et une procédure en référé devant les juridictions parisiennes.
Dans l'affaire *Elf Aquitaine*, la cour d'appel de Paris[1950] affirme que les tribunaux français ne doivent pas intervenir au sein d'une mesure provisoire contestant la légitimité de la nomination d'un arbitre, quand son *seul propos est de constituer un obstacle à la progression de l'arbitrage*. La Cour de cassation[1951] confirme ce délibéré, en rajoutant que « le tribunal arbitral [est] une juridiction internationale autonome », renforçant la conception française d'un ordre juridique arbitral. Il nous semble que les décisions d'appel et de cassation concilient parfaitement nos propos. Si la première insiste sur la distorsion de la finalité du droit au provisoire exercé devant une cour étatique, la seconde affirme la représentation autonome de l'arbitrage international comme l'esprit qui irradie ladite finalité. Entre la finalité et l'esprit du droit à la mesure, les juridictions françaises évitent bien un abus de l'arbitrage international.

[1946] *Cf.* n°362 *et seq.*, *supra*.
[1947] *Cf.* la critique d' E. Gaillard (*Aspects philosophiques…*, *op. cit.*, p. 132), n.596, *supra*.
[1948] *Cf.* n.364, *supra*.
[1949] *Cf.* SAMUEL Adam, *op. cit.*, p. 262.
[1950] CA Paris, *Sté Elf Aquitaine ; Sté Total v. Jean-Pierre X... et autres*, 5 nov. 2010.
[1951] Cass., 1re Ch. civ., 12 oct. 2011, *Sté Elf Aquitaine ; Sté Total v. Jean-Pierre X..., et autres*.

1089. La même idée se retrouve dans l'art. VI(3), de la Convention de Genève de 1961[1952]. Le dispositif détermine que les tribunaux judiciaires saisis postérieurement à une demande d'arbitrage sursoient à statuer même dans les cas d'une action de contestation de la convention arbitrale, « sauf motifs graves ». Ici, l'ouverture permettrait une réserve non seulement vis-à-vis de la litispendance, mais aussi vis-à-vis du principe même de la compétence-compétence.

Au contraire, la Convention de New York, dans son article correspondant – art. II(3)[1953] –, désigne non seulement la compétence des cours étatiques dans les cas d'irrégularité de la convention, mais ne prévoit aucune ouverture permettant d'insérer l'abus de droit en tant qu'exception. C'est précisément ce qui constitue la faiblesse de ce texte par rapport à la Convention européenne, selon Y. Derains[1954], qui rappelle que dans le système de New York, il est très facile pour une partie d'établir une procédure parallèle dans sa juridiction d'origine en demandant la reconnaissance de l'irrégularité de la convention.

1090. Ici, mentionnons le projet de réforme de la Convention de New York présenté par A. J. van den Berg en 2008[1955]. Sa proposition rend beaucoup plus claires les exceptions au principe de la compétence-compétence, incluant des moyens plus précis pour éviter une saisine abusive des cours étatiques.

Ainsi, le magistrat ne refuse de renvoyer les parties à l'arbitrage que si la partie adversaire a déjà saisi au fond les cours étatiques, avant de demander le renvoi à la procédure arbitrale (let. « a »), s'il n'existe, dans un examen *prima facie*, une convention d'arbitrage valable (let. « b »), et si l'arbitrage du litige viole l'ordre public international du lieu où la convention est évoquée (let. « c »), ce dernier moyen pouvant même être relevé *ex officio*[1956].

[1952] « Lorsque avant tout recours à un tribunal judiciaire, une procédure d'arbitrage aura été introduite, les tribunaux judiciaires des États contractants, saisis ultérieurement d'une demande portant sur le même différend entre les mêmes parties ou d'une demande en constatation de l'inexistence, de la nullité ou de la caducité de la convention d'arbitrage, surseoiront, *sauf motifs graves*, à statuer sur la compétence de l'arbitre jusqu'au prononcé de la sentence arbitrale » (souligné par nous).

[1953] *Cf.* n.804 *supra*.

[1954] DERAINS Yves, « L'abus des "*anti-suit injunctions*"... », *op. cit.*, p. 112.

[1955] *Cf.* n. 359, *supra*.

[1956] « *Article 2 –Enforcement of Arbitration Agreement - 1. If a dispute is brought before a court of a Contracting State which the parties have agreed to submit to arbitration, the court shall, at the request of a party, refer the dispute to arbitration, subject to the conditions set forth in this article. 2. The court shall not refer the dispute to arbitration if the party against whom the arbitration agreement is invoked asserts and proves that: (a) the other party has requested the referral subsequent to the submission of its first statement on the substance of the dispute in the court proceedings; or (b) there is prima facie no valid arbitration agreement under the law of the country where the award will be made; or (c) arbitration of*

Cela montre bien que le seul recours au principe de la compétence-compétence dans le texte de 1958 est largement insuffisant comme instrument pour combattre les manœuvres abusives. Le *Miami Draft* rejoint notre idée de revenir à des critères permettant de saisir le comportement des parties avec plus de précision sans négliger les catégories théoriques de l'arbitrage international, comme la *kompetenz-kompetenz.*

1091. Parmi les dispositions normatives, rappelons l'énoncé 2.6 des principes de procédure transnationale sur la litispendance, établi par l'ALI/UNIDROIT : « Le tribunal décline sa compétence ou sursoit à statuer, si le litige est pendant devant les juridictions compétentes d'un autre État, *à moins qu'il n'apparaisse que le litige ne sera pas équitablement, efficacement et rapidement tranché devant ces juridictions*[1957]. » Nous retrouvons ici l'exception permettant d'intégrer les hypothèses d'abus.

1092. Citons encore le rapport du Committee on International Civil and Commercial Litigation de l'ILA sur le problème de la prorogation de compétence judiciaire, issu de sa conférence à Londres, en 2000. Le texte établit, par son Principe 4.3[1958], que la cour première saisie doit vérifier les circonstances de l'espèce afin d'examiner si la juridiction d'un autre tribunal ne serait pas plus appropriée pour connaître l'affaire.

Dans cette évaluation discrétionnaire, le Principe détermine que la première cour saisie considère l'intérêt des parties, leur localisation, leur langue, les avantages pour les parties dans chaque juridiction, l'importance d'éviter des procédures parallèles, la possibilité de reconnaissance d'un futur jugement, le fonctionnement efficace du système judiciaire de la juridiction respective, ainsi que tout autre élément constant des mémoires des parties adressés à la juridiction.

---

the dispute would violate international public policy as prevailing in the country where the agreement is invoked. 3. The court may on its own motion refuse to refer the dispute to arbitration on ground (c) mentioned in paragraph 2. »

[1957] *ALI/UNIDROIT Principles of transnational procedure*, *op. cit.*, p. 64, souligné par nous.

[1958] Dans l'original : « *An originating court shall decline jurisdiction and refer the matter to an alternative court where it is satisfied that the alternative court is the manifestly more appropriate forum for the determination of the merits of the matter, taking into account the interests of all the parties, without discrimination on grounds of nationality. In making this decision, the court shall have regard in particular to the following factors: (a) the location and language of the parties, witnesses and evidence; (b) the balance of advantages of each party afforded by the law, procedure and practice of the respective jurisdictions; (c) the law applicable to the merits; (d) in cases under Principle 4.1, the desirability of avoiding multiplicity of proceedings or conflicting judgments having regard to the manner of resort to the respective court's jurisdiction and the substantive progress of the respective actions; (e) the enforceability of any resulting judgment; (f) the efficient operation of the judicial system of the respective jurisdictions; (g) any terms of referral under Principle 5.3* » *(ILA,. Third Interim Report: Declining & Referring Jurisdiction in International Litigation, op. cit.).*

Cette analyse des circonstances spécifiques de chaque affaire autorisant la première cour saisie à faire exception à la règle de *lis pendens* est l'un des instruments les plus importants permettant d'identifier et de sanctionner les manœuvres abusives. Ce n'est donc pas un hasard si l'exposition de motifs de ce Principe souligne que « le Comité a considéré que *le potentiel d'abus du système* de *lis pendens* par une course aux tribunaux peut être limité tant qu'*un régime spécifique pour la détermination des priorités entre les demandes parallèles* est préservé[1959] ». Voici clairement l'association entre l'abus et l'analyse objective et concrète de chaque cas d'espèce.

1093. Finalement, cette manifestation implicite de l'abus de droit peut simplement résider dans le pouvoir discrétionnaire attribué au juge face à une litispendance internationale suspecte. C'est ce qu'une certaine jurisprudence canadienne[1960] semble affirmer par le biais de l'art. 3137 du Code civil du Québec[1961], lequel réserve aux tribunaux québécois le pouvoir de refuser la *lis pendens* internationale même si toutes ses conditions sont remplies. Dans la pratique, les cours emploient cette marge de manœuvre justement dans le dessein d'éviter le *forum shopping* abusif[1962].

1094. Ces dernières années, pourtant, la considération – dont l'importance est souvent masquée – des tactiques de guérilla comme autant d'exceptions à la litispendance internationale s'est rapprochée d'une option beaucoup plus explicite par l'adoption de la doctrine de l'abus de droit.

1095. Le problème s'est d'abord posé dans le droit international privé européen. A. Nuyts est l'un de ceux qui relient explicitement la *lis pendens* internationale et l'abus de droit. Dans un article de 2007[1963], le juriste note que l'obligation de la seconde cour saisie de suspendre sa procédure *se justifie* par l'existence d'une demande proposée antérieurement dans un autre État membre.

Ainsi, au cas où une partie suscite la litispendance sans observer cette *finalité*, dans le seul but de porter préjudice à l'autre partie, alors il est

---

[1959] *Ibid.*, p. 23, souligné par nous. Dans l'original : « *[...] the Committee considered that the potential for the abuse of a lis pendens system by a race to the courthouse could be curbed, whilst a specific regime for the determination of priorities between competing actions was still preserved.* »

[1960] Par exemple, CA Montréal, *Amiel Distributions Ltd. v. Amana*, 22 juillet 2001, *JE*, 2002-1384 (C.A.).

[1961] « L'autorité québécoise, à la demande d'une partie, peut, quand une action est introduite devant elle, surseoir à statuer si une autre action entre les mêmes parties, fondée sur les mêmes faits et ayant le même objet, est déjà pendante devant une autorité étrangère, pourvu qu'elle puisse donner lieu à une décision pouvant être reconnue au Québec, ou si une telle décision a déjà été rendue par une autorité étrangère. »

[1962] C'est une position confirmée par Gérald GOLDSTEIN, « Chronique de droit international privé – 2002 », *Rev. queb. dr. int.*, 2002, n°15, p. 68.

[1963] « The enforcement of jurisdiction agreements… », *op. cit.*, pp. 68-72.

possible d'évoquer le « principe communautaire de l'abus de droit[1964] ». Si l'on démontre que la partie a saisi une juridiction sans aucune intention d'obtenir une décision sur le litige, mais seulement pour empêcher une demande postérieure, la seconde cour saisie, en vertu du principe de l'abus de droit, « devra normalement refuser le bénéfice de la règle de litispendance, *i.e.*, la cour devra refuser de suspendre la procédure[1965] ».

1096. Progressivement, le formalisme du critère chronologique montre ses limites face aux manœuvres abusives dans l'espace judiciaire européen. H. Muir Watt, dans son observation sous l'arrêt *Gasser*[1966] de la CJCE, n'hésite pas à affirmer que « l'appel par la cour à l'objectivité du critère chronologique n'est crédible que si la mise en œuvre de ce critère s'accompagne au minimum de la mise en place de mécanismes de prévention de l'abus[1967] ». La position est presque identique à celle de l'ILA, que nous avons rapportée plus haut, affirmant que l'un de ces mécanismes serait l'analyse spécifique des priorités dans chaque espèce[1968].
L'implémentation de la doctrine de l'abus de droit se transforme en condition indispensable, énoncée explicitement par la doctrine[1969], pour permettre que la règle de priorité temporelle de la litispendance internationale puisse tout aussi bien contrôler le *forum shopping* abusif. Nous retrouvons ici le rôle d'adaptation de ce critère, que nous avons présenté antérieurement[1970] comme l'un de ses principaux atouts.

1097. Dans une critique du jugement *West Tankers*[1971], A. Belohlavek[1972] n'hésite pas à voir dans l'application encore très timide de la doctrine de l'abus de droit dans l'interprétation « formelle et positive[1973] » de l'art. 27 du Règlement n°44/2001[1974], la principale explication des positions de la CJCE qui ouvrent la voie aux dérives dans l'arbitrage international en Europe.

1098. À côté de cette flexibilité, le problème de la litispendance révèle aussi l'importance du caractère casuistique de l'abus. C. Mc Lachlan[1975]

[1964] *Ibid.*, p. 68.
[1965] *Ibid.* Traduction libre. Dans l'original : « *[...] the court, pursuant to the Community principle of abuse of right, should normally refuse to give the benefit of the lis pendens rule, ie, the court should refuse to stay its proceedings.* »
[1966] *Cf.* n.580, *supra.*
[1967] MUIR WATT Horatia, « Note sous CJCE, 9 déc. 2003, aff. n°C-116/02 », *Rev. crit. DIP*, 2004, p. 462.
[1968] *Cf.* n.592 *et seq.* et 1049, *supra.*
[1969] MC LACHLAN Campbell, *Lis pendens…*, *op. cit.*, pp. 186-187.
[1970] *Cf.* n.1051 *et seq.*, *supra.*
[1971] *Cf.* n.604, *supra.*
[1972] BELOHLAVEK Alexander J., « West Tankers as a Trojan horse with respect to the autonomy of arbitration proceedings and the New York Convention°1958 », *Bull. ASA*, 2009, v. 27, p. 654.
[1973] *Ibid.*
[1974] *Cf.* le dispositif *supra*, n.579.
[1975] MC LACHLAN Campbell, *Lis pendens…*, *op. cit.*, p. 135.

souligne qu'en Angleterre, toutes les demandes déclaratoires sont soigneusement analysées, afin de vérifier si ces procédures sont engagées dans le seul but de garantir un « avantage de for[1976] ». Pour ce faire, l'auteur note qu'il est nécessaire d'évaluer les motifs de chaque demande, ce qui « est inhérent à une exception fondée sur l'*abus de droit*[1977] ».
Nous pouvons regrouper parmi ces demandes tant les mesures conservatoires que les contestations de la clause compromissoire proposées dans le but de saisir une juridiction étatique parallèle à l'arbitrage. Cette analyse soignée permettrait d'identifier la véritable finalité poursuivie par ces plaideurs face à une procédure arbitrale déjà en cours ou bien une convention manifestement valable.

1099. D'ailleurs, s'agissant du problème des mesures provisoires abusives, l'importance de l'analyse de leur finalité spécifique pour contourner les abus est au centre de la proposition de refonte du Règlement n°44/2001, présentée en 2010 par la Commission européenne[1978]. Même si, en règle générale, la refonte établit la compétence des juridictions saisies au fond pour connaître les mesures provisoires[1979], elle permet que ces mesures soient aussi réclamées auprès d'une autre juridiction, en dépit de la compétence au fond du tribunal étatique ou du tribunal arbitral d'origine[1980].
Néanmoins – et c'est ici que réside l'intérêt du problème pour notre étude – le nouvel art. 31, concernant la litispendance résultant des mesures provisoires, détermine, dans son premier alinéa, que si « la procédure au fond est pendante devant une juridiction d'un État membre et que les tribunaux d'un autre État membre sont saisis d'une demande de mesures provisoires ou conservatoires, les tribunaux concernés *coopèrent afin d'assurer une bonne coordination entre la procédure au fond et la demande de mesures provisoires* » (souligné par nous). Son second alinéa poursuit

---

[1976] *Ibid.*

[1977] *Ibid.*, italique dans l'original. Traduction libre. Dans l'original : « *This is inherent in any exception based upon* abus de droit. »

[1978] *Cf.* n.827, *supra*.

[1979] *Ibid.*, art. 35 : « Lorsque les tribunaux d'un État membre sont compétents pour connaître du fond, ils sont compétents pour octroyer les mesures provisoires et conservatoires prévues par la loi dudit État. »

[1980] *Ibid.*, art. 36 : « Les mesures provisoires ou conservatoires prévues par la loi d'un État membre peuvent être demandées aux autorités judiciaires de cet État, même si, en vertu du présent règlement, une juridiction d'un autre État membre, *ou un tribunal arbitral*, est compétente pour connaître du fond » (souligné par nous). L'article est maintenu par la refonte de 2012 (*cf.* n.825, *supra*). Dans l'original : « *Application may be made to the courts of a Member State for such provisional, including protective, measures as may be available under the law of that State, even if, under this Regulation, the courts of another Member State[1] have jurisdiction as to the substance of the matter.* » La note de bas de page (1) renvoie l'expression « *Member State* » à la note de bas de page de l'art. 84, de cette même refonte, qui traite de l'arbitrage (*cf.* n.827, *supra*). Ainsi, l'article maintient le tribunal arbitral comme l'équivalent d'un « *Member State* ».

avec l'exigence suivante : « En particulier, la juridiction saisie d'une demande de mesures provisoires ou conservatoires cherche à s'informer auprès de l'autre juridiction de *toutes les circonstances pertinentes de l'espèce*, telles que le caractère urgent de la mesure sollicitée ou un éventuel refus d'une mesure similaire prononcé par la juridiction saisie sur le fond » (souligné par nous).

Tandis que le premier alinéa fixe l'importance du *dialogue* entre la juridiction étatique ou arbitrale saisie au fond et celle saisie au provisoire, le second alinéa exige que le juge examinant la mesure provisoire s'informe auprès de la juridiction étatique ou arbitrale saisie au fond de toutes les *circonstances pertinentes de l'espèce.* Ressortent clairement de l'art. 31 deux des principales caractéristiques de la théorie de l'abus de droit, à savoir l'importance de l'analyse des circonstances objectives de l'espèce et la poursuite d'un dialogue entre les différents ordres juridiques concernés. Désormais, l'objectif principal de ce dialogue n'est autre que d'éviter une demande de mesure provisoire dont le seul objectif serait la saisine abusive d'un for parallèle à l'arbitrage.

Objectif, d'ailleurs, clairement établi par l'exposition de motifs de la refonte : « En raison de la grande divergence des droits internes sur cette question, l'effet de ces mesures devrait être limité au territoire de l'État membre dans lequel elles sont accordées, ce qui *écarterait le risque de recherche abusive de la juridiction la plus avantageuse*. Enfin, si une procédure au fond est pendante et s'il est demandé à une autre juridiction d'ordonner une mesure provisoire, la proposition exige que les *deux juridictions coopèrent afin de garantir la prise en considération de tous les éléments de l'affaire* si une mesure provisoire est accordée[1981]. »

1100. Dans une approche encore plus explicite, l'abus de droit apparaît aussi dans le *Proposed Federal Statue on the Recognition and Enforcement of Foreign Judgment*[1982], édité par l'ALI en 2005. La proposition inclut, parmi ses dispositifs sur la litispendance internationale, une exception à la règle de priorité de juridictions (dans l'original, *first-in-time rule)* quand la demande étrangère est abusive[1983].

[1981] *Cf.* n.827, pp. 9-10, souligné par nous. Notons ici que la refonte proposée en 2012 par le Conseil de l'UE (*cf.* n.825, *supra*) présente un recul certain au sujet des mesures provisoires, établissant uniquement la compétence – évidente – au provisoire des États membres même quand la compétence au fond appartient à un autre État ou bien à un tribunal arbitral, mais effaçant simplement l'exigence de dialogue et de coordination établi par la réforme de 2010, et qui était si important pour la poursuite des mesures provisoires abusives.

[1982] ALI, *Recognition and enforcement of foreign judgment: analysis and proposed federal statue* (adopté en 2005). Rapporté par Andreas F. LOWENFELD et Linda J. SILBERMAN, *Recognition and Enforcement of Foreign Judgments: Analysis and Proposed Federal Statute*, Philadelphia : ALI, 2006, pp. 131-139).

[1983] En commentant le texte de cette proposition, voici l'opinion de C. Mc Lachlan : « Sa Section°11 obligerait une cour américaine à suspendre ou à refuser une demande "quand

1101. Enfin, l'abus de droit est mentionné comme critère d'interprétation de la *lis pendens* et de la *res judicata* dans le Draft Model Norwegian Bilateral Investment Treaty[1984]. Son art. 16 détermine que « le tribunal doit, de manière appropriée, prendre en compte les principes de la *res judicata* et de la *lis pendens*, en accord avec le droit international, pour empêcher l'abus de droit sous ce traité [...][1985] ».

1102. Voici, donc, quelques exemples de l'infiltration progressive de la doctrine de l'abus de droit dans la théorie de la litispendance internationale. L'état plus avancé de ces représentations dans le droit international privé peut certainement profiter aux problèmes encore naissants de l'arbitrage international, spécialement si l'on considère l'inclusion progressive de ce modèle alternatif de résolution des différends parmi les instruments de régulation de la coopération judiciaire. La faculté de recourir, devant une procédure arbitrale internationale, à des règles matérielles d'application directe ne peut qu'encourager sa mise en place.

1103. En outre, le principe de la compétence-compétence, bien que renforçant la priorité indiscutable de l'arbitrage, semble n'avoir qu'une

---

une procédure concernant le même objet et incluant les mêmes parties, ou des parties en relation", est déjà pendante devant une autre cour, pourvu que le tribunal étranger n'exerce pas sa juridiction de manière à rendre son jugement non exécutoire aux États-Unis, et que ce jugement soit rendu dans des délais convenables. La Section est soumise à une exception à la rège de priorité de juridictions dans des cas *d'abus de procédure* » (*Lis pendens...*, *op. cit.*, p. 419, traduction libre, souligné par nous. Dans l'original : « *Section°11 would oblige an American court to stay or dismiss an action before it where 'a proceeding concerning the same subject matter and including the same or related parties' is already pending in another court, provided that the foreign court is not exercising jurisdiction on a basis which would render its judgment unenforceable in the United States, and its judgment is likely to be rendered on a timely basis. The Section is subject to an exception to the first-in-time rule in cases of abuse of process* »). L'exception se trouve dans la Section°11(b), du Statut, dans l'original : « *(b) A court in the United States may decline to stay or dismiss the action under subsection (a) if the party bringing the action shows (i) that the jurisdiction of the foreign court was* invoked with a view to frustrating the exercise of jurisdiction of the court in the United States, *when that court would be the more appropriate forum; (ii) that the proceedings in the foreign court are* vexatious or frivolous; *or (iii) that there are other persuasive reasons for accepting the burdens of parallel litigation* » (souligné par nous). Sur ce thème, *cf.* Louise E. TEITZ, « Both sides of the coin: a decade of parallel proceedings and enforcement of foreign judgements in transnational litigation », *TDM*, 2006, v. 3, n°5, p. 69.

1984 [En ligne] http://www.regjeringen.no/upload/NHD/Vedlegg/hoeringer/Utkast%20til%20 modellavtale2.doc, page consultée le 27/06/12.

1985 *Ibid.*, traduction libre. Dans l'original : « *The Tribunal shall, as appropriate, take into account the principles of res judicata and lis pendens, in accordance with international law,* to hinder abuse of rights under this agreement, *as well as otherwise exercising sound judicial economy. If all parties to the dispute so agree, the Tribunal may consolidate claims* » (souligné par nous). Le projet de TBI norvégien a été abandonné en 2009, après plusieurs divergences entre les différents intérêts politiques nationaux. Sur ce problème, *cf.* [en ligne] http://www.iisd.org/itn/2009/06/08/norway-shelves-its-proposed-model-bilateral-investment-treaty/, page consultée le 27/06/12.

portée limitée face aux manœuvres abusives. Nous avons vu, par exemple, que la plupart des législations et des règlements d'arbitrage ne font pas de la compétence-compétence un obstacle aux demandes de mesures conservatoires. Dans les hypothèses de contestation étatique de la clause compromissoire, c'est alors la source juridique même du principe qui est attaquée. L'on attribue encore trop souvent aux ordres étatiques la compétence pour examiner cette opposition (à commencer par la Convention de New York elle-même).

Faisons seulement cette réserve pour éviter que la *kompetenz-kompetenz* ne soit interprétée comme un remède miraculeux évitant toute dérive de l'arbitrage international. Bien au contraire, il est rare qu'un plaideur se lance dans une manœuvre abusive avant ou pendant la procédure arbitrale sans attaquer spécifiquement la source de cet ordre juridique, c'est-à-dire la convention.

Désormais, de la même manière que l'abus de droit permet d'aller au-delà de la légitimation étatique dans le droit international privé, c'est au-delà de la convention arbitrale qu'il jouera son rôle le plus important. Les manœuvres déviantes ne pourront jamais puiser leur légitimité dans un seul ordre isolé, que ce soit celui d'un État ou celui d'une convention. Tandis que le principe de la compétence-compétence puise sa légitimé dans un ordre juridique arbitral, les cours étatiques maintiennent leur compétence pour examiner les irrégularités de la convention dans leurs respectifs ordres nationaux. Voici le décalage que l'abus de droit doit tenter de réduire dans la litispendance internationale.

§ 2°. L'abus de droit comme critère des injonctions anti-procédure

1104. Si l'abus de droit prend place comme une exception naturelle de la litispendance dans la préservation de l'autonomie de l'arbitrage international, alors cette notion ne peut qu'être le critère central de son principal instrument de combat. Impossible ne pas admettre que « l'abus de procédure et les injonctions anti-procédure peuvent être les deux faces de la même médaille[1986] ».

1105. Si, pour montrer l'application de l'abus de droit au sein de la *lis pendens*, nous avons dû évoquer le droit international privé, dans le domaine des *anti-suit injunctions*, l'arbitrage international prend nettement l'avantage. La discipline du conflit de lois reste encore trop soucieuse des implications politiques que peut supposer la qualification d'une intervention nationale comme abusive.

[1986] BARNETT Peter, *op. cit.*, p. 220. Traduction libre. Dans l'original : « *[...] abuse of process and anti-suit injunctions might be two sides of the one coin.* »

Pour attester cette gêne du droit international privé, citons l'arrêt *Turner*[1987], dans lequel la CJCE condamne le prononcé d'une injonction par une juridiction étatique même dans les cas explicite « d'abus de procédure[1988] ». La décision frustre une grande partie de la doctrine[1989], qui voyait déjà dans l'abus de droit le critère naturel pour autoriser ces interventions et permettre la survie des *anti-suits* au niveau européen.

1106. Toujours au niveau de la CJCE, l'affaire *West Tankers*[1990] ne doit pas être considérée comme une barrière à l'application du critère de l'abus de procédure pour le prononcé des *anti-suit injunctions* dans l'arbitrage international. Ici, la Cour européenne ne fait que transposer un raisonnement du droit international privé dans l'arbitrage international, en ignorant tout à fait les spécificités de cette dernière discipline. Toutefois, les efforts de construction d'un ordre juridique autonome dans l'arbitrage international, oubliés par le raisonnement conflictualiste de la CJCE, sont trop importants pour négliger les injonctions en tant qu'instruments de protection contre les abus. Ainsi, l'affaire *West Tankers* reste isolée, et elle est restreinte à l'espace communautaire, en opposition à un nombre considérable d'autres affaires utilisant l'abus de droit comme critère de préservation de l'autonomie de l'arbitrage international.

De plus, certains font une toute autre interprétation de l'affaire *West Tankers*, laquelle, au contraire, ne ferait que renforcer l'importance du critère de l'abus de droit. À cet effet, C. Mc Lachlan[1991] ne manque pas de noter que la procédure étatique engagée par *Allianz* à Syracuse ne peut pas être qualifiée d'« *italian torpedo* » (*in verbis*), car il existe de solides fondements pour justifier ce rattachement (comme le fait que la ville italienne soit le *lex loci delicti*), au détriment de la clause compromissoire.

C'est par une recherche *in casu* des motifs conduisant à la procédure étatique parallèle que le juriste affirme l'inexistence d'un abus, particularisme qui constitue un trait fondamental de ce critère, qualité nécessaire du droit de l'arbitrage international.

1107. Malgré ces quelques hésitations, l'abus de droit est employé dans l'arbitrage international comme critère pour la concession des injonctions,

---

1987 *Cf.* n.892, *supra.*

1988 *Ibid.*, par. 28.

1989 Écrivant quelques mois avant l'arrêt *Turner*, C. Ambrose semble espérer que seul le critère de l'abus de droit puisse redonner vie aux injonctions anti-procédure au niveau européen après l'arrêt *Gasser* (*cf.* n.580 *supra*). En prévoyant la position de la CJCE dans l'affaire *Turner*, l'auteur est optimiste dans l'affirmation que la Cour européenne limitera les injonctions anti-procédure au moins aux cas d'abus d'une procédure étrangère (AMBROSE Claire, « Can anti-suit injunctions survive European Community law? », *Int. Comp. L. Q.*, 2003, pp. 416 *et seq.*).

1990 *Cf.* n.604, *supra.*

1991 MC LACHLAN Campbell, *Lis pendens…*, *op. cit.*, pp. 232-233.

ou, au contraire, pour qualifier le comportement de la partie qui demande ces mesures sans aucun fondement légitime.

1108. En Angleterre, la concession de ces mesures est presque toujours associée à l'abus de la procédure étrangère, souvent par la qualification la plus typique du *common law* d'une demande *vexatoire* ou *oppressive*[1992].

1109. Dans la récente affaire *Nomihold v. Mobile Telesystems*[1993], l'une des parties demande une *anti-arbitration injunction* en évoquant explicitement l'abus de procédure. Bien que la High Court rejette l'application, le juge n'en analyse pas moins le fond de la motivation de la procédure arbitrale afin de conclure qu'il ne s'agit pas d'une manœuvre abusive.

1110. Les tribunaux anglais ont aussi fait recours à l'abus de procédure pour déterminer une *anti-suit injunction* dans l'affaire *C. v. D.*[1994], en 2007. Il s'agit d'interdire à l'une des parties de contester une sentence partielle rendue dans un arbitrage à Londres devant une cour américaine. La clause compromissoire prévoit la compétence exclusive des cours anglaise pour le contrôle de la procédure. Le même critère est aussi employé dans l'affaire *Noble Assurance v. Gerling-Konzern*[1995], pour interdire à une partie d'invalider dans un for étranger une sentence arbitrale finale rendue à Londres.

1111. Dans l'affaire *Rec Wafer Norway AS v. Moser*[1996], la même juridiction anglaise prononce cette fois une *anti-suit injunction* contre la partie engageant une procédure parallèle en Inde. Néanmoins, le tribunal associe l'abus de procédure à la violation de la clause compromissoire, dans une perspective obligationnelle qui n'exige pas vraiment le recours à l'abus[1997]. D'ailleurs, la partie contre laquelle est opposée l'injonction affirme qu'il ne peut y avoir d'abus de procédure autorisant la mesure que dans le cas de violation de la convention arbitrale.

1112. Dans une perspective un peu différente, l'abus de procédure est aussi évoqué par un arbitre se défendant contre une injonction proposée à Londres, son domicile, pour l'empêcher de siéger dans un arbitrage à Genève. L'« arbitre-défendeur » affirme que la partie requérant une *anti-arbitration*

[1992] *Cf.* l'affaire déjà citée *Aerospatiale v. Lee Kui Jak* (n.1943 *supra*). Dans le même sens, s'agissant d'une clause d'*electio juris*, *cf. Continental Bank NA v. Aeokos* (n.612, *supra*). Sur l'association de l'abus de droit et de la nature vexatoire et oppressive d'une demande, *cf.* n.867, 871, 1086, 1108 *et seq.*, *supra*.

[1993] *Nomihold Securities Inc. v. Mobile Telesystems Finance SA*, [2012] EWCH 130 (Comm).

[1994] *C. v. D.* [2007] EWHC 1541 (Comm.).

[1995] *Noble Assurance Co. & Shell Petroleum Inc. v. Gerling-Konzern General Insurance Co. U.K. Branch*, [2008] Lloyd's Rep. I. R. 1. Commentant l'affaire, *cf.* Kyriaki NOUSSIA, *op. cit.*, p. 319.

[1996] *Rec Wafer Norway AS v. Moser Baer Photo Voltaic Ltd.*, [2010] EWHC 2581 (Comm.).

[1997] Sur le rôle que nous confions à l'abus de droit face au principe de la compétence-compétence et à la violation de la convention d'arbitrage, *cf.* spéc. n.1090 et 1103, *supra*.

injunction à Londres dans le seul but de vider l'arbitrage à Genève abuse de la procédure, argument retenu par la Court of Appeal[1998].

1113. Référons aussi à la récente affaire *Jirau*, concernant un contrat d'assurance pour la construction d'une usine hydroélectrique au Brésil, dont les principaux traits ont déjà été examinés dans la première partie de ce travail[1999]. Rappelons seulement qu'il s'agit d'un contrat d'assurance qui contient une clause de juridiction exclusive des cours brésiliennes pour régler la substance du contrat, et en même temps, une clause compromissoire renvoyant les parties à un arbitrage à Londres.

S'appuyant sur une série de positions doctrinales et jurisprudentielles, la Court of Appeal[2000] indique que, dans le silence des parties quant à la loi appliquée à la convention d'arbitrage, la loi explicitement choisie pour régir la substance peut s'étendre à la clause compromissoire. Néanmoins, les juges anglais, en examinant la loi brésilienne applicable à la substance, notent qu'elle contient des dispositions, suscitées par les parties assurées devant les cours brésiliennes, qui pourraient rendre nulle la convention. Ainsi, il serait illogique de présumer que les parties aient pu choisir une *lex arbitrii* qui risque d'annuler la convention même. La Court of Appeal affirme donc l'application de la loi du siège de l'arbitrage.

Bien entendu, la Cour anglaise ne caractérise pas comme obstructif ou abusif l'argumentaire de la partie qui défend la compétence d'une loi nationale applicable à la clause compromissoire qui la rendrait ineffective. Toutefois, et c'est l'intérêt de la décision de la Court of Appeal dans notre travail, elle fait exception aux conceptions théoriques de l'arbitrage international quant à la portée de la *lex contractus* à la convention arbitrale face au constat d'une situation spécifique et de l'esprit d'un argumentaire déterminé. Cette position se penche sur l'intention de chacune des parties dans leurs fondements, ainsi que sur les conséquences que celles-ci peuvent avoir pour la survie de l'arbitrage. L'abus de droit n'apparaît évidemment pas comme une catégorie explicite, mais c'est une interprétation téléologique et concrète qu'il aurait sûrement pu encadrer.

1114. Ces quelques illustrations du problème en Angleterre montrent que si l'abus de droit constitue effectivement un instrument mis en place pour discuter les mesures restrictives, il reste un mécanisme encore sous-utilisé, souvent employé pour sa simple valeur nominale, associée aux idées de « vexation » et d'« oppression », ou bien comme source interprétative de

[1998] *Amir Weissfisch v. Anthony Julius*, [2006] EWCA Civ 218. Sur cette affaire, *cf.* les commentaires de Gabrielle Kaufmann-Kohler et Antonio Rigozzi, dans *Arbitrage international : droit et pratique à la lumière de la LDIP*, 2e éd., Berne : Weblaw, 2010, pp. 270 *et seq.*

[1999] *Cf.* n.571 *et seq.*, *supra.*

[2000] *Cf.* n.958, *supra.*

l'intention des parties, des circonstances de l'espèce ou de la finalité des principes de l'arbitrage international.

1115. Reste à percevoir l'importante contribution qu'un encadrement théorique plus précis de ce critère, autant par son approche subjective qu'objective, pourrait apporter à l'arbitrage international. Il nous faut passer de la *notion* à la *théorie*, puis de la *théorie* aux *faits*, afin de constater que l'abus de droit pourrait être un instrument très utile pour l'encadrement des manœuvres obstructives dans les injonctions anti-procédure, surtout en se rapprochant des parties, et en évitant toute gêne politique ou diplomatique dérivée de la *comity*.

1116. En dehors des îles britanniques, l'abus de droit a été expressément soulevé dans une *anti-arbitration injunction* dans l'affaire *Lac d'Amiante du Canada v. Lac d'Amiante du Québec*[2001]. La cour d'appel du Québec interdit à la partie défenderesse dans un arbitrage CCI à New York d'introduire devant les arbitres une demande reconventionnelle portant sur le même objet déjà précédemment soumis à une cour étatique canadienne en violation de la clause compromissoire.

Pour le tribunal canadien, le défendeur de l'arbitrage, en saisissant une cour étatique de la même matière présentée maintenant en reconvention au tribunal CCI, a renoncé à son droit de se prévaloir des arbitres, et relève d'une sorte de *nulla propriam torpitudinem allegans* qui ne peut être considérée que comme une manœuvre abusive. La cour d'appel québécoise précise que la finalité de l'*anti-arbitration injunction* n'est pas de contrôler la procédure arbitrale, mais plutôt d'empêcher le comportement abusif du défendeur.

1117. Dans le cas spécifique des *anti-arbitration injunctions*, l'Inde adopte aussi une position intéressante vis-à-vis du recours à l'abus de droit. En effet, c'est sur le fondement de l'abus de procédure évoqué par la partie demandant l'injonction[2002] que la High Court de Delhi prononce une mesure interdisant qu'une partie poursuivre un arbitrage siégé à Londres.

Pour la juridiction indienne, à partir d'une analyse du fond du litige, la poursuite de l'arbitrage à Londres causerait des dommages irréparables à la partie demanderesse, tandis que son ajournement n'apporterait aucune conséquence majeure. C'est donc par une pondération que le tribunal de Delhi met en avant l'abus de procédure sur les préoccupations de courtoisie

---

[2001] *Cf.* n.929, *supra.*

[2002] Inde, *Union of India v. Dabhol Power Co.*, IA n°6663/2003, aff. n°1268/2003. Selon l'argument de la partie demanderesse, accueilli par la cour indienne, dans l'original : « *The conduct of defendant in proceeding further with the arbitral proceedings is alleged to be* malafide and an abuse of the process of law. *It is submitted that the defendant, in spite of being unable to settle its disputes with MSEB and during the pendency of the judicial proceedings, is trying to rush through arbitral proceedings against plaintiff to obtain an award against the plaintiff which has no liability to pay unless the conditions in Clause (1) of the guarantee are squarely satisfied* » (par. 6, souligné par nous).

et d'intervention dans l'autonomie de l'arbitrage[2003]. Cette évocation de la proportion des intérêts en jeu et sa pondération *in casu* sont certainement l'une des plus importantes caractéristiques de la doctrine de l'abus de droit. Même si la légitimité de la décision indienne à la lumière de l'abus de droit peut être évidemment discutée – d'ailleurs, le défendeur soulève que c'est justement la procédure indienne parallèle à l'arbitrage qui constitue un abus de procédure[2004] –, il s'agit simplement d'observer comment l'exception de l'abus de droit est aujourd'hui mise en place pour la concession de ces mesures restrictives. Qu'ils soient légitimes ou non, les prononcés juridictionnels correspondants instaurent effectivement un raisonnement qui mesure les limites de chacun des droits confrontés, pondération typique de la doctrine de l'abus de droit. Ainsi, nous cherchons moins à identifier la rectitude des décisions que leurs fondements.

1118. Aux États-Unis, le rapprochement de l'abus de droit et des injonctions apparaît d'une manière beaucoup plus implicite. Toutefois, dans

---

[2003] *Ibid.*, par. 26, dans l'original : « *Under the circumstances, this Court is of the considered view that a prima facie case is made out for* restraining the defendant from proceedings further with the Arbitral proceedings in London *till the decision of the Supreme Court on the question of the jurisdiction of MERC is pronounced. The proceedings in London in which the plaintiff is already raising this question appear to be oppressive for the reason that in spite of the pendency of the matter before the Apex Court, the arbitrators are trying to proceed further without Realizing that decision of the Apex Court would go to the root of the matter pending before them.* In case no ad interim injunction is granted the plaintiff would suffer irreparable loss/injury inasmuch as not only that it will have to participate in the arbitral proceedings at London but may also suffer an Award in spite of the pendency of a crucial issue before Supreme Court. Balance of convenience also is more in favor of the temporary deferment of the arbitral proceedings rather than permitting these to go ahead which may ultimately turn out to be an exercise in futility at an exorbitant cost for the plaintiff. *The mere fact that at the instance of Indian Financial Institutions, a Receiver has been appointed and the money, if paid by the plaintiff would go to them only, is not sufficient to hold that the balance of convenience is more in favor of the defendant. As discussed hereinbefore, the plaintiff prima facie does not appear to be liable to pay any amount to the dependant under the counter guarantee unless the said amount is found validly due to the defendant from the principle obligor. Had the counter guarantee furnished by the plaintiff been unconditional and unequivocal, the pleas raised by the plaintiff would have fallen flat on the ground but in view of the conditions laid down in Clause (1) of the counter guarantee,* balance of convenience is more in favor of the plaintiff to stay the arbitral proceedings at least till the question of the jurisdiction of MER to look into the rescission of PPA is decided by the Supreme Court of India. Temporary deferment of the arbitral proceedings are not going to cause any irreparable loss/injury to the defendant or put it to undue inconvenience. Law must not countenance amassment of one party by another. Technicalities cannot stand in the way of justice and obstruct its flow to the needy. Courts are always under a duty to ensure fair play and equal justice between the parties and for this purpose, *Section°151 of the Code of Civil Procedure can be safely invoked* » (souligné par nous).

[2004] *Ibid.*, par. 8 : « *Shri Kapil Sibal, Sr. Advocate, however, arguing on behalf of the defendant submits that the instant suit filed by the plaintiff is* an abuse of the process of law to circumvent and scuttle the arbitral proceedings pending in United Kingdom. *According to aim this suit is not maintainable even* » (souligné par nous).

l'affaire paradigme *China Trade*[2005], le 2e circuit pose que la « *vexatiousness* » de la procédure étrangère doit être l'un des critères permettant à une *anti-suit injunction* de passer outre les préoccupations de courtoisie internationale.

1119. De manière plus détaillée, un tribunal du Texas indique comme critères pour la concession d'une *anti-suit injunction* une série d'éléments qui coïncident nettement avec l'abus de droit. C'est le cas dans l'affaire *BHP Petroleum*[2006], où la cour du Southern District of Texas interdit à une partie de poursuivre une demande étatique en Équateur parallèlement à un arbitrage au Texas.

Selon la cour américaine, la mesure est justifiée si la procédure étatique étrangère résulte en « *inequitable hardship* », et si son objectif est de « frustrer et retarder la définition rapide et efficiente du litige[2007] ». Pour le tribunal texan, il s'agit de vérifier « le besoin de prévenir une procédure vexatoire ou oppressive […] en vertu de la politique fédérale favorisant l'arbitrage ». Il conclut que « le demandeur serait irréparablement endommagé si la procédure équatorienne se poursuivait en parallèle à l'arbitrage ».

1120. L'équité est aussi un principe associé à l'abus de droit[2008], souvent évoqué comme pouvant servir de base pour le prononcé d'une *anti-suit injunction* dans l'arbitrage international. T. Nunes[2009] mentionne l'emploi de l'équité dans une étude des injonctions dans le droit brésilien. Pour l'auteur, ces mesures sont destinées à éviter que la provocation de la juridiction étrangère engendre la violation d'un droit consacré par l'idée d'« *equity* ».

1121. Un autre critère des *injunctions* souvent employé dans une fonction qui aurait pu être plus naturellement assumée par l'abus de droit est la bonne foi. Ceci est particulièrement illustratif dans l'affaire *Instituto de Resseguros do Brasil v. Portobello*[2010]. Un tribunal new-yorkais concède une *anti-suit*

[2005] *Cf.* n.846.

[2006] *Bhp Petroleum (Americas) Inc. et al. v. Walter F. Baer Reinhold, 28 avr. 1997, Yearb. Comm. Arb.*, 1998, v. XXIII, pp. 949-955 ; *12 Mealey's Int'l. Arb. Rep.*, 1997, v. 12, I-1, n°5.

[2007] Traduction libre. Dans l'original, l'intégralité du paragraphe : « *[…] that an injunction barring a foreign action was proper if the simultaneous prosecution of an action would result in "inequitable hardship" and "tend to frustrate and delay the speedy and efficient determination of the cause". […] The focus of the inquiry is whether there exists a need to prevent vexatious or oppressive litigation. In light of the strong federal policy favoring arbitration, the court finds that plaintiffs would be irreparably harmed if Baer were permitted to continue litigation in Ecuador while the same claims were being arbitrated. Therefore, the court grants plaintiffs application for injunction.* »

[2008] Sur cette association, et spécialement l'équité comme instrument d'analyse du cas concret *cf.* n.1029. Sur l'abus comme équité dans un ordre juridique arbitral, *cf.* n.1060, *supra*.

[2009] NUNES Thiago Marinho, *op. cit.*, p. 17.

[2010] *IRB-Brasil Resseguros v. Portobello Int'l Ltd.*, n°604449/06, 29 fév. 2009 (N.Y. App. Div.). Pour un commentaire de cette décision, *cf.* Julie BÉDARD, Timothy G. NELSON,

injunction pour protéger un arbitrage avec siège aux États-Unis en interdisant la poursuite d'une demande étatique brésilienne parce « qu'elle n'a pas été engagée de bonne foi, ou bien a été proposée dans le but de "*vexing, annoying and harassing*" la partie poursuivant l'injonction[2011] ». L'élément subjectif est évoqué ici aux côtés de critères portant sur les dommages causés à la partie adverse, dans le cadre de la finalité de la procédure étrangère.

En effet, pour arriver à cette conclusion, le juge américain examine le comportement concret de la partie brésilienne. Celle-ci n'a saisi ses cours nationales qu'une année et demi après le début de l'arbitrage, ce qui semble « indicatif[2012] » de sa mauvaise foi. Car, au fond, le choix de la mauvaise foi comme critère exige la preuve d'un élément subjectif fondé sur une saisine formellement légitime des cours étrangères, une preuve qui ne peut donc qu'être « indicative ». L'abus de droit permettrait d'incorporer des données objectives, comme le délai pour saisir les cours étatiques, afin de soutenir l'*anti-suit injunction.*

1122. Si les cours nationales utilisent des critères ressortant de l'abus de droit dans des injonctions prononcées autant contre une autre demande étatique que contre une procédure arbitrale, il est aussi possible d'identifier, quoique plus rarement, le critère employé dans des *anti-suit injunctions* concédées par le tribunal arbitral lui-même.

1123. Dans la sentence partielle CCI n°8307[2013], l'arbitre unique prononce une injonction interdisant à l'une des parties de poursuivre une demande étatique parallèle en violation de la convention. Selon le tribunal arbitral, l'injonction est une façon de garantir l'efficience et la crédibilité de l'arbitrage international quand il est flagrant « qu'une demande initiée dans une cour étatique est étrangère à la juridiction de cette cour et, ainsi, est abusive[2014] ».

1124. Désormais, le recours à l'abus de droit, sans éliminer l'élément subjectif, ouvrirait aux juridictions étatiques et arbitrales un champ beaucoup

---

Amanda RAYMOND KALANTIRSKY, « Arbitrating in good faith and protecting the integrity of the arbitral process », *Cah. arb.*, 2010, n°3, p. 742.

[2011] Nous nous permettons de ne pas traduire ici les critères employés par la cour américaine, afin de ne pas perdre leur signification originale. Dans l'original : « *[...] an injunction may be issued "where it can be shown that the suit sought to be restrained is not brought in good faith, or that it was brought for the purpose of vexing, annoying and harassing the party seeking injunction".* » La décision cite l'affaire *Paramount Pictures v. Blumenthal*, 256 App. Div. 756, 759 (1939), *appeal dismissed* 281 NY 682 (1939).

[2012] *Ibid.*, par. 126.

[2013] CCI, sentence partielle n°8307, 2001. Commenté par Emmanuel GAILLARD, « Anti-suit injunctions issued by arbitrators », *in* VAN DEN BERG Albert Jan (éd.), *International arbitration 2006..., op. cit.*, p. 308.

[2014] *Ibid.* Traduction libre. Dans l'original : « *[...] that the action initiated in a state court is outside the jurisdiction of such court and is therefore abusive.* »

plus complet d'analyse. La conciliation entre ses éléments subjectifs et objectifs éviterait des présomptions généralisatrices contraires à l'esprit de ceux qui s'engagent dans l'arbitrage international.
Ainsi, le but de cet exposé n'est pas de prouver que l'abus de droit est déjà largement employé dans la concession des injonctions, mais plutôt de suggérer qu'il le soit. Ou, encore mieux, que la jurisprudence actuelle traitant des distorsions d'un ordre juridique arbitral néglige un critère pourtant beaucoup plus adapté que ceux qui ont cours. Pour l'instant, l'on constate d'une part des mentions nominales à l'abus sans aucune attention à son contenu théorique, et d'autre part, l'emploi de critères caractéristiques de l'abus sous d'autres dénominations. C'est un contenu sans contenant, et vice versa.

1125. Une étude un peu plus approfondie des éléments de l'abus de droit permettrait de dégager des aspects naturellement adaptés aux injonctions anti-procédure. Si l'abus de droit se concentre sur une analyse du comportement spécifique des *parties* (au contraire de la fraude, par exemple[2015]), rappelons que les injonctions reposent tout aussi bien sur l'interdiction adressée aux *plaideurs*, et ne remet jamais en cause les compétences judiciaires ou arbitrales. C'est seulement un exemple, mais qui confirme l'importance de ces mesures comme « un moyen efficace pour lutter contre ces abus[2016] ».

1126. En même temps, abus de droit et injonctions anti-procédure sont deux notions tournées presque exclusivement vers un contrôle privé de la relation commerciale établie entre les parties. Les *anti-suits* ne sont jamais destinées à contester la procédure parallèle en soi, mais le comportement de la partie qui viole une obligation préexistante en poursuivant cette procédure. En commentant la véritable nature des *anti-suit injunctions*, M. de Cristofaro observe que « l'introduction de la demande [parallèle] ne correspond pas à une attitude abusive, mais peut être considérée un abus dans le contexte de la relation privé, car – même s'il n'y a rien à "blâmer" du point de vue du droit public – la poursuite de cette procédure peut résulter dans une violation de droits obligationnels ou bien dans la vexation ou l'oppression de la partie adverse[2017] ». Ce n'est donc pas un hasard si l'auteur émet cette affirmation

---

[2015] *Cf.* n°931 *et seq.* et 978 *et seq.*, *supra.*

[2016] NIBOYET Marie-Laure, « Confiance mutuelle et injonctions anti-suit », *in* VAREILLES-SOMMIÈRES Pascal (éd.), *op. cit.*, p. 81.

[2017] CRISTOFARO Marco de, « Anti-suit injunctions as a tool for governing private litigation », *in* STÜRNER Rolf, KAWANO Masanori (éds.), *op. cit.*, p. 64, italique dans l'orignal. Traduction libre. Dans l'original : « *[...] the bringing of an action does not in itself correspond to abusive conduct, but can admissibly be held as an abuse* in the context of the private relationship, *because – even if there is nothing to "blame" from the point of view of public law – the bringing of an action may give rise to a violation of a contractual right or to oppression or vexation of the aggrieved (counter) party.* »

dans un article intitulé, dans l'original, « *Anti-suit injunctions as a tool for governing* private litigation » (souligné par nous).

1127. Par conséquent, l'abus de droit comme critère pour la concession des mesures injonctives pourrait contribuer grandement à la mission privée de règlement des différends internationaux. Reste à explorer plus en profondeur ses principales caractéristiques, en remplaçant son interprétation aujourd'hui très formelle par un recours plus substantiel aux critères de déclenchement de ces mécanismes. Le dialogue recherché entre la procédure arbitrale internationale et les juridictions étatiques ne pourra qu'en bénéficier.

Section II. L'abus de droit comme critère des mécanismes de contrôle après la procédure arbitrale

1128. Nous avons relevé dans la première partie[2018] les deux principaux débats concernant les manœuvres des parties une fois la sentence arbitrale rendue. Cependant, ces mécanismes dans l'arbitrage international sont limités par une approche encore trop fondée sur la méthode conflictuelle. Examinons maintenant comment la doctrine de l'abus de droit peut fournir des critères utiles pour que le juge d'accueil puisse examiner autant les effets généraux de la sentence arbitrale par rapport à l'ordre de reconnaissance (§ 1°) que, plus spécifiquement, les effets résultants de son annulation par un autre for (§ 2°). C'est la catégorie qui, à notre avis, permet de dépasser le raisonnement du droit international privé face aux exigences d'un nouvel ordre juridique autonome. Il s'agit de désamorcer ce « contentieux post-arbitral chicanier[2019] ».

§ 1°. L'abus de droit comme critère de contrôle des effets de la sentence arbitrale

1129. Avant d'examiner spécifiquement le problème plus intrigant du rôle de l'abus de droit comme élément de relativisation de la *res judicata* internationale (B), faisons un bref détour par l'application de cette doctrine au *forum non conveniens* (A).

A. L'abus de droit comme critère du forum non conveniens

1130. Mécanisme typique de la jurisprudence américaine, le *forum non conveniens* représente aujourd'hui l'un des principaux moyens d'éviction des demandes de reconnaissance d'une sentence arbitrale étrangère aux États-Unis[2020]. Si la nature « appropriée » du for est son critère fondamental, l'abus de droit peut venir qualifier cette *adéquation* souvent très nébuleuse.

1131. Notons que lors du précédent *Laker*[2021], établissant les conditions pour le prononcé des *anti-suit injunctions* aux États-Unis, la cour d'appel du district de Columbia affirme déjà que le caractère vexatoire d'une demande parallèle serait mieux interprété dans le cadre du *forum non conveniens*[2022].

[2018] *Cf.* n.377 *et seq.*, *supra.*

[2019] LOQUIN Éric, « Perspectives pour une réforme des voies de recours », *Rev. arb.*, 1992, p. 321.

[2020] *Cf.* n.633 *et seq.*, *supra.*

[2021] *Cf.* n.844, *supra.*

[2022] *Ibid.*, par. 68.

On le voit, dès l'origine, la notion du for approprié est très proche de la sanction des manœuvres déviantes.

1132. Une fois que le *forum non conveniens* présume la compétence apparente du for, laquelle n'est écartée qu'à partir d'une analyse discrétionnaire et objective de sa nature non appropriée, certains[2023] défendent que seule l'incorporation d'un élément subjectif peut rendre ce mécanisme utile. Dès lors, le *forum non conveniens* pourrait être remplacé par « la réserve de l'abus du droit d'option de compétence internationale[2024] ».

Toutefois, cette critique part de la fausse prémisse que l'abus de droit se limite à une analyse purement subjective du comportement du plaideur, permettant donc d'éviter que l'accès au tribunal soit nié en fonction de critères exclusivement objectifs. Au contraire, comme nous l'avons vu[2025], il nous semble que c'est justement la réunion des approches objectives et subjectives de l'abus qui pourrait solidifier ce critère.

Ainsi, la critique ne fait que confirmer le *forum non conveniens* comme un outil qui, à présent, semble permettre d'écarter des manœuvres abusives sans nécessairement recourir à l'intention des parties. De plus, cette opposition est adressée à cet outil dans le contexte du droit international privé. Or, dans l'arbitrage international, la nature autonome de cette procédure par rapport aux droits étatiques constitue un élément objectif fourni par ses représentations théoriques, qui ne pourrait que renforcer et légitimer le pouvoir discrétionnaire du juge affirmant que son for n'est pas approprié à la reconnaissance d'une sentence.

1133. Cette perspective circonstancielle explique pourquoi la vision majoritaire associe au contraire étroitement abus de droit et *forum non conveniens*. À tel point que d'aucuns n'hésitent pas à y voir une certaine identité : « Dans les droits de *common law* […] le recours à la théorie de l'abus de droit semble superflu puisque la doctrine du *forum non conveniens* permet déjà au juge du for, même dans sa version la plus restrictive, de remédier aux cas de *forum shopping* les plus graves en déclinant sa compétence internationale[2026]. »

Comment ne pas voir ici la preuve qu'en dépit de la nature subjective de la théorie de l'abus de droit, la conception purement objective du *forum non conveniens*, reposant sur l'analyse du lien entre le for et la procédure, relève tout autant de ce critère[2027] ? La réponse à cette question explique pourquoi,

[2023] CORNUT Étienne, *Théorie critique…*, *op. cit.*, p. 370.

[2024] *Ibid.*

[2025] *Cf.* n.1056 *et al.*, *supra*.

[2026] USUNIER Laurence, *op. cit.*, p. 397.

[2027] En dehors de l'arbitrage international, un rapide examen de la jurisprudence américaine montre que des critères purement objectifs sont souvent évoqués pour justifier le *forum non conveniens* comme le délai présumé d'une demande dans un for étranger. Dans l'affaire

au contraire de l'opinion ci-dessus, il nous semble que la doctrine de l'abus de droit peut être très utile face aux limitations du *forum non conveniens*, spécialement pour y intégrer l'élément subjectif.

1134. Ainsi, quand la sentence arbitrale est portée à la reconnaissance d'un for absolument étranger à l'intérêt des parties, dans le seul but de porter préjudice à l'une de celles-ci, la doctrine[2028] n'hésite pas à souligner que le critère principal du *forum non conveniens* pour solliciter le renvoi à l'autorité naturellement compétente est la preuve de l'utilisation « abusive » de l'exequatur. Ces abus se matérialisent dans des tentatives de reconnaissance dans le seul but, par exemple, d'une intimidation économique de la partie adverse, qui doit supporter les coûts et les imprévus d'une procédure d'exequatur dans un for avec lequel elle n'a aucun lien, ou bien de la production de documents inutiles, par des *fishing expeditions*, etc.[2029].

1135. Finalement, même si l'application du *forum non conveniens* dans le droit de l'arbitrage international reste limitée, c'est un mécanisme qui nous permet de montrer – peut être dans un souci plus académique que pratique – que l'abus de droit peut être associé à une approche beaucoup plus objective sans perdre sa nature fondamentale.

B. L'abus de droit comme exception à la res judicata internationale

1136. Dans les années 1950, H. Vizioz, en critiquant l'attitude interventionniste des tribunaux français dans l'analyse de la *res judicata* d'une décision étrangère par rapport à celle d'une sentence arbitrale, se demande : « N'est-il pas étrange d'accorder plus de crédit et d'autorité à la décision d'un juge privé qu'à celle d'un juge public[2030] ? » Voici son constat : « C'est d'abord que le recours à l'arbitrage marque l'appartenance des parties et de l'arbitre à une même communauté juridique (de caractère politique économique, professionnel ou religieux, peu importe)[2031]. »

À un scénario de méfiance généralisée quant à la réception de la *res judicata* étrangère – typique de l'après-guerre – s'oppose une perspective des plus avancées quant à l'autonomie de l'arbitrage international. Si, d'une part, l'on a pu assister à un effort d'harmonisation des décisions étrangères par une série d'instruments multilatéraux, de l'autre, l'intervention croissante des cours étatiques dans l'arbitrage a rapproché les sentences d'une perspective

---

Bhatnagar v. Surrendra Overseas, rapportée par G. Bermann, le 2e circuit affirme qu'un for étranger peut être considéré inapproprié face à un retard pour le jugement de plus d'un quart de siècle (*Bhatnagar v. Surrendra Overseas Limited*, 52 F.3d 1220 (1995), *apud* BERMANN G. A., *Transnational litigation in a nutshell*, St. Paul : Thomson West, 2003, p. 94).

2028 KURKELA Matti S., SNELLMAN Hannes, *op. cit.*, pp. 115-116.

2029 *Ibid.*, p. 116.

2030 VIZIOZ Henry, *op. cit.*, pp. 290-291.

2031 *Ibid.*, p. 291.

beaucoup plus nationaliste. Ironiquement, cette évolution prend le chemin inverse de celui décrit par H. Vizioz.

1137. Cette inversion n'est que le signe le plus visible de la difficulté d'établir l'autorité de la chose jugée comme un principe pérenne de dialogue entre les différents ordres juridiques en question. Autrement dit, la *res judicata* n'a jamais acquis en droit international la force dont elle jouit en droit interne, et l'informalité de l'arbitrage international ne peut que rendre cette notion encore plus flexible. Dès lors, sa relativisation n'est pas seulement une réalité, mais sa propre condition d'existence dans l'ordre international.

1138. Même dans le cadre spécifique du droit international privé, dans lequel nombre de règles d'harmonisation judiciaire ont déjà été mises en place, seul des instruments de relativisation de ces principes pourront apprivoiser les manœuvres abusives. En critiquant la solution proposée par la CJCE dans l'arrêt *Gasser*[2032] (où « une possibilité d'abus apparaît de façon criante[2033] »), rappelons que H. Muir Watt[2034] suggère que le critère chronologique, lequel résultera dans la priorité de la *res judicata*, ne serait crédible qu'à la condition de mettre en place des instruments de prévention de l'abus.

En effet, si l'on suit la position de la Cour européenne dans *Gasser*, la décision finale prononcée par la première cour saisie, encore qu'en violation d'une clause attributive de juridiction, fait autorité de chose jugée par rapport à toute autre décision, dont celle du for choisi contractuellement par les parties.

1139. Ce bref détour par le droit international privé est révélateur pour l'arbitrage international : si une discipline centrée sur le dialogue entre les critères d'exception respectifs des différents ordres internes semble déjà concernée par l'informalité menant à l'abus de la *res judicata*, comment ne pas transposer cette inquiétude dans un domaine apportant une nouvelle dimension d'autonomie, un nouvel ordre ?

1140. En commentant spécifiquement le problème de la *res judicata* internationale dans l'arbitrage, P. Mayer observe que « lorsque la demande dont est saisi l'arbitre a déjà été jugée par le tribunal d'un pays étranger au siège, l'arbitre qui s'estime compétent, et qui constate que le tribunal étatique a statué au mépris de la convention d'arbitrage, doit accepter de connaître la demande[2035] ».

L'auteur ajoute encore l'hypothèse de la *res judicata* résultant d'une sentence arbitrale rendue précédemment entre les mêmes parties et sur le

---

2032 *Cf.* n.580, *supra*.

2033 CORNUT Étienne., *Théorie critique…*, *op. cit.*, p. 380.

2034 MUIR WATT Horatia, « Note sous CJCE, 9 déc. 2003… », *op. cit*, p. 462.

2035 MAYER Pierre, « Litispendance, connexité et chose jugée… », *op. cit.*, p. 202.

même objet. Ici, l'autorité de la chose jugée peut être simplement relativisée si les arbitres constatent eux-mêmes que la première sentence est vouée à l'inefficacité. Si une demande d'annulation de cette première sentence est engagée devant les cours étatiques, les arbitres peuvent aussi, « selon les circonstances[2036] », surseoir à statuer en attendant le résultat de cette procédure. Finalement, un refus de reconnaissance de la première sentence ou son annulation ne peuvent que confirmer la compétence du deuxième tribunal.

1141. Notre objectif ici n'est aucunement d'épuiser toutes les combinaisons résultant dans l'exigence de relativisation de la *res judicata* internationale. En décrivant ces différentes situations, nous voulons montrer qu'au fond il s'agit beaucoup plus de conférer aux arbitres une marge de discrétion permettant d'évaluer, par eux-mêmes et selon les circonstances, la nécessité d'écarter l'autorité de la première sentence ou bien de l'accueillir comme chose jugée.

1142. Cette ouverture interprétative des arbitres pour éviter les abus semble trouver sa place dans la Résolution n°1/2006, de l'ILA sur la *res judicata* dans l'arbitrage international[2037]. En effet, le texte prolonge les effets de la préclusion de la sentence arbitrale non seulement aux matières effectivement débattues, mais à toute autre question de fait ou de droit qui aurait pu être soulevée – reprenant le principe *Henderson v. Henderson*[2038] –, quand cette question est soulevée dans le deuxième arbitrage de manière abusive. Précisément, la Recommandation n°5 de cette Résolution est formulée comme suit : « L'effet négatif dans la procédure arbitrale ultérieure, de l'autorité de la chose jugée attachée à une sentence arbitrale, s'applique à toute demande, toute cause de demande ou toute question de fait ou de droit qui aurait pu être, mais n'a pas été soulevée dans la procédure ayant abouti à la sentence, à condition que la soumission nouvelle d'une telle demande, cause de demande ou question de fait ou de droit, constitue une injustice procédurale ou un abus de procédure[2039]. »

En outre, le rapport préparatoire pour cette Résolution soulignait déjà à propos de la *res judicata* que « la doctrine de la loyauté procédurale et de l'abus, dans l'opinion de la Commission, fournit un compromis acceptable

---

[2036] *Ibid.*

[2037] ILA, Résolution n°1/2006, issue de la 72e conférence de l'ILA à Toronto, 4-8 juin 2006, [en ligne] http://www.ila-hq.org/en/committees/index.cfm/cid/19 (page consultée le 03/05/12)

[2038] *Cf.* n.1026, *supra.*

[2039] Cf. n.2038, *supra*, souligné par nous. Dans la version anglaise : « *An arbitral award has preclusive effects in the further arbitral proceedings as to a claim, cause of action or issue of fact or law, which could have been raised, but was not, in the proceedings resulting in that award, provided that the raising of any such new claim, cause of action or new issue of fact or law amounts to procedural unfairness or abuse.* »

considérant les intérêts privés et publiques présents[2040] ». Ces critères de rectitude permettraient donc de concilier « le droit d'accès à la justice du demandeur avec le droit à un jugement équitable du défendeur [...] si le tribunal arbitral peut exercer ses pouvoirs avec sagesse et modération[2041] ».

1143. C'est un raisonnement qui dépasse tout lien national, et qui s'approche d'un examen privatiste et spécifique du comportement des parties dans la formation de la *res judicata.* Selon L. Radicati di Brozolo[2042], examinant le problème de l'autorité de la chose jugée, les arbitres ont tendance à adopter une approche bien plus flexible et « *substance-oriented* » que les juges étatiques, écartant ainsi les formalités typiques des droits nationaux.

1144. Dans le droit français de l'arbitrage, les débats sur le recours en révision de la sentence en cas de fraude révèlent assez subtilement ce conflit entre des critères matériels et conflictuels dans la relativisation de la chose jugée. En effet, le recours en révision de la sentence arbitrale en France a longtemps été limité à l'arbitrage interne, dans des conditions identiques à celles prévues pour les jugements, selon l'ancien art. 1491(1), CPC[2043]. En plus des cas de dissimulation ou de fausses preuves, la fraude est l'une des principales causes ouvrant la voie à la relativisation de la chose jugée dans un arbitrage interne français[2044]. Rappelons ici que la fraude est

---

[2040] ILA, *Final Report...*, *op. cit.*, par. 62. Traduction libre. Dans l'original, l'intégralité du paragraphe : « *The doctrines of procedural fairness and abuse, in the view of the Committee, provide an acceptable compromise regarding the private and public interests at stake. The open textured nature of these doctrines give arbitral tribunals wide powers to assess, on the basis of the specific circumstances of the case, whether there is procedural unfairness and/or abuse. Finally, the compromise between a claimant's right to have access to justice and a respondent's right to have a fair trial in conformity with constitutional and human rights standards (as under Article 6 of the European Convention on Human Rights) also seems to be acceptable if arbitral tribunals exercise their powers with wisdom and restraint.* »

[2041] *Ibid.*

[2042] Radicati di Brozolo Luca G., « Res judicata », *op. cit.*, p. 136. Dans l'original : « *As indicated above, in those matters arbitrators are generally more inclined to apply a flexible and substance-oriented approach which does not give prominent weight to formalities often typical of national law.* »

[2043] « Le recours en révision est ouvert contre la sentence arbitrale dans les cas et sous les conditions prévus pour les jugements. »

[2044] Art. 595, CPC : « Le recours en révision n'est ouvert que pour l'une des causes suivantes : 1. S'il se révèle, après le jugement, que la décision a été surprise par la fraude de la partie au profit de laquelle elle a été rendue ; 2. Si, depuis le jugement, il a été recouvré des pièces décisives qui avaient été retenues par le fait d'une autre partie ; 3. S'il a été jugé sur des pièces reconnues ou judiciairement déclarées fausses depuis le jugement ; 4. S'il a été jugé sur des attestations, témoignages ou serments judiciairement déclarés faux depuis le jugement. Dans tous ces cas, le recours n'est recevable que si son auteur n'a pu, sans faute de sa part, faire valoir la cause qu'il invoque avant que la décision ne soit passée en force de chose jugée. » Le recours en révision était exclu de l'arbitrage international par l'ancien art. 1507,

considérée comme un critère naturellement lié à la protection des règles internes d'un État[2045], ce qui permet donc de l'associer aux arbitrages purement nationaux.

Néanmoins, on assiste à une évolution qui illustre un changement graduel de perspective, vers une conception de la fraude chaque fois plus liée non pas à la garantie d'un ordre interne, mais à la protection de l'instance arbitrale. À ce sujet, la jurisprudence, par l'arrêt *Fougerolle*[2046], en 1992, autorise la rétractation d'une sentence rendue en France en matière d'arbitrage *international*, malgré son exclusion par l'ancien art. 1507, CPC[2047], pourvu que le tribunal arbitral demeure constitué (ou puisse être à nouveau réunit).

À leur tour, les commentateurs de cet arrêt semblent interpréter cette jurisprudence en considérant le critère de la fraude non plus seulement comme un critère de conservation du droit national, mais aussi comme un principe de droit international « qui joue le rôle "correctif" des règles juridiques[2048] ».

La doctrine propose même que, *de lege ferenda*, l'action en révision soit ouverte dès lors que l'exequatur de la sentence internationale est demandé en France, sous l'argument que « la morale et la sécurité juridique exigent [...] que toute partie risquant une menace d'exécution en France puisse en obtenir la révision en invoquant légitimement la fraude[2049] ».

Comment ne pas observer dans cette évolution la transformation de la fraude, qui, d'un critère de protection contre la contradiction entre des actes normatifs internes, devient un moyen de protection contre l'incohérence entre cet ordre juridique interne et les éléments de l'arbitrage international ? Relevant au départ d'un souci purement interne, nous observons que cette catégorie est progressivement appliquée à tous les arbitrages internationaux, dont la connaissance est transférée aux arbitres, et, osons l'affirmer, à l'ordre juridique arbitral.

Cela a d'ailleurs été ratifié avec la réforme de 2011 du droit français de l'arbitrage. Le recours en révision est définitivement transposé à l'arbitrage international, sauf stipulation contraire[2050]. En outre, la compétence pour

---

CPC : « Les dispositions du titre IV du présent livre, à l'exception de celles de l'alinéa 1er de l'article 1487 et de l'article 1490, ne sont pas applicables aux voies de recours. »

[2045] *Cf.* n.931 *et seq.*, *supra*.

[2046] Cass., 1re Ch. civ., 25 mai 1992, *D.*, 1992, I, n°149, p. 101.

[2047] *Cf.* n.2045, *supra*.

[2048] DUBARRY Jean-Claude, LOQUIN Éric, « Arbitrage. Recours en Révision. Sentence rendue en France en matière d'arbitrage international. Fraude. Recevabilité de l'action en rétractation de la sentence. Tribunal arbitral encore constitué ou susceptible d'être à nouveau réuni (Civ. 1re, 25 mai 1992, inédit, *Fougerolle c/Procofrance*) », *RTD com*, 1992, p. 593.

[2049] *Ibid.*

[2050] Arts. 1502 : « Le recours en révision est ouvert contre la sentence arbitrale dans les cas prévus pour les jugements à l'article 595 et sous les conditions prévues aux articles 594, 596, 597 et 601 à 603. Le recours est porté devant le tribunal arbitral. Toutefois, si le tribunal

connaître ce recours est du tribunal arbitral, sauf s'il ne peut être à nouveau réuni, et, dans ce cas, la mission appartient à la cour d'appel compétente pour connaître les autres recours.

1145. Notre objectif ici n'est en aucun cas de défendre qu'il s'agit alors d'un abus de droit déguisé en fraude. Toutefois, en faisant abstraction du *nominem juris* de ces deux concepts, ce que le droit nomme aujourd'hui *fraude* en tant que moyen de relativiser la chose jugée s'éloigne de sa conception originale, et se rapproche d'une perspective matérielle beaucoup plus concernée par la protection d'une représentation autonome de l'arbitrage international face aux interventions étatiques.

Par conséquent, même si l'on sait que la fraude, au contraire de l'abus, reste beaucoup plus restreinte à la régularité de la preuve au sein de la procédure, permettons-nous de nous préoccuper de sa forme plutôt que de son contenu. En effet, comment ignorer que le principal critère de flexibilisation de la *res judicata* dans le droit français de l'arbitrage assume, progressivement, un rôle de protection concrète et spécifique des parties, que nous avons attribué à l'abus de droit ?

1146. Si les discussions sur la relativisation de la chose jugée révèlent déjà comment la doctrine de l'abus de droit pourrait mieux encadrer ces situations dans le futur, c'est surtout dans le débat sur les effets de la décision d'annulation de la sentence que ce critère apparaît prégnant.

§ 2°. L'abus de droit comme critère de contrôle des effets de la sentence arbitrale annulée

1147. Avant d'examiner comment la doctrine de l'abus de droit peut servir de critère pratique dans l'analyse des décisions d'annulation de la sentence dans des fors étrangers par le juge de l'exequatur (B), présentons une forme de contribution plus générale de cette doctrine, renforçant un dialogue nécessaire entre les différents ordres juridiques concernés par la décision arbitrale (A).

---

arbitral ne peut à nouveau être réuni, le recours est porté devant la cour d'appel qui eût été compétente pour connaître des autres recours contre la sentence », et 1506 (5°), CPC : « À moins que les parties en soient convenues autrement et sous réserve des dispositions du présent titre, s'appliquent à l'arbitrage international les articles : [...] 1502 (alinéas 1 et 2) et 1503 relatifs aux voies de recours autres que l'appel et le recours en annulation ».

A. L'abus de droit et le dialogue entre for d'annulation et for de reconnaissance

1148. Voici peut être le domaine où la réserve de l'abus assume l'un de ses rôles les plus traditionnels, en tant qu'instrument de modulation de droits opposés : d'un côté, le droit de contrôle de la sentence arbitrale par les tribunaux du siège – ou même par d'autres tribunaux – dans une perspective étatique de l'arbitrage ; de l'autre, le droit de demander la reconnaissance d'une sentence internationale dans toute autre juridiction, dans la perspective d'un ordre juridique arbitral.

La doctrine de l'abus permettrait de confronter l'exercice de ces deux prérogatives qui puisent leur légitimité dans des ordres juridiques de niveaux différents. L'abus stimule un rapprochement du juge de l'exequatur des motifs d'annulation de la sentence dans l'autre for. Il répond à un effort que la doctrine semble déjà avoir entrepris, et qui peut trouver sa raison d'être dans la prévention des manœuvres abusives.

1149. Dans ce sens, l'analyse par le juge d'accueil des fondements de la décision d'annulation dans le for d'origine ne peut perdre sa valeur de « garantie pouvant être déployée contre les abus occasionnels[2051] ». Ainsi, la doctrine de l'abus de droit pourrait conférer un encadrement théorique à un souci pratique existant déjà, et permettre ainsi de renforcer la légitimité des solutions obtenues.

1150. Cette identification d'un exercice abusif du droit de recours en annulation d'une sentence peut se lire dans la décision de la cour d'appel d'Amsterdam dans l'affaire *Yukos*[2052]. Ce tribunal accorde l'exequatur à une série de sentences arbitrales annulées d'une manière soi-disant abusive par les juridictions russes. Selon la cour néerlandaise, le système judiciaire russe « ne serait guère indépendant ou impartial, mais guidé par les intérêts de l'État russe, recevant des ordres de son exécutif[2053] ».

Il est encore plus intéressant d'observer que le tribunal des Pays-Bas n'a guère pu prouver un quelconque élément subjectif reposant soit sur l'intention du demandeur de l'annulation, soit sur les juges russes eux-mêmes. Néanmoins, se basant sur une littérature abondante (une série de rapports et résolutions du Conseil européen sur le problème de la corruption et des articles de presse), la cour a pu présumer une attitude de la compagnie russe Rosneft dans une approche purement objective.

1151. Très récemment, Yukos a aussi demandé la reconnaissance de la sentence arbitrale annulée en Russie devant les juridictions anglaises.

[2051] SCOTT RAU Alan, *op. cit.*, p. 12. Traduction libre. Dans l'original : « *[...] as an available safeguard for deployment in the event of occasional abuse.* »

[2052] *Cf.* n.704, *supra.*

[2053] *Ibid.* Traduction libre. Dans l'original : « *[...] is not impartial and independent, but is directed by the interests of the Russian state and receives its orders from the Russian executive.* »

La décision de la Court of Appeal[2054] est encore plus illustrative de la tentative de dialogue que l'abus de droit peut promouvoir. À la fin juin 2012, la cour britannique affirme que l'analyse, par le juge anglais, de la nature partielle et biaisée de la décision d'annulation russe ne viole pas la doctrine des actes de gouvernement (*act of state doctrine*), laquelle interdit qu'un État porte un jugement sur des actes souverains d'un autre ordre étatique. Par ailleurs, la cour anglaise souligne que Rosneft, défendeur dans la demande de reconnaissance, n'est pas « *estopped* », en vertu de la décision déjà rendue par la cour d'Amsterdam consignant la nature partielle de l'annulation russe, de porter de nouveau à la cour anglaise ses arguments contestant cette nature biaisée.

En dépit des critères d'application et des limites de la doctrine concernant les actes de gouvernement examinés par la décision anglaise, mettons ici en avant ce jugement surtout comme une démonstration de la perspective encore très politique dans laquelle est examiné le problème des effets d'une annulation abusive. L'évocation de la doctrine des actes de gouvernement n'est que la preuve que l'analyse de ce dialogue se concentre presque totalement sur le comportement des cours étatiques respectives, négligeant en grande partie l'attitude des plaideurs eux-mêmes.

Il est encore plus curieux d'observer comment le tribunal anglais crée des problèmes qui n'existeraient même pas si, au lieu de la théorie des actes de gouvernement, il soutenait sa position en fonction de la nature abusive du droit au recours en annulation exercé par la partie russe. En effet, la Court of Appeal souligne que « la doctrine des actes de gouvernement n'interdit pas l'examen de la justice substantielle existant dans les cours des juridictions étrangères, soit-il dans un cas particulier, soit-il de manière systématique[2055] ».

Or, la doctrine de l'abus de droit, en plus de ne pas interdire cet examen, encourage encore ce dialogue. Car c'est un critère qui, au contraire de l'*act of state doctrine*, ne dépend aucunement d'une analyse politique, mais est fondé exclusivement sur l'observation du comportement des parties, autant lors de la demande d'annulation que lors de la demande de reconnaissance. De la même manière qu'il ne serait pas question de *comity* si les injonctions étaient véritablement adressées aux plaideurs – et non aux tribunaux –, le même raisonnement vaut ici pour une doctrine comme celle des actes de gouvernement, émanant surtout du droit public, et loin d'être adaptée au contexte privatiste de l'arbitrage international.

La différence est subtile, mais fondamentale : tandis que dans décision de la cour anglaise, les problèmes politiques du gouvernement russe constituent

---

[2054] Court of Appeal, *Yukos Capital S.A.R.L v. OJSC Rosneft Oil Company*, [2012] EWCA Civ 855.

[2055] *Ibid.*, par. 125. Traduction libre. Dans l'original : « *We agree, for the reasons stated above, that the act of state doctrines do not extend to prevent examination of the substantial justice available in the courts of foreign jurisdictions, whether in a particular case or on a systemic basis.* »

un élément conditionnel de la mise en place du contrôle de la sentence arbitrale annulée, dans l'hypothèse de l'abus de droit, ces problèmes ne constituent que des circonstances objectives qualifiant la forme d'exercice d'un droit. Voici pourquoi la doctrine de l'abus de droit permet d'éviter la gêne politique qui ressort des critères fondés sur une évaluation de la légitimité d'actes et règles juridiques internes étrangers.

Malgré ces hésitations, on observe tout de même autant dans la décision néerlandaise que dans la décision anglaise le souci de la juridiction de l'exequatur d'établir par cette recherche un *contexte social* d'encadrement de l'exercice du droit de contrôle, pour ensuite affirmer que ce droit a été exercé de manière décalée, à l'encontre de son esprit.

1152. Le même raisonnement apparaît dans la comparaison proposée par W. Park[2056] entre la solution française dans l'affaire *Hilmarton*[2057] et la solution américaine dans l'affaire *Chromalloy*[2058]. Selon l'auteur, le respect de la courtoisie dans l'affaire *Hilmarton* aurait mené à l'exequatur de la deuxième sentence, qui n'a pas été annulée par les juridictions suisses. Toutefois, le précédent *Chromalloy* rend l'utilisation de la *comity* plus difficile, en vertu des suspicions sur l'influence du gouvernement égyptien sur ses propres tribunaux.

Dans ce dernier cas, « l'intégrité procédurale et la bonne foi[2059] » de la partie demandant l'annulation au Caire sont pondérées par les exigences de la courtoisie par le for de l'exequatur. Il ressort de cet équilibre, si particulier à la doctrine de l'abus de droit, que les cours américaines nient tout effet à la décision des cours égyptiennes.

1153. Au demeurant, certains manifestent le même soupçon par rapport à la décision d'annulation de la sentence *Bechtel*[2060] par les juridictions de Dubaï, selon l'argument que les témoins de l'arbitrage n'ont pas prêté serment selon les formes prescrites par la loi locale. E. Gaillard note que cette décision « paraît suspecte au juge américain, mais les standards de rejet d'une décision de justice étrangère pour contrariété à la conception locale d'ordre public international sont très élevés et ont conduit, dans cette affaire, comme ce sera le plus souvent le cas, au rejet du moyen[2061] ».

Ainsi, même face à des motifs suspects d'annulation, les cours américaines ne disposaient pas d'outils suffisants pour refuser la reconnaissance de la décision d'annulation des Émirats et, ainsi pour accorder l'exequatur à la sentence internationale annulée. Le plus curieux est que la même sentence a

---

[2056] PARK William W., « Duty and discretion in international arbitration », *op. cit.*, p. 814.
[2057] *Cf.* n.742, *supra.*
[2058] *Cf.* n.496, *supra.*
[2059] PARK William W., « Duty and discretion in international arbitration », *op. cit.*, p. 814.
[2060] *Cf.* la décision américaine, n.750, *supra.*
[2061] GAILLARD Emmanuel, *Aspects philosophiques…*, *op. cit.*, p. 197.

été reconnue par les tribunaux français[2062], malgré son annulation à l'origine, mais sous un tout autre fondement[2063], absolument étranger au caractère suspect ou abusif de la censure des cours de Dubaï.

1154. Or, les outils permettant d'identifier la nature abusive d'une procédure étrangère semblent surgir progressivement, et la récente décision néerlandaise dans l'affaire *Maximov*[2064] permet d'indiquer les premières pistes vers ce dialogue tant recherché. Dans ce cas, la cour d'appel d'Amsterdam, dans une décision provisoire, détermine la désignation d'experts pour identifier la nature effectivement abusive de la procédure d'annulation russe. Dans ce sens, le tribunal néerlandais affirme qu'une exception à l'art. V(1)(e), CNY, ne peut être établie que « dans les cas où il existe des indications suffisantes que la procédure d'annulation de la sentence conduite par la cour étrangère, *dans une perspective d'ensemble et dans le cas d'espèce,* a été déficiente quant à ses aspects fondamentaux, au point de pouvoir affirmer qu'il ne s'agit plus d'un *fair trial*[2065] ».

Le souci d'affirmer l'importance d'un dialogue plus spécifique, direct et concret entre les deux juridictions concernées par la sentence est clairement exprimé. Si, dans la décision *Yukos*[2066], la cour d'Amsterdam s'était limitée à affirmer la nature irrégulière de la procédure d'annulation à partir de présomptions fondée sur des rapports généraux illustrant les problèmes actuels du judicaire russe, dans l'affaire *Maximov*, malgré la présentation de ces mêmes rapports par Maximov, le tribunal néerlandais essaie d'établir un dialogue plus marqué avec la juridiction étrangère. Ainsi, non seulement le juge hollandais désigne des experts pour étudier la nature prétendument impartiale de la procédure russe, mais il établit aussi que seuls des indices « suffisamment et spécifiquement liés à la procédure concrète[2067] » peuvent être considérés pour décider de la reconnaissance de la sentence arbitrale.

[2062] *Cf.* n.47, *supra.*

[2063] *Cf.* n.453 *et seq.*, *supra.*

[2064] *Cf.* n.708, *supra.*

[2065] *Ibid.*, par. 2.9, souligné par nous. Traduction libre. Dans l'original : « *An exception must be made in the event that there are sufficient indications that the proceedings to have the Arbitral Award quashed that were conducted before the foreign regular courts, viewed in their entirety in the concrete case at hand, were defective in respect of such essential issues that it no longer can be said that this was a fair trial.* »

[2066] *Cf.* n.704, *supra.*

[2067] *Cf.* n.708, *supra*, par. 2.11. Le paragraphe, dans son intégralité, dans l'original : « *In the Rosneft v. Yukos case, the Court of Appeal cited sources in paragraphs 3.8 to 3.10 that related in part to the extent of the independence and impartiality of the Russian regular courts in general. Mr Maximov also cited those sources, among other, in this case. The sources present an extremely worrisome picture, in particular with respect to disputes that involve considerable interests that the Russian States considers to be its own. In cases in which the Russian regular courts and the interests referred to above are involved, that leads to the principle referred to in paragraph 2.10 above being compromised. Nonetheless, an exception as referred to in*

1155. On assiste clairement à une volonté des juridictions hollandaises de se rapprocher du cas concret et d'établir un dialogue plus poussé avec le for d'annulation. Autrement dit, le recours à une expertise pour identifier la nature biaisée de la procédure d'annulation montre que la juridiction d'accueil passe progressivement d'une analyse à partir de la méthode du droit international privé à une analysée tournée vers les règles et indices matériels fournis par les experts. La recherche de critères relevant du dialogue entre les différentes juridictions concernées par la sentence arbitrale apparaît au grand jour.

1156. Il existe donc un décalage entre l'analyse pratique de la véritable finalité d'un recours en annulation et son traitement théorique ; et il est accompagné d'une réticence à incorporer la question plus prosaïque des annulations abusives dans le raisonnement conceptuel du juge de l'exequatur.

À partir de cette double approche, W. Park souligne que la reconnaissance des sentences annulées ne devrait pas tellement dépendre de la nature de l'invalidation, mais considérer « si cette annulation a été réalisée de bonne foi et correspond aux notions fondamentales de justice[2068] ». Désormais, « la pierre de touche pour la déférence aux jugements d'annulation étrangers relatifs à l'arbitrage et aux sentences arbitrales, réside dans l'inexistence de fraude ou d'influence abusive, et dans la conformité avec les notions fondamentales de l'ordre public international[2069] ».

1157. D'ailleurs, quant à la bonne foi, certains[2070] expliquent que le recours des juges américains de l'affaire *Chromalloy* à l'art. VII, plutôt qu'à l'art. V(1)(e), CNY[2071], afin d'écarter la décision d'annulation du siège, repose sur une tentative d'échapper au subjectivisme de ce critère : « Est-ce qu'un concept de *bona fides* autoriserait le juge de l'exequatur à faire intervenir ses perceptions subjectives de l'intégrité de la justice du pays du siège, pour s'aligner sur les annulations prononcées par les "bons" juges

---

paragraph 2.9 above can be applied only in the event that the indications that give rise to do so are sufficiently specifically related to the case that must be concretely assessed. »

2068 PARK William W., « Duty and discretion in international arbitration », *op. cit.*, p. 823. Traduction libre. Dans l'original : « *Recognition of vacated awards should depend not on the nature of the annulment standard, but on whether the annulment was made in good faith and comforts with fundamental notions of justice. The touchstone for deference to court judgments about arbitration, as to arbitral awards themselves, lies in the absence of fraud and undue influence, and conformity with basic notions of international public policy.* »

2069 *Ibid.*, traduction libre. Dans l'original : « *The touchstone for deference to court judgments about arbitration, as to arbitral awards themselves, lies in the absence of fraud and undue influence, and conformity with basic notions of international public policy.* »

2070 PAULSSON Jan, « L'exécution des sentences arbitrales… », *op. cit.*, p. 24.

2071 Sur cette option, *cf.* n.420 *et seq.*, *supra*.

étrangers, en faisant abstraction de celles prononcées par les “mauvais”[2072] ? »

À cela, nous ajoutons non seulement le problème des « bons » ou « mauvais » juges, mais, surtout, celui des bons ou mauvais plaideurs. Il est alors possible de contourner le problème de l'évaluation politique de la nature des jugements rendus par des juridictions voisines, si présent dans des affaires comme *Yukos*, tout en recentrant l'arbitrage international dans la perspective des parties, ses véritables intéressées. On nierait alors l'effet de la décision d'annulation de la juridiction voisine non plus parce que ses juges sont guidés par des intérêts politiques, mais parce que les plaideurs ont profité de ces circonstances objectives pour exercer leur droit de contrôle. Les idiosyncrasies locales se transforment alors en indices objectifs influençant un ordre juridique arbitral autonome organisé autour des plaideurs, et non plus en éléments de définition de cet ordre.

1158. Évoquons encore l'affaire *Baker Marine*[2073], dans laquelle, au contraire de *Chromalloy*, les cours américaines reconnaissent une décision d'annulation du siège, et, partant, refusent d'accorder l'exequatur à la sentence. Encore que les deux cours américaines confrontées à ces affaires assument des positions inverses, la doctrine n'a pas moins noté qu'elles fondent leurs raisonnements sur le même *ratio* : « l'analyse de la violation éventuelle de l'autonomie des parties par les tribunaux du siège[2074] ».

Ainsi, l'analyse des motifs d'annulation dans le siège, sans se limiter à un aspect exclusivement subjectif, permettrait de qualifier l'exercice du droit de contrôle de la sentence, lequel serait alors porté à l'examen du juge de l'exequatur. Encore plus explicitement, cet examen pourrait établir les contours mêmes du droit d'opposition prévu par l'art. V(1)(e), CNY.

1159. Si cette recherche des motifs d'annulation n'est à présent plus étrangère à la doctrine[2075], nous proposons ici de la rapprocher de l'*esprit* et de la *finalité* des droits en question, les critères rayonnants de l'abus de droit.

[2072] PAULSSON Jan, *idem*, p. 24.

[2073] *Cf.* n.677, *supra*.

[2074] MARTINEZ-FRAGA Pedro J., *op. cit.*, p. 178. Traduction libre. Dans l'original : « *[...] in a reasoned analysis of whether party-autonomy was violated by the reviewing tribunal of the rendering state.* » La violation de l'autonomie des parties représentée par la convention d'arbitrage a été aussi le motif de refus de reconnaissance, par une cour américaine, d'une décision pakistanaise d'annulation d'une sentence arbitrale (US District Court for the Southern District of New York, 1987, *American Construction Machinery & Equipment Corp. v. Mechnised Construction of Pakistan*, 659 F. Supp 426, spéc. p. 429).

[2075] Par exemple, *cf.* Alexandre COURT DE FONTMICHEL, *L'arbitre, le juge...*, *op. cit.*, p. 200 : « Le juge français, au lieu de préjuger de l'éventuel enracinement de la sentence dans un ordre juridique qui n'est pas le sien, *devrait se concentrer exclusivement sur les motifs qui ont conduit à l'annulation* par le tribunal du siège et en tirer les conséquences sur le terrain de l'exécution, en application de son propre droit de l'arbitrage » (souligné par nous).

Pour cela, l'on ne peut perdre de vue le contexte social qui justifie la finalité de ces droits, et surtout, la forme de leur exercice. Ph. Fouchard observe en 1965 que « le sort de la sentence dans le pays où elle a été rendue ne peut laisser indifférent un juge étranger saisi d'une demande d'exequatur[2076] ». Et, même si l'auteur se montre opposé à tout rattachement territorial de l'arbitrage international, il note quand même que l'on ne peut ignorer les *circonstances* du for du siège de l'arbitrage comme justifiant le recours à ses juridictions de contrôle.
Pour lui[2077], c'est dans le siège que les parties sont le plus souvent, représentées, où le contrôle de la sentence est le plus commode, dans la même langue et sous les règles qui leurs sont les plus proches. Finalement, ce sont les tribunaux où la sentence est la plupart du temps déposée pour devenir exécutoire.

1160. Autrement dit, il s'agit de doter le droit de contrôle d'un esprit, afin que son exercice, et le résultat de celui-ci, ne soit ignoré par les juridictions de l'exequatur. Sans prétendre apporter ici une solution complète, il est indispensable de vérifier comment cette contribution de l'abus de droit pourrait aussi être incorporée de manière plus pratique, par le biais des instruments déjà existants dans ce domaine.

B. L'incorporation de l'abus de droit dans le contrôle des sentences annulées

1161. Dans le point précédent, nous avons suggéré l'abus de droit comme un critère encourageant le dialogue entre les ordres juridiques concernés par la sentence arbitrale. Ici, aventurons-nous à identifier, *de lege lata*, quels sont les mécanismes concrets déjà à disposition des différents juges pouvant incorporer cette préoccupation, face à l'inexistence d'une réserve positivée de l'abus de droit dans ce domaine.

1162. D'ailleurs, nonobstant la rareté d'un recours explicite à l'abus de droit comme exception à la reconnaissance d'une sentence annulée, on ne peut pas affirmer qu'elle est inexistante. En effet, rappelons que dans son pourvoi en cassation, la société Putrabali affirme que « caractérise un abus de droit le fait pour une partie de solliciter l'exequatur d'une sentence arbitrale dès lors que, conformément à la volonté des parties quant au déroulement de l'arbitrage, une seconde sentence s'est substituée au

---

[2076] FOUCHARD Philippe, *L'arbitrage commercial international*, *op. cit.*, p. 531.

[2077] *Ibid.* L. Gama Jr. parle d'un « abus de ce lien de la sentence arbitrale avec le tribunal d'origine », par une décision d'annulation fondée sur un concept fluide d'ordre public, ou bien sur des motifs futiles ou politiquement déterminés (« Recusas fundadas no artigo V, (1), (E)… », *op. cit.*, pp. 272 *et seq.* Traduction libre. Dans l'original : « *O que não se pode admitir é o "abuso", pelo tribunal de origem, dessa ligação com o laudo arbitral* »).

document présenté à l'exequatur préalablement à la saisine du juge et l'a privé de toute valeur juridique[2078] ».
À part cette mention, dont la *ratio* est passée inaperçue dans la décision de la Cour de cassation, il nous semble que le rôle régulateur de l'abus de droit pourrait tout aussi bien être observé dans la *forme* d'application d'une série de textes déjà plus développés dans le droit de l'arbitrage international.

1163. C'est le cas, premièrement, du recours à la faculté de surseoir la demande de l'exequatur par l'art. VI, CNY[2079]. L'article attribue au juge d'accueil un pouvoir discrétionnaire suffisant pour évaluer la forme et les fondements de la demande d'annulation dans le tribunal étranger.

1164. Citons, par exemple, la position adoptée par les juridictions canadiennes dans l'affaire *Powerex*[2080]. Une fois saisie d'une demande d'exequatur d'une sentence faisant l'objet d'un recours en annulation dans le siège, la cour canadienne, pour décider sur une éventuelle suspension, examine si la demanderesse de l'annulation exerce son droit de contrôle de manière dilatoire ou abusive. La cour décide de suspendre l'exequatur, à condition que le défendeur dépose l'intégralité du montant en litige dans l'arbitrage.
En dépit d'une solution qui ne fait certainement pas l'unanimité[2081], cette affaire illustre le recours à l'art. VI comme moyen de se prémunir contre les manœuvres abusives profitant de l'annulation des sentences internationales.

1165. Dans la perspective inverse, le manque d'application de l'art. VI, CNY, s'avère être au centre des critiques portées contre le scénario kafkaïen créé par l'affaire *Dallah*[2082]. Ici, rappelons que les juridictions anglaises et françaises sont arrivées à des solutions totalement inverses concernant un même arbitrage. Selon certains[2083], c'est même un cas d'école pour l'application par le juge britannique de l'exequatur de l'art. VI, CNY, attendant la décision des juridictions françaises.
En effet, l'arbitrage en question est régi par la loi française, le tribunal siège en France et l'exequatur de la sentence a déjà été prononcé par un juge français en première instance. Les liens de l'arbitrage avec la France sont indéniables, et la cour d'appel de Paris est en mesure de prononcer une décision dans des délais tout à fait raisonnables. Malgré cette situation, l'UK Supreme Court refuse l'homologation de la sentence arbitrale

---

2078 *Cf.* n.324, *supra.*
2079 *Cf.* n.1179, *supra.*
2080 Canada, *Powerex Corp. v. Alcan Inc.*, 2004 B.C.S.C. 876, [2004], *BCJ*, n°1349 (QL).
2081 Pour une critique de cette solution, *cf.* Henri C. ALVAREZ, *op. cit.*, p. 675.
2082 *Cf.* n.438 *et seq.*, *supra.*
2083 BORN Gary, « Dallah and the New York Convention », *op. cit.*, p. 3. Pour une vision comparative différente, défendant la position des cours anglaises, *cf.* Jan KLEINHEISTERKAMP, « Navigating through competence-competence and good faith – a comment on the Dallah *v.* Pakistan Case in the UK and France », *Rev. br. arb.*, 2011, v. 31, pp. 122-207.

seulement trois mois avant que la cour d'appel parisienne ne se déclare favorable à l'exequatur de cette même sentence[2084].

Sans insister sur les moyens de la Cour suprême anglaise[2085], les commentateurs[2086] de cet imbroglio notent que la finalité de l'art. VI, CNY est justement d'éviter les manœuvres pouvant mener à ce genre de contradiction. Même si, *in casu*, cette discordance ne peut être imputée aux parties, rien n'empêche d'y voir une véritable course à l'exequatur à la recherche d'une juridiction conservatrice, qui se lancerait dans la révision de fond de la sentence, tout en refusant son exequatur.

1166. Dans l'affaire *Spier*[2087], le rapprochement entre le pouvoir de surseoir du juge de l'exequatur et les tentatives d'éviter les tactiques abusives est encore plus flagrant. Face à la demande d'annulation d'une sentence arbitrale devant les juridictions italiennes, un tribunal de New York décide de surseoir à statuer sur son exequatur.

Pour justifier l'application de l'art. VI, CNY, le tribunal américain affirme la légitimité de la procédure de contestation étatique de la sentence en Italie, soulignant qu'il ne prononcera son exequatur que s'il reste prouvé que l'objectif de la demande d'annulation est « nettement frivole[2088] ».

1167. Désormais, même si l'art. VI, CNY reste sous-utilisé comme moyen de limiter les manœuvres fondées sur le manque de dialogue entre les différents fors concernées par l'annulation[2089], c'est un dispositif aujourd'hui à disposition de l'interprète pour combattre les abus de manière plus harmonieuse. Ce rôle est encore très peu exploité par les juridictions nationales, mais il incite pourtant J. Paulsson à affirmer que « l'article VI est plus important dans la pratique que l'article V(1)(e)[2090] ».

1168. Un autre débat, justement sur la portée de cet art. V(1)(e), CNY, et les limites du pouvoir du juge dans son application, peut aussi être évoqué comme un succédané de l'abus de droit dans ce contexte. Il s'agit du problème, certes bien plus délicat, du pouvoir discrétionnaire du juge de l'exequatur, laquelle résulterait du verbe *may*, employé par la version anglaise de la Convention de New York, dans le *caput* de son art. V.

Nous avons déjà étudié les principaux aspects de ce débat dans la première

---

[2084] Tandis que la décision de l'UK Supreme Court refusant l'exequatur de la sentence arbitrale est prononcée en novembre 2010, celle de la cour d'appel de Paris confirmant l'exequatur de la même sentence est prononcée en février 2011 ! (*cf.*, respectivement, n.718 et 719, *supra*).

[2085] *Cf.* n.718, *supra*.

[2086] BORN Gary, « Dallah and the New York Convention », *op. cit.*, p. 3

[2087] *Cf.* n.678, *supra*.

[2088] *Ibid.*, par. 875. Traduction libre. Dans l'original : « *[...] transparently frivolous.* »

[2089] C'est l'opinion de Michael H. Strub Jr., dans « Resisting enforcement of foreign arbitral awards under article V(1)(e) and article VI of the New York Convention: a proposal for effective guidelines », *Tex. L. Rev.*, 1990, pp. 1053 *et seq.*

[2090] PAULSSON Jan, « L'exécution des sentences arbitrales… », *op. cit.*, p. 23.

partie[2091], mais nous présumons ici, *ad argumentandum tantum*, que le refus de l'exequatur en vertu d'une annulation dans le siège correspond bien à une *faculté* du juge d'accueil. En effet, certains verront justement dans ce pouvoir discrétionnaire la marge de manœuvre nécessaire au juge de la reconnaissance pour sanctionner les comportements abusifs.

1169. À cet effet, nous l'avons vu, d'une manière générale, des notions floues comme instruments de la doctrine de l'abus de droit sont fondamentales, spécialement dans le droit international[2092], où l'emploi d'expressions *open-textured* sert à l'encadrement plus spécifique des litiges. L'utilisation du terme *may* ne peut être interprétée autrement. J. Paulsson, l'un des principaux partisans de la relativisation de l'art. V, voit dans la nature facultative du pouvoir du juge de l'exequatur une ouverture permettant de considérer l'attitude concrète des parties dans leur demande d'annulation et la position des respectifs tribunaux de contrôle[2093].

1970. Malgré les critiques adressées[2094] à une discrétion dont les paramètres sont imprécis, la faculté attribuée au juge de l'exequatur dans la version anglaise de la Convention, au moins en théorie, participe à cette flexibilisation du système rigide et encore trop conflictuel de l'art. V. Le terme *may* devient une soupape de sécurité permettant d'infiltrer des critères matériels reposant sur le comportement abusif des parties dans le raisonnement des juridictions d'accueil.

En commentant cette « sortie de secours » du système de New York, et même en notant qu'elle reste controversée, G. Kaufmann-Kohler et A. Rigozzi observent qu'elle pourrait être employée « lorsque l'annulation constitue un abus manifeste de pouvoir de la part du juge du siège[2095] ». Notons que l'on insiste ici à nouveau sur le rôle de la juridiction du siège, et non pas tant sur celui des plaideurs qui, se valant de ces circonstances, poursuivent l'annulation.

1171. L. Gama Jr. tend vers la même position, considérant que les annulations « non raisonnables » doivent susciter le doute du juge de la reconnaissance, lequel a le pouvoir discrétionnaire de refuser d'accueillir ces décisions. Ainsi, l'auteur propose trois solutions pour le problème des annulations abusives, préférant finalement la troisième : « Face à des critères peu raisonnables d'annulation de la sentence arbitrale adoptés dans la juridiction d'origine de la sentence (comme, *v.g.*, révision de la substance, formalismes inutiles, nationalité ou même religion des arbitres etc.) resterait

---

[2091] *Cf.* spéc. n.663 *et seq.*, *supra*.

[2092] *Cf.* BYERS Michael, *op. cit.*, p. 417 *et seq.* ; MORACCHINI-ZEIDENBERG Stéphanie, *op. cit.*, pp. 109 *et seq.*

[2093] PAULSSON Jan, « Rediscovering the NY Convention… », *op. cit.*, p. 22.

[2094] *Cf.* KASSIS Antoine, *L'autonomie de l'arbitrage…*, *op. cit.*, pp. 460 *et seq.*

[2095] KAUFMANN-KOHLER Gabrielle, RIGOZZI Antonio, *op. cit.*, p. 563.

pour l'État de la reconnaissance à adopter l'une des trois solutions : (i) la première serait d'ignorer le contenu de l'art. V(1)(e), et, en se basant sur son art. VII, d'adopter un régime plus libéral en faveur de la reconnaissance, ce qui déplacerait le contrôle de la sentence arbitrale intégralement vers le pays de l'exequatur ; (ii) la deuxième dépendrait d'une future convention internationale, qui, à la lumière des règles existantes dans l'Union européenne (Règlement CE 44/2001) sur la reconnaissance et l'exécution des décisions judiciaires en matière civile et commerciale, ferait de même exclusivement pour les décisions judiciaires en matière arbitrale[2096] ; et (iii) la troisième serait d'attribuer cette discrétion à l'autorité de l'État où l'on demande la reconnaissance pour établir si l'inefficacité ou l'annulation de la sentence étrangère est compatible avec des standards internationaux, prévus par les législations modernes d'arbitrage[2097]. »

1172. De manière encore plus catégorique, transcrivons l'un des commentaires de la Recommandation 1(a)[2098] du rapport de l'ILA sur l'ordre public comme moyen d'opposition à la reconnaissance des sentences arbitrales internationales : « 5. Une cour de reconnaissance doit procéder à une pondération entre finalité et justice. La Convention de New York et la Loi-type de la CNUDCI permettent cet équilibre en attribuant un pouvoir discrétionnaire à cette cour, *i.e. enforcement "may" be refused*[2099]. »

2096 Cette option semble en consonance avec les deux dernières propositions de refonte du Règlement n°44/2001, *cf.* n.827 (2010) et 825 (2012).

2097 GAMA Jr. Lauro, « Metamorfose (do bem) : teoria e prática da homologação de sentenças arbitrais estrangeiras no Superior Tribunal de Justiça », *Rev. dr. Ass. Procuradores do Novo Est. RJ*, 2006, v. XVII, p. 170, souligné par nous. Traduction libre. Dans l'original : « *Diante de critérios irrazoáveis de anulabilidade da sentença arbitral adotados na jurisdição de origem da sentença (como, v.g., revisão do mérito, formalismos inúteis, nacionalidade ou mesmo religião dos árbitros etc.) restaria ao Estado onde se busca o reconhecimento adotar uma das três soluções : (i) a primeira seria ignorar o conteúdo do art. V(1)(e) e, com base no seu art. VII, adotar um regime mais liberal em favor da homologação, deslocando o controle da sentença arbitral integralmente para o país de reconhecimento ; (ii) a segunda dependeria de futura Convenção internacional que, por exemplo, à luz das normas vigentes no seio da União Europeia (Regulamento CE 44/2001) sobre o reconhecimento e execução de decisões judiciárias em matéria civil e comercial, disporia exclusivamente sobre decisões judiciárias em matéria arbitral ; e (iii) a terceira seria atribuir certa discricionariedade à autoridade do Estado onde se busca o reconhecimento para estabelecer se a ineficácia ou anulação da sentença estrangeira é compatível com padrões internacionais, albergados nas legislações modernas de arbitragem.* »

2098 Transcrivons la recommandation dans l'original : « *Recommendation°1(a). The finality of awards rendered in the context of international commercial arbitration should be respected save in exceptional circumstances.* »

2099 ILA, *Final report on public policy*, *op. cit.*, p. 2, souligné par nous. Nous nous permettons de ne pas traduire la dernière partie de l'extrait pour pouvoir préserver le sens original de la discussion autour du terme anglais *may*. Dans l'original : « *5. An enforcement court must carry out a balancing between finality and justice. The New York Convention and the Model Law permit such an exercise by making the court's power discretionary, i.e. enforcement "may" be refused.* »

1073. En plus des débats sur la nature du pouvoir du juge d'accueil, influencés par le mouvement de la jurisprudence *Hilmarton* et *Putrabali*, des auteurs comme A. Braghetta et S. Lemes[2100] ne manquent pas d'observer que c'est l'art. VII, CNY, lui-même, qui, en autorisant le recours à une législation plus bénéfique, donne au juge de l'exequatur la discrétion nécessaire pour écarter l'annulation abusive d'une sentence. Selon ces juristes, « l'article VII peut être considéré comme l'un des plus important dispositifs de la Convention sur la reconnaissance et l'exécution des sentences arbitrales étrangères[2101] ».

En introduisant le « principe de l'efficience maximale[2102] », cet article accorde au juge de l'exequatur une discrétion permettant de choisir entre l'application du droit interne ou international, ou bien celle du traité, dans le but de valider la sentence arbitrale internationale. Cette flexibilité pourrait incorporer à ce moment décisif des considérations sur la forme de l'exercice du droit d'annulation dans le siège, ainsi que sur celui de la demande d'exequatur.

Comment, alors, ne pas associer ce raisonnement discrétionnaire fondé sur la *finalité* et la *justice* dans l'analyse de l'exequatur d'une sentence annulée avec les aspects fondamentaux de la doctrine de l'abus de droit ? Il nous semble que cette théorie, dans ce cas, ne peut qu'apporter un cadre juridique solide à un contenu déjà bien vivant.

1174. Enfin, d'autres[2103] observent la possibilité d'incorporer la notion d'abus à la réserve d'ordre public comme grief autorisant à ne pas reconnaître une décision étatique annulant de manière abusive une sentence internationale. À ce moment-là, « la limite de l'ordre public permet d'atteindre – encore que partiellement – ce qui est prétendu par ceux qui défendent la théorie de la délocalisation, *i.e.*, préserver les sentences annulées abusivement[2104] ». L'abus de droit s'érige en règle matérielle émanant de l'ordre public du pays d'accueil.

Dès lors, pourquoi ne pas penser, *de lege ferenda*, à l'incorporation de l'abus de droit non seulement au sein de l'ordre public, mais comme critère matériel d'exception dans l'art. V(1)(e), CNY, afin que le juge de l'exequatur jouisse d'un outil permettant une analyse plus attentive du comportement des parties dans le for du contrôle ?

[2100] BRAGHETTA Adriana, LEMES Selma, « O artigo VII da Convenção de Nova Iorque », *in* WALD Arnoldo, LEMES Selma Ferreira (coords.)., *op. cit.*, p. 315.

[2101] *Ibid.* Traduction libre. Dans l'original : « *Da Convenção sobre Reconhecimento e Execução de Sentenças Arbitrais Estrangeiras, o artigo VII pode ser considerado um dos dispositivos mais importantes.* »

[2102] GAMA Jr. Lauro, « Recusas fundadas no artigo V, (1), (E)... », *op. cit.*, p. 272. Traduction libre. Dans l'original : « *[...] princípio da máxima eficácia [...].* »

[2103] Par exemple, *cf.* Adriana BRAGHETTA, *A importância da sede...*, *op. cit.*, p. 348.

[2104] *Ibid.* Traduction libre. Dans l'original : « *O limite da ordem pública permite que se atinja – ainda que parcialmente – o pretendido por aqueles que defendem a teoria da deslocalização, i.e, preservar laudos que tenham sido anulados abusivamente.* »

1175. Ainsi, en plus des manifestations de l'abus de droit déjà existantes, quoique souvent subliminaires, voici seulement quelques idées pour rendre plus explicite le recours à cette notion. Néanmoins, nous faisons ces propositions sous la réserve de ne pas enfermer l'abus de droit dans des simples énoncés normatifs, mais de le maintenir, au moins dans ce premier temps, comme une véritable méthode de travail.

Conclusion du Chapitre I

1176. Nous avons ici pris le risque de projeter dans la pratique une doctrine qui s'est montrée théoriquement cohérente avec les objectifs d'un ordre juridique arbitral. Toutefois, en nous rapprochant des solutions concrètes, notre but n'est pas d'apporter des solutions définitives.

1177. Au contraire, il s'agit plutôt de montrer que la flexibilité et l'adaptabilité caractéristiques de cette doctrine de modulation des droits répond naturellement aux besoins de la théorie de l'arbitrage international. Si la prémisse que nous suivons au long de ce travail est qu'il faut se détacher de la rigidité conceptuelle des textes pour se diriger vers une justice des parties soumises à l'arbitrage, il serait contradictoire de conclure ce chapitre pratique en proposant une notion immuable !

1178. Observons simplement que les mécanismes de contrôle de l'arbitrage international se soucient de permettre que la conciliation des différents ordres juridiques concernés par la procédure se déroule de manière élastique, évitant ainsi tout décalage. L'abus de droit ne fera que légitimer un recours plus naturel et plus large à ces différentes approches, soit-elles subjectives ou objectives.

1179. Que ce soit en tant qu'exception à la litispendance internationale, en tant que critère pour le prononcé d'injonctions anti-procédure, dans le but de relativiser la *res judicata*, ou bien pour qualifier le raisonnement du juge de l'exequatur face à une sentence annulée, l'abus de droit ne peut apparaitre comme une simple catégorie dogmatique parfaitement fixée.

Il dépasse ce cadre formel, pour devenir aussi bien un instrument favorisant le retour de la théorie de l'arbitrage vers le comportement des parties. L'abus remet celles-ci au centre du débat, renvoyant le souci de systématisation théorique. Désormais, bien plus qu'un simple critère dogmatique, la doctrine de l'abus de droit fournit un postulat philosophique, un *esprit* à l'ordre juridique arbitral.

1180. Finalement, c'est une notion qui réunit, dans sa terminologie même, le significat de notre travail : tandis que l'« abus » représente le comportement pratique, le « droit » n'est rien d'autre que le cadre théorique. Ainsi, l'« abus de droit », en plus de critère, est la parfaite métonymie de cette thèse.

1181. Et, si jusqu'à présent, nous avons privilégié l'étude de l'abus comme critère évolutif des mécanismes de contrôle déjà existants dans l'ordre juridique arbitral, penchons-nous sur une vision plus prospective. Il s'agit pour nous maintenant d'identifier quelles pourraient être ses principales sanctions.

Chapitre II. L'abus de droit comme sanction de l'arbitrage international

1182. Les sanctions de l'abus de droit dans un contexte international sont « polymorphes[2105] ». Elles regroupent une infinité de mesures préventives et punitives destinées à éviter que l'intervention étatique dans l'arbitrage ne serve à contourner les obligations établies dans la clause compromissoire ou dans la sentence.

1183. Si, dans le chapitre précédent, nous avons examiné l'abus de droit comme une sanction préventive de ces manœuvres, attachons-nous ici à vérifier de quelle manière la notion est mise en place une fois ces comportements vérifiés. Dans cette perspective *a posteriori*, juges et arbitres semblent se valoir autant des sanctions pécuniaires (section I) que des punitions déclaratoires (section II).

Section I : Les sanctions pécuniaires

1184. J. Ortscheidt[2106] nous met en garde contre le risque de voir les frais d'une procédure arbitrale gonflés artificiellement pour sanctionner des comportements abusifs. Même si l'auteur se réfère à un cas de résistance abusive d'un plaideur au sein d'une même procédure, et bien que nous étudions ces abus dans le cadre de différents ordres juridiques, son constat reste valable dans la perspective de notre sujet.

1185. Si la tendance actuelle veut que l'on ne définisse pas de poste spécifique concernant les dommages et intérêts face à une manœuvre qui se déroule sous la juridiction des mêmes arbitres, ce penchant ne peut que sortir renforcé dans le cadre d'un abus qui se concrétise par la manipulation de différents systèmes de conflit.
Néanmoins, il est indispensable de distinguer les frais et dépends de l'arbitrage (§ 1°) et les dommages et intérêts résultant de la manœuvre abusive (§ 2°). En effet, l'apparente formalité caractéristique de l'abus ne peut être combattue qu'avec des sanctions explicites, et non au moyen d'outils relevant d'une logique procédurale et administrative.

[2105] COURT DE FONTMICHEL Alexandre, *L'arbitre, le juge…*, *op. cit.*, p. 371.

[2106] ORTSCHLEIDT Jérôme, *La réparation du dommage dans l'arbitrage commercial international*, Paris : Dalloz, 2001, p. 356.

§ 1°. *Les frais et dépens de l'arbitrage*

1186. Bien que les frais et dépens d'un arbitrage ne constituent pas, techniquement, l'instrument le plus adapté pour la sanction des comportements abusifs, c'est aujourd'hui la pratique la plus répandue dans les tribunaux[2107]. En outre, comme nous le verrons, il s'agit souvent de véritables dommages et intérêts déguisés, englobant des éléments qui interviennent bien en aval des coûts de procédure.
De plus, ne négligeons pas le fait qu'historiquement, les condamnations à payer les frais irrépétibles apparaissent liées à la sanction de l'abus. Certains notent même qu'en France, l'art. 700, CPC[2108], en parlant d'équité, crée un « lien entre le texte du nouveau Code et la théorie de l'abus[2109] ». En effet, le dispositif a été adopté dans le seul but de remédier aux lacunes d'une théorie ne permettant pas au justiciable de recouvrir le coût réel des frais annexes de son procès[2110].

1187. Dans la pratique de la CCI, citons à titre d'exemple la sentence n°11670[2111], affirmant que l'évaluation des coûts doit prendre en compte les tactiques dilatoires et les manœuvres abusives du plaideur, ou encore la sentence n°4629[2112], attribuant au défendeur 90 % des frais de la procédure, en vertu de sa faute dans le prolongement abusif des délais de l'arbitrage.

1188. Encore plus intéressantes, mentionnons deux affaires CCI où les arbitres affirment la possibilité de condamner également aux frais et dépens la partie ayant obtenu gain de cause. Dans la sentence n°6293, le tribunal

---

[2107] Dans une étude sur le sujet, J. Jourdan-Marques note que la notion de frais inclut l'ensemble des dépenses occasionnées par un procès, quoique la plupart des lois étatiques relatives à l'arbitrage soient silencieuses sur cette définition (JOURDAN-MARQUES Jérémy, « La répartition des frais de l'arbitrage : une sanction contre mauvais comportement des parties durant l'instance arbitrale », *Vers. Intern. Arb. Bus. L. Rev.*, 2011, n°2, p. 118). Comme exception, l'auteur réfère à l'art. 59, de l'EAA, définissant les frais comme (i) les honoraires et frais des arbitres, (ii) la rémunération et les frais des institutions d'arbitrage, et (iii) les honoraires d'avocats et autres frais des parties. La plupart des règlements d'arbitrage prévoient des dispositifs similaires, même si, dans la pratique, les tribunaux arbitraux se prononcent distinctement sur les frais et honoraires pour la défense des parties et ceux pour la maintenance administrative de la procédure (l'auteur cite la sentence CCI n°12553 de 2005, et la sentence CCI n°12660 de 2005, *Gaz. Pal.*, 2005, n°349, p. 15). Dès lors, faisons cette distinction quant à la notion de frais, mais employons l'idée de manière générale (*lato sensu*).

[2108] Art. 700, CPC : « Comme il est dit au I de l'article 75 de la loi n°91-647 du 10 juillet 1991, dans toutes les instances, le juge condamne la partie tenue aux dépens ou, à défaut, la partie perdante, à payer à l'autre partie la somme qu'il détermine, au titre des frais exposés et non compris dans les dépens. Le juge tient compte de l'équité ou de la situation économique de la partie condamnée. Il peut, même d'office, pour des raisons tirées des mêmes considérations, dire qu'il n'y a pas lieu à cette condamnation. »

[2109] LÉCUYER Hervé, *op. cit.*, p. 587.

[2110] *Ibid.*

[2111] *Yearb. Comm. Arb.*, 1999, v. XXIVa, 162, p. 171.

[2112] *Yearb. Comm. Arb.*, 1993, v. XVIII, 11, p. 33.

relève que « comme le défendeur a triomphé dans cet arbitrage, il serait raisonnable de conclure qu'il doit obtenir le remboursement de tous ses frais, à moins que des circonstances particulières ne s'opposent à cela, *comme le caractère déraisonnable de ses frais ou un abus de procédure de sa part*[2113] ».

1189. Dans la sentence CCI n°8486[2114], l'arbitre unique estime que même si la partie demanderesse n'est que partiellement gagnante, les frais de l'arbitrage peuvent être intégralement supportés par la partie défenderesse. Pour arriver à cette conclusion, il note que « d'après des principes généraux du droit international de l'arbitrage, dans sa décision concernant les coûts, le tribunal arbitral doit non seulement tenir compte de l'issue de la procédure, mais aussi de l'attitude des parties pendant la procédure », rappelant, ensuite, que la défenderesse a tout fait pour « retarder et [...] embrouiller considérablement » l'arbitrage.

1190. Au sein du CIRDI, une série de procédures ayant qualifié des manœuvres comme des « abus du système international de protection à l'investissement[2115] » ont eu recours à ce type de sanction. Même si la notion d'abus de droit est employée de manière imprécise, cela n'en reste pas moins un exemple intéressant de cette forme d'attribution des frais de procédure.

1191. Dans la sentence *Phoenix*[2116], le tribunal fait usage du principe « *costs follow event* » comme exception à la répartition égalitaire des coûts entre les litigants dans les arbitrages CIRDI. Selon cette règle, les frais sont attribués à la partie ayant participé à des « *events* » abusifs, à savoir la manipulation de la nationalité du demandeur afin de gagner la juridiction d'un tribunal international. Dans ce cas, les arbitres condamnent le demandeur à supporter l'intégralité des coûts (ceux du centre et les honoraires des arbitres), ainsi que les dépens du défendeur[2117].

1192. L'abus de droit est aussi évoqué comme fondement de l'attribution intégrale des frais et dépens au demandeur dans l'affaire *Cementownia*[2118], encore qu'il s'agisse plutôt d'un cas de fraude au système CIRDI[2119].

2113 *Bull. CCI*, 1993, v. 4, p. 43, souligné par nous.

2114 ARNALDEZ Jean-Jacques, DERAINS Yves, HASCHER Dominique, *Recueil des sentences arbitrales de la CCI 1996-2000*, The Hague : Kluwer Law International, 2003, p. 530.

2115 Plus explicitement dans *Phoenix*, *cf.* n.1770, par. 151.

2116 *Cf.* n.1770, *supra.*

2117 *Ibid.*, par. 152.

2118 *Cf.* n.43, *supra*, pars. 158-159.

2119 Dans les cas de fraude explicite du système de protection des investissements internationaux, la répartition des coûts en fonction des comportements fautifs des parties est incorporée dans les affaires *Europe Cement* (*cf.* n.1770, par. 185) *Plama v. Bulgarie* (*Plama Consortium Ltd. v. Bulgarie*, sentence du 27 août 2008, aff. n°ARB/03/24, pars. 321-322) et *Sabas Fake* (*cf.* n.1770, *supra*). Pour un exposé de ce thème *cf.* Nassib G. ZIADE, « Les frais et dépens dans l'arbitrage CIRDI », *in* HORCHANI Ferhat (dir.), *op. cit.*, pp. 263 *et seq.* On trouve une synthèse des principales sentences CIRDI définissant l'attribution des coûts de

1193. Dans l'affaire *Pey Casado v. Chili*[2120], au contraire, même si l'abus de droit n'est pas explicitement mentionné, il nous semble que c'est bien sous ce fondement que le tribunal attribue les trois quarts des frais de procédure à la demanderesse, en plus d'une partie des dépens, « la politique adoptée par la défenderesse consistant, au-delà des exceptions usuelles ou "normales" à la compétence, à multiplier objections et incidents parfois incompatibles avec les usages de l'arbitrage international[2121] ».

1194. Cette multiplication des procédures d'opposition à l'arbitrage se rapproche de la forme d'application de la doctrine de l'abus de droit que nous visons dans ce travail : cette notion pourrait constituer un pont entre les différents ordres juridiques concernés par ces procédures.

1195. La sentence *Letco*[2122] sanctionne précisément cette approche, même si, encore une fois, le tribunal préfère parler de mauvaise foi plutôt que d'abus de droit. En effet, la République du Libéria a saisi ses propres cours étatiques dans une tentative de vider l'arbitrage CIRDI, raison pour laquelle les arbitres condamnent l'État au paiement de tous les frais de la procédure.

1196. Tournons-nous, maintenant, vers les frais et dépens attribués par les juridictions étatiques.

1197. En France, par exemple, la doctrine note « une inflation des frais irrépétibles [...]. "Toujours plus" semble être la devise de la cour d'appel de Paris[2123] ». Selon le rapport de Th. Clay[2124], le tribunal parisien, toujours sur le fondement de l'art. 700, CPC, condamne d'abord une partie se défendant dans un recours en annulation contre une sentence qui lui était favorable (80 000 € en mars 2010)[2125] ; et dans la semaine qui suit, il émet une condamnation de 150 000 € infligée au demandeur auquel il avait été refusé un sursis à statuer en attendant une décision de la juridiction pénale[2126].

1198. Le jugement de la cour d'appel de Paris du 7 octobre 2010, dans une affaire *Pastor*[2127], est encore plus intéressant pour notre sujet, puisqu'il sanctionne le comportement d'un plaideur qui, ayant multiplié les incidents

---

la procédure dans Jenny POWER, « Investement arbitration – summaries of ICSID awards on costs (available as of 31 july 2009) », *in* KLAUSEGGER Christian *et al.* (éds.), *Austrian Arbitration Yearbook 2010*, Manz : C.H. Beck/Stämpfli & Manz, 2010, pp. 353 *et seq.*

2120 CIRDI, *Pey Casado v. Chili*, sentence du 8 mai 2008, aff. n°ARB/98/2.

2121 *Ibid.*, par. 729.

2122 *Liberian Eastern Timber Corporation (Letco) v. Gouvernement de la République du Libéria*, 31 mars 1986, aff. n°ARB/83/2, *JDI*, 1988, p. 167 – obs. GAILLARD Emmanuel.

2123 CLAY Thomas, « Arbitrage et modes alternatifs de règlement des litiges », *D.*, 2010, p. 2933.

2124 *Ibid.*, p. 2945.

2125 CA Paris, 26 mar. 2010, n°08/23901, *Caribbean Niquel. RTD com.*, 2010, p. 545 – obs. LOQUIN Éric ; *Vers. Intern. Arb. Bus. L. Rev.*, 2010, p. 6 – obs. COSTARGENT Jean-Robin.

2126 CA Paris, 1er avr. 2010, *Sté. Chantiers de l'Atlantique*, n°09/07068.

2127 CA Paris, 7 oct. 2010, *Pastor*, n°09/16563.

de contestation d'une sentence CCI dans plusieurs pays, fait appel de l'ordonnance d'exequatur obtenue en France par son adversaire. Dans le cadre de cet appel, la cour parisienne alloue 80 000 € de frais irrépétibles.
Le tribunal français condamne non seulement l'abus au sein de l'appel de l'exequatur, mais une véritable posture de guérilla de la partie s'opposant à la sentence CCI en France et dans plusieurs autres pays. Osons y voir une évolution vers une perspective macroscopique et matérielle, laquelle nous semble indispensable à la sanction des manœuvres abusives de l'arbitrage international.

1199. Finalement, ne manquons pas de nous référer à l'énoncé 25.2 des principes de l'ALI/UNIDROIT sur la procédure transnationale, lequel accorde aux tribunaux la possibilité de prendre des décisions concernant les frais compte tenu des fautes commises par les parties au cours de l'instance[2128].

1200. En observant ces différentes affaires, il est déjà possible de constater le principal problème de l'allocation des frais et dépens pour sanctionner des abus. C'est un mécanisme qui intervient toujours *a posteriori*, et qui ne peut pas avoir un effet préventif. Son effet *in terrorem* ne pourrait freiner les tactiques abusives que s'il était mis en place dès le début de la procédure, et le principe « *costs follow the event* » ne peut rendre compte de ce but préventif[2129]. Pour remédier à cela, le tribunal arbitral doit pouvoir, aussitôt la procédure initiée, prononcer une ordonnance affirmant que la répartition des frais et dépens sera fondée, *inter alia*, sur le comportement des parties[2130].

1201. Les frais posent un autre problème, dans la mesure où ils restent très liés à l'aspect procédural, presque administratif. Or, les manœuvres qui nous concernent sont spécifiquement celles qui se valent d'une superposition de

---

[2128] « 25.2. À titre exceptionnel, et en présence de motifs évidents, le tribunal peut refuser ou limiter le remboursement des frais accordés à la partie gagnante. Le tribunal peut limiter ce remboursement aux dépenses qui auraient dû être engagées dans un tel litige et sanctionner une partie gagnante qui a soulevé des questions non pertinentes ou qui s'est rendue coupable d'un quelconque abus de procédure. *Lorsqu'il prend des décisions concernant les frais, le tribunal peut tenir compte les fautes commises par les parties au cours de l'instance* » (*ALI/UNIDROIT Principles of transnational procedure*, *op. cit.*, souligné par nous). La plupart des règlements d'arbitrage prévoient la répartition des coûts ; néanmoins, c'est avec un souci moindre de la sanction d'un comportement abusif résultant de mesures parallèles, et plus de l'augmentation des frais administratifs que ces attitudes peuvent gérer en fonction du prolongement dilatoire de la procédure devant l'institution elle-même. L'art. 37(5), du nouveau Règlement CCI 2012 peut être cité à titre d'exemple : « Lorsqu'il se prononce sur des frais, le tribunal arbitral peut tenir compte des circonstances qu'il estime pertinentes, *y compris dans quelle mesure chacune des parties a conduit l'arbitrage avec célérité et efficacité en termes de coûts* » (souligné par nous).

[2129] C'est l'opinion de Charles Prices et Yves Stans, dans « Using costs as a case management tool in international arbitration », *Bull. ASA*, 2007, v. 25, n°4, pp. 708 *et seq.*

[2130] *Ibid.*, p. 713.

plusieurs procédures – arbitrales ou étatiques. Des instruments sanctionnant des attitudes dont l'illégitimité dérive de la contrariété d'un seul ordonnancement juridique, quoiqu'importants, ne peuvent suffire.

1202. Aussi bien intentionnés que soient juges et arbitres dans leur effort de sanction des comportements parallèles à leurs juridictions, ces manœuvres ne sont prises en compte que comme des indices renforçant la légitimité des sanctions qui sont appliquées à ces parties pour la violation de l'instance qu'ils président. Néanmoins, ces manœuvres extérieures ne pourront jamais justifier, *per se*, cette condamnation. Ceci explique un bon nombre de critiques[2131] contre cet instrument, qui reste encore trop limité à la conservation de l'*intégralité de la procédure*, plutôt qu'au contrôle, dans l'absolu, du *comportement des parties*.

1203. C'est pourquoi l'on observe progressivement une distinction entre les coûts résultants des frais et dépens de la procédure, et le « coût » dont la source réside plutôt dans une attitude abusive des parties. La doctrine[2132] approuve le développement de cette distinction, spécialement en France, où l'art. 700, CPC est souvent employé pour sanctionner des abus sous le couvert des frais et des dépens.

À cet effet, la sanction des manœuvres abusives à partir d'une catégorie dont l'objectif principal est le remboursement des frais administratifs de la procédure ne pouvait que résulter dans une insécurité juridique qui s'est rapidement manifestée en France. La Cour de cassation[2133] adopte alors une position définitive, imposant aux juges de fonds d'évaluer distinctement la somme due au titre de l'art. 700, et celle due à titre de dommages et intérêts.

Bien que cette distinction ne soit pas spécifique à l'arbitrage international, elle prend beaucoup d'importance dans notre volonté de sanctionner un comportement extrapolant les limites d'une procédure. L'abus que nous recherchons dans cette étude pourrait en effet se trouver mieux encadré par une sanction pécuniaire jouissant de la même flexibilité que celle du critère qui la déclenche, englobant un aspect matériel et transnational qui semble trop à l'étroit dans la catégorie des frais et dépens.

[2131] Par exemple, celle de Mustill et Boyd : « Une sentence de coûts permet à la partie triomphant de ne récupérer qu'une partie de ses dépenses dans son combat au sein de l'arbitrage, et ne récompense absolument pas les pertes supportées par un défendeur qui doit dépenser ses énergies et son temps, ainsi que ceux de ses employés, lesquels devraient être dévoués à l'activité productrice » (*op. cit.*, p. 435). Traduction libre. Dans l'original : « *An award of costs enables the successful party to recoup only part of his expenditure in fighting the arbitration, and makes no recompense at all for the loss suffered by a respondent who has to spend the energy and time of himself and his employees, which ought to be devoted to running the business.* »

[2132] LÉCUYER Hervé, *op. cit.*, p. 587.

[2133] Cass., 2e Ch. civ., 22 nov. 1984, *Gaz. Pal*, 31 juillet-1er août 1985, p. 145 – note GUINCHARD Serge, MOREL Charles.

§ 2°. *Les dommages et intérêts*

1204. S'il existe un rapport conventionnel à la base de tout arbitrage international, qu'il résulte d'un instrument bilatéral ou plurilatéral, la sanction par les dommages et intérêts ne peut qu'être naturelle. En même temps, la réparation des préjudices[2134] permet de rendre une décision plus spécifique, exposant de manière précise et pédagogique à la partie fautive les sources de son abus, en dehors d'un souci exclusivement procédural.
En outre, tandis que le fondement des frais et dépens est la *restitution* des valeurs engagées par la partie ayant obtenu gain de cause, comme si ces montants n'avaient été avancés que pour permettre une déclaration juridictionnelle confirmant une position juridique *ab initio*, le but des dommages et intérêts est prioritairement *indemnisatoire*[2135].

1205. Considérant combien il est déjà difficile de mettre en place un système de réparation de dommages transfrontaliers[2136], nous pouvons penser que cela ne sera pas si différent pour les préjudices causés par des procédures transnationales. Les obstacles n'en deviendront que plus grands dans le domaine de l'abus de procédure, dont la vérification du dommage réparable n'est, à notre avis, pas une condition de sa caractérisation.
Bien qu'une partie considérable de la doctrine[2137] voie la situation autrement, et notamment influencée par une approche de l'abus de droit qui le lie à la responsabilité civile[2138], où le dommage et indispensable, il nous semble que les manœuvres déviantes, surtout dans le droit international, ne résulteront pas exclusivement dans une réparation : l'on peut songer aussi à la nullité

[2134] Nous associerons ici les termes dommage et préjudice, même au risque de commettre une imprécision juridique, et dans le seul but d'éviter des répétitions. Sur la distinction essentielle entre ces deux notions, *cf.* Francis-Paul BÉNOÏT, « Essai sur les conditions de la responsabilité en droit public et privé », *JCP G*, 1957, I, p. 1351 : « [Le dommage] est un fait perceptible indépendamment de l'idée que peut s'en faire la personne qui en est victime et des conséquences diverses qu'il peut avoir pour elle [...]. [Le préjudice] désigne les diverses conséquences découlant du dommage à l'égard de la victime de celui-ci. » ; CADIET Loïc, *Le préjudice d'agrément*, thèse de droit, Université de Poitiers, 1983, p. 372. D'autres n'hésitent pas à défendre l'utilisation des deux expressions comme synonyme (BACACHE-GIBEILI Mireille, *Les obligations. La responsabilité civile extracontractuelle*, t. 5, (coord. Christian Larroumet), Paris : Economica (coll. Droit civil), 2007, p. 336).

[2135] CORDOPATRI Francesco, « L'abuso del processo e la condanna alle spese », *Riv. trim. dir. proc. civ.*, 2005, n°1, p. 260.

[2136] HANQIN Xue, *Transbounday damage in international law*, Cambridge : Cambridge University Press, 2003, spéc. pp. 98 *et seq.*

[2137] ROULET Jean-David, *op. cit.*, pp. 59 *et seq.* ; ILUYOMADE Obafemi Awolowo, « The scope and content of a complaint os abuse of right in international law », *Harv. Int. L. Journ.*, 1975, pp. 75-76 ; CAVARÉ Louis, *La notion de bonne foi et quelques-unes de ses applications en droit international public*, Paris : Cours de l'Institut de hautes études internationales, 1963-1964, p. 40 ; VERHOEVEN Joe, *La reconnaissance internationale dans la pratique contemporaine*, Paris : Pedone, 1975, pp. 621-622 ; KISS Alexandre-Charles, *op. cit.*, p. 180.

[2138] *Cf.* n.805 *et seq.*, *supra.*

d'un acte, au dessaisissement d'un juge ou d'un arbitre, ou encore à l'inopposabilité d'un droit.

1206. C'est pourquoi nous préférons nous rallier à ceux qui affirment que l'exigence de dommage tient beaucoup plus du régime de la responsabilité internationale que du concept d'abus lui-même[2139]. Or, si nous voulons faire de l'abus de droit un principe reposant sur une application directe, comme une règle matérielle pouvant se répandre entre différents ordres juridiques, il nous est impossible de considérer l'abus de droit comme un simple mécanisme de correction de l'illicite.

Cette réserve nous amène aux sanctions déclaratoires exposées dans la prochaine section. Pour l'instant, examinons tout de même quels seraient les types de dommages réparables au sein des manœuvres procédurales qui nous intéressent. D'ailleurs, plus que pour les frais et dépens, le type de réparation que nous traitons ici encadre naturellement les dommages causés par l'exploration parallèle des ordres juridiques.

1207. S. Dutson[2140] dresse une liste intéressante de préjudices pouvant résulter de ce contexte. Rappelons ceux qui sont les plus proches de notre sujet : (1) les coûts des injonctions anti-procédure demandées dans un autre for contre la procédure arbitrale ; (2) les coûts résultant de la procédure engagée pour s'opposer à la procédure dans le for parallèle ; (3) les coûts résultant de la procédure d'opposition que doit engager la partie pour se défendre contre une éventuelle demande d'exequatur du jugement étranger obtenu abusivement ; (4) les coûts résultant de l'opposition du plaideur aux mesures conservatoires éventuellement prononcées par les juridictions étatiques en vertu de l'exequatur conféré à la demande abusive.

1208. Sous un angle plus commercial, observons que les procédures parallèles peuvent causer des problèmes opérationnels, comme l'interruption de la production industrielle en vertu d'une injonction, ou bien la suspension de certains événements déterminés par l'arbitrage, mais interrompus par les juridictions étatiques[2141]. De plus, la demande nationale peut annuler une série de bénéfices de l'arbitrage, surtout la confidentialité et la célérité, résultant dans des dommages indemnisables[2142].

1209. Quant aux types de dommages, rappelons la nature autorégulatrice de la *societas mercatorum* internationale. En l'absence d'une autorité policière centrale, prononçant des sanctions dans une perspective verticale, le commerce international est régi, prioritairement, par la dissuasion réciproque de ses membres, dans une perspective horizontale. Dès lors,

---

[2139] KOLB Robert, *op. cit.*, p. 469.
[2140] DUTSON Stuart, *op. cit.*, p. 96.
[2141] Par exemple, la suspension des négociations pour une *joint venture* dans les États-Unis, SDNY, *Storm LLC v. Telenor Mobile Communs, AS*, 2006, U.S. Dist. LEXIS 90978, par. 37.
[2142] *Cf.* MOSIMANN Olivier Luc, *op. cit.*, p. 36.

les réparations à caractère punitif ont rapidement été adoptées. Si elles restent plus proches du *common law*, l'importance de sanctionner des comportements abusifs dans une société internationale réclamant des remèdes privés a encouragé les arbitres à choisir ce type de réparation[2143].
Des tribunaux CIRDI, par exemple, se sont reconnu la faculté de les prononcer quand le droit applicable au litige le permet. C'est le cas de la sentence *Letco*[2144]. Néanmoins, Y. Derains[2145] invite les arbitres à être prudents quand il s'agit de prononcer des peines privées. Premièrement, parce que leur compétence pour le faire reste encore contestée ; ensuite, parce qu'une décision qui n'est pas conforme au principe de la *restitutio in integrum*, condamnant à des dommages supérieurs au préjudice, peut facilement être interprétée comme contraire à l'ordre public des fors de l'exequatur, spécialement ceux du *civil law*.
Nonobstant cette alerte, l'emploi des *punitive damages* dans l'arbitrage international peut certainement contribuer aux efforts de régulation des comportements dans un scénario informel. On peut par exemple les retrouver dans l'art. 28(5), du règlement de l'AAA[2146], autorisant les arbitres, dans une sentence de coûts, à attribuer des dommages punitifs en cas de mauvaise foi ou de comportement dilatoire tout au long de la procédure.

1210. Avant de passer à une analyse plus casuistique de l'utilisation des dommages et intérêts pour sanctionner les manœuvres abusives, rappelons encore la question des préjudices moraux. Dans les débats qui ont suivi les actes du colloque de Tunis célébrant les quarante-cinq ans du CIRDI, Y. Derains observe que l'octroi du préjudice moral « est un moyen de mettre fin, de réduire, les actions ou les requêtes abusives[2147] ».
Ici, soulignons que l'attribution des dommages moraux devrait être restreinte à la compensation de préjudices effectivement moraux (ce qui apparaît comme un truisme, mais qui n'est pas si évident dans la pratique). Si, dans une sentence *Desert Lines*[2148], on voit clairement qu'il s'agit de préjudices dont ont souffert par les employés de l'investisseur en vertu du harcèlement de l'État d'accueil, qui sont donc des préjudices effectivement moraux, dans d'autres cas, cette catégorie de dommage est souvent employée – à tort –

[2143] Sur une étude générale de ce thème dans l'arbitrage, *cf.* not. Alexandre COURT DE FONTMICHEL, *L'arbitre, le juge...*, *op. cit.*, pp. 386 *et seq.*
[2144] *Cf.* n.2123, *supra*, par. 35.
[2145] DERAINS Yves, « Intérêts moratoires, dommages intérêts compensatoires et dommages punitifs devant l'arbitre international », *in Études offertes à Pierre Bellet*, *op. cit.*, p. 122.
[2146] Dans l'original : « 5. Unless the parties agree otherwise, the parties expressly waive and forego any right to punitive, exemplary or similar damages unless a statute requires that compensatory damages be increased in a specified manner. *This provision shall not apply to any award of arbitration costs to a party to compensate for dilatory or bad faith conduct in the arbitration* » (souligné par nous).
[2147] Intervention d'Y. Derains *in* HORCHANI Ferhat (dir.), *op. cit.*, p. 284.
[2148] CIRDI, *Desert Line Project LLC v. Republic of Yemen*, 6 fév. 2008, aff. n°ARB/05/17.

comme un instrument de punition, spécialement dans des ordres du *civil law*, qui n'utilisent pas les *punitive damages* de manière aussi naturelle.
La position adoptée dans la sentence *Cementownia*[2149] semble attentive à ce problème. Les arbitres affirment explicitement que le principe général de l'abus de procédure n'est pas suffisant pour fonder une compensation *morale*, ni même une compensation symbolique. Le tribunal opte alors pour une sanction basée sur la répartition des coûts de l'arbitrage[2150].

1211. Ainsi, nous verrons que dans la majorité des affaires, c'est encore un recours simple aux dommages et intérêts matériels, fondés sur les valeurs supportées par la partie obligée de se défendre dans des juridictions parallèles, qui domine dans les décisions arbitrales.

1212. Dans une affaire CCI n°6379[2151], la partie demanderesse réclame une indemnisation découlant des préjudices dont elle aurait souffert en vertu de l'interruption d'une série de négociations commerciales tenues en Belgique. Selon le plaideur, cette interruption a été causée par la saisine abusive des cours belges par le défendeur de l'arbitrage, ce qui a occasionné la révélation de l'objet du litige, écartant toute possibilité de poursuivre les pourparlers.
L'arbitre unique refuse la réparation face à l'inexistence d'un dommage concret, considérant seulement la perte d'une chance commerciale. Néanmoins, il nous semble que sa décision dit clairement qu'au cas où ce préjudice aurait été prouvé, la saisine des cours étatiques belges dans le seul but de nuire au demandeur pouvait être indemnisable.

1213. Citons encore la sentence CIRDI dans l'affaire *MINE*[2152] : les arbitres ont fait droit à la demande reconventionnelle d'une partie qui réclame le remboursement des frais de justice qu'elle a dû supporter pour se défendre dans des procédures parallèles engagées par son adversaire dans diverses juridictions nationales. C'est un cas typique de l'arbitrage international, dans lequel les frais d'une procédure étatique parallèle se transforment en dommages indemnisables au sein d'une procédure arbitrale[2153]. Cette possibilité, dont la réciproque ne peut exister, représente déjà un des avantages des dommages et intérêts par rapport aux frais et dépens.

[2149] *Cf.* n.43, *supra.*
[2150] *Ibid.*, pars. 170-171.
[2151] CCI, sentence n°6379, 1990, *Recueil CCI 1991-1995*, p. 142.
[2152] *Maritime International Establishment (Liechtenstein, MINE) v. République de Guinée*, 6 jan. 1988, *Yearb. Comm. Arb.*, 1989, v. XIV, p. 82. Lauro Gama Jr. Fournit une approche intéressante de cette affaire dans « Recusas fundadas no artigo V, (1), (E), da Convenção de Nova Iorque : peculiaridades de sua aplicação no Brasil », *op. cit.*, pp. 247 *et seq.*
[2153] Il faudra, pourtant, comme nous en avertit J. Ortscheidt, que ces mêmes frais et dépens n'aient pas été déjà remboursés au sein de la procédure étatique, afin d'éviter un enrichissement illicite. Désormais, le dialogue entre la juridiction arbitrale et les ordres étatiques concernés, encore que par l'intermédiaire des parties, devient indispensable (*op. cit.*, p. 357).

1214. Dans une affaire *Honeywell*[2154] portée devant la cour d'appel de Paris en 1990, celle-ci adopte une position beaucoup plus timide face à l'hypothèse d'un abus causé par une procédure étatique parallèle. La cour affirme en effet que la demande de réparation pour « préjudice subi du fait d'instances judiciaires engagées abusivement au Venezuela », en violation à la clause compromissoire, n'est pas incluse dans la juridiction des arbitres. Selon J.-L. Devolvé[2155], cette décision, même si elle doit être approuvée, évite une question essentielle : comment traiter le grief présenté par une partie, reposant sur les dommages causés par son adversaire, résultant de la saisine des juridictions étatiques au mépris de l'arbitrage ? Il serait absurde d'admettre que la compétence des arbitres se limite seulement au contrat contenant la clause, mais pas à la violation de celle-ci et les dommages qui en découlent[2156]. Partant, l'auteur regrette « une trop grande hésitation de nos juges d'appel à sanctionner l'abus de recours par des dommages et intérêts qui, si l'abus est flagrant, devraient être dissuasifs[2157] ».

1215. Dans ce sens, référons à la décision de la High Court[2158] anglaise dans la saga *West Tankers*[2159]. Par un délibéré d'avril 2012, Justice Flaux censure la décision majoritaire du tribunal arbitral qui se déclare incompétent pour reconnaître la demande d'indemnisation pour violation de la convention d'arbitrage en vertu de la saisine abusive des cours italiennes. Pour la majorité des arbitres, la décision de la CJCE interdisant l'*anti-suit injunction* présume la reconnaissance de la compétence des cours italiennes, et empêche que l'engagement de celles-ci puisse être qualifié de violation de la clause compromissoire. Or, adoptant une position contractualiste, la High Court se rapproche de l'obligation qui résulte de la convention d'arbitrage, laquelle n'est alors pas incompatible avec la position de la Cour européenne. Le devoir de respect mutuel des juridictions européennes établi par l'arrêt de la CJCE n'est pas un obstacle à la concession de dommages et intérêts pour violation d'un accord privé.

1216. Finalement, concernant les dommages causés par des mesures provisoires engagées devant des tribunaux étatiques au détriment d'une convention d'arbitrage, référons à l'affaire *Mantovani v. Carapelli*[2160].

2154 CA Paris, 21 juin°1990, *Compagnie Honeywell Bull. S.A. v. Computacion Bull. de Venezuela C.A.*, *Rev. arb.*, 1991, pp. 96-110 – note DELVOLVÉ Jean-Louis.

2155 DELVOLVÉ Jean-Louis, « Note sous *Compagnie Honeywell Bull. S.A. v. Computacion Bull. de Venezuela C.A.* », *Rev. arb.*, 1991, p. 105.

2156 *Ibid.* : « Les arbitres sont déjà compétents pour statuer sur la validité de la clause et sur son champ d'application ; ils ne devraient pas moins l'être, semble-t-il, quant aux conclusions des parties relatives à la réparation des effets dommageables, s'il en est, de sa violation. »

2157 *Ibid.*, p. 96.

2158 [2012] EWHC 854 (Comm).

2159 *Cf.* n.369 *et seq.*, *supra.*

2160 Rapporté par *Mantovani v. Carapelli*, [1980] 1 Lloyds Rep. 375.

Un arbitrage sous l'administration de la Grain and Feed Trade Association (GAFTA) ayant été mis en place, l'une des parties demande aux cours italiennes une saisine conservatoire des biens de son *ex adverso*, afin de garantir une future exécution de la sentence arbitrale.
Considérant les dommages que la mesure peut lui causer, la partie italienne demande au tribunal arbitral la réparation de ses préjudices potentiels. Malgré le refus des arbitres d'accueillir cette demande, du fait de l'absence de preuve, le tribunal ne manque pas de noter que si la preuve avait été faite, rien n'empêchait, en principe, la réparation des dommages causés par l'exercice de ce droit au référé en violation de la clause compromissoire[2161].

1217. Dès lors, même si dans un certain nombre de cas on préfère les dommages et intérêts aux frais et dépends pour combattre les abus de l'arbitrage international, cette sanction n'en reste pas moins dépendante de la preuve d'un préjudice, qui n'est pas toujours une exigence pour qualifier un comportement d'abusif.
En plus, comme le souligne L. Usunier, « le recours à la réparation par équivalent oblige en effet à attendre la fin de l'action en justice étrangère pour pouvoir évaluer précisément le préjudice subi par la victime[2162] », concluant que « l'idée de réparer le dommage subi par la victime d'une procédure abusive au moyen d'une réparation monétaire est loin d'être aisée à mettre en œuvre[2163] ».

1218. Voilà pourquoi se manifeste aujourd'hui une tendance à se tourner vers des sanctions moins matérielles, dans le but de réprimer l'abus, non seulement en vertu de ses conséquences pécuniaires, mais surtout comme moyen de dissuasion vis-à-vis d'autres comportements similaires. La fragilité d'un système juridique international en formation fait que l'on privilégie la cohésion de l'ensemble plus que la correction du particulier. Il nous semble que les sanctions déclaratoires s'expliquent dans ce sens.

[2161] Cela semble aussi être la position d'un tribunal arbitral dans une récente affaire jugée par le TF suisse (affaire 4A_508/201, 14 fév. 2011, *Bull. ASA*, 2012, pp. 108-118). En l'espèce, une société du Venezuela initie un arbitrage CCI aux Pays-Bas, tout en saisissant des biens de la compagnie défenderesse situés en Suisse. Après avoir réussi à lever la mesure conservatoire devant les juridictions suisses, la compagnie défenderesse demande à celles-ci la réparation des préjudices résultants de la saisine. Parallèlement, la compagnie défenderesse demande au tribunal CCI la réparation des dommages découlant de la violation à la convention d'arbitrage. Le tribunal arbitral refuse d'accueillir la reconvention et la Cour suisse, sous le principe de la *res judicata*, prend la même position. Contre cette décision, le TF accueille l'appel de la compagnie défenderesse, en soulignant que la cour *a quo* n'a pas suffisamment examiné l'étendue de effets la sentence CCI refusant les dommages et intérêts quant à sa future reconnaissance en Suisse (pour une synthèse de la décision suisse, *cf.* SCHERER Matthias, « Case Law », *Bull. ASA*, 2012, p. 67).
[2162] USUNIER Laurence, *op. cit.*, p. 510.
[2163] *Ibid.*, p. 511.

Section II. Les sanctions déclaratoires

1219. Dans ce type de condamnation, reposant sur une déclaration concernant la forme d'exercice du droit en question, citons, sous un angle positif, les sentences arbitrales consignant le comportement déviant (§ 1°) et, sous un angle négatif, les décisions étatiques affirmant la perte ou la non-recevabilité de ce droit (§ 2°).

§ 1°. La déclaration du comportement abusif

1220. Si la répartition des coûts de l'arbitrage et l'indemnisation des dommages et intérêts ont un effet indéniable au sein du rapport *inter partes* qui marque la procédure, ne négligeons pas l'importance des sanctions pouvant avoir une portée *ultra partes.* Celles-ci servent non seulement à punir les parties, mais aussi à encourager le redressement de la communauté internationale.

Nous pourrions opposer à cette idée la nature *inter partes* de l'arbitrage, qui n'exigerait aucunement cette dimension macroscopique. Toutefois, ce serait ignorer la diffusion croissante des décisions[2164], encore qu'elles se limitent à des positions de principe ou à des *obiter dictum,* ainsi que le nombre significatif d'arbitrages publics, comme ceux d'investissement. Autrement dit, nous ne pouvons négliger la tendance contemporaine à l'élargissement des effets des sentences arbitrales internationales.

1221. Dans une perspective plus contractuelle, il s'agit de constater que, dans la *societas mercatorum*, les parties ont plutôt intérêt à maintenir leurs rapports commerciaux après un arbitrage qu'à être simplement indemnisées, sans pouvoir renouveler leurs affaires. Selon Ph. Fouchard[2165], « *hodie mihi, cras tibi* » est l'adage qui justifie la préférence pour les sanctions déclaratoires, plus proches de la finalité commerciale de cet ordre juridique[2166].

[2164] Sur la « jurisprudence arbitrale », *cf.* n.261 *et seq.*, *supra.*

[2165] FOUCHARD Philippe, *L'arbitrage commercial international*, *op. cit.*, p. 465.

[2166] Sous un angle philosophique, nous pourrions même utiliser le concept de « logique multivalente » développé par H. P. Glenn : « La logique multivalente est une forme conciliatoire de logique. Elle ne demande pas un partage du monde entre gagnants et perdants, puisque l'option logique qu'elle ouvre accommode les positions des deux parties en litige. *Les cas peuvent être décidés, et même gagnés ou perdus, indépendamment des positions existantes, des litiges futurs et de la continuité des relations.* C'est une logique hautement particulariste, car elle se concentre dans un niveau minimum d'abstraction dans le processus de résolution de la controverse » (GLENN H. Patrick, « Multivalent Logic and the Rome Convention », *in* BOELE-WOELKI Katharina, GROSHEIDE Willem (éds.), *The future of European Contract Law: essays in honour of Ewoud Hondius to commemorate his retirement as Professor of Civil Law at*

1222. C'est pourquoi les institutions arbitrales préfèrent mettre en œuvre non pas des sanctions pécuniaires, la plupart du temps vouées aux mêmes problèmes résultant de l'exécution du principal, mais des mesures contraignantes de nature morale, plus strictement corporatives[2167].
Après avoir déclaré un comportement abusif, les institutions arbitrales, et en particulier celles liées à des sociétés marchandes, prévoient successivement la diffusion de la sentence, la suspension ou l'exclusion de l'intéressé de l'association corporative, le refus de recevoir un nouvel arbitrage auquel participerait l'intéressé, ou enfin, l'interdiction à cette partie d'accéder aux bourses et marchés qu'elles contrôlent[2168].
Bien que certains ne voient dans ces sanctions que des « broutilles[2169] », elles ont le grand avantage de réprimer des comportements ponctuels, tout en participant à l'évolution de la société internationale. Cette coexistence entre équité et consolidation d'un ordre juridique théorique est fondamentale dans notre analyse.
1223. Dans l'affaire *Cementownia*[2170], par exemple, après avoir constaté que le demandeur avait « intentionnellement et de mauvaise foi abusé de l'arbitrage en prétendant être un investisseur qu'il savait ne pas être », le tribunal affirme : « Il y a des bonnes raisons pour aller au-delà des sanctions générales et déclarer que le demandeur a proposé une action frauduleuse contre la République de Turquie[2171]. »
Le tribunal observe encore que l'affirmation de la nature frauduleuse de la demande est plus appropriée que la punition par des dommages moraux[2172].

---

the University of Utrecht, The Netherlands : Kluwer Law International, 2007, p. 283, souligné par nous). Traduction libre. Dans l'original : « *Multivalent logic is a conciliatory form of logic. It does not require a division of the world into winners and losers, since the logical options which it opens up are accommodating of the positions of both side in a dispute. Cases may be decided, and even won or lost, but without prejudice to existing positions, future disputes and ongoing relations. It is a highly particularized logic, since it forces attention to the lowest possible level of abstraction in the dispute resolution process.* »

2167 FOUCHARD Philippe, *idem.*, p. 470. Dans le même sens, *cf.* Jacques DUMAS, *Les sanctions de l'arbitrage international*, Paris : Pedone, 1905, spéc. p. 2.

2168 Ce sont types de sanctions décrites par Ph. Fouchard (*idem.*, pp. 471 et 476-477).

2169 KASSIS Antoine, *La réforme…*, *op. cit.*, p. 47.

2170 *Cf.* n.43, *supra.*

2171 *Ibid.*, par. 159, souligné par nous. Traduction libre. Dans l'original, l'intégralité du paragraphe : « *As can be seen by the ICSID case-law (see above para. 158), the misconduct of an arbitration proceeding leads generally to the allocation of all costs on the party in bad faith. As the present case concerns an accumulation of liabilities – abuse of process and procedural misconduct – there is good cause for the Arbitral Tribunal to go beyond the general sanction and to declare that the Claimant has brought a fraudulent claim against the Republic of Turkey.* »

2172 *Ibid.*, par. 171. Dans l'original, l'intégralité du paragraphe : « *A symbolic compensation for moral damages may indeed aim at indicating a condemnation for abuse of process. However, in the case at hand, the Arbitral Tribunal deems it more appropriate to sanction the Claimant with respect to the allocation of costs (see below para. 173 et seq.). In any case,*

Sans que le problème de la confusion entre fraude et abus de droit nous retienne ici à nouveau[2173], ce cas constitue un exemple clair de la transition d'un instrument punitif pécuniaire vers une sanction déclaratoire.

1224. Curieusement, dans une affaire très similaire[2174], le tribunal arbitral, même en affirmant que l'arbitrage a été engagé frauduleusement et en abus de procédure, refuse de faire une déclaration expresse dans ce sens. Néanmoins, les arbitres affirment que « tout potentiel dommage à la réputation du défendeur sera remédié par le raisonnement et par les conclusions de cette sentence, y compris par une sentence de coûts[2175] ».
Concernant cette dernière affaire, la position des arbitres n'est pas passée inaperçue. La doctrine regrette que « la sentence *Europe Cement* ne comporte pas également un aspect déclaratoire dans son dispositif, qui aurait permis de mettre pleinement en lumière l'attitude frauduleuse de l'entreprise requérante[2176] ».

1225. Pourtant, si, de manière générale, la doctrine[2177] voit dans ces sanctions déclaratoires la conciliation entre les intérêts de la partie victime et la protection du service public de la justice, nous nous permettons, dans le contexte de notre thèse, d'y voir l'équilibre entre le droit des parties et la préservation d'un ordre juridique arbitral en formation.

1226. Il reste alors, pour les arbitres, à participer à cet effort, en affirmant le comportement abusif des parties non seulement au long de la procédure, mais aussi dans la sentence. Cette forme d'ajustement conditionne l'équilibre indispensable entre les ordres étatiques et l'arbitrage. L'abus de droit assume alors un rôle prophylactique.

§ 2°. La perte du droit abusé

1227. Nous revenons ici à l'identification d'une attitude abusive avec la perte du droit exercé. C'est en se déclarant incompétents face à des demandes transversales que les juges et arbitres peuvent contribuer au contrôle de ces manœuvres.

---

since the Arbitral Tribunal has already accepted the Respondent's request with respect to the fraudulent claim declaration, the Respondent's objective is already achieved. Consequently, the Respondent's request for moral damages is dismissed. »

2173 Sur cette distinction, *cf.* n.931 *et seq.*, *supra.*

2174 *Europe Cement*, *cf.* n.1770 *supra.*

2175 *Ibid.*, par. 181. Traduction libre. Dans l'original : « *The Tribunal believes that any potential reputational damage suffered by the Respondent will be remedied by the reasoning and conclusions set out in this Award, including an award of costs, which as set out below is significant.* »

2176 NANTEUIL Arnaud de, « Compétence et recevabilité », *Cah. arb.*, 2010, n°4, p. 1033, par. 48.

2177 LÉCUYER Hervé, *op. cit.*, p. 577.

1228. En partant du droit français, et pour mieux comprendre l'enjeu, il s'agit pour la juridiction saisie d'une demande abusive de la déclarer irrecevable pour manque d'intérêt légitime, par la simple interprétation combinée des arts. 31, 32 et 122, CPC[2178]. Ce sont, par exemple, des hypothèses comme la saisine parallèle de la juridiction française au détriment d'une convention ou d'une procédure arbitrale régulières, ou bien la tentative de reconnaissance d'une sentence sans aucun lien avec le territoire français, dans le seul but qu'elle soit validée même compte tenu de son annulation dans un autre for. Ces cas pourraient conduire à l'irrecevabilité de la demande.
Comme le note M. Raimon[2179], en insistant sur le défaut d'intérêt légitime[2180] comme fin de non recevoir, il est possible de combattre la saisine abusive des juridictions françaises tout en préservant la nature non facultative de leur compétence internationale, largement admise par la doctrine actuelle[2181]. Il ne s'agit en aucun cas d'importer le *forum non conveniens* comme sanction en France, mais de jouer sur l'admissibilité de la demande.
En outre, dans le droit international, l'irrecevabilité de la demande en France n'empêche pas le demandeur de la reformuler à l'étranger[2182], et surtout qu'elle continue d'être valable au sein de l'arbitrage.

1229. Ces quelques précisions de technique procédurale sont indispensables pour comprendre comment le défaut d'intérêt légitime, critère de l'abus de droit, peut participer au contrôle de la saisine parallèle des cours étatiques, au mépris de l'arbitrage. Rapprochons-nous donc de quelques discussions pratiques.

1230. S'agissant du pouvoir des arbitres de déclarer irrecevable une demande abusive, J. Gaffney[2183] cite la sentence *Waste Management*[2184]. Ici, un tribunal ALENA affirme avoir la prérogative de déclarer non recevable une demande proposée en abus de procédure. D'ailleurs, rappelons

---

[2178] Art. 31 : « L'action est ouverte à tous ceux qui ont un intérêt légitime au succès ou au rejet d'une prétention, sous réserve des cas dans lesquels la loi attribue le droit d'agir aux seules personnes qu'elle qualifie pour élever ou combattre une prétention, ou pour défendre un intérêt déterminé » ; art. 32 : « Est irrecevable toute prétention émise par ou contre une personne dépourvue du droit d'agir ; art. 122 : « Constitue une fin de non-recevoir tout moyen qui tend à faire déclarer l'adversaire irrecevable en sa demande, sans examen au fond, pour défaut de droit d'agir, tel le défaut de qualité, le défaut d'intérêt, la prescription, le délai préfixé, la chose jugée ».

[2179] RAIMON Michaël, « L'abus du droit d'action dans les litiges internationaux », *JCP G*, 2000, I, n°38, p. 256, par. 21.

[2180] Sur la relation entre l'abus de droit et le défaut d'intérêt légitime, *cf.* n.1022 *et seq.*, *supra*.

[2181] LEQUETTE Yves, « Note sous Cass., 1re Ch. civ., 17 janvier 1995 », *Rev. crit. DIP*, 1996, p. 142.

[2182] RAIMON Michaël, *idem.*, par. 29.

[2183] Le juriste fait une intervention dans un débat transcrit et organisé par Ondřej SEKANINA, « Award on juridiction in *Phoenix Action Ltd. v. Czech Republic* – An OGEMID discussion », *TDM*, 2010, v. 7, n°1, p. 3.

[2184] CIRDI, *Waste Management, Inc. v. Mexico*, 30 avr. 2004, aff. n°ARB(AF)/00/3.

que ce type de sanction a déjà été défendu par V. Lowe dans le droit international public : lors d'une affaire *Avena*[2185], le juriste défend le dessaisissement de la CIJ face à une demande abusive.

1231. Dans le droit international privé, É. Cornut soulève qu'outre « l'octroi d'éventuels dommages et intérêts, l'abus du droit d'option de compétence internationale sera sanctionné par la perte du droit abusivement invoqué[2186] ». L'auteur rappelle que la sentence *Diamantis*[2187] de la CJCE affirme que les juridictions nationales peuvent « tenir compte du comportement abusif de l'intéressé pour lui refuser, le cas échéant, le bénéfice de la disposition de droit communautaire invoquée[2188] ».

Ainsi, au moins dans le droit international privé, l'abus de droit joue un rôle plus important que les autres critères pour permettre l'irrecevabilité d'une demande : « L'appréciation de la légitimité de l'intérêt à agir sur le fondement de l'abus du droit d'option de compétence internationale peut représenter une voie médiane et plus souple que celles de la fraude à la juridiction ou la théorie du *forum non conveniens*[2189]. » Désormais, « l'inefficacité de la manœuvre abusive est ponctuelle et non permanente[2190] ».

1232. Au contraire, pour certains[2191], le refus de donner effet à la décision d'un juge étranger abusivement saisi n'est ni efficace ni envisageable. Elle n'est pas efficace, puisqu'elle n'empêche par la partie abusant de son droit de demander l'exequatur de la décision dans un autre for ; et elle n'est pas envisageable car, au moins dans le droit communautaire, l'abus de droit ne figure pas comme motif de refus dans les arts. 34 et 35, du Règlement n°44/2001[2192].

1233. Néanmoins, dans l'arbitrage international, l'on n'hésite[2193] pas à souligner que ce même motif de refus pourrait être appliqué de manière beaucoup plus aisée. Dès lors, considérant la formation d'ordres juridiques

---

[2185] *Cf.* n.1726, *supra.*

[2186] CORNUT Étienne, *Théorie critique…*, *op. cit.*, p. 370.

[2187] *Cf.* n.1639, *supra.*

[2188] *Ibid.*, par. 34.

[2189] CORNUT Étienne, *Théorie critique…*, *op. cit.*, p. 372.

[2190] *Ibid.*, p. 373.

[2191] USUNIER Laurence, *op. cit.*, pp. 511-515.

[2192] Art. 34, *cf.* n.1059, *supra.* Article 35 : « 1. De même, les décisions ne sont pas reconnues si les dispositions des sections 3, 4 et 6 du chapitre II ont été méconnues, ainsi que dans le cas prévu à l'article 72. 2. Lors de l'appréciation des compétences mentionnées au paragraphe précédent, l'autorité requise est liée par les constatations de fait sur lesquelles la juridiction de l'État membre d'origine a fondé sa compétence. 3. Sans préjudice des dispositions du paragraphe 1, il ne peut être procédé au contrôle de la compétence des juridictions de l'État membre d'origine. Le critère de l'ordre public visé à l'article 34, point 1, ne peut être appliqué aux règles de compétence ».

[2193] USUNIER Laurence, *op. cit.*, p. 515.

parallèles – mais pas isolés – les arbitres n'auraient aucun mal à ne pas connaître une demande étatique dont la nature abusive est prouvée. Le principe d'autonomie de l'arbitrage international autoriserait cette interprétation, tandis que la caractérisation de l'abus réclamerait le dialogue entre l'ordre arbitral et la forme de la demande étatique. Tout cela, bien entendu, à condition que la jurisprudence *West Tankers*[2194] et le rapprochement de l'arbitrage du Règlement n°44/2001[2195] ne replongent pas le problème de la compétence dans une logique conflictuelle.

1234. Pour l'instant, et en dehors de l'espace communautaire, l'on perçoit que la perte du droit abusé pourrait être une sanction mise en place beaucoup plus facilement au sein de l'arbitrage international que dans le droit international privé. Toutefois, l'existence d'une série de règles et principes caractéristiques de l'arbitrage, comme la compétence-compétence ou l'autonomie de la clause compromissoire, rend assez rare le recours à l'abus de droit en tant que sanction pour refuser de recevoir une demande abusive.

1235. Au fond, dans les cas de perte du droit exercé de manière décalée, l'abus est souvent employé comme critère, ce qui nous renvoie au chapitre précédent. Désormais, même si nous avons vu que la doctrine et la jurisprudence encadrent la non-recevabilité d'un droit d'ester en justice comme une sanction de l'abus de droit, il nous semble qu'il est réduit à un critère de dessaisissement par d'autres mécanismes.

1236. Dès lors, émettons une réserve quant à cette discussion : si l'attribution des coûts d'un arbitrage, les dommages et intérêts et les déclarations d'abus sont bien des sanctions pouvant répondre à un élan punitif, la perte du droit en question n'est que la conséquence de l'identification d'un comportement abusif. Celle-ci n'est pas une sanction de l'abus de droit, mais une sanction dérivée d'une série d'autres mécanismes, que nous avons étudiés au long de cette analyse.

1237. Enfin, ces quelques exemples nous montrent de quelle manière l'abus de droit, en plus d'être un critère de déclenchement de mécanismes de protection de l'arbitrage international, pourrait aussi avoir un effet dissuasif plus pointu. La construction d'un ordre juridique arbitral en cohabitation pacifique des juridictions étatiques ne dépend pas seulement d'un instrument pour tailler leurs arêtes théoriques respectives, mais aussi, et plus immédiatement, d'un outil de sanction des comportements qui continue d'explorer le désajustement entre celles-ci.

[2194] *Cf.* n.604, *supra*.

[2195] *Cf.*, entre autres, n.496, *supra*.

Conclusion du Chapitre II

1238. Si, dans le premier chapitre, nous avons présenté l'abus de droit comme un critère au service de l'ordre juridique arbitral, ici c'est en tant que sanction qu'il est examiné. En permettant de punir les parties défiant l'organisation autonome de l'arbitrage international, il contribue pourtant à la manutention de ce système, non seulement par la flexibilité de l'ensemble, mais aussi par la correction des parties.

1239. C'est une doctrine encore plus puissante qui fait surface : elle se dédouble en énoncé normatif d'identification d'un comportement et, en même temps, en une sanction vis-à-vis de celui-ci. De plus, en ne se restreignant pas à un simple délit de l'ordre de la responsabilité civile, réserve fait des opinions contraires, l'abus de droit s'érige comme un principe ouvrant la voie à des punitions qui vont bien au-delà de la simple réparation.

Tout comme l'« abus-critère » nous fournit un outil absolument flexible pour l'adaptation de l'ordre juridique arbitral, l'« abus-sanction » se développe en une multitude de mesures ajustables à chaque distorsion. En plus de la répartition des coûts typiques d'une sanction procédurale, l'indemnisation des dommages et intérêts permet d'incorporer la nature transnationale de l'abus de droit, en transformant des frais qui seraient légitimes dans une perspective microscopique en préjudice sous un angle transversal aux différents ordres juridiques.

1240. Les sanctions déclaratoires fournissent à leur tour l'élément pédagogique nécessaire non seulement à la communauté arbitrale, mais surtout à la *societas mercatorum* elle-même. Dans un contexte où la gestion des relations commerciales est souvent bien plus importante que le paiement d'indemnisations très rapidement intégrées dans le bilan, l'identification des « *bad players* » est prioritaire[2196].

1241. Enfin, quoique l'abus de droit ne soit pas encore toujours employé avec l'encadrement théorique qui lui correspond comme fondement de ces sanctions, il ne peut que contribuer à alimenter des raisonnements dont la justification n'en serait que beaucoup plus précise. Que ce soit en rapprochant l'abus de la procédure, en le rapprochant du délit, soit encore en l'associant à son pouvoir d'adaptation de plusieurs droits dans un scénario de *soft law*, il est impossible ne pas y voir un instrument des plus utiles à la protection fragmentaire de l'arbitrage international.

[2196] Selon R. David, « maintenir des bonnes relations avec des fournisseurs ou clients est chose aussi importante que d'obtenir son dû dans une affaire donnée » (« Droit naturel et arbitrage », *in Natural law and world law: essays to commemorate the sixtieth birthday of Kotaro Tanaka*, Tokyo : Yuhikaku, 1954, p. 24).

CONCLUSION DU TITRE II

1242. En proposant l'abus de droit comme critère d'interprétation pratique de l'arbitrage international, nous prenons garde à l'avertissement de F. Ost, selon qui « nous ne faisons jamais que comparer entre eux des schémas d'interprétation, des modèles, des types-idéaux : ceux que nous héritons de la tradition savante ou du sens commun et ceux que nous élaborons sur la base de nos propres hypothèses théoriques. Il n'y a donc pas de vérité empirique. Seulement des interprétations plus fécondes que d'autres[2197] ».

1243. Si, dans le premier titre, nous avons posé des « hypothèses théoriques », ici nous proposons une interprétation pratique, que nous espérons féconde. Cependant, en aucun cas, cela ne signifie une vérité absolue ni définitive. Bien au contraire, la nature ouverte d'un critère comme l'abus de droit ne pourra jamais constituer une solution enfermée dans un schéma théorique prédéfini.

1244. Notre but, partant, est simplement de montrer que l'indéniable coïncidence conceptuelle entre la finalité de l'abus de droit et celle l'arbitrage international ne permet pas d'ignorer ses apports pratiques potentiels. Que ce soit comme critère de flexibilisation des principaux problèmes résultant d'une conception encore rigide de l'arbitrage international, ou comme instrument correcteur des comportements individuels, l'abus se déploie sur deux fronts.

Dans le premier cas, il vient apporter l'élasticité nécessaire aux mécanismes nés sous l'influence du droit international privé ; dans le second, il sert la préoccupation plus immédiate de punir ceux qui se valent de cette inadaptation.

1245. Quelque soit sa fonction, l'abus n'est qu'un moteur permettant d'aérer éternellement ce scénario. L'essentiel n'est pas d'établir cette doctrine comme un critère fixe ou comme une sanction immuable, mais avant tout de donner à juges et arbitres un instrument de constante adaptation du droit dans un domaine dont les racines poussent dans l'informalité. Retournant à F. Ost, « la systématicité légale ne se développe pas seulement *entre* ordre et désordre, puisqu'elle est maintenue dans un prudent moyen terme entre deux extrêmes opposés irréductibles[2198] ».

[2197] OST François, *Droit et intérêt*, *op. cit.*, p. 159.

[2198] OST François, VAN DE KERCHOVE Albert Jan, *Legal systems...*, *op. cit.*, p. 764, italique dans l'original. Traduction libre. Dans l'original : « *[...] legal sistematicity does not develop solely between order and disorder, as if it is kept to a prudent middle way between two irreducibly opposed extremes.* »

CONCLUSION DE LA DEUXIEME PARTIE

1246. Plus qu'aucune autre discipline aujourd'hui, le droit de l'arbitrage international ne peut se passer du rappel de G. Morin dans la conclusion de son texte sur l'abus de droit : « Je crois que les jurisconsultes doivent reconnaitre la primauté du réel sur les concepts, s'efforcer, tout d'abord, d'atteindre directement le réel, puis d'adapter la langue technique du droit aux résultats acquis de l'évolution des faits[2199]. »

C'est la condition pour que l'arbitrage international continue à jouir de son succès. La rigidité théorique résultant des mouvements d'apprivoisement doctrinal de l'arbitrage menace d'emprisonner le réel dans les concepts, écartant de ce mode de règlement de litiges son principal avantage : la prévalence inverse du réel sur les concepts.

1247. L'objectif de cette deuxième partie était de proposer la doctrine de l'abus de droit comme un instrument correspondant parfaitement à la situation actuelle de l'arbitrage international, entre son incroyable développement et les tentatives de systématisation qui l'accompagnent. La pratique évolue plus vite que la théorie, et dans cet intervalle, l'abus de droit surgit comme un module d'adaptation.

1248. En traitant spécifiquement du problème de l'abus de droit dans son cours à La Haye, N. Politis notait que « dans l'intervalle qui sépare l'adoption de deux formules successives, pour s'accommoder d'une formule déjà démentie par les faits, il faut des correctifs propres à corriger dans la pratique les défauts les plus manifestes de son imperfection[2200] ».

Or, l'arbitrage international est un domaine si hétérogène que deux affaires presque identiques ne peuvent jouir des mêmes formules, spécialement quand ces formules ont encore du mal à se détacher d'une perspective purement nationale et conflictuelle. En présentant la doctrine de l'abus de droit d'abord dans une approche générale, puis, sous des traits plus proches des ambitions théoriques de l'arbitrage international, la corrélation qui se révèle est trop flagrante pour que nous négligions sa transposition pratique.

[2199] MORIN Gaston, *op. cit.*, p. 282.

[2200] POLITIS Nicolas, *op cit.*, p. 77.

1249. Espérons qu'à la fin de ce parcours, la réserve de l'abus de droit, déjà si défendue dans d'autres domaines du droit international, puisse prendre place dans les débats sur l'arbitrage international. Plus que dans toutes ces autres branches, le droit de l'arbitrage international dépend de formules pouvant garantir la stabilité d'un ordre juridique autonome sans négliger le comportement de ses acteurs centraux. Des critères pouvant garantir le « droit », sans négliger l'« abus ».

CONCLUSION GÉNÉRALE

1250. Comment clore un travail sur une doctrine dont la principale qualité est de rester constamment ouverte ? Nous sommes certes arrivés à l'issue de cette analyse, mais sûrement pas au terme des débats. Empruntons les propos de J. Verhoeven, qui résument bien notre conclusion : « Des propos terminaux qui mettent un point final à une journée pleine d'enseignements, sans prétendre en extraire la quintessence et, moins encore, départager les opinions divergentes, sinon franchement opposées, qui s'y sont manifestées[2201]. »

Ainsi, sans prétendre à une apothéose, limitons-nous à observer que la doctrine de l'abus de droit n'est rien d'autre que le kaléidoscope par lequel nous pouvons voir l'arbitrage international avec plus de couleurs. La dualité du noir et blanc ne peut avoir de place dans une discipline exigeant la constatation de plusieurs microcosmes juridiques, enracinés dans la convention et portant ses fruits dans la sentence. Voici l'arbre si souvent caché par la forêt théorique.

1251. En 1924, en concluant son cours à l'Académie de droit international de La Haye, N. Politis rappelait la belle et noble tâche de la science juridique : « Enrichir le droit international de règles sans cesse nouvelles, en accentuer le caractère social et démocratique, en assurer le continuel assouplissement, de manière à le rendre apte à régler tous les conflits et même à prévenir la naissance[2202]. » Voici la tâche que nous avons essayé d'attribuer à l'abus, dans un humble effort d'évolution du droit de l'arbitrage international.

Nous ne pouvons conserver le droit de l'arbitrage international en tant que système rigide, et le sacrifice ponctuel de sa forme en faveur de la justice du cas concret ne peut être vu comme une hérésie. D'ailleurs, N. Luhmann nous rappelle que « l'on ne peut atteindre un système social plus complexe qu'à partir de l'ajournement de la satisfaction de quelques nécessités,

---

2201 VERHOEVEN Joe, « Conclusions », *in* LEBEN Charles (dir.). *Le contentieux arbitral transnational relatif à l'investissement : nouveau développements*, Paris : Athemis et LGDJ, 2006, p. 363.

2202 POLITIS Nicolas, *op. cit.*, p. 116.

satisfaction qui *est atteinte par des chemins déviants*[2203] ». L'abus de droit permet de saisir ces incohérences ponctuelles afin de préserver et d'encourager un système social plus complexe.

1552. Pour arriver à cette conclusion, nous avons présenté dans la première partie les élans théoriques si importants pour le déracinement progressif de l'arbitrage international et sa poursuite d'une dynamique autonome. En même temps, nous avons constaté les risques d'un raisonnement herméneutique trop rigide sur la finalité d'un ordre juridique arbitral.

1253. Sa construction ne peut ignorer l'intervention étatique, ni fonder l'autonomie de l'arbitrage sur des principes absolus préservant la convention. Au contraire, c'est justement parce que les parties questionnent ces principes que l'arbitrage international est affecté dans ses bases, justifiant donc que le souci du contrôle étatique ne soit pas considéré comme chose exceptionnelle. Comme nous le rapportent E. Kleiman et S. Shaparak, « le succès rencontré par ce mode de règlement des différends a peut-être rendu plus visibles les exceptions à la règle[2204] ».

1254. Nous avons essayé de regrouper ces distorsions, qui contestent autant la convention arbitrale que la sentence, afin de montrer qu'elles résultent presque toujours d'un désajustement des interprétations théoriques de l'arbitrage international. La cohabitation de perspectives étatiques, interétatiques et transnationales de l'arbitrage aboutit à la formation de vides juridiques dans lesquels les parties, bien que soumises à plusieurs juridictions, semblent n'être soumises à aucune.

1255. Les mécanismes de contrôle mis en place dans le droit international pour coordonner les différents ordres étatiques sont progressivement transposés dans l'arbitrage international, mais sans véritablement les détacher du raisonnement conflictuel dans lequel ils sont apparus. Surgit alors un « droit international privé de l'arbitrage international ». Les parties sont confrontées à une « méthode transnationale » qui, au fond, n'est que le recours à la perception internationale de chaque nation.

1256. La théorie de l'abus de droit émerge comme un instrument dont l'origine résulte de la contestation du positivisme strict face à la justice du cas concret. C'est, partant, un critère qui revient aux justiciables avant d'apprécier la légalité, en transformant celle-ci en une simple balise d'orientation de la solution équitable.

À une période où l'arbitrage international connaît cet essor théorique, l'abus de droit pourrait préserver ce retour aux parties et à leur cas d'espèce.

[2203] LUHMANN Niklas, *Legitimação..., op. cit.*, p. 183, souligné par nous. Traduction libre. Dans l'original dans la traduction portugaise : « *Só se pode atingir um aumento de complexidade do sistema social através do adiamento da satisfação de algumas necessidades, satisfação que se atinge por caminhos desviados.* »

[2204] KLEIMAN Elie, SALEH Shaparak, *op. cit.*, p. 102.

Le choix de l'arbitrage comme mécanisme alternatif de règlement de différends est une option pour une solution personnalisée et spécifique du litige. Jamais un critère permettant ce rapprochement n'a semblé si utile.

1257. Il n'est donc pas surprenant que les aspects subjectifs et objectifs de la théorie de l'abus de droit cadrent parfaitement avec les buts recherchés par le droit de l'arbitrage international. Cette similitude montre la richesse de l'abus de droit en tant que contenu pouvant légitimer conceptuellement les solutions équitables déjà apportées – ou pouvant être apportées – à l'arbitrage.

1258. En incorporant la doctrine de l'abus de droit aux mécanismes de contrôle actuellement appliqués à l'arbitrage international, nous proposons une vision plus pratique, tout en montrant que le comportement des parties est déjà un critère central dans les solutions proposées par juges et arbitres. Toutefois, il reste encore dépourvu de soubassement théorique, souvent associé à d'autres catégories, comme la mauvaise foi ou la fraude, plus accessibles, mais moins précises.
L'abus de droit fournit cet encadrement conceptuel, mettant à disposition des juridictions étatiques et arbitrales une série d'indices subjectifs et objectifs, qui, tout en préservant l'esprit théorique de l'ordre juridique arbitral, ne sacrifient pas l'analyse morale des parties. Bien au contraire, la possibilité de coexistence de ces deux approches, souvent perçues comme antagonistes dans d'autres catégories, ne peut que renforcer la qualité d'un critère de nature caméléonesque. D'autant plus que la fraude est trop proche du système, et que la mauvaise foi est trop proche de la morale.

1259. Finalement, en plus de constituer un critère d'identification de la forme d'exercice des droits résultant des règles et principes généraux de l'arbitrage international, l'abus apparait aussi comme générateur d'un comportement antijuridique, non seulement sous la forme d'un délit civil, mais, plus largement, comme une violation d'un principe de cohésion sociale. Ses sanctions dépassent l'idée purement restitutoire, soit-elle des frais de procédure ou bien des dommages qu'elle occasionne, pour saisir une dimension préventive nécessaire à la conservation d'un ordre juridique prioritairement horizontal.

1260. La dichotomie qui parcourt ce travail, alternant entre théorie et pratique, indique que notre objectif n'est pas de légiférer sur l'abus de droit, mais d'en faire préliminairement un instrument de réflexion de l'arbitrage international. L'incorporation concrète de ce critère au sein des mécanismes que nous avons étudiés ne doit donc pas constituer une réalité toute faite, mais plutôt une méthode de réflexion.

1261. Toutefois, nous ne sommes pas pour autant opposés à l'introduction progressive de ce critère au sein des normes et règlements de l'arbitrage commercial international. Néanmoins, il ne faut pas que ce soit un prétexte pour revenir à la prévalence des formes sur les contenus. Voilà pourquoi nous préférons ne proposer ici qu'une inauguration des débats, et non une véritable conclusion.

1262. Parmi les réflexions que suscite la démarche que nous avons adoptée dans cette étude, le retour à l'intérêt des parties ne peut passer inaperçu. Voici la conclusion de P. Karrer dans une étude sur les problèmes de l'intervention étatique dans l'arbitrage : « Au lieu de pousser la théorie juridique à ses extrêmes, j'aimerais suggérer qu'il serait plus sage de regarder sous l'idéologie, vers les besoins du commerce international[2205]. » À cette révolution copernicienne qui prône un retour vers les parties, rajoutons la dimension transnationale visée par la construction d'un ordre juridique arbitral : « Le propre du transnationalisme est en effet de tenir à tout instant les parties au plus près du contrat, dans l'intérêt le mieux entendu du commerce international[2206]. » R. David ne manque d'observer que c'est le désir des arbitres de prendre en considération ces intérêts commerciaux des parties qui caractérise le nouveau droit commercial, « en sacrifiant, s'il le faut, leurs droits stricts[2207] ».

1263. La doctrine de l'abus fait alors surface, non pas pour sacrifier les droits stricts, mais pour les flexibiliser. Si Th. Clay constate que « dans ce monde merveilleux qu'est l'arbitrage, il est certains litiges où, pour l'emporter, le droit ne suffit pas[2208] », nous proposons ici un instrument d'adaptation de ce droit. Plutôt que se rendre à l'insuffisance d'un droit rigide, tentons de réanimer un droit flexible.

1264. Cette nature flexible et conciliatoire permettrait d'éviter que le désajustement entre l'autonomie de l'arbitrage international et l'incontournable intervention étatique n'ouvre la voie aux abus. La doctrine de l'abus de droit est l'instrument qui peut soutenir l'équilibre dont nous parle E. Gaillard, dans une étude sur les manœuvres dilatoires dans l'arbitrage international : « [...] Ces détournements et abus conduisent à s'interroger sur la manière dont chaque législation résout la tension constante entre les valeurs que ces règles sont destinées à sauvegarder et le souci, non moins légitime, de permettre à l'arbitrage de se dérouler dans des conditions satisfaisantes. Dans cette recherche de conciliation, d'impératifs contraires, le compromis le plus difficile à trouver – et celui sur lequel les diverses législations nationales sur l'arbitrage offrent aujourd'hui l'éventail de solutions le plus large – est sans doute celui qui doit exister entre la nécessaire autonomie de la procédure arbitrale et l'intervention parfois

---

[2205] KARRER Pierre, *op. cit.*, p. 110. Traduction libre. Dans l'original : « *Rather than carrying abstract legal theory to its extremes, I would like to suggest that it would be wise to look beyond ideology to the needs of international business.* »

[2206] ROBERT Jean, *Le phénomène transnational*, *op. cit.*, p. 58.

[2207] DAVID René, « Droit naturel et arbitrage », *in Natural law and world law: essays to commemorate the sixtieth birthday of Kotaro Tanaka*, Tokyo : Yuhikaku, 1954, p. 24.

[2208] CLAY Thomas, « Il était une fois… ». *D.*, 2004, p. 3186.

indispensable des juridictions étatiques à divers stades du déroulement de l'arbitrage[2209]. »

1265. Enfin, si la doctrine de l'abus de droit n'est certainement pas la solution à tous les maux de l'arbitrage international, elle constitue pourtant un instrument de réflexion valable. En permettant de moduler des droits enracinés dans des ordres juridiques qui protègent différentes finalités, cette doctrine propose de placer l'individu à leurs intersections.

1266. À la fin de ce parcours, il nous vient à l'esprit la strophe de Baudelaire placée en exergue de ce travail. Un peu comme l'albatros du poète, l'arbitrage international ne semble pas toujours conserver au sol la majesté que son vol fait supposer. La discipline ne risque-t-elle pas de devenir ce poète aux ailes démesurées et gênantes ? Préserver la beauté du vol théorique même quand l'arbitrage est au milieu des huées, voici la mission que nous avons tenté de confier à une doctrine liant concepts et réalité.

[2209] GAILLARD Emmanuel, « Les manœuvres dilatoires... », *op. cit.*, pp. 758-759.

BIBLIOGRAPHIE

OUVRAGES GÉNÉRAUX

BACACHE-GIBEILI Mireille, *Les obligations. La responsabilité civile extracontractuelle* (coord. Christian LARROUMET), t.5., Paris : Economica (Droit civil), 2007.

BATIFFOL Henri, *Traité élémentaire de droit international privé*, 3e éd., Paris : LGDJ, 1959.

BÉGUIN Jacques, MENJUCQ Michel (dirs.), *Droit du commerce international*, Paris : LexisNexis Litec, 2005.

BEUDANT Charles, *Cours de droit civil français*, 2e éd., Paris : A. Rousseau, 1952.

BLACKABY Nigel, PARTASIDES Constantine (avec REDFERN Alan, HUNTER Martin), *Redfern and Hunter on international arbitration*, New York : Oxford University Press, 2009.

BORN Gary, *International commercial arbitration*, v.2., Leiden : Kluwer Law International, 2009.

CADIET Loïc, NORMAND Jacques, AMRANI MEKKI Soraya, *Théorie générale du procès*, Paris : PUF, 2010.

CARBONNIER Jean, *Droit civil : introduction*, 26e éd., Paris : PUF, 1999.

CARREAU Dominique, *Droit international*, 10e éd., Paris : Pedone, 2009.

CORNIL Georges, *Droit romain : aperçu historique*, Paris : Imprimerie médicale et scientifique, 1921.

CORNU Gérard, *Vocabulaire juridique*, 8e éd., Paris : PUF (Quadrige), 2007.

DEMOGUE René, *Traité des obligations en général*, t.IV, Paris : A. Rousseau, 1924.

DOMAT Jean, *Les loix civiles dans leur ordre naturel*, liv.III, tit.V, sect.II, Paris : Chez Adrian Moetjens, 1703.

DUGUIT Léon, *Traité de droit constitutionnel*, t.1er. 3e éd., Paris : E. de Boccard, 1927.

DUTOIT Bernard *et al.*, *Répertoire de droit international privé suisse*, v.1, Berne : Staempfli & Cie SA, 1982.

FEDOZZI Prospero, SANTI ROMANO *et al.*, *Trattato di diritto internazionale*, v.I., Padova : CEDAM, 1938.

FRIEDENTHAL Jack H. *et al.*, *Civil procedure: cases and materials*, 10e éd., St. Paul : Thomson Reuters, 2009.

GAILLARD Emmanuel, SAVAGE John (éds.), *Fouchard, Gaillard, Goldman on international commercial arbitration*, The Hague : Kluwer Law International, 1999.

GHESTIN Jacques, GOUBEAUX Gilles, FABRE-MAGNAN Muriel, *Traité de droit civil. Introduction générale*, 4e éd., Paris : LGDJ, 1994.

GUINCHARD Serge, CHAINAIS Cécile, FERRAND Frédérique, *Procédure civile : droit interne et droit de l'Union européenne*, 30e éd., Paris : Dalloz, 2010.

HARTLEY Trevor C., *International commercial litigation: text, cases and materials on private international law*, New York : Cambridge University Press, 2009.

HAURIOU Maurice, *Précis de droit administratif et de droit public*, 10eéd., Paris : Sirey, 1921.

JEULAND Emmanuel, *Droit processuel*, Paris : LGDJ, 2003.

KAUFMANN-KOHLER Gabrielle, RIGOZZI Antonio, *Arbitrage international : droit et pratique à la lumière de la LDIP*, 2e éd., Berne : Weblaw, 2010.

LOUSSOUARN Yvon, BREDIN Jean-Denis, *Droit du commerce international*, Paris : Sirey, 1969.

MAYER Pierre, HEUZÉ Vincent, *Droit international privé*, 9e éd., Paris : Montchrestien, 2007.

MAZEAUD Henri, MAZEAUD Léon, MAZEAUD Jean, CHABAS François, *Leçons de droit civil*, t.1er, v.1, 9e éd., Paris : Montchrestien, 1998.

MAZEAUD Henri, MAZEAUD Léon, *Traité théorique et pratique de la responsabilité civile délictuelle et contractuelle*, t.1er, 2e éd., Paris : Librairie du Recueil Sirey, 1934.

MERKIN Robert, *Arbitration law*, London : Lloyd's of London Press, 1991.

MUSTILL Sir Michael J., BOYD Stewart C., *The law and practice of commercial arbitration in England*, London : Butterworths, 1982.

NIBOYET Jean Paulin, *Traité de droit international privé français*, Paris : Librairie du recueil Sirey, 1938.

PLANIOL Marcel, RIPERT Georges, *Traité pratique de droit civil français*, t.VI. 2e éd. Paris : LGDJ, 1952.

PLANIOL Marcel, *Traité élémentaire de droit civil*, t.2, 10e éd. (par Georges RIPERT), Paris : LGDJ, 1900.

POUDRET Jean-François, BESSON Sébastien, *Droit comparé de l'arbitrage international*, Zurich : Bruylant, Schulthess, LGDJ, 2002.

RIGAUX François, FALLON Marc, *Droit international privé*, 3e éd., Bruxelles : Larcier, 2005.

RIPERT Georges, BOULANGER Jean, *Traité de droit civil d'après le traité de Planiol*, Paris : LGDJ, 1957.

ROTONDI Mario, *Instituzioni di diritto privato*, 7e éd., Milano : Paraninfo, 1962.

SANTULLI Carlo, *Droit du contentieux international*, Paris : Montchrestien, 2005.

SAVATIER René, *Traité de la responsabilité civile en droit français civil, administratif, professionnel, procédural*, t.1, 2e éd., Paris : LGDJ, 1951.

OUVRAGES SPECIAUX

THÈSES, COURS ET MONOGRAPHIES

ICC, *60 years of ICC arbitration: a look to the future*, ICC Publishing, v.412, 1984.

ADENAS Mads, ANDREWS Neil, NAZZINI Renato (éds.), *The future of transnational civil litigation: English responses to the ALI/UNIDROIT Draft Principles and Rules of Transnational Civil Procedure*, London : British Institute of International and Comparative Law (BICL), 2004.

AGO Roberto, « Le délit international », *RCADI*, 1939, II, p. 443.

AKSEN Gerald *et al.* (éds.), *Global reflections on international law, commerce and dispute resolution: liber amicorum in honour of Robert Briner*, Paris : ICC Publisihing, 2005.

ALBUQUERQUE Pedro de, *Responsabilidade processual por litigância de má fé, abuso de direito e responsabilidade civil em virtude de actos praticados no processo*, Coimbra : Almedina, 2006.

The American Law Institute/UNIDROIT, *ALI/UNIDROIT Principles of transnational procedure*, Cambridge : Cambridge University Press, 2006.

ANCEL Pascal, AUBERT Gabriel, CHAPPUIS Christine (orgs.), *L'abus de droit : comparaisons franco-suisses*, Saint-Étienne : Publications de l'Université de Saint-Étienne, 2001.

ANDERSEN Camilla B., SCHROETER Ulrich G. (éds.), *Sharing International Commercial Law across National Boundaries: Festschrift for Albert H. Kritzer on the Occasion of his Eightieth Birthday*, London : Wildy/Simmonds & Hill Publishing, 2008.

Annuaire de l'Institut de droit international, session de Saint-Jacques de Compostelle. Paris : Pedone, 1989.

ARNALDEZ Jean-Jacques, DERAINS Yves, HASCHER Dominique, *Recueil des sentences arbitrales de la CCI : 1996-2000*, The Hague : Kluwer Law International, 2003.

ASCENSI Lionel, *Du principe de la contradiction*, Paris : LGDJ, 2006.

AUDIT Bernard, *La fraude à la loi*, Paris : Dalloz, 1974.

BACHAND Frédéric, *L'intervention du juge canadien avant et durant un arbitrage commercial international*, Paris : LGDJ, 2005.

BAHMAEI Mohammad-Ali, *L'intervention du juge étatique des mesures provisoires et conservatoires en présence d'une convention d'arbitrage : droits français, anglais et suisse*, Paris : LGDJ, 2002.

BAKOUCHE David, *L'excès en droit civil*, Paris : LGDJ, 2005.

BALASKO André A., *Causes de nullité de la sentence arbitrale en droit international public*, Paris : Pedone, 1938.

BANIFATEMI Yas (éd.), *Precedent in international arbitration*, New York : Juris Publishing, 2008.

BAPTISTA Luiz Olavo, *Arbitragem comercial e international*, São Paulo : Lex Editora, 2011.

BARBOZA Julio, « International liability for the injourious consequences of acts not prohibited by international law and protection of the environment », *RCADI*, 1994, III, spéc. pp. 319 *et seq.*

BARNETT Peter, *Res judicata, estoppel, and foreign judgments*, New York : Oxford University Press, 2001.

BASDEVANT Jules, *Dictionnaire de la terminologie du droit international*, Paris : Sirey, 1960 ;

BATIFFOL Henri, *Aspects philosophiques du droit international privé*, Paris : Dalloz, 2002, (1966).

BELAÏD Sadok, *Essai sur le pouvoir créateur et normatif du juge*, Paris : LGDJ, 1974.

BELL Andrew, *Forum shopping and venue in transnational litigation*, New York : Oxford University Press, 2003.

BELLET Pierre (éd.), *Les commissions illicites : définition, traitement juridique et fiscal*, Paris : ICC Publishing, v.480/2, 1992.

BENEDETTELLI Massimo V., CONSOLO Claudio, RADICATI DI BROZOLO Luca G., *Comentatio breve al diritto de l'arbitrato nazionale ed internatiozionale*, Milano : CEDAM, 2010.

BERGER Peter, LUCKMANN Thomas, *La construction sociale de la réalité*, Paris : Armand Colin, 2010.

BERGSON Henri, *La pensée et le mouvant : essais et conférences*, 79e éd., Paris : PUF, 1969.

BERMANN George A., *Transnational litigation in a nutshell*, St. Paul : Thomson West, 2003.

BESSON Sébastien, *Armesures provisoires : étude de droit comparé*, Berne : Schulthess, 1998.

BOBBIO Noberto, *Teoria dbitrage international et ell'ordinamento giuridico*, Torino : Giapppichelli, 1960.

BÖCKSTIEGEL Karl-Heinz, KRÖLL Stefan, NASCIMENTO Patricia (éds.), *Arbitration in Germany: The Model Law in practice*, New York : Kluwer Law International, 2007.

BOELE-WOELKI Katharina, GROSHEIDE Willem (éds.), *The future of European Contract Law: essays in honour of Ewoud Hondius to commemorate his retirement as Professor of Civil Law at the University of Utrecht*, The Netherlands : Kluwer Law International, 2007.

BOLLÉE Sylvain, *Les méthodes du droit international privé à l'épreuve des sentences arbitrales*, Paris : Economica, 2004.

BONDIL Félix, *Le détournement de pouvoir en droit international public : étude de jurisprudence*, thèse de droit, Université d'Aix-Marseille, 1966.

BOS Maarten, BROWNLIES Ian (éds.), *Liber amicorum for Lord Wilberforce*, Oxford : Oxford University Press, 1987;

BÖSCH Axel (éd.), *Provisional remedies in international commercial arbitration: a practitioner handbook*, Berlin : Walter de Gruyter, 1994.

BRAGHETTA Adriana, *A importância da sede da arbitragem : visão a partir do Brasil*, v.1. Rio de Janeiro : Renovar, 2010.

BUCHER Andreas, *La dimension sociale du droit international privé*, La Haye : Académie de droit international de La Haye (ADI-Poche), 2011.

CADIET Loïc, *Le préjudice d'agrément*, thèse de droit, Université de Poitiers, 1983.

CALVO Roberto (dir.), *Abuso del diritto e buona fede nei contratti*, Torino : G. Giappichelli Editore, 2010.

CAMIC Charles, GORSKI Philip S., TRUBEK David M. (éds.), *Max Weber's "Economy and society": a critical companion*, Berkeley : University of California Press, 1978, p. 882.

CAMPION L., *La théorie de l'abus des droits*, Bruxelles/Paris : Établissements Émile Bruylant/LGDJ, 1925.

CANÇADO TRINDADE Antônio Augusto, *International law for humankind: towards a new jus gentium (I): general course on public international law et International law for humankind: towards a new jus gentium (II): general course on public international law*, *RCADI*, 2005, v.316 et 317. Martinus Nijhoff Publishers, 2005.

CANÇADO TRINDADE Antonio Augusto, *Évolution du droit international au droit des gens : l'accès des individus à la Justice internationale. Le regard d'un juge*, Paris : Pedone, 2008.

CANTEGREIL Julien (coord.), *Regards croisés sur l'internationalisation du droit : France-États-Unis*, Paris : Société de législation comparée, 2009.

CARBONNEAU Thomas (éd.), *Lex mercatoria and arbitration*, The Hague : Kluwer Law International, 1998.

CARLEBACH Alexandre, *Le problème de la faute et sa place dans la norme du droit international*, Paris : LGDJ, 1962.

CARREAU Dominique, JUILLARD Patrick, *Droit international économique*, 4eéd., Paris : Dalloz, 2010.

CARVALHO Orlando de, *Teoria geral do direito civil : relatório sobre o programa, conteúdo e métodos de ensino*, Coimbra : Almedina, 1976.

CASTANHEIRA NEVES António, *Questão de facto – questão de direito ou o problema metodológico da juridicidade (ensaio de uma reposição crítica)*, I., Coimbra : Almedina, 1967.

CATALANO Elena Maria, *L'abuso del processo*, Milano : Giuffrè Editore, 2004.

CAVALLINI Joël, *Le juge national du provisoire face au droit communautaire : les contentieux français et anglais*, Bruxelles : Bruylant, 1995.

CAVARÉ Louis, *La notion de bonne foi et quelques-unes de ses applications en droit international public*, Paris : Cours de l'Institut de hautes études internationales, 1963-1964.

CCI, *Enforcement of international arbitral awards: report and preliminary draft convention*, ICC Brochure, n°174, 1953.

CCI, *Mesures conservatoires et provisoires en matière d'arbitrage international*, Paris : ICC Publications, v.519, 1993.

CHUKWUMERIJE Okezie, *Choice of law in international commercial arbitration*, Westport : Quorum Books, 1994.

CLAY Thomas (dir.), *Le nouveau droit français de l'arbitrage*, Paris : Lextenso, 2011.

CLAY Thomas, *L'arbitre*, Paris : Dalloz, 2001.

COHEN Dany (dir.), *Droit et économie du procès civil*, Paris : LGDJ, 2010.

COLLIER John, LOWE Vaughan, *The settlement of disputes in international law: institutions and procedure*, Oxford : Oxford University Press, 1999.

CORNIL Georges, *Le droit privé : essai de sociologie juridique simplifiée*, Paris : M. Giard (Internationale des juristes populaires), 1924.

CORNUT Étienne, *Théorie critique de la fraude à la loi : étude de droit international privé de la famille*, Paris : Defrénois, 2006.

CORTEN Olivier, *Le discours du droit international : pour un positivisme critique*, Paris : Pedone, 2009.

COURT DE FONTMICHEL Alexandre, *L'arbitre, le juge et les pratiques illicites du commerce international*, Paris : éd. Panthéon-Assas, 2004.

COUTINHO DE ABREU Jorge Manuel, *Do abuso de direito : ensaio de um critério em direito civil e nas deliberações sociais*, Coimbra : Almedina, 1999.

CRAIG Laurence, PARK William L., PAULSSON Jan, *International chamber of commerce arbitration*, 3e éd. New York : Oceana, 2000.

CREMADES Bernardo, LEW Julian D.M. (éds.), *Parallel state and arbitral procedures in international arbitration*, Paris : ICC Publishing, v.692, 2005.

CRÉPIN Sophie, *Les sentences arbitrales devant le juge français : pratique de l'exécution et du contrôle judiciaire depuis les réformes de 1980-1981*, Paris : LGDJ, 1995.

CUNHA DE SÁ Fernando Augusto, *Abuso do direito*, Coimbra : Almedina, 1973.

CURTIN Deirdre, HEUKELS Ton (éds.), *Institutional dynamics of European integration: essays in honour of Henry G. Schermers*, v.2, London : Martinus Nijhoff, 1994.

DABIN Jean, *Le droit subjectif*, Paris : Dalloz, 1952.

DALY Mary C., GOEBEL Roger J. (éds.), *Rights, liability, and ethics in international legal practice*, 2e éd., New York : Fordham University Law School/Juris Publishing, 2004.

DAVID René, *Le droit du commerce international : réflexions d'un comparatiste sur le droit international privé*, Paris : Economica, 1987.

DAVY Georges, *Le droit, l'idéalisme et l'expérience*, Paris : F. Alcan, 1992.

DE CUPIS Adriano, *Il danno: teoria generale della responsabilità civile*, Milano : Dott. A. Giuffrè Editore, 1946.

De lege ferenda : réflexions sur le droit désirable en l'honneur du Professeur Hirsch, Genève : Slatkine, 2004 ;

DELVOLVÉ Jean-Louis, POINTON Gerald H., ROUCHE Jean, *French arbitration law and practice: a dynamic civil law approach to international arbitration*, 2e éd., Leiden : Kluwer Law International, 2009.

DÉPREZ Jean, « Les relations entre systèmes d'Europe occidentale et systèmes islamiques en matière de statut personnel. Droit international privé et conflits de civilisations. Aspects méthodologiques », *RCADI*, t.211, 1988. Dordrecht : Martinus Nijhogg Pubslishers, p. 8.

DERAINS Yves *et al.* (éds.), *Le droit et la pratique de l'arbitrage international en France*, Paris : FEDUCI, 1984.

DERAINS Yves, JARVIN Sigvard, *Recueil des sentences arbitrales de la CCI : 1974-1985*, New York : ICC Publsihing, Kluwer, 1990.

DERAINS Yves, JARVIN Sigvard, *Recueil des sentences arbitrales de la CCI : 1991-1995*, The Hague : Kluwer Law International, 1997.

DEZALAY Yves, GARTH Bryant G., *Dealing in virtue: international commercial arbitration and the construction of a transnational legal order*, Chicago : University of Chicago, 1996.

DOLINGER Jacob, *Direito internacional privado*, 6e éd., Rio de Janeiro : Renovar, 2001.

DOLZER Rudolf, SCHREUER Christoph, *Principles of international investment law*, New York : Oxford University Press, 2008.

DOMINICÉ Christian (éd.), *Études de droit international en l'honneur de Pierre Lalive*, Genève : Helbing & Lichtenhahn, 1993.

DUMAS Jacques, *Les sanctions de l'arbitrage international*, Paris : Pedone, 1905 ;

EL OUALI Abdelhamid, *Effets juridiques de la sentence internationale : contribution à l'étude de l'exécution des normes internationales*, Paris : LGDJ, 1984.

ESTOUP Pierre, MARTIN Gérard, *La pratique des procédures rapides : référés, ordonnances sur requête, procédures d'injonction*, Paris : Litec, 1990.

Études offertes à Pierre Bellet, Paris : Litec, 1991.

Études offertes à Pierre Catala : le droit privé français à la fin du XXe siècle, Paris : Litec, 2001.

FABRI Hélène Ruiz, SOREL Jean-Marc (dirs.), *Le contentieux de l'urgence et l'urgence dans le contentieux devant les juridictions internationales : regards croisés*, Paris : Pedone, 2001.

FADLALLAH Ibrahim, « L'ordre public dans les sentences arbitrales », *RCADI*, 1994, v. 249, pp. 418-419 ;

FERNÁNDEZ-BALLESTEROS Miguel Ángel, ARIAS David (éds.), *Liber amicorum Bernardo Cremades*, Madrid : La Ley, 2010.

FOUCAULT Michel, *La volonté de savoir*, v.1 (*Histoire de la sexualité*), Paris : Gallimard, 1984-1988.

FOUCHARD Philippe, *L'arbitrage commercial international*, Paris : Dalloz, 1965.

FOUCHARD Ph., KAHN Ph., LYON-CAEN A., *Le droit des relations économiques internationales : études offertes à Berthold Goldman*, Paris : Litec, 1982.

FRANC-MENGET Laurence, *Le contrôle judiciaire des sentences arbitrales internationales en droit américain et français*, thèse de droit, Université Paris II, 2002.

FROMMEL Stefan N., RIDER Barry A. K. (éds.), *Conflicting legal cultures in commercial arbitration: old issues and new trends*, The Hague : Kluwer Law International, 1999.

GAILLARD Emmanuel (éd.), *Anti-suit injunctions in international arbitration. IAI Series on International Arbitration*, n°2, Huntington : Juris Publishing, 2005.

GAILLARD Emmanuel, *Aspects philosophiques du droit de l'arbitrage international*, Leiden/Boston : Académie de droit International de la Haye/Martinus Nijhoff Publishers, 2008.

GAILLARD Emmanuel, *La jurisprudence de la Cour de cassation en matière d'arbitrage international*, conférence du cycle de droit et technique de cassation de la Cour de Cassation, 13 mars 2007, par. 2, [en ligne] http://www.courdecassation.fr/colloques_activites_formation_4/2007_2254/intervention_m._gaillard_11066.html, page consultée le 30/03/12).

GAILLARD Emmanuel, *La jurisprudence du CIRDI*, Paris : Pedone, 2004.

GAILLARD Emmanuel, *Le pouvoir en droit privé*, Paris : Economica, 1985.

GAMA Jr. Lauro, *Contratos internacionais à luz dos princípios do UNIDROIT 2004 : soft law, arbitragem e jurisdição*, Rio de Janeiro : Renovar, 2006.

GEERTZ Clifford, *Local Knowledge: further essays in interpretative anthropology*, New York : Basis Books, 1983.

GENTINETTA Jörg, *Die lex fori internationaler Handelsschiedsgerichte*, Berne : Verlag Stämpfli & Cie, 1973.

GESSNER Volkmar, BUDAK Ali Cem (éds.), *Emerging legal certainty: empirical studies on the globalization of law*, Aldershot/Brokfield : Ashgate, 1998.

GHARAVI Hamid G., *The international effectiveness of the annulment of an arbitral award*, The Hague : Kluwer Law International, 2002.

GLENN H. Patrick, *Legal traditions of the world: sustainable diversity in law*, New York : Oxford University Press, 2000.

GMÜR, *Kommentar zum schweizerischen Zivilgesetzbuch*, 2e éd., bd.I. Berne : Stämpfli, 1919.

GOLDMAN Berthold, « Les conflits de lois dans l'arbitrage international de droit privé », *RCADI*, t.109, 1963.

GOLDSCHMIDT James, *Der Prozess als Rechtslage Eine Kritik desprozessnalen Denkens*, Berlin : Springer, 1925.

GOLDSMITH Jack L., *International dispute resolution: the regulation of forum selection,* 14th Sokol Colloquium, New York : Transnational Publishers, 1997.

GRAHAM Gordon, *Ethics and international relations*, 2e éd., Oxford : Blackwell Publishing, 2008.

GRISEL Florian, *L'arbitrage international ou le droit contre l'ordre juridique*, Paris : Fondation Varenne/LGDJ, 2010.

GROTIUS Hugo, *Le droit de la guerre et de la paix*, Caen : Presses universitaires de Caen, 2011 (rééd. fac-sim. de 1724).

GUESNERIE Roger, *Kyoto et l'Économie de l'effet de serre : rapport du Conseil d'analyse économique*, Paris : La Documentation française, 2003.

GUGGENHEIM Paul, *Les mesures provisoires de procédure internationale et leur influence sur le développement du droit des gens*, Paris : Recueil Sirey, 1931.

HANOTIAU Bernard, « L'arbitrabilité », *RCADI*, t.296, 2002, p. 197.

HANQIN Xue, *Transbounday damage in international law*, Cambridge : Cambridge University Press, 2003.

HART H. L. A., *The concept of law*, 2e éd., Oxford : Oxford University Press, 1961.

HESS Burkhard, PFEIFFER Thomas, SCHLOSSER Peter, *Study JLS/C4/2005/03: Report on the application of Regulation Brussels I in the Member States*, version finale, septembre 2007.

HOBBES Thomas, *Léviathan. Traité de la matière, de la forme et du pouvoir de la république ecclésiastique et civile* (trad. originale de Philippe Folliot), [en ligne] http://www.livrespourtous.com/e-books/detail/Leviathan---De-l-homme---Partie-1/onecat/0.html (page consultée le 18/11/11).

HOLMES Oliver W., *The Common Law*, New York : Dover Publication, 1991.

HOLTZMANN H., NEUHAUS J., *A guide to the UNCITRAL Model Law on international commercial arbitration: legislative history and commentary*, Deventer : Kluwer Law/Taxation Publishers, 1989.

HORCHANI Ferhat (dir.), *Le CIRDI 45 ans après : bilan d'un système*, actes du colloque de Tunis, 11-13 mars 2010, Paris : Pedone, 2011.

HUBER Ulrik, *Conflito de leis*, Rio de Janeiro : Ponitfícia Universidade Católica do Rio de Janeiro, 1951.

HUNTER Martin *et al.*, *The internationalization of international arbitration : the LCIA Centenary Conference*, Graham & Trotman/Nijhoff, 1993.

HUSSON Léon, *Les transformations de la responsabilité : étude sur la pensée juridique*, Paris : PUF, 1947.

IBA, Arbitration Committee, *Working group on the report from the Commission to the European Parliament, the Council and the European Economic and Social Comittee (COM(2009 174 final) and the Green Paper on the review of Council Regulation (EC) n°44/2001 on jurisdiction and the recognition and enforcement of judgements in civil and commercial matters.*

ICC France, *Livre vert sur la révision du Règlement (CE) n°44/2001 du Conseil concernant la compétence judiciaire, la reconnaissance et l'exécution des décisions en matière civile et commerciale*, 17 juin 2009.

ILA, *Final Report on Lis Pendens and Arbitration*, Conférence d'arbitrage international de l'ILA à Toronto, 2006.

ILA, *Final report on public policy as a bar to enforcement of international arbitral awards*, New Delhi Conference, 2002.

ILA, *Interim report: "res judicata" and arbitration*, 2006. Berlin Conference.

ILA, Resolution n°1/2006, issue de la 72e conférence de l'ILA à Toronto, 4-8 juin 2006.

ILA, *Third Interim Report: Declining & Referring Jurisdiction in International Litigation*, 69e conférence de l'ILA, Londres, 25-29 juil. 2000.

JACKSON Peter, CRANG Philip, DWYER Claire (éds.), *Transnational spaces*, New York : Routledge, 2004.

JACQUET Jean-Michel *et al.* (dirs.), *Les mesures provisoires dans l'arbitrage commercial international : évolutions et innovations*, Paris : Litec, 2007.

JANNOT R., *De la responsabilité civile par suite de l'abus de droit*, Paris : Librairie nouvelle de droit et de jurisprudence Arthur Rousseau, 1906.

JARROSSON Charles, *La notion d'arbitrage*, Paris : LGDJ, 1987.

JAYME Erik, *Identité culturelle et intégration : le droit international privé postmoderne*, *RCADI*, 1995, v.251, Leiden : Martinus Nijhoff Publishers, 1995.

JESSUP Philip C., *Transnational law*, New Haven : Yale University Press, 1956.

JONES Bruce, PASCUAL Carlos, STEDMAN Stephen John, *Power & Respponsability: building international order in an era of transnational threats*, Washington DC : Brookings Institution Press, 2009.

JOSSERAND Louis, *De l'esprit des droits et de leur relativité : théorie dite de l'abus des droits*, Paris : Dalloz, 2006 (rééd. de la 2e éd. parue en 1939).

KAHN Philippe, *La vente commerciale internationale,* Paris : Sirey, 1961.

KALMO Hent, SKINNER Quentin (éds.), *Sovereignty in Fragments*, Cambridge : Cambridge University Press, 2010.

KASSIS Antoine, *L'autonomie de l'arbitrage commercial international : le droit français en question*, Paris : L'Harmattan, 20005.

KASSIS Antoine, *La réforme du droit de l'arbitrage international : réflexions sur le texte proposé par le Comité français de l'arbitrage*, Paris : L'Harmattan, 2008.

KASSIS Antoine, *Problèmes de base de l'arbitrage : en droit comparé et en droit international,* Paris : LGDJ, 1987.

KASSIS Antoine, *Réflexions sur le règlement d'arbitrage de la Chambre de commerce international : les déviations de l'arbitrage institutionnel*, Paris : LGDJ, 1988.

KASSIS Antoine, *Théorie générale des usages du commerce*, Paris : LGDJ, 1984.

KELSEN Hans, *Théorie pure du droit* (trad. de la 2e éd. de l'allemand par Charles EISENMANN), Paris : LGDJ, 1999.

KISS Alexandre-Charles, *L'abus de droit en droit international,* Paris : LGDJ, 1952.

KLAUSEGGER Christian *et al.* (éds.), *Austrian Arbitration Yearbook 2007*, Manz : CH Beck Stämpfli, 2007.

KLAUSEGGER Christian *et al.* (éds.), *Austrian Arbitration Yearbook 2010*, Manz : C.H. Beck/Stämpfli & Manz, 2010.

KNOEPFLER F., *Le juriste suisse face au droit et jugements étrangers*, Fribourg : Éditions universitaires, 1988.

KOLB Robert, *La bonne foi en droit international public : contribution à l'étude des principes généraux de droit*, Paris : PUF, 2000.

KRONKE Herbert *et al.* (éds.), *Recognition and enforcement of foreign arbitral awards: a global commentary on the New York Convention*, The Hague : Kluwer Law International, 2010.

KURKEL Matti S., SNELLMAN Hannes, *Due process in international commercial arbitration*, New York : Oceana Publications, 2005.

L'abus de droit et les concepts équivalents : principe et applications actuelles, actes du 19e Colloque de droit européen, Luxembourg, 6-9 novembre 1989, Strasbourg : Conseil de l'Europe, Service de l'édition et de la documentation, 1990.

L'arbitrage et les tiers : actes du colloque du CEPANI 40, Bruxelles : Bruylant, 2008.

L'image doctrinale de la Cour de cassation, colloque organisé par la Faculté de droit d'Aix-Marseille et la Cour de cassation, 10-11 décembre 1993, Paris : La Documentation Française, 1994.

L'internationalisation du droit : mélanges Yvon Loussouarn, Paris : Dalloz, 1994.

LAGHMANI Slim, *Histoire du droit des gens : du jus gentium impérial au jus publicum europaeum*, Paris : Pedone, 2003.

LATTY Frank, *La lex sportiva : recherche sur le droit transnational*, Londres : M. Nijhoff, 2007.

LAUTERPACHT Hersch, *The development of international law by the International Court*, Londres : Stevens & Sons Limited, 1958.

LAUTERPACHT Hersch, *The function of law in international community*, Hamdem : Archon Books, 1966.

LE LAIDIER Gérard, *Conflits de juridictions et conflits de lois en matière d'arbitrage*, thèse de Droit, Paris, 1963.

LEBEN Charles (dir.), *Le contentieux arbitral transnational relatif à l'investissement : nouveau développements*, Paris : Athemis/LGDJ, 2006.

LEE João Bosco, *Arbitragem Comercial Internacional nos Países do Mercosul*, Curitiba : Juruá, 2002.

LEJBOWICZ Agnès. *Philosophie du droit international : l'impossible capture de l'humanité*. Paris : PUF, 1999.

LEVY Emmanuel, *Preuve par titre du droit de propriété immobilière*, Paris : Pedone, 1896.

LEW Julian D.M. (éd.), *Contemporary problems in international arbitration*, The Hague : Martinus Nijhoff, 1987.

LEW Julian D.M., *Applicable law in international commercial arbitration: a study in commercial arbitration awards*, New York : Oceana Publications, 1978.

LEWIS Meredith Kolsky, FRANKEL Susy (éds.), *International Economic Law and National Autonomy*, Cambridge : Cambridge University Press, 2010.

Liber amicorum Claude Reymond : autour de l'arbitrage, Paris : Litec, 2004.

Liber amicorum for M. Domke, La Haye : M. Nijhoff, 1967.

LILLICH Richard B., BROWER Charles N. (éds.), *International arbitration in the 21st century : towards "judicialization" and uniformity?*, 12th Sokol Colloquium. New York : Transnational Publishers, 1992, p. 40.

LIMA PINHEIRO Luis de, *Arbitragem transnational : a determinação do estatuto da arbitragem*, Coimbra : Almedina, 2005.

LOWENFELD Andreas F., SILBERMAN Linda J., *Recognition and Enforcement of Foreign Judgments: Analysis and Proposed Federal Statute*, Philadelphia : ALI, 2006.

LUHMANN Niklas, *Law as a social system*, New York : Oxford University Press, 2004.

LUHMANN Niklas, *Legitimação pelo procedimento*, Brasília : Universidade de Brasília, 1980.

LUZZATTO Riccardo, « International commercial arbitration and the municipal law of states », *RCADI*, t.157, 1977.

LYNCH Katherine, *The forces of economic globalization: challenges to the regime of international commercial arbitration*, The Hague : Kluwer Law International, 2003.

MANCIAUX Sébastien, *Investissements étrangers et arbitrage entre États et ressortissants d'autres États : trente années d'activité du CIRDI*, Paris : Litec, 2004.

MARTINEK Michael, *Das internationale Kartellprivatrecht*, Heidelberg, 1987.

MARTINEZ-FRAGA Pedro J., *The american influence on international commercial arbitrations: doctrinal developments and discovery methods*, New York : Cambridge University Press, 2009.

MAURY Jacques, *L'éviction de la loi normalement compétente : l'ordre public international et la fraude à la loi*, Valladolid : Casa Martín, 1952, p. 165.

MAYER Pierre, *La distinction entre règles et décisions et le droit international privé*, Paris : Dalloz, 1973.

Mc LACHLAN Campbell, SHORE Laurence, WEINIGER Matthew, *International investement arbitration: substantive principles*, New York : Oxford University Press, 2008.

Mc LACHLAN Campbell, *Lis pendens in international litigation*, The Hague : Hague Academy of International Law (ALI-Pocket), 2009.

MEGERLIN Francis, *Ordre public transnational et arbitrage international de droit privé : essai critique sur la méthode*, Paris : Atelier national de reproduction des thèses, 1999.

Mélanges Antoine Pillet, Paris : Librairie du Recueil Sirey, 1929.

Mélanges John Kirkpatrick, Bruxelles : Bruylant, 2004.

MENEZES CORDEIRO António, *Litigância de má-fé, abuso do direito de ação e culpa « in agendo »*, 2e éd., Coimbra : Almedina, 2011.

MERIGNHAC Alexandre, *Traité théorique et pratique de l'arbitrage international : le rôle du droit*, Paris : L. Larose, 1895.

MERLAND Laure, *Recherche sur le provisoire en droit privé*, Aix-en-Provence : PUAM, 2001.

MISTELIS Loukas A., LEW Julian D.M. (éds.), *Pervasive problems in international arbitration*, The Hague : Kluwer Law International, 2006.

MORACCHINI-ZEIDENBERG Stéphanie, *L'abus dans les relations de droit privé*, Aix-en-Provence : PUAM, 2004.

MORAND Charles-Albert (dir.), *Le droit saisi par la mondialisation*, Bruxelles : Bruylant, 2001.

MOREAU DEFARGES Philippe, *L'ordre mondial*, 4e éd., Paris : Armand Colin, 2008.

MOREL Jules, *Des dommages-intérêts en cas d'exercice abusif des actions en justice*, Paris : Jouve et Cie., 1910.

MOSIMANN Olivier Luc, *Anti-suit injunctions in international commercial arbitration*, The Hague : Eleven International Publishing, 2010.

MOTULSKY Henri, *Écrits, études et notes sur l'arbitrage*, Paris : Dalloz, 2010 (1974).

MOTULSKY Henri, *Principes d'une réalisation méthodique du droit privé*, Paris : Dalloz, 1991 (1948).

NARDIN Terry, MAPEL David R. (éds.), *Traditions of international ethics*, New York : Cambridge University Press, 1992.

Natural law and world law: essays to commemorate the sixtieth birthday of Kotaro Tanaka, Tokyo : Yuhikaku, 1954.

NICÒTINA Giuseppe, *L'abuso nel processo civile*, Roma : Aracne, 2005.

NIPPOLD Otfried, « Le développement historique du droit international depuis le Congrès de Vienne », *RCADI*, 1924, I, t.2, p. 55.

NUYTS Arnaud, *L'exception de forum non conveniens : étude de droit international privé comparé*, Bruxelles : Bruylant, LGDJ, 2003.

OPPETIT Bruno, *Théorie de l'arbitrage*, Paris : PUF, 1998.

ORTSCHEIDT Jérôme, *La réparation du dommage dans l'arbitrage commercial international*, Paris : Dalloz, 2001.

OSMAN Filiali, *Les principes généraux de la lex mercatoria : contribution à l'étude d'un ordre juridique anational*, Paris : LGDJ, 1992.

OST François, VAN DE KERCHOVE Michel, *De la pyramide au réseau ? Pour une théorie dialectique du droit*, Bruxelles : Facultés Universitaires Saint-Louis, 2002.

OST François, *Droit et intérêt*, v.2 (*Entre droit et non-droit : l'intérêt*), Bruxelles : Facultés universitaires Saint-Louis, 1990.

PAGLIANTINI Stefano (org.), *Abuso del diritto e buona fede nei contratti*, Torino : G. Giappichelli Editore, 2010.

PAPAUX Alain, WYLER Éric, *L'éthique du droit international*, Paris : PUF, 1997.

PATOUILLET Jules, *Les codes de la Russie soviétique*, t.1, Paris : Marcel Giard, 1925.

PETER BERGER Klaus, *The creeping codification of the lex mercatoria*, The Hague : Kluwer Law International, 1999.

PFEIFFER Thomas, *Internationale Zuständigkeit und prozessuale Gerechtigkeit : die internationale Zuständigkeit im Zivilprozess zwischen effektivem Rechtsschutz und nationaler Zuständigkeitspolitik Zuständigkeit und prozessuale Gerechtigkeit*, Frankfurt : Vittorio Klostermann, 1995.

POLITIS Nicolas, « Le problème des limitations de la souveraineté et la théorie de l'abus des droits dans les rapports internationaux », *RCADI*, 1925, t.6.

Principes de justice : mélanges en l'honneur de Jean-François Burgelin, Paris : Dalloz, 2008.

PUFENDORF Samuel, *Le droit de la nature et des gens*, Caen : Université Caen Basse-Normandie, 2009 (rééd. fac-sim. de l'éd. de 1732).

PUIG BRUTAU José, *Medio siglo de estudos jurídicos*, Valencia : Editorial Tirant lo Blanch/S.L., 1996.

RACINE Jean-Baptiste, *L'arbitrage commercial international et l'ordre public*, Paris : LGDJ, 1999.

RAPHAEL Thomas, *The anti-suit injunction: updating supplement*, Oxford : Oxford University Press, 2010.

RAZ Joseph, *Practical reason and norms*, Princeton : Princeton University Press, 1990.

REISMANN Michael W., *Systems of control in international adjudication and arbitration: breakdown and repair*, Duke : Duke University Press, 1992.

REMY Benjamin, *Exception d'ordre public et mécanisme des lois de police en droit international privé*, Paris : Dalloz, 2008.

RENARD G., *Le droit, la logique et le bon sens*, v.1, Paris : Sirey, 1925.

RESCIGNO Pietro, *L'abuso del diritto*, Bologna : Il Mulino, 1998.

RIDEAU Jöel (org.), *Le droit au juge dans l'Union européenne*, Paris : LGDJ, 1998.

RIGAUX François, « Les situations juridiques individuelles dans un système de relativité générale : cours général de droit international privé », *RCADI*, 1989, t.213, v.1, p. 257.

RIPERT Georges, *La règle morale dans les obligations civiles*, 4e éd., Paris : LGDJ, 1949.

ROBERT Jean, *L'arbitrage, droit interne, droit international privé*, 6e éd., Paris : Dalloz, 1993.

ROBERT Jean, *Le phénomène transnational*, Paris : LGDJ/AFA, 1992.

ROGERS Catherine A., ALFORD Roger P. (éds.), *The future of investment arbitration*, Oxford : Oxford University Press, 2009.

ROTONDI Mario (org.), *L'abus de droit : inchieste di diritto comparato*, Padova : CEDAM, 1979.

ROUBIER Paul, *Droits subjectifs et situations juridiques*, Paris : Dalloz, 2005 (1963).

ROULET Jean-David, *Le caractère artificiel de la théorie de l'abus de droit en droit international public*, Neuchâtel : Éditions de la Baconnière, 1958.

ROUSSEAU Charles, *Principes généraux du droit international public*, v.1, Paris : Pedone, 1944.

ROUSSEL Pierre, *L'abus de droit : étude critique*, 2e éd., Paris : Dalloz, 1914.

SAINTE-CLAIRE DEVILLE Henri-Étienne, *Recherche sur la décomposition des corps par la chaleur et la dissociation*, Bibliothèque universelle, Archives, nouvelle période, t.IX, 1860.

SALEILLES Raymond, *De l'abus de droit : rapport présenté à la première Sous-commission de la Commission de révision du Code civil*, Paris : Arthur Rousseau Éditeur, 1905.

SALEILLES Raymond, *Étude sur la théorie générale de l'obligation d'après le premier projet du Code civil allemand*, 3e éd., Paris : LGDJ, 1925.

SANTI ROMANO, *L'ordre juridique* (trad. de la 2e éd. de l'*Ordinamento giuridico*), Paris : Dalloz, 2002.

SANTULLI Carlo, *Le statut international de l'ordre juridique étatique : étude du traitement du droit interne par le droit international*, Paris : Pedone, 2001.

SAYED Abdulhay, *Corruption in international trade and commercial arbitration*, The Hague : Kluwer Law International, 2004.

SCERNI Mario, *L'abuso di diritto nei rapporti internazionali*, Roma : Anonima romana editoriale, 1930.

SCHARZENBERGER Georg, *The fundamental principles of international law*, Collected courses of the Hague Academy of International Law, n°87, The Hague : Martinus Nijhoff Publishers, 1955.

SCHERMERS Henry G., WAELBROECK Denis F., *Judicial protection in the European Communities*, 5e éd., Deventer : Kluwer Law and Taxation Publishers, 1992.

SCHLAEPFER Anne-Véronique, PINSOLLE Philippe, DEGOS Louis (éds.), *Towards a uniform international arbitration law*, New York : Juris Publishing/Staempfli Publishers Ltd., 2005.

SCHMITTHOFF Clive M. (éd.), *The sources of the law of international trade: with special reference to East-West trade*, London : Stevens and Sons, 1964.

SCHULTSZ Jan C., VAN DEN BERG Albert Jan (éds.), *The art of arbitration: essays on international arbitration. Liber amicorum Pieter Sanders. 12 September 1912-1982*, Deventer : Kluwer Law/Taxation Publishers, 1992.

SCOTT I. R. (éd.), *International perspectives on civil justice: essays in honour of Sir Jack I. H. Jacob Q.C.*, London : Sweet & Maxwell, 1990.

SINDRES David, *La distinction des ordres et des systèmes juridiques dans les conflits de lois*, Paris : LGDJ, 2008.

SLAUGHTER Anne-Marie, *A new world ordrer*, Princeton : Princeton University Press, 2004.

SOREL Jean-Marc, POIRAT Florence (dirs.), *Les procédures incidentes devant la Cour internationale de justice : exercice ou abus de droits ?*, Paris : Pedone, 2001.

STOFFEL-MUNCK Philippe, *L'abus dans le contrat : essai d'une théorie*, Paris : LGDJ, 2000.

STRUPP K., « Les règles générales du droit de la paix », *RCADI*, 1934, I.

STÜRNER Rolf, KAWANO Masanori (éds.), *Current topics of international litigation*, Tübingen : Mohr Siebeck, 2009 ;

TARUFFO Michele (éd.), *Abuse of procedural rights: comparative standards of procedural fairness*, The Hague : Kluwer Law International, 1999.

TERCIER Pierre (éd.), *Post award issues. ASA Special Series*, n°38, New York : ASA/Juris, 2011.

TEUBNER Gunther (éd.), *Global law without a State*, Dartmouth : Aldershot, 1997.

TEUBNER Gunther, *Droit et réflexivité : l'auto-référence en droit et dans l'organisation*, Bruxelles/Paris : Bruylant/LGDJ, 1996.

The internationalization of international arbitration, The LCIA centenary conference, La Haye : Graham & Trotman/Nijhoff, 1993.

Travaux de la Commission de Réforme du Code civil : année 1950-1951, Paris : Librairie du Recueil Sirey, 1952.

TRIFU Séléa, *La notion de l'abus de droit dans le droit international*, Paris : Domat-Montchrestien, 1940.

TRIPEL Heinrich, *Droit international et droit interne*, Paris : Éditions Panthéon-Assas, 2010 (1920).

TROCHON Jean-Yves, VINCKE François (orgs.), *L'entreprise face à la mondialisation : opportunités et risques*, Bruxelles : Bruylant, 2006.

UNIDROIT (éd.), *New directions in international trade law*, New York : Oceana Publications, 1977.

USUNIER Laurence, *La régulation de la compétence juridictionnelle en droit international privé*, Paris : Economica, 2008.

VALÉRY Paul, *Regards sur le monde actuel*, Paris : Stock/Delamain et Boutelleau, 1931.

VAN DE KERCHOVE Michel, OST François, *Legal system between order and disorder*, Oxford : Oxford University Press, 1994.

VAN DEN BERG Albert Jan (éd.), *Planning efficient arbitration proceedings: the law applicable in international arbitration*, ICCA Congress Series, Vienna, 1994, v.7. The Hague: Kluwer Law International, 1996.

VAN DEN BERG Albert Jan (éd.), *Improving the efficiency of arbitration and awards: 40 years of application of the New York Convention*, ICCA Congress Series, 1998, v.9, The Hague : Kluwer Law International, 1999.

VAN DEN BERG Albert Jan (éd.), *International arbitration and national courts: the never ending story*, The Hague : Kluwer Law International, 2001.

VAN DEN BERG Albert Jan (éd.), *International commercial arbitration: important contemporany questions*, ICCA Congress Series 2002, v.11, The Hague : Kluwer Law International, 2003.

VAN DEN BERG Albert Jan (éd.), *International arbitration 2006: back to basis?*, ICCA Congress Series, 2007, n 13, The Hague : Kluwer Law International, 2007.

VAN DEN BERG Albert Jan, *The New York Convention of 1958: towards a uniform judicial interpretation*, The Hague : TMC Asser Institute, 1982.

VAREILLES-SOMMIÉRE Pascal de (éd.), *Forum shopping in the European judicial area*, Portland : Hart Publishing, 2007.

VELICAN-DANARICU A., *La motivation des sentences dans l'arbitrage commercial international en France et aux États-Unis*, thèse de droit, Université Paris XI, 1991.

VERHOEVEN Joe, *La reconnaissance internationale dans la pratique contemporaine*, Paris : Pedone, 1975.

VIDAL José, *Essai d'une théorie générale de la fraude en droit français : le principe « fraus omnia corrumpit »*, Paris : Dalloz, 1957.

VIZIOZ Henry. *Études de procédure*, Paris : Dalloz, 2011 (rééd. de l'édition de 1956 aux éditions Bière).

WAIBEL Michael *et al.* (éds.), *The backslash against investment arbitration: perceptions and reality*, Leiden : Kluwer Arbitration International, 2010.

WALD Arnoldo, LEMES Selma Ferreira (coords.), *Arbitragem comercial internacional – a Convenção de Nova Iorque e o direito brasileiro*, São Paulo : Saraiva, 2011.

WALINE Marcel, *L'individualisme et le Droit*, 2e éd., Paris : Dalloz, 2007 (1949).

WEBER Max, *Économie et société*, Paris : Plon, 1971.

WELLS Colin, *Abuse of process*, 2e éd., Bristol : Jordan Publishing, 2011.

WIRTH Markus, ROUVINEZ Christina, KNOLL Joachim (éds.), *The search for "truth" in arbitration: is finding the truth what dispute resolution is about?*, ASA Special Series n°35, New York : ASA/JurisNet, 2011.

YASUAKI Onuma, *A transcivilizational perspective on international law*, The Hague : Hague Academy of International Law (ADI-Pocket), 2010.

YEE Sienho, MORIN Jacques-Yvan (éds.), *Multiculturalism and international law: essays in honour of Edward McWhinney*, The Hague : Brill, 2009.

ZOLLER Elisabeth, *La bonne foi en droit international public*, Paris : Pedone, 1977.

ARTICLES, NOTES ET COMMUNICATIONS

ABDURRASYID Priyatna, « They said I was going to be kidnapped », *Mealey's Int'l Arb. Rep.*, 2003, v. 18(6), pp. 29 *et seq*.

ALI, *Recognition and enforcement of foreign judgment: analysis and proposed federal statue* (adopté en 2005), rapporté par Andreas F. LOWENFELD, Linda J. SILBERMAN), 2006.

ALMEIDA Ricardo Ramalho, « Jurisprudência comentada : apelação. Cláusula arbitral. Lei de Arbitragem. Aplicação imediata de suas regras de natureza processual. Extinção do processo sem julgamento do mérito. Contrato internacional. Protocolo de Genebra de 1923. Convenção de Nova Iorque de 1958, *Anti-suit injunction*, n°Brasil, contra arbitragem em curso na Suíça », *Rev. br. arb. med.*, janv.-mars 2008, n°16, pp. 217-221.

ALVAREZ Henri C., « The implementation of the New York Convention in Canada », *Journ. Int. Arb.*, 2008, v.25, n°6, p. 672.

AMBROSE Claire, « Can anti-suit injunctions survive European Community law? », *Int. Comp. L. Q.*, 2003, p. 416 *et seq*.

ANCEL Jean-Pierre, « L'arbitrage international en France », *Arch. ph. dr.*, 2009, t.52, p. 211.

ANCEL Pascal, AUBERT Gabriel, « Introduction en forme de dialogue franco-suisse », *in* ANCEL Pascal, AUBERT Gabriel, CHAPPUIS Christine (orgs.), *L'abus de droit : comparaisons franco-suisses*, Saint-Étienne : Publications de l'Université de Saint-Étienne, 2001, p. 28.

ANDREWS Neil, « Abuse of process and obstructive tactics under the Brussels jurisdictional system », *Zeitschrift für Gemeinschaftsprivatrecth*, 2005, n°8, par 8.

ANDREWS Neil, « Abuse of process in English civil litigation », *in* TARUFFO Michele (éd.), *Abuse of procedural rights: comparative standards of procedural fairness*, The Hague : Kluwer Law International, 1999, pp. 65-66.

APPELTON Charles, « Les exercices pratiques dans l'enseignement du Droit romain, et plan d'un cours sur l'Abus des Droits », *RTD civ.*, 1924, pp. 151 *et seq.*

ARETS V., « Réflexions sur la nature juridique de l'arbitrage », *Annales de la Faculté de droit de Liège*, 1962, pp. 173 *et seq.*

BACHAND Frédéric, « The UNCITRAL Model Law's take on anti-suit injunctions », *in* GAILLARD Emmanuel (éd.). *Anti-suit injunctions in international arbitration*. IAI Series on International Arbitration, n°2, Huntington : Juris Publishing, 2005, p. 89.

BACHAND Frédérique, « Must an ICC Tribunal comply with an anti-suit injunction issued by the courts of the seat of arbitration? », *Mealey's Int'l Arb. Rep.*, 2005, v.20(3), pp. 41 *et seq.*

BALDWIN Edward, KANTOR Mark, NOLAN Michael, « Limits to enforcement of ICSID awards », *Journ. Int. Arb.*, 2006, v. 23, p. 17.

BATIFFOL Henri, « L'arbitrage et les conflits des lois », *Rev. arb.*, 1957, p. 110.

BAUDOUIN Jean-Louis, « L'abus de droit dans la doctrine et la jurisprudence du Québec », *in* ROTONDI Mario (org.), *L'abus de droit : inchieste di diritto comparato*, Padova : CEDAM, 1979, p. 11.

BAUM Axel H., « Anti-suit injunctions issued by national courts to permit arbitration proceedgins », *in* GAILLARD Emmanuel (éd.), *Anti-suit injunctions in international arbitration*, IAI Series on International Arbitration, n°2, Huntington : Juris Publishing, 2005, p. 19.

BÉDARD Julie, NELSON Timothy G., RAYMOND KALANTIRSKY Amanda, « Arbitrating in good faith and protecting the integrity of the arbitral process », *Cah. arb.*, 2010, n°3, p. 742.

BELLET Pierre, « Débats », *in Travaux du Comité français de droit international privé*, Paris : CNRS/Dalloz, 1984-1985.

BELLON J., « La nouvelle législation civile soviétique », *Cah. monde russe et soviet.*, 1963, v.4, pp. 143-146.

BELOHLAVEK Alexander J., « West Tankers as a trojan horse with respect to the autonomy of arbitration proceedings and the New York Convention 1958 », *Bull. ASA*, 2009, v.27, p. 654.

BEN KHLAIFA Rym, « La nationalité des personnes morales demanderesse devant le CIRDI », *in* HORCHANI Ferhat (dir.), *Le CIRDI 45 ans après : bilan d'un système*, actes du colloque de Tunis, 11-13 mars 2010, Paris : Pedone, 2011, p. 90.

BENJAMIN P. I., « The European Convention on International Commercial Arbitration », *BYIL*, 1968, n°478 ;

BÉNOÏT Francis-Paul, « Essai sur les conditions de la responsabilité en droit public et privé », *JCP G*, 1957, I, p. 1.351.

BERMANN George A., « The "Gateway" Problem in International Commercial Arbitration », *The Yale Journal of International Law*, 2012, v.37.

BESSON Sébastien, « Réflexions sur le projet de modification de l'article 7 LDIP (initiative Lüscher) », *Bull. ASA*, 2011, v.29, n°3, p. 574-582.

BISHOP Doak, « International arbitration of petroleum disputes: the development of a lex petrolea », *Yearb. Comm. Arb.*, 1998, n°23, pp. 1131 *et seq.*

BOISSÉSON Mathieu de, « L'arbitrage et la fraude (à propos de l'arrêt Fougerolle, rendu par la Cour de cassation le 25 mai 1992 », *Rev. Arb.*, 1993, p. 2.

BOISSÉSON Mathieu de, « Les conséquences de l'annulation d'une sentence arbitrale dans l'État de la juridiction du siège de l'arbitrage », *Rev. Br. Arb.*, 2007, n°12, p. 97.

BOLLÉE Sylvain, « Le droit français de l'arbitrage international après le décret n°2011-48 du 13 janvier 2011 », *Rev. Crit. DIP*, 2011, n°3, p. 555.

BOLLÉE Sylvain, « Quelques remarques sur les injonctions anti-suit visant à protéger la compétence arbitrale (à l'occasion de l'arrêt The Front Comor de la Chambre des Lords) », *Rev. Arb.*, 2007, pp. 223-249.

BORN Gary, « Dallah and the New York Convention », *Kluwer Arbitration Blog*, 7 avr. 2011.

BORN Gary, « Route 66: diverting the Italian torpedo », *Kluwer Arbitration Blog*, 05/03/12.

BOULARBAH Hakim, « Les procédures parallèles et les tiers », *in L'arbitrage et les tiers*, actes du colloque du CEPANI 40, 28 nov. 2008, Bruxelles : Bruylant, 2008.

BOURSIER Marie-Emma, « Note sous Paris, 12 sept. 2002 », *Rev. Arb.*, 2003, p. 185.

BRAGHETTA Adriana, LEMES Selma, « O artigo VII da Convenção de Nova Iorque », *in* WALD Arnoldo, LEMES Selma Ferreira (coords.), *Arbitragem comercial internacional – a Convenção de Nova Iorque e o direito brasileiro*, São Paulo : Saraiva, 2011, p. 315.

BRAGHETTA Adriana, « Não-reconhecimento de sentença arbitral anulada em seu país de origem », *Rev. br. arb.*, 2007, n°15, spéc. pp. 217-218.

BRECCIA Umberto, « L'abuso del diritto », *Riv. dir. priv.*, 1997, p. 84.

BREDIN Jean-Denis, « La paralysie des sentences arbitrales étrangères par l'abus des voies de recours », *JDI*, 1962, n°3, pp. 638-664.

BREKOULAKIS Stavros, « Special section on the 2008 survey on corporate attitudes towards recognition and enforcement of international arbitral awards: enforcement of foreign arbitral awards: observations on the efficiency of the current system and the gradual development of alternative means of enforcement », *Amer. Rev. Intern. Arb.*, 2008, n°19, p. 420.

BREYER Stephen, « Le principe de laïcité devant la Cour suprême des États-Unis », *in* CANTEGREIL Julien (coord.), *Regards croisés sur l'internationalisation du droit* : *France-États-Unis*, Paris : Société de législation comparée, 2009, p. 53.

BROWER II Charles H., « December Surprise: New Second Circuit Ruling on Forum Non Conveniens in Enforcement Proceedings », *Kluwer Arbitration Blog*, 20 jan. 2012.

BROWN Neville, « Is there a general principle of abuse of rights in European Community Law ? », *in* CURTIN Deirdre, HEUKELS Ton (éds.), *Institutional dynamics of European integration: essays in honour of Henry G. Schermers*, v.2, London : Martinus Nijhoff, 1994, pp. 516 *et seq*.

BUCHER Andreas, « Court intervention in arbitration », *in* LILLICH Richard B., BROWER Charles N. (éds.), *International arbitration in the 21st century: towards "judicialization" and uniformity?*, 12th Sokol Colloquium, New York : Transnational Publishers, 1992, p. 40.

BYERS Michael, « Abuse of Rights: an old principle, a new age », *McGill L. Journ.*, 2002, v.47, p. 389.

CADIET Loïc, TOURNEAU Philippe le, *Rép. civ. Dalloz*, 2e éd., avril 2008, v°« Abus de droit ».

CADIET Loïc, « La légalité procédurale en matière civile », *Bull. inf. C. Cass.*, 15 mar. 2005, n°636, spéc. n°21.

CADIET Loïc, « Quelques remarques sur l'urgence en matière de droit judiciaire », *in* FABRI Hélène Ruiz, SOREL Jean-Marc (dirs.), *Le contentieux de l'urgence et l'urgence dans le contentieux devant les juridictions internationales : regards croisés*, Paris : Pedone, 2001, p. 199.

CANÇADO TRINDADE Antônio Augusto, « The human person and international justice », *Col. Journ. Trans. L.*, 2008, v.47, pp. 16-30.

CANÇADO TRINDADE Antônio Augusto, « The Right to Cultural Identity in the Evolving Jurisprudential Construction of the Inter-American Court of Human Rights », *in* YEE Sienho, MORIN Jacques-Yvan (éds.), *Multiculturalism and international law: essays in honour of Edward McWhinney*, The Hague : Brill, 2009, pp. 477-499.

CAPITANT Henri, « Sur l'abus des droits », *RTD civ.*, 1928, v.27, p. 376.

CARBONNEAU Thomas E., « Étude historique et comparée de l'arbitrage : vers un droit matériel de l'arbitrage commercial international fondé sur la motivation des sentences », *RID comp.*, 1984, p. 759.

CARRIER Renaud, « Anti-suit injunctions : réquisitoire pour l'abandon de leur prononcé en matière d'arbitrage », *D.*, 2005, p. 2712.

CAZALA Julien, « Investissements internationaux et arbitrage », *Cah. arb.*, 2011, v.4, p. 1017.

CHAN Ray Y., « The enforceability of annuled foreign arbitral awards in the United States: a critique of Chromalloy », *Bos. Univ. Int. L. Journ.*, 1999, p. 197.

CHAPPUIS Christine, « L'abus de droit en droit suisse des affaires », *in* ANCEL Pascal, AUBERT Gabriel, CHAPPUIS Christine (orgs.), *L'abus de droit : comparaisons franco-suisses*, Saint-Étienne : Publications de l'Université de Saint-Étienne, 2001, pp. 84 *et seq*.

CIGOJ Stojan, « L'abus de droit dans la doctrine et la jurisprudence yougoslaves », *in* ROTONDI Mario (org.), *L'abus de droit: inchieste di diritto comparato*, Padova : CEDAM, 1979, pp. 17 *et seq*.

CLAY Thomas, « Arbitrage et modes alternatifs de règlement des litiges », *D.*, 2009, p. 2959.

CLAY Thomas, « Arbitrage et modes alternatifs de règlement des litiges », *D.*, 2010, p. 2933.

CLAY Thomas, « Arbitrage international – sentence arbitrale – annulation dans le pays du siège – Exécution en France – Autonomie de la sentence internationale – Convention de New York du 10 juin 1958 pour la reconnaissance et l'exécution des sentences arbitrales étrangères – Compatibilité avec une autre sentence », *JDI*, 2007, comm. 23, p. 1242.

CLAY Thomas, « Il était une fois… », *D.*, 2004, p. 3186.

CLAY Thomas, « France, terre d'asile de sentences non exécutées », *D.*, 2004, p. 3185.

CNUCED, « World investment report 2011 », [en ligne] http://www.unctad-docs.org/files/UNCTAD-WIR2011-Full-en.pdf (page consultée le 24/05/12).

COMOGLIO Luigi Paolo, « Abuso del processo e garanzie costituzionali », *Riv. dir. proc.*, 2008, n°2, spéc. p. 332.

CORDOPATRI Francesco, « L'abuso del processo e la condanna alle spese », *Riv. trim. dir. proc. civ.*, 2005, n°1, p. 260.

CORNELL Peter, HANDLEY Arweb, « Himpurna and Hub : International arbitration in developping countries », *Mealey's Int'l Arb. Rep.*, 2000, v.15(6), pp. 29 *et seq*.

CORNUT Étienne, « *Forum shopping* et abus du choix de for en droit international privé », *JDI*, 2007, doctr. 2, p. 10.

COURT DE FONTMICHEL Alexandre, « Les tentatives de paralysie de l'instance arbitrale devant le juge étatique », *Cah. arb.*, 2010, n°2, par. 71.

CRABB John H., « The french concept of abuse of rights », *Inter-amer. L. Rev.*, 1964, n°1, p. 5.

CRAIG William L., « Some trends an developments in the laws and practices of international commercial arbitration », *Tex. Int. L. Journ.*, 1995, v.30, p. 23.

CRAIG William Laurence, « Uses and abuses of appeals from awards », *Arb. Intern*, 1988, v.4, n°3, pp. 174-227.

CREMADES Bernardo M., « Arbitration under the ECT and other investment protection treaties : parallel arbitration tribunals and awards », *TDM*, v.2, n°3, juin 2005.

CREMADES Bernardo M., « Latin American courts and international arbitration », *Rev. br. arb. med.*, sept.-déc. 2004, n°3, spéc., pp. 43-44.

CREMADES Bernardo M., « Procedimientos paralelos en el arbitraje internatcional ». *Rev. br. arb. med.*, janv-mars 2008, spéc., p. 119.

CRISTOFARO Marco de, « Anti-suit injunctions as a tool for governing private litigation », *in* STÜRNER Rolf, KAWANO Masanori (éds.), *Current topics of international litigation*, Tübingen : Mohr Siebeck, 2009, p. 64.

CUNHA DE SÁ Fernando Augusto, « O abuso do direito na doutrina e na jurisprudência de Portugal », *in* ROTONDI Mario (org.), *L'abus de droit : inchieste di diritto comparator*, Padova : CEDAM, 1979, p. 51.

DABIN Jean, « Droit subjectif et subjectivisme juridique », *Arch. ph. dr.*, 1964, t.9, pp. 17 *et seq.*

DARWAZEH Nadia, « Article V(1)(e) », *in* KRONKE Herbert *et al.*, *Recognition and enforcement of foreign arbitral awards: a global commentary on the New York Convention*, The Hague : Kluwer Law International, 2010.

DAUCHY Serge, « Le recours contre les décisions arbitrales en perspective historique », *Rev. arb.*, 1999, p. 778.

DAVID René, « Arbitrage international ou arbitrage étranger », *Fetschrift für Hans G. Ficker*, 1967, pp. 121 *et seq.*

DAVID René, « Droit naturel et arbitrage », *in Natural law and world law: essays to commemorate the sixtieth birthday of Kotaro Tanaka*, Tokyo : Yuhikaku, 1954, p. 24.

DAVID René, « Le droit du commerce international : une nouvelle tache pour les législateurs nationaux ou une nouvelle "*lex mercatoria*" », *in* UNIDROIT (éd.), *New directions in international trade law*, New York : Oceana Publications, 1977, par. 16.

DE LY Filip, SHEPPARD Audley, « ILA Final Report on *Lis Pendens* and Arbitration », *Arb. intern.*, 2009, v.25, pp. 3-34 et 67-82.

DEGOS Louis, « Observation sous TGI Paris, ord. réf., 29 mars 2010, n°10/52825, *Répub. de Guinée équatoriale* », *Cah. arb.*, 2010, p. 853.

DELAUME Guillaume R., « *SEEE v. Yugoslavia*: Epitaph or Interlude? », *Journ. Int. Arb.*, 1987, v.4, n°3, p. 29.

DELAUME Guillaume, « Enforcement against foreign state of an arbitral award annuled in the foreign state », *RD aff. int.*, 1997, p. 254.

DELMAS-MARTY Mireille, « Les processus de mondialisation du droit », *in* MORAND Charles-Albert (dir.), *Le droit saisi par la mondialisation.* Bruxelles : Bruylant, 2001.

DELVOLVÉ Jean-Louis, « Note sous CA Paris, 21 juin 1990 », *Rev. arb.*, 1991, pp. 96-110.

DELVOLVÉ Jean-Louis. « Note sous *Compagnie Honeywell Bull. S.A. v Computacion Bull. de Venezuela C.A.* ». *Rev. arb.*, 1991, p. 105.

DERAINS Yves, « Intérêts moratoires, dommages intérêts compensatoires et dommages punitifs devant l'arbitre international », *in Études offertes à Pierre Bellet*, Paris : Litec, 1991, p. 122.

DERAINS Yves, « Analyse de sentences arbitrales », *in* BELLET Pierre (éd.), *Les commissions illicites : définition, traitement juridique et fiscal*, Paris : ICC Publishing, v.480/2, 1992.

DERAINS Yves, « L'abus des "*anti-suit injunctions*" en matière d'arbitrage international et la Convention de New York », *in De lege ferenda : réflexions sur le droit désirable en l'honneur du Professeur Hirsch*, Genève : Éditions Slatkine, 2004, p. 106.

DERAINS Yves, « L'application cumulative par l'arbitre des systèmes de conflit de lois intéressés au litige », *Rev. arb.*, 1972, pp. 99 *et seq.*

DERAINS Yves, « Les nouveaux principes de procédure : confidentialité, célérité, loyauté », *in* CLAY Thomas (dir.), *Le nouveau droit français de l'arbitrage.* Paris : Lextenso, 2011, pp. 92 *et seq.*

DERAINS Yves, « Les techniques anti-recours abusifs », *in Le CIRDI 45 ans après : bilan d'un système*, actes du colloque organisé à Tunis, 11-13 mars 2010. Paris : Pedone, 2011, pp. 243-252

DESSERTEAUX Marc, « Abus du droit ou conflits des droits », *RTD civ.*, 1906, pp. 119-139.

DIAMOND Shari Seidman, « Psychological aspects of dispute resolution issues for international arbitration », *in* VAN DEN BERG Albert Jan (éd.), *International commercial arbitration: important contemporany questions*, ICCA Congress Series, 2002, London, London : Kluwer Law International, 2003, p. 326.

DOLINGER Jacob, « World public policy: real international public policy in the conflict of laws », *Tex. Int. L. Journ.*, 1982, p. 167.

DONDI Angelo, « Abuse of procedural rights: regional report for Italy and France », *in* TARUFFO Michele (éd.), *Abuse of procedural rights: comparative standards of procedural fairness*, The Hague : Kluwer Law International, 1999, p. 109.

DUBARRY Jean-Claude, LOQUIN Éric, « Arbitrage. Recours en Révision. Sentence rendue en France en matière d'arbitrage international. Fraude. Recevabilité de l'action en rétractation de la sentence. Tribunal arbitral encore constitué sou susceptible d'être à nouveau réuni (CI. 1re, 25 mai 1992, inédit, *Fougerolle c/Procofrance*) », *RTD com*, 1992, p. 593.

DUBUY Mélanie, « La fraude à la loi : étude de droit public français », *RFDA*, 2009, p. 247.

DUTSON Stuart, « Breach of an arbitration or exclusive jurisdiction clause : the legal remedies if it continues », *Arb. intern.*, 2000, v.16, n°1, p. 94.

EHRENZWEIG A. A., « Dati di fatti e dati morali in diritto internazionale privato », *Diritto internazionale*, 1967, v.14, pp. 246 *et seq.*

EISEMANN Fréderic, « La *lex fori* de l'arbitrage commercial international », *Travaux comité fr. DIP*, 1973-1975, Paris : Dalloz, 1977, p. 191.

EISEMANN Frédéric, « The Court of Arbitration: outline of its changes from inception to the present day », *in 60 years of ICC arbitration: a look to the future*, ICC Publishing, v.412, 1984, p. 398.

EL AHDAB Abdul Hamid, « Enforcement of arbitral awards in Arab countries ». *Arb. intern.*, 1995, v.11, n°2, p. 185.

EL-KOSHERI Ahmed S., RIAD Tarek F., « The law governing a new generation of petroleum agreements: changes in the arbitration process », *ICSID Rev., Foreign Invest. Law Journ.*, 1986, p. 270.

ELLIS Anthony, « Utilitarianism and international ethics », *in* NARDIN Terry, MAPEL David R. (éds.), *Traditions of international ethics*, New York : Cambridge University Press, 1992, spéc. p. 172.

ELST Raymond Vander, « Note sous Cour de cassation belge, 28 juin 1979 », *Rev. crit. jurispr. Belge*, 1981, v.35, pp. 356-357.

EÖRSI Gyula, « The abuse of right in doctrine and court practice in Hungary », *in* ROTONDI Mario (org.), *L'abus de droit: inchieste di diritto comparato*. Padova : CEDAM, 1979, p. 92.

FAUVARQUE-COSSON Bénédicte, « L'estoppel, concept étrange et pénétrant », *RDC*, 2006, n°4, p. 1279.

FENTIMAN Richard, « Abuse of procedural rights: the position of English law », *in* TARUFFO Michele (éd.), *Abuse of procedural rights: comparative standards of procedural fairness*, The Hague : Kluwer Law International, 1999, p. 56.

FENTIMAN Richard, « Case C-116/02, Erich Gasser GmbH v. MISAT Srl' », *CML Rev.*, 2005, v.42, p. 241.

FENTIMAN Richard, « Parallel proceedings and jurisdiction agreements in Europe », *in* VAREILLES-SOMMIÈRE Pascal de (éd.), *Forum shopping in the European judicial area.* Portland : Hart Publishing, 2007, p. 40.

FORTIER Vincent, « La fonction normative des notions floues », *RRJ*, 1991-3, n°16, Faculté de droit et des sciences politiques d'Aix-Marseille, p. 756.

FOUCHARD Philippe, POUDRET Jean-François, « Quelle solution pour en finir avec l'affaire Hilmarton ? – Réponse à Philippe Fouchard », *Rev. arb.*, 1998, p. 19.

FOUCHARD Philippe, « Anti-suit injunctions in international arbitration: what remedies? », *in* GAILLARD Emmanuel (éd.). *Anti-suit injunctions in international arbitration,*. IAI Series on International Arbitration, n°2. Huntington : Juris Publishing, 2005, p. 156.

FOUCHARD Philippe, « Droit et morale dans les relations économiques internationales », *Rev. sc. morales et pol.*, 1997, n°3, p. 18.

FOUCHARD Philippe, « La portée internationale de l'annulation de la sentence arbitrale dans son pays d'origine », *Rev. arb.*, 1997, pp. 329 *et seq*.

FOUCHARD Philippe, « Note sous Cour d'appel de Paris (1re Ch. C) 23 octobre 1997 – Inter-Arab Investement Guarantee Corporation v. Banque arabe et internationale d'investissement SA (BAII) », *Rev. arb.*, 1998, p. 154.

FOUCHARD Philippe, « Note sous Cour d'appel de Paris (1re Ch. C.) 14 janv. 1997, *Rev. arb.*, 1997, p. 399.

FOUCHARD Philippe, « Où va l'arbitrage international ? », *Mc Gill L. Journ.*, 1989, v.34, p. 450.

FOUCHARD Philippe, « Suggestion pour accroître l'efficacité internationale des sentences arbitrales », *Rev. arb.*, 1997, p. 348.

FRIEDLAND Paul D., « ICSID and court-ordered provisional remedies: an update », *Arb. intern.*, 1988, v.4, n°2, pp. 161-165.

FRISON-ROCHE Marie-Anne, « Légitimité, opportunité et efficacité de l'analyse économique des procès civils », *in* COHEN Dany (dir.), *Droit et économie du procès civil*. Paris : LGDJ, 2010, p. 12.

FRISON-ROCHE Marie-Anne, « Va-t-on vers une acception unitaire de l'abus ? », *Rev. conc. consom.*, 1996, n°92, pp. 13 *et seq*.

GADELSHINA Elvira R., « Ciments Français: Russian Putrabali No More », *Kluwer Arbitration Blog*, 22 mar. 2012.

GAILLARD Emmanuel, « Anti-suit injunctions issued by arbitrators », *in* VAN DEN BERG Albert Jan (éd.), *International arbitration 2006: back to basis?* ICCA Congress Series, 2007, n°13. The Hague : Kluwer Law International, 2007, p. 308.

GAILLARD Emmanuel, « L'exécution des sentences annulées dans leur pays d'origine », *JDI*, 1998, n°3, p. 666.

GAILLARD Emmanuel, « L'interférence des juridictions du siège dans le déroulement de l'arbitrage », *in Liber amicorum Claude Reymond* : *autour de l'arbitrage*, Paris : Litec, 2004, pp. 87 *et seq*.

GAILLARD Emmanuel, « Le nouveau droit français de l'arbitrage interne et international », *D.*, 2011, p. 184.

GAILLARD Emmanuel, « Les manœuvres dilatoires des parties et des arbitres dans l'arbitrage international », *Rev. arb.*, 1990, pp. 758-759.

GAILLARD Emmanuel, « Les principes fondamentaux du nouvel arbitrage », *in* CLAY Thomas (dir.), *Le nouveau droit français de l'arbitrage*. Paris : Lextenso, 2011, p. 60.

GAILLARD Emmanuel, « Note sous CA des États-Unis (2e Circuit), 12 août 1999 », *Rev. arb.*, 2000, p. 137.

GAILLARD Emmanuel, « Note sous Cour de Cassation, 1re Ch. civ., 29 juin 2007, *Putrabali* », *Rev. arb.*, 2007, p. 521.

GAILLARD Emmanuel, « Reflections on the use of anti-suit injunctions in international arbitration », *in* MISTELIS Loukas A., LEW Julian D.M. (éds.), *Pervasive problems in international arbitration*, The Hague : Kluwer Law International, 2006, pp. 202 *et seq*.

GAILLARD Emmanuel, « Thirty years of lex mercatoria: towards the discriminating applications of transnational rules », *in* VAN DEN BERG Albert Jan (éd.), *Planning efficient arbitration proceedings: the law applicable in international arbitration*, ICCA Congress Series, Vienna, 1994, v.7, The Hague : Kluwer Law International, 1996, p. 586.

GAILLARD Emmanuel, « Transnational law: a legal system or a method of decision making? », *Arb. intern.*, 2001, v.17, n°1, p. 61.

GAILLARD Emmanuel, « Trente ans de *Lex Mercatoria*. Pour une application sélective de la méthode des principes généraux du droit », *JDI*, 1995, n°5, spécialement p. 8.

GAILLARD Emmanuel, « L'ordre juridique arbitral : réalité, utilité et spécificité », *McGill L. Journ.*, 2010, v.55, p. 891.

GALLAGHER Norah, « Chapter 17: Parallel proceedings, *res judicata* and *lis pendens* : problems and possible solutions », *in* MISTELIS Loukas A., LEW. Julian D.M. (éds.), *Pervasive problems in international arbitration*. The Hague : Kluwer Law International, 2006, p. 339.

GAMA Jr. Lauro, « Metamorfose (do bem) : teoria e prática da homologação de sentenças arbitrais estrangeiras no Superior Tribunal de Justiça », *Rev. dr. Ass. Procuradores do Novo Est. RJ*, 2006, v.XVII, p. 170.

GAMA Jr. Lauro, « Prospects for the UNIDROIT Principles in Brazil », *Rev. dr. unif.*, 2011, v.16, p. 617.

GAMA Jr. Lauro, « Recusas fundadas no artigo V, (1), (E), da Convenção de Nova Iorque : peculiaridades de sua aplicação no Brasil », *in* WALD Arnoldo, LEMES Selma Ferreira (coords.), *Arbitragem comercial internacional –a Convenção de Nova Iorque e o direito brasileiro*, São Paulo : Saraiva, 2011, pp. 236-237 ;

GAUDEMET-TALLON H., « Note sous Cass., 1re Civ., 20 déc. 1993, *Comité populaire de la Municipalité de Kohms El Mergeb c. Sté Dalico Contractors* », *Rev. arb.*, 1994, p. 120.

GEE Steven, « The autonomy of arbitrators, and fraud unravels all », *Arb. intl.*, 2006, v.22, pp. 355-356.

GESTRI Marco, « Considrazioni sulla teoria dell'abuso del diritto alla luce della prassi internazionale », *RDI*, 1994, v.77, p. 11.

GLASSER Cyril, « Do we need a transnational civil procedure? A critical comment », *in* ADENAS Mads, ANDREWS Neil, NAZZINI Renato (éds.), *The future of transnational civil litigation: English responses to the ALI/UNIDROIT Draft Principles and Rules of Transnational Civil Procedure*, London : British Institute of International and Comparative Law (BICL), 2004, p. 13.

GLENN H. Patrick, « Multivalent Logic and the Rome Convention », *in* BOELE-WOELKI Katharina, GROSHEIDE Willem (éds.), *The future of European Contract Law: essays in honour of Ewoud Hondius to commemorate his retirement as Professor of Civil Law at the University of Utrecht*, Leiden : Kluwer Law International, 2007, p. 283.

GOLDMAN Berthold, « Bataille autour de la *lex mercatoria* : l'affaire Norsolor », *Rev. arb.*, n°4, octobre-décembre 1983, p. 409.

GOLDMAN Berthold, « Frontières du droit et « lex mercatoria », *Arch. ph. dr.*, 1964, p. 179.

GOLDMAN Berthold, « La *lex mercatoria* dans les contrats et l'arbitrage internationaux : réalités et perspectives », *JDI*, 1979.

GOLDMAN Berthold, « *Lex mercatoria* », *Forum international*, 1983, n°3, pp. 1 *et seq*.

GOLDMAN Berthold, « Nouvelles Réflexions sur la *Lex Mercatoria* », *in Études de droit international en l'honneur de Pierre Lalive*, Genève : Helbing & Lichtenhahn, 1993, p. 250.

GOLDMAN Berthold, « The applicable law: general principles of law: the lex mercatoria », *in* LEW Julian D.M. (éd.), *Contemporary problems in international arbitration*, The Hague : Martinus Nijhoff, 1987.

GOLDMAN Berthold, « Note sous Cass., 1ère Ch. civ., 9 oct. 1984, *Société Palbalk Ticaret Sirketi v. Société Norsolor* », *Rev. arb.*, 1985, p. 431

GOLDSTEIN Gérald, « Chronique de droit international privé - 2002 », *Rev. queb. dr. int.*, 2002, n°15, p. 68.

GOLDSTEIN Stephen, « The proposed ALI/UNIDROIT Principles and Rules of Transnational Civil Procedure: the utility of such a harmonization project », *Unif. law rev.*, 2001, v.6, n°4, p. 794.

GOODE Roy, « The role of the *lex loci arbitri* in international commercial arbitration », *Arb. intern.*, 2001, v.17, p. 19.

GORSKIE Jennifer L., « US Courts and The Anti-Arbitration Injunction », *Arb. intern.*, 2012, v.28, issue 2, pp. 295 *et seq.*

HANOTIAU Bernard, « L'arbitre, garant du respect des valeurs de l'arbitrage », *in* AKSEN Gerald *et al.* (éds.), *Global reflections on international law, commerce and dispute resolution: liber amicorum in honour of Robert Briner*, Paris : ICC Publisihing, 2005, p. 366.

HANOTIAU Bernard, « Misdeeds, wrongful conduct and illegality in arbitral proceedings », *in* VAN DEN BERG Albert Jan (éd.), *International commercial arbitration: important contemporany questions*, ICCA Congress Series 2002, The Hague : Kluwer Law International, 2003.

HANOTIAU Bernard, « Note sous la sentence rendue en 1990 dans l'affaire CCI n°6379 », *Rev. dr. comm. bel.*, 1993, pp. 1146-1152.

HARRIS Cédric, « Abuse of the arbitration process-delaying tactics and disruptions: a respondent's guide », *Journ. of Intern. Arb.*, 1992, v.9, n°2, pp. 87-96.

HAZARD Jr. Geoffrey C., « Abuse of procedural rights: regional report for the USA. », *in* TARUFFO Michele (éd.), *Abuse of procedural rights: comparative standards of procedural fairness*, The Hague : Kluwer Law International, 1999, p. 45.

HAZARD John, « Le droit et l'évolution sociale en URSS », *Rev. intl dr. Comparé*, 1953, v.5, n°2.

HESS Burkhard, « Abuse of procedure in Germany and Austria », *in* TARUFFO Michele (éd.), *Abuse of procedural rights: comparative standards of procedural fairness*, The Hague : Kluwer Law International, 1999, p. 155.

HESS Burkhard, « Improving the interfaces between arbitration and European Procedural Law – the Heidelberg Report and the EU Commission's Green Paper on the Reform of the Regulation Brussels I », *Cah. arb.*, 2010, n°1, p. 30.

HEUZÉ Vincent, « La morale, l'arbitrage et le juge », *Rev. arb.*, 1993, p. 188 ;

HOBÉR Kaj, « Parallel arbitration proceedings – duties of the arbitrators », *in* CREMADES Bernardo, LEW Julian D.M. (éds.), *Parallel state and arbitral procedures in international arbitration*, Paris : ICC Publishing, v.692, 2005, p. 243.

HOLTZMANN Howard M., « A task for the 21st Century: creating a new international court for resolving disputes on the enforceability of arbitral awards », *in* HUNTER Martin *et al.*, *The internationalization of international arbitration: the LCIA Centenary Conference*, Graham & Trotman/Nijhoff, 1993, pp. 109 *et seq*.

HOLTZMANN Howard M., « Balancing the need for certainty and flexibility in international arbitration procedure », *in* LILLICH Richard B., BROWER Charles N. (éds.), *International arbitration in the 21st century: towards "judicialization" and uniformity?*, 12th Sokol Colloquium, New York : Transnational Publishers, 1992, p. 12.

HORSMANS Guy, « L'interprétation des contrats internationaux », *in L'arbitrage commercial international : l'apport de la jurisprudence arbitrale*, Publication CCI, 1986, p. 153.

HOWSE Robert, « The end of the globalization debate: continued », *in* Meredith Kolsky LEWIS et Susy FRANKEL (éds.), *International Economic Law and National Autonomy*, Cambridge : Cambridge University Press, 2010.

HUBER Stephen K., « The arbitration jurisprudence of the Fifth Circuit, round II », *Tex. Tech L. Rev.*, 2005, pp. 551-552.

HUGHET Keith, « The enigma of the *lex mercatoria* », *Tul. L. Rev.*, 1989, v.63, pp. 613 *et seq*.

ILA, « Résolution sur les Règles Transnationales adoptée le 26 avril 1992 par l'ILA lors de sa LXVè conférence au Caire », *Rev. arb.*, 1994, p. 211.

ILUYOMADE Obafemi Awolowo, « The scope and content of a complaint os abuse of right in international law », *Harv. Int. L. Journ.*, 1975, pp. 75-76.

International Arbitration: A study into corporate attitudes and practices, 2008, PriceWaterhouse Coopers & School of International Arbitration (Queen Mary, University of London), *Bull. CCI*, 2009, pp. 1 *et seq*.

JACQUET Jean-Michel, « A-t-on besoin d'une jurisprudence arbitrale ? », *Rev. arb.*, 2005, pp. 445 *et seq*.

JANA Andrés, ARMER Angie, KRANENBERG Johanna Klein, « Article V(1)(b) », *in* KRONKE Herbert *et al.*, *Recognition and enforcement of foreign arbitral awards: a global commentary on the New York Convention*, The Hague : Kluwer Law International, 2010, pp. 234 *et seq*.

JARROSSON Charles, « Note sous Cour de cassation (1re Ch. civ.), 23 mars 1994 – Société Hilmarton v. société OTV », *Rev. arb.*, 1994, p. 329.

JIN Ning, « The status of *lex mercatoria* in international commercial arbitration », *Amer. Rev. Intern. Arb.*, 1996, v.2:2, p. 17.

JOSSERAND Louis, « À propos de la relativité des droits : réponses à l'article de M. Ripert », *Rev. crit. législ. et jurispr.*, 1929, n°49, p. 278.

JOSSERAND Louis, « Note », *DP.*, 1922, n°2, p. 173.

JOURDAN-MARQUES Jérémy, « La répartition des frais de l'arbitrage : une sanction contre mauvais comportement des parties durant l'instance arbitrale », *Vers. Intern. Arb. Bus. L. Rev.*, 2011, n°2, p. 118.

JUENGER Friedrich K., « Judicial control of improper forum selection: some random remarks and a comment on how not to do it », *in* GOLDSMITH Jack L., *International dispute resolution: the regulation of forum selection*, 14th Sokol Colloquium. New York : Transnational Publishers, 1997, pp. 311-312.

KAHN Philippe, « Les principes généraux du droit devant les arbitres du commerce international », *JDI*, 1989, p. 305.

KALNINA Ieva, « Case note: *Saipem S.p.A. v Bangladesh:* local judiciary's interference with claimant's right to arbitration under contract found to constitute and expropriation under the BIT », *TDM*, v.7, n°1, avril 2010.

KARABELNIKOV Boris, PELLEW Dominic, « L'exécution des sentences arbitrales internationales en Russie, un tableau encore en demi-teinte », *Bull. CCI*, 2008, v.19, n°1, spéc. pp. 77 *et seq*.

KARRER Pierre A., « Interim measures issued by arbitral tribunals and the courts: less theory please », *in* VAN DEN BERG Albert Jan (éd.), *International arbitration and national courts: the never ending story*, The Hague : Kluwer Law International, 2001, p. 97.

KAUFMANN-KOHLER Gabrielle, « Globalization of Arbitral Procedure », *Vanderbilt Journ. Trans. L.*, 2003, v.36, spéc. p. 1313.

KAUFMANN-KOHLER Gabrielle, « Is consistency a myth? », *in* BANIFATEMI Yas (éd.), *Precedent in international arbitration*, New York : Juris Publishing, 2008, p. 138.

KAUFMANN-KOHLER Gabrielle, « Qui contrôle l'arbitrage ? Autonomie des parties, pouvoirs des arbitres et principe d'efficacité », *in Liber amicorum Claude Reymond : autour de l'arbitrage*, Paris : Litec, 2004, p. 154.

KERAMEUS Konstantinos, « Anti-suit injunctions in ICSID arbitration », *in* GAILLARD Emmanuel (éd.), *Anti-suit injunctions in international arbitration.* IAI Series on International Arbitration, n°2, Huntington : Juris Publishing, 2005, p. 137.

KESSEDJIAN Catherine; « Le Règlement 44/2001 et l'arbitrage » ; *Rev. arb.*, 2009, p. 722.

KESSEDJIAN Catherine, « To give or not to give precedential value to investment arbitration awards? », *in* ROGERS Catherine A., ALFORD Roger P. (éds.), *The future of investment arbitration*, Oxford : Oxford University Press, 2009, p. 47.

KESSEDJIAN Catherine, « Transnational public policy », *in* VAN DEN BERG Albert Jan (éd.), *International Arbitration 2006: back to basics?*, ICCA Congress Series, v.13, 2006, Montréal.

KLEIMAN Elie, SALEH Shaparak, « Célérité et loyauté en droit français de l'arbitrage international : quels pouvoirs et quelles responsabilités pour les arbitres et les parties ? », *Cah. arb.*, 2012, pp. 99-133.

KLEIMAN Elie, SPINELLI Julie, « La réforme du droit de l'arbitrage, sous le double signe de la lisibilité de l'efficacité : à propos du décret du 13 janvier 2011 », *Gaz. Pal.*, 2011, n°27, p. 9.

KLEINHEISTERKAMP Jan, « Navigating through competence-competence and good faith – a comment on the Dallah *v.* Pakistan Case in the UK and France », *Rev. br. arb.*, 2011, v.31, pp. 122-207.

KOH Harold H., « Transnational legal process », *Nebraska L. Rev.*, 1996, v.75, p. 181.

KOLO Abba, « Witness intimidation, tampering and other related abuses of process in investement arbitration: possible remedies available to the arbitral tribunal », *Arb. intern.*, 2010, v.26, n°1, pp. 43-85.

KREINDLER Richard H., « Parallel proceedings: a practitioner's perspective », *in* WAIBEL Michael *et al.* (éds.), *The backslash against investment arbitration: perceptions and reality*, The Netherlands : Kluwer Arbitration International, 2010, p. 147.

KREMSLEHNER Florian, « Chapter III: The arbitration procedure – *lis pendens* and *res judicata* in international commercial arbitration », *in* KLAUSEGGER Christian *et al.* (éds.), *Austrian Arbitration Yearbook 2007*, Manz : CH Beck Stämpfli, 2007, p. 156.

KRONKE Herbert, « The New York Convention fifty years on: overview and assessment », *in* KRONKE Herbert *et al.*, *Recognition and enforcement of foreign arbitral awards: a global commentary on the New York Convention*, The Hague : Kluwer Law International, 2010, p. 10.

LABBÉ Joseph-Émile, « Note sous Cass., Ch. civ., 18 mars 1878 », *S.*, 1878, n°1, p. 193.

LAGARDE Paul, « Approche critique de la *lex mercatoria* », *in* FOUCHARD Ph., KAHN Ph., LYON-CAEN A., *Le droit des relations économiques internationales : études offertes à Berthold Goldman*. Paris : Litec.

LALIVE Pierre, « Dérives arbitrales (I): "*Amicus Socrates, amicus Plato, sed praehonoranda Veritas*" », *Bull. ASA.*, 2005, v.23, n°4, p. 586.

LALIVE Pierre, « Codification et arbitrage international », *in Le droit des relations économiques internationales : études offertes à Berthold Goldman*, Paris : Litec, 1982.

LALIVE Pierre, « Ordre public transnational (ou réellement international) et arbitrage international », *Rev. arb.*, 1986, p. 364.

LALIVE Pierre, « Sur une "commercialisation" de l'arbitrage international », *in Liber amicorum Claude Reymond : autour de l'arbitrage*. Paris : Litec, 2004.

LAMBERT Édouard, « Sources du droit comparé ou supranational. Législation uniforme et jurisprudence comparative », *in Recueil d'études sur les sources du droit en l'honneur de François Gény*, t.3, Paris : Librairie du Recueil Sirey, 1934, pp. 478-504.

LANDO Ole, « Assessing the role of the UNIDROIT principles in the harmonization of arbitration law », *Tul. J. Int. & Comp. L.*, 1995, v.3, pp. 129 *et seq*.

LANDO Ole, « The *lex mercatoria* in international commercial arbitration », *Int. Comp. L. Q.*, 1985, v.34, pp. 747 *et seq*.

LANE Patrick M. M., « Dilatory tactics: arbitral discretion », *in* VAN DEN BERG Albert Jan (éd.), *Improving the efficiency of arbitration and awards: 40 years of application of the New York Convention*, ICCA Congress Series, 1998, v.9, The Hague : Kluwer Law International, 1999, p. 424.

LARROUMET Christian, « À propos de la jurisprudence arbitrale », *Gaz. Pal.*, 2008, n°348, pp. 5 *et seq*.

LARROUMET Christian, « La valeur des principes d'UNIDROIT applicables aux contrats du commerce international », *JCP G*, 1997, I, n°14, pp. 4011 *et seq*.

LARROUMET Christian, « Obligation de modérer les dommages et arbitrage du point de vue du droit français », *Rev. br. arb.*, 2008, v.19, pp. 75-81.

LASTENOUSE Pierre, SENKOVIC Petra, « Note sous Cour suprême autrichienne, 20 octobre 1993 – Radenska v. Kajo », *Rev. arb.*, 1998, p. 425.

LAZAREFF Serge, « L'arbitre singe ou comment assassiner l'arbitrage », *in* AKSEN Gerald *et al.* (éds.), *Global reflections on international law, commerce and dispute resolution: liber amicorum in honour of Robert Briner*, Paris : ICC Publisihing, 2005, p. 480.

LÉCUYER Hervé, « Exercice abusif des voies de recours contre les sentences arbitrales : de quelques manifestations de l'ire du juge judiciaire », *Rev. arb.*, 2006, pp. 573-589.

LEE João Bosco, « Le nouveau régime de l'arbitrage au Brésil », *Rev. arb.*, 1997, p. 223.

LEGUM Barton, « The definitions of "precedent" in international arbitration », *in* BANIFATEMI Yas (éd.), *Precedent in international arbitration*, New York : Juris Publishing, 2008, p. 11.

LEIJTEN Marnix, SCHELLAARS Rogier, « The Yukos awards: Enforcement of awards annulled at the place of arbitration », *Cah. arb.*, 2010, n°4, p. 1157.

LEMAIRE Sophie, « Note sous CA Paris, Gouvernement de la région de Kalingrad (Fédération de Russie) v. République de Lituanie, 18 nov. 2010 », *Rev. arb.*, 2011, pp. 703 *et seq.*

LEQUETTE Yves, « Note sous Cass., 1re Ch. civ., 17 janvier 1995 », *Rev. crit. DIP*, 1996, p. 142.

LEVY Emmanuel, « Confiance légitime », *RTD civ.*, 1910, p. 717.

LEVY Emmanuel, « L'exercice du droit collectif », *RTD civ.*, 1903, p. 95.

LEVY Emmanuel, « La personne et le patrimoine », *Revue socialiste*, 1911, n°318, juin, p. 545.

LEVY Laurent, « Anti-suit injunctions issued by arbitrators », *in* GAILLARD Emmanuel (éd.), *Anti-suit injunctions in international arbitration*. IAI Series on International Arbitration, n°2, Huntington : Juris Publishing, 2005, p. 128.

LEW Julian D.M., « Control of jurisdiction by injunctions issued by national courts », *in* VAN DEN BERG Albert Jan (éd.), *International Arbitration 2006: back to basics?*, ICCA Congress Series, 2006, Montréal, v.13, pp. 215-216.

LEW Julian D.M., « Does national court involvement undermine international arbitration process? », *Am. Univ. Intern. L. Rev.*, 2009, v.24, pp. 500 *et seq.*

LEW Julian D.M., « Anti-suit injunctions issued by national courts to prevent arbitration proceedings », *in* GAILLARD Emmanuel (éd.), *Anti-suit injunctions in international arbitration*. IAI Series on International Arbitration, n°2, Huntington : Juris Publishing, 2005, p. 33.

LEW Julian D.M., « Achieving the dream: autonomous arbitration », *Arb. intern.*, 2006, v.22, n°2, p. 184.

LONGCHAMPS F., « Quelques observations sur la notion de droit subjectif dans la doctrine », *Arch. ph. dr.*, 1964, p. 60.

LOQUIN Éric, « Le contrôle de l'inapplicabilité manifeste de la convention d'arbitrage », *RTD com.*, 2006, p. 764.

LOQUIN Éric, « Perspectives pour une réforme des voies de recours », *Rev. arb.*, 1992, p. 321.

LORENZEN Ernest G., « Huber's De Conflictu Legum », *in* LORENZEN Ernest G., *Selected Articles on the Conflict of Laws*, New Haven : Yale University Press, pp. 162 *et seq.*

LOWENFELD A., « *Lex mercatoria*: an arbitrator's view », *Arb. intern.*, 1990, v.6, p. 133.

MAIER Harold G., « Extraterriorial jurisdiction at a acrossroads: an intersection between public and private international law », *Am. Journ. Int. L.*, 1982, v.76, p. 283.

MALAURIE. Philippe, « Note sous Cass., com., 27 fév. 1996 », *D.*, 1996, p. 517.

MALINTOPPI Loretta, « How many investments tribunal scope with and sanction guerrilla tactics of the parties/their counsel? », *TDM*, v.7, n°2, novembre 2010.

MANCINI Frederico, « Short note on abuse of procedure in Community Law », *in* TARUFFO Michele (éd.), *Abuse of procedural rights: comparative standards of procedural fairness*,The Hague : Kluwer Law International, 1999, pp. 233 *et seq.*

MANIRUZZAMAN Abul F., « The *lex mercatoria* and international contracts : a challenge for international commercial arbitration », *Am. Univ. Intern. L. Rev.*, n°14, p. 657.

MANN F.A., « *Lex facit arbitrum* », *in Liber amicorum for M. Domke*, La Haye : M. Nijhoff, 1967, p. 130.

MANN F. A., « The UNCITRAL Model Law – *lex facit arbitrum* », *Arb. Intern,*. 1986, v.2, n°3, p. 243.

MANTILLA SERRANO Fernando, « Towards a transnational procedural public policy », *Arb. intl.*, 2004, v.20, p. 350.

MARRELLA Fabrizio, « L'arbitrage à Venise (XIIe-XVIe siècles) », *Rev. arb.*, 2002, p. 274.

MATRAY Lambert, « Arbitrage et ordre public transnational », *in* SCHULTSZ Jan C., VAN DEN BERG Albert Jan (éds.), *The art of arbitration: essays on international arbitration. Liber amicorum Pieter Sanders. 12 September 1912-1982*, Deventer : Kluwer Law and Taxation Publishers, 1992, p. 250.

MAYER Pierre, SILVA ROMERO Eduardo, « Le nouveau Règlement d'arbitrage de la Chambre de commerce internationale (CCI) », *Rev. arb.*, 2011, pp. 897-922.

MAYER Pierre, « Effect of international public policy in international arbitration? », *in* MISTELIS Loukas A., LEW Julian D.M. (éds.), *Pervasive problems in international arbitration.* The Hague : Kluwer Law International, 2006, pp. 64-65.

MAYER Pierre, « L'arbitre et la loi », *in Études offertes à Pierre Catala : le droit privé français à la fin du XXe siècle*, Paris : Litec, 2001, p. 240.

MAYER Pierre, « L'insertion de la sentence arbitrale dans l'ordre juridique français », in DERAINS Yves *et al.* (éds.), *Le droit et la pratique de l'arbitrage international en France*. Paris : FEDUCI, 1984, p. 84.

MAYER Pierre, « La règle morale dans l'arbitrage international », *in Études offertes à Pierre Bellet*, Paris : Litec, 1991, p. 396.

MAYER Pierre, « Le mythe de "l'ordre juridique de base" (ou *Grundlegung*) », *in Le droit des relations économiques internationales : études offertes à Berthold Goldman*, Paris : Litec, 1982, p. 201.

MAYER Pierre, « Litispendance, connexité et chose jugée dans l'arbitrage international », *in Liber amicorum Claude Reymond* : *autour de l'arbitrage*, Paris : Litec, 2004, p. 191.

MAYER Pierre, « Trend towards delocalisation in the last 100 years », *in The internationalisation of international arbitration*, The LCIA centenary conference. La Haye : Graham & Trotman/Nijhoff, 1993, p. 37.

McCLURE Mike, « An unlikely mix – the Russian courts, a French cement company, and the 1961 European Convention on International Commercial Arbitration », *Kluwer Arbitration Blog*, 27 sept. 2011.

McCONNAUGHAY Philip J., « The risks and virtues of lawlesseness: a "second look" at international commercial arbitration », *Northw. Univ. L. Rev.*, 1999, p. 458 ;

McILWARTH Michael, « Ignoring the Elephant in the Room: International Arbitration: Corporate Attitudes and Practices », *WAMR*, 2008, p. 113.

Mc LACHLAN Campbell, « Provisional measures in aid of foreign proceedings: has the English response been adequate? », *in* GOLDSMITH Jack L., *International dispute resolution: the regulation of forum selection*, 14th Sokol Colloquium, New York : Transnational Publishers, 1997, p. 174.

MEHREN Arthur von, « To what extent is international commercial arbitration autonomous? », *in* FOUCHARD Ph., KAHN Ph., LYON-CAEN A., *Le droit des relations économiques internationales : études offertes à Berthold Goldman*. Paris : Litec, 1982.

MEINERTZHAGEN-LIMPENS Anne, « L'abus de droit dans la doctrine et la jurisprudence belge », *in* ROTONDI Mario (org.), *L'abus de droit* : *inchieste di diritto comparato*, Padova : CEDAM, 1979, pp. 255 *et seq*.

MÉNDEZ Francisco Ramos, « Abuse of procedural rights? Spain and Portugal », *in* TARUFFO Michele (éd.), *Abuse of procedural rights: comparative standards of procedural fairness*, The Hague : Kluwer Law International, 1999, p. 183.

MÉNDEZ Francisco Ramos, « Abuse of procedural? Spain and Portugal », *in* TARUFFO Michele (éd.), *Abuse of procedural rights: comparative standards of procedural fairness*, The Hague : Kluwer Law International, 1999.

MICHAELS Ralf, « The Mirage of Non-State Governance », *Utah L. Rev.*, 2010, pp. 31-45.

MILES Kate, « Reconceptualising international investment law: bringing the public interest into private business », *in* LEWIS Meredith Kolsky, FRANKEL Susy (éds.), *International Economic Law and National Autonomy*, Cambridge : Cambridge University Press, 2010, pp. 312 *et seq*.

MING W., « The strange case of Wang Shengchang », *Arb. intern.*, 2007, pp. 63-68.

MISTELIS Loukas, BALTAG Crina Mihaela, « Trends and challenges in international arbitration: two surveys of in-house counsel of major corporation », *WAMR*, 2008, pp. 83 *et seq*.

MORIN Gaston, « L'abus du droit », *Rev. met. mor.*, 1929, p. 270.

MOTULSKY Henri, « L'évolution récente en matière d'arbitrage international », *Rev. arb.*, 1959, p. 3.

MOTULSKY Henri, « Observation sous Cass., 1re Ch. civ., *Société Gosset c. Carapelli,* 7 mai 1963 », *Rev. crit. DIP*, 1963, p. 615.

MOTULSKY Henri, « Pour une délimitation plus précise de l'autorité de la chose jugée en matière civile », *D.*, 1968, chron. 1, p. 12.

MOURRE Alexis, « Is there a life after the award ? », *in* TERCIER Pierre (éd.). *Post award issues*, ASA Special Series, n°38, New York : ASA/Juris, 2011, pp. 1 *et seq*., spéc. p. 3.

MUIR WATT Horatian « Note sous CA Paris (1re Ch. C), 29 septembre 2005 », *Rev. arb.*, 2006, p. 704.

MUIR WATT Horatia, « Note sous CJCE, 9 déc. 2003, *Gasser*, aff. C-116/02 », *Rev. crit. DIP*, 2004, p. 462.

MUIR WATT Horatia, « Pour l'accueil de l'*estoppel* en droit français », *in L'internationalisation du droit : mélanges Yvon Loussouarn*, Paris : Dalloz, 1994, pp. 303 *et seq*.

MUIR WATT Horatia, « Private International Law: Beyond the Schism, from Closet to Planet », *Private International Law as Global Governance (PILAGG)*. SciencesPo, École de droit, [en ligne] http://blogs.sciences-po.fr/pilagg/files/2012/03/HMW-PILAGG-Paper-FINAL.pdf (page consultée le 15/05/12).

MUIR WATT Horatia, « Qui a peur de la compétence exorbitante ? », *Justice*, 1995, p. 340.

MUSTILL Michael, « Contemporany problems in international commercial arbitration: a response », *Int. Bus. L.*, 1989, v.17, pp. 161 *et seq*.

MUSTILL Michael, « The new *lex mercatoria* », *Arb. intern.*, 1988, v.4, pp. 86 *et seq*.

NAIR Promod, « A new year, a new start in India », *Kluwer Arbitration Blog*, 11 janv. 2002.

NANTEUIL Arnaud de, « Compétence et recevabilité », *Cah. arb.*, 2010, n°4, p. 1033, par. 48.

NAON Horacio A. Grigera, « Latin American arbitration culture and the ICC arbitration system », *in* FROMMEL Stefan N., RIDER Barry A. K. (éds.), *Conflicting legal cultures in commercial arbitration: old issues and new trends*, The Hague : Kluwer Law International, 1999.

NELSON Timothy G., « When the lights went out: the strange death and stranger afterlife of the *Barcelona Traction Case* », *Cah. arb.*, 2011, v.4, pp. 939-971.

NIBOYET Jean Paulin, « Quelques considérations sur la justice internationale et le droit international privé », *in Mélanges Antoine Pillet*, Paris : Librairie du Recueil Sirey, 1929, p. 158.

NIBOYET Marie-Laure, « Confiance mutuelle et injonctions anti-suit », *in* VAREILLES-SOMMIÉRE Pascal de (éd.), *Forum shopping in the European judicial area.* Portland : Hart Publishing, 2007, p. 81.

NORMAND Jacques, « Observations : arbitrage et référé provision », *RTD civ.*, 1985, p. 208.

NOUSSIA Kyriaki, « Antisuit injunctions and arbitration proceedings: what does the future hold? », *Journ. Int. Arb.*, 2009, v.26, pp. 312-313.

NUNES Thiago Marinho, « A prática das anti-suit injunctions no procedimento arbitral e seu recente desenvolvimento no direito brasileiro », *Rev. br. Arb.*, 2005, n°5, pp. 16-17.

NUYTS Arnaud, « *Forum shopping* et abus du *forum shopping* dans l'espace judiciaire européen », *in Mélanges John Kirkpatrick*, Bruxelles : Bruylant, 2004, p. 746.

NUYTS Arnaud, « The enforcement of jurisdiction agreements further to *Gasser* and the Community principle of abuse of right », *in* VAREILLES-SOMMIÉRE Pascal de (éd.), *Forum shopping in the European judicial area*, Portland : Hart Publishing, 2007, p. 56.

O'SULLIVAN R., « Abuse of rights », *Current L. Prob.*, 1955, pp. 72-73.

OKEKEIFERE Andrew I., « The parties' rights against a dilatory or unskilled arbitrator », *Journ. Intern. Arb.* 1998, v.15, n°2, pp. 129-144.

OPPETIT Bruno, « Note sous Cour de cassation (1re Ch. civ.) 23 mars 1994 – Société Hilmarton v. société OTV », *Rev. Crit. DIP*, 1995, pp. 359-360.

OPPETIT Bruno, « Justice étatique et justice arbitral », *in Études offertes à Pierre Bellet*, Paris : Litec, 1991, p. 417.

ORTSCHEIDT Jérôme, SERAGLINI Christophe, « La nouvelle articulation des recours en arbitrage international », *in* CLAY Thomas (dir.), *Le nouveau droit français de l'arbitrage*, Paris : Lextenso, 2011, pp. 202 *et seq*.

OST François, « Mondialisation, globalisation, universalisation », *in* MORAND Charles-Albert (dir.), *Le droit saisi par la mondialisation*, Bruxelles : Bruylant, 2001.

OSTROWSKI Stephen T., SHANY Yuval, « Chromalloy: United States law and international arbitration at the crossroads », *N.Y. Un. L. Rev.*, 1998, pp. 1669-1670.

OTTO Dirk, ELWAN Omaia, « Article V(2) », *in* KRONKE Herbert *et al.*, *Recognition and enforcement of foreign arbitral awards: a global commentary on the New York Convention*, The Hague : Kluwer Law International, 2010, pp. 399-400.

PARK William W., « Arbitration's discontents: of elephants and pornography », *Arb. intern.*, 2001, v.17, n°3, p. 266.

PARK William W., « Duty and discretion in international arbitration », *Am. Journ. Int. L.*, 1999, p. 812.

PARK William W., « Eason-Weinmann Center for Comparative Law Colloquium: the internationalization of law and legal practice: national law and commercial justice: safeguarding procedural integrity in international arbitration », *Tul. L. Rev.*, 1989, p. 647.

PARK William W., « National law and commercial justice: safeguarding procedural integrity in international arbitration », *Tul. L. Rev.*, 1989, p. 683.

PARK William W., « The procedural soft law of international arbitration: non-governmental instruments », *in* MISTELIS Loukas A., LEW Julian D.M. (éds.), *Pervasive problems in international arbitration*, The Hague : Kluwer Law International, 2006, p. 149.

PARK William W., « Truth-Seeking in International Arbitration », *in* WIRTH Markus, ROUVINEZ Christina, KNOLL Joachim (éds.), *The search for « truth » in arbitration: is finding the truth what dispute resolution is about?*, ASA Special Series n°35, New York : ASA/JurisNet, 2011, pp. 1-38.

PARK William, « Judicial controls in the arbitral process », *Arb. intern.*, 1989, v.5, p. 249.

PAULSSON Jan, « International arbitration is not arbitration », *TDM*, v.6, n°1, mars 2009, p. 1.

PAULSSON Jan, « L'exécution des sentences arbitrales en dépit d'une annulation en fonction d'un critère local (ACL) », *Bull. CCI*, v.9, n°1, mai 1998, p. 22.

PAULSSON Jan, « Rediscovering the NY Convention: further reflections on Chromalloy », *Mealey's Int'l Arb. Rep.*, 1997, p. 22.

PAULSSON Jan, « Note – U.S. District Court, District of Columbia, 17 mars 2006 », *Rev. arb.*, 2006, p. 802.

PEEL Edwin, « Introduction », *in* VAREILLES-SOMMIÈRE Pascal de (éd.), *Forum shopping in the European judicial area*, Portland : Hart Publishing, 2007, p. 10.

PERILLO Joseph M., « Abuse of rights: a pervasive legal concept », *Pac. L. Journ.*, 1995, p. 47.

PERRET François, « Is there a need for consistency in international commercial arbitration? », *in* BANIFATEMI Yas (éd.), *Precedent in international arbitration*, New York : Juris Publishing, 2008.

PERRIN Jean-François, « Les relations entre la loi et les règles de la bonne foi : collaboration au conflit internormatif ? », *in* ANCEL Pascal, AUBERT Gabriel, CHAPPUIS Christine (orgs.), *L'abus de droit : comparaisons franco-suisses*, Saint-Étienne : Publications de l'Université de Saint-Étienne, 2001, p. 34.

PETROVA Irina, « "Steeping on the shoulders of a drowning man". The doctrine of abuse of right as a tool for reducing damages for lost profits: troubling lessos from the Patuha and Himpurna arbitrations », *Geo. Journ. Intern. L.*, 2004, pp. 455 *et seq.*

PHULL Chetan, « U.S. Anti-suit injunctions in support of international arbitration: five questions American courts ask », *Journ. Int. Arb.*, 2011, v.28, pp. 23-24.

PINNA Andrea, « L'autorité de la chose jugée invoquée devant l'arbitre. Point de vue sous le prisme de l'ordre juridique français », *Cah. arb.*, 2010, v.3, p. 705.

PINSOLLE Philippe, « Les problèmes cachés de la proposition de suppression de l'exception d'arbitrage du Règlement 44/2001 », *Cah. arb.*, 2010, n°1, p. 33.

PINSOLLE Philippe, « The status of vacated awards in France: the Cour de cassation decision in *Putrabali* », *Arb. intern.*, 2008, v. 24, n°2, p. 280.

PORT Nicola Christine, SIMONOFF Jessica R., BOWERS Scott Ethan, « Art. VI », *in* KRONKE Herbert *et al. Recognition and enforcement of foreign arbitral awards: a global commentary on the New York Convention*, The Hague : Kluwer Law International, 2010, p. 431.

POWER Jenny, « Investement arbitration – summaries of ICSID awards on costs (available as of 31 july 2009) », *in* KLAUSEGGER Christian *et al.* (éds.), *Austrian Arbitration Yearbook 2010*, Manz : C.H. Beck/Stämpfli & Manz, 2010, pp. 353 *et seq.*

PRICES Charles, STANS Yves, « Using costs as a case management tool in international arbitration », *Bull. ASA*, 2007, v.25, n°4, pp. 708 *et seq.*

RACINE Jean-Baptiste, « Réflexions sur l'autonomie de l'arbitrage commercial international (II. L'arbitrage, Deuxième Séance) », *Rev. arb.*, 2005, p. 307.

RADICATI DI BROZOLO Luca G., « The impact of national law and courts on international arbitration: mythology, physiology, pathology, remedies and trends », *Cah. arb.*, 2011, v.3, spéc. p. 664.

RADICATI DI BROZOLO Luca G., « Res Judicata », *in* TERCIER Pierre (éd.), *Post award issues*, ASA Special Series n°38, New York : ASA/Juris, 2011, p. 128.

RADICATI DI BROZOLO Luca G., MALINTOPPI Loretta, « Unlawful interference with international arbitration by national courts of the seat in the aftermatch of Saipem v. Bangladesh », *in* FERNÁNDEZ-BALLESTEROS Miguel Angel, ARIAS David (éds.), *Liber amicorum Bernardo Cremades*, Madrid : La Ley, 2010, p. 68.

RAIMON Michaël, « L'abus du droit d'action dans les litiges internationaux », *JCP G*, 2000, I, n°38, p. 256.

RAMBAUD Patrick, « L'affaire des "pyramides" : suite et fin », *AFDI*, 1993, v.39, pp. 567-576.

RANIERI Filippo, « Norma scritta e prassi giudiziale nell'evoluzione della dottrina tedesca del Rechtsmissbrach », *in* ROTONDI Mario (org.), *L'abus de droit*: *inchieste di diritto comparato*, Padova : CEDAM, 1979, pp. 379-380.

READ Pippa, « Delocalization of international commercial arbitration: its relevance in the new millenium », *Amer. Rev. Intern. Arb.*, 1999, pp. 162 *et seq.*

REDSLOB Robert, « La doctrine idéaliste du droit des gens proclamée par la Révolution française et par Emmanuel Kant », *RGDI publ.*, 1921, pp. 213-216.

REINISCH August, « The issues raised by parallel proceedings and possible solutions », *in* WAIBEL Michael *et al.* (éds.), *The backslash against investment arbitration: perceptions and reality*, Alphen aan den Rijn (The Netherlands) : Kluwer Law International, 2010, p. 114.

RENOUX Thierry, « La constitutionnalisation du droit au juge en France », *in* RIDEAU Jöel (org.), *Le droit au juge dans l'Union européenne*, Paris : LGDJ, 1998, par. 4.

RENSMANN Thilo, « Anational arbitral awards. Legal phenomenon or academic phantom? », *Journ. Intern. Arb.*, 1998, p. 37.

REQUEJO Marta, « Rafael Arenas on *West Tankers* ». *Conflict of Laws.net*, 13 février 2009, [en ligne] http://conflictoflaws.net/2009/rafael-arenas-on-west-tankers/ (page consultée le 12/01/12).

RESTIVO Carmelo, « Abuso del diritto e autonomie privata considerazioni critiche su una sentenze eteredossa », *in* CALVO Roberto (dir.), *Abuso del diritto e buona fede nei contratti*, Torino : G. Giappichelli Editore, 2010, p. 116.

REYMOND Claude, « Préface », *in Écrits, études et notes sur l'arbitrage*, Paris : Dalloz, 2010 (1974), p. VIII.

RIPERT Georges, « Abus ou relativité des droits », *Rev. crit. législ. et jurispr.*, 1929, p. 3.

ROBERT Jean, « La Convention de New York du 10 juin 1958 pour la reconnaissance et l'exécution des sentences arbitrales étrangères », *D.*, 1958, chr., pp. 223 *et seq.*

ROBERT Jean, « La Convention européenne sur l'arbitrage commercial international signée à Genève le 21 avril 1961 », *D.*, 1961, chron. p. 33.

ROGERS Catherine, « Fit and function in legal ethics: developing a code of conduct for international arbitration », *Mich. Journ. Int. L.*, 2002, v.23, p. 342.

ROTONDI Mario, « L'abuso del diritto », *Riv. dir. civ.*, 1923, n°XV, pp. 352 *et seq.*

ROZAS José Carlos Fernández, « Anti-suit injunctions issued by national courts. Measures addressed to the parties ou to the arbitrators », *in* GAILLARD Emmanuel (éd.), *Anti-suit injunctions in international arbitration*, IAI Series on International Arbitration, n. 2. Huntington : Juris Publishing, 2005, pp. 88-89.

RUIZ FABRI Hélène, « Conclusions », *in* SOREL Jean-Marc, POIRAT Florence (dirs.), *Les procédures incidentes devant la Cour internationale de justice : exercice ou abus de droits ?*, Paris : Pedone, 2001, p. 130.

SAMUEL Adam. « Fomento – a tale of "litispendance", arbitration and private international law », *in Liber amicorum Claude Reymond : autour de l'arbitrage*. Paris : Litec, 2004, pp. 255 *et seq.*

SATTAR Sameer, « National courts and international arbitration: a double-edged sword? », *Journ. Int. Arb.*, 2010, v.27, p. 60.

SCHERER Matthias, « The recognition of transnational substantive rules by courts in arbitral matters », *in* SCHLAEPFER Anne-Véronique, PINSOLLE Philippe, DEGOS Louis (éds.), *Towards a uniform international arbitration law*, New York : Juris Publishing/Staempfli Publishers Ltd., 2005, p. 91.

SCHILLER Nina Glick, « The situation of transnational studies », *Identities*, n°4, 1997, p. 159.

SCHNEIDER Michael E., « Court actions in defence against anti-suit injunctions », *in* GAILLARD Emmanuel (éd.), *Anti-suit injunctions in international arbitration*, IAI Series on International Arbitration, n°2, Huntington : Juris Publishing, 2005, p. 55.

SCHNEIDER Michael E., « The revision of the UNCITRAL Arbitration Rules. Some observations on the process and the results », *Cah. arb.*, 2011, v.4, p. 924.

SCHOEN P., « Die volkerrechtliche Haftung der Staaten aus unerlaubten Handlungen », *in Zeitschrift fiir Volkerrecht* (Breslau, J.U. Kern's Verlag [Max Miiller], 1917), sup. 2 to vol. X, p. 16.

SCHREUER Christoph H., « Protection against arbitrary or discriminatory measures », *in* ROGERS Catherine A., ALFORD Roger P. (éds.), *The future of investment arbitration*, Oxford : Oxford University Press, 2009, pp. 183-198.

SCHWEIZER P., GUILLOD O., « L'exception de "litispendance" et l'arbitrage international », *in* KNOEPFLER F., *Le juriste suisse face au droit et jugements étrangers,* Fribourg : éd. Universitaires, 1988, p. 71.

SCOTT RAU Alan, PÉDAMON Catherine, « La contractualisation de l'arbitrage : le modèle américain », *Rev. arb.*, 2001, pp. 451-484.

SCOTT RAU Alan, « Symposium: Arbitration and national courts: conflict and cooperation: understanding (and misunderstanding) "primary jurisdiction" », *Amer. Rev. Intern. Arb.*, 2010, v.21, p. 85.

SEIDL-HOHENVELDERN Ignaz, « The Theory of Quasi-International and Partly International Agreements », *RBDI*, 1975, p. 586.

SEKANINA Ondřej, « Award on juridiction in Phoenix Action Ltd. v. Czech Republic – An OGEMID discussion », *TDM*, 2010, v. 7, n°1, p. 3.

SHENGCHANG Wang, LIJUN Cao, « The role of national courts ans lex fori in international commercial arbitration », *in* MISTELIS Loukas A., LEW Julian D.M. (éds.), *Pervasive problems in international arbitration*, The Hague : Kluwer Law International, 2006, pp. 170 *et seq.*

SHEPPARD Audley, « Interim ILA report on public policy as a bar to enforcement of international arbitral awards », *Arb. intern.*, 2003, v.19, n°2, pp. 239.

SILVA ROMERO Eduardo, « Observations sur la notion d'investissement après la sentence *Phoenix* », *Cah. arb.*, 2010, n°4, par. 85.

SOREL Jean-Marc, « Le contentieux de l'urgence et l'urgence dans le contentieux devant les juridictions interétatiques (CIJ et TIDM) », *in* FABRI Hélène Ruiz, SOREL Jean-Marc (dirs.), *Le contentieux de l'urgence et l'urgence dans le contentieux devant les juridictions internationales : regards croisés*, Paris : Pedone, 2001, p. 45.

SPIELMANN Alphonse, SPIELMANN Dean, « La notion de l'abus de droit à la lumière de la Convention européenne de sauvegarde des droits de l'homme et des libertés fondamentales », *in L'abus de droit et les concepts équivalents : principe et applications actuelles.* Actes du 19e Colloque de droit européen, Luxembourg, 6-9 novembre 1989, Strasbourg : Conseil de l'Europe-Service de l'édition et de la documentation, 1990, pp. 58 *et seq.*

STEFANO Giuseppe de, « Note sull'abuso del processo », *Riv. dir. proc.*, 1964, p. 586.

STEINDL Barbara Helene, « Procural tactics of a guerrilla nature & suggestions for counsel how to counter & employ (from the perspective of counsel before commercial tribunals », *TDM*, v.7, issue 2, nov. 2010, p. 3.

STONE SWEET Alex, GRISEL Florian, « L'arbitrage international : du contrat dyadique au système normatif », *Arch. ph. dr.*, 2009, t. 52, p. 84.

STRICKLER Y., « La loyauté processuelle », *in Principes de justice : mélanges en l'honneur de Jean-François Burgelin*, Paris : Dalloz, 2008, p. 358.

STRUB Jr. Michael H., « Resisting enformecement of foreign arbitral awards under article V(1)(e) and article VI of the New York Convention: a proposal for effective guidelines », *Tex. L. Rev.*, 1990, pp. 1053 *et seq*.

SWANSON Steven R., « The vexatiousness of a vexation rule: international comity and antisuit injunctions », *Geo. Wash. Journ. Int. L. & Econ.*, 1996, v.30, pp. 1-37.

TANIGUCHI Jasuhei, « Abuse of procedural rights: a Japanese perspective », *in* TARUFFO Michele (éd.), *Abuse of procedural rights: comparative standards of procedural fairness*, The Hague : Kluwer Law International, 1999, p. 219.

TANNOCK Quentin, « Judging the effectiveness of arbitration through the assessment of compliance with enforcement of international arbitration awards », *Arb. intl.*, 2005, v.21, p. 80.

TARUFFO Michele, « Abuse of procedural rights: general report », *in* TARUFFO Michele (éd.), *Abuse of procedural rights: comparative standards of procedural fairness*, The Hague : Kluwer Law International, 1999, p. 14.

TEITZ Louise E., « Both sides of the coin: a decade of parallel proceedings and enforcement of foreign judgements in transnantional litigation », *TDM*, 2006, v.3, n°5, p. 69.

TERCIER Pierre. « L'abus de droit en droit privé suisse », *in* ROTONDI Mario (org.), *L'abus de droit: inchieste di diritto comparato*, Padova : CEDAM, 1979, p. 447.

TERCIER Pierre, « La légitimité de l'arbitrage », *Rev. arb.*, 2011, pp. 653-668.

TERRY Laurel S., « An introduction to the European Community's Legal Ethics Code Part I: an analysis of the CCBE Code of Conduct », *in* DALY Mary C., GOEBEL Roger J. (éds.), *Rights, liability, and ethics in international legal practice*, 2e éd., New York : Fordham University Law School/Juris Publishing, 2004, p. 267.

TEUBNER Gunther, « "Global Bukowina": legal pluralism in the world society », *in* TEUBNER Gunther (éd.), *Global law without a State*, Dartmouth : Aldershot, 1997.

THORN Rachel, DOUCLEFF Jennifer, « Disregarding the corporate veil and denial of benefits clauses: testing treaty language and the concept of "investor" », *in* WAIBEL Michael *et al.* (éds.), *The backslash against investment arbitration: perceptions and reality*, The Netherlands : Kluwer Arbitration International, 2010, pp. 13-14.

TRAIN François-Xavier, « L'affaire Dallah ou de la difficulté pour le juge anglais d'appliquer le droit français, note sous Paris, Pôle 1 – Ch. 1, 17 février 2011 et Cour suprême du Royaume-Uni, 3 novembre 2010 », *Rev. arb.*, 2012, pp. 369 *et seq.*

TUNG Ko-Yung, « Foreign investors vs sovereign states », *in* LEWIS Meredith Kolsky, FRANKEL Susy (éds.), *International Economic Law and National Autonomy*, Cambridge : Cambridge University Press, 2010.

VALENÇA FILHO Clávio, LEE João Bosco, « Brazil's New Public-Private Partnership Law: One Step Forward, Two Steps Back », *Journ. Int. Arb.*, 2005, 22(5), p. 419.

VAN DEN BERG Albert Jan, « Enforcement of arbitral awards annuled in Russia. Case comment on Dutch Supreme Court of 25 june 2010 », *Rev. br. arb.*, 2011, v.30, spéc. pp. 63-64.

VAN DEN BERG Albert Jan, « Netherlands: District Court of Amsterdam decision in Southern Pacific Properties (Middle East) Ltd. v. Arab Republic of Egypt (Enforcement of Foreign Arbitral Award against a State) », *Intern. Leg. Mater.*, 1985, v.24, n°4, pp. 1040-1045.

VAN HOUTE Hans, « Why not include arbitration in the Brussels Jurisdiction Regulation », *Arb. int.*, 2005, v.21, n°4, pp. 509 *et seq.*

VAREILLES-SOMMIÉRES Pascal, « Le *forum shopping* devant les juridictions françaises », *Travaux comité fr. DIP*, 1998-1999, 2001, p. 65.

VERHOEVEN Joe « Conclusions », *in* LEBEN Charles (dir.), *Le contentieux arbitral transnational relatif à l'investissement : nouveau développements*, Paris : Athemis et LGDJ, 2006, p. 363.

VETTORI Giuseppe, « L'abuso del diritto *distingue frequenter* », *in* PAGLIANTINI Stefano (org.), *Abuso del diritto e buona fede nei contratti*,Torino : G. Giappichelli Editore, 2010, p. 153.

VIRALLY Michel, « Un tiers droit ? Réflexions théoriques », *in Le droit des relations économiques internationales : études offertes à Berthold Goldman*, Paris : Litec, 1987, p 378.

VOSER Nathalie, GEORGE Anya, « Revision of arbitral awards », *in* TERCIER Pierre (éd.), *Post award issues*, ASA Special Series n°38, New York : ASA/Juris, 2011, p. 46.

VOYAME Joseph, COTTIER Bertil, ROCHA Bolivar, « L'abus de droit en droit comparé », *in L'abus de droit et les concepts équivalents : principe et applications actuelles*, actes du 19e Colloque de droit européen, Luxembourg, 6-9 nov. 1989, Strasbourg : Conseil de l'Europe-Service de l'édition et de la documentation, 1990, p. 31.

WADE Shai, SMITH Reed, « Guerrilla tactics before investment tribunals: from counsel's point of view », *TDM*, v.7, issue 2, nov. 2010, p. 1.

WAINCYMER Jefrey, « The CISG and international commercial arbitration: promoting a complimentary relationship between substance and procedure », *in* ANDERSEN Camilla B., SCHROETER Ulrich G. (éds.), *Sharing International Commercial Law across National Boundaries: Festschrift for Albert H. Kritzer on the Occasion of his Eightieth Birthday*, London : Wildy, Simmonds & Hill Publishing, 2008, p. 590.

WATSON Garry D., « Issue estoppel, abuse of process and repetitive litigation : the death of mutuality », *in* SCOTT I. R. (éd.), *International perspectives on civil justice: essays in honour of Sir Jack I. H. Jacob Q.C.*, London : Sweet & Maxwell, 1990, p. 215.

WELLS Louis T., « Backlash to investment arbitration: three cause », *in* WAIBEL Michael *et al.* (éds.), *The backslash against investment arbitration: perceptions and reality*, The Netherlands : Kluwer Arbitration International, 2010, p. 349.

WELLS, Michael L., « A Common Law perspective on the European perspective on punitive damages », *Louis. L. Rev.*, 2010 ;

WILKINSON V., « The new lex mercatoria: reality or academic fantasy? », *Journ. Intl. Arb.*, 1995, v.12:2, pp. 103 *et seq.*

WOLFF Spencer, « Tanking arbitration or breaking the system to fix it? À sink or swim approach to unifying European judicial systems: the ECJ in Gasser, Turner, and West Tankers », *Col. Jour. Europ. L Online*, 2009, v.15, p. 66.

YESILIRMAK Ali, « Provisional measures », *in* MISTELIS Loukas A., LEW Julian D.M. (éds.). *Pervasive problems in international arbitration*, The Hague : Kluwer Law International, 2006, p. 193.

YNTEMA Hessel E., « The comity doctrine », *Mich. L. Rev.*, 1996, v.65, pp. 9 *et seq.*

ZIADE Nassib G., « Les frais et depens dans l'arbitrage CIRDI », *in* HORCHANI Ferhat (dir.), *CIRDI 45 ans après : bilan d'un système*, actes du colloque de Tunis, 11-13 mars 2010, Paris : Pedone, 2011, pp. 263 *et seq.*

ZULETA Eduardo, « El reconociemento international de laudos anulados », *Rev. br. arb.*, 2007, n°14, p. 76.

ZUMBANSEN Peer, « Neither "Public" nor "Private", "National" nor "International": Transnational Corporate Governance from a Legal Pluralist Perspective », *Journ. L. Soc.*, 2011, v.38, pp. 50-75.

JURISPRUDENCE

SENTENCES ARBITRALES

CCI

Société des grands travaux de Marseille v. East Pakistan developement corporation, sentence arbitrale de 1980, *Yearb. Comm. Arb.*, 1980, t.5, pp. 177 *et seq*.

Salini Costruttori SpA v. The Federal Democratic Republic of Ethiopia, Addis Ababa Water and Sewerage Authority, sentence du 7 déc. 2001, aff. n°10623.

Sentence n°3913, 1981, Recueil 1974-1985, pp. 497-498.

Sentence n°8891, 1998, JDI, 2000, p. 1076.

Sentence n°1110, 1963, [en ligne] http://www.trans-lex.org/201110 (page consultée le 25/05/12).

Sentence n°5103, JDI, 1988, p. 1206.

Sentence partielle rendue dans l'affaire n°6709, de 1991, Recueil 1991-1995, p. 438.

Sentence n°7934, *apud* GAILLARD Emmanuel, « L'interférence des juridictions du siège dans le déroulement de l'arbitrage », *in Liber amicorum Claude Reymond : autour de l'arbitrage*. Paris : Litec, 2004, p. 91.

Sentence n°3131, *Société Palbalk Ticaret Sirketi v. Société Norsolor*, 26 oct. 1979, *JDI*, 1981, p. 920 – obs. DERAINS Yves ; *Rev. arb.*, 1983, p. 530 ; *Yearb. Comm. Arb.*, 1984, p. 109.

Sentence n°3267, 1979, Recueil 1974-1985, p. 381.

Sentence n°4761, 1987, *JDI*, 1987, pp. 1012-1018 – obs. JARVIN Sigvard.

Sentence n°4145, 1986, *JDI*, 1985, pp. 985 *et seq*. – obs. DERAINS Yves.

Sentence n°1939, 1971, *Rev. arb.*, 1973, p. 145 – note DERAINS Yves.

Sentence n°8113, de 1995, *apud* FADLALLAH Ibrahim, « L'ordre public dans les sentences arbitrales », *RCADI*, 1994, v. 249.

Sentence n°6294, 1991, *JDI*, 1991, p. 1050 – obs. ARNALDEZ Jean-Jacques.

Sentence n°6503, 1990, *JDI*, 1995, p. 1022 – obs. DERAINS Yves.

Sentence partielle n°8307, 2001, *apud* GAILLARD Emmanuel, « Anti-suit injunctions issued by arbitrators », in VAN DEN BERG Albert Jan (éd.), *International arbitration 2006: back to basis?*, ICCA Congress Series, 2007, n°13, The Hague : Kluwer Law International, 2007, p. 308.

Sentence n°11670, *Yearb. Comm. Arb.*, 1999, v.XXIVa, 162, p. 171.

Sentence n°4629, *Yearb. Comm. Arb.*, 1993, XVIII, 11, p. 33.

Sentence n°6293, *Bull. CCI*, 1993, v.4, p. 43.

Sentence n°8486, Recueil 1996-2000, p. 530.

Sentence n°6379, 1990, Recueil 1991-1995, p. 142.

SCC

Petrobart Limited v. Kyrdgyz Republic, arbitrage SCC n°126/2003, 29 mars 2005.

CNUDCI

Himpurna. (Himpurna Cal. Energy Ltd. (Bermuda) v. PT. (Persero) Petusahaan Listruik Negara (Indonesia), sentence finale 4 mai 1999, *Mealey's Int'l Arb Rep.*, 1999, v.14, A-1, A-54.

Patuha Power Ltd. (Bermuda) v. PT (Persero) Perusahaan Listruik Negara (Indonesia), décembre 1999, *Mealey's Int'l Arb. Rep.*, 1999, v.14, B-1, B-44.

Karaha Bodas Company LLC v. Perusahaan Pertambangan Minyak Dan Gas Bumi Negara and PT. PLN (Persero), sentence finale 18 déc. 2000, extraits [en ligne] http://translex.uni-koeln.de/output.php?docid=261800&markid =946000, page consultée le 23/03/12.

Chevron Corporation (USA) et Texaco Petroleum Company (USA) v. The Republic of Ecuador, CPA aff. n°2009-23, sentence partielle du 30 mars 2010, TBI États-Unis-Équateur, [en ligne] http://italaw.com/documents/Chevron TexacoEcuadorPartialAward.PDF, consulté le 07/03/12.

Chevron Corporation (USA) et Texaco Petroleum Company (USA) v. The Republic of Ecuador, CPA aff. n°2009-23, ordonnance de mesure provisoire du 9 fév. 2011, [en ligne] http://italaw.com/documents/Chevron AndTexacoVEcuador_InterimMeasuresOrder.pdf, page consultée le 03/05/11.

Chevron Corporation (USA) et Texaco Petroleum Company (USA) v. The Republic of Ecuador, CPA aff. n°2009-23, ordonnance de mesure provisoire du 14 mai 2010, [en ligne] http://italaw.com/documents/EcuadorOrderon InterimMeasures.pdf, page consultée le 03/05/12.

CIRDI

Cementownia "Nova Huta" S.A. v. Republic of Turkey, 17 sept. 2009, aff. n°ARB(AF)/06/2.

Quiborax S.À. & others v. Bolivia, 26 fév. 2010, aff. n°ARB/06/2.

Libananco Holdings Co. Limited v. République de Turquie, 23 juin 2008, aff. n°ARB/06/8.

Saipem SpA v. Bangladesh, 21 mar. 2007, aff. n°ARB/05/07. *Intern. Arb. Rep.*, avril 2007, B-1.

The Loewen Group, Inc. and Raymond L. Loewen v. USA, 26 juin 2003, aff. n°ARB(AF)/98/3.

Atlantic Triton Company Limited v. People's Revolutionary Republic of Guinea, 21 avr. 1986, aff. n°ARB/84/1, *ICSID Rep.*, 1995, v.3, p. 1.

Waste Management, Inc. v. Mexico, 30 avr. 2004, aff. n°ARB(AF)/00/3, Mexico's preliminary objection, 26 juin 2003, *ILM*, 2002, v.41, p. 1315.

Amco Asia Corp. v. Indonesia, déc. d'annulation du Comité *ad hoc*, 16 mai 1986, aff. n°ARB/81/8, *ICSID Rep.*, 1993, v.1, p. 509.

Mobil and others v. Bolivarian Republic of Venezuela, 10 juin 2010, aff. n°ARB/07/27.

Phoenix Action, Ltd. v. The Czech Republic, 15 avr. 2009, aff. n°ARB/06/5.

Mr. Sabas Fake v. Republic of Turkey, 14 juil. 2010, aff. n°ARB/07/20.

Europe Cement Investment & Trade S.A. v. Republic of Turkey, 13 août 2009, aff. n°ARB(AF)/07/2.

Tokios Tokéles v. Ukraine, 29 avr. 2004, aff. n°ARB/02/18.

Plama Consortium Ltd. v. Bulgarie, 27 août 2008, aff. n°ARB/03/24.

Pey Casado v. Chili, sentence du 8 mai 2008, aff. n°ARB/98/2.

Liberian Eastern Timber Corporation (Letco) v. Gouvernement de la République du Libéria, 31 mars 1986, aff. n°ARB/83/2, *JDI*, 1988, p. 167 – obs. GAILLARD Emmanuel.

Desert Line Project LLC v. Republic of Yemen, 6 fév. 2008, aff. n°ARB/05/17.

Maritime International Establishment (Liechtenstein, MINE) v. République de Guinée, 6 jan. 1988, *Yearb. Comm. Arb.*, 1989, v.XIV, p. 82.

SGS Société Générale de Surveillance S.A. v. Islamic Republic of Pakistan, 25 avr. 2002, aff. n°ARB/01/13

Waste Management, Inc. v. Mexico, 30 avr. 2004, aff. n°ARB(AF)/00/3.

DÉCISIONS DE JURIDICTIONS INTERNATIONALES

CEDH

Golder v. Royaume-Uni, 21 fév. 1975, série A, n°18, *AFDI*, 1975, p. 330 – note PELLOUX.

Kutic v. Croatie, 1er mars 2002, *Rec. CEDH*, 2002, II.

CJCE

Second Toepfer Case, 3 jan. 1978, aff. n°C-112/77, *Rec. CEJ*, 1978, p. 1032.

Van Uden Maritime BV v. Kommanditgesellschaft in Firma Deco-Line, et al., 17 nov. 1998, aff. n°C-391/05, *Rec. CJCE*, 1998, I, pp. 7091 *et seq.*.

Gasser GmbH v. MISRAT Srl., 9 déc. 2003, aff. n°C-116/02, *Rec. CJCE*, 2003, I, pp. 14693 *et seq.*

Marc Rich and Co. v. Società Italiana Impianti, 25 juil. 1991, aff. n°C-190/89, *Rec. CJCE*, 1991, I, pp. 3855 *et seq.*

Allianz SpA & Generali Assicurazioni Geneali SpA v. West Tankers Inc., 10 fév. 2009, aff. n°C-185/07, *Rec. CJCE*, 2009, p. 63.

Turner v. Grovit, 27 avr. 2004, aff. n°C-159/02, *Rec. CJCE*, 2004, I, p. 3565.

Andre Owusu v. NB Jackson (« Villa Holidays Bal-Inn Villas ») and others, 13 mars 2005, aff. n°C-281/02, *Rec. CJCE*, 2005, I, p. 1383.

Kamer van Koophandel en Fabrieken voor Amsterdam v. Inspire Art Ltd., 30 sept. 2003, aff. n°C-167/01, 30 sept. 2003, *Rec. CJCE*, 2003, I, p. 10155.

Van Binsbergen v. Bedrijfsvereniging, 3 déc. 1974, aff. n°C-33/74, *Rec. CJCE*, 1974, p. 1299.

Brennet v. Paletta, 2 mai 1996, aff. n°C-206/94, *Rec. CJCE*, 1996, p. 2357.

Kefalas and others v. Elliniko Dimosio and Organismos Oikonomikis Anasygkrotisis Epicheiriseon, 12 mai 1998, aff. n°C-367/96, *Rec. CJCE*, 1998, p. 2843.

Emsland v. Stärke, 14 déc. 2000, aff. n°C-110/99, *Rec. CJCE*, 2000, p. 11569.

Dionysios Diamantis v. Elliniko Dimosio et Organismos Oikonomikis Anasygkrotisis Epicheiriseon AE (OAE), 23 mars 2000, aff. n°C-373/97, *Rec. CJCE*, 2000, p. 1705.

Athanasios Kalfelis v. Banque Schröder, Münchmeyer, Hengst et Cie, et autres, 27 sept. 1988, aff. n°C-189/87, *Rec. CJCE*, 1988, p. 55655.

AS-Autoteile Service GmbH v. Pierre Malhé, 4 juil. 1985, aff. n°C-220/84, *Rec. CJCE*, 1985, p. 2267.

Factortame, 4 oct. 1991, aff. n°C-246/89, *Rec. CJCE*, 1989, p. 3125 ; aff. n°246/89, *Rec. CJCE*, 1991, p. 4584 ; 19 juin 1990, aff. n°C-213/89,

Rec. CJCE, 1990, p. 2433 ; 25 juin 1991, aff. n°C-221/89, *Rec. CJCE*, 1991, p. 3905.

Association des Centres distributeurs Leclerc v. Sarl. Au blé vert, 10 jan. 1985, aff. n°C-229/83, *Rec. CJCE*, 1985, p. 1.

Commission v. Denmark. Commission v. Irlande, 6 déc. 1990, aff. conjointes n°C-208/88 et C-367/88, *Rec. CJCE*, 1990, p. 4445.

General Milk Products v. Hauptzollamt Hamburg-Jonas, 3 mar. 1993, aff. n°C-8/92, *Rec. CJCE*, 1993, p. 779.

R. v. H.M. Treasury and Commissioners of Inland Revenue, ex parte Daily Mail and General Trist Plc., 27 sept. 1988, aff. n°C-81/87, *Rec.*, 1988, p. 5483.

Centros Ltd v. Erhvervs- og Selskabsstyrelsen. Centros, 9 mar. 1999, aff. n°C-212/97, *Rec. CJCE*, 1999, I, p. 1459.

TV10 SA v. Commissariaat voor de Media, 5 oct. 1994, aff. n°C-23/93, *Rec. CJCE*, 1994, p. 4795.

CIJ

Barcelona Traction, 1970, *Rec. CIJ*, 1970, p. 3.

Affaire de la sentence arbitrale du 31 juillet 1989 entre la Guinée-Bissau et le Sénégal, *Rec. CIJ*, 1991, p. 53.

Avena et autres ressortissants mexicains (Mexique v. États-Unis d'Amérique), *Rec. CIJ*, 2004, p. 12.

CPIJ

Interpretation of judgements n°7 & 8 concerning the case of the factory Chorzow, *Rec. CPJI*, 1927, ser. A, n. 11, par. 27.

Certains intérêts allemands en Haute-Silésie polonaise, 1926, *CPJI*, (ser. A), n°7.

Zones franches de Haute-Savoie et du Pays de Gex, 1932, CPJI, (ser. A/B), n°46.

COUR D'APPEL DE L'OMC

Cour d'appel, 1998, *United States Import Prohibition of Certain Shrimp and Shrimp Product (Complaint by the United States)*, WTO Doc. WT/DS58/AB/R.

DÉCISIONS DE JURIDICTIONS ÉTATIQUES

FRANCE

Cons. const., déc. n°93-335 DC, considérant n°4. *JCP G*, 94, I, p. 3761 – obs. PICARD.

Cons. const., 27 déc. 1973, *Rec. Cons. const.*, 1974, p. 25.

Cons. const., 18 jan. 1985, *D.*, 1986, p. 425.

Cons. const., déc. 96.373 DC, considérant n°84, *RDP*, 1996, p. 953 – note LUCHAIRE.

Cour royale de Toulouse, 3e Ch., 12 juil. 1823, *P.*, 1823-1824, t. 18, p. 34.

Cass., 1re Ch. civ., 29 juin 2007, *Société PT Putrabali Adyamulia v. Monsieur le Procureur Général près la Cour d'appel de Paris. Société MOGUNTIA EST EPICES. société Rena Holding, anciennement dénommée Est épices. Bull. civ.*, 2007, I, n°250.

Cass., 1re Ch. civ., 12 oct. 2011, *Sté Elf Aquitaine. Sté Totale v. Jean-Pierre X... et autres.*

Cass., Ch. civ., 21 juin 1950, *Messageries maritimes*, *D.*, 1951, p. 749 – note HAMEL ; *S.*, 1951, p. 1 – note NIBOYET.

Cass., 1re Ch. civ., 9 oct. 1984, *Société Palbalk Ticaret Sirketi v. Société Norsolor*, *Rev. arb.*, 1985, p. 431 – note GOLDMAN Berthold.

Cass., 1re Ch. civ., 22 oct. 1991, *Compania Valenciana de Comentos Portland SA v. Primary Coal Inc*, 1991, *Rev. arb.*, 1992, p. 457.

Cass., 1re Ch. civ., 6 jan. 1987, *Southern Pacific Properties Ltd (SPP) et la Southern Pacific Properties (Middle East) Ltd (SPPME) v. Egyptian General Organization for Tourism and Hotels (EGOTH).*

Cass., 1re Ch. civ., 13 oct. 1981, *Société Européenne d'Études et d'Entreprises (SEEE) v. République socialiste fédérale de Yougoslavie*, *Rev. arb.*, 1983, p. 63 – note DELVOLVÉ Jean-Louis.

Cass., 1re Ch. civ., 20 déc. 1993, *Comité populaire de la municipalité de Kohms El Mergeb v. Sté Dalico Contractors*, *JDI*, 1994, p. 432 – note GAILLARD Emmanuel ; *JDI*, 1994, p. 690 – note LOQUIN Éric ; *Rev. arb.*, 1994, p. 116, note GAUDEMET-TALLON H. ; *Rev. crit. DIP*, 1994, p. 663 – note MAYER Pierre ; *RTD com.*, 1994, p. 254 – obs. DUBARRY J.-C., LOQUIN Éric.

Cass., 1re Ch. civ., *Société Gosset v. Carapelli,* 7 mai 1963 – obs. MOTULSKY Henri. *Rev. crit. DIP*, 1963, p. 615.

Cass., 1re Ch. civ., *Quarto Children's Books v. Éditions du Seuil*, 16 oct. 2001, *Rev. arb.*, 2002, p. 919 – note COHEN Daniel.

Cass., 1re Ch. civ., *Hecht,* 4 juil. 1972, *JDI*, 1972, p. 843 – note OPPETIT Bruno.

Cass., 1re Ch. civ., 23 mar. 1994, *Société Hilmarton Ltd. v. Société Omnium de traitement et de valorisation (OTV)*, *JDI*, 1994, p. 701.

Cass., 3e Ch. civ., 9 juil. 1979, *SCI La Lagune v. SARL SERCIF*, *JCP G*, 1980, II, n°19, p. 389.

Cass., 1re Ch. civ., 14 mar. 1984, *République islamique d'Iran v. Commissariat à l'Energie Atomique*. *D.*, 1984, jur., p. 629.

Cass., 1re Ch. civ., 18 nov. 1986, *Rep. de Guinée v. Atlantic Triton*, *JDI*, 1987, p. 125 – note GAILLARD Emmanuel.

Cass., 1re Ch. civ., 10 juin 1997, *Omnium de traitement et de valorisation (OTV) v. Société Hilmarton Ltd.*, *JDI*, 1997, p. 1033 – note GAILLARD Emmanuel ; *Rev. arb.*, 1997, p. 376 – note FOUCHARD Philippe.

Cass., 1re Ch. civ., 21 mar. 2000, *Verhoeft v. Moreau*, *Rev. arb.*, 2001, p. 817 – note DERAINS Yves.

Cass., 1re Ch. civ., 1er déc. 1969, *JDI*, 1970, p. 707 – note HUET.

Cass., 1re Ch. civ., 26 nov. 1974, *JDI*, 1975, p. 108 – note PONSARD ; *Rev. crit. DIP*, 1975, p. 491 – note HOLLEAUX ; *GA*, n°54.

Cass, 1re Ch. civ., 17 juin 1997, *D.*, 1997, inf. rap. p. 166.

Cass., 1re Ch. civ., *Banque Worms v. Brachot*, 11 nov. 2002, *D.*, 2003, p. 797 – note KHAIRALLAH.

Cass., 1re Ch. civ., *In Zone Brands International Inc. v. In Beverage International*, 14 oct. 2009..

Cass., 1re Ch. civ., 4 juil. 2007, *La société Groupe Antoine Tabet v. La République du Congo*, n°05-14.918, *D.*, 2008, p. 451 – obs. CLAY Thomas.

Cass. com., 18 oct. 1988, *Resp. civ. et assur.*, 1988, III, p. 7.

Cass., 2e Ch. civ., 17 juin 1988, *Bull. civ.*, II, n°146.

Cass., 1re Ch. civ., 5 février 1985, *RTD civ.*, 1986, p. 105 – note MESTRE J..

Cass., 1re Ch. civ., 3 déc. 1980.

Cass, 3e Ch. civ., 19 fév. 2003, *RJDA*, 2003, n. 558.

Cass. 1re Ch. civ., 25 février 1986, *Gaz. Pal.*, 1987, somm. jurispr. p. 41 – obs. CROZE H., MOREL C.

Cass., Ch. civ., 14 août 1883, *D.*, 1883, I, p. 255.

Cass. req., 17 jan. 1933, *DH*, 1933, p. 116 ; *D.*, 1933, n°1, p. 49 – note JOSSERAND Louis.

Cass. req., 25 oct. 1909, *S.*, 1910, I, p. 286 ; *D.*, 1911, I, p. 189.

Cass. req., 10 jan. 1910, *D.*, 1911, I, p. 370.

Cass. req., 1er juil. 1889, *D.*, 1890, I, p. 375.

Cass. req., 10 nov. 1886, *S.*, 1887, I, p. 198.

Cass. req., 29 nov. 1905, *D.*, 1906, I, p. 207.

Cass. req., 14 déc. 1903, *S.*, 1905, I, p. 223.

Cass. req., 6 avr. 1909, *D.*, 1911, I, p. 105.

Cass. req., 25 oct. 1909, *D.*, 1910, I, p. 189.

Cass. req., 23 nov. 1908, *S.*, 1910, I, p. 12.

Cass. req., 27 mai 1884, *D.*, 1884, I, p. 437.

Cass., 1re Ch. civ., 17 février 1937, *DH*, 1937, p. 221.

Cass., 1re Ch. civ., 22 mai 1935, *Bull. civ.*, 1935, p. 162.

Cass., civ., 20 avr. 1891, *D.*, 1891, n. 1, p. 351.

Cass., 2e Ch. civ., 19 nov. 1986, *Bull. civ.*, II, n°171.

Cass., 2e Ch. civ., 4 nov. 1988, *D.*, 1989, p. 609 – note FRISON-ROCHE Marie-Anne.

Cass., 2e Ch. civ., 18 déc. 1996, *Gaz. Pal*, 1997, 2, pan. 215.

Cass. com., 25 févr. 1992, *Bull. civ.*, IV, n°85.

Cass. com., 15 mai 2007, n°05-17.464, *PIBD*, 2007, III, p. 473.

Cass. com. 28 fév. 2006, n°04-17.194, inédit.

Cass., 3e Ch. civ., 19 fév. 1999, *RJDA*, 2003, n°558.

Cass., 1re Ch. civ., 4 oct. 1995, *Bull. civ.*, I, n°262.

Cass., 2e Ch. civ., 31 mai 1967, *Bull. civ.*, II, n°199.

Cass., 3e Ch. civ., 28 nov. 2001, *Resp. civ. et assur.*, 2002, n°47.

Cass. com., 30 oct. 1968, *JCP G*, 1969, II, p. 15964.

Cass., 2e Ch. civ., 4 mai 2000, *JCP G*, 2000, II, p. 1035.

Cass., 1re Ch. civ., 7 juin 2005, *Bull.*, I, n°241 ;

Cass., 1re Ch. civ., 11 juin 2009, *D.*, 2009, chron. C. cass., p. 2058 – obs. CHAUVIN, AUROY et CRÉTON.

Cass., civ., 18 mar. 1878, *S.*, 1878, I, 193 – note LABBÉ.

Cass., 1re Ch. civ., 25 fév. 1986. *JDI*, 1988, p. 425 – note JACQUEMOT.

Cass., 1re Ch. civ., 6 juil. 2005, *Golshani, Bull. civ.*, I, n°302.

Cass., 1re Ch. civ., 6 mai 2009, n°08-10.281, *Sa Jean Lion. Bull civ.*, I, n)86. *RTD com*, 2009, p. 546 – obs. LOQUIN Éric.

Cass., 1re Ch. civ., 9 jan. 2007, *D.*, 2007, p. 451.

Cass., 1re Ch. civ., 25 mai 1992, *Fougerolle v. Procofrance*, *D.*, 1992, I, n°149, p. 101.

Cass., 2e Ch. civ., 22 nov. 1984, *Gaz. Pal*, 31 juillet-1er août 1985, p. 145 – note GUINCHARD Serge, MOREL Charles.

Cass., ass. plén., 7 juil. 2006, *Cesareo*, n°04-10.672.

Cass., 1re Ch. civ., 28 mai 2008, *G&A Distribution v. Prodim. Rev. arb.*, 2008, p. 461.

Cass., ass. plén., 30 juin 1995, *D.*, 1995, p. 513 – note DRAGO.

Cass., 1re Ch. civ., 17 oct. 2000, *ASECNA v. N'Doye. Rev. arb.*, 1997, p. 395 – note FOUCHARD Philippe.

Cass., 1re Ch. civ., 10 mar. 1993, *Polish Ocean Line v. Jolasry*, *JDI*, 1993, p. 360 – note KAHN Philippe.

Cass., 1re Ch. civ., 10 mar. 1993, *Polish Ocean Line v. Jolasry. JDI*, 1993, p. 360 – note KAHN Philippe.

Cass., 11 juil. 1826, *D.*, 1826, p. 424.

CE, 29 juillet 1998, *Syndicat des avocats de France et autres*, *AJDA*, 1998, p. 1014 – concl. SCHWARTZ, p. 1010.

CE, 3 déc. 2001, req. n°226514, *Syndicat National de l''industrie Pharmaceutique.*

CA Paris, 5 nov. 2010, *Sté Elf Aquitaine. Sté Totale v. Jean-Pierre X... et autres.*

CA Paris, 1re Ch. C, 12 septembre 2009, *Macron (ép Cougoulat) et SARL International Display Design v. Société des Cartonnages de Pamfou.*

CA Paris, 1re Ch. C, sect. C, 06 janvier 1989, *JCl. Civil Code*, fasc. 30.

CA Paris, 18 nov. 1982, *Société Palbalk Ticaret Sirketi v. Société Norsolor*, *Rev. arb.*, 1983, p. 472.

CA Paris, 29 mar. 1991, *Ganz. Rev. arb.*, 1991, p. 478 – note IDOT Laurence.

CA Paris, *Lebanese Traders Distributors & Consultants LTDC v. Reynolds*, 27 oct. 1994, *Rev. arb.*, 1994, p. 709 – note MAYER Pierre.

CA Paris, 19 juin 1970, *Hecht. JCP G*, 1971, II, p. 16927 – note GOLDMAN Berthold.

CA Paris, 13 déc. 1975, *Menicucci. JDI*, 1977, p. 107 – note LOQUIN Éric ; *Rev. arb.*, 1977, p. 147 – note FOUCHARD Philippe ; *Rev. crit. DIP*, 1976, p. 506 – note OPPETIT Bruno.

CA Paris, 21 fév. 1980, *General National Maritime Transport Co. v. Götaverken*, *Rev. arb.*, 1980, p. 524 – note JEANTET F.-Ch..

CA Paris, 14 janvier 1997, *République arabe d'Égypte v. Société Chromalloy Aero Services. Rev. arb.*, 1997, p. 395 – note FOUCHARD Philippe.

CA Paris, 30 sept. 1993, *Société European Gas Turbines SA v. Société Westman International Ltd.*, *Rev. crit. DIP*, 1994, p. 349 – note HEUZÉ Vincent.

CA Paris, 22 mars 2001, *Gouvernement de la Fédération de Russie v. Compagnie Noga d'importation et d'exportation*, *Rev. arb.*, 2002, p. 723.

CA Paris, 9 juil. 1992, *Norbert Beyrard France v. République de Côte d'Ivoire*, *Rev. arb.*, 1994, p. 133.

CA Paris, 12 juil. 1984, *Southern Pacific Properties (Middle East) Ltd. de Hong Kong v. République arabe d'Égypte*, *JDI*, 1985, p. 129 – note GOLDMAN Berthold.

CA Paris, 17 fév. 2011, *Dallah Real Estate and Tourism Holding Company v. Gouvernement du Pakistan, Le Ministère des Affaires Religieuses*, aff. n°09/28533, 09/28535 et 09/28541.

CA Paris, 19 déc. 1991, *Société Hilmarton Ltd. v. Société Omnium de traitement et de valorisation (OTV)*, *Rev. arb.*, 1993, p. 300.

CA Paris, 23 oct. 1997, *Inter-Arab Investement Guarantee Corporation v. Banque arabe et internationale d'investissement SA (BAII)*, *Rev. arb.*, 1998, p. 143.

CA Paris, 10 juin 2004, *Société Bargues Agro Industries v. Société Young Pecan Compagny*, *Rev. arb.*, 2004, p. 733.

CA Paris, 29 sept. 2005, *Direction générale de l'aviation civile de l'Émirat de Dubai v. Société Internationale Bechtel*, *Rev. arb.*, 2006, p. 695.

CA Paris, 31 mar. 2005, *Société PT Putrabali Adyamulia v. Monsieur le Procureur Général près la Cour d'appel de Paris. Société Moguntia Est Épices; société Rena Holding, anciennement dénommée Est Épices*, *Rev. arb.*, 2006, p. 665 – note GAILLARD Emmanuel ; *D.*, 2006, pan. 3035 – obs. CLAY Thomas.

CA Paris, 17 nov. 2005, *Société PT Putrabali Adyamulia v. Monsieur le Procureur Général près la Cour d'appel de Paris. Société Moguntia Est Épices. société Rena Holding, anciennement dénommée Est Épices.*

CA Paris, 12 fév. 1993, *Unichips Finanziara v. Fesnouin*, *Rev. arb.*, 1993, p. 255.

CA Paris, 6 mai 1988, *Rev. arb.*, 1989, p. 83 – note LOQUIN Éric.

CA Paris, 5 avr. 1990, *Rev. crit. DIP*, 1980, p. 580 – note KESSEDJIAN Catherine.

CA Paris, 3 avr. 2002, *PIBD*, 2002, III, p. 493.

CA Paris, 12 jan. 1999, *Gaz. Pal.*, 1999, n°1, somm. 167.

CA Paris, 19 jan. 1976, *Rev. crit. DIP*, 1977, p. 126 – note LAGARDE.

CA Paris, 26 mar. 2010, n°08/23901, *Caribbean Niquel. RTD com.* 2010, p. 545 – obs. LOQUIN Éric, *Vers. Intern. Arb. Bus. L. Rev.*, 2010, p. 6 – obs. COSTARGENT Jean-Robin.

CA Paris, 1er avr. 2010, *Sté. Chantiers de l'Atlantique*, n°09/07068.

CA Paris, 7 oct. 2010, *Pastor*, n°09/16563.

CA Paris, 21 juin 1990, *Compagnie Honeywell Bull. S.A. v. Computacion Bull. de Venezuela C.A.*, *Rev. arb.*, 1991, pp. 96-110 – note DELVOLVÉ Jean-Louis.

CA Paris, *Gouvernement de la région de Kalingrad (Fédération de Russie) v. République de Lituanie*, 18 nov. 2010, *Rev. arb.*, 2011, p. 695 – note LEMAIRE Sophie.

CA Paris, *Société Egyptian Petroleum Corporation (EGPC) v. société National Gas Company (NATGAS)*, 24 nov. 2011, *Rev. arb.*, 2011, p. 1107.

CA Paris, 31 jan. 2008, *Société ivoirienne de raffinage v. société Teekay Shipping Norway AS.* Rapporté et commenté par GAILLARD Emmanuel, « L'ordre juridique arbitral : réalité, utilité et spécificité », *op. cit.*, par. 47.

CA Paris, 18 janvier 2007, *La société SA Lesbats et fils v. Monsieur Volker le Docteur Grup. Yearb., Comm. Arb.*, 2007, p. 297.

CA Aix-en-Provence, 8 mai 1967, *JCP G*, 1968, II, p. 15352 – note LOUSSOUARN.

CA Bordeaux, 14 octobre 1987, *B.E.L. – Tronics Ltd.*

CA Douai, 30 mai 1854, *D.*, 55, p. 26.

CA Colmar, 2 mai 1855, *D.*, 1856, p. 9.

CA Colmar, 25 juil. 1861, *D.*, 1961, p. 212.

CA Rennes, 20 juin 1932, *Gaz. Pal.*, 1932, 2, jurispr. p. 516.

CA Rennes, 26 oct. 1984, *Rep. de Guinée v. Atlantic Triton*, *Rev. arb.*, 1985, p. 439.

CA Rouen, 13 nov. 1984, *SEEE v. République Fédérale de Yougoslavie.*

CA Versailles, 29 juin 1995, *Société Omnium de traitement et de valorisation (OTV) v. Société Hilmarton Ltd.*, *Rev. arb.*, 1995, p. 639..

TGI Paris, ord. réf., 6 janvier 2010, n°09/60539, *Sté Elf Aquitaine v. Sté Total v. Jean-Pierre X... et autres.*

TGI Paris, ord. réf., 29 mars 2010, n°10/52825, *Répub. de Guinée équatoriale.*

CANADA

Supreme Court, *Dell Computer Corp. v. Union des consommateurs*, [2007] 2 SCR 801, (2007) 284 DLR (4th) 577, [51];

Ontario Court of Justice, General Division (Dilks J.), 21 janvier 1997, *Europcar Italia S.p.À. v. Alba Tours International Inc.*, [1997] O.J. n°133, 23 O.T.C. 376 (Gen. Div.).

Cour du District d'Ontario, *Deco Automotive Inc. v. G.P.A. Gesellschaft Fur Pressenautomation MbH*, [1995] 1(1) M.A.L.Q.R. 126. [1989] O.J. (Quicklaw) n°1805 (C. dist. Ont.).

Cour d'appel du Quebéc, *Lac d'Amiante du Canada LTEE v. Lac d'Amiante du Québec Ltée*, REJB 1999-15419, [1999] Q.J. (Quicklaw) n°5438.

Cour supérieure de Justice d'Ontario, *Ellis v. Subway Franchise System of Canada Ltd.*, [2000] 8 BLR (3d) 55, [2000] O.J. (Quicklaw) n°1690 (C.S.J Ont.).

CA Montréal, *Amiel Distributions Ltd. v. Amana*, 22 juillet 2001, *JE*, 2002-1384 (C.A.).

Supreme Court of British Columbia, *Powerex Corp. v. Alcan Inc.*, 2004 BCSC 876, [2004], *BCJ* n°1349 (QL).

AUSTRALIE

High Court, *Oceanic Sun-Line Special Shipping Co. Inc. v. Fay*, [1988] 165 CLR 197 (HC).

ANGLETERRE

House of Lords, *The Atlantic Star*, [1974] AC 436, 471.

House of Lords, *The Mayor, Aldermen And Burgesses of the Borough of Bradford v. Edward Pickles*, [1985] AC 587.

House of Lords, *Channel Tunnel Group Ltd. v. Balfour Beaty Ltd.*, [1993] AC 334.

Court of Appeal, *DST v. Rkoil*, [1987] 2 *Lloyd's Rep*. 246.

Court of Appeal, *Bank Mellat v. Hellinki Techniki SA*, [1984] 1 QB *291*, p. 301.

Court of Appel, *Occidental Exploration Productions Co. v. Republic of Ecuador*, [2005] EWCA Civ 1116.

High Court (Comm.), *Occidental Exploration Productions Co. v. Republic of Ecuador*, [2006] EWHC 345 (Comm).

Court of Appeal, *National Navigation Co. v. Endesa Generacion SA (The Wadi Sudr)*, [2010] 1 Lloyds Rep 183 (CA).

Court of Appeal, *Continental Bank NA v. Aeokos Cia Naviera SA*, [1994] 1 WLR 588.

UK Supreme Court, 3 novembre 2010, *Dallah Real Estate and Tourism Holding Company (Appellant) v. The Ministry of Religious Affairs, Governement of Pakistan (Respondent)*, [2010] UKSC 46.

High Court (Comm), *Tracomin SA v. Sudan Oil Seeds (N. 1)*, [1983] 1 *Lloyd's Rep*. 560, 562.

House of Lors, *Turner v. Grovit*, 13 déc. 2001, [2001] UKHL 65.

Court of Appeal, *Cohen v. Rothfield*, [1919] 1 KB 410.

Court of Chancery, *Lord Portarlington v. Soulby*, [1834] 3 My & K 103.

Court of Appeals, *Pena Copper Mines Ltd. v. Rio Tinto Co. Ltd.*, (1911) 105 LT 846 (CA).

Court of Appeals, *The Angelic Grace*, [1995] 1 Lloyd's Rep. 87 (CA).

Court of Appeals, *Welex A.G. v. Rosa Maritime Ltd.*, [2003] EWCA (Civ) 938.

Court of Appeal, *Compagnie Nouvelle France Navigation, S.A. v. Compagnie Navale Afrique du Nord*, (1966) 1 Lloyd's List L. R. 477.

High Court (Comm.), *Elektrim S.A. v. Vivendi*, [2007] EWHC (Comm) 571 (Eng.).

High Court (Comm.), *Intermet FCZO v. Ansol Ltd.*, [2007] EWHC (Comm) 266 (Eng.).

High Court (Comm.), *J. Jarvis & Sons Ltd. v. Blue Circle Dartford Estates Ltd.*, [2007] EWHC (TCC) 1262, [19] Eng.

High Court (Comm.), *OTF Africa Line Ltd. v. Hijazy & Ors*, [2001] *Lloyd's Law Repports*, v.1, p. 76.

High Court (Comm.), *West Tankers Inc v. Ras Riunione Adriatica di Sicurta Spa et Generali Assicurazioni Generali Spa (The Front Comor)*, [2005] EWHC 454 (Comm).

House of Lords, *West Tankers Inc (Respondents) v. RAS Riunione Adriatica di Sicurta SpA and others (Appellants)*, [2007] UKHL 4.

High Court (Comm.), *Shashoua v. Sharma*, [2009] *All* ER (D) 64.

High Court (Comm.), *Midgulf International Limited v. Groupe Chimique Tunisien*, [2010] *All ER* (D) 144.

Court of Appeal, *National Navigation Co. v. Endesa Generacion S.A.*, [2009] EWCA Civ 1397.

High Court, *CMA CGM v. Hyundai MIPO Dockyard Co Ltd.*, [2009] 1 *Lloyds Rep*. 213, § 35, pp. 41-47.

Phillip Alexander Securities & Futures Ltd. v. Bamberger, [1997] I.L.Pr. 73, 102, n°115.

House of Lords, *The Ampthill Peerage*, [1977] AC 547.

High Court of Chancery, *Henderson v. Henderson*, [1843] 67 E.R. 313.

Court of Appeal, *Chaplin v. Boys*, [1971] AC 356.

Court of Appeal, *Connelly v. DPP*, [1964] AC 1254.

Mills v. Cooper, [1967] 2 QB 459.

DPP v. Humphreys, [1977] AC 1.

R. v. Beckford, [1996] 1 Cr. App. R. 94.

Grovit v. Doctor, [1997] 1 WLR 640, HL.

Court of Appeal, *Joyce v. Sengupta*, [1993] 1 WLR 337, CA.

House of Lords, [1990] 3 CMLR 375.

Court of Appeal, *Brisbane CC v. A-G for Queensland*, [1979] AC 411, PC.

Chamberlain v. Deputy Comt of Taxation, [1988] 164 CLR 502, 505, HCA.

Court of Appeal, *Talbot v. Bershire CC*, [1994] QB 290, 296, 301, CA.

Court of Appeal, *Barrow v. Bankside Agency Ltd.*, [1996] 1 WLR 257, CA.

Lordsdale Finance plc v. Bank of Zambia, [1996] QB 752.

Court of Appeal, *Johson v. Gore Wood & Co.*, [2000] 2 AC 1.

Walton v. Gardiner, [1993] 177 CLR 378, 395 HCA.

High Court (Comm.), *Bim Kemi AB v. Blackburn Chemicals Ltd.*, [2004] EWHC 166 (comm.).

High Court (Comm.), *Rimpacific Navigation Inc. v. Daehan Shipbuilding Co Ltd. (The Kin Man*), [2009] EWHC 2941.

Court of Appeal, *Société Nationale Aerospatiale v. Lee Kui Jak*, [1987] 1 AC 871 (PC(Brunei)).

High Court (Comm.), *Nomihold Securities Inc. v. Mobile Telesystems Finance SA.*, [2012] EWCH 130 (Comm).

High Court (Comm.), *C. v. D.*, [2007] EWHC 1541 (Comm.).

High Court (Comm.), *Noble Assurance Co. & Shell Petroleum Inc. v. Gerling-Konzern General Insurance Co. U.K. Branch*, [2008] Lloyd's Rep. I. R. 1.

High Court (Comm.), *Rec Wafer Norway AS v. Moser Baer Photo Voltaic Ltd.*, [2010] EWHC 2581 (Comm.).

Court of Appeal, *Amir Weissfisch v. Anthony Julius*, [2006] EWCA Civ 218.

High Court (Comm.), *West Tankers Inc v. Allianz SpA (formerly known as Riunione Adriatica Sicurta) (2) Generali Assicurazioni Generali SpA*, [2012] EWHC 854 (Comm).

High Court (Comm.), *West Tankers Inc v. Allianz Spa & Anor*, [2011] EWHC 829 (Comm).

Mantovani v. Carapelli, [1980] 1, *Lloyds Rep.*, 375.

High Court (Comm.), [2012] EWHC 42 (Comm.).

Court of Appeal, [2012] EWCA Civ 638.

Court of appeal, *Yukos Capital S.A.R.L v. OJSC Rosneft Oil Company*, [2012] EWCA Civ 855.

ALLEMAGNE

BGH, 7 mar. 1956.

BGH, 3 oct. 1961.

OLG Düsseldorf, *Phillip Alexander Securities & Futures Ltd. v. Bamberger*, ord. 10 jan 1996 – 3 VA 11/95.

Brésil

STJ, 3e T., aff. n°1.297.974 – RJ, rel. Min. NANCY ANDRIGHI, j. 12.06.12, décision unanime.

STJ, Corte Especial, SEC n°5782, opinion du procureur général du Superior Tribunal de Justiça du 26 nov. 2012, inédit.

TJPR. MM Juízo da 3a Vara de Fazenda Pública, 2003, *Copel v. UEG Araucária*, aff. n°24.334.

TJPR, 1er jul. 2004, ord. réf. n°160.213-7 ; injonction contre l'ord. réf. n°0161371-8 ; puis, en appel définitif, TJPR, 1re Ch. civ. 2004, *Copel v. UEG Araucária*, aff. n°174.874-9.

TJSP, 19 avr. 2012, AI n°0304979-49.2011.8.26.0000.

Chili

Corte Suprema de Chile, Recurso n°4390/2010, resolución n°39772, 08/09/2011, [en ligne] http://www.poderjudicial.cl/, page consultée le 04/05/12.

Suède

Swedish Supreme Court, *RosInvest Co. Uk Ltd. v. Russian Federation*, aff. n°Ö-2301/09.

Svea Court of Appeal, *Titan v. Alcatel CIT SA*, aff. n°T-1038/05.

Suisse

TF, 19 avr. 1994, *Émirats Arabes Unis et consorts v. Westland Helicopters Ltd.*, ATF 120, II, 155.

TF, 14 mai 2001, *Fomento de Construcciones y Contratas SA v. Colon Container Terminal Sal.*, ATF 127, III, 279, *Rev. arb.*, 2001, p. 835 – note POUDRET Jean-François.

TF, 17 avr. 1990, *Société Hilmarton Ltd. v. Société Omnium de traitement et de valorisation (OTV)*, *Rev. arb.*, 1993, p. 315.

TF, 19 déc. 1997, *Compania Minera Condesa S.A. et Compania de Minas Buenaventura S.A. v. BRGM Pérou S.À.S et Tribunal CIA*, ATF 124 III 32, *Bull. ASA.*, 1998, pp. 365 *et seq.* – note VULLIEMIN Jean-Marie.

TF suisse, 8 fév. 1978, *Chrome Ressources SA*. *SJ*, 1980, p. 75.

TF, 14 fév. 2011, aff. n°4A_508/201, *Bull. ASA*, 2012, pp. 108-118.

Russie

Tribunal d'arbitrazh fédéral pour la région de l'Oural, 12 oct. 2005, *Quality Steel v. Bummash*, F09-2110/05-C6.

Cour d'arbitrazh de Kemerovo Oblast, Sibérie, 20 juil. 2011, *Ciments Français v. Sibirskiy Cement.*

Belgique

Tribunal 1re instance de Bruxelles, 6 décembre 1988, *Sonnatrach (Algérie) v. Ford Bacon & Davis Incorporated (Dallas/États-Unis)*, *Bull. ASA*, 1989, v.7, n°2, pp. 213-218.

Cass., 12 juil. 1917, *Pas.*, 1917, I, p. 65.

Cass., 16 novembre 1961, *Pas.*, 1962, I, p. 332.

Cass., 27 oct. 1950, *Pas.*, 1951, I, p. 101.

Cass., 13 avril 1967, *Pas.*, 1967, I, p. 954.

CA Bruxelles, 26 fév. 1964, *Pas.*, 1965, II, p. 86.

CA Liège, 19 déc. 1967, *RGAR*, 1968, n°8014.

Italie

Cass., 7 mars 1986, *Giustizia Civile*, 1986-I, n°1509, p. 434.

Cass., 29 juillet 1963, *Giustizia Civile v. Emulzaione*, 1963, 2, n°2139.

Pays-Bas

CA Amsterdam, 28 avr. 2009, *Yulos Capital SARL v. OAO Rosneft*, *Rev. arb.*, 2009, p. 557.

Hoge Raad, 26 oct. 1973, *SEEE v. République populaire fédérative de Yougoslavie*, *Nedrl. Jurispr.*, 1974, n°361.

Pays-Bas, Président du Tribunal du district d'Amsterdam, 12 juil. 1984, *Southern Pacific Properties (Middle East) Ltd. de Hong Kong v. République arabe d'Égypte*, *Rev. Arb.*, 1986, p. 101.

Pays-Bas, CA Amsterdam, 18 sept. 2012, *Nikolai Maximov v. Novolipetsk Metallurgical Kombinat (NLMK)*, [en ligne] http://www.transnational-dispute-management.com/legal-and-regulatory-detail.asp?key=7945 (page consultée le 09/10/12).

Autriche

Oberster Gerichtshof, 20 oct. 1993, *Radenska v. Kajo*, *Rev. arb.*, 1998, p. 425.

Oberster Gerichtshof, 18 nov. 1982, *Société Palbalk Ticaret Sirketi v. Société Norsolor*, *Rev. arb.*, 1983, p. 513.

ÉTATS-UNIS

Supreme Court, *The Bremen v. Zapata Off-Shore Co.*, 12 juin 1972, 407 US 1.

Supreme Court, *Mitsubishi Motors Corp. v. Soler Chrysler-Plymouth Inc*, 473 US 614, 636 (1985).

United States Court of Appeals, District of Columbia Circuit, 25 mai 2007, *TERMORIO S.A. E.S.P. and Lease Co GROUP, LLC v. ELECTRANTA S.P., et al.*, n°06-7058 (487 F. 3d 928, 376 U.S. App. D.C. 242).

US District Court, District of Columbia, 31 juil. 1996, *In the Matter of the Arbitration of Certain Controversies Between Chromalloy Aeroservices, a Division Of Chromalloy Gas Turbine Corporation v. The Arab Republic Of Egypt*, n°94-2339 (JLG) (939 F.Supp. 907);

United States Court of Appeals, Second Circuit, 12 août 1999, *Baker Marine (NIG.) LTD., Petitioner-Appellant, v. Chevron (NIG.) LTD. and Chevron Corp., Inc., Respondents-Appellees. Baker Marine (Nig.) Ltd., Petitioner-Appellant, v. Danos and Curole Marine Contractors, Inc., Respondent-Appellee*, Docket n°97-9615, 97-9617 (191 F.3d 194).

United States District Court, 22 octobre 1999, S.D. New York, *Martin I. Spier, Petitioner, v. Calzaturificio Tecnica, S.p.A.,* Respondent. n°86 CIV. 3447 (CSH) (71 F.Supp. 2d 279).

United States District Court, District of Columbia, 17 mars 2006, *Termorio S.A. E.S.P., et al., Plaintiffs, v. Electrificadora del Atlantico S.A. E.S.P., et al., Defendants*, n° Civ.A. 03-2587(PLF) (421 F.Supp. 2d 87).

United States Court of Appeals, District of Columbia Circuit, 25 mai 2007, *Termorio S.A. E.S.P. and Lease Co Group, LLC, Appellants v. Electranta S.P., et al., Appellees*, n°06-7058 (487 F. 3d 928, 376 U.S. App. D.C. 242).

Columbia District Court, *International Bechtel Co., Ltd. v. Dep't of Civil Aviation of the Govt. of Dubai*, 8 mar. 2005, 360 F. Supp. 2d 136 (D.D.C.2005).

US District Court for the Southern District of New York, *American Construction Machinery & Equipment Corp. v. Mechanised Construction of Pakistan Ltd.*, 659 F. Supp. 426 (at 429) , decided 1987.

US District Court for the Southern District of New York, *Telenor Mobile Communications AS v. Storm LLC*, 524 F. Supp. 2d 332 (at. 356-358), decided 2007.

United States Court of Appeals, Fifth Circuit, *Karaha Bodas Company, L.L.C., Plaintiff-Appellee v. Perusahaan Pertambangan Minyak Dan Gas Bumi Negara, et al., Defendants, Perusahaan Pertambangan Minyak Dan*

Gas Bumi Negara, Defendant-Appellant, n°02-20550, June 18, 2003 (335 F.3d 357).

Court of Appeal, Columbia District Court, *Laker Airwars Ltd. v. Sabena Belgian World Airlines*, 731 F. 2d 909, 927.

Court of Appeals, Second Circuit, *China Trade and Development Corp. v. M.V. Choong Yong*, 837 F. 2d 33 (ed Cir. 1987).

Court of Appeals, Second Circuit, *Paramedics Electro v. GE Medical Systems*, 369 F. 3d 645 (2nd Cir., 2004).

Supreme Court, *Hilton v. Guyot*, 159 US 113, 163-164.

Court of Appeals, 5th Circuit, *Kaepa, Inc. v. Achilles Corporation*, 76 F. 3d 624 (5th Cir., 1996).

Court of Appeals, 6th Circuit, *Gau Shan Company Limited v. Bankers Trist Co.*, 956 F. 2d 1349 (6th Cir., 1992).

Supreme Court, *Gulf Oil Corp. v. Gilbert*, 330 US 501 (1947).

Supreme Court, *Piper Aircraft Co. v. Reyno*, 454 US 235 (1981).

Southern District of Florida, *In the matter of the arbitration between Monégasque de Réassurances (Monde Re) and Nak Naftogaz of Ukraine and State of Ukraine*, 158 F. Supp. 2d 377 (S.D.Fla. 2001).

District Court Porto Rico, *MC Cain Foods Ltd. v. Puerto Ricos Supplies Inc.*, 766 F. Supp. 58 (D. Puterto Rico, 13.06.1991).

Court of Appeal, 2nd Circuit, *Figueiredo Ferraz e Engenharia de Projecto Ltda. v. Republic of Peru*, 2001 WL 6188497 (2d Cir. Dec. 14, 2011).

Court of Appeals, 2nd Circuit, *Europcar Italia, S.p.A. v. Maiellano Tours, Inc. (« Europcar US »)*, 156 F.3d 310, 1998 (US Court of Appeals for the 2nd Circuit)..

Supreme Court, *Jacobellis v. Ohio*, 378 US 184 (1964), par. 197.

BHP Petroleum (Americas) Inc. et al. v. Walter F. Baer Reinhold, 28 avril 1997, *Yearb. Comm. Arb.*, 1998, v.XXIII, pp. 949-955.12 ; *Mealey's Int'l Arb. Rep.*, 1997, v.12, I-1, n°5.

IRB-Brasil Resseguros v. Portobello Int'l Ltd., n°604449/06, 29 fév. 2009 (N.Y. App. Div.).

Paramount Pictures v. Blumenthal, 256 App. Div. 756, 759 (1939), *appeal dismissed* 281 NY 682 (1939).

Bhatnagar v. Surrendra Overseas Limited, 52 F.3d 1220 (1995).

US District Court for the Southern District of New York, 1987, *American Construction Machinery & Equipment Corp. v. Mechnised Construction of Pakistan*, 659 F. Supp 426.

S.D.N.Y, *Storm LLC v. Telenor Mobile Communs. AS*, 2006, U.S. Dist. LEXIS 90978.

New York Court of Appeals, Babcock v. Jackson, 12 NY 2d 473, 191 NE 2d 279, 240 NYS 2d 743 (Ct. App. 1963).

United States Court of Appeals for the Second Circuit, *Chevron Corporation, Plaintiff-Appellee, v. Hugo Gerardo Camacho Naranjo, Javier Piaguaje Payaguaje, Steven R. Donziger, The Law Offices of Steven R. Donziger, Defendants-Appellants*, Docket n°11-1150-cv(L) 11-1264-cv(CON), decided 26 jan. 2012.

United States District Court, SD New York, *Chevron Corp. v. Steven Donziger, et. al.*, 7 mar. 2011 (768 F. Supp. 2d 581).

INDE

Delhi High Court, *Suzuki Motor Corporation v. Union of India and Anr.*, *Arb. L. Rev.*, 1997, n°2, p. 477.

Delhi High Court, *Marriott International Inc. v. Ansal Hotels*, 1999 (82) DLT, 1999, n°82, p. 13.

Supreme Court, *Bhatia International v. Bulk Trading SA*, (2002) 4 SCC 105.

Delhi High Court, *Union of India v. Dabhol Power Co.*, IA n°6663/2003, aff. n°1268/2003.

PAKISTAN

Supreme Court, *Hitachi Ltd. v. Rupali Polyester*, 1998 SCMR, 1618.

Supreme Court, *Hub Power Company Ltd. v Wapda*, PLD, 2000 SC 841.

Supreme Court, *Société Générale de Surveillance S.A. (SGS) v. Islamic Republic of Pakistan*, *Arb. intl.*, 2003, v.19, pp. 179 *et seq*.

INDEX GÉNÉRAL

(Les chiffres renvoient aux numéros des paragraphes)

INDEX DES AUTEURS

(Les chiffres renvoient aux numéros des pages)

TABLE DES MATIÈRES

Questions juridiques aux éditions L'Harmattan

Dernières parutions

DIVORCE (LE) DU CHEF D'ENTREPRISE
Artiste, libéral, artisan, commerçant, actionnaire – Se marier, payer, divorcer
Rond Patrice
Patrice Rond, expert financier auprès des tribunaux, donne dans cet ouvrage les clés incontournables qui permettent à un entrepreneur, quel qu'il soit, d'anticiper sur ses droits et ses risques en cas de divorce. Prendre les bonnes décisions de protection de son patrimoine en choisissant les bons contrats de mariage, savoir changer de régime matrimonial quand il s'avère inadapté est tout à fait possible et souhaitable.
(16.50 euros, 158 p.)
ISBN : 978-2-343-05282-3, ISBN EBOOK : 978-2-336-36540-4

L'EXPERTISE NON JUDICIAIRE À L'AUNE DES DROITS FONDAMENTAUX
Goujon-Bethan Thibault
L'expertise déjudiciarisée est en plein essor, d'une part parce que l'avis d'experts se révèle indispensable dans un nombre croissant de matières juridiques irriguées par la technique (construction, dommage corporel), et d'autre part, car la recherche d'une efficacité économique conduit à minimiser le recours au juge. Cet ouvrage est conçu comme un mode d'emploi pour aider à la décision.
(Coll. Droit privé et sciences criminelles, 21.00 euros, 196 p.)
ISBN : 978-2-343-05335-6, ISBN EBOOK : 978-2-336-36778-1

TRANSPARENCE (LA) FINANCIÈRE DES ÉLUS POLITIQUES FRANÇAIS
Les conséquences des mesures législatives de 2013
Cael Céline - Préface de Sébastien Jakubowski ; postface de Pierre-Yves Néron
Cet ouvrage veut étudier les apports des lois et dispositifs mis en œuvre pour lutter contre la corruption depuis l'affaire Cahuzac, avec notamment la mise en place d'une haute Autorité pour la Transparence de la Vie Publique, le durcissement des conditions d'éligibilité, l'encadrement du *lobbying*, la naissance d'un procureur financier,... L'auteur analyse les conséquences de ces mesures et rend compte à l'aide d'entretiens d'élus politiques, des résistances de ces derniers à une publicité financière envers les citoyens.
(Coll. Logiques sociales, 21.00 euros, 214 p.)
ISBN : 978-2-343-05013-3, ISBN EBOOK : 978-2-336-36817-7

QUI A PEUR DE LA NOUVELLE PEINE SANS PRISON ?
Ajouter du «lien» et non du «rang» pour réussir la contrainte pénale et en finir avec la récidive
Delamotte Danielle
La contrainte pénale, nouvelle peine sans prison, fait peur. Car, ce qu'on retient d'elle, c'est qu'elle évite la prison. Le sujet est pourtant plus complexe et plus nuancé. Les psychologues et les criminologues s'accordent à dire que la délinquance est la maladie du lien. Pour soigner cette maladie, il faut s'intéresser à la personne et la placer au centre de la réflexion pour envisager la «contrainte pénale» sous un autre angle.
(11.50 euros, 86 p.)
ISBN : 978-2-343-04717-1, ISBN EBOOK : 978-2-336-36487-2

JUSTICE (LA) PÉNALE INTERNATIONALE EN AFRIQUE
Aspects juridiques, défis et perspectives
Diakité Kémoko - Préface du professeur Alioune Sall
Cet ouvrage met en exergue le contexte de création ainsi que les aspects juridiques et judiciaires des juridictions pénales internationales en Afrique, notamment le TPIR (Tribunal Pénal International pour le Rwanda), la CPI (Cour Pénale Internationale)... Il montre également les défis et les perspectives de la Justice pénale internationale en Afrique.
(23.00 euros, 234 p.)
ISBN : 978-2-343-05050-8, ISBN EBOOK : 978-2-336-36705-7

GOUVERNANCE, ENJEUX ET MONDIALISATION
Recherche sur les politiques environnementales de zonage maritime
Le challenge maritime de la France de Méditerranée et d'Outre-mer
Sous la direction de François Féral et Bernard Salvat
Dans le Pacifique et l'Océan Indien, la France ne participe pas très activement au mouvement de création d'aires marines protégées géantes alors que les possibilités y sont grandes. En métropole et Outre-mer, la mise en place des parcs naturels marins apparaît laborieuse. Le programme Gouvernance des Grandes Aires Marines Protégées a donné l'occasion à deux équipes de se pencher sur ce phénomène institutionnel majeur dans la conduite globale des politiques de protection des mers et des océans.
(23.00 euros, 218 p.)
ISBN : 978-2-343-04160-5, ISBN EBOOK : 978-2-336-36489-6

COLLECTIVITÉS TERRITORIALES ET ORGANISATIONS RÉGIONALES
De l'indifférence à l'interaction
Sous la direction de Danielle Perrot
Cet ouvrage traite des modes d'insertion des collectivités territoriales dans des organisations internationales conçues par leurs États de rattachement dans diverses régions du monde. Ces collectivités, ou «entités infra-étatiques» selon le droit international, sont souvent oubliées lors des débuts de ces constructions régionales. Elles tentent d'obtenir d'être représentées, et leur participation peut générer une interaction moins inégalitaire.
(Coll. Grale, 47.00 euros, 488 p.)
ISBN : 978-2-343-05111-6, ISBN EBOOK : 978-2-336-36639-5

ÉTHIQUE (L') DE L'AVOCAT PÉNALISTE
Rude-Antoine Edwige - Préface de Jean Danet
L'avocat est représenté, dans la fiction, sous les traits d'un être ambigu, sans cesse sur le fil... ce livre tente d'en approcher la réalité, qui est tout autre. Quelles relations d'ordre éthique l'avocat entretient-il avec lui-même mais aussi avec l'autre : son client, qu'il soit prévenu ou accusé, les jurés, les magistrats ? Peut-on parler du rapport de l'avocat à la vérité ? Comment peut-il construire des lignes de défense tout en restant partenaire de justice ?
(Coll. Éthique en contextes, 21.00 euros, 208 p.)
ISBN : 978-2-343-05222-9, ISBN EBOOK : 978-2-336-36460-5

NAISSANCE DE L'OBSERVATOIRE DE LA RÉCIDIVE ET DE LA DÉSISTANCE
Un long processus inachevé
Tournier Pierre V.
L'analyse de la récidive aurait logiquement dû relever de la compétence de l'Observatoire national de la délinquance et des réponses pénales placé sous l'autorité du Premier ministre. Mais sous l'impulsion de Christiane Taubira le choix s'est porté sur la création d'un observatoire *ad hoc* de plus, dépendant du ministère de la Justice : l'Observatoire de la récidive et de la désistance (août 2014). Ne s'est-on pas ainsi privé des outils d'une évaluation indépendante de la loi du 15 août 2014 sur la contrainte pénale et la libération sous contrainte ?
(Coll. Criminologie, 19.00 euros, 184 p.)
ISBN : 978-2-343-05118-5, ISBN EBOOK : 978-2-336-36387-5

ÉLÉMENTS DE PRÉVENTION DU CRIME
Lemaître André
Cet ouvrage montre la diversité des modèles de prévention de la délinquance, leur spécificité mais aussi leur nécessaire complémentarité. Il insiste également sur l'obligation de veiller aux aspects éthiques des politiques de prévention mises en place. En effet, l'utopie d'une société débarrassée de toute forme de criminalité contient la disparition de toute liberté.
(Coll. Sciences criminelles, série Controverses, 15.50 euros, 160 p.)
ISBN : 978-2-343-04666-2, ISBN EBOOK : 978-2-336-36324-0

SEXUALITÉ (LA) À L'ÉPREUVE DU COUPLE
Les révélations d'une avocate
Dalbin Agnès
Dans la majorité des divorces, les difficultés d'ordre sexuel sont souvent pointées du doigt comme une cause majeure de la rupture. S'appuyant sur les confidences recueillies lors de ses entretiens avec les couples qui divorcent, l'avocate Agnès Dalbin tente d'apporter son éclairage personnel sur cette problématique. Ce livre évolue comme une véritable histoire humaine, du mariage au divorce, en passant par la parentalité et l'après-divorce.
(Coll. La justice au quotidien, 13.50 euros, 118 p.)
ISBN : 978-2-343-04938-0, ISBN EBOOK : 978-2-336-36399-8

DROIT (LE) DU HANDICAP ET LA GESTION DU PATRIMOINE CULTUREL
Vers un modèle européen ?
B. Degros Eric
La rencontre entre le droit du handicap et le droit du patrimoine peut conduire à une confrontation d'intérêts contradictoires, nécessitant de trouver un équilibre entre le principe de l'accessibilité et le respect de l'authenticité, en faveur d'une conservation durable du patrimoine culturel. Il apparaît essentiel de trouver un équilibre entre «le droit des gens» et celui «des pierres».
(40.00 euros, 424 p.)
ISBN : 978-2-343-04418-7, ISBN EBOOK : 978-2-336-36269-4

DROIT BANCAIRE ISLAMIQUE
Notions, mécanismes et protections pénales
Jafari Amin
Conçu comme un manuel de droit, l'ouvrage étudie trois thèmes principaux : la notion de finance islamique et son fonctionnement, les instruments bancaires islamiques et enfin la protection du système bancaire dans l'ensemble de ses instruments et fonctionnements. La 3e partie propose un regard classique de droit pénal des affaires en matière de droit bancaire de finance islamique. Les branches chiite et sunnite de la finance islamique ont été distinguées dès le départ, permettant ainsi une comparaison tout au long du livre.
(Coll. Sciences criminelles, 33.00 euros, 326 p.)
ISBN : 978-2-343-04637-2, ISBN EBOOK : 978-2-336-36380-6

DROIT (LE) INTERNATIONAL. ASPECTS POLITIQUES (Volume 1)
Sous la direction de Jacques Bouineau – Textes réunis par Burt Kasparian
Ces contributions invitent à réfléchir sur la recomposition contemporaine de l'espace méditerranéen et sur le droit international qui s'y applique, à partir d'exemples tirés des plus grandes civilisations méditerranéennes aux époques antique et médiévale. Elles invitent le lecteur à s'interroger sur les piliers de la Méditerranée dans le jeu des relations entre les hommes et les institutions, et à découvrir l'essence des réponses juridiques et politiques.
(Coll. Méditerranées, 16.50 euros, 158 p.)
ISBN : 978-2-343-04661-7, ISBN EBOOK : 978-2-336-36366-0

DROIT (LE) INTERNATIONAL. ASPECTS POLITIQUES (Volume 2)
Sous la direction de Jacques Bouineau – Textes réunis par Burt Kasparian
Ce volume offre une réflexion sur la recomposition de l'espace méditerranéen contemporain à partir de l'histoire ou de l'actualité. L'histoire est traitée de la période qui s'étend de la Renaissance

à la fin du XIXe siècle. En ce qui concerne l'actualité, le jeu des emprunts et des modèles juridiques transparaît aussi bien dans la fiscalité internationale actuelle que dans les transpositions constitutionnelles du droit français en Égypte ou dans l'observation du fonctionnement de l'Europe.
(Coll. Méditerranées, 19.00 euros, 184 p.)
ISBN : 978-2-336-30904-0, ISBN EBOOK : 978-2-336-36367-7

SECRETS (LES) DU DROIT
Secret, droit et cinéma
Sous la direction de Stéphane Boiron, Nathalie Goedert et Ninon Maillard
Notre société du visible, pour savoir, exige de tout voir et tout montrer, sans délai, au risque de confondre espaces privés et espaces publics. Parce qu'on l'accusait de dissimuler les abus, de servir l'arbitraire, de diviser les hommes entre initiés et profanes, le secret a été condamné comme contraire au pacte démocratique. Pourtant, c'est aussi au nom de la liberté que, face à une transparence érigée en dogme, certains osent faire l'éloge du secret. C'est pourquoi, il appartient au droit d'orchestrer l'équilibre et de distinguer le bon du mauvais secret.
(Coll. Presses Universitaires de Sceaux, 24.00 euros, 248 p.)
ISBN : 978-2-343-04670-9, ISBN EBOOK : 978-2-336-36326-4

TABLES (LES) DE LA LOI : DE L'ARGILE AU NUMÉRIQUE
La diffusion de la règle de droit à travers les âges
Evrard Sébastien
On parle aujourd'hui de «culture digitale» ou culture numérique et de diminution du papier. Est-ce un bien ou un mal ? Comment les textes, la jurisprudence et toutes les normes juridiques sont-ils diffusés aujourd'hui ? Enfin, quelles sont les spécificités de l'édition dite juridique par rapport à l'édition générale ? Répondre à ces questions nécessite d'envisager l'histoire de la connaissance puis de la diffusion de la règle de droit, ce qui fait l'objet de ce livre.
(Coll. Logiques Juridiques, 13.00 euros, 122 p.)
ISBN : 978-2-343-04478-1, ISBN EBOOK : 978-2-336-36201-4

ARTICULATION (L') DES VOIES DE DROIT DANS LE CONTENTIEUX DE LA COMMANDE PUBLIQUE À L'INITIATIVE DES TIERS AU CONTRAT
Tallet-Preud'homme Laura - Préface de Paul Cassia
Parallèlement à la formation progressive d'un «droit de la commande publique», le contentieux à l'initiative des tiers au contrat a muté, à tel point que le changement de paradigme opéré tend à faire émerger un «contentieux de la commande publique». Diverses voies de droit ont été instituées, engendrant «l'embarras du choix» voire «l'embarras tout court» du tiers concurrent évincé. La complexité de ce contentieux est telle qu'il faut détruire pour reconstruire ce paysage contentieux.
(Coll. Logiques Juridiques, 49.50 euros, 536 p.)
ISBN : 978-2-343-04827-7, ISBN EBOOK : 978-2-336-36265-6

APPRÉHENSION (L') DES PRATIQUES RESTRICTIVES PAR LES AUTORITÉS FRANÇAISES ET EUROPÉENNES DE LA CONCURRENCE
Analyse des pratiques contractuelles abusives entre professionnels à l'épreuve du droit des pratiques anticoncurrentielles
Mallen Guillaume - Préface de Linda Arcelin-Lécuyer
Définies au sens de l'étude comme des comportements contractuels unilatéraux et abusifs dans les rapports commerciaux entre professionnels, les « pratiques restrictives » peuvent être réprimées au titre du droit des pratiques anticoncurrentielles (abus de domination et entente). L'ouvrage permet d'exposer l'office des autorités de concurrence lorsqu'elles sont confrontées à ces pratiques contractuelles abusives et d'envisager des solutions concrètes en vue de perfectionner le droit positif actuel.
(Coll. Logiques Juridiques, 65.00 euros, 874 p.)
ISBN : 978-2-343-04739-3, ISBN EBOOK : 978-2-336-36189-5

L'HARMATTAN ITALIA
Via Degli Artisti 15; 10124 Torino

L'HARMATTAN HONGRIE
Könyvesbolt ; Kossuth L. u. 14-16
1053 Budapest

L'HARMATTAN KINSHASA
185, avenue Nyangwe
Commune de Lingwala
Kinshasa, R.D. Congo
(00243) 998697603 ou (00243) 999229662

L'HARMATTAN CONGO
67, av. E. P. Lumumba
Bât. – Congo Pharmacie (Bib. Nat.)
BP2874 Brazzaville
harmattan.congo@yahoo.fr

L'HARMATTAN GUINÉE
Almamya Rue KA 028, en face
du restaurant Le Cèdre
OKB agency BP 3470 Conakry
(00224) 657 20 85 08 / 664 28 91 96
harmattanguinee@yahoo.fr

L'HARMATTAN MALI
Rue 73, Porte 536, Niamakoro,
Cité Unicef, Bamako
Tél. 00 (223) 20205724 / +(223) 76378082
poudiougopaul@yahoo.fr
pp.harmattan@gmail.com

L'HARMATTAN CAMEROUN
BP 11486
Face à la SNI, immeuble Don Bosco
Yaoundé
(00237) 99 76 61 66
harmattancam@yahoo.fr

L'HARMATTAN CÔTE D'IVOIRE
Résidence Karl / cité des arts
Abidjan-Cocody 03 BP 1588 Abidjan 03
(00225) 05 77 87 31
etien_nda@yahoo.fr

L'HARMATTAN BURKINA
Penou Achille Some
Ouagadougou
(+226) 70 26 88 27

L'HARMATTAN SÉNÉGAL
10 VDN en face Mermoz, après le pont de Fann
BP 45034 Dakar Fann
33 825 98 58 / 33 860 9858
senharmattan@gmail.com / senlibraire@gmail.com
www.harmattansenegal.com

L'HARMATTAN BÉNIN
ISOR-BENIN
01 BP 359 COTONOU-RP
Quartier Gbèdjromèdé,
Rue Agbélenco, Lot 1247 I
Tél : 00 229 21 32 53 79
christian_dablaka123@yahoo.fr

627516 - Novembre 2015
Achevé d'imprimer par

1livre.com
du rêve à la réalité !

www.ingramcontent.com/pod-product-compliance
Lightning Source LLC
LaVergne TN
LVHW011218061026
849535LV00001BA/89
* 9 7 8 2 3 4 3 0 6 2 8 0 8 *